《悲華經》兩種譯本比對暨研究

（全彩版）

果濱 編撰

自序

本書題名為《《悲華經》兩種譯本對照之研究(全彩版)》，整本書計有 *47* 萬 *3* 千字，是末學研究及教學《悲華經》多年之作。**《悲華經》**共有十卷，為北涼・曇無讖(Dharma-rakṣa 385～433)所譯，另有一個失譯人譯的**《大乘悲分陀利經》**共八卷。「**悲華**」即指「慈悲的分陀利華」，「分陀利」或「芬陀利」(puṇḍarīka)是指「白蓮華」的意思，喻指釋迦牟尼佛發大「菩提心」，「慈悲」攝受十方一切眾生，願意選擇在「五濁惡世成佛」，並發起諸佛所無的精進「五百大願」。

在佛典中有說：欲修行成佛的菩薩有兩種，一是在「穢土成佛」，一是在「淨土成佛」。也就是第一種菩薩是不求生「淨土」的，願意留在五濁惡世的「穢土」修行直至「成佛」為止，例如釋迦佛本人。第二種菩薩則是要求生到「淨土」去修行再成佛。關於這點，龍樹菩薩的《大智度論》有詳細回答這個問題，如云：

> **問曰：菩薩法「應度眾生」，何以但至清淨無量壽佛世界**(極樂世界)**中？**
> **答曰：菩薩有二種。**
> 　　一者(第一種菩薩)：**有慈悲心，多為眾生。**
> 　　二者(第二種菩薩)：**多集諸佛功德。**
> (第二種菩薩)**樂「多集諸佛功德」者，**(則必往生)**至「一乘」清淨無量壽世界**(極樂世界)**。**
> (第一種菩薩)**好「多為眾生」者，**(則改)**至「無佛法」眾處，**(於此「無佛法處」去)**讚歎三寶之音，如後章說**(即詳見《摩訶般若波羅蜜經・卷二》中所說)**。**
> （詳《大智度論》卷 38〈往生品 4〉。CBETA, T25, no. 1509, p. 342, a）

可見如果想要多集聚「諸佛功德」的人，就一定發願前往西方極樂世界去成佛，這種人當然也是「菩薩」的，所以如果您此生此世只想追求去西方極樂世界「作佛」的修行者，確定是位修學「大乘菩薩道者」而無庸置疑的；而另一種「菩薩」則發願改到「無佛法的地方」去讚歎三寶與度化眾生。然而這兩種都是「菩薩」，只是願意選擇在「穢土成佛」總是最稀有的，明末四大師之一兼淨土宗第九代祖師蕅益 智旭大師曾在《悲華經》的序文中說：

> **此經宗要，概不出此。然「懈怠」菩薩，如恆河沙，而「精進」菩薩，迄今不滿「十人」。故釋尊雖「自取穢土」，仍勸「穢土」眾生，求生極樂，苦口叮嚀，不一而足。**（詳《靈峰蕅益大師宗論》卷 6。CBETA, J36, no. B348, p. 363, b)

若照蕅益大師說的，願取「五濁成佛」的精進菩薩，迄今不滿十人。這十人應該是統計出來的，據《悲華經》的經文來看，至少有出現七人是願取「五濁成佛」的，如下所示：

1 無諍念王之第八王子泯圖。無諍念王即是阿彌陀佛之前生。
2 寶海的「一千」位童子之首領婆由比紐。
3 寶海的「一千」位童子其中第一位火鬘。
4 寶海的「一千」位童子其中第二位名虛空。
5 寶海的「一千」位童子其中第三位名毘舍掬多。
6 寶海梵志，此即大悲菩薩，亦是釋迦佛之前生。
7 大光明菩薩於寶蓋光明佛所，發願於此「五濁」成「阿耨菩提」，成佛為大光明佛。

另外還有二人則是在釋迦佛之「前」選擇在「五濁成佛」的，如果這二人也算入的話，那就會達到九人，這樣與蕅益大師說「迄今不滿十人」是相符的。

8 日光與喜臂二位是在釋迦佛之「前」選擇在五濁成佛者。日光菩薩在人壽 50 歲時成佛，號不思議日光明如來。
9 喜臂菩薩在人壽 30 歲時成佛，號勝日光明如來。

整部《悲華經》講到要發「阿耨多羅三藐三菩提」的「成佛大心」，總共講了 428 遍以上，也就是一部 10 萬字的佛經，講到要發「阿耨多羅三藐三菩提」的「成佛大心」，總共講了 428 遍以上，如下電腦統計的擷圖所示：

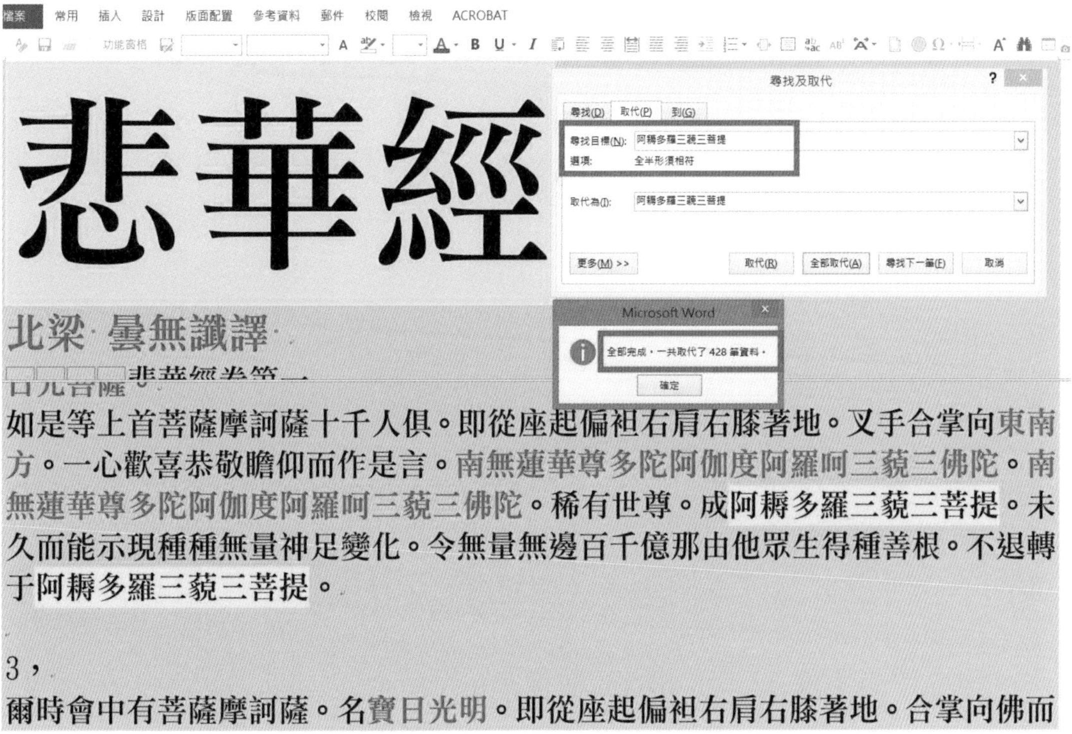

既然明確的知道要發「無上成佛」的道心才能成佛，才能真實報答佛恩；而「無上成佛道心」就是要發願「作佛」；發願「作佛」的方式就是發願到「西方作佛」，如龍樹菩薩《十住毘婆沙論》云：

若人「願作佛」，心念阿彌陀。

（詳《十住毘婆沙論》卷 5，CBETA, T26, no. 1521, p. 43, b10)

在世親菩薩造、菩提流支譯、曇鸞註的《無量壽經優婆提舍願生偈註》亦明確的說：

此「無上菩提心」，即是「願作佛心」；
「願作佛心」即是「度眾生心」；
「度眾生心」即「攝取眾生」生「有佛國土心」。
是故「願生」彼安樂淨土(極樂世界)者，要發「無上菩提心」也。

（詳《無量壽經優婆提舍願生偈註》卷 2。CBETA, T40, no. 1819, p. 842, a)

所以如果我們對釋迦佛為眾生所發的「五百大願」感動而淚下，那就要發

「無上成佛道心」才能報答釋迦「五百大願」的「佛恩」，而要報答佛恩的唯一方式就是要發願到「西方作佛」。如《無量壽經優婆提舍願生偈註》中又說：

言(善巧)方便者，謂(自心)作願(而)攝取一切眾生，「共同」(共同發願迴向西方)生彼安樂佛國(極樂世界)，彼佛國即是「畢竟成佛道路」無上方便也。

(詳《無量壽經優婆提舍願生偈註》卷 2。CBETA, T40, no. 1819, p. 842, b)

也就是吾人若發「西方作佛」的「菩提心」，此即是誓欲「證取佛果」的心；誓欲「證取佛果」，才能獲得最有效的「度化眾生」；而「度化眾生」的唯一方式即是攝取所有眾生皆能「同生極樂佛國」。

然而在眾多的漢譯佛經中也常提到修行的菩薩們都會發「如一眾生未成佛，我即不成佛」的大願，如阿難於《楞嚴經》中作偈云：

如一眾生未成佛，終不於此取泥洹。

(詳《大佛頂如來密因修證了義諸菩薩萬行首楞嚴經》卷 3。CBETA, T19, no. 945, p. 119, b)

如《入楞伽經》云：

憐愍眾生，作盡眾生界願者，是為菩薩。大慧！菩薩「方便」作願，若諸眾生「不入涅槃」者，我亦「不入涅槃」，是故菩薩摩訶薩「不入涅槃」。

(詳《入楞伽經》卷 2〈集一切佛法品 3〉。CBETA, T16, no. 671, p. 527, b)

或《大乘入楞伽經》亦云：

謂諸菩薩以「本願方便」，願一切眾生「悉入涅槃」，若一眾生「未涅槃」者，我終不入(涅槃)。

(詳《大乘入楞伽經》卷 2〈集一切法品 2〉。CBETA, T16, no. 672, p. 597, c)

然而眾生仍然未「度盡」，而菩薩們自己都已成佛去了，這是什麼原因？因為上面所舉的《入楞伽經》已說明了，一位修行的菩薩若發「如一眾生未成佛，我即不成佛」就是一種度眾生的「善巧方便」行門。例如《無量壽經優婆提舍願生偈註》就舉「火燒草木」的例子說：

(善)巧方便者，謂菩薩(皆發)願以己「智慧火」，燒一切眾生「煩惱草木」。(很多菩薩皆發願)若有一眾生「不成佛」，我不作佛。
而眾生(仍然)未盡(全部)成佛，菩薩(自己則)「已自成佛」。譬如「火㮇」(燒火的木棍子)，欲摘(摘除)一切草木，燒令使(滅)盡。(結果)草木未盡(尚未燒盡)，火㮇(燒火的木棍子)已(先自己燒)盡，以「後其身」而「身先」(原本是發願最後才成佛，結果是自身先去作了佛)，故名(善)巧方便。
(詳《無量壽經優婆提舍願生偈註》卷 2。CBETA, T40, no. 1819, p. 842, a)

唐・澄觀大師在《大方廣佛華嚴經隨疏演義鈔》也解釋說：

本擬度生(菩薩本來擬發願要度盡一切眾生才成佛)，未期成佛(並未期望立刻成佛)，(但這些菩薩因爲)積行淳著(累積的六度萬行已經達到淳熟顯著的境界)，行催自成(這些六度萬行功德便催著自己快速成佛)，如撥「火杖」(這是在引導燒草的一個木棍杖子)，本欲燒草(這個木棍杖子本來只是在「引導」燒草的「火源」使用)，不欲燒「杖」(並沒有「打算」也把木棍杖子也一起燒掉)，撥草既多(但這木棍杖子不斷的在撥翻著草堆)，(結果就在不經意之下)任運燒盡(木棍杖子也一起被燒掉了)……(這就是本來菩薩)不欲(快速)成佛，而(直接就)自成(自動而成佛)故。
有云：成佛若不「化生」(度化眾生)，可違「本誓」(當然算是違反了自己本來要「度盡眾生才成佛」的誓願)，成竟亦「化眾生」(但如果自己已成佛究竟了，還是會繼續的度化眾生啊)，豈違本誓(雖然「已成佛」但仍繼續度眾生，這樣那有違背自己「先前的誓願」呢，反而還因成佛了，而能「快速度化更多的眾生」啊)?……
(菩薩若)以「大智」故，(則需)念念速成(佛度)，又欲(快速)「化盡」(度化滅盡)諸「眾生界」，自須「速成」(佛道)，方能廣化(眾生)，(所以菩薩們)不懼(並不懼怕)「違誓」(違背了自己先前的誓願)。
(詳《大方廣佛華嚴經隨疏演義鈔》卷 38〈十住品 15〉。CBETA, T36, no. 1736, p. 294, b)

所以菩薩雖發願「如一眾生未成佛，我即不成佛」，但在藏經中可以看見這些菩薩們皆已「成佛」去。如《千手千眼觀世音菩薩廣大圓滿無礙大悲心陀羅尼經》云：

善男子！此觀世音菩薩，不可思議威神之力，已於過去無量劫中，已作佛竟，號正法明如來。大悲願力，為欲發起一切菩薩，安樂成熟諸眾生故，現作菩薩。
(詳《千手千眼觀世音菩薩廣大圓滿無礙大悲心陀羅尼經》。CBETA, T20, no. 1060, p. 110, a)

如文殊菩薩在往昔時，曾為「七佛」之師，亦是三世古佛，因為文殊菩薩於無量阿僧祇劫「前」早已「成佛」，文殊菩薩曾是空寂世界的大身如來、平等世界的龍種上尊王如來，現在世則為歡喜藏摩尼寶積如來，未來文殊師利還要在無垢世界成佛，號普現如來……等。而「**眾生度盡，方證菩提。地獄未空，誓不成佛**」(詳《瑜伽集要焰口施食儀》。CBETA, T21, no. 1320, p. 476, c)的地藏菩薩，在《地藏菩薩本願經》中說：

> **光目**(女)**聞已，啼淚號泣，而白空界……願我自今日 後，對清淨蓮華目如來像前，却後百千萬億劫中，應有世界，所有地獄，及三惡道，諸罪苦眾生，誓願救拔，令離地獄惡趣、畜生、餓鬼等。如是罪報等人，盡成佛竟，我然後方成正覺**(從經文上來看，應該是「三惡道」眾生皆成佛竟，地藏菩薩方成正覺，並不是「地獄不空，誓不成佛」的獨指地獄眾生而已)**。**
>
> (詳《地藏菩薩本願經》卷 1〈閻浮眾生業感品 4〉。CBETA, T13, no. 412, p. 781, a)

但在《占察善惡業報經》中卻記載地藏菩薩早已成就佛果位，如云：

> **佛告堅淨信**(菩薩)**：汝莫生「高、下」想。此善男子**(地藏菩薩)**，發心已來，過無量無邊不可思議阿僧祇劫，「久」已能度「薩婆若」**(sarvajña 一切智)**海，功德滿足**(此指地藏菩薩早已成佛)**。但依「本願」自在力故，權巧「現化」**(為菩薩)**，影應十方。雖復普遊一切「剎土」，常起功業，而於「五濁惡世」，化益偏厚，亦依「本願力」所熏習故，及因眾生應受化「業」故也。彼**(地藏菩薩)**從「十一劫」來，莊嚴此世界，成熟眾生……以是**(地藏)**菩薩「本誓願力」，速滿眾生一切所求，能滅眾生一切重罪，除諸障礙，現得安隱。又是**(地藏)**菩薩，名為善安慰說者。**
>
> (詳《占察善惡業報經》卷 1。CBETA, T17, no. 839, p. 902, a)

又如《度諸佛境界智光嚴經》云：

> **伏一切諸蓋菩薩言：有五法，是「菩薩」信樂處，得無量勝功德。云何五法？一者、信一切諸法……三者、信常「成熟」眾生，於恒沙劫，久已成佛；四者、信從然燈佛來，乃至得佛，中間所作是「佛境界」，無邊劫來，久已得佛，現行此事。**
>
> (詳《度諸佛境界智光嚴經》卷 1。CBETA, T10, no. 302, p. 916, c25-p. 917, a)

再如《法華經》亦云：

舍利弗當知！(釋迦)**我本立誓願，欲令一切眾，**(皆能)**如「我」等**(而)**無異。如我**(昔)**昔所**(發的大)**願，今者**(我的大願皆)**已「滿足」，**(我能)**化**(度)**一切眾生，皆令入「佛道」。**(問題是眾生仍然未度盡，而釋迦佛已經成佛)

(詳《妙法蓮華經》卷 1〈方便品 2〉。CBETA, T09, no. 262, p. 8, b)

以上所舉的佛經論典，相信您對菩薩發願「如一眾生未成佛，我即不成佛」；而這些菩薩們皆已「成佛」去的「疑惑」，應可獲得圓滿的答案了。這些發願的菩薩自己皆已成佛，但還是會繼續的度化眾生，並沒有違背自己「先前」願意度化眾生的本誓，反而還會因自己成佛了，而能快速度化「更多」的眾生。所以這些菩薩們欲度化更多的眾生，就必須自己「速成佛道」，因而這些「已發大誓願」的菩薩們並無懼於原本的「違誓」問題啊。

本書**《《悲華經》兩種譯本對照之研究(全彩版)》**，已重新將二種漢譯的《悲華經》作一個完整歸納整理，除了保留原有的「卷名、品名」外，另自行給每一段再細分出「小標題」，所有「難字」的「注音」及「解釋」都盡量補充進去了。您只要看到「小標題」就可知道經文的「大綱」內容，再加上「**底下約有？條**」的字眼，方便讀者知道到底說了多少條的「法義」？為了符合現代人閱讀的方便，已在每個人名、地名、法號、字號下皆劃上「底線」。

由於本書厚達六百多頁，一般佛教徒在最初閱讀時可能會很吃力，為了不讓大家錯過「釋迦佛五百大願」這個精彩內容，所以已從本書另外抽出有關「五百大願」的內容，獨立成書名為**《《悲華經》釋迦佛五百大願解析(全彩版)》**。您可推廣或介紹他人來閱讀這個「精簡版」的**《釋迦佛五百大願》**內容，並祈「釋迦五百大願」的「正法」能永住世間。

最後祈望所有研究**《悲華經》**的佛教四眾弟子、教授學者們，能從這本書中獲得更方便及快速的「理解」，能因本書的問世與貢獻，帶給更多後人來研究本經、講解本經。末學在教學繁忙之餘，匆匆撰寫，錯誤之處，在所難免，猶望諸位大德教授，不吝指正，爰聊綴數語，以為之序。

公元 2019 年 8 月 18　果濱序於土城楞嚴齋

八、《悲華經》兩種譯本比對暨研究(全彩版)

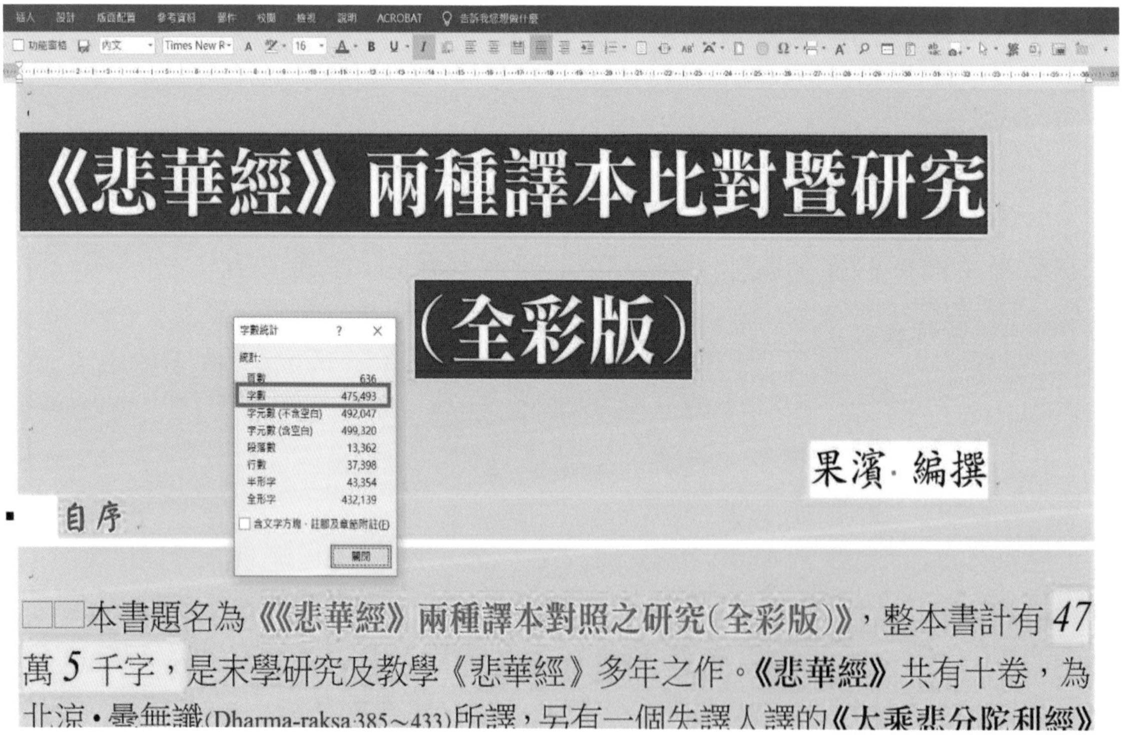

目錄及頁碼

一、《悲華經》的簡介

《悲華經》共十卷，為北涼・曇無讖(Dharma-rakṣa 385～433)所譯，另有一個失譯人的**《大乘悲分陀利經》**共八卷。「**悲華**」即指「慈悲的分陀利華」，「分陀利」或「芬陀利」(puṇḍarīka)是指「白蓮華」的意思，喻指釋迦牟尼佛發大「菩提心」，「慈悲」攝受十方一切眾生，願意選擇在「五濁惡世成佛」，並發起諸佛所無的精進「五百大願」。《悲華經》與《增壹阿含經》、《無量壽經》、《阿閦佛國經》、《法華經》……等都有密切的關係。本經主要說明釋迦佛、阿彌陀佛、觀世音菩薩、大勢至菩薩、文殊菩薩、普賢菩薩等之「本生」故事，並以對照方式敘述了「淨土成佛」與「穢土成佛」之不同思想，尤其特別稱揚釋迦佛發願要進入「穢土成佛」的大悲心。明末四大師之一兼淨土宗第九代祖師蕅益 智旭大師也曾廣弘此《悲華經》。

本經共有六品，如「轉法輪品、陀羅尼品、大施品、諸菩薩本受記品、檀波羅蜜品、入定三昧門品」。簡略介紹如下：

第一《轉法輪品》記載佛在王舍城 耆闍崛山。與大比丘僧六萬二千人俱。菩薩有四百四十萬，及梵天六欲天等。當時彌勒等為上首菩薩，有一萬菩薩向東南方稱讚蓮華尊佛的功德。於是寶日光明菩薩問佛陀有關蓮華尊佛之「成佛時間、國土、世界、莊嚴、神通」等問題。佛回答其故，謂蓮華尊佛於「昨夜」初成「無上正等正覺」，並作大佛事。

第二《陀羅尼品》說彼蓮華世界相貌，及說過去日月尊佛授現佛記，授與「**解了一切陀羅尼**」門。說此事已，十方菩薩同來耆闍崛山，聽受佛陀宣講「**解了一切陀羅尼**」，總計有十大段的咒語內容，佔了不少的篇幅。釋迦佛還跟解脫怨憎菩薩說，修咒語者，具要具備有「四、五、六」種輔助之法，而且連續「七年」皆如此修行，專意讀誦如是咒語，即可獲得「解了一切陀羅尼」之成就。彌勒菩薩自言，於十恒沙劫前，已從娑羅王如來處得聞得修此「**解了一切陀羅尼**」咒法，彌勒以本願故，久在生死，需「待時」方成道，求佛「授職」。佛為說諸「咒語章句」，令眾獲益。佛又入「遍一切功德三昧」，度「三惡道」眾生令生「天人」，為諸天人示宿世因緣。

第三《大施品》就寂意菩薩問釋迦佛出此五濁惡世的因緣，佛陀詳述恒沙「阿僧祇」劫的前生故事，如說過去有世界名刪提嵐(Saṇḍilya)，於善持劫中，有佛陀號曰寶藏如來，有轉輪聖王名為無諍念，有大臣名為寶海，又稱作寶海梵志，當時的無諍念轉輪聖王及「千子」與諸小王等，皆悉供養寶藏如來，但仍未發「阿耨菩提」的「成佛大心」。後來寶海想知道無諍念轉輪聖王「所願」何等？唯願諸「龍、夜叉、佛、聲聞、梵王」等，能為我「示現夢境」。於是寶海梵志便在夢中見無諍念王受「畜生」諸事，醒後得知無諍念王所願「卑下」，竟愛樂「生死」，貪著「世樂」。寶海便以此「異夢」去問寶藏佛，後來寶海就勸彼諸人皆發無上的「成佛大心」，誓願成佛，然後各取「清淨莊嚴國土」去攝護眾生。

第四《諸菩薩本授記品》無諍念聖王所發之「莊嚴清淨佛土」約有 40 願。寶藏如來授無諍念轉輪王「阿耨多羅三藐三菩」記，將來成佛，即現在西方極樂世界中的無量壽佛，世界名安樂(極樂世界)。

寶藏如來授無諍念轉輪聖王的

第一王子不眴，即將來要接掌極樂世界的觀世音菩薩。

第二王子尼摩，即將來要接掌極樂世界(在觀世音菩薩之後)的大勢至菩薩。

第三王子王眾，即文殊菩薩。

第四王子能伽奴，即普賢佛(無諍念王之第八王子泯圖，亦號為普賢同名)。

第五王子無所畏，即今已成無上正等正覺的蓮華尊佛。

第六王子虛空，即法自在豐王佛。

第七王子善臂，即光明無垢堅香豐王佛。

第八王子泯圖，即普賢菩薩。

寶藏如來次授「十千」位「懈怠之人」記。

第九王子蜜蘇，即阿閦佛。

第十王子軟心，即香手菩薩。

第十一王子師子，即寶相菩薩。

又授「五百王子」記。

又授「四百王子」記。

又授「八十九王子」記。

又授「八萬四千小王」記。

又授寶海之「八十子」記。

又授寶海「三億弟子」記，「千位」童子記，「侍者五人」記。

最後寶海發下「五百大悲願」，諸菩薩等皆悉讚歎，東西南北及於上下六方諸佛，送華讚歎，稱歎寶海為大悲菩薩，寶藏如來為寶海摩頂授記，當來成佛，即釋迦牟尼佛。

寶藏如來說菩薩有「四法懈怠」與「四法精進」。
菩薩有四法「懈怠」：
一、發願取「淨」世界。
二、發願於「淨眾」中作「佛事」。
三、發願成佛但不說「聲聞、辟支」法。
四、發願「成佛」，及壽命無量。

有四種「精進」：
一、發願取「不淨」世界。
二、願於「不淨人」中作「佛事」。
三、願成佛亦說「三乘法」。
四、願成佛但只得「中壽」。

如來宣說種種能於「菩提道」上能「助益、增益」的法門，計有 28 條的「攝取助清淨度生死法門」(總集淨德度生死法門)

第五《檀波羅蜜品》寶藏如來將為大悲菩薩宣說「諸三昧門助菩提法清淨門經」。佛陀總共介紹有 112 種「修學大乘菩薩摩訶薩諸三昧門」。大悲比丘命終後又作了許多不同的轉世身分，有強力旃陀羅，功德力王、難沮壞王、燈光明王、須香婆羅門、虛空淨王、示現寶藏大龍王、善日光明帝釋等，都不斷的在修「布施」等六度萬行。

第六《入定三昧門品》十方世界微塵諸佛，其有「般涅槃」者，往昔皆經由釋迦佛所勸教度化，未來若有成佛之世尊，其往昔亦是受過釋迦佛所勸教度化。時「東、南、西、東北」方有無量阿僧祇等諸大菩薩，皆來此娑婆世界，悉手持「月光明無垢淨華」，見釋迦佛，供養、恭敬、尊重、讚歎。時釋迦佛之毛孔現無量無邊的微妙「園觀」，莊嚴相皆如西方極樂世界，是諸大眾皆入佛身之毛孔，尋自覺知吾等皆已處在佛身之內。釋迦佛說完法義後，佛腹內有八十億恒河沙等諸菩薩，皆得不退轉於「阿耨菩提」。後大眾便從佛「毛孔」中出，以諸音聲讚歎佛。無畏等地菩薩問佛此經名？佛云有十種：「解了一切陀羅尼門、無量佛、大眾、授菩薩記、四無所畏出現於世、一切諸三昧門、示現諸佛世界、猶如大海、無量、大悲蓮華」共十種經名。若有受持讀誦是《悲華經》者，能獲「甚深法忍、三昧、陀羅尼門」等共十三種無量的功德。佛最後告無怨沸宿夜叉大仙：應受持經，乃至於末後「惡世」中，應廣為「不退菩薩」眾們、及「不信善惡業報」者，演布是經教，發願流通。

《悲華經》與《大乘悲分陀利經》品名的對比

卷數	北涼·曇無讖 譯 《悲華經》	秦·譯者佚 名 《大乘悲分陀利經》
卷一	《轉法輪品·第一》 《陀羅尼品·第二》	《轉法輪品·第一》 《入一切種智行陀羅尼品·第一》 《入一切種智行陀羅尼品·第二》 《入一切種智行陀羅尼品·第三》
卷二	《大施品·第三之一》	《勸施品·第四》 《勸施品·第五》
卷三	《大施品·第三之二》 《諸菩薩本授記品·第四之一》	《離諍王授記品·第六》 《三王子授記品·第七》
卷四	《諸菩薩本授記品·第四之二》	《四王子授記品·第八》 《十千人授記品·第十》 《第九王子授記品·第十一》
卷五	《諸菩薩本授記品·第四之三》	《諸王子授記品·第十二》 《八十子受記品·第十三》 《三億少童子受記品·第十四》 《千童子受記品·第十五》
卷六	《諸菩薩本授記品·第四之四》	《大師立願品·第十六》
卷七	《諸菩薩本授記品·第四之五》	《立願舍利神變品·第十七》 《歎品·第十八》 《感應品·第十九》
卷八	《諸菩薩本授記品·第四之六》 《檀波羅蜜品·第五之一》	《大師授記品·第二十》 《大師立誓品·第二十一》 《莊嚴品·第二十二》
卷九	《檀波羅蜜品·第五之二》	《眼施品·第二十三》 《身施品·第二十四》 《寶施品·第二十五》 《醫方施品·第二十六》
卷十	《檀波羅蜜品·第五之三》 《入定三昧門品·第六》	《現伏藏施品·第二十七》 《菩薩集品·第二十八》 《入三昧門品·第二十九》 《囑累品·第三十》

《悲華經》十卷的大綱內容

卷數	北涼・曇無讖 譯《悲華經》	大綱內容
卷一	**《轉法輪品・第一》** **《陀羅尼品・第二》**	(1)釋迦佛在王舍城 耆闍崛山，與大比丘僧 6 萬 2 千人俱，及彌勒菩薩為「上首」的菩薩眾 440 萬人，與色界梵天、欲界諸天護法等。 (2)寶日光明菩薩問：於 440 萬菩薩中有 1 萬菩薩為何向東南方讚：南無蓮華尊(上)佛？又問蓮華尊佛之「成佛時間、國土、世界、莊嚴、神通」等問題。 (3)寶日光明菩薩問釋迦佛有關蓮華尊佛及其蓮華世界的八個問題。 (4)蓮華世界之前的世界名為栴檀，佛名為日月尊，時有虛空印菩薩，後來成佛即名為蓮華尊如來。 (5)日月尊如來告虛空印菩薩，你應受持此三世諸佛皆會為「已被授記成佛的菩薩們」所宣說的「解了一切陀羅尼」十段咒句。 (6)「解了一切陀羅尼」前五段咒是「四念處解脫、四聖種(四種聖)解脫、四無所畏解脫、四擁護(守護三乘)解脫、四正斷(四正勤)解脫」。 (7)「解了一切陀羅尼」後五段咒是「四辯解脫、四神足(四如意足)解脫、根力現解脫、七覺意(七菩提分)解脫、十力解脫」。 (8)若菩薩能修此「解了一切陀羅尼」門者，即得八萬四千「陀羅尼」門、七萬二千「三昧」門、六萬「法聚」門，得「一切智」，無有障閡。 (9)釋迦佛回答解脫怨憎菩薩，須具有「四、五、六」種輔助之法，且連續「七年」皆如此修法，專意讀誦如是咒語，即可獲得「解了一切陀羅尼」之成就。不識本心，學法無益，誦咒無益。 (10)釋迦佛示現種種神通，入「遍一切功德三昧」，放光救度「三惡道」眾生。獲得「化佛」開示「前世罪業因果」後，「自己發心」的稱唸「三皈依」，與生「大懺悔」及「責究罪過」，即可獲得解脫轉生至「天上」或「人中」。
卷二	**《大施品・第三之一》**	(1)寂意菩薩問釋迦佛，以何因緣而處此「穢惡不淨」的「五濁」惡世，乃至成「阿耨菩提」？且在四眾中說「三乘」法？ (2)往昔阿僧祇劫有刪提嵐世界，有無諍念轉輪聖王，有寶海大臣，其子為寶藏，成佛為寶藏如來，復至

		安周羅大城之閻浮園林中休止。 (3)無諍念轉輪王準備供養寶藏佛及諸聖眾，奉施「衣被、飲食、臥具、湯藥」等，共三個月，亦勸諸小王、大臣、人民及其眷屬等，一同供養。 (4)無諍念轉輪王為寶藏佛做種種的「供養」，及於身上燃百千無量億「那由他」的燈來供佛，其餘國王「千子」及八萬四千諸「小王」亦復如是供養三個月。 (5)寶海梵志作念：我今已令百千億眾生皆發「阿耨菩提」心，然不知無諍念轉輪聖王「所願」何等？唯願諸「龍、夜叉、佛、聲聞、梵王」等，能為我「示現夢境」。 (6)寶海梵志於夢中見無諍念王受「畜生」諸事，醒後得知無諍念王所願「卑下」，竟愛樂「生死」，貪著「世樂」。 (7)如果「執著住於」修「三福」，只為求「人天」福報，即得生死輪迴，是為愚癡者。應「如理如法」的修持「三福」而只為求「解脫成佛」。 (8)寶海梵志告無諍念轉輪王：人身難得已得，當思惟「生死輪迴」有種種諸苦。若只求「人、天」福報，此皆是「無常」，亦無「決定」相，猶如「疾風、水中月」般的虛幻，應發「阿耨菩提」心。 (9)寶海梵志對無諍念大王說了 29 個「無上菩提正道」的特色，故應當一心求「阿耨菩提」。 (10)無諍念王願發「阿耨成佛」心，修集大乘，入不可思議法門，但終不願於「五濁穢惡」國土之世而發「成佛菩提心」。 (11)寶藏如來入「見種種莊嚴三昧」，現出 19 種十方世界種種不同的不可思議「相貌」。 (12)無諍念聖王向寶藏佛言：我已見 19 種諸佛土世界的種種相貌，但我願求遠離「五濁」之「清淨莊嚴世界」國土。 (13)寶海梵志教化毗沙門天王，及諸「夜叉」皆發「阿耨菩提」心，並協助寶海一起供養寶藏佛與諸僧眾連續七年。 (14)寶海梵志亦復勸「忉利、夜摩、兜術、化樂、他化自在」等五天王，應發「阿耨菩提」心，並協助寶海一起供養寶藏佛與諸僧眾連續七年。 (15)寶海梵志告「忉利、夜摩、兜術、化樂、他化自在」等「五天王」，汝等於種種「福德」應生「隨喜」，

		並發心迴向「阿耨菩提」，及供養寶藏如來。
卷三	《大施品・第三之二》 《諸菩薩本授記品・第四之一》	(1)寶藏如來入「無熱三昧」定，示現大神通，於一一毛孔放無量光明，遍照三千大千世界及「三惡趣」眾生。眾生在稱唸「南無佛」後便得解脫轉生「人間」。 (2)寶海梵志對無諍念王言：布施功德，不應求「人天」福報，福報與珍寶，皆是「無常」，無「決定」相，應迴向速成「阿耨菩提」，度眾生令入涅槃。 (3)無諍念聖王於「七年」中，端坐思惟種種「莊嚴清淨佛土」，並發願：我得成「阿耨菩提」時，世界無「三惡道」，眾生皆作「金色」獲六神通。 (4)無諍念聖王所發之「莊嚴清淨佛土」約有 40 願。 (5)無諍念王改字為無量清淨，未來成佛為無量壽佛(阿彌陀佛)，世界名安樂(極樂世界)。有些菩薩已從過去諸佛授記，故早無諍念王還先成「阿耨菩提」。 (6)無諍念王將於「第二恒沙」等阿僧祇劫成佛，世界名安樂(極樂世界)，佛號無量壽，世界莊嚴，眾生清淨，作「正法」之王。 (7)寶藏佛為無諍念王之第一王子不眴授記：將來成佛為遍出功德光明佛。在無量壽佛「般涅槃」後，世界轉名為一切珍寶所成就世界，住持極樂世界，因此不眴亦號為觀世音。 (8)無諍念王之第二王子尼摩於遍出功德光明佛(即由觀世音住持之極樂世界)涅槃後，成佛為善住珍寶山王佛，住持極樂世界，因此尼摩亦號為大勢至。 (9)無諍念王之第三王子王眾發願：不在「不淨穢濁」世界成「阿耨菩提」，亦復不願速成「阿耨菩提」。 (10)無諍念王之第三王子王眾，未來於一念中成「阿耨菩提」，能令無量無邊眾生悉發「阿耨菩提」心，未來成佛號普現，世界名清淨無垢寶寘，因此王眾亦號為文殊師利。
卷四	《諸菩薩本授記品・第四之二》	(1)無諍念王之第四王子能伽奴，未來成佛號普賢如來(無諍念王之第八王子泯圖，未來成佛號智剛吼自在相王如來，亦號為普賢同名)，世界名不眴，因此能伽奴亦號為金剛智慧光明功德。 (2)無諍念王之第五王子無所畏，未來成佛號蓮華尊如來，世界名蓮華，因此無所畏亦號為虛空印。 (3)無諍念王之第六王子虛空，未來成佛號法自在豐王如來，世界名日月，因此虛空亦號為虛空日光

		明。 (4)無諍念王之第七王子善臂，未來成佛號光明無垢堅香豐王如來，世界名青香光明無垢，因此善臂亦號為師子香。 (5)無諍念王之第八王子泯圖發願：將於此「不淨濁惡」的世界成「阿耨菩提」，他將獲得諸多不可思議的「三昧力」。 (6)無諍念王之第八王子泯圖發願：若我得「首楞嚴三昧」，即化作地獄之身，入地獄中與眾生說妙法，勸令發「阿耨菩提」心。 (7)無諍念王之第八王子泯圖，未來成佛號智剛吼自在相王如來，世界名知水善淨功德，因此泯圖亦號為普賢。 (8)爾時法會中有「一萬人」心生「懈怠」發聲言：寶藏佛！我等來世亦將於普賢菩薩所修治的「一萬清淨」佛土中，一時亦成「阿耨菩提」。 (9)無諍念王之第九王子蜜蘇，未來成佛號阿閦如來，世界名妙樂，因此蜜蘇亦號為阿閦。
卷五	**《諸菩薩本授記品・第四之三》**	(1)無諍念王之第十王子軟心，未來成佛號金華如來，世界名妙樂，因此軟心亦號為香手。 (2)無諍念王之第十一王子師子，未來成佛號龍自在尊音王如來，世界名月勝，因此師子亦號為寶相。 (3)寶藏如來各各為無諍念王之「五百、四百、八十九」位諸王子，及八萬四千小王，與九十二億眾生，皆「授記」將來當得「阿耨菩提」。 (4)寶海梵志有八十子，其第一長子為海地尊王子，未來成佛號寶山如來，世界名願愛。若有菩薩為成就「大悲」者，專度「濁穢惡意、顛倒邪見」眾生，則願取「不淨世界」成佛。 (5)寶海梵志有八十子，其第二長子為三婆婆王子，未來成佛號日華如來，世界亦名願愛。其第七十九位兒子亦成佛，號火藏佛。 (6)寶海梵志有八十子，其最小子為離怖惱王子，未來成佛號無垢燈出王如來。 (7)如來宣說種種能於「菩提道」上能「助益、增益」的法門，計有 28 條的「攝取助清淨度生死法門」(總集淨德度生死法門)。 (8)寶海的三億弟子，仍有「一千」位童子在讀誦婆羅門根本聖典「毗陀」，其中首領名婆由比紐，但卻發

		願欲於「五濁」成「阿耨菩提」，婆由比紐未來成佛號金山王如來，世界名袈裟幢。 (9)寶海的「一千」位童子其中第一位名火鬘，亦發願欲於「五濁」成「阿耨菩提」，故未來此世界即名為娑婆。火鬘於「賢劫」千佛中最初成「阿耨菩提」者為拘留孫如來(過去七佛的第四位)。 (10)寶海的「一千」位童子其中第二位名虛空，亦發願欲於「五濁」成「阿耨菩提」，於拘留孫佛滅度後，虛空當於此成「阿耨菩提」，名伽那迦牟尼如來(過去七佛的第五位)。 (11)寶海的「一千」位童子其中第三位名毘舍掬多，亦發願欲於「五濁」成「阿耨菩提」，於伽那迦牟尼佛滅度後，當於此成「阿耨菩提」，名迦葉如來(過去七佛的第六位)，因此毘舍掬多亦號為大悲智慧。 (12)寶海的「一千」位童子其中第四位名毘舍耶無垢，則發願於眾生世界「清淨」時成「阿耨菩提」，於迦葉佛滅度後，當於此成「阿耨菩提」，名彌勒如來。 (13)寶藏佛告毘舍耶無垢諸多法義，如「四懈怠法、四速疾法、四無厭法、四無盡藏法、四清淨法」。毗舍耶無垢發願於眾生世界「清淨」時成「阿耨菩提」，佛號為彌勒如來。
卷六	**《諸菩薩本授記品・第四之四》**	(1)寶藏佛告訴寶海梵志的弟子持力捷疾云：未來的「半賢劫」中，將會有「1004 尊」諸佛出現於世，待 1003 尊諸佛皆滅度已，最後一位「侍者」妙音龍將成佛號那羅延勝葉如來。 (2)寶海梵志的弟子持力捷疾發種種願，教化一切眾生，待「1004 尊」諸佛皆滅度後，自己再成佛，名樓至如來，即為「賢劫千佛」中最後一位之佛(第 1005 尊佛)。 (3)寶海梵志的弟子持力捷疾成佛為樓至佛，廣度眾生，待樓至佛涅槃後，所有的齒骨及舍利，將變作「化佛形像」，繼續教化無量無邊眾生。 (4)寶海的「一千」弟子中的持力捷疾，於「賢劫千佛」最後一位那羅延勝葉佛滅度後，當於此成「阿耨菩提」，名樓至如來，因此持力捷疾亦號為火淨藥王。 (5)寶海已勸無量無邊眾生皆發「阿耨菩提」，諸大菩薩皆發願取「清淨」佛土，唯除泯圖、婆由比紐、火鬘、虛空、毗舍掬多、大光明菩薩、日光、喜臂，加上寶海自己，總共九人是發願取「五濁穢惡」世

		界成佛 (6)釋迦佛告。寂意菩薩：寶海梵志在寶藏佛所，及諸天大眾前，發下「五百」個大誓願內容。 (7)眾生具厚重煩惱，於五濁惡世，能作「五逆」，毀壞正法，誹謗聖人，行於邪見，離「聖七財」，此為「1004」尊佛所放棄捨離者。 (8)寶海我為一一眾生種善根故，於十劫中，入「阿鼻」地獄，受無量苦，或入「畜生、餓鬼，及貧窮、鬼神、卑賤人」中，代受其苦。 (9)若有作「五逆」罪，毀壞正法，誹謗聖賢，重惡之罪猶如大山者，寶海我時當為如是眾生，說於正法，攝取調伏。 (10)當來眾生，六根放逸，行「八邪」法，入大罪山，廣造「五逆」，毀壞正法，誹謗聖人，不識恩義，失於正念，輕蔑善法。寶海我當救度如是眾生。 (11)眾生心中無有善願，常聞 45 種諸苦聲。斷諸善根，離善知識，常懷瞋恚，皆悉充滿於娑婆世界，亦是他方諸佛世界之所擯棄者 (12)若有眾生命欲。終時，寶海我不現於彼前、不為彼說法、不能令彼生善心者，則我終不成「阿耨菩提」。
卷七	**《諸菩薩本授記品·第四之五》**	(1)寶海能以「一音」說法，令所有眾生皆獲得法益，底下有 95 條。 (2)有無量無邊阿僧祇菩薩修集大乘，以寶海之「一音」說法，皆能獲「白淨善法」。 (3)若眾生於他方世界廣作「五逆」罪、四重禁，燒滅善法。以寶海我的願力，皆能來生我之佛土。 (4)寶海我涅槃後，若有眾生，供養吾之舍利，乃至禮拜，合掌稱歎、一莖華散，以是因緣隨其志願，於「三乘」中皆得「不退轉」。 (5)若有眾生墮阿鼻地獄，寶海我當代是眾生，久久常處「阿鼻」地獄而拔濟之，令生人中，聞佛說法即得開解，成阿羅漢，及速入涅槃。 (6)若寶海我必能成就如是「五百大願」之佛事，則十方諸天龍、阿修羅等眾，唯除如來，其餘一切眾生皆當為我涕泣，悉於我前，頭面作禮而讚歎。 (7)諸菩薩們皆說偈讚寶海梵志的「五百大願」力。 (8)大悲菩薩已成就「大悲」，具無量名稱，十方佛剎微塵數諸佛世界，皆言寶海為大悲菩薩，初發心

		即已能成就如是「大悲」。 (9)東方之選擇珍寶佛世界，有九十二億諸菩薩摩訶，欲往刪提嵐界，見寶藏佛，禮拜、供養、恭敬、并欲拜見大悲菩薩。 (10)「東、南、西、北、下、上」方，皆有無量阿僧祇諸佛世界，亦遣無量菩薩摩訶薩，往刪提嵐界，見寶藏佛，禮拜、供養，并拜見大悲菩薩。
卷八	**《諸菩薩本授記品・第四之六》** **《檀波羅蜜品・第五之一》**	(1)有一大悲菩薩摩訶薩(此即寶藏如來之父親寶海梵志，此寶海即是釋迦佛之前生)發願：將於「五濁」惡世調伏「弊惡煩惱」眾生，並攝取一切「五逆重罪」之人。 (2)「十方」世界，皆有無量阿僧祇諸佛世界，亦遣無量菩薩摩訶薩，往刪提嵐界，見寶藏佛，禮拜、供養，并拜見大悲菩薩。 (3)寶海梵志取此「月光淨華」轉供養寶藏如來已，白佛言：惟願寶藏如來與我授「阿耨多羅三藐三菩提」記。 (4)若有菩薩願取「淨土」成佛，雖謂菩薩，但猶非「猛健」之大丈夫，亦非是菩薩「深重大悲」者。若取於「純淨佛土」者，此菩薩乃捨離「大悲」，無「巧便慧善」之平等心。 (5)大光明菩薩於寶蓋光明佛所，勸發莊嚴，亦願於此「五濁」惡世成「阿耨菩提」。 (6)若有菩薩只取「清淨」世界成佛，如是眾生，亦名「菩薩」，但只譬如「餘華」，非謂「大菩薩」也。若取「五濁世界」成佛，此為「大悲」菩薩，如世間最珍貴之「分陀利」華。 (7)發願於「清淨」世界成佛的「四法懈怠」。發願於「不淨」世界成佛的「四法精進」。 (8)寶海將於娑婆世界人壽百二十歲，專作「五逆」，毀壞正法，誹謗聖人，犯四重禁時，寶海當成為釋迦如來，正法住世滿一千歲。 (9)寶海我於無量阿僧祇劫行菩薩時，有諸乞士求索任何物品，我皆與之，乃至不生一念「惡心」，若生「瞋恚」念如彈指頃，則我如同欺誑十方諸佛，甚至必定墮於「阿鼻」地獄。 (10)大悲菩薩我之「袈裟」若不能成就如是「五事聖功德」者，則為欺誑十方諸佛，未來亦不應成「阿耨菩提」。大悲菩薩未來成佛，必能成就「袈裟」之「五事聖功德」。

		(11)寶藏如來將為大悲菩薩宣說「諸三昧門助菩提法清淨門經」。 (12)佛陀總共介紹有 112 種「修學大乘菩薩摩訶薩諸三昧門」。
卷九	**《檀波羅蜜品‧第五之二》**	(1)一位修行的「大菩薩」需要「資憑借用」這 40 種無量的清淨功德，此是能益助我們修「菩提道」的一種法門。 (2)大悲比丘命終後轉世至歡喜世界，作強力旃陀羅，並令國王及諸眷屬，盡形壽皆住「九善業」。 (3)強力旃陀羅紹繼王位為功德力王，教化一切眾生令住於「不殺生」戒，並布施「飲食」與「珍寶」給一切眾生。 (4)灰音尼乾子外道向功德力王索求活人之「身皮」與「肉眼」，只為了自己的咒術能成就，能勝過阿修羅的天咒。 (5)功德力王布施「身皮」與「肉眼」與灰音尼乾子外道。七日後，灰音的咒術即獲得成就。功德力王雖受是苦，但不失「正念」，亦無一念之「悔心」。 (6)寶藏如來之父親為寶海梵志，即是大悲菩薩，此便是釋迦佛之前生。大悲菩薩往昔最初布施「身皮、肉眼」，繼又布施「舌、耳」與一切眾生。 (7)釋迦我於往昔大劫，於「無佛」國土之「五濁」惡世，皆以「麤惡言語」或「斷眾生命」之方便法去「恐怖」眾生，然後勸令眾生安住於「善法、三乘」中，故我今世感召如是「弊惡」不善的娑婆世界。 (8)釋迦我於往昔大劫所行的「布施」波羅蜜，過去與未來都無有人跟我一樣如此的行「布施」；唯除過去有八位的「大丈夫」例外。 (9)在釋迦佛之「前」有二位菩薩亦選擇在五濁成佛。日光菩薩在人壽 50 歲時成佛，號不思議日光明如來。喜臂菩薩在人壽 30 歲時成佛，號勝日光明如來。 (10)釋迦往昔曾作難沮壞王，難沮壞王至水愛護山，自投其身，即成「肉山」，供眾食用。願食此「肉山」者，皆能發「阿耨菩提」心，或發「聲聞、辟支佛」心。 (11)釋迦往昔作難沮壞王所捨之無量「肉山」，皆不生一念悔心。若我「捨身」布施大願不能成就的話，我將常墮「阿鼻地獄」。

		(12)釋迦往昔曾作燈光明王，後燈光明王發願燃臂七日七夜，為彼人明示道路，令得安隱，安全還歸。 (13)釋迦往昔曾作須香婆羅門，於那時眾生曾發生種種病苦。須香勤勞去問諸「醫方」，合集「諸草」，療治眾病，再以咒術去治由「鬼神」引起之諸病。 (14)須香婆羅門發心為所有病者，請諸天龍神仙，集合於毗羅山，共修外道之「毗陀咒」，令眾生悉得「離病」，受於快樂。
卷十	**《檀波羅蜜品‧第五之三》** **《入定三昧門品‧第六》**	(1)釋迦往昔曾作虛空淨王，布施無量珍寶給眾生，復又發願來生七次將作大龍王，並於身中示現無量百千萬億等「珍寶之藏」。 (2)虛空淨王於做「大布施」後，諸天人便稱虛空淨王為一切施。時有受持外道狗戒的青光明行乞者，亦向一切施乞求，皆滿其所求。 (3)虛空淨王命終後轉生作示現寶藏大龍王，誕生之夜，即有無量寶藏能利益眾生，復發願來生七次將作大龍王，並示現無量「寶藏」。 (4)釋迦往昔曾作善日光明帝釋，復又變成「惡夜叉」像，令眾生因感「恐懼」而發願盡形壽皆「不殺生」。 (5)釋迦往昔化作「惡夜叉」像，令眾生「恐懼」而行「十善」與住「三乘」。以是業因，故釋迦此世欲成「阿耨菩提」時，便遭「天魔波旬」之擾。 (6)十方世界微塵諸佛，其有「般涅槃」者，往昔皆經由釋迦佛所勸教度化，未來若有成佛之世尊，其往昔亦是受過釋迦佛所勸教度化。 (7)釋迦佛為娑婆世界眾生宣講「釋迦往昔本事經」時，造成東方善華世界之無垢功德光明王佛，其師子座及大地，皆六種震動。 (8)善華世界之諸菩薩，欲以神力前往娑婆世界，拜見釋迦佛，供養、恭敬、尊重、讚歎，并欲諮受「解了一切陀羅尼」門。 (9)爾時釋迦佛於毗陀山之因臺娑羅窟入定，佛身遍滿整個窟穴，佛使神通力，讓窟穴變成無量寬博，能容受十二「那由他」諸菩薩。 (10)時帝釋派乾闥婆子般遮旬彈「琉璃琴」歌讚釋迦佛，欲以「琴音」諸妙聲令佛陀從「三昧」中出定，時佛即入「無聲勝明三昧」。 (11)爾時諸大眾皆能同入釋迦佛之腹，然佛之腹，仍不增、不減。假使十方恒河。

		(12)時「東、南、西、東北」方有無量阿僧祇等諸大菩薩，皆來此娑婆世界，悉手持「月光明無垢淨華」，見釋迦佛，供養、恭敬、尊重、讚歎。 (13)釋迦佛以大神力，令從十方來之諸菩薩眾，其身皆微細如芥子許。佛復入「遍虛空斷諸法定意三昧」，再令此無量「月光明無垢淨華」，悉入佛身之諸毛孔中。 (14)時釋迦佛之毛孔現無量無邊的微妙「園觀」，莊嚴相皆如西方極樂世界，是諸大眾皆入佛身之毛孔，尋自覺知吾等皆已處在佛身之內。 (15)釋迦佛宣講《一切行門》經，若能於「十法」專心而修，即發發「無上菩提」，則能入此《一切行門》之境。 (16)釋迦佛說是法已，佛腹內有八十億恒河沙等諸菩薩，皆得不退轉於「阿耨菩提」。後大眾便從佛「毛孔」中出，以諸音聲讚歎佛。 (17)無畏等地菩薩問佛此經名？佛云有十種：解了一切陀羅尼門。無量佛。大眾。授菩薩記。四無所畏出現於世。一切諸三昧門。示現諸佛世界。猶如大海。無量。大悲蓮華。 (18)若有受持讀誦是經，能獲「甚深法忍、三昧、陀羅尼門」等共十三種無量的功德。 (19)佛告無怨沸宿夜叉大仙：應受持經，乃至於末後「惡世」中，應廣為「不退菩薩」眾們、及「不信善惡業報」者，演布是經教。

二、《悲華經》的譯本與十種異名

根據《開元釋教錄》記載(《開元釋教錄》卷 4(大正 55,p519,b)；後人對竺法護與道龔之譯本亦持有不同之見解)：《悲華經》在漢譯中有四個譯本，即：

一、西晉・竺法護譯**《閑居經》**一卷。
二、**《大乘悲分陀利經》**（秦代譯者失佚）。
三、北涼・道龔譯**《悲華經》**十卷。
四、曇無讖(Dharma-rakṣa 385～433)譯**《悲華經》**十卷。

但目前僅存有《大乘悲分陀利經》及曇無讖譯的《悲華經》而已。藏譯本由印度僧侶勝友(Jinamitra)、天主覺(Surendra-bodhi)、智慧鎧(Prajñ ā -varman)，及西藏翻譯官智慧軍(藏 Ye-śes-sde)共譯而成，分為 15 卷 5 品。梵文版則於 1898 年，由印度佛教學者達斯(Das, Bahu Sarat Chandra)發表了梵文本，分為五品：「轉法輪、陀羅尼、棄施、菩薩授記、布施」等五品。

本經有十個不同的譯名，如下表所示：

北涼・曇無讖 譯 (Dharma-rakṣa) (385～433)	**秦・譯者佚 名**
《悲華經》 **(No.157)**	《大乘悲分陀利經》 **(No.158)**
又稱 《解了一切陀羅尼門》 《無量佛》 《大衆》 《授菩薩記》 《四無所畏出現於世》 《一切諸三昧門》 《示現諸佛世界》 《猶如大海》 《無量》 《大悲蓮華》	又稱 《入一切種智行陀羅尼門》 《諸佛之藏》 《多集》 《授菩薩記》 《入無畏道》 《入諸三昧》 《現諸佛土》 《如大海》 《過數》 《大悲分陀利》
十卷(收於大藏經第 3 冊)	八卷(收於大藏經第 3 冊)

三、蕅益大師的《悲華經》序文

《靈峰蕅益大師宗論・卷六・悲華經序》

大悲釋尊，能為難事，較十方三世佛，遍稱「勇猛」，而《悲華》一經，敘述尤詳。此經亦名《大乘大悲芬陀利》，經謂「攝取淨土」菩薩(只能)如「餘華」(其餘之蓮華)，唯「大悲苦行」菩薩，(始)如(最珍貴希有之)「芬陀利華」(puṇḍarīka白蓮花)也。

然釋尊成佛，剎海微塵數劫，為眾生故，於恆沙劫前，示作寶海大臣(寶藏如來之父親寶海梵志，此寶海即是大悲菩薩，即是釋迦佛之前生)。(寶海)其長子成佛，名寶藏，既勸輪王(無諍念轉輪聖王之大臣 即是寶海)千子，及諸小王，供(寶藏)佛發心，各取「淨土」，後(寶海)獨發「悲誓」，願取「穢土」。

嗚呼，我輩垢重障深，久為「十方佛」所「擯棄」，聚此「五濁」世間，自非釋尊徹底「大悲」，何由得聞「出世」法要？

當知今日四眾弟子，無非昔日飲(釋迦之)「大悲血」，食(釋迦之)「大悲肉」，受用(釋迦之)「大悲」頭目髓腦，及餘身分者也。

釋尊捨無量血肉身分，令我輩成「菩提」種，我輩猶復不思「報恩」，尚可為人乎？
經云：
菩薩有四法「懈怠」：
一、(發)願取「淨」世界。
二、(發)願於「淨眾」(中)作「佛事」。
三、(發)願成佛(但)不說「聲聞、辟支」法。
四、(發)願「成佛」，(及)壽命無量。

有四種「精進」：
一、(發)願取「不淨」世界。
二、(願於)「不淨人」中作「佛事」。
三、(願)成佛(亦)說「三乘法」。
四、(願)成佛(但只)得「中壽」。

此經宗要，概不出此。然「懈怠」菩薩，如恆河沙，而「精進」菩薩，迄今不滿「十人」。

(1 無諍念王之第八王子泯圖。 無諍念王即是阿彌陀佛之前生。
2 寶海的「一千」位童子之首領婆由比紐。
3 寶海的「一千」位童子其中第一位火鬘。
4 寶海的「一千」位童子其中第二位名虛空。
5 寶海的「一千」位童子其中第三位名毘舍掬多。
6 寶海梵志，此即大悲菩薩，亦是釋迦佛之前生。
7 大光明菩薩於寶蓋光明佛所，發願於此「五濁」成「阿耨菩提」，成佛爲大光明佛
8 日光與喜臂二位是在釋迦佛之「前」選擇在五濁成佛者。日光菩薩在人壽 50 歲時成佛，號不思議日光明如來。
9 喜臂菩薩在人壽 30 歲時成佛，號勝日光明如來)

故釋尊雖「自取穢土」，仍勸「穢土」眾生，求生極樂，苦口叮嚀，不一而足。

吾輩信(釋迦佛之)**「大悲」語，即同「大悲心」，**(必須先求)**生極樂**(世界)**已，方可**(再發願而)**速入「不淨」世界。於「不淨」人中，**(能)**說種種法，**(能)**數**[戾]**示**(種種)**「生滅」**(現象)**，**(方)**為第一**(之)**「精進」菩薩。**

吳興 唐宜之甫讀是經，不禁「感泣」，山東 耿闇然，適聞是(《悲華》)**經，便誓流通，此皆釋尊**(之)**「真實眷屬」，**(乃)**一切人中**(之)**「芬陀利華」也。此經久行世間，五濁不難度盡，深心隨喜為之序。**

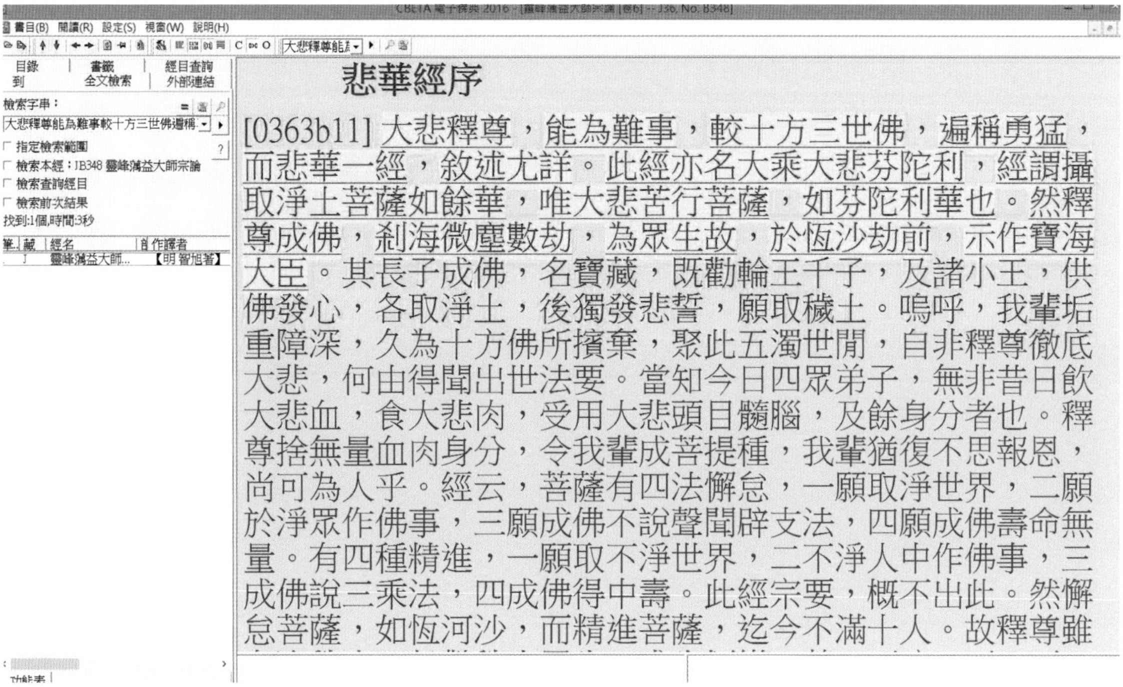

悲華經序

[0363b11] 大悲釋尊，能為難事，較十方三世佛，遍稱勇猛，而悲華一經，敘述尤詳。此經亦名大乘大悲芬陀利，經謂攝取淨土菩薩如餘華，唯大悲苦行菩薩，如芬陀利華也。然釋尊成佛，剎海微塵數劫，為眾生故，於恆沙劫前，示作寶海大臣。其長子成佛，名寶藏，既勸輪王千子，及諸小王，供佛發心，各取淨土，後獨發悲誓，願取穢土。嗚呼，我輩垢重障深，久為十方佛所擯棄，聚此五濁世間，自非釋尊徹底大悲，何由得聞出世法要。當知今日四眾弟子，無非昔日飲大悲血，食大悲肉，受用大悲頭目髓腦，及餘身分者也。釋尊捨無量血肉身分，令我輩成菩提種，我輩猶復不思報恩，尚可為人乎。經云，菩薩有四法懈怠，一願取淨世界，二願於淨眾作佛事，三願成佛不說聲聞辟支法，四願成佛壽命無量。有四種精進，一願取不淨世界，二不淨人中作佛事，三成佛說三乘法，四成佛得中壽。此經宗要，概不出此。然懈怠菩薩，如恆河沙，而精進菩薩，迄今不滿十人。故釋尊雖

龍樹菩薩造《大智度論・卷三十八》

(1)問曰：菩薩法「應度眾生」，何以但至清淨無量壽佛世界(極樂世界)中？

(2)答曰：**菩薩有二種。**

一者(第一種菩薩)：有慈悲心，多為眾生。

二者(第二種菩薩)：多集諸佛功德。

(3)(第二種菩薩)樂「多集諸佛功德」者，(則必往生)至「一乘」清淨無量壽世界(極樂世界)。

(4)(第一種菩薩)好「多為眾生」者，(則改)至「**無佛法**」眾處，(於此「無佛法處」去)讚歎三寶之音，**如後章說**(即詳見《摩訶般若波羅蜜經・卷二》中所說)。

《摩訶般若波羅蜜經・卷二》

(1)**舍利弗！有菩薩摩訶薩「初發意」時，得「初禪」，乃至「第四禪」，得「四無量心」、得「四無色定」，修「四念處」，乃至「十八不共法」。**

(2)是菩薩不生「欲界、色界、無色界」中，常生「有益眾生」之處。

龍樹菩薩造《大智度論・卷三十八》

(1)**此菩薩或生「無佛」世界，或生「有佛」世界。世界「不淨」，**(故)**有「三惡道」，**(有)**貧窮下劣。**

(2)(諸菩薩)**或**(轉)**生「清淨」世界。**(諸菩薩或)至「無佛」世界，(則)**以「十善道、四禪」乃至「四無色定」，**(去)**利益眾生；令**(彼眾生)**信向「三寶」，稱**(爲)**說「五戒」及「出家戒」，令得**

「禪定、智慧」功德。

四、釋迦佛直接或間接介紹西方彌陀佛淨土經典約有 270 餘部之多

佛陀一生講經說法達三百多會，據日本學者藤田宏達的考察，釋迦佛陀在講經說法中「直接」或「間接」提到有關「阿彌陀佛」與「西方淨土」的經典，或相關「淨土」的註釋書，大約總有 270 餘部之多，這幾乎是佔了所有「大乘經典」總數的 1/3 多啊！

《淨土指歸集‧卷二》

釋迦如來，住世說法，「三百」**餘會。諸經皆以**「結歸淨土」**，蓋為眾生**「貪戀世間」**，以苦為樂，自甘**「沉湎」**，不求**「出離」**。是故世尊於此**(淨土)**法門，諄諄垂誨不已。**

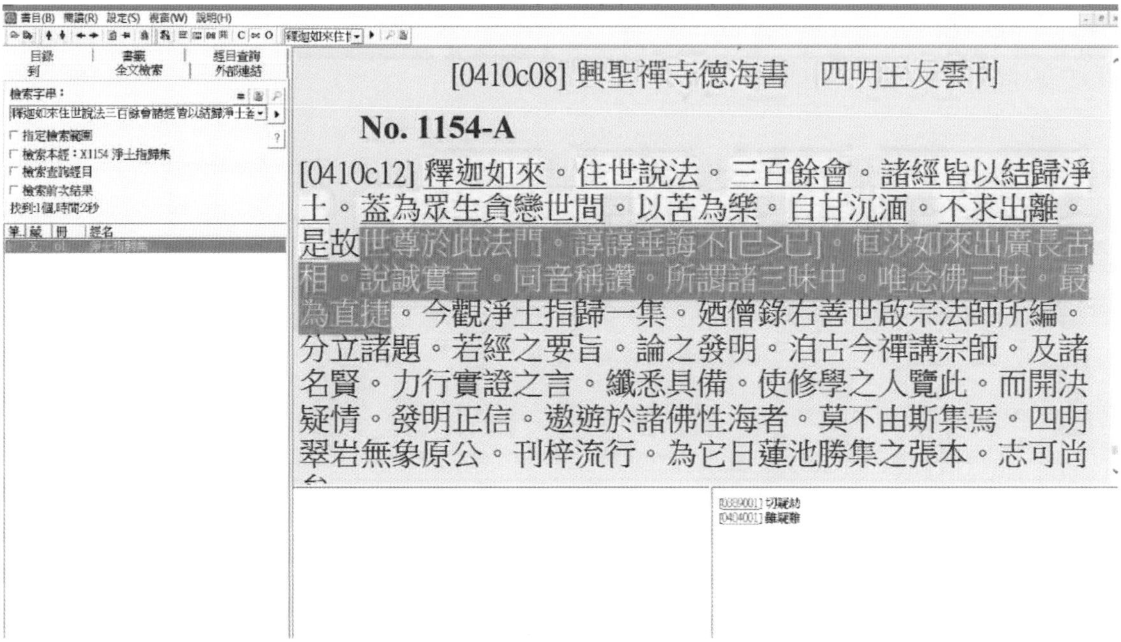

釋迦佛自己發 500 大願，願留在「五濁惡世」中成佛，但釋迦佛一生所講的「法教經義」，有 1/3 以上，都叫人應求生「淨土」，斷「生死」輪迴，然後再「發願」到十方廣度眾生。

如果真要學習釋迦佛「大悲心」的人，也可以發願選擇在「五濁」中成佛，但不可「廣宣」，也不可叫大家都在「五濁」中成佛。因為連釋迦佛「自己」都沒有這麼做的，因為從釋迦佛所講的經典內容來說就是一種強力的證據。

如果到處「廣宣」叫大家「留」下來在「五濁」中成佛，這種觀點就是完全違背「經教」的一種「邪說」了。

《大方廣佛華嚴經》卷 18〈明法品 18〉

佛子！菩薩住十種法，令諸大願皆得圓滿。何等為十？

一者、心無疲厭。

二者、具大莊嚴。

三者、念諸菩薩殊勝願力。

四者、聞諸「佛土」，悉願「往生」。

五者、深心長久，盡未來劫。

六者、願悉成就一切眾生。

七者、住一切劫，不以為勞。

八者、受一切苦，不生厭離。

九者、於一切樂，心無貪著。

十者、常勤守護無上法門。

《大方廣佛華嚴經》卷 10〈明法品 14〉

佛子！菩薩摩訶薩修行十法，悉能滿足一切諸願，何等為十？

一者、生大莊嚴，心無憂慼。

二者、轉向勝願念諸菩薩。

三者、所聞十方嚴淨「佛剎」，悉願「往生」。

四者、究竟未來際。

五者、究竟成就一切眾生、滿足大願。

六者、住一切劫，不覺其久。

七者、於一切苦，不以為苦。

八者、於一切樂，心無染著。

九者、悉善分別「無等等」解脫。

十者、得大涅槃，無有差別。

《菩薩善戒經》卷 8〈生菩提地品 4〉

菩薩爾時住「喜行」時，見無量佛……又復作願：願我常生「諸佛世界」，隨願「往生」，是名「善願」，以得「往生」諸佛世界。

《佛說菩薩內戒經‧卷一》

菩薩當知三願，乃為菩薩，何謂三？

一、願我當作佛，我當作佛時，令國中無有三惡道者……

二、願我往生阿彌陀佛前。

三、願我世世與佛相值，佛當授我「莂」(指「受記」)**。**
是為三願。

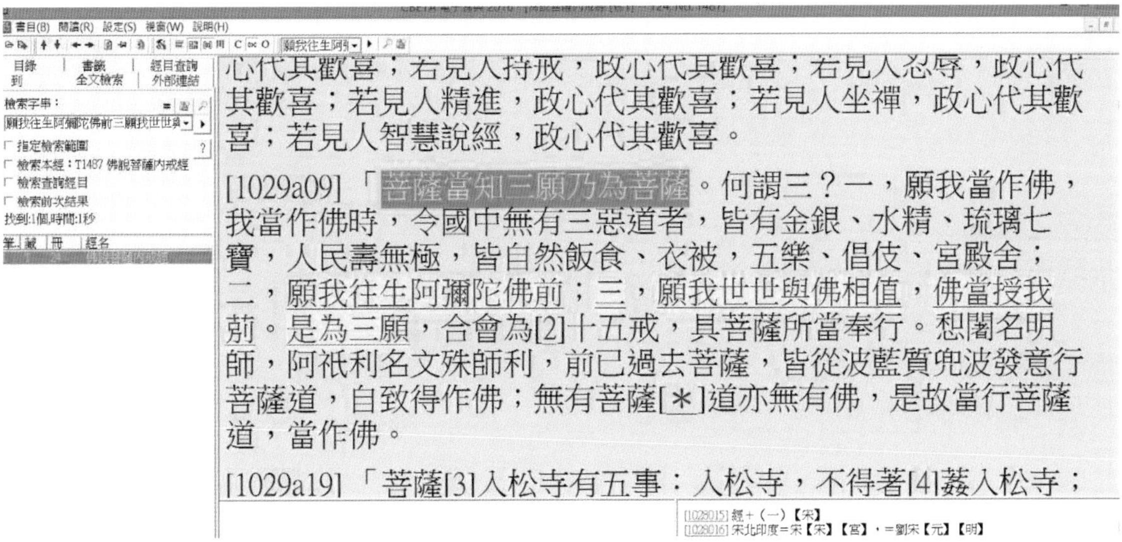
心代其歡喜；若見人持戒，政心代其歡喜；若見人忍辱，政心代其歡喜；若見人精進，政心代其歡喜；若見人坐禪，政心代其歡喜；若見人智慧說經，政心代其歡喜。

[1029a09]「菩薩當知三願乃為菩薩。何謂三？一，願我當作佛，我當作佛時，令國中無有三惡道者，皆有金銀、水精、琉璃七寶，人民壽無極，皆自然飯食、衣被，五樂、倡伎、宮殿舍；二，願我往生阿彌陀佛前；三，願我世世與佛相值，佛當授我莂。是為三願，合會為[2]十五戒，具菩薩所當奉行。恕闍名明師，阿祇利名文殊師利，前已過去菩薩，皆從波藍質兜波發意行菩薩道，自致得作佛；無有菩薩[*]道亦無有佛，是故當行菩薩道，當作佛。

[1029a19]「菩薩[3]入松寺有五事：入松寺，不得著[4]蓌入松寺；

[1028015] 經＋（一）【宋】
[1028016] 宋北印度＝宋【宋】【宮】，＝劉宋【元】【明】

《大乘寶雲經》卷 2〈十波羅蜜品 2〉

生生世世值遇親近「真善知識」。**何者名為「真善知識」？**
所謂「諸佛、菩薩」，如是增長宿世，修集「善業」因緣。

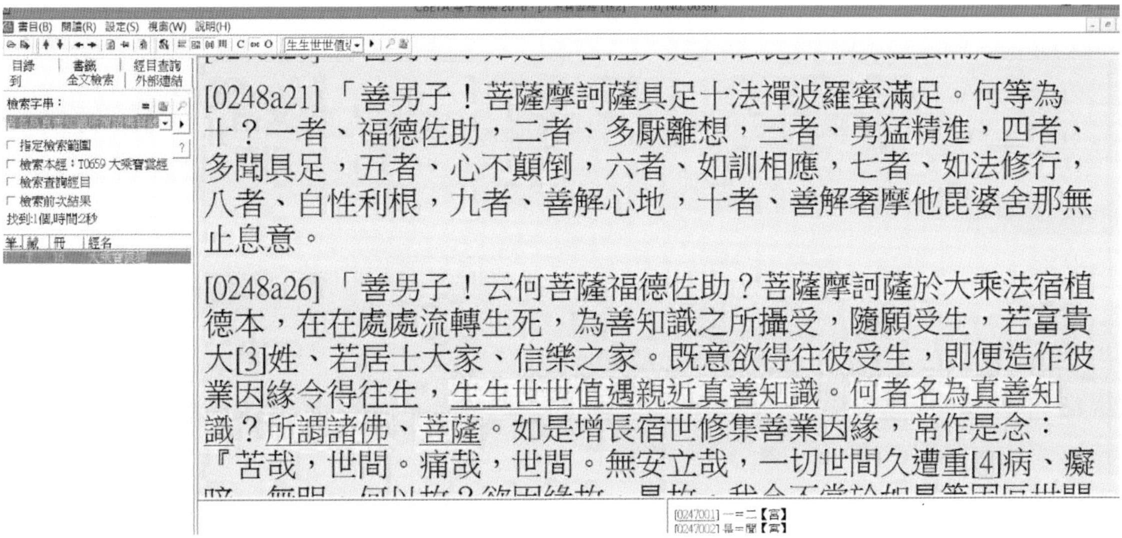
[0248a21]「善男子！菩薩摩訶薩具足十法禪波羅蜜滿足。何等為十？一者、福德佐助，二者、多厭離想，三者、勇猛精進，四者、多聞具足，五者、心不顛倒，六者、如訓相應，七者、如法修行，八者、自性利根，九者、善解心地，十者、善解奢摩他毘婆舍那無止息意。

[0248a26]「善男子！云何菩薩福德佐助？菩薩摩訶薩於大乘法宿植德本，在在處處流轉生死，為善知識之所攝受，隨願受生，若富貴大[3]姓、若居士大家、信樂之家。既意欲得往彼受生，即便造作彼業因緣令得往生，生生世世值遇親近真善知識。何者名為真善知識？所謂諸佛、菩薩。如是增長宿世修集善業因緣，常作是念：『苦哉，世間。痛哉，世間。無安立哉，一切世間久遭重[4]病、癡

[0247001] 一＝二【宮】

《維摩詰所說經》卷 3〈見阿閦佛品 12〉

是時(釋迦)**佛告舍利弗：有國名妙喜，佛號無動。是維摩詰於「彼國」**(東方妙喜佛國淨土)**沒**(壽終緣滅)**，而來**(轉)**生此**(娑婆世界)**。**

舍利弗言：未曾有也。世尊！是人乃能捨「清淨土」(東方妙喜佛國淨土)**，而來樂此「多怒害處」**(娑婆世界)**。**

《維摩詰所說經》是以「心淨國土淨」爲重點的經典。但維摩詰菩薩也是從「某一國土」在「捨身」後，「往生」到東方妙喜佛國淨土成佛，然後再「發願」現「在家身」前往此「多怒害處」的娑婆世界地球來度化眾生!

※印光大師

依陝西終南山南五台的蓮花洞寺的道純和尚出家。

※太虛大師

於吳江縣平望小九華寺的奘年法師剃度出家，法名「唯心」，立表字「太虛」。

※虛雲大師

於福州鼓山 湧泉寺剃度出家，從妙蓮和尚受具足戒，師承曹洞宗四十六世鼓山鼎峰耀成禪師。

※廣欽大師

於福建泉州 承天寺出家，由轉塵法師剃度。

※宣化大師

禮三緣寺的常智老和尚剃度出家。後拜師於虛雲和尚，成為「溈仰宗」第九代傳人。

※惟覺禪師

依基隆十方大覺禪寺靈源長老(依虛雲老和尚披剃)**門下剃度出家。**

※聖嚴禪師

依東初長老(依靜禪老和尚披剃)**剃度出家，承繼「臨濟宗」與「曹洞宗」法脈，復又皈依靈源長老門下，承繼「臨濟宗」法脈。**

※星雲大師

依棲霞山寺的志開上人披剃出家。

※證嚴法師

依印順導師(依太虛大師披剃)**剃度出家，創立佛教「慈濟功德會」。**

以上略舉幾位近代的大德法師，從他們生平的「開示錄」中，從來都沒有出現過法師自己發願說:「願生生世世追隨自己的皈依恩師、願生生世世追隨自己的剃度恩師」這類的話語。

然而在當今「某些」佛教的宗派信眾，竟然要信徒們都發願:「願生生世世追隨自己的依止恩師、願生生世世追隨自己的剃度恩師」這類的話語。

而不發願:「願生生世世追隨佛菩薩」這類的話語。豈不顛倒乎?

師父領進門，修行在個人!

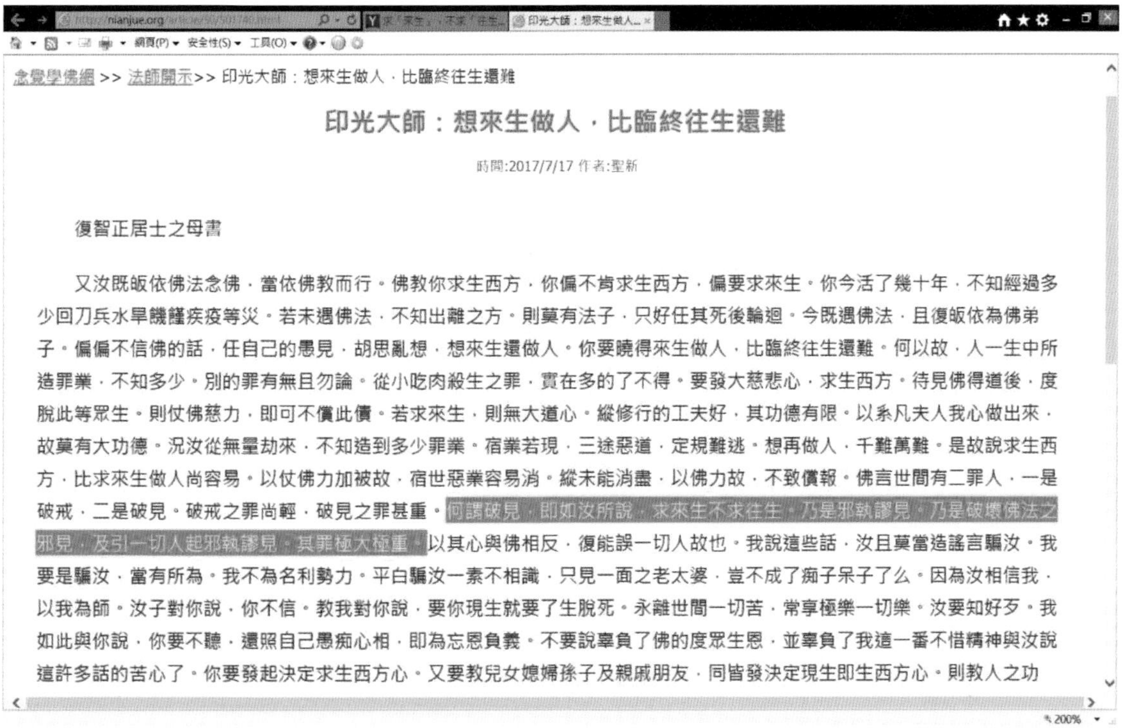

念覺學佛網 >> 法師開示>> 印光大師：想來生做人，比臨終往生還難

印光大師：想來生做人，比臨終往生還難

時間:2017/7/17 作者:聖新

復智正居士之母書

又汝既皈依佛法念佛，當依佛教而行。佛教你求生西方，你偏不肯求生西方，偏要求來生。你今活了幾十年，不知經過多少回刀兵水旱饑饉疾疫等災。若未遇佛法，不知出離之方。則莫有法子，只好任其死後輪迴。今既遇佛法，且復皈依為佛弟子。偏偏不信佛的話，任自己的愚見，胡思亂想，想來生還做人。你要曉得來生做人，比臨終往生還難。何以故，人一生中所造罪業，不知多少。別的罪有無且勿論。從小吃肉殺生之罪，實在多的了不得。要發大慈悲心，求生西方。待見佛得道後，度脫此等眾生。則仗佛慈力，即可不償此債。若求來生，則無大道心。縱修行的工夫好，其功德有限。以系凡夫人我心做出來，故莫有大功德。況汝從無量劫來，不知造到多少罪業。宿業若現，三途惡道，定規難逃。想再做人，千難萬難。是故說求生西方，比求來生做人尚容易。以仗佛力加被故，宿世惡業容易消。縱未能消盡，以佛力故，不致償報。佛言世間有二罪人，一是破戒，二是破見。破戒之罪尚輕，破見之罪甚重。何謂破見，即如汝所說，求來生不求往生，乃是邪執謬見，乃是破壞佛法之邪見，及引一切人起邪執謬見，其罪極大極重。以其心與佛相反，復能誤一切人故也。我說這些話，汝且莫當造謠言騙汝。我要是騙汝，當有所為。我不為名利勢力。平白騙汝一素不相識，只見一面之老太婆，豈不成了痴子呆子了么。因為汝相信我，以我為師。汝子對你說，你不信。教我對你說，要你現生就要了生脫死。永離世間一切苦，常享極樂一切樂。汝要知好歹。我如此與你說，你要不聽，還照自己愚痴心相，即為忘恩負義。不要說辜負了佛的度眾生恩，並辜負了我這一番不惜精神與汝說這許多話的苦心了。你要發起決定求生西方心。又要教兒女媳婦孫子及親戚朋友，同皆發決定現生即生西方心。則教人之功

五、近人對釋迦佛五百大願的整理研究

釋迦佛在因地時所發的五百大願，主要是出現在《悲華經》，但其實「細數」之下，要達到「五百大願」的「實數」是有困難的，但在日本京都的高山寺，有供奉著《釋迦如來五百大願經》上、下二卷，此經主要就是節錄《悲華經》裡的內容，再加以「增補」行文，使其經文順暢、條文明顯，而且達到「五百大願」的「實數」。

之前曾有日本祖師明行比丘尼用自己的「鮮血」來書寫這一部《釋迦如來五百大願經》，就如高山寺所藏的古寫本中記載，明行比丘尼於「**嘉禎三年，從三月廿二日始，於舍利御前每字香華供養，一字一禮儀，刺血和墨，同五月廿六日午時許書寫畢……**」(引文轉引自成田貞寬之論文：〈高山所藏『釋迦如來五百大願經』の研究〉，收錄在《佛教大學大學院研究紀要》no7,p3，京都佛教大學學會於 19790314 出版)

另外日本學者成田貞寬在他的〈高山所藏『釋迦如來五百大願經』の研究〉(詳成田貞寬著，〈高山所藏『釋迦如來五百大願經』の研究〉，收錄在《佛教大學大學院研究紀要》no7,p3，京都佛教大學學會於 19790314 出版)論文中，也把高山寺所藏的《釋迦如來五百大願經》的願文作了整理。也有學者如成松芳子認為：「**五百**」只是強調釋迦如來的卓越性，並非是「**實數**」(詳成松芳子著〈悲華經所說の生因願について─無量寿経との対照を中心に〉，收錄在《佛教研究論集》p271n2，昭和五十年十一月二十日發行，清文堂出版株式會社)。

所以目前日本學界對《悲華經》中的「釋迦五百大願」正確的「足數」仍持有不同的看法。

近人洞山法師則借助了日本學者成田貞寬的**〈高山所藏『釋迦如來五百大願經』の研究〉**(詳成田貞寬著〈高山所藏『釋迦如來五百大願經』の研究〉，收錄在《佛教大學大學院研究紀要》no7,p1-71，京都佛教大學學會於 19790314 出版)之研究成果，並加以整理及說明成為「釋迦如來五百大願」，後來由中華印經協會印製出書(並無 ISBN 註冊的結緣書)，於 2014 年 1 月出版，收錄在**《悲華經》五百大願、《釋迦牟尼佛五百大願(經文節錄)》**一書中的 p63~250。該書的電子檔亦可下載，如 http://www.sutra.org.tw/e-lib/pdf/s1094/s1094.html。但其「第八十七願」(頁 97)可能因為出書「校對」問題，所以漏掉了，甚為可惜。

另外在**《悲華經》五百大願、《釋迦牟尼佛五百大願(經文節錄)》**一書中的 p251~291 還有收錄由全知麥彭仁波切編撰的《釋迦牟尼佛五百大願》，這份資料主

要是從全知麥彭**《釋迦牟尼佛廣傳· 白蓮花論》**(藏文古籍出版社。500 頁。2012/10/01 出版。ISBN：9787805892337)一書中抽錄出來的。

《釋迦牟尼佛廣傳· 白蓮花論》書中所集的釋迦佛五百大願，內容就是釋迦牟尼佛的前世海塵菩薩(即漢傳的寶海梵志)在寶藏如來前所發下的五百大願，這也是近年來所流行藏密版本的釋迦佛五百大願，但裡面的內容是根據《大悲妙法白蓮經》而整理的，《大悲妙法白蓮經》在漢傳的《大藏經》中是沒有的，因為《大悲妙法白蓮經》是西藏所譯的「經名」，其實就是漢傳的《悲華經》或《大乘悲分陀利經》，只是內容仍有許多差異性，因此全知麥彭仁波切編撰的**《釋迦牟尼佛五百大願》**裡面也沒有「五百足數」的內容。

所以在**《悲華經》五百大願**、**《釋迦牟尼佛五百大願(經文節錄)》**一書中的前面「目錄」中已經說明解釋為何沒有「五百足數」的這個問題，如書所云：

> **依照漢、藏本《悲華經》，實海梵志**(菩薩-釋迦牟尼佛過去世)**所發五百大願，並不足五百條願數，原因是在古印度文化，五百表示數量很多的意思，並不是正好有五百之數。**

筆者對洞山法師根據成田貞寬〈高山所藏『釋迦如來五百大願經』の研究〉一文，再進行編製的「釋迦如來五百大願」內容，在反復研讀與整理下，發現裡面有不少內容都是「增溢」的，也就是若要完全根據《悲華經》的內容來說，這些「願文內容」是不存在的，只是被加以「延伸」的內容而已，這些增加溢出於《悲華經》內容有多少？粗略整理一下，至少有「八十三」個願以上，如下表格所製：

第 104 令發道心願	願我未來，滿菩薩行，將成佛時，厭離「世間」微妙「五欲」，(故我)夜半「出城」。(此時)諸天來集，龍神驚目，嘆未曾有。見聞眾生皆發道心，於「三乘」中，得「不退轉」。若不爾者，不取正覺。
第 132 再令眾生獲羅漢妙果願	願我未來，成正覺已，若諸眾生一聞我名，令入菩薩地。若不爾者，不取正覺。
第 147 能滅眾生之殘業願	願我未來，成正覺已，若諸眾生「惡業」急難，受諸苦惱，聞我名號，至心稱念，(我將)到彼苦(處之)所，攝持救護，令得解脫。若不爾者，不取正覺。
第 324 令住五神通願	願我未來，成正覺已，若有眾生欲求「神通」，我當令住「五神通」中。若不爾者，不取正覺。
第 325 宣說和伽羅經願	願我未來，成正覺已，若有眾生欲求「受記」，我當宣說「和伽羅經」(vyākaraṇa 記別;授記;和伽羅那)。若不爾者，不取正覺。
第 326 宣說阿浮陀經願	願我未來，成正覺已，若有眾生欲聞「未曾有事」，我當宣說「阿浮陀經」(adbhuta-dharma 阿浮陀達磨;希法;未曾有法)。若不爾者，不取正覺。
第 327 宣說修多羅經願	願我未來，成正覺已，若有眾生求聞「法本」，我當宣說「修多羅」(sūtra 修多羅;契經)。若不爾者，不取正覺。
第 328 宣說祇那正教願	願我未來，成正覺已，若有眾生求聞「重說」，我當宣說「祇那正教」(geya 祇夜;應頌)。若不爾者，不取正覺。
第 329 宣說伽陀正教願	願我未來，成正覺已，若有眾生求聞一遍，不樂「重說」，我當宣說「伽陀正教」(gāthā 伽陀;孤起;諷頌)。若不爾者，不取正覺。
第 330 宣說優陀那正教願	願我未來，成正覺已，若有眾生，雖有樂聞，而「不聞義」，我為宣說「優陀那正教」(udāna 優陀那;自說)。若不爾者，不取正覺。
第 331 宣說毗尼正教願	願我未來，成正覺已，若有眾生欲求「戒律」，我為宣說「毗尼正教」。若不爾者，不取正覺。
第 332 宣說和多伽正教願	願我未來，成正覺已，若有眾生欲聞「諸法本事」，我為宣說「和多伽正教」(itivṛttaka 伊帝曰多伽;本事)。若不爾者，不取正覺。
第 333 宣說諸譬喻經願	願我未來，成正覺已，若有眾生依「譬」得「解」，我當宣說「諸譬喻經」(avadāna 阿波陀那;譬喻)。若不爾者，不取正覺。
第 334 宣說種種因緣願	願我未來，成正覺已，若有眾生當依「因緣」得正道者，我當宣說種種「因緣」(nidāna 尼陀那;因緣)。若不爾者，不取正覺。
第 335 宣說十二頭陀願	願我未來，成正覺已，若有眾生欲求「頭陀」(dhūta)，我當宣說「十二頭陀」。若不爾者，不取正覺。
第 336 宣說甚深正教願	願我未來，成正覺已，若有眾生欲求「說法」，我當宣說「方便巧說」甚深正教。若不爾者，不取正覺。

第 337 教示空理願	願我未來，成正覺已，若有眾生欲觀「空法」，我當教示「畢竟空理」。若不爾者，不取正覺。
第 344 放大光明願	願我未來，成正覺已，為一一眾生，放「大光明」，令得見之，入於「正見」。若不爾者，不取正覺。
第 345 現諸瑞相願	願我未來，成正覺已，為一一眾生，現諸「瑞相」，令得見之，入於「正道」。若不爾者，不取正覺。
第 346 震動世界願	願我未來，成正覺已，為一一眾生，「震動」世界，令得見之，入於「佛道」。若不爾者，不取正覺。
第 347 現諸音樂願	願我未來，成正覺已，為一一眾生，現諸「音樂」，令得聞之，為「説正法」。若不爾者，不取正覺。
第 348 雨諸天花願	願我未來，成正覺已，為一一眾生，雨諸「天花」，令得見之，為「説正法」。若不爾者，不取正覺。
第 349 大海入芥子願	願我未來，成正覺已，為一一眾生，無量「須彌大海」，入「芥子」中，令得見之，為「説正法」。若不爾者，不取正覺。
第 350 現諸佛國土願	願我未來，成正覺已，為一一眾生，現他方諸佛國土，令得見之。若不爾者，不取正覺。
第 351 常行乞食願	願我未來，成正覺已，為一一眾生，常行「乞食」，令得見之，為説「正法」。若不爾者，不取正覺。
第 352 示現涅槃願	願我未來，成正覺已，為一一眾生，示現「涅槃」，心不生厭，令入「佛道」。若不爾者，不取正覺。
第 359 歌舞供養舍利願	願我來世，入「涅槃」後，若有眾生，以諸「歌舞」供養「舍利」，以是因緣，隨其志願，於「三乘」中，各得不退轉。若不爾者，不取正覺。
第 360 歌唄舍利願	願我來世，入「涅槃」後，以諸「偈頌」，歌唄「舍利」，以是因緣，隨其志願，於「三乘」中，各得「不退轉」。若不爾者，不取正覺。
第 361 衣服供養舍利願	願我來世，入「涅槃」後，若有眾生以諸「衣服」，供養「舍利」，以是因緣，隨其志願，於「三乘」中，各不退轉。若不爾者，不取正覺。
第 362 飲食供養舍利願	願我來世，入「涅槃」後，若有眾生，以諸「飲食」，供養「舍利」，以是因緣，隨其志願，於「三乘」中，各不退轉。若不爾者，不取正覺。
第 363 塔廟供養舍利願	願我來世，入「涅槃」後，若有眾生，以起「塔廟」，供養「舍利」，以是因緣，隨其志願，於「三乘」中，各不退轉。若不爾者，不取正覺。
第 364 勸人供養舍利願	願我來世，入「涅槃」後，若有眾生，勸令「他人」，供養「舍利」，以是因緣，隨其志願，於「三乘」中，各不退轉。若不爾者，不取正覺。

第 365 供養舍利隨喜願	願我來世，入「涅槃」後，若有眾生，見「他」供養「舍利」，心生隨喜，以是因緣，隨其志願，於「三乘」中，各不退轉。若不爾者，不取正覺。
第 366 讚歎舍利願	願我來世，入「涅槃」後，若有眾生，讚歎「舍利」微妙功德，以是因緣，隨其志願，於「三乘」中，各不退轉。若不爾者，不取正覺。
第 367 妙花供養舍利願	願我來世，入「涅槃」後，若有眾生，以諸「妙花」，供養「舍利」，以是因緣，隨其志願，於「三乘」中，各不退轉。若不爾者，不取正覺。
第 368 妙香供養舍利願	願我來世，入「涅槃」後，若有眾生，以諸「妙香」，供養「舍利」，以是因緣，隨其志願，於「三乘」中，各不退轉。若不爾者，不取正覺。
第 372 供養三寶願	願我來世，入「涅槃」後，若有眾生，以諸寶建立「塔寺」及「僧坊寺」，供養三寶，以是因緣，隨其志願，於「三乘」中，各不退轉。若不爾者，不取正覺。
第 373 雕畫佛菩薩像願	願我來世，入「涅槃」後，若有眾生，捨諸「珍寶」，「刻雕、綵畫」佛菩薩像，莊嚴供養，以是因緣，隨其志願，於「三乘」中，各不退轉。若不爾者，不取正覺。
第 374 聚砂爲頭塔願	願我來世，入「涅槃」後，若有眾生，以「微善心」，聚砂為塔，以是因緣，隨其志願，於「三乘」中，各不退轉。若不爾者，不取正覺。
第 375 畫諸佛像願	願我來世，入「涅槃」後，若有眾生，以「微善心」，指爪甲上，如「芥子」形，畫諸佛像，以是因緣，隨其志願，於「三乘」中，各不退轉。若不爾者，不取正覺。
第 376 衣服臥具供養三寶願	願我來世，入「涅槃」後，若有眾生，以諸「衣服、臥具」供養「三寶」，以是因緣，隨其志願，於「三乘」中，各不退轉。若不爾者，不取正覺。
第 377 花香供養三寶願	願我來世，入「涅槃」後，若有眾生，諸妙花香，供養三寶，以是因緣，隨其志願，於「三乘」中，各不退轉。若不爾者，不取正覺。
第 378 歌唄三寶願	願我來世，入「涅槃」後，若有眾生，至心讚嘆，歌唄三寶，以是因緣，隨其志願，於「三乘」中，各不退轉。若不爾者，不取正覺。
第 379 花供養三寶願	願我來世，入「涅槃」後，若有眾生，以「微善心」，以「一枝花」供養「三寶」，以是因緣，隨其志願，於「三乘」中，各不退轉。若不爾者，不取正覺。
第 380 善心一禮三寶願	願我來世，入「涅槃」後，若有眾生，以「微善心」，一禮三寶，以是因緣，隨其志願，於「三乘」中，各不退轉。若不爾者，

	不取正覺。
第 381 珍寶衣服施眾生願	願我來世，入「涅槃」後，若有眾生，以諸「珍寶、衣服」等具，施於眾生，以是因緣，隨其志願，於「三乘」中，各不退轉。若不爾者，不取正覺。
第 382 飲食施貧窮願	願我來世，入「涅槃」後，若有眾生，以諸「飲食」施諸「貧窮」，以是因緣，隨其志願，於「三乘」中，各不退轉。若不爾者，不取正覺。
第 383 食施有情蟲類願	願我來世，入「涅槃」後，若有眾生，乃至「一摶之食」，施諸有情蟲類，以是因緣，隨其志願，於「三乘」中，各不退轉。若不爾者，不取正覺。
第 384 受具足戒堅持願	願我來世，入「涅槃」後，若有眾生，受「具足戒」，如說「堅持」，以是因緣，隨其志願，於「三乘」中，各不退轉。若不爾者，不取正覺。
第 385 願受十重戒堅持願	願我來世，入「涅槃」後，若有眾生，受「十重戒」，如說「堅持」，以是因緣，隨其志願，於「三乘」中，各不退轉。若不爾者，不取正覺。
第 386 受五戒堅持願	願我來世，入「涅槃」後，若有眾生，受「優婆塞五戒」，如說「堅持」，以是因緣，隨其志願，於「三乘」中，各不退轉。若不爾者，不取正覺。
第 387 受八齋戒堅持願	願我來世，入「涅槃」後，若有眾生，一日一夜，受「八齋戒」，如說堅持，以是因緣，隨其志願，於「三乘」中，各不退轉。若不爾者，不取正覺。
第 388 受一戒食堅持願	願我來世，入「涅槃」後，若有眾生，乃至受「一戒食」堅持，以是因緣，隨其志願，於「三乘」中，各不退轉。若不爾者，不取正覺。
第 389 忍受諸苦願	願我來世，入「涅槃」後，若有眾生，信佛所說，「忍受」諸苦，以是因緣，隨其志願，於「三乘」中，各不退轉。若不爾者，不取正覺。
第 390 忍不致報願	願我來世，入「涅槃」後，若有眾生，信佛所說，被加「罵言」，忍不致報，以是因緣，隨其志願，於「三乘」中，各不退轉。若不爾者，不取正覺。
第 391 勤修佛事願	願我來世，入「涅槃」後，若有眾生，一心精進，勤修佛事，以是因緣，隨其志願，於「三乘」中，各不退轉。若不爾者，不取正覺。
第 392 攝念坐禪願	願我來世，入「涅槃」後，若有眾生，除諸「散亂」，攝念坐禪，以是因緣，隨其志願，於「三乘」中，各不退轉。若不爾者，不取正覺。
第 393	願我來世，入「涅槃」後，若有眾生，解說大乘，以是因緣，

解脫大乘願	隨其志願，於「三乘」中，各不退轉。若不爾者，不取正覺。
第 396 令聽教法願	願我來世，入「涅槃」後，若有眾生，勸諸他人，令聽「教法」，乃至「一四句偈」，以是因緣，隨其志願，於「三乘」中，各不退轉。若不爾者，不取正覺。
第 397 供養法師願	願我來世，入「涅槃」後，若有眾生，聞法隨喜，心生歡喜，供養法師，以是因緣，隨其志願，於「三乘」中，各不退轉。若不爾者，不取正覺。
第 398 一禮三寶願	願我來世，入「涅槃」後，若有眾生，聞法歡喜，乃至「一花」，供養三寶、一禮三寶，以是因緣，隨其志願，於「三乘」中，各不退轉。若不爾者，不取正覺。
第 416 舍利出佛聲等願	我來世，入「涅槃」後，從「舍利珠」，復出妙音，「佛聲、法聲、比丘聲」等。「諸天」聞之，行諸善業，來下人間教化眾生，令住十善。若不爾者，不取正覺。
第 417 舍利出妙聲願	願我來世，入「涅槃」後，從「舍利珠」，復出妙聲：「歸依佛聲、歸依法聲、歸依僧聲、檀波羅蜜」，乃至「般若波羅聲」。密說微妙諸法門。「諸天」聞之，生心隨喜，悔責不善，行諸善業，住不退地。若不爾者，不取正覺。
第 418 舍利放五色光願	願我來世，入「涅槃」後，從「舍利珠」，放「五色光」，其光照耀，依諸佛事。「諸天」見之，行諸「善業」，住不退地。若不爾者，不取正覺。
第 419 舍利出諸珍寶願	願我來世，入「涅槃」後，從「舍利珠」，出諸「珍寶」：「金銀、瑠璃、真珠」等寶。「衣服、瓔珞」諸莊嚴具，如雨而下，遍滿娑婆利益眾生。若不爾者，不取正覺。
第 420 舍利國土安穩願	願我來世，入「涅槃」後，爾時國土，依「舍利珠」，安穩豐樂，刀兵劫災，自焚轉滅；眾生「惡心」，任運止息，皆生「慈心」，如父母般，而有「恩義」。無一念「害心」，修「十善道」，住「三乘法」。若不爾者，不取正覺。
第 421 舍利諸惡消滅願	願我來世，入「涅槃」後，從「舍利珠」，雨「珍寶」，故一切諸惡，悉皆消滅。眾生壽命日日增長，一切世界，修「十善道」，於「三乘」地，得「不退轉」。若不爾者，不取正覺。
第 424 舍利放種種光願	願我來世，入「涅槃」後，(若遇)「疾病劫」生起時，從「舍利珠」，放種種「光」，遍照虛空。諸天觸光，身心安樂，憶念「善根」，發菩提心，住不退地。若不爾者，不取正覺。
第 425 舍利雨華香願	願我來世，入「涅槃」後，(若遇)「疾病劫」時，從「舍利珠」，雨種種華，及種種香，遍滿虛空。諸天見之，身心喜樂，皆發「菩提心」，住「不退地」。若不爾者，不取正覺。
第 426 舍利出妙音願	願我來世，入「涅槃」後，(若遇)「疾病劫」時，從「舍利珠」，出微妙音，謂「伽陵頻伽」雅音，殊勝如佛「現在說法之聲」。

	(並)演說一切「苦、空、無我、六度、四攝」無量法門，諸天聞之，深生歡善，一切煩惱，永得遠離，於「三乘」中，各得不退。若不爾者，不取正覺。
第427 舍利出珍寶願	願我來世，入「涅槃」後，(若遇)「疾病劫」時，從「舍利珠」，出諸「珍寶」，如雨而下，謂「金、銀」等，希有「寶衣服、臥具、天冠、瓔珞」，眾生資具，遍滿娑婆。眾生受用，作大利益眾生。若不爾者，不取正覺。
第428 舍利出妙藥願	願我來世，入「涅槃」後，(若遇)「疾病劫」時，從「舍利珠」，出諸妙藥，如雨而下，遍滿世界。一切眾生取之服已，「四百四病」皆悉除，能治愈四大，調和疾病，皆生歡喜，修十善道，於「三乘」中，各得不退。若不爾者，不取正覺。
第429 舍利國土安寧願	願我來世，入「涅槃」後，(若遇)「疾病劫」時，因「舍利珠」力故，國土安寧，無諸災難，怨賊惡鬼，永無其名。一切眾生皆生善心，修「十善」，故壽命日增，如彼「增劫」。於「三乘」中，得不退轉。若不爾者，不取正覺。
第430 舍利不散滅願	願我來世，入「涅槃」後，(若遇)「疾病劫」時，我之「舍利」，作大佛事，利益眾生已，而(永)「不散滅」，還沒於地，至本住處「金剛輪際」。若不爾者，不取正覺。
第432 舍利放光明願	願我來世，入「涅槃」後，(若遇)「飢饉劫」時，從「舍利珠」，放「五色」光明，遍照虛空，諸天集會，各生歡喜，修諸「善業」，住「不退地」。若不爾者，不取正覺。
第433 舍利雨妙華願	願我來世，入「涅槃」後，(若遇)「飢饉劫」時，從「舍利珠」，雨種種花，諸雜妙華，遍滿虛空，諸天見之，憶念善根，來下娑婆，教化眾生，令住「十善」。若不爾者，不取正覺。
第434 舍利出妙音聲願	願我來世，入「涅槃」後，(若遇)「飢饉劫」時，從「舍利珠」，出妙音聲，甚可愛樂，說諸法門，「八萬四千」甚深正教。諸天聞之，皆離煩惱，於「三乘」中，各得不退轉。若不爾者，不取正覺。
第435 舍利出諸珍寶願	願我來世，入「涅槃」後，(若遇)「飢饉劫」時，從「舍利珠」，出諸「珍寶」，如雨而下，滿娑婆界，廣作佛事，利益眾生。若不爾者，不取正覺。
第436 舍利出百味願	願我來世，入「涅槃」後，(若遇)「飢饉劫」時，從「舍利珠」，出諸百味「甘露」飲食，充滿鉢器，如雨而下，周遍國境。飢饉眾生，競取食已，身色珠妙，威德圓滿，一切皆如第二天身；「飢饉劫名」自然不聞，皆修「十善」，「慈心」布施，住「不退地」。若不爾者，不取正覺。
第437 舍利世界安穩願	願我來世，入「涅槃」後，(若遇)「飢饉劫」時，從「舍利珠」，雨珍寶故，世界安穩，上下和合，無諸災難，亦無惡毒眾生。

	歡喜修「十善道」，壽命增長。於「三乘」中，各得「不退地」。若不爾者，不取正覺。
第 *438* 舍利令入佛道願	願我來世，入「涅槃」後，(若遇)「飢饉劫」時，願我「舍利」，如是方便，利益眾生，不遺一眾生，令入佛道。若不爾者，不取正覺。
第 *439* 舍利作大利益願	願我來世，入「涅槃」後，(若遇)「飢饉劫」時，願我舍利，作大利益，教化眾生已，而(永)不「散滅」，(能)還沒於地，至本住處「金剛輪際」。若不爾者，不取正覺。
第 *472* 出「八寒」等地獄生人天願	願我今於佛前，發大誓願，若我善根成就，得己利者，我之所有「布施」等善，悉皆迴向「八寒」等「一切地獄」受苦眾生，以是善根當拔濟之，生「人、天」中，聞佛說法，於「三乘」中，各不退轉。是諸眾生若業未盡，我當捨壽入諸地獄，經無量劫代諸眾生受苦，令證菩提。若不爾者，不取正覺。

六、《悲華經》釋迦佛五百大願解析－大願標題名稱

－天下好話 佛說盡－
－天下大願 佛發盡－

有鑑於前人整理的「釋迦如來五百大願」資料，筆者始終覺得不容易閱讀，以及有部份內容並不存在於《悲華經》，故筆者在完全依據《悲華經》與《大乘悲分陀利經》的經文下，另外整理出「五百大願」，內容如下：

六－9 開始是寶海發「五百大願」的經文開端	
六－9~七－11	第 1~455 願
八－12~八－16	第 456~494 願
九－10	第 495~496 願
九－17	第 497 願
十－1	第 498 願
十－7	第 499 願
十－8	第 500 願

《悲華經》釋迦佛五百大願解析(大願標題名稱)

第 *1* 修行大布施之願
第 *2* 布施不求「人天果報」但爲度眾願
第 *3* 若遇索求「過量」之布施亦皆滿願，只爲調伏攝度眾生願
第 *4* 我之大布施於「過去、未來」無人能勝願
第 *5* 未來無量劫皆行大布施而永不斷絕願
第 *6* 修行持戒願
第 *7* 修行忍辱願
第 *8* 修行精進願
第 *9* 修行禪定願
第 *10* 修行般若願
第 *11* 我堅固精勤修「般若」於「過去、未來」無人能勝願
第 *12* 爲諸菩薩開示「大悲心」與「大涅槃」願
第 *13* 不執著於六度的「無功用道」願
第 *14* 以精勤修集六度去救度五逆重罪者願
第 *15* 於十劫中願代眾生入阿鼻受諸苦痛願

第 *16* 於十劫中願代眾生入畜生受諸苦痛願
第 *17* 於十劫中願代眾生入餓鬼受諸苦痛願
第 *18* 於十劫中願代眾生入貧窮受諸苦痛願
第 *19* 於十劫中願代眾生入鬼神受諸苦痛願
第 *20* 於十劫中願代眾生入卑賤人中受諸苦痛願
第 *21* 令無善根「失念燋枯心意」眾生廣種善根願
第 *22* 不求人天享樂而久處生死度化眾生願
第 *23* 以微塵劫數時間去供養諸佛願
第 *24* 以微塵劫「供具」去供養諸佛願
第 *25* 於諸佛所獲得諸善功德願
第 *26* 令眾生皆住無上菩提願
第 *27* 隨眾生心意而令住緣覺願
第 *28* 隨眾生心意而令住聲聞願
第 *29* 若世無佛我願作仙人令住十善與得五神通願
第 *30* 變身大自在天「摩醯首羅」令住善法願
第 *31* 變身八臂「那羅延」毘紐天神令住善法願
第 *32*

變身日天子令住善法願
第 33 變身月 天子令住善法願
第 34 變身梵天身令住善法願
第 35 變身金翅鳥「迦樓羅」令住善法願
第 36 變身兔形令住善法願
第 37 以身血肉 救飢餓眾生並代眾生受罪爲作救護願
第 38 爲無善根者代受生死種種苦惱願
第 39 願爲乏「聖七財」眾生廣修「六度」並令住於不退轉願
第 40 能見曾被我度化而成佛者願
第 41 勸教度化無量眾生得「陀羅尼、三昧、忍辱」乃至 成佛願
第 42 能得見「賢劫」已成佛之諸佛願
第 43 以諸「供具」供養拘留孫佛願
第 44 向拘留孫佛請法願
第 45 能調伏於拘留孫佛時具鈍根重罪願
第 46 於拘留孫佛滅度後繼作佛事願
第 47 以諸「供具」供養伽那迦牟尼佛願
第 48 向伽那迦牟尼佛請法願

第 *49* 能調伏於伽那迦牟尼佛時具鈍根重罪願
第 *50* 於伽那迦牟尼佛滅度後繼作佛事願
第 *51* 以諸「供具」供養迦葉佛願
第 *52* 向迦葉佛請法願
第 *53* 能調伏於迦葉佛時具鈍根重罪願
第 *54* 於迦葉佛滅度後繼作佛事願
第 *55* 於人壽千歲仍勸眾生住「三福」願
第 *56* 生天講法利眾願
第 *57* 從兜率下生轉輪王家度眾願
第 *58* 入胎即放光願
第 *59* 令三界眾生見我入胎光明願
第 *60* 光明觸身能種「涅槃根」願
第 *61* 處胎即獲「無生空三昧門」願
第 *62* 能見我處胎與出胎願
第 *63* 雖處母胎卻住於「珍寶三昧」願
第 *64* 右脇出胎天地六動願
第 *65*

出胎令眾生得覺悟願
第 66 出胎光明能遍照願
第 67 出胎光明能覺醒眾生願
第 68 出胎後能令眾生得「三昧耶」願
第 69 出胎蹈地能讓天地六動願
第 70 四生五道能得覺悟願
第 71 令眾生得「三昧」與住三乘願
第 72 獲諸天眾生等供養我
第 73 出胎即行七步願
第 74 出胎後即能以「選擇功德三昧力」講正法願
第 75 有求聲聞者令得「一生補處」願
第 76 有求緣覺者令得「日華忍辱」願
第 77 有求大乘者令得「執持金剛愛護大海三昧」願
第 78 出胎後有「最勝龍王」來爲我洗身願
第 79 眾生若見我被龍王洗身即得住於三乘願
第 80 我當童子乘羊車時能覺悟眾生願
第 81 我當童子遊戲時能覺悟眾生願

第 82 我當童子之種種業行皆能覺悟眾生願
第 83 以「一切功德成就三昧力」爲眾生說三乘法願
第 84 若有已發聲聞乘者必得「一生補處」願
第 85 若有已發緣覺乘者必得「日華忍辱」願
第 86 若有已發大乘者必得「執持金剛愛護大海三昧」願
第 87 我於菩提樹下能入「阿頗三昧」不動禪定願
第 88 我入「阿頗三昧」不動禪定後，可施「半麻、半米」於他人願
第 89 諸天聞我苦行皆來供養我願
第 90 諸天大眾等皆來證我之苦行願
第 91 有求聲聞者由我度彼至「一生補處」願
第 92 有求緣覺者由我度彼得「日華忍辱」願
第 93 有求大乘者由我度彼獲「執持金剛愛護大海三昧」願
第 94 諸天龍八部等大眾皆來證明我之苦行願
第 95 外道見我苦行而改歸依於佛門願
第 96 國王大臣貴賤者見我苦行而行供養願
第 97 女人見我苦行不再受女身願
第 98

禽獸見我苦行不再受畜生身願
第 99 禽獸若具聲聞乘根器 者由我度化不再受生願
第 100 禽獸若具緣覺乘根器 者由我度化不再受生願
第 101 一切微細小蟲皆由我度化不再受生願
第 102 一切餓鬼皆由我度化不再受生願
第 103 有無量眾生證明我之苦行願
第 104 我之苦行皆勝過去願
第 105 我之苦行皆勝未來願
第 106 未成佛道即能降魔王及眷屬願
第 107 能破煩惱魔而成菩提願
第 108 能令乃至一眾生獲阿羅漢妙果，現生只剩「殘業報身」願
第 109 能令一切眾生獲阿羅漢妙果，現生只剩「殘業報身」願
第 110 以百千無量神通令眾生安住於「正見」願
第 111 能隨眾根機說法令住「聖果」願
第 112 以金剛智慧破眾生煩惱並說三乘願
第 113 不以神力而步涉百千由旬 只爲眾生說法令住「無所畏」願
第 114 若有眾生欲出家修行即永無諸障礙願

第 115 若有女人出家即能「受大戒」願
第 116 我之四眾弟子皆能獲供養願
第 117 天人鬼神類亦能得「四聖諦」願
第 118 天龍八部及畜生等亦能得「八戒」修梵行願
第 119 眾生若對我殘害修「忍辱」願
第 120 眾生對我惡言罵詈誹謗修「忍辱」願
第 121 眾生施毒食於我悉能容受直至成阿耨菩提為止願
第 122 以「戒多聞三昧」度化「宿世怨賊」願
第 123 令「宿世怨賊」生懺悔與「業盡」，能得生天上與人中願
第 124 令宿世怨賊「業盡」後生天能住「勝果」願
第 125 能滅眾生所餘之「殘業果報」願
第 126 我成菩提後身之毛孔日日出「化佛」具裝嚴願
第 127 我身毛孔所出之化佛能至「無佛」世界度眾願
第 128 我身毛孔所出之化佛能至「有佛」世界度眾願
第 129 我身毛孔所出之化佛能至「五濁」世界度眾願
第 130 我身之化佛能於一日說法度五逆重罪願
第 131

我身之化佛能於一日説法度「已學聲聞」又造罪願
第 132 我身之化佛能於一日説法度「已學緣覺」又造罪願
第 133 我身之化佛能於一日説法度「已學大乘」又造罪願
第 134 我身之化佛能變大自在天「魔醯首羅」而爲説法度眾願
第 135 若有聞讚「我娑婆國名」即可得生我界願
第 136 若有聞讚「我釋迦名」即可得生我界願
第 137 於眾生命終講法令生善心與淨心願
第 138 三惡道眾生皆能生我界得人身願
第 139 事奉毘紐天神「那羅延」外道者亦能生我界願
第 140 他方具五逆重罪者皆能得生我界願
第 141 爲度五逆重罪故從「兜率」降神於母胎願
第 142 示現諸佛事度眾而遍滿百億個「四天下」願
第 143 能以一音説法眾生隨類各得解願
第 144 若有求聲聞者一聞佛説即知「聲聞法藏」願
第 145 若有求緣覺者一聞佛説即知「緣覺法藏」願
第 146 若有求大乘者一聞佛説即知「大乘純一無雜」願
第 147 若有欲得菩提者一聞佛説即知「布施」願

第 148 若有欲得人天樂者一聞佛說即知「持戒」願
第 149 若有愛瞋心者一聞佛說即得「慈心」願
第 150 若有好殺者一聞佛說即得「悲心」願
第 151 若有慳貪嫉心者一聞佛說即得「喜心」願
第 152 若有貪色欲心放逸者一聞佛說即得「捨心」願
第 153 若有婬欲熾盛者一聞佛說即得「不淨觀」願
第 154 若有學大乘為「掉、蓋」所亂者一聞佛說即得「數息觀」願
第 155 若有好論議自讚者一聞佛說即得「十二因緣」願
第 156 若有寡聞自讚者一聞佛說即得不失「總持」願
第 157 若有邪見者一聞佛說即得諸法「甚深空門」願
第 158 若有麤思妄覺者一聞佛說即得深解「無相」法門願
第 159 若有被不淨願覆心者一聞佛說即得深解「無作」法門願
第 160 若有心不淨者一聞佛說即得心清淨願
第 161 若有諸散亂攀緣心者一聞佛說即得「不失菩提心法」願
第 162 若有被瞋恚覆心者一聞佛說即得解「無怨法」獲授記願
第 163 若有被六塵依猗覆心者一聞佛說即得「諸法無所依住」願
第 164

若有被愛染覆心者一聞佛説即得「諸法無垢清淨」願
第 165 若有忘失善心者一聞佛説即得深解「日光三昧」願
第 166 若有行諸魔業者一聞佛説即得「清淨諸法」願
第 167 若有被邪論覆心者一聞佛説即得深解「正法」願
第 168 若有被煩惱覆心者一聞佛説即得深解「離煩惱法」願
第 169 若有行諸惡道者一聞佛説即得「迴心反正」願
第 170 若有將大乘讚爲邪法者一聞佛説即於邪法生「退轉」願
第 171 若有「悲增菩薩」但厭生死者一聞佛説即得「不厭生死」願
第 172 若有不知「善品階地」者一聞佛説即得深解「善品階地」願
第 173 若有見善生嫉者一聞佛説即得見善生「隨喜心」願
第 174 若有於眾生生「違逆反叛」者一聞佛説即得「無閡光明」願
第 175 若有行諸惡業者一聞佛説即得深解「惡業果報」願
第 176 若有於眾中常生怖畏者一聞佛説即得「師子相三昧」願
第 177 若有被「四魔」覆心者一聞佛説即得「首楞嚴三昧」願
第 178 若有不見「佛剎光明」者一聞佛説即得「莊嚴光明三昧」願
第 179 若有被「憎、愛」覆心者一聞佛説即得「捨心」願
第 180 若有未得佛法光明者一聞佛説即得「法幢三昧」願

第 181 若有離大智慧者一聞佛說即得「法炬三昧」願
第 182 若有被「癡闇」覆心者一聞佛說即得「日燈光明三昧」願
第 183 若有「口無辯才」者一聞佛說即得種種「應對辯才」願
第 184 若有「觀色相如沫」而覆心者一聞佛說即得「那羅延三昧」願
第 185 若有「心亂意動」者一聞佛說即得「堅牢決定三昧」願
第 186 若有欲「觀佛頂相」者一聞佛說即得「須彌幢三昧」願
第 187 若有欲「捨本願」者一聞佛說即得「堅牢三昧」願
第 188 若有退失「諸法通達」者一聞佛說即得「金剛三昧」願
第 189 若有於「菩提場」生疑者一聞佛說即得深解「金剛道場」願
第 190 若有於世法「不生厭離心」者一聞佛說即得「金剛三昧」願
第 191 若有不知他人心念者一聞佛說即得「他心通」願
第 192 若有不知眾生「利、鈍」者一聞佛說即能知其「利、鈍」願
第 193 若有不能「通解語言」者一聞佛說即得「解了音聲三昧」願
第 194 若有未得「法身」者一聞佛說即得「解了分別諸身」願
第 195 若有不見「佛身」者一聞佛說即得「不眴三昧」願
第 196 若有對眾生常生「分別妄念」者一聞佛說即得「無諍三昧」願
第 197

若有對「轉法輪」心生疑者一聞佛說即得深解「無垢法輪」願
第 198 若有起「無因緣果報」之邪行者一聞佛說即得「因緣法義」願
第 199 若有於佛土生「永恒常見」者一聞佛說即得「善別佛土義」願
第 200 若有未種「諸相善根」者一聞佛說即得「諸莊嚴三昧」願
第 201 若有「不能分別言語」者一聞佛說即得「解了分別種種言音三昧」願
第 202 若有欲求「一切種智」者一聞佛說即得「無所分別法界三昧」願
第 203 若有退轉於佛法者一聞佛說即得「堅固三昧」願
第 204 若有不知「法界」者一聞佛說即得「大智慧」願
第 205 若有「捨離誓願」者一聞佛說即得「不失三昧」願
第 206 若有「常分別諸佛道」者一聞佛說即得「一道無所分別」願
第 207 若有欲求「智慧同虛空」者一聞佛說即得「無所有三昧」願
第 208 若有未具足諸波羅蜜者一聞佛說即得住「清淨波羅蜜」願
第 209 若有未具「四攝法」者一聞佛說即得「妙善攝取三昧」願
第 210 若有分別於「四無量心」者一聞佛說即得「平等勤心精進」願
第 211 若有未具足「三十七道品」者一聞佛說即得「住不出世三昧」願
第 212 若有忘失「正念心智」者一聞佛說即得「大海智印三昧」願
第 213 若有未得「無生法忍」者一聞佛說即得「諸法決定三昧」願

第 214 若有「忘失所聞法」者一聞佛說即得「不失念三昧」願
第 215 若有「不相喜樂於別人說法」者一聞佛說即得「清淨慧眼」願
第 216 若有「於三寶不生信心」者一聞佛說即得「功德增長三昧」願
第 217 若有渴慕「法雨」者一聞佛說即得「法雨三昧」願
第 218 若有於三寶中起「斷滅見」者一聞佛說即得「諸寶莊嚴三昧」願
第 219 若有不作「智業」與「精進」者一聞佛說即得「金剛智慧三昧」願
第 220 若有被「煩惱」繫縛者一聞佛說即得「虛空印三昧」願
第 221 若有執於「我」與「我所」者一聞佛說即得「智印三昧」願
第 222 若有不知「如來功德」者一聞佛說即得「世間解脫三昧」願
第 223 若有於「過去未供養佛」者一聞佛說即得「神通變化」願
第 224 若有未聞「一法界」者一聞佛說即得深解諸法「同一法界」願
第 225 若有於諸經未得「精選取擇」者一聞佛說即得諸法「平等實相三昧」願
第 226 若有離「六和敬法」者一聞佛說即得深解「諸法三昧」願
第 227 若有不精進於「解脫法門」者一聞佛說即得「師子遊戲三昧」願
第 228 若有欲入「自性如來藏」者一聞佛說即得深解「如來藏」願
第 229 若有不勤精進於「菩薩道」者一聞佛說即得「智慧」與「精進」願
第 230

若有未曾得見「本生經」者一聞佛説即得「一切在在處處三昧」願
第 231 若有於「菩薩道」仍未圓滿者一聞佛説即得「受記三昧」願
第 232 若有未具足「如來十力」者一聞佛説即得「無壞三昧」願
第 233 若有未得「四無所畏」者一聞佛説即得「無盡意三昧」願
第 234 若有未得「佛不共法」者一聞佛説即得「不共法三昧」願
第 235 若有未具足「無愚癡見」者一聞佛説即得「願句 三昧」願
第 236 若有仍未「覺悟諸法」者一聞佛説即得「鮮白無垢淨印 三昧」願
第 237 若有仍未具足「一切智」者一聞佛説即得「善了三昧」願
第 238 若有未成就「一切佛事」者一聞佛説即得「無量不盡意三昧」願
第 239 菩薩能以佛之「一句 法」得八萬四千「法門」願
第 240 菩薩能以佛之「一句 法」得八萬四千諸「三昧門」願
第 241 菩薩能以佛之「一句 法」得七萬五千「陀羅尼」願
第 242 菩薩聞佛法義得不退轉願
第 243 菩薩聞佛法義得不可思議「知見」願
第 244 菩薩聞佛「三十二相」莊嚴得「八十隨形好」願
第 245 菩薩聞佛「妙音」莊嚴得「知見滿足」願
第 246 菩薩聞佛「心」莊嚴得「不退轉」願

第 247 菩薩聞佛「念」莊嚴得「總持」願
第 248 菩薩聞佛「意」莊嚴得「分別諸法」願
第 249 菩薩聞佛「念思」莊嚴得解「極微塵」等「甚深法義」願
第 250 菩薩聞佛「善心」莊嚴得「堅固誓願精進」願
第 251 菩薩聞佛「專心」莊嚴得「越過諸地」願
第 252 菩薩聞佛「布施」莊嚴得「捨一切物」願
第 253 菩薩聞佛「持戒」莊嚴得「清淨無垢」願
第 254 菩薩聞佛「忍辱」莊嚴得「心無障閡」願
第 255 菩薩聞佛「精進」莊嚴得「諸事成辦」願
第 256 菩薩聞佛「禪定」莊嚴得「師子遊戲」願
第 257 菩薩聞佛「智慧」莊嚴得了知「煩惱結使因」願
第 258 菩薩聞佛「慈」莊嚴得「專念眾生」願
第 259 菩薩聞佛「悲」莊嚴得「拔眾生苦」願
第 260 菩薩聞佛「喜」莊嚴得「心無疑惑」願
第 261 菩薩聞佛「捨」莊嚴得「心無高下」離憍慢願
第 262 菩薩聞佛「諸法通達」莊嚴得「師子遊戲」願
第 263

菩薩聞佛「功德」莊嚴得「寶手無盡藏」願
第 264 菩薩聞佛「智」莊嚴得知「眾生諸心」願
第 265 菩薩聞佛「意」莊嚴得方便「覺悟一切眾生」願
第 266 菩薩聞佛「光明」莊嚴得「智慧眼明」願
第 267 菩薩聞佛「諸辯」莊嚴得法義「應對辯才」願
第 268 菩薩聞佛「無畏」莊嚴得諸魔不能「阻留刁難」願
第 269 菩薩聞佛「功德」莊嚴得「諸佛所有功德」願
第 270 菩薩聞佛「法」莊嚴得「無閡辯才」願
第 271 菩薩聞佛「光明」莊嚴得「佛法光明」願
第 272 菩薩聞佛「照明」莊嚴得「遍照諸佛世界」願
第 273 菩薩聞佛「他心」莊嚴得「正智無亂」願
第 274 菩薩聞佛「教誡」莊嚴得「護持禁戒」願
第 275 菩薩聞佛「神足」莊嚴得「四如意足」願
第 276 菩薩聞佛「受持諸如來」莊嚴得入「如來無量法藏」願
第 277 菩薩聞佛「尊法」莊嚴得「不隨他智慧」願
第 278 菩薩聞佛「隨行諸善法」莊嚴得「如說而行」願
第 279 菩薩聞佛之「一句法」得「白淨善法」願

第 280
菩薩所得智慧不需「從他而聞」即能成就阿耨菩提願
第 281
他方五逆重罪來生我界願
第 282
他方學三乘者來生我界願
第 283
爲他方八萬四千「亂意」眾生廣說八萬四千法願
第 284
有他方界來求大乘者則爲之廣說六度願
第 285
有他方界來求聲聞者則爲之安住三歸依與六度願
第 286
有他方界喜殺害者則爲之安止於不殺願
第 287
有他方界喜惡貪者則爲之安止於不盜願
第 288
有他方界喜邪婬者則爲之安止於不邪婬願
第 289
有他方界喜妄語者則爲之安止於不妄語願
第 290
有他方界喜飲酒者則爲之安止於不飲酒願
第 291
有他方界犯五戒者則爲之安止於五戒願
第 292
有他方界「不喜善法」者則爲之安止於「八戒」願
第 293
有他方界「缺善根者」則爲之安止於「梵淨十戒」願
第 294
有他方界「喜求諸善」者則爲之安止於「梵行大戒」願
第 295
以神通具足爲他方界眾生開示「五陰」法義願
第 296

以神通具足爲他方界眾生開示「十八界」法義願
第 297 以神通具足爲他方界眾生開示「十二入」法義願
第 298 以神通具足爲他方界眾生開示「苦」法義願
第 299 以神通具足爲他方界眾生開示「空」法義願
第 300 以神通具足爲他方界眾生開示「無常」法義願
第 301 以神通具足爲他方界眾生開示「無我」法義願
第 302 以神通具足爲他方界眾生開示「安隱道」法義願
第 303 以神通具足爲他方界眾生開示「無畏涅槃」法義願
第 304 有眾生欲求論義則爲之開示「論義」與「正法」義
第 305 有眾生欲求解脱則爲之開示「空無諸法」義願
第 306 有眾生心不樂正善法則爲之開示「營造勞作輔佐眾事」願
第 307 有眾生其心愛樂正善法則爲之開示「空三昧定」與解説願
第 308 不以神力而步涉百千由旬只爲眾生開示「句義」法願
第 309 不以神力而步涉百千由旬只爲眾生開示「文字」法願
第 310 不以神力而步涉百千由旬只爲眾生開示「變化神通」法願
第 311 不以神力而步涉百千由旬只爲眾生開示「涅槃」法願
第 312 願將「五分壽命」捨一分而入般涅槃願

第313
爲憐愍眾生而將自身舍利碎如「半芥子」願

第314
於般涅槃後爲憐愍眾生故「正法住世千年」願

第315
於般涅槃後爲憐愍眾生故「像法住世五百年」願

第316
若以「珍寶」供養我身舍利則於三乘得不退轉願

第317
若以「伎樂」供養我身舍利則於三乘得不退轉願

第318
若「禮拜」我身舍利則於三乘得不退轉願

第319
若「右繞一匝」我身舍利則於三乘得不退轉願

第320
若「合掌稱歎」我身舍利則於三乘得不退轉願

第321
若以「一莖散華」供養我身舍利則於三乘得不退轉願

第322
我般涅槃後能「堅持受持一戒者」則於三乘得不退轉願

第323
我般涅槃後能「讀誦我法一四句者」則於三乘得不退轉願

第324
我般涅槃後能「供養說法者」則於三乘得不退轉願

第325
我般涅槃後能「以一華供養說法者」則於三乘得不退轉願

第326
我般涅槃後能「以一禮供養說法者」則於三乘得不退轉願

第327
我般涅槃後我身舍利將盡入地表「金剛際」願

第328
願我般涅槃後我身舍利將變爲「意相琉璃寶珠」願

第329

我身舍利所變的「意相琉璃寶珠」光明從金剛際到色究竟天願
第 330 我身舍利所變的「意相琉璃寶珠」將雨種種華願
第 331 我身舍利所變的「意相琉璃寶珠」將雨「種種香」願
第 332 我身舍利所變的「意相琉璃寶珠」將出微妙「佛聲」願
第 333 我身舍利所變的「意相琉璃寶珠」將出微妙「法聲」願
第 334 我身舍利所變的「意相琉璃寶珠」將出微妙「僧聲」願
第 335 我身舍利所變的「意相琉璃寶珠」將出微妙「三歸依聲」願
第 336 我身舍利所變的「意相琉璃寶珠」將出微妙「優婆塞戒聲」願
第 337 我身舍利所變的「意相琉璃寶珠」將出微妙「八戒聲」願
第 338 我身舍利所變的「意相琉璃寶珠」將出微妙「十戒聲」願
第 339 我身舍利所變的「意相琉璃寶珠」將出微妙「布施聲」願
第 340 我身舍利所變的「意相琉璃寶珠」將出微妙「持戒聲」願
第 341 我身舍利所變的「意相琉璃寶珠」將出微妙「梵行大戒聲」願
第 342 我身舍利所變的「意相琉璃寶珠」將出微妙「佐助眾事聲」願
第 343 我身舍利所變的「意相琉璃寶珠」將出微妙「讀經聲」願
第 344 我身舍利所變的「意相琉璃寶珠」將出微妙「禪定思惟聲」願
第 345 我身舍利所變的「意相琉璃寶珠」將出微妙「不淨聲」願

第 346 我身舍利所變的「意相琉璃寶珠」將出微妙「出入息聲」願
第 347 我身舍利所變的「意相琉璃寶珠」將出微妙「非想非非想聲」願
第 348 我身舍利所變的「意相琉璃寶珠」將出微妙「有想無想聲」願
第 349 我身舍利所變的「意相琉璃寶珠」將出微妙「識處聲」願
第 350 我身舍利所變的「意相琉璃寶珠」將出微妙「空處聲」願
第 351 我身舍利所變的「意相琉璃寶珠」將出微妙「八勝處聲」願
第 352 我身舍利所變的「意相琉璃寶珠」將出微妙「十一切入聲」願
第 353 我身舍利所變的「意相琉璃寶珠」將出微妙「定慧止觀聲」願
第 354 我身舍利所變的「意相琉璃寶珠」將出微妙「空聲」願
第 355 我身舍利所變的「意相琉璃寶珠」將出微妙「無相聲」願
第 356 我身舍利所變的「意相琉璃寶珠」將出微妙「無作聲」願
第 357 我身舍利所變的「意相琉璃寶珠」將出微妙「十二因緣聲」願
第 358 我身舍利所變的「意相琉璃寶珠」將出微妙「具足聲聞藏聲」願
第 359 我身舍利所變的「意相琉璃寶珠」將出微妙「具足緣覺乘聲」願
第 360 我身舍利所變的「意相琉璃寶珠」將出微妙「具足六度聲」願
第 361 我身舍利所變的 29 聲，「色界」天人聞後將下來娑婆度眾願
第 362

「色界」天人聞舍利所變的 29 聲後，將下來教化世人修十善願
第 *363* 我身舍利所變的 29 聲，「欲界」天人聞後，愛結五欲將得息止願
第 *364* 「欲界」天人聞舍利所變的 29 聲後，將下來教化世人修十善願
第 *365* 我身舍利所變的「意相琉璃寶珠」雨諸華後復變成諸「珍寶」願
第 *366* 我身舍利所變的「意相琉璃寶珠」能令眾生「心和悅」願
第 *367* 我身舍利所變的「意相琉璃寶珠」能除滅眾生「鬪諍」願
第 *368* 我身舍利所變的「意相琉璃寶珠」能除滅眾生「飢餓」願
第 *369* 我身舍利所變的「意相琉璃寶珠」能除滅眾生「疾病」願
第 *370* 我身舍利所變的「意相琉璃寶珠」能除滅眾生「怨賊」願
第 *371* 我身舍利所變的「意相琉璃寶珠」能除滅眾生「惡口」願
第 *372* 我身舍利所變的「意相琉璃寶珠」能除滅眾生「諸毒」願
第 *373* 我身舍利所變的「意相琉璃寶珠」能令世界獲得「豐樂」願
第 *374* 我身舍利所變之諸珍寶若眾生「見之」則於三乘得不退轉願
第 *375* 我身舍利所變之諸珍寶若眾生「觸之」則於三乘得不退轉願
第 *376* 我身舍利所變之諸珍寶若眾生「用之」則於三乘得不退轉願
第 *377* 我身舍利所變之諸珍寶於「利益眾生」後復還歸於地表「金剛際」願
第 *378* 我身舍利將變爲「紺琉璃珠」從地而出到「色究竟天」願

第 379 我身舍利所變的「紺琉璃珠」能治「刀兵劫」願
第 380 我身舍利所變的「紺琉璃珠」能雨「種種華」願
第 381 我身舍利所變的「紺琉璃珠」復還歸於地表「金剛際」願
第 382 我身舍利所變的「紺琉璃珠」能除滅眾生「刀兵劫」願
第 383 我身舍利所變的「紺琉璃珠」能除滅眾生「飢餓」願
第 384 我身舍利所變的「紺琉璃珠」能除滅眾生「疾疫」願
第 385 我身舍利能「作種種佛事」度化眾生於三乘得不退轉願
第 386 我身舍利能於「五佛世界」等大劫中度化眾生於三乘得不退轉願
第 387 無數劫後所有成佛者皆曾由寶海我所勸化而修六度願
第 388 我身舍利能令眾生發「阿耨菩提心」願
第 389 無數劫後所有成佛者皆回頭稱讚往昔寶海之五百大願
第 390 若寶海我發之五百大願不能成就則今當「棄捨菩提心」願
第 391 若寶海我的五百願不成就則今亦不至「他方佛土」作「善根迴向」願
第 392 我所修之六度萬行不是只有「迴向自己成阿耨菩提」願
第 393 我所修之六度萬行並非爲求「辟支佛乘」願
第 394 我所修之六度萬行並非爲求「聲聞乘」願
第 395

我所修之六度萬行並非爲求「天王」願
第 396 我所修之六度萬行並非爲求「人王」願
第 397 我所修之六度萬行並非爲求「五欲」願
第 398 我所修之六度萬行並非爲求「生天」願
第 399 我所修之六度萬行並非爲求「乾闥婆」願
第 400 我所修之六度萬行並非爲求「阿修羅」願
第 401 我所修之六度萬行並非爲求「迦樓羅」願
第 402 我所修之六度萬行並非爲求「緊那羅」願
第 403 我所修之六度萬行並非爲求「阿修羅」願
第 404 我所修之六度萬行並非爲求「摩睺羅伽」願
第 405 我所修之六度萬行並非爲求「夜叉」願
第 406 我所修之六度萬行並非爲求「羅刹」願
第 407 我所修之六度萬行並非爲求「諸龍王」願
第 408 我所修之六度萬行並非爲求「人中」願
第 409 我所修之「布施」果報只爲迴向救度地獄眾生願
第 410 我所修之「持戒」果報只爲迴向救度地獄眾生願
第 411 我所修之「多聞」果報只爲迴向救度地獄眾生願

第 412
我所修之「思惟」果報只爲迴向救度地獄眾生願
第 413
我願迴向救度阿鼻地獄之眾生令轉生「人中」願
第 414
我願迴向救度阿鼻地獄之眾生令生人中得成「阿羅漢果」願
第 415
我願迴向救度阿鼻地獄之眾生令得阿羅漢果而入「涅槃」願
第 416
令我身碎如「微塵」又如「須彌山」而代眾生受重罪苦惱願
第 417
十方五逆重罪墮阿鼻獄者願代眾生入阿鼻受諸苦痛願
第 418
十方墮阿鼻獄者願代入阿鼻受諸苦痛，令彼「出離地獄」願
第 419
十方墮阿鼻獄者願代入阿鼻受諸苦痛，令彼「值遇諸佛」願
第 420
十方墮阿鼻獄者願代入阿鼻受諸苦痛，令彼「咨受妙法」願
第 421
十方墮阿鼻獄者願代入阿鼻受諸苦痛，令彼「出離生死」願
第 422
十方墮阿鼻獄者願代入阿鼻受諸苦痛，令彼「入涅槃城」願
第 423
十方重罪墮阿鼻獄者願代眾生入阿鼻受苦並久處阿鼻願
第 424
十方五逆重罪墮「火炙」獄者願代眾生入「炎熱」地獄受苦願
第 425
十方五逆重罪墮「所說炙」獄者願代眾生入「大焦熱」地獄受苦願
第 426
十方五逆重罪墮「盧獨」獄者願代眾生入「叫喚」地獄受苦願
第 427
十方五逆重罪墮「摩訶盧獨」獄者願代眾生入「大叫喚」地獄受苦願
第 428

十方五逆重罪墮「逼迫」獄者願代眾生入「眾合」地獄受苦願
第 429
十方五逆重罪墮「黑繩」獄者願代眾生入「黑繩」地獄受苦願
第 430
十方五逆重罪墮「想」獄者願代眾生入「等活」地獄受苦願
第 431
十方眾生因惡業而召 畜生報者願代眾生受「畜生」業報願
第 432
十方眾生因惡業而召 餓鬼報者願代眾生受「餓鬼」業報願
第 433
十方眾生因惡業而召 貧窮報者願代眾生受「貧窮」業報願
第 434
十方眾生因惡業而召 夜叉報者願代眾生受「夜叉」業報願
第 435
十方眾生因惡業而召 拘槃荼報者願代眾生受「鳩槃荼」業報願
第 436
十方眾生因惡業而召 毘舍遮報者願代眾生受「毘舍遮」業報願
第 437
十方眾生因惡業而召 阿修羅報者願代眾生受「阿修羅」業報願
第 438
十方眾生因惡業而召 迦樓羅報者願代眾生受「迦樓羅」業報願
第 439
十方眾生因惡業而召 聾盲報者願代眾生受「聾盲」業報願
第 440
十方眾生因惡業而召 瘖瘂報者願代眾生受「瘖瘂」業報願
第 441
十方眾生因惡業而召 感百病者願代眾生受「百病」業報願
第 442
十方眾生因惡業而召 無手報者願代眾生受「無手」業報願
第 443
十方眾生因惡業而召 無腳報者願代眾生受「無腳」業報願
第 444

十方眾生因惡業而召 心亂報者願代眾生受「心亂」業報願
第 445 十方眾生因惡業而召 失念報者願代眾生受「失念」業報願
第 446 十方眾生因惡業而召 食噉不淨報者願代眾生受「食噉不淨」業報願
第 447 十方墮 阿鼻獄者願代受苦惱如眾生生前所受之「五陰」果報願
第 448 十方墮 阿鼻獄者願代受苦惱如眾生生前所受之「十八界」果報願
第 449 十方墮 阿鼻獄者願代受苦惱如眾生生前所受之「十二入」果報願
第 450 寶海之五百大願必得「十方諸佛」之證明願
第 451 寶海之五百大願必得成就故「天龍」應生感動而涕泣願
第 452 寶海之五百大願必得成就故「阿修羅」應生感動而涕泣願
第 453 寶海之五百大願必得成就故「住地眾生」應生感動而涕泣願
第 454 寶海之五百大願必得成就故「虛空眾生」應生感動而涕泣願
第 455 寶海之五百大願必得「十方諸菩薩」說偈讚歎願
第 456 以淨心施「身內 外諸物」給外道，而彼外道仍為修「無上道」之助伴願
第 457 以淨心施「身內 外諸物」給外道，而彼外道亦「無任何罪業」願
第 458 修布施時有乞士對我以「軟語」我皆不起心動念願
第 459 修布施時有乞士對我以「惡言」我皆不起心動念願
第 460 修布施時有乞士對我以「輕毀呰」我皆不起心動念願

第 461
修布施時有乞士對我以「眞實言」我皆不起心動念願
第 462
修布施時若對眾生起瞋愛心，即等同欺誑十方諸佛與永不成佛願
第 463
所修布施時皆令受施者得「無虧損」願
第 464
所修布施時若令受施者得「一毫毛之障礙」則我永不見佛願
第 465
所修布施時若令受施者得「一毫毛之障礙」則我即等同欺誑十方諸佛願
第 466
於布施「衣服」時若我不能生「歡喜淨心」則我必墮阿鼻地獄願
第 467
於布施「飲食」時若我不能生「歡喜淨心」則我必墮阿鼻地獄願
第 468
有乞士對我求索「頭目」我若生「瞋愛心」則必墮阿鼻地獄願
第 469
有乞士對我求索「髓腦」我若生「瞋愛心」則必墮阿鼻地獄願
第 470
有眾生對我欲求餘「五度」者我若生「瞋愛心」則必墮阿鼻地獄願
第 471
寶海具大悲心發五百願得「大名稱」，以「六和敬法」滿足眾生願
第 472
若我不能度眾生「解脫生死者」即等同欺誑十方諸佛與永不成佛願
第 473
若我不能爲眾生「授三乘記者」即等同欺誑十方諸佛與永不成佛願
第 474
欲令眾生安住於六度乃至眾生「只如一毛端之善根」，我亦令彼成就佛道願
第 475
若我不能令眾生安住於「三乘」而有「一人生退轉」者，即等同欺誑十方諸佛與永不成佛願
第 476

有「著袈裟僧」但曾「犯重戒」，此人能一念對三寶生敬心，若不獲三乘受記而生退轉者，即等同欺誑十方諸佛與永不成佛願
第 477 有「著袈裟僧」但曾「行邪見」，此人能一念對三寶生敬心，若不獲三乘受記而生退轉者，即等同欺誑十方諸佛與永不成佛願
第 478 有「著袈裟僧」但曾「輕毀三寶」，此人能一念對三寶生敬心，若不獲三乘受記而生退轉者，即等同欺誑十方諸佛與永不成佛願
第 479 若「天龍」能於「著袈裟僧」生恭敬供養尊重讚歎，即得不退轉於三乘願
第 480 若「鬼神」能於「著袈裟僧」生恭敬供養尊重讚歎，即得不退轉於三乘願
第 481 若「人」能於「著袈裟僧」生恭敬供養尊重讚歎，即得不退轉於三乘願
第 482 若「非人」能於「著袈裟僧」生恭敬供養尊重讚歎，即得不退轉於三乘願
第 483 若「貧窮鬼神」能得「袈裟」乃至四寸之少分，即能獲飲食充足願
第 484 若「下賤眾生」能得「袈裟」乃至四寸之少分，即能獲飲食充足願
第 485 若「餓鬼眾生」能得「袈裟」乃至四寸之少分，即能獲飲食充足願
第 486 若諸眾生處於共相「違逆反叛」時，能「憶念」此「袈裟功德」，即獲悲心、柔軟心、無怨心、寂滅心、調伏善心願
第 487 若諸眾生處於「怨賊鬪諍」時，能「憶念」此「袈裟功德」，即獲悲心、柔軟心、無怨心、寂滅心、調伏善心願
第 488 若天龍八部處於「共相鬪諍」時，能「憶念」此「袈裟功德」，即獲悲心、柔軟心、無怨心、寂滅心、調伏善心願
第 489 若處於「兵甲」眾生能持此袈裟隨身攜帶，恭敬供養，即能脫離諸難願

第 490 若處於「鬪訟」眾生能持此袈裟隨身攜帶，恭敬供養，即能脫離諸難願
第 491 若處於「決斷諸事」眾生能持此袈裟隨身攜帶，恭敬供養，即能脫離諸難願
第 492 若我袈裟不能成就「五種聖功德」，即等同欺誑十方諸佛與永不成佛願
第 493 若我袈裟不能成就此「五種聖功德」，即令我「退失一切善法」願
第 494 若我袈裟不能成就此「五種聖功德」，即令我不能「破壞外道」願
第 495 於無佛國土之五濁惡世，我皆以「麤惡言語」去恐怖眾生勸住三乘願
第 496 於無佛國土之五濁惡世，我皆以「斷命威脅」去恐逼眾生勸住三乘願
第 497 我捨無量「肉山」於眾生亦不生一念悔心，若此願不成，我將常墮阿鼻地獄
第 498 待我成佛願作「大龍王」示現種種無量「珍寶藏」布施於眾生願
第 499 於「無佛國土」之「五濁惡世」，我將化作「夜叉形」以「恐逼」眾生勸住三乘願
第 500 十方微塵佛其有「般涅槃」者，往昔皆經由釋迦佛所勸教度化，未來若有成佛者，其往昔亦是受過釋迦佛所勸教度化願

七、《悲華經》釋迦佛五百大願解析－經文詳細比對

（《悲華經》與《大乘悲分陀利經》兩種經文詳細比對）

五百大願之願名	北涼・曇無讖 譯 《悲華經》	秦・譯者佚 名 《大乘悲分陀利經》
第 *1* 修行大布施之願	(寶海)我行「檀」波羅蜜時，若有眾生，世世從我乞求所須(之物)，向其所求，要當給足，「飲食、醫藥、衣服、臥具、舍宅、聚落、華香、瓔珞、塗身之香」，供給病者「醫藥」、「侍使、幢幡、寶蓋、錢財、穀帛、象馬、車乘、金銀、錢貨、真珠、琉璃、頗梨、珂貝(白珂貝螺)、璧玉、珊瑚、真寶、偽寶、天冠、拂飾」。如是等物，我於眾生，乃至(見有)貧窮，(皆)生「大悲心」，悉以施與。	(寶海)我當如是行「檀」波羅蜜。在所生處，(若)有來求者，(寶海)我當如是施之，所謂：「飲食、佉闍(khādanīya 珂但尼；佉陀尼；佉闍尼。嚼食，需經咀嚼而後吞食之硬食。有根、莖、葉、花、果五種名「五不正食」，食後不易有飽足感)、蒱闍(pañca-bhojanīya 蒲繕尼食；五噉食；五正食，屬於五種正食之「飯、麥豆飯、麵、肉、餅」，食後有飽足感)、螺夜(？未詳)、梨舍(？未詳)、衣服、臥具、園林、房舍、鬘飾、塗香(vilepana 以香塗身；塗妙香)、隨病與藥」，「幢幡、麾蓋、錢財、象馬、車乘，金銀、雜寶、摩尼、真珠、琉璃璩」及「車璩、馬瑙、珊瑚、虎珀、玫瑰」并及「餘寶」。(我)悲念眾生，(故)以「歡喜」(心去布)施如是等物。
第 *2* 布施不求人天果報但爲度眾願	(我)雖作是(布)施，(但)不求「天上、人中」果報，但(只)為「調伏攝(取)」眾生故，以是因緣，(我)捨「諸所有」。	(為)度眾生故，不望(任何人天的)「果報」，(只)為「攝度」(攝取度化)眾生故，具足施與。
第 *3* 若遇索求「過量」之布施亦皆滿願，只爲調伏攝度眾生願	若有眾生，乞求過量(之物)，所謂「奴婢、聚落、城邑、妻子、男女、手腳、鼻舌、頭目、皮血、骨肉、身命」，乞求如是「過量」之物(時)。 爾時，(寶海)我當生「大悲心」，以此諸物，持用布施，(亦)不	復有眾生，求「極難捨」，我(仍)當與之，所謂：「奴婢、聚落、城邑、宮殿、王位、妻妾、男女」，及與「手、足、眼、耳、鼻、舌、皮膚、血肉、骨髓、身命」，乃至「求頭」。 (我)悲念眾生，(故)以極「歡喜」

	求「果報」，但(只)為「調伏攝(取)」眾生故。	(之心)如是施與，不求(任何)「果報」，(只)為攝度(攝取度化)故。
第 4 我之大布施於過去未來無人能勝願	(寶藏)世尊！(寶海)我行「檀」(dāna 布施)波羅蜜時，(有)過去菩薩(在)行「檀」波羅蜜者，所不能及(於我)。未來(若有)菩薩，當發「阿耨多羅三藐三菩提」心，(亦)行「檀」波羅蜜者，亦不能及(於我)。	我當如是行「檀」(dāna 布施)波羅蜜。(在)先(之前)未曾有菩薩，(在)行「阿耨多羅三藐三菩提」行(之時)，能如是(像我一樣)行「檀」波羅蜜者，(在之)後，亦無有菩薩(在)行「阿耨多羅三藐三菩提」行(之時)，能如是(像我一樣的)大施。
第 5 未來無量劫皆行大布施而永不斷絕願	(寶藏)世尊！(寶海)我於來世，為行「菩薩道」故，於百千億劫，當行如是「檀」波羅蜜。(寶藏)世尊！未來之世，若有欲行「菩薩道」者，(寶海)我當為是行「檀」波羅蜜，令不斷絕。	如(寶海)我在所生(之)處，(於)無量阿僧祇億「那由他」百千劫中，行「阿耨多羅三藐三菩提」行(之時)，(皆)行「檀」波羅蜜。(寶海)我當為後(世)，(若)具(有)大悲(心)菩薩(者)，(我將為之)安立「施眼」(布施法眼之)功德光。
第 6 修行持戒願	(寶海)我初入「尸羅」(śīla 戒律)波羅蜜時，為「阿耨多羅三藐三菩提」故，持種種戒，修諸「苦行」，如(前面的)「檀」(布施)中說。	思惟「諸結」(結使煩惱)，(此)是「尸羅」(śīla 戒律)波羅蜜，我當如是行「阿耨多羅三藐三菩提」，行種種「持戒」。我行無上「難行苦行」，(皆)如前所說。
第 7 修行忍辱願	(我)觀我「無我」故，「五情」(五根)不為「五塵」(色聲香味觸)所傷，此(是)「羼提」(kṣānti 忍辱)波羅蜜。(寶海)我如是行「羼提」(忍辱)波羅蜜，亦如上說。	(我)於(六塵)「境界」不「墮落」，觀我「無我」故，(此)是「羼提」(kṣānti 忍辱)波羅蜜。我當如是修行「羼提」(忍辱)，如前所說。
第 8 修行精進願	觀「有為法」，離諸「過惡」(過失罪惡)。見「無為法」，(皆)微妙寂滅。(我)精勤修集，於「無上道」，不生「退轉」。此(是)「毘梨耶」(vīrya 精進)波羅蜜，(寶海)我亦如是行「毘梨耶」(精進)波羅蜜。	(我)又「厭患」(厭惡過患)諸「有為」(法)。(見)一切「無為」(法皆)「靜寂」，行「無上(道)」而不退(轉)，(此)是「毘梨耶」(vīrya 精進)波羅蜜。

第 9 修行禪定願	若(於)一切處，修行「空相」，得「寂滅」法，(此)是名「禪」(dhyāna)波羅蜜。	於一切作，(皆)捨(修)行「空」(法)等，(此)是「禪那」(dhyāna)波羅蜜。
第 10 修行般若願	若解諸法，本「無生」性，今則「無滅」，是名「般若」(prajñā)波羅蜜。	如性「無生」法忍，(此)是「般若」(prajñā)波羅蜜。
第 11 我堅固精勤修「般若」於過於去未來無人能勝願	我(當)於無量百千億阿僧祇劫，(以)「堅固、精勤」(去)修集「般若」波羅蜜。何以故？或有菩薩於「過去世」，不為「阿耨多羅三藐三菩提」行「菩薩道」，(不能以如是的)「堅固、精勤」(去)修集「般若」波羅蜜。(於)「未來」之世，或有菩薩，未為「阿耨多羅三藐三菩提」行「菩薩道」，(不能以如是的)「堅固、精勤」(去)修集「般若」波羅蜜。 是故(寶海)我今當於「來世」發「阿耨多羅三藐三菩提」心，修「菩薩道」，令諸「善法」，無有斷絕。	我當(以)如是(之)「堅固、勇力」，(於)無量阿僧祇億「那由他」百千劫中，行「般若」波羅蜜。 (在之)先(前)無「菩薩」，(於)行「阿耨多羅三藐三菩提」行，(能)有能如是「堅固、勇力」，(去修)行「般若」波羅蜜者。 (在往)後亦無「菩薩」，(於)行「阿耨多羅三藐三菩提」行，(能)有能如是「堅固、勇力」，(去修)行「般若」波羅蜜。 如(寶海)我(之)所行，(將)為後(世)時，(若有)具大悲(心)諸菩薩(者)，(我將爲之)安立(智)慧功德(法)眼。
第 12 爲諸菩薩開示大悲心與大涅槃願	(寶藏)世尊！(寶海)我初「發心」已，為未來諸菩薩等，開示「大悲」，乃至「涅槃」。(若)有得聞(寶海)我(之)「大悲」名者，(使)心生驚怪，歎「未曾有」。	我初發心，為後(世)菩薩，示現「大悲」，乃至無上「般涅槃」，彼諸菩薩(將)得「未曾有」。
第 13 不執著於六度的無功用道願	是故(寶海)我於「布施」(之時)，不自(我)「稱讚」、不依(附)「持戒」、不念(執)「忍辱」、不猗(古通「倚」→依靠)「精進」、不味(著)「諸禪」，所有「智慧」，(皆)不著「三世」。(我)雖行如是「六波羅蜜」，(皆)不求「果報」。	是故我「不輕」(於)行「施、戒」(此指在修布施、持戒時沒有任何的「輕賤我慢心」)。無依(於)「忍」、無想(於)「(精)進」、無住(於)「禪」、無著(於)「慧」，無「二我」(人我、法我)，不求「果報」。

第 *14* 以精勤修集六度去救度五逆重罪者願	有諸衆生，(遠)離「聖七財」(七聖財。①信財：能信受正法②戒財：能持戒律③慚財：能自慚不造諸惡④愧財：於不善法能生羞愧⑤聞財：能多聞佛典正教⑥施財：能施捨諸物，捨離執著⑦慧財：能修習般若空性智慧)，(爲)諸佛世界之所擯ㄅㄧㄣˋ(棄)棄，作「五逆」罪，毀壞「正法」，誹謗「賢聖」，行於「邪見」，「重惡」之罪，猶如大山，常為「邪道」之所覆蔽。 是故(寶海)我今為是「衆生」，專心莊嚴，精勤(的)修集「六波羅蜜」。	衆生乏「聖七財」(七聖財。①信財：能信受正法②戒財：能持戒律③慚財：能自慚不造諸惡④愧財：於不善法能生羞愧⑤聞財：能多聞佛典正教⑥施財：能施捨諸物，捨離執著⑦慧財：能修習般若空性智慧)，(爲諸佛所)捨棄，彼一切衆(被)置「無佛土」中，作「無間業」，謗「正法」，毀「賢聖」，盡皆「邪見」，集「不善根」，墜在「曠野」。 為此「邪道」所困衆生故，我以極「勇猛力」(去修)行「(六)波羅蜜」。
第 *15* 於十劫中願代眾生入阿鼻受諸苦痛願 第 *16* 於十劫中願代眾生入畜生受諸苦痛願 第 *17* 於十劫中願代眾生入餓鬼受諸苦痛願 第 *18* 於十劫中願代眾生入貧窮受諸苦痛願 第 *19* 於十劫中願代眾生入鬼神受諸苦痛願 第 *20* 於十劫中願代眾生入卑賤人中受諸苦痛願	(寶海)我為一一衆生，(爲)種「善根」故，(我願)於「十劫」中，入「阿鼻」地獄，受無量苦，(亦願入)「畜生、餓鬼」(中代眾生受苦無量)，及(願入)「貧窮、鬼神、卑賤人中」(代眾生受苦無量)，亦復如是。	(寶海我爲)一一衆生所為，(爲)置「善根」種故，(我願)於「十大劫」(中)，能受「阿鼻」地獄苦痛，如是(亦願入)「畜生、餓鬼、夜叉」(中代眾生受苦無量)，(及入)「貧窮」人中(受)貧窮，能忍斯苦。
第 *21*	若有衆生，空無「善根」，「失	如(於)一切衆生所，置「善根」

令無善根失念燋枯心意眾生廣種善根願	念」燋(枯)心，(寶海)我悉「攝取」而調伏之，令種「善根」。	種，我當如是「攝度」(攝取度化)空倦(空虛倦憊)心意(之)燋枯衆生。
第 22 不求人天享樂而久處生死度化眾生願	乃至(於)「賢劫」(bhadrakalpa 現在住劫。「現在賢劫」與「過去莊嚴劫、未來星宿劫」合稱爲三劫)，於其中間，(我)終不願在「天上、人中」受諸快樂；惟除(我作)「一生」(eka-jāti-pratibaddha，菩薩之最高「等覺」菩薩位。彌勒即屬爲「一生補處」之菩薩)，(需)處(於)「兜術天」，待時成佛(之時)。(寶藏)世尊！(寶海)我應如是久處(於)「生死」(中度化眾生)。	乃至(於)「賢劫」之際，我不求「人天、榮利」之福；唯除(我作)「一生補處」(eka-jāti-pratibaddha，菩薩之最高「等覺」菩薩位。彌勒即屬爲「一生補處」之菩薩)，(需處)在「兜率天」，待成「菩提」(之)時。(除此之外)我於爾所，(將)時(時處於)「生死」中(度化眾生)。
第 23 以微塵劫數時間去供養諸佛願	(我將)如(以)一佛世界(之)微塵等「劫」(數的時間)，以諸所須(之物)，(去)供養諸佛，(只)為一衆生種「善根」故。	(我將)親近「佛土」微塵數諸佛。
第 24 以微塵劫「供具」去供養諸佛願	(我將)以一佛世界「微塵數」等諸「供養」具，(去)供養十方無量無邊一一諸佛。	以佛土微塵數(等)種種「供具」，(去)供養一一諸佛。
第 25 於諸佛所獲得諸善功德願	(我)亦(能)於十方無量無邊一一佛所，(獲)得「一佛世界」微塵數等「諸善功德」。	(我將)於一一佛所，得佛土「微塵數功德」。
第 26 令眾生皆住無上菩提願	(我將)於一一佛前，復得教化如「一佛世界」微塵數等「衆生」，(皆)令住(於)「無上菩提之道」。	(對於諸)佛土「微塵數衆生」，(我將)勸以「菩提」。
第 27 隨眾生心意而令住緣覺願	(所有的)「緣覺、聲聞」，亦復如是，(我將)隨諸衆生(之)所「願」而教(化之)。	(所有的)「辟支佛乘、聲聞乘」亦如是，(我將)隨其(之)所「欲」，我以如是而勸化(勸教度化)之。
第 28 隨眾生心意而令住聲聞願		

第 29 若世無佛我願作仙人令住十善與得五神通願	若有世界，(其)佛(仍)未出世(之時)，(我)願作僊(仙)人，教諸衆生，令住「十善」，(及住於)「五神通」中，(令眾生)遠離「諸見」。	若世「無佛」，我(願化)作「仙人」，以諸善業，(度)化彼衆生，令(眾生皆能)住(五)「神通」。
第 30 變身大自在天「摩醯首羅」令住善法願	若有衆生事「摩醯首羅天」(Maheśvara 大自在天;色界天魔)，(寶海)我願化身如「摩醯首羅」，而教化之，令住善法。	(若有眾生)因於「邪見」，(而去)奉事「摩醯首羅天」(Maheśvara 大自在天;色界天魔)者，(我)即現「摩醯首羅天」，(並)勸以「善業」。
第 31 變身八臂「那羅延」毘紐天神令住善法願	(若有眾生是)事「八臂」者，(我)亦願化為「八臂天」身(Nārāyaṇa 那羅延是印度古神中之大力者;即欲界天之毘紐天神。此天多力，身爲綠金色，有八臂，乘金翅鳥，手持鬥輪及種種器杖，常與阿修羅王戰爭)，而教化之，(並)令住「善法」。	(我亦願變)現「那羅延」(Nārāyaṇa 具有大力之印度古神;即欲界天之毘紐天神，此天多力，身爲綠金色，有八臂，乘金翅鳥，手持鬥輪及種種器杖，常與阿修羅王戰爭)、
第 32 變身日天子令住善法願	(若有眾生是)事「日、月、梵天」，(我)亦願化為「日、月、梵」身，而教化之，(並)令住「善法」。	「日、月」(candra-sūrya-deva-putra)，乃至現「梵天」形，(並)勸(這些眾生)以「善法」。
第 33 變身月天子令住善法願		
第 34 變身梵天身令住善法願		
第 35 變身金翅鳥「迦樓羅」令住善法願	(若)有(眾生是)事「金翅鳥」(suparṇa，與迦樓羅鳥 garuḍa 同)，乃至事「兔」(śaśa)，(我)願化為「兔身」隨而教化，(並)令住「善法」。	(我願)或現「迦樓羅」(garuḍa)，(而)勸「迦樓羅鳥」修諸「善行」，乃至(我願變)現為「兔」(śaśa)形。
第 36 變身兔形令住善法願		
第 37 以身血肉救飢餓眾生並代眾生受罪爲作救護願	若見(有)飢餓衆生，(寶海)我當以「身血肉」與之，令其飽滿。若(見)有衆生，犯於「諸罪」，(我)當以「身命」，代其「受罪」，	(若見)「飢渴」衆生，(我則)以「身肉血」而充濟之。(我將)以「己身命」，救彼一切「急厄」衆生。

	(並)為作救護。	
第 38 爲無善根者代受生死種種苦惱願	(寶藏)世尊！未來世中，有諸衆生，離諸「善根」，燒滅「善心」。(寶海)我於爾時，為是衆生，當勤「精進」，行菩薩道，(並墮)在「生死」中，(代)受諸苦惱。	(寶藏)世尊！我當於爾所時，以極「勇力」，修諸「難行」，為心意「燋枯」、乏「善根」者(之眾生)。我(將)於爾時，所為衆生故，(代眾生)受於「生死」種種「苦切」。
第 39 願爲乏「聖七財」眾生廣修六度並令住於不退轉願	乃至過「一恒河沙」等「阿僧祇」劫，入「第二恒河沙」等「阿僧祇」劫後分，初入「賢劫」(bhadrakalpa 現在住劫。「現在賢劫」與「過去莊嚴劫、未來星宿劫」合稱爲三劫)，(時有寶海梵志一千童子中第一位)火鬘摩納(Māṇava 儒童)成「阿耨多羅三藐三菩提」，字拘留孫如來(Krakucchanda 過去七佛的第四位)。 時(有諸眾生皆爲寶海)我所教化，(此諸眾生)離諸「善業」、行「不善業」、燒燋「善心」、離「聖七財」(七聖財。①信財：能信受正法②戒財：能持戒律③慚財：能自慚不造諸惡④愧財：於不善法能生羞愧⑤聞財：能多聞佛典正教⑥施財：能施捨諸物，捨離執著⑦慧財：能修習般若空性智慧)、作「五逆」罪、毀壞「正法」、誹謗「聖人」、行於「邪見」、「重惡」之罪，猶如大山，常為「邪道」之所覆蔽，(於)「無佛」世界(中)所(被)棄捐者，(我皆)令發「阿耨多羅三藐三菩提」心。 (我皆令諸眾生)行「檀」波羅蜜，乃至(令)行「般若」波羅蜜，(並令眾生)安止住於「不退轉」地，	乃至過「一恒河沙」數「阿僧祇」，「二恒河沙」阿僧祇之餘，始入「賢劫」中，如(寶海梵志一千童子中第一位)月鬘童子成「阿耨多羅三藐三菩提」，號迦羅迦孫陀如來(Krakucchanda 過去七佛的第四位)。令(寶海)我爾時，(能)以「聖慧眼」，見於十方，各(於)千佛土微塵數世界中，已轉法輪(之)「現在住世」諸佛世尊，(此現在住世之諸佛乃是)是我(早)先所勸化(勸教度化之者)。 (當時有諸眾生)心意燋枯、集「不善根」、乏「聖七財」(七聖財。①信財：能信受正法②戒財：能持戒律③慚財：能自慚不造諸惡④愧財：於不善法能生羞愧⑤聞財：能多聞佛典正教⑥施財：能施捨諸物，捨離執著⑦慧財：能修習般若空性智慧)，為一切(諸佛)所棄，在空(無)佛土，作「無間業」、誹謗「正法」、非𧦬(古通「誹」→誹謗)毀「賢聖」，乃至「邪道」所困，處「大曠野」者；我(早)先(已)為「彼衆生」讚歎「阿耨多羅三藐三菩提」，(皆)勸(彼眾生)以「阿耨多羅三藐三菩提」，令住其中者。

	(最終)皆令「成佛」。	「彼衆生」(皆)是我(早)先所勸化(勸教度化),(我皆令彼眾生)住「檀」波羅蜜,乃至(住於)「般若」波羅蜜者。
第40 能見曾被我度化而成佛者願	(我所度化的眾生)在於十方,如一佛土「微塵數」等諸佛世界,(皆已成佛已)轉「正法輪」,(已)令諸衆生於「阿耨多羅三藐三菩提」,種諸「善根」,出離「惡道」,安止得住(於)「功德、智慧」(之)「助菩提法」者,願(寶海)我爾時,悉得「見」之。	「彼衆生」(皆)是我(早先安)置(於)「無上涅槃」,(令)「善根」種者,(此皆是我)拔出「惡趣」者,(並)使立具「智慧、福德」。
第41 勸教度化無量眾生得「陀羅尼、三昧、忍辱」乃至成佛願	(寶藏)世尊!若有諸佛(於)在在處處,(能)遣「諸衆生」,至於佛所,(令)受「阿耨多羅三藐三菩提」記,令得「陀羅尼、三昧、忍辱」,即得次第上「菩薩位」,得於種種莊嚴世界,各各悉得,隨意所求,取「淨佛土」。如是衆生,悉是(寶海)我(早先)之所勸化(勸教度化)者。	(諸佛能遣諸眾生)將至「現在住世」諸佛世尊所,(令這些眾生)得授「阿耨多羅三藐三菩提」記者,(令)得「三昧、陀羅尼、忍辱」者,(即)得「登地」者。彼(諸)衆生(皆)是我(早)先所勸化(勸教度化),教使「立願」,取「莊嚴」佛土,(皆)隨彼所欲,取「莊嚴佛土」者。
第42 能得見賢劫已成佛之諸佛願	(寶海我於當時便)入「賢劫」中,(於)拘留孫佛(Krakucchanda 過去七佛的第四位)出世之時,如是等衆(生),亦於十方如微塵等諸佛世界,(早已)成「阿耨多羅三藐三菩提」,(所有)在在處處「住世」(之諸佛)說法(之時),亦令我(能得)見。	(寶海)我爾時始入「賢劫」,(於)迦羅迦孫陀(Krakucchanda 過去七佛的第四位)聖日出時,令我(能得)見於十方各「千佛土」,(於)微塵數世界中,「現在住世」為衆生說法(之)諸佛世尊。
第43 以諸「供具」供養拘留孫佛願	(寶藏)世尊!(待)拘留孫佛(Krakucchanda 過去七佛的第四位)成佛之時,(寶海)我至其所,以諸「供具」而供養之。	(待)迦羅迦孫陀如來(Krakucchanda 過去七佛的第四位)、應供 正遍知,成佛未久,我當往詣其所,以種種「供具」而供養之。

第 44 向拘留孫佛請法願	(我將向拘留孫佛以)種種諮問(有關)「出家」之法，持「清淨戒」、廣學「多聞」、專修「三昧」、勤行「精進」、說「微妙法」；唯除「如來」(以外)，餘無(有人)能(比我更殊)勝。	(我將向拘留孫佛以)諮請問難「出家、修戒、多聞、三昧、說法第一」(等諸法義)，唯除「如來」(以外，其餘沒有人將比我更殊勝)。
第 45 能調伏於拘留孫佛時具鈍根重罪願	是時，或(於拘留孫佛之時)有「鈍根」眾生，無諸「善根」，墮在「邪見」，行「不正道」，作「五逆」罪，毀壞「正法」，誹謗「聖賢」，「重惡」之罪，猶如大山，(寶海)我時當為如是眾生，說於「正法」，攝取調伏。	於彼(拘留孫佛之)時，(有)心意「燋枯」眾生，集「不善根」、沒「邪見道」、作「無間業」，乃至「邪道」所困「曠野」眾生，我當「攝度」(攝取度化)而為說法。
第 46 於拘留孫佛滅度後繼作佛事願	(待拘留孫)佛日沒已，(寶海)我於其後，自然當作無量「佛事」。(後面相繼還有)伽那迦牟尼(Kanakamuni 過去七佛的第五位)、迦葉佛(Kāśyapa 過去七佛的第六位)等(亦會)住世說法，乃至自然，(我亦將廣)作於「佛事」，亦復如是。	(待拘留孫佛之)聖日沒後，我當具作「佛事」，如是(相繼還有)迦那迦牟尼(Kanakamuni 過去七佛的第五位)、迦葉(Kāśyapa 過去七佛的第六位)成佛未久，(我將)往至其所(這些已成佛之如來處所)，乃至具作「佛事」。
第 47 以諸「供具」供養伽那迦牟尼佛願		
第 48 向伽那迦牟尼佛請法願		
第 49 能調伏於伽那迦牟尼佛時具鈍根重罪願		
第 50 於伽那迦牟尼佛滅度後繼作佛事願		
第 51 以諸「供具」供養迦葉佛願		
第 52 向迦葉佛請法願		

第 53 能調伏於迦葉佛時具鈍根重罪願		
第 54 於迦葉佛滅度後繼作佛事願		
第 55 於人壽千歲仍勸眾生住「三福」願	乃至(於)人壽千歲，(寶海)我於爾時，勸諸衆生，(應住)於「三福」(布施世福、持律戒福、眾善修福)處。	展轉乃至(於)「千歲」(之)世人，(我將)以「三福」(布施世福、持律戒福、眾善修福)地，安立衆生。
第 56 生天講法利眾願	(待)過「千歲」已，(寶海我將)上生「天上」，為諸「天人」，講說「正法」，令得調伏。	過是(千年)已(之後)，(寶海我將)往上生「天上」，為「天」說法，而攝度(攝取度化)之。
第 57 從兜率下生轉輪王家度眾願	(寶藏)世尊！願(寶海)我爾時，從「兜術天」，下生(至)最(殊)勝(之)「轉輪王」家，若(或)「自在王」家，處在「第一大夫人」(之)胎(中)，(仍)為諸衆生「調伏」其心，修「善根」故。	爾時我當從「兜率天」下，為度衆生，(爲令成)熟(眾生)善根故，(我)於最妙(之)「轉輪王」(爲)種，(於)「第一夫人」(之)腹中「受胎」而住。
第 58 入胎即放光願	尋「入胎」時，放大光明，其光微妙，遍照娑婆世界，從「金剛際」(kāñcana-maṇḍala 金性地輪；地輪；金剛輪；以金剛鋪成之地表。金輪之最下端稱爲金輪際)，上至「阿迦尼吒天」(Akaniṣṭha-deva 色究竟天)。	我當爾時，放「淨光明」，遍照娑訶佛土，上至「阿迦尼吒天」(Akaniṣṭha-deva 色究竟天)，下至「金輪際」(kāñcana-maṇḍala 金性地輪；地輪；金剛輪；以金剛鋪成之地表。金輪之最下端稱爲金輪際)，妙光周遍。
第 59 令三界眾生見我入胎光明願	令彼所有諸衆生等，若在「地獄」、若在「畜生」、若在「餓鬼」、若在「天上」、若在「人中」、若「有色」、若「無色」、若「有想」、若「無想」、若「非有想」、若「非無想」，悉願見我(入胎時所發生的)「微妙光明」。	爾時衆生，生娑訶佛刹者，或在「地獄」、或為「畜生」、或為「餓鬼」、或生「天上」、或生「人中」，在「色界」、「無色界」、「想、無想」、「非想非非想」處，令彼一切見斯(我入胎時所發生的)「光明」。
第 60 光明觸身能種涅槃根	若(此)光(明)觸「身」，亦願得知。(眾生)以見知「光」故，悉	(此光明只要)覺觸其「身」，(能)令彼一切(眾生)，厭「生死苦」，樂

願	得分別「生死過患」，(能)勤求無上「寂滅涅槃」，乃至「一念」(能)斷諸煩惱，是名令諸衆生「初種涅槃」之根栽也。	求「涅槃」，乃至住「滅結(結使煩惱)心」，是(名)「初種涅槃道」(之)種。
第 61 處胎即獲「無生空三昧門」願	願(寶海)我處胎，於「十月」中，得選擇「一切法」、入「一切法門」，所謂「無生空三昧門」。於未來世無量劫中，說此「(無生空)三昧」(之)「善決定心」，(乃)不可得盡。	我當受「一切法決定」三昧，(得)受「一意法門」三昧心，(在我於)十月住「母腹」中。
第 62 能見我處胎與出胎願	若(寶海)我「出胎」，成「阿耨多羅三藐三菩提」已，彼諸衆生，我當拔出，令離「生死」，如是等衆，悉令「見我」(的處胎與出胎之相)。	又我得佛，(能讓)衆生「厭離生死」，(此皆是)我所「應度」者。(我能)令彼衆生於「十月」中，見我在(在胎與出)胎(之相)。
第 63 雖處母胎卻住於「珍寶三昧」願	(我)雖處「母胎」，滿足「十月」，然其實是住(於)「珍寶三昧」，結「加趺坐」，正受思惟。	(我在胎中是)結「加趺坐」，心入「三昧」，如「摩尼」現。
第 64 右脇出胎天地六動願	(待)十月滿已，(我)從右脇出，以「一切功德成就三昧力」故，(能)令娑婆世界，從「金剛際」(kāñcana-maṇḍala 金性地輪；地輪；金剛輪；以金剛鋪成之地表。金輪之最下端稱爲金輪際)，上至「阿迦尼吒天」(Akaniṣṭha-deva 色究竟天)，(感召)六種震動。	(我將)滿「十月」生時，(我將)以「集一切福德三昧」，(令世界有)六種震動，一切娑訶佛土，上至「阿迦尼吒天」(Akaniṣṭha-deva 色究竟天)，下至「金輪際」(kāñcana-maṇḍala 金性地輪；地輪；金剛輪；以金剛鋪成之地表。金輪之最下端稱爲金輪際)，皆悉「震動」。
第 65 出胎令眾生得覺悟願	其中衆生，或處「地獄、畜生、餓鬼、天上、人中」(之者)，(皆因我的出胎之相，大地震動之相，因此)悉得悟(古通「醒」)悟。	彼時衆生，生娑訶佛土者，或在「地獄」，乃至「人中」，(皆)悉(被我的出胎之相，大地震動之相給)覺悟之。
第 66 出胎光明能遍照願	爾時(我於「出胎」之時)，復有以「微妙光明」，遍照娑婆世界。	我當從母「右脇」而出(時)，又(能)以「妙光」普照娑訶佛刹，無不周遍。

第 67 出胎光明能覺醒眾生願	(此光明)亦(能)得惺(古通「醒」)悟無量衆生。	爾時(之出胎光明)亦復(能)「覺悟」娑訶佛土一切衆生。
第 68 出胎後能令眾生得「三昧耶」願	若有衆生,(仍)未種善根(者),(寶海)我當安止(彼諸眾生),令種「善根」;(又能)於(已種)「涅槃」中,(已經)種善根已,(並)令諸衆生,(皆)生「三昧芽」(samaya 三昧耶;時;一致;平等;本誓)。	(我能)於未種「善根」(之)衆生所,(令)著「涅槃種」;(又能)於已種「涅槃種」(之)衆生,生「誓願」(samaya 三昧耶;時;一致;平等;本誓)到。
第 69 出胎蹈地能讓天地六動願	(寶海)我出「右脇」,足「蹈地」時,復願娑婆世界,從「金剛際」(kāñcana-maṇḍala 金性地輪;地輪;金剛輪;以金剛鋪成之地表。金輪之最下端稱爲金輪際),上至「阿迦尼吒天」(Akaniṣṭha-deva 色究竟天),六種震動。	若(寶海)我足「蹈地」時,(皆能)令此娑訶佛土,(發生)六種震動,峗峩(《一切經音義·卷九》云:傾側搖動不安)涌沒,乃至「金輪際」(kāñcana-maṇḍala 金性地輪;地輪;金剛輪;以金剛鋪成之地表。金輪之最下端稱爲金輪際)。
第 70 四生五道能得覺悟願	所有衆生依「水」、依「地」、依於「虛空」,「胎生、卵生、濕生、化生」,(所有處)在「五道」(中)者,悉(能)得惺(古通「醒」)悟	爾時衆生,有依「水」、依「地」、依「空」、依「四生處」(胎生、卵生、濕生、化生)、依止「五趣」(之者),我當覺(悟)之
第 71 令眾生得「三昧」與住三乘願	若有衆生,未得「三昧」(samaya 一致;平等;本誓),願皆得之;(已)得「三昧」已,(則)安止令住(於)「三乘」法中,「不退轉」地。	有衆生未生「誓願牙」(samaya 一致;平等;本誓)者,當令生;已生「誓願牙」者,(則)令住(於)「三乘」,得「不退轉」。
第 72 獲諸天眾生等供養我願	(寶海)我既(誕)生已,於娑婆世界所有「諸天、梵王、魔天(「波旬」通常指欲界第六天魔,稱爲「他化自在天魔」。欲界第六天除了有「天人」在此住外,還有另一個魔宮是處在「欲界、色界初禪天」之間,專由「他化自在天魔」所住)、忉利諸天」,及「日月天、四天王、諸大龍王、乾闥婆、阿修羅、迦樓羅、緊那羅、摩睺羅伽(mahoraga 大蟒神)、化	令我(誕)生時,娑訶佛土(所有的)「大梵魔王、帝釋、日月護世諸天、龍王、阿修羅、化生大威德、夜叉、羅刹、龍、修羅」,令彼一切(皆)來「供養」(寶海)我。

	生神僊(仙)、夜叉、羅剎」，悉令盡來共「供養」(寶海)我。	
第 73 出胎即行七步願	令(寶海)我生已，尋行「七步」。	令我適生，即行「七步」。
第 74 出胎後即能以「選擇功德三昧力」講正法願	行七步已，以「選擇功德三昧力」故，說於「正法」。令諸大衆，心生「歡喜」，住於「三乘」。	我以「集一切福德三昧」，如是說法。令彼大衆，得住「三乘」。
第 75 有求聲聞者令得「一生補處」願	於此衆中，若有衆生(願)學「聲聞」者，願(彼人)盡此(獲)「生」(此處即指 eka-jāti-pratibaddha，菩薩之最高「等覺」菩薩位。彌勒即屬爲「一生補處」之菩薩)，便得「調伏」。	其大衆中(若有)求「聲聞乘」者，(則)令住「最後身」(eka-jāti-pratibaddha，菩薩之最高「等覺」菩薩位。彌勒即屬爲「一生補處」之菩薩)，我當度(化)之。
第 76 有求緣覺者令得「日華忍辱」願	若有(願)習學「緣覺乘」者，(令彼人)一切皆得「日華忍辱」。	其有衆生，(願)求「辟支佛乘」者，(則)令彼一切得「顯明花忍」。
第 77 有求大乘者令得「執持金剛愛護大海三昧」願	(若)有(願)學「大乘」者，皆得「執持金剛愛護大海三昧」，以(此)「三昧力」故，(能)超過「三住」。	其有衆生，(願)求無上「大乘」者，(則)令彼一切得「金剛持海不動三昧」，以是「三昧」，(能)得登「三地」。
第 78 出胎後有最勝龍王來爲我洗身願	(寶海)我於(誕生)爾時，悕求洗浴，願有最(殊)勝「大龍王」，來「洗浴」我身。	(若)我欲「浴」時，令其中最(殊)勝「龍王」，彼來「浴」我。
第 79 眾生若見我被龍王洗身即得住於三乘願	衆生(若)見(我被龍王洗浴)者，即住「三乘」，所得功德，(皆)如上所說。	其有衆生，見我(被龍王洗)浴者，(則能)令彼一切，於「三乘」(中)獲如是「德」，(皆)如前所說。
第 80 我當童子乘羊車時能覺悟眾生願 第 81 我當童子遊戲時能覺悟眾生願 第 82	(寶海)我為童子(時)，(於)乘「羊車」時，所可(所有可以)示現(的)種種「伎術」，(皆)為(能覺)悟一切「諸衆生」故。	其有衆生，(若)見我「乘者」，略說，為童子(時之)「遊戲」，乃(至所作的)種種業(行)，(皆能)示教(開示教誨)衆生。

我當童子之種種業行皆能覺悟眾生願		
第83 以「一切功德成就三昧力」爲眾生說三乘法願	眾生見我，處於「菩提樹」下，皆悉發願(住於正法)。欲令我速以「一切功德成就三昧力」，說「三乘」法。(若能)聞是法已，(則)於「三乘」中生「深重」，欲勤行精進。	有眾生見我，詣「菩提樹」者。我當以「集一切福德三昧」，為彼眾生說如是法，令彼一切勸求「三乘」。
第84 若有已發聲聞乘者必得「一生補處」願	若有(眾生)已發「聲聞乘」者，(則)令脫「煩惱」，要(住於)「一生」(eka-jāti-pratibaddha，菩薩之最高「等覺」菩薩位。彌勒即屬爲「一生補處」之菩薩)在當於我(之處)所，而得調伏。	其有眾生殖「聲聞」種，(則)令彼眾生一切「結」(結使煩惱)熟(此喻將煩惱煮到爛熟)，(直到)住「最後身」(eka-jāti-pratibaddha，菩薩之最高「等覺」菩薩位。彌勒即屬爲「一生補處」之菩薩)，(全部都)從我(而獲)得度。
第85 若有已發緣覺乘者必得「日華忍辱」願	若(眾生)有已發「緣覺乘」者，皆悉令得「日華忍辱」。	其有眾生，求「辟支佛乘」者，令彼一切得「顯明花忍」。
第86 若有已發大乘者必得「執持金剛愛護大海三昧」願	若(眾生)有已發「大乘」之者，皆得「執持金剛愛護大海三昧」，以(此)「三昧力」故，(能)超過「四地」。	有殖大乘種者，令彼一切得「金剛持海不動三昧」，以是「三昧」，(能)得登「三地」。
第87 我於菩提樹下能入「阿頗三昧」不動禪定願	我自「受草」於菩提樹下，敷「金剛座」處，結「加趺坐」。身心正直，繫念在於「阿頗三昧」(āsphānaka 阿頗那迦定;阿娑頗那;不可動)。	我當手自「執草」(於)菩提樹下，敷「金剛座」，於彼座上，結「加趺坐」。端身正意，我當如是入「不動禪」(āsphānaka 阿頗那迦定;阿娑頗那;不可動)。
第88 我入「阿頗三昧」不動禪定後可施半麻半米於他人願	以(此阿頗)「三昧力」故，令「入出息」，(皆)停住寂靜，(又)於此(此阿頗三昧)定中，(能)一日一夜，(只需)日食「半麻、半米」，以其「餘半」，(則)持施他人。	滅「出入息」，日日一從禪起，(只需)食半「胡麻」，(另一)半以施人。
第89 諸天聞我苦行皆來供養我願	我如是久遠修集「苦行」，(於)娑婆世界，上至「阿迦尼吒」(Akaniṣṭha-deva 色究竟天)，(只要)聞	我當爾所時，行是「苦行」，今乃(上)至「阿迦尼吒」(Akaniṣṭha-deva 色究竟天)際，(下則)依(於)娑

	「我名」者，皆(悉)到我所，「供養」於(寶海)我。	迴佛土，一切「諸天」(皆)來「供養」(寶海)我。
第90 諸天大眾等皆來證我之苦行願	(寶海)我如是「苦行」，如是等衆，悉當為我而作「證明」。	令彼一切，(皆)證我(之)「苦行」。
第91 有求聲聞者由我度彼至「一生補處」願	若有衆生於「聲聞乘」種善根者，(寶藏)世尊！(我)願令是(聲聞乘)等(人)，於諸煩惱，(令)心得「寂靜」。若(欲證最後之)餘「一生」(eka-jāti-pratibaddha，菩薩之最高「等覺」菩薩位。彌勒即屬爲「一生補處」之菩薩)，要至我所，(寶海)我當調伏。	其(眾生)有求「聲聞乘」者，(寶藏)世尊！(我願)令彼(聲聞乘之)諸「結」(結使煩惱)，皆悉除滅，(最終能)住「最後身」(eka-jāti-pratibaddha，菩薩之最高「等覺」菩薩位。彌勒即屬爲「一生補處」之菩薩)，(一切皆)從我得度。
第92 有求緣覺者由我度彼得「日華忍辱」願 第93 有求大乘者由我度彼獲「執持金剛愛護大海三昧」願	(若有眾生於)緣覺(種善根者)、(若有眾生於)大乘(種善根者)，亦復如是。(指能令此二類根器者亦獲「心得寂靜」之境。若習「緣覺」者，最終獲得「日華忍辱」境。能令習「大乘」者，最終獲得「執持金剛愛護大海三昧」境)	(若眾生)有求「辟支佛乘」者，乃至如前所說。(指能令此二類根器者亦獲「心得寂靜」之境。若習「緣覺」者，最終獲得「日華忍辱」境。能令習「大乘」者，最終獲得「執持金剛愛護大海三昧」境)
第94 諸天龍八部等大眾皆來證明我之苦行願	若有「諸龍、鬼神、乾闥婆、阿修羅、迦樓羅、緊那羅、摩睺羅伽(mahoraga 大蟒神)、餓鬼、毘舍遮、五通神僊(仙)」，來至我所，供養於(寶海)我。(寶海)我如是「苦行」，是等衆生皆為「證明」。	如是「龍、夜叉、乾闥婆、阿修羅、迦樓羅、緊那羅、摩睺羅伽(mahoraga 大蟒神)、餓鬼、毘舍遮、鳩槃茶(Kumbhāṇḍa)、五通仙人」，如是等來「供養」我，令彼一切「證」我(之)苦行。
第95 外道見我苦行而改歸依於佛門願	(寶藏)世尊！願是諸(外道眾)人，(皆能)捨其所修(之苦行)，悉來我(之處)所，觀我(之)「苦行」。或有(外道諸)衆生，已學「聲聞」，乃至「大乘」，亦復如是。	令彼(外道眾等)一切捨(其)難(行之)「苦行」，盡來見我(之)「苦行」者。(若諸外道)有殖「聲聞乘」種者，乃至如前所說。
第96	若有「諸王、大臣、人民、在	若有「人王、群臣、百官」，及

國王大臣貴賤者見我苦行而行供養願	家、出家」(者)，一切見我行是「苦行」,(皆)來至我(之處)所，供養於我。或有已學「聲聞、緣覺、大乘」(者之「諸王、大臣、人民、在家、出家」)，亦復如是。	餘「庶民、在家、事家業」者，令彼一切來至我所，見我苦行。(若「諸王、大臣、人民、在家、出家」)有求「聲聞乘」者，(亦)如前所說。
第 97 女人見我苦行不再受女身願	若有「女人」見我(之)苦行，來至我所，「供養」於我，是諸女人所受(之)「身分」,即是「後身」(此生受女人身之最後一次)。若有已學「聲聞、緣覺、大乘」(者之女人)，亦復如是。	若有「女人」來見我者，令是「最後女身」(此生受女人身之最後一次)，更不復受。(若諸女人)有求「聲聞乘」者，(亦)如前所說。
第 98 禽獸見我苦行不再受畜生身願	若有諸「禽獸」,見我(之)苦行，亦至我所，是諸禽獸，於此「命終」,更不復(再)受「畜生」之身。	若有「禽獸」，見我坐修苦行者，令(彼將是)「最後」(的)畜(生)身，(來世)更不復受有「禽獸」。
第 99 禽獸若具聲聞乘根器者由我度化不再受生願	若(諸禽獸)有已發「聲聞乘」者，(則所剩)餘(禽獸業報的最後)「一生」(尚)在，要至我(之處)所，而(獲)得調伏。	(諸禽獸若有)殖「聲聞乘」種者，令更(禽獸業報的最後)「一生」,(皆)從我(獲)得度。
第 100 禽獸若具緣覺乘根器者由我度化不再受生願	若(諸禽獸)有已發「緣覺心」者，亦復如是(指可獲得此生最後一次的業報)。	(諸禽獸若有)有求「辟支佛乘」者，如前所說(指可獲得此生最後一次的業報)。
第 101 一切微細小蟲皆由我度化不再受生願	乃至「微細小蟲、餓鬼」亦如是。	(乃至)種種「畜生」，作如是說，「餓鬼」亦如是說。
第 102 一切餓鬼皆由我度化不再受生願		
第 103 有無量眾生證明我之苦行願	(寶海)我如是久遠「苦行」，(當我)一結「加趺」坐時，(便)有百千億「那由他」等無量衆生為(寶海)我證明，如是(此類)衆生	我當於爾所時，行如是「苦行」，(當我)一結「加趺」坐，(便能)令多億「那由他」百千衆生，(同來)證我(之)「苦行」,(能)得「未

	已於無量無邊「阿僧祇」劫，(早已)種解脫(種)子。	曾有」(之境)，(如是諸眾生早已)於彼所，(廣)種無量「阿僧祇」(之)「解脫」種(子)。
第 104 我之苦行皆勝過去願	(寶藏)世尊！(寶海)我如是(之)「苦行」，「過去」衆生，未曾有能作如是(之)行。及餘「外道、聲聞、緣覺、大乘」之人，亦無有能作如是(之)「苦行」。	我當如是修行「苦行」，「先」(過去)無衆生(之)數，(例如)「異學(外道)、聲聞乘、辟支佛乘、無上大乘」，能行(像我一樣)如是(之)苦行者。
第 105 我之苦行皆勝未來願	(寶藏)世尊！(寶海)我如是(之)「苦行」，「未來」衆生亦無能作(如是之苦行)，及餘「外道、聲聞、緣覺、大乘」之人，亦無能作如是(之)「苦行」。	「後」(未來)亦無有衆生(之)數，(例如)「異學」(外道)乃至「大乘」，能行(與我一樣)如是(之)苦行，如我(之)所行。
第 106 未成佛道即能降魔王及眷屬願	(寶海)我未成「阿耨多羅三藐三菩提」時，已能作「大事」，所謂破壞「魔王」，及其眷屬。	(在)我未逮(至)「阿耨多羅三藐三菩提」(之時)，(即能)作「丈夫」行，降「魔官屬」。
第 107 能破煩惱魔而成菩提願	(寶海)我願破「煩惱魔」，成「阿耨多羅三藐三菩提」已。	留「餘業報」，破「結使(煩惱)魔」，成「阿耨多羅三藐三菩提」。
第 108 能令乃至一眾生獲阿羅漢妙果，現生只剩殘業報身願	(我能)為一衆生，(能)安住(於)「阿羅漢」(之)勝妙果中，隨爾所時(所在當時)，(這些眾生)現(在只)受「殘業」(殘餘業力下之)報身(而已)。	於其中，我當令一衆生(皆)得「阿羅漢」。
第 109 能令一切眾生獲阿羅漢妙果，現生只剩殘業報身願	如是(再爲)第二衆生(說法)，(亦令)安住「阿羅漢」，(爲)第三、第四(眾生說法)，亦復如是。	如是(再)為(第)二(位眾生說法)法，(令)得「阿羅漢」，如是(再爲)「第三、第四」(眾生)說法，(皆令)得「阿羅漢」。
第 110 以百千無量神通令眾生安住於正見願	(寶海)我為一一衆生故，示現百千無量(之)神足(神通具足)，欲令(眾生)安住(於)「正見」之中。	我當為二「衆生」故，現百千「神通」，(皆)令住(於)「正見」。
第 111	為一一衆生故，說百千無量	(我能)說多千法(門)，文義具

能隨眾根機說法令住聖果願	「法門」義，隨其所堪(根機所能堪受)，令住「聖果」。	足，隨(眾生)所住(之)果(位根器而予以說法)。
第 112 以金剛智慧破眾生煩惱並說三乘願	(我將)以「金剛智慧」，破一切眾生(之)諸「煩惱山」，為諸眾生說「三乘」法。	眾生「結」(結使煩惱)山，猶如「金剛」，我要當以「金剛慧杵」而破壞之，(並爲)說「三乘」法。
第 113 不以神力而步涉百千由旬只爲眾生說法令住「無所畏」願	(我願)為一一眾生故，(越)過百千「由旬」，不(依)乘(自己的)神力，(以徒步方式)往至其所，而為說法，令得安住(於)「無所畏」中。	(我願)為一一眾生故，「步步」(行至)多百「由旬」(之遠)，而為說法，(並)置(眾生於)「無畏」道(中)。
第 114 若有眾生欲出家修行即永無諸障礙願	或有諸人，於我法中，欲出家者，願無「障閡(障礙隔閡)」，所謂「羸劣、失念、狂亂、憍慢」，無有「畏懼」，癡無智慧、多諸「結使」(煩惱)，其心散亂。	令(於)我法(中)「出家」，無有「遮礙、羸瘦、少力、荒忘、狂心、剛強、慠慢、無慧、多結(結使煩惱)、煩惱亂心」。
第 115 若有女人出家即能受大戒願	若有「女人」，欲於我法，「出家」學道，(欲)受「大戒」者，成就大願。	及與「女人」，令(於)我法「出家」，(能)得受「具足」(比丘尼大戒)。
第 116 我之四眾弟子皆能獲供養願	我(所擁有的)諸四眾，「比丘、比丘尼、優婆塞、優婆夷」，(皆)悉(能)得(大眾之)供養。	令我有四衆，「比丘、比丘尼、優婆塞、優婆夷」，令我法中有(四眾弟子之)多耶！
第 117 天人鬼神類亦能得「四聖諦」願	願諸「天人」，及諸「鬼神」，(皆)得「四聖諦」。	若令(諸)天(皆以得)「見諦」(指四聖諦)。
第 118 天龍八部及畜生等亦能得八戒修梵行願	(願)「諸龍、阿修羅」，及餘「畜生」，(皆能)受持「八戒」，修淨「梵行」。	(願)「夜叉、龍、阿修羅」，(皆)具「八聖」(此處應指「八聖戒;聖八分戒」，而非指「八正道」)分齊(大小粗細分類的界限)，乃至「畜生」，(亦)令修「梵行」。
第 119 眾生若對我殘害修忍辱願	(寶藏)世尊！(寶海)我成「阿耨多羅三藐三菩提」已，若有衆生，於我生「瞋」，或以「刀杖、火坑」，及餘種種，欲殘害我。	(寶藏)世尊！我逮「菩提」已，有衆生於我(以種種)「惡心、害心」，若「刀、火、石」，若以種種「器仗」，來至我所。

第 120 眾生對我惡言罵詈誹謗修忍辱願	或以「惡言、誹謗、罵詈」，(於)遍十方界，而作「輕毀」。	(或)麤言、罵辱，又於十方，(遍作種種)誹謗、揚惡(諸事)。
第 121 眾生施毒食於我悉能容受直至成阿耨菩提為止願	若持「毒食」，以用飯(布施於)我，如是(這種我遭受)「殘業」(殘餘業力之果報)，我悉(忍)受之，(直至)成「阿耨多羅三藐三菩提」。	(或)雜「毒飲食」，而用(以布)施(於)我，我當如是(忍受之)，(並)留(此)「殘業」果(殘餘業力之果報)，(直至)成「阿耨多羅三藐三菩提」。
第 122 以「戒多聞三昧」度化宿世怨賊願	往昔(我之)所有「怨賊」眾生，(對我生)起於「害心」，(以)種種「惡言」，以雜「毒食」，(甚至)出我「身血」。如是等人，悉以「惡心」，來至我所。 (寶海)我當以「戒多聞三昧」，(並以)「大悲」薰心，(及以)「梵音」妙聲而為說法。	我逮「菩提」已，眾生於我，先(往昔)有「怨嫌」，(或)執持殺具，(或)種種器仗，(或)麤言罵辱，雜「毒飲食」，來至我所，(甚至)出我身血。 我(將)以「大悲」梵柔軟音，猶如鍾鼓ˇ 雷震之聲，為彼眾生說如是法，(如)「戒聞三昧」及與(眾生)「淨心」。
第 123 令宿世怨賊生懺悔與「業盡」能得生天上與人中願	令彼(怨賊眾生)聞已，心生清淨，住於「善法」，所作「惡業」，尋便「懺悔」，更不復作。悉令得生「天上、人中」，無有障閡ˋ (障礙隔閡)。	令彼(怨仇)眾生，得住於「善」，改悔惡業，逮具「淨戒」。
第 124 令宿世怨賊「業盡」後生天能住「勝果」願	(若)生「天人」中，得妙解脫，安住「勝果」，離諸「欲惡」，永斷諸流，障閡ˋ (障礙隔閡)業盡。	令彼(怨仇)眾生無失「解脫果」，(得)離欲「漏盡」(一切的)障礙業報。
第 125 能滅眾生所餘之「殘業」果報願	若諸眾生，(尚)有「殘業」(殘餘業力之果報)者，(我)皆悉得(滅)盡，(令諸惡業)無有「遺餘」。	我於是(滅)盡(彼眾生)所留(之)「業果」(業力果報)。
第 126 我成菩提後身之毛孔日日出「化佛」具裝嚴願	(寶藏)世尊！(寶海)我成「阿耨多羅三藐三菩提」已，一切所有(我)身(之)諸「毛孔」，日日常有諸「化佛」出，(具)「三十二相」(及種種)瓔珞其身，(有)「八	(寶藏)世尊！我逮菩提已，隨身毛孔之數，(每)日現爾所「化佛」，皆具「三十二大人之相、八十種好」。

	十種好」次第莊嚴。	
第127 我身毛孔所出之化佛能至無佛世界度眾願	(寶海)我當遣(由我身上毛孔所變出的「化佛」)至「無佛」世界、「有佛」世界，及「五濁」界。	我當遣彼(由我身上毛孔所變出的)「化佛」至空(無)佛剎(指無佛世界處)，又遣至「不空」處(指有佛世界處)，亦復遣至「五濁佛剎」。
第128 我身毛孔所出之化佛能至有佛世界度眾願		
第129 我身毛孔所出之化佛能至五濁世界度眾願		
第130 我身之化佛能於一日說法度五逆重罪願	若彼世界(中)有「五逆」人，毀壞「正法」，誹謗「聖人」，乃至斷諸「善根」(者)。	彼諸國中眾生，(若有)造「無間業」、謗「正法」，毀賢聖，乃至集「不善根」(者)。
第131 我身之化佛能於一日說法度已學聲聞又造罪願	(若)有學「聲聞、緣覺、大乘」(者)，(但又)毀破「諸戒」，墮於「大罪」，燒滅「善心」，滅失「善道」，墮在「生死」空曠澤中，行諸「邪道」，登涉「罪山」(者)。 如是眾生(有)百千萬億(數之多)，一一(由我身上毛孔所變出的)「化佛」，(能於)一日之中，遍為說法。	其中(眾生)有求「聲聞乘」者、求「緣覺乘」者、求「大乘」者，(但又)於「戒」缺漏，「威儀」不具，犯於「根罪」，心意燋枯，違失「善道」，墜「生死」曠野，為「邪道」所困，沒在「曠野」(者)。 (我將)令一一(由我身上毛孔所變出的)「化佛」，(每)日為如是億「那由他」百千眾生，隨所說法。
第132 我身之化佛能於一日說法度已學緣覺又造罪願		
第133 我身之化佛能於一日說法度已學大乘又造罪願		
第134 我身之化佛能變大自在天「魔醯首羅」而爲說法度眾願	或有奉事「魔醯首羅」(Maheśvara 大自在天;色界天魔)，(則我將)隨作其形，而為說法。	有眾生奉事「摩醯首羅天」(Maheśvara 大自在天;色界天魔)者，(則我將)隨現「摩醯首羅天」形而為說法。
第135 若有聞讚「我娑婆國名」即可得生我界願	亦於爾時，(若有)稱我「名字」，而讚歎之。	(若有)稱我娑訶佛土，(我皆)勸彼眾生，迴向「誓願」。
第136	願是眾生，(只要聽)聞「讚歎	彼諸眾生，(若有)聞「我名」者，

若有聞讚「我釋迦名」即可得生我界願	我」，(便)心生歡喜，(即)種諸善根，(將來即可)生我世界。	(則)令彼衆生，願生我國。
第 137 於衆生命終講法令生善心與淨心願	(寶藏)世尊！是諸衆生，若臨終時，(寶海)我不在其前，為演「說法」，令(彼人)「心淨」者，我於「未來」，終不成「阿耨多羅三藐三菩提」。	(寶藏)世尊！若彼衆生，(於)命欲終時，(寶海)我(若)不現前、(若)不為說法、(若)不(令彼人)生「善心」者，(則)令我莫證「阿耨多羅三藐三菩提」。
第 138 三惡道衆生皆能生我界得人身願	若彼衆生，(於)命終之後，(反)墮「三惡道」；不生(寶海)我國(而)受「人身」者。(則)我之所知(的)無量「正法」，悉當「滅失」，所有「佛事」，皆不成就。	彼衆生(於)命終已，若(反)墮「惡趣」；不生我國(而)得受「人身」者，(則)使我忘失一切「正法」，(正法)不現在前，(亦)令我不能具「成辦」作「佛事」。
第 139 事奉毘紐天神「那羅延」外道者亦能生我界願	(若衆生有)事「那羅延」(Nārāyaṇa 那羅延是印度古神中之大力者；即欲界天之毘紐天神。此天多力，身爲綠金色，有八臂，乘金翅鳥，手持鬥輪及種種器杖，常與阿修羅王戰爭)者，亦復如是。	(若)有衆生(是)奉事「那羅延」(Nārāyaṇa 那羅延是印度古神中之大力者；即欲界天之毘紐天神。此天多力，身爲綠金色，有八臂，乘金翅鳥，手持鬥輪及種種器杖，常與阿修羅王戰爭)者，乃至(此類)衆生，(於)命終已後，若(反)墮「惡趣」(而沒有轉生到我國土者)，乃至(亦)令我不具(不能具足)「成辦」作「佛事」也。
第 140 他方具五逆重罪者皆能得生我界願	(寶藏)世尊！(寶海)我成「阿耨多羅三藐三菩提」已，願令他方世界所有「五逆」之人，乃至行諸「邪道」，登涉「罪山」(者)。如是衆生，(於)臨命終時，悉來集聚，(便)生我世界。	我逮「菩提」已，於一切佛土，(若)有造「無間」者，乃至(被)「邪道」所困，(而)墜「曠野」者，(亦)令彼(命)終已，(便)生我國中。
第 141 爲度五逆重罪故從兜率降神於母胎願	為是(他方五逆重罪之)衆生故，(我將)於娑婆世界(百億之)諸四天下，(於)一時之中，從「兜術」下，現處「母胎」。	我時為彼諸(他方五逆重罪之)衆生故，於娑訶世界，隨幾(百億之)「四天下」，我當於彼一切(百億之)「四天下」，從「兜率」天，降神「母胎」，示現「出生」，略說。
第 142	乃至童子，學諸伎藝。出家	童子，遊戲種種伎藝。苦行。

示現諸佛事度眾而遍滿百億個四天下願	苦行。破壞諸魔，成無上道。轉正法輪。「般涅槃」後，流布「舍利」。 如是示現種種「佛事」，悉皆遍滿如是百億(之)諸「四天下」。	降魔，成三菩提。轉正法輪。於一切(百億之)「四天下」，示現具足作「佛事」已，而「般涅槃」，乃至現分「舍利」。
第 143 能以一音說法眾生隨類各得解願	(寶藏)世尊！(寶海)我成「阿耨多羅三藐三菩提」已，(只需以)「一音」說法(眾生隨類各得解)。	我逮「菩提」已，(只需)說「一種」句法。(眾生即可「隨類各得解」)
第 144 若有求聲聞者一聞佛說即知聲聞法藏願	或有衆生學「聲聞乘」，(只要一)聞佛說法，即得知「聲聞法藏」。	(若)有衆生求「聲聞乘」者，令彼(即)得解「聲聞法藏」說。
第 145 若有求緣覺者一聞佛說即知緣覺法藏願	或有修學「辟支佛乘」，(只要一)聞佛說法，便得解於「辟支佛法」。	(若)有衆生求「緣覺乘」者，令彼(即)得解「因緣法」說。
第 146 若有求大乘者一聞佛說即知大乘純一無雜願	或有修學無上「大乘」，(只要一)聞佛說法，便得解了「大乘」之法，「純一」無雜。	(若)有衆生求無上「大乘」者，令彼純解「摩訶衍」(大乘)說。
第 147 若有欲得菩提者一聞佛說即知布施願	若有修集「助菩提法」，欲得「菩提」，(只要一)聞佛說法，即得「捨財」，行於「布施」。	(若)有衆生未具「功德」，欲求「菩提」者，令彼(即)得解「布施法」說。
第 148 若有欲得人天樂者一聞佛說即知持戒願	若有衆生，(雖)離諸「功德」，(但卻)悕求「天上、人中」快樂，(只要一)聞佛說法，即得「持戒」。	(若)有衆生乏無「福德」，(但欲)求「生天」樂者，令得解「戒」說。
第 149 若有愛瞋心者一聞佛說即得慈心願	若有衆生互相「怖畏」，有「愛、瞋」心，(只要一)聞佛說法，即得相於生「親厚心」。	(若)有衆生更相「怖畏」，(污)濁心惡者，令彼(即)得解「慈法」說。
第 150 若有好殺者一聞佛說即得悲心願	若有衆生，憙為「殺業」，(只要一)聞佛說法，即得「悲心」。	(若)喜「殺生」者，令彼(即)得解「悲法」說。
第 151	若有衆生，常為「慳悋、嫉妬」	(若)「慳貪嫉心」者，令彼(即)得

若有慳貪嫉心者一聞佛說即得喜心願	覆心，(只要一)聞佛說法，即修「喜心」。	解「善法」說。
第 152 若有貪色欲心放逸者一聞佛說即得捨心願	若有衆生，端正「無病」，(但)貪著於「色」，心生「放逸」，(只要一)聞佛說法，即得「捨心」。	(若)恃「色」、倚「強」，(爲)「欲心」昏濁者，令彼(即)得解「捨法」說。
第 153 若有婬欲熾盛者一聞佛說即得不淨觀願	若有衆生，「婬欲」熾盛，其心放逸，(只要一)聞佛說法，即「觀不淨」。	(若)耽著「愛欲心」者，令彼(即)得解「不淨法」說。
第 154 若有學大乘爲「掉、蓋」所亂者一聞佛說即得「數息觀」願	若有衆生，學「大乘」者，為「掉、蓋」(貪欲、瞋恚、睡眠、掉悔、疑)所覆，(只要一)聞佛說法，即得「身念處法」(此處的「身念處法」是指四念處的「觀身不淨」，據《大乘悲分陀利經》應作「數息觀」)。	(若)有大乘衆生，「憍慢」亂心者，令彼(即)得解「阿那波那念法」(ānāpāna 安般；安那般那；出入息念；數息觀)說。
第 155 若有好論議自讚者一聞佛說即得十二因緣願	若有衆生，常自「稱讚」，(以爲自己)能(作)大「論議」，其智慧(光)明，(僅)猶如抴ㄧㄝˋ(牽引)電，(只要一)聞佛說法，即解甚深「十二因緣」。	(若人)少慧(欲)求燈明者，令彼(即)得解「因緣法」說。
第 156 若有寡聞自讚者一聞佛說即得不失「總持」願	若有衆生，「寡聞」少見，(但又)自稱「能論」，(只要一)聞佛說法，即得「不奪、不失」諸「陀羅尼」。	(若)有「少聞」學者，令彼(即)得解「不忘失(所)聞持(之)法」說。
第 157 若有邪見者一聞佛說即得諸法甚深空門願	若有衆生，入「邪見」山，(只要一)聞佛說法，即解諸法甚深「空門」。	(若)處「邪見」曠野者，令彼(即)得解「空法」說。
第 158 若有麤思妄覺者一聞佛說即得深解「無相」法門願	若有衆生，(被)諸「覺」(尋求推度，對事理具粗略之思考名「覺」。「觀」則指對事理具細心思惟之精神作用)覆心，(只要一)聞佛說法，即得深解「無相」法門。	(若)多「想」困者，令彼(即)得解「無想法」說。
第 159	若有衆生，諸「不淨」願，覆	(若被)「不淨」願(所)困者，令彼

若有被不淨願覆心者一聞佛說即得深解「無作」法門願	蔽其心，(只要一)聞佛說法，即得深解「無作法門」。	(即)得解「無願法」說。
第 160 若有心不淨者一聞佛說即得心清淨願	若有衆生，「心」不清淨，(只要一)聞佛說法，心得清淨。	(若)「身、意」不淨者，令彼(即)得解「身意柔和法」說。
第 161 若有諸散亂攀緣心者一聞佛說即得「不失菩提心法」願	若有衆生，以「多緣」(雜多散亂的攀緣心)覆心，(只要一)聞佛說法，得解「不失菩提心法」	(若被)「亂行」(雜多散亂的攀緣心行)所困者，令彼(即)得解「不忘菩提心」法說。
第 162 若有被瞋恚覆心者一聞佛說即得解「無怨法」獲授記願	若有衆生，「瞋恚」覆心，(只要一)聞佛說法，解真實相，得受「記莂」。	(若)懷於「瞋欲」造困者，令彼(即)得解「無怨法」說。
第 163 若有被六塵依猗覆心者一聞佛說即得諸法無所依住願	若有衆生，依猗(古通「倚」→依靠)覆心(此喻真心被倚附在六塵的執著上)，(只要一)聞佛說法，深解諸法「無所依猗」(應無所住而生其心)。	(若)滅至「意」困者，令彼(即)得解「無法」說。
第 164 若有被愛染覆心者一聞佛說即得諸法無垢清淨願	若有衆生，(被)「愛染」覆心，(只要一)聞佛說法，疾解諸法「無垢清淨」。	(若被)惱心者，令彼(即)得解「無姤法」說。略說。
第 165 若有忘失善心者一聞佛說即得深解「日光三昧」願	若有衆生，忘失「善心」，(只要一)聞佛說法，深解「日光三昧」。	(若常)「忘善」(忘失善心)者，(即)解「照明」說。
第 166 若有行諸魔業者一聞佛說即得清淨諸法願	若有衆生，行諸「魔業」，(只要一)聞佛說法，速得解了「清淨」之法。	(若)作「魔業」者，(即)解「淨」說。
第 167 若有被邪論覆心者一聞佛說即得深解正法	若有衆生，(被)「邪論」覆心，(只要一)聞佛說法，即得深解，增益「正法」。	(若被)沒(溺於)「他論」者，(即)解「勇出」(勇敢出離於邪論)說。

願		
第 168 若有被煩惱覆心者一聞佛說即得深解離煩惱法願	若有眾生，(被)「煩惱」覆心，(只要一)聞佛說法，即得解了「離煩惱法」。	(若被)種種「結」(結使煩惱)困心者，(即)解「去離」(諸煩惱)說。
第 169 若有行諸惡道者一聞佛說即得迴心反正願	若有眾生，行諸「惡道」，(只要一)聞佛說法，即得「迴反」(迴心反正)。	(若)沒(溺於)「偏道」者，(即)解「旋法」(旋反正法)說。
第 170 若有將大乘讚爲邪法者一聞佛說即於邪法生退轉願	若有眾生，於「大乘法」(竟然)讚說(爲)「邪法」，(甚還)以為(是)「吉妙」，(只要一)聞佛說法，即於「邪法」生「退轉心」，而得「正解」。	(若於)大乘(生)「悕望心」者，(即)解「不退」說。
第 171 若有悲增菩薩但厭生死者一聞佛說即得不厭生死願	若有(悲增上之)菩薩，厭(棄)於「生死」，(只要一)聞佛說法，即於「生死」(之法)，心生「愛樂」。	(若有修行的菩薩生)厭「生死」者，(即)解「菩薩樂」說(菩薩應該要「不欣涅槃、不厭生死」)。
第 172 若有不知善品階地者一聞佛說即得深解善品階地願	若有眾生，不知「善地」(善品階地)，(只要一)聞佛說法，即得覺了「善地」之法。	(若)未得「善地智」者，(即)解「增長」說。
第 173 若有見善生嫉者一聞佛說即得見善生隨喜心願	若有眾生，見他為善，(竟)不生「好樂」，生於「妬嫉」，(只要一)聞佛說法，即得「心喜」。	(若)不想喜「善根」者(無法對「具行善之善根者」生出歡喜想)，(即)解「惱悔」(愧惱懺悔)說。
第 174 若有於眾生生「違逆反叛」者一聞佛說即得無閡光明願	若有眾生，其心各各，共相「違反」(違逆反叛)，(只要一)聞佛說法，即得無閡ㄜ (隔閡)「光明」。	(若有)心「不等」(不平等的違逆反叛)者，(即)解「無礙光」說。
第 175 若有行諸惡業者一聞佛說即得深解惡業果報願	若有眾生，行諸「惡業」，(只要一)聞佛說法，深解惡業所得「果報」。	(若被)沒(溺於)「惡業」者，(即)解「濟度」(救濟度化)說。

第 176 若有於眾中常生怖畏者一聞佛說即得「師子相三昧」願	若有衆生，(生)「怖畏」(於)大衆(指經常在大眾中感到怖畏害怕)，(只要一)聞佛說法，深得解了「師子相三昧」。	(若有人於)衆中(生)「畏」者(指經常在大眾中感到怖畏害怕)，(即)解「師子勝」說。
第 177 若有被四魔覆心者一聞佛說即得「首楞嚴三昧」願	若有衆生，(被)「四魔」(①蘊魔;五陰魔;五蘊魔②煩惱魔;欲魔③能令眾生夭喪殞沒之死魔④欲界第六天之魔王)覆心，(只要一)聞佛說法，疾得「首楞嚴三昧」(śūrāñgama-samādhi 堅固攝持諸法之三昧)。	(若被)「四魔」(①蘊魔;五陰魔;五蘊魔②煩惱魔;欲魔③能令眾生夭喪殞沒之死魔④欲界第六天之魔王)陵(古通「凌」)心者，(即)解「勇健」(śūraṃgama-samādhi 堅固攝持諸法之三昧)說。
第 178 若有不見佛剎光明者一聞佛說即得「莊嚴光明三昧」願	若有衆生，不見諸佛國土「光明」，(只要一)聞佛說法，即得深解種種「莊嚴光明三昧」。	(若有)意不(見光)明(之)佛剎者，(即)解「莊嚴光」說。
第 179 若有被「憎、愛」覆心者一聞佛說即得捨心願	若有衆生，有「憎、愛」心，(只要一)聞佛說法即得「捨心」。	(若有)「憎、愛」者，(即)解「脫捨」說。
第 180 若有未得佛法光明者一聞佛說即得「法幢三昧」願	若有衆生，未得佛法「光明」，(只要一)聞佛說法，即得「法幢三昧」。	(若於)佛法(光)明不(能)覺者，(即)解「第一幢𩬊翅由邏(keyūra 吉由羅;枳由羅;瓔珞)」說。
第 181 若有離大智慧者一聞佛說即得「法炬三昧」願	若有衆生，離大智慧，(只要一)聞佛說法，即得「法炬三昧」。	(若)乏「大慧」者，(即)解「晃(耀光)明」說。
第 182 若有被癡闇覆心者一聞佛說即得「日燈光明三昧」願	若有衆生，(被)「癡闇」覆心，(只要一)聞佛說法，即得「日燈光明三昧」。	(若被)「愚闇」困者，(即)解「日燈」說。
第 183 若有口無辯才者一聞佛說即得種種應對辯才願	若有衆生，口無「辯才」，(只要一)聞佛說法，即得種種功德「應辯」(應對辯才)。	(若)不求(無法求得)「無盡辭」者，(即)解「作得(於辯才中能作能得)」說。
第 184	若有衆生，觀「色」和合，無	(若有觀色相)如「沫」(而來)求我者，

若有觀色相如沫而覆心者一聞佛說即得「那羅延三昧」願	有堅固，猶如「水沫」，(只要一)聞佛說法，即得「那羅延三昧」(此喻具有大力堅固力者)。	(即)解「那邏延」(此喻具有大力堅固力者)說。
第 185 若有心亂意動者一聞佛說即得「堅牢決定三昧」願	若有眾生，「心亂」不定，(只要一)聞佛說法，即得「堅牢決定三昧」。	(若)「(心)意」傾(亂)動(蕩)者，(即)解「堅住」說。
第 186 若有欲觀佛頂相者一聞佛說即得「須彌幢三昧」願	若有眾生，欲觀「佛頂」，(只要一)聞佛說法，即得「須彌幢[illegible]三昧」。	(若欲)觀「頂」者，(即)解「高幢[illegible]」說。
第 187 若有欲捨本願者一聞佛說即得「堅牢三昧」願	若有眾生，(欲)放捨「本願」，(只要一)聞佛說法，即得「堅牢三昧」。	(若欲)捨「先誓」(本來的誓願)者，(即)解「堅固」說。
第 188 若有退失諸法通達者一聞佛說即得「金剛三昧」願	若有眾生，退失「諸通」(於諸法上的通達)，(只要一)聞佛說法，即得「金剛三昧」。	(若)退(失諸)通者，(即)解「金剛意」說。
第 189 若有於菩提場生疑者一聞佛說即得深解「金剛道場」願	若有眾生，於「菩提場」，而生疑惑，(只要一)聞佛說法，即得了達「金剛道場」。	(若)求「道場」者，(即)解「金剛場」說。
第 190 若有於世法不生厭離心者一聞佛說即得「金剛三昧」願	若有眾生，(於)一切(世間)法中，無(生)「厭離心」，(只要一)聞佛說法，即得「金剛三昧」。	(若於)一切(世間)法，不(生屈)辱者(亦即我們活在世間法中，不應生滿足安逸心，應生屈辱懺悔心)，(即)解「如金剛」說。
第 191 若有不知他人心念者一聞佛說即得他心通願	若有眾生，不知「他心」(他人心念)，(只要一)聞佛說法，即知「他心」。	(若)欲知「他心所念」者，(即)解「(他人心念之)行處」說。
第 192 若有不知眾生利鈍者一聞佛說即能知其利	若有眾生，於諸根(器)中，不知「利、鈍」，(只要一)聞佛說法，即知(根器)「利、鈍」。	(若)欲知「他根」(他人根器)者，(即)解(根器之)「慧道」說。

鈍願		
第 193 若有不能通解語言者一聞佛説即得「解了音聲三昧」願	若有衆生，各各種類，不(能互)相解語(通解語言)，(只要一)聞佛說法，即得「解了音聲三昧」。	(若)言「不相干」者，(即)解「入辭(融入言辭)」說。
第 194 若有未得法身者一聞佛説即得「解了分別諸身」願	若有衆生，未得「法身」，(只要一)聞佛說法，即得「解了分別諸身」。	(若)未得「法身」者，(即)解「修一切身」說。
第 195 若有不見佛身者一聞佛説即得「不眴三昧」願	若有衆生，不見「佛身」，(只要一)聞佛說法，即得「不眴 三昧」。	(若)希(驥)見「如來」者，(即)解「不眴 」說。
第 196 若有對衆生常生分別妄念者一聞佛説即得「無諍三昧」願	若有衆生，(對人經常生)「分別」諸緣，(只要一)聞佛說法，即得「無諍三昧」。	(若)具(分別心)念(於)一切「作者」，(即)解「無諍」說。
第 197 若有對轉法輪心生疑者一聞佛説即得深解無垢法輪願	若有衆生，於轉法輪，心生疑惑，(只要一)聞佛說法，於轉法輪，得心清淨。	(若)求「轉法輪」者，(即)解「無垢輪」說。
第 198 若有起無因緣果報之邪行者一聞佛説即得因緣法義願	若有衆生，起「無因(無因無緣無果)、邪行」，(只要一)聞佛說法，即得法明(法義光明)，隨順「因緣」。	(若生)「無因(無因無緣無果)、邪求」者，(即)解「明順因緣」說。
第 199 若有於佛土生永恒常見者一聞佛説即得善別佛土義願	若有衆生，於「一佛世界」，起於(永恒的)「常」見，(只要一)聞佛說法，即得善別「無量佛土」。	(若於)一佛土(生起永恒的)「常」見者，(即)解「善作語」說。
第 200 若有未種諸相善根者一聞佛説即得「諸莊嚴三昧」願	若有衆生，未種「諸相」(之)善根，(只要一)聞佛說法，即得種種「莊嚴三昧」。	(若)未種「(諸)相好因」者，(即)解「莊嚴」說。
第 201	若有衆生，不能善別一切「言	(若)不能分別「言音」者，(即)解

若有不能分別言語者一聞佛說即得「解了分別種種言音三昧」願	語」，(只要一)聞佛說法，即得「解了分別種種言音三昧」。	「辭道(辭義道理)」說。
第 202 若有欲求一切種智者一聞佛說即得「無所分別法界三昧」願	若有眾生，專心求於「一切智慧」，(只要一)聞佛說法，即得「無所分別法界三昧」。	(若)求「一切種智」者，(即)解「法性不隱」說。
第 203 若有退轉於佛法者一聞佛說即得「堅固三昧」願	若有眾生，「退轉」於法，(只要一)聞佛說法，即得「堅固三昧」。	(若)於法「退轉」者，(即)解「堅固」說。
第 204 若有不知法界者一聞佛說即得大智慧願	若有眾生，不知「法界」，(只要一)聞佛說法，即得大智慧。	(若)不達「法性」者，(即)解「通」(達法性)說。
第 205 若有捨離誓願者一聞佛說即得「不失三昧」願	若有眾生，離本「誓願」，(只要一)聞佛說法，即得「不失三昧」。	(若有)「捨誓」(捨離本誓)者，(即)解「不退」說。
第 206 若有常分別諸佛道者一聞佛說即得「一道無所分別」願	若有眾生，(經常)「分別」(於)諸道，(只要一)聞佛說法，即得「一道無所分別」。	(若於佛)道(所)隱(蔽)者，(即)解「無貌」(無有任何分別的形貌)說。
第 207 若有欲求智慧同虛空者一聞佛說即得「無所有三昧」願	若有眾生，推求「智慧」，欲同(於)「虛空」，(只要一)聞佛說法，即得「無所有三昧」。	(若)求(平)等(之)「虛空智」者，(即)解「無所有」說。
第 208 若有未具足諸波羅蜜者一聞佛說即得住清淨波羅蜜願	若有眾生，未得具足「諸波羅蜜」，(只要一)聞佛說法，即得住於「(清)淨波羅蜜」。	(若有)未滿「波羅蜜」者，(即)解「淨住(波羅蜜)」說。
第 209 若有未具四攝法者一聞佛說即得「妙善攝取三昧」願	若有眾生，未得具足「四攝」(❶布施攝❷愛語攝❸利行攝❹同事攝)之法，(只要一)聞佛說法，即得「妙善攝取三昧」。	(若有)未滿「(四)攝」物者，(即)解「善攝」(妙善攝取)說。

第 210 若有分別於四無量心者一聞佛説即得「平等勤心精進」願	若有衆生，分別(於)「四無量心」，(只要一)聞佛說法，即得「平等勤心精進」。	(若有)未住「梵行」(四梵行;四無量心)者，(即)解「等作」(平等精進而作)說。
第 211 若有未具足三十七道品者一聞佛説即得「住不出世三昧」願	若有衆生，未得具足「三十七助菩提法」，(只要一)聞佛說法，即得「住不出世三昧」。	(若有)未滿「助菩提寶」者，(即)解「不住行」說。
第 212 若有忘失正念心智者一聞佛説即得「大海智印三昧」願	若有衆生，其心「失念」，及(失去)「善智慧」，(只要一)聞佛說法，即得「大海智印三昧」。	(若有)忘失「善說、智心」者，(即)解「海印」說。
第 213 若有未得無生法忍者一聞佛説即得「諸法決定三昧」願	若有衆生，其心疑惑，未生「法忍」，(只要一)聞佛說法，即得「諸法決定三昧」，以「一法相」故。	(若有)悕望「無生法忍」心者，(即)解「決定」說。
第 214 若有忘失所聞法者一聞佛説即得「不失念三昧」願	若有衆生，忘所「聞法」，(只要一)聞佛說法，即得「不失念三昧」。	如所聞法，(常)廣(散)分布(於)心者，(即)解「不忘失」說。
第 215 若有不相喜樂於別人説法者一聞佛説即得「清淨慧眼」願	若有衆生，各各說法，(但卻)不相「憙樂」，(只要一)聞佛說法，即得「清淨慧眼」，無有疑網。	(若欲)更(互)相「善說」，(而達)「無厭足」者，(即)解「無障」說。
第 216 若有於三寶不生信心者一聞佛説即得「功德增長三昧」願	若有衆生，於「三寶」中，不生「信心」，(只要一)聞佛說法，即得「功德增長三昧」。	(若有)未得敬信「三寶」者，(即)解「集福德」說。
第 217 若有渴慕法雨者一聞佛説即得「法雨三昧」願	若有衆生，渴乏「法雨」，(只要一)聞佛說法，即得「法雨三昧」。	(若有於)「法門雨」(有)不知足者，(即)解「法雲」說。
第 218 若有於三寶中起斷滅	若有衆生，於「三寶」中，起「斷滅見」，(只要一)聞佛說法，	(若於)三寶「斷見」者，(即)解「寶莊嚴」說。

見者一聞佛說即得「諸寶莊嚴三昧」願	即得「諸寶莊嚴三昧」。	
第 219 若有不作智業與精進者一聞佛說即得「金剛智慧三昧」願	若有衆生，不作「智業」(智慧善業)，不「勤精進」，(只要一)聞佛說法，即得「金剛智慧三昧」。	(若有)不作「智業」(智慧善業)者，(即)解「無生」說。
第 220 若有被煩惱繫縛者一聞佛說即得「虛空印三昧」願	若有衆生，為諸「煩惱」之所繫縛，(只要一)聞佛說法，即得「虛空印三昧」。	(若爲)一切「煩惱」(所)縛者，(即)解「空門」說。
第 221 若有執於我與我所者一聞佛說即得「智印三昧」願	若有衆生，計「我、我所」，(只要一)聞佛說法，即得「智印三昧」。	(若)於一切法(生)「輕心」者(有嚴重的我執、我所者，即對法會生輕慢心)，(即)解「智印」說。
第 222 若有不知如來功德者一聞佛說即得「世間解脫三昧」願	若有衆生，不知如來「具足功德」，(只要一)聞佛說法，即得「世間解脫三昧」。	(若)未(圓)滿「如來德」者，(即)解「世諦現(前之)門」說。
第 223 若有於過去未供養佛者一聞佛說即得神通變化願	若有衆生，於過去世「未」供養佛，(只要一)聞佛說法，即得種種「神足(神通具足)變化」。	(若)於先佛所，(尚)未「積德」者，(即)解「必(定的神)變化」說。
第 224 若有未聞一法界者一聞佛說即得深解諸法「同一法界」願	若有衆生，(於)「一法界」門，於未來世無量劫中，未得說之，(只要一)聞佛說法，即得解說「一切諸法」，同「一法界」。	(若有)未說「一法門究竟念」者，(即)解「一切法性」說。
第 225 若有於諸經未得「精選取擇」者一聞佛說即得諸法「平等實相三昧」願	若有衆生，於諸一切「修多羅」中，未得選擇(精選取擇)，(只要一)聞佛說法，即得諸法「平等實相三昧」。	(若於)一切「經」(仍)未了者，(即)解「(諸)法(眞)實(平)等」說。
第 226 若有離「六和敬法」者一聞佛說即得深解「諸法	若有衆生，離「六和」法(與眾生需有六種的「和同愛敬」，身和敬、口和敬、意和敬、戒和敬、見和敬、利和敬)，(只	(若)離「六和敬」法(與眾生需有六種的「和同愛敬」，身和敬、口和敬、意和敬、戒和敬、見和敬、利和敬)者，(即)解「一

三昧」願	要一)聞佛說法，即得解了「諸法三昧」。	切法相」說。
第 227 若有不精進於解脫法門者一聞佛說即得「師子遊戲三昧」願	若有眾生，於「不可思議解脫法門」(中)，不勤精進，(只要一)聞佛說法，於諸通(於諸法上的通達)中，即得「師子遊戲三昧」。	(若有)不為(無法作爲)「思惟解脫」者，(即解)「遊戲神通」說。
第 228 若有欲入自性如來藏者一聞佛說即得深解「如來藏」願	若有眾生，欲分別入於「如來藏」，(只要一)聞佛說法，更不從「他聞」(自性即是如來藏，故不需從他聞而獲)，即得分別入「如來藏」。	(若)欲入「如來祕密」者，(即)解「不求他」(自性即是如來藏，故不需從他聞而獲)說。
第 229 若有不勤精進於菩薩道者一聞佛說即得智慧與精進願	若有眾生，於菩薩道，不勤精進，(只要一)聞佛說法，即得智慧，勤行精進。	(若)不勤「修菩薩行」者，(即)解「得智」(獲得智慧)說。
第 230 若有未曾得見「本生經」者一聞佛說即得「一切在在處處三昧」願	若有眾生，未曾得見「本生經」，(只要一)聞佛說法，即得「一切在在處處三昧」。	(若)不(能)現(見佛之本)生(經)者，(即)解「至一切處」說。
第 231 若有於菩薩道仍未圓滿者一聞佛說即得「受記三昧」願	若有眾生，行道「未竟」，(只要一)聞佛說法，即得「受記三昧」。	(若於)行「菩薩行」(時)，(尚)有殘(缺)者，(即)解「受職(受記)」說。
第 232 若有未具足如來十力者一聞佛說即得「無壞三昧」願	若有眾生，未得具足「如來十力」，(只要一)聞佛說法，即得「無壞三昧」。	(若於)如來「十力」(仍)未(圓)滿者，(即)解「最勝」說。
第 233 若有未得「四無所畏」者一聞佛說即得「無盡意三昧」願	若有眾生，未得具足「四無所畏」，(只要一)聞佛說法，即得「無盡意三昧」。	(若仍)未得「四無畏」者，(即)解「勇進(勇猛精進)」說。
第 234 若有未得「佛不共法」者	若有眾生，未得具足「佛不共法」，(只要一)聞佛說法，即得	(若)未得「不共法」者，(即)解「阿僧祇意」說。

一聞佛說即得「不共法三昧」願	「不共法三昧」。	
第 235 若有未具足無愚癡見者一聞佛說即得「願句三昧」願	若有眾生，未得具足「無愚癡見」，(只要一)聞佛說法，即得「願句三昧」。	(若未具足)「無愚闇見」者，(即)解「願道」說。
第 236 若有仍未覺悟諸法者一聞佛說即得「鮮白無垢淨印三昧」願	若有眾生，未覺(悟)「一切佛法」之門，(只要一)聞佛說法，即得「鮮白無垢，淨印三昧」。	(若)不能現前覺(悟)「一切佛法」者，(即)解「白淨無垢印」說。
第 237 若有仍未具足「一切智」者一聞佛說即得「善了三昧」願	若有眾生，未得具足「一切智」者，(只要一)聞佛說法，即得「善了三昧」。	(若)有餘「薩婆若智」(一切智)者，(即)解「善覺意」說。
第 238 若有未成就一切佛事者一聞佛說即得「無量不盡意三昧」願	若有眾生，未得成就一切「佛事」，(只要一)聞佛說法，即得「無量不盡意三昧」。	(若)未逮「如來一切」(之佛事)作者，(即)解「無邊盡法」說。
第 239 菩薩能以佛之一句法得八萬四千法門願 第 240 菩薩能以佛之一句法得八萬四千諸三昧門願 第 241 菩薩能以佛之一句法得七萬五千陀羅尼願	有諸菩薩，其心「質直」，無有諂曲，聞佛說法，即得八萬四千「諸法門」、八萬四千「諸三昧門」、七萬五千「陀羅尼門」。	有無量「阿僧祇」求「大乘菩薩」，不諂曲、不幻偽、端直者，令彼菩薩以「一句音」得八萬四千「法門」、八萬四千「三昧」、七萬五千「陀羅尼」。
第 242 菩薩聞佛法義得不退轉願	有無量無邊「阿僧祇」菩薩摩訶薩，修集「大乘」者，聞是說法，亦得如是「無量功德」，安止住於「不退轉」地。	以是功德，諸菩薩摩訶薩，以「大莊嚴」而自莊嚴，令勇發「不可思議」妙願。
第 243	是故諸菩薩摩訶薩，欲得種	令菩薩「不可思議」(之)「知見」

菩薩聞佛法義得不可思議知見願	種莊嚴「堅牢」故，發不可思議「願」，增益不可思議「知見」，以自莊嚴。	功德，以自莊嚴。
第 244 菩薩聞佛三十二相莊嚴得八十隨形好願	以「三十二相」莊嚴故，得「八十隨形好」。	(以)「身」莊嚴，以「相」好。
第 245 菩薩聞佛妙音莊嚴得知見滿足願	以「妙音」莊嚴故，隨諸眾生所憙說法，令聞法者，滿足「知見」。	(以)「口」莊嚴，以「如意」善說，令眾歡喜。
第 246 菩薩聞佛心莊嚴得不退轉願	以「心」莊嚴故，得諸「三昧」，不生「退轉」。	(以)「心」莊嚴，以「三昧」不退。
第 247 菩薩聞佛念莊嚴得總持願	以「念」莊嚴故，「不失」一切諸「陀羅尼」。	(以)「念」莊嚴，以持「不失」。
第 248 菩薩聞佛意莊嚴得分別諸法願	以「心」莊嚴故，得「分別」諸法。	(以)「意」莊嚴，以強「識」。
第 249 菩薩聞佛念思莊嚴得解極微塵等甚深法義願	以「念」莊嚴故，得解「微塵」等義。	(以)「至」(「至」古通「志」，作「想念、意志」解)莊嚴，以至「覺」(覺悟至最高不可思議之境)。
第 250 菩薩聞佛善心莊嚴得堅固誓願精進願	以「善心」莊嚴故，得堅固「誓願」，牢堅「精進」，如其所願，到於彼岸。	(以)「義」志莊嚴，以堅「誓」(願)。
第 251 菩薩聞佛專心莊嚴得越過諸地願	以「專心」莊嚴故，次第「過住」(越過諸住或諸地等)。	(以)「作」莊嚴，以辯誓(辯才誓願)，「志極」莊嚴，以(越)過(諸)地、非地。
第 252 菩薩聞佛布施莊嚴得捨一切物願	以「布施」莊嚴故，於諸「所須」，悉能「放捨」。	(以)「施」莊嚴，以「捨一切物」。
第 253 菩薩聞佛持戒莊嚴得	以「持戒」莊嚴故，令心「善白」，清淨無垢。	(以)「戒」莊嚴，以「白淨」無垢。

清淨無垢願		
第254 菩薩聞佛忍辱莊嚴得心無障閡願	以「忍辱」莊嚴故，於諸眾生，心無「障閡」(障礙隔閡)。	(以)「意忍」莊嚴，於一切衆生，無「高、下」心。
第255 菩薩聞佛精進莊嚴得諸事成辦願	以「精進」莊嚴故，一切佐助，悉得成就。	(以)「(精)進」莊嚴，以一切「事辦」。
第256 菩薩聞佛禪定莊嚴得師子遊戲願	以「禪定」莊嚴故，於一切三昧中得「師子遊戲」。	(以)「禪」莊嚴，以一切三昧「遊戲神通」。
第257 菩薩聞佛智慧莊嚴得了知煩惱結使因願	以「智慧」莊嚴故，知諸「煩惱習」。	(以)「慧」莊嚴，以知「結」(結使煩惱)使因由。
第258 菩薩聞佛慈莊嚴得專念眾生願	以「慈」莊嚴故，專心「念」於一切衆生。	(以)「慈」莊嚴，以至「一切衆生」處。
第259 菩薩聞佛悲莊嚴得拔眾生苦願	以「悲」莊嚴故，悉能「拔出」衆生之苦。	(以)「悲」莊嚴，以「不捨一切衆生」。
第260 菩薩聞佛喜莊嚴得心無疑惑願	以「喜」莊嚴故，於一切法，心無「疑惑」。	(以)「喜」莊嚴，以一切法得「無疑惑」。
第261 菩薩聞佛捨莊嚴得心無高下離憍慢願	以「捨」莊嚴故，得離「憍慢心」，心無「高、下」。	(以)「捨」莊嚴，以「毀、譽」無二。
第262 菩薩聞佛諸法通達莊嚴得師子遊戲願	以「諸通」(諸法上的通達)莊嚴故，於一切法得「師子遊戲」。	(以)「通」莊嚴，以「遊戲一切通」。
第263 菩薩聞佛功德莊嚴得寶手無盡藏願	以「功德」莊嚴故，得「不可盡藏寶手」。	(以)「福」莊嚴，以得「寶手無盡藏」。
第264 菩薩聞佛智莊嚴得知	以「智」莊嚴故，知諸衆生所有「諸心」。	(以)「智」莊嚴，以解一切衆生「心念」所行。

眾生諸心願		
第 265 菩薩聞佛意莊嚴得方便覺悟一切眾生願	以「意」莊嚴故，方便惺(古通「醒」)悟一切衆生。	(以)「覺」莊嚴，以善法「覺」(悟)一切衆生。
第 266 菩薩聞佛光明莊嚴得智慧眼明願	以「光明」莊嚴故，得「智慧眼明」。	(以)「明」莊嚴，以得「慧眼明」。
第 267 菩薩聞佛諸辯莊嚴得法義應對辯才願	以「諸辯」莊嚴故，令衆生得「法義應辭」。	(以)「辯」莊嚴，以得「義法辭應辯(應對辯才)」。
第 268 菩薩聞佛無畏莊嚴得諸魔不能阻留刁難願	以「無畏」莊嚴故，一切「諸魔」，不能「留難」(阻留刁難障礙)。	(以)「勇悍」莊嚴，以伏「衆魔」及諸「異論」(外道邪論)。
第 269 菩薩聞佛功德莊嚴得諸佛所有功德願	以「功德」莊嚴故，得諸佛世尊「所有功德」。	(以)「(功)德」莊嚴，以逮「佛無上德」。
第 270 菩薩聞佛法莊嚴得無閡辯才願	以「法」莊嚴故，得「無閡(隔閡)辯」，常為衆生「演說妙法」。	(以)「法」莊嚴，以「阿僧祇辯」，令普為衆生說法。
第 271 菩薩聞佛光明莊嚴得佛法光明願	以「光明」莊嚴故，得一切「佛法光明」。	(以)「(光)明」莊嚴，以照「一切佛法」。
第 272 菩薩聞佛照明莊嚴得遍照諸佛世界願	以「照明」莊嚴故，能「遍照」於諸佛世界。	(以)「光」莊嚴，以照「諸佛刹」變化。
第 273 菩薩聞佛他心莊嚴得正智無亂願	以「他心」莊嚴故，得「正智無亂」。	(以)「說」莊嚴，以所記(皆)「不錯」(不會錯亂)變化。
第 274 菩薩聞佛教誡莊嚴得護持禁戒願	以「教誡」莊嚴故，得如所說「護持禁戒」。	(以)「教授」莊嚴，以隨所應「教誡」。
第 275 菩薩聞佛神足莊嚴得	以「神足」莊嚴故，得(四)「如意足」(①欲如意足：希慕所修之法能如	(以)「神變」莊嚴，以到「四神足」(①欲如意足：希慕所修之法能如願滿

四如意足願	願滿足。②精進如意足：於所修之法，專注一心，無有間雜，而能如願滿足。③念如意足：於所修之法，記憶不忘，如願滿足。④思惟如意足：心思所修之法，不令忘失，如願滿足)，到於彼岸。	足。②精進如意足：於所修之法，專注一心，無有間雜，而能如願滿足。③念如意足：於所修之法，記憶不忘，如願滿足。④思惟如意足：心思所修之法，不令忘失，如願滿足)彼岸一切受。
第 276 菩薩聞佛受持諸如來莊嚴得入如來無量法藏願	以「受持一切諸如來」莊嚴故，得入如來「無量法藏」。	(以)「如來」莊嚴，以入「如來祕密法」。
第 277 菩薩聞佛尊法莊嚴得不隨他智慧願	以「尊法」莊嚴故，得「不隨他智慧」。	(以)「自在」莊嚴，以「智不從他得」，敬順一切。
第 278 菩薩聞佛隨行諸善法莊嚴得如說而行願	以隨行「一切善法」莊嚴故，(令眾生)得「如說而行」。 欲令如是衆生，悉得如是等「功德利益」。	(以)「善法」莊嚴，以如說修行，一切處「無能退」者，無量「阿僧祇」，求大乘衆生。
第 279 菩薩聞佛之一句法得白淨善法願	若有無量無邊「阿僧祇」菩薩摩訶薩，修集「大乘」，(只要)以(寶海)我說「一句法」故，(皆)悉具如是「白淨善法」，皆使充足。	我以「一向音」(一句法音)，(即能)淨除多「不善」(法)，以充足之。
第 280 菩薩所得智慧不需從他而聞即能成就阿耨菩提願	以是故，諸菩薩摩訶薩，於諸法中所得智慧，不(需)從他(而)聞，(即)得成就「大法光明」，成「阿耨多羅三藐三菩提」。	令彼諸菩薩摩訶薩，於一切法，(皆)「不因他」(即可)得「智具大法明」，速成「阿耨多羅三藐三菩提」。
第 281 他方五逆重罪來生我界願	(寶藏)世尊！若衆生於「他方世界，作「五逆」罪，乃至犯「四重禁」，燒滅「善法」。	(寶藏)世尊！又餘世界中，衆生造「無間」(業)者，乃至犯「根(本)罪」，心意燋枯。
第 282 他方學三乘者來生我界願	若(或有)學「聲聞、緣覺、大乘」，(皆)以(其)「願力」故，欲來生(寶海)我世界。	(或)有求「聲聞乘」、(或)有求「辟支佛乘」、(或)有求無上「大乘」者，(皆)以隨(其)願(力)故，生我佛土。

第283 爲他方八萬四千亂意衆生廣説八萬四千法願	既來生(我國)已，復取一切諸「不善業」，麤(麤魯)朴ㄆㄨˊ(樸陋；粗俗鄙陋)弊惡，其心憙求，強梁(強橫豪梁)難調，專以「四倒」(於佛之「常樂我淨」生出顛倒)，貪著慳悋。 如是等衆生，(皆有)八萬四千「異性」(不同心性)亂心，(寶海)我當為其各各「異性」(不同心性之亂意眾生)，廣說八萬四千「法聚」。	集「不善根」(之)麤獷ㄍㄨㄤˇ(粗魯蠻橫)樂惡(好樂於作惡)，(具)剛強「倒見」(於佛之「常樂我淨」生出顛倒)，不攝「意志」。 我當為彼八萬四千「心行亂意」(之)衆生，廣說八萬四千部法。
第284 有他方界來求大乘者則爲之廣説六度願	(寶藏)世尊！若有衆生，(若有)學無上「大乘」，(寶海)我當為其具足廣說「六波羅蜜」，所謂「檀」波羅蜜，乃至「般若」波羅蜜。	其中衆生，(若有)求無上「大乘」者，我當為彼廣說「六波羅蜜」法，廣說「檀」波羅蜜，乃至廣說「般若」波羅蜜。
第285 有他方界來求聲聞者則爲之安住三歸依與六度願	若有衆生，(若有)學「聲聞乘」，(但仍)未種善根，願求「諸佛」以為其師，(寶海)我當(令彼)安止於「三歸依」，然後勸令住「六波羅蜜」。	其中衆生，(若)有求「聲聞、辟支佛乘」，(卻仍)未種「善根」、(未)求「度世」者，我當令彼住「三歸依」，後乃令住(六)「波羅蜜」。
第286 有他方界喜殺害者則爲之安止於不殺願	若有衆生，憙為「殺害」，(寶海)我當(令彼)安止於「不殺」中。	(若有)喜「殺生」者，令住「不殺」。
第287 有他方界喜惡貪者則爲之安止於不盜願	若有衆生，專行「惡貪」，我當(令彼)安住於「不盜」中。	(若有)貪重者，令住「不盜」。
第288 有他方界喜邪婬者則爲之安止於不邪婬願	若有衆生，非法「邪婬」，我當(令彼)安止「不邪婬」中。	(若有)染著「非法」者，令住「不邪婬」。
第289 有他方界喜妄語者則爲之安止於不妄語願	若有衆生，各各故作「誹謗、妄語」，我當(令彼)安止「不妄語」中。	(若有)「妄語」相說者，令住「不妄語」。

第290 有他方界喜飲酒者則爲之安止於不飲酒願	若有衆生，樂為「狂癡」，我當(令彼)安止「不飲酒」中。	(若有)樂「昏濁」者，令住「不飲酒」。
第291 有他方界犯五戒者則爲之安止於五戒願	若有衆生，犯此「五事」，我當令(彼)受「優婆塞」五戒。	其有衆生，有此「五病」者，我當令彼斷是「五患」，住「優婆塞(五)戒」。
第292 有他方界不喜善法者則爲之安止於八戒願	若有衆生，於諸「善法」，不生「憙樂」，我當令其「一日一夜」，受持「八戒」。	有衆生，不樂「善法」者，我當令彼一日一夜，住「聖八分戒」。
第293 有他方界缺善根者則爲之安止於梵淨十戒願	若有衆生，少於善根，於善根中，心生「愛樂」，我當令其於「未來世」，在「佛法」中，出家學道安止，令住「梵淨十戒」。	其有少樂「善根」者，我當令彼，來近我法，出家「十戒」，得住「梵行」。
第294 有他方界喜求諸善者則爲之安止於梵行大戒願	若有衆生，悕心求於「諸善根法」，我當(令彼)安止「善根法」中，令得成就「梵行」，具足「大戒」。	其有衆生，樂求「善法」者，我當令彼於「善法」中，得受「具足」，盡住「梵行」。
第295 以神通具足爲他方界眾生開示「五陰」法義願	如是等衆生，作「五逆」罪，乃至「慳悋」，為是衆生，以種種門，示現「神足」(神通具足)，說諸「句義」，開示「(五)陰、(十八)界、諸(十二)入」、「苦、空、無常、無我」，令住「善妙」，安隱「寂滅」(之)「無畏涅槃」。 (我)為如是四衆「比丘、比丘尼、優婆塞、優婆夷」說法。	我當為如是造「無間業」，乃至「不攝意志」(之)衆生故，以多種種若干「句義」文字變化，而為說法，示現「(五)陰、(十八)界、(十二)入」、「無常、苦、空、無我」，令住善「安隱」、妙寂(之)「無畏城」。 我當為四衆「比丘、比丘尼、優婆塞、優婆夷」說如是法。
第296 以神通具足爲他方界眾生開示「十八界」法義願		
第297 以神通具足爲他方界眾生開示「十二入」法義願		
第298 以神通具足爲他方界眾生開示「苦」法義願		
第299		

以神通具足爲他方界眾生開示「空」法義願		
第300 以神通具足爲他方界眾生開示「無常」法義願		
第301 以神通具足爲他方界眾生開示「無我」法義願		
第302 以神通具足爲他方界眾生開示「安隱道」法義願		
第303 以神通具足爲他方界眾生開示「無畏涅槃」法義願		
第304 有眾生欲求論義則爲之開示「論義」與「正法」義	若有衆生，求聞「論議」，我當(爲)說「正法」論。	其有喜樂「論」者，我當為彼現「諸論法」。
第305 有眾生欲求解脫則爲之開示「空無諸法」義願	乃至有求「解脫」之者，我當為說「空無」之論。	乃至「求解脫」者，我當為彼現於「空論」。
第306 有眾生心不樂正善法則爲之開示「營造勞作輔佐眾事」願	若有衆生，其心不樂於「正善法」，我當為說「營作」(營造勞作輔佐)衆事。	其有不樂「善法」者，我當為彼說勸化(勸教度化)業。
第307 有眾生其心愛樂正善法則爲之開示「空三昧定」與解說願	若有衆生，於「正善法」，其心「愛樂」，我當為說「空三昧定」，示「正解脫」。	(若有)樂(於善法)者，我當為說誦習「一向禪空解脫」。
第308 不以神力而步涉百千	(寶藏)世尊！(寶海)我為如是一一衆生，要當過於百千「由	我(願)為一一衆生故，「步涉」多百千「由旬」多，(以)種種若

由旬只爲眾生開示「句義」法願 第309 不以神力而步涉百千由旬只爲眾生開示「文字」法願 第310 不以神力而步涉百千由旬只爲眾生開示「變化神通」法願 第311 不以神力而步涉百千由旬只爲眾生開示「涅槃」法願	旬」，(我將)不以「神足」(通之力)，而(爲眾生)以「開示」無量無邊種種「方便」，為(眾生)解「句義」，(並)示現(種種)神足(神通具足)，乃至(令眾生入)「涅槃」，心不生厭。	千「句義、文字、方便變化」，(我將)忍此「疲惓」(古同「倦」)，終(令眾生)至置於「涅槃」。
第312 願將五分壽命捨一分而入般涅槃願	(寶藏)世尊！(寶海)我(將)以「三昧力」故，捨「第五分」所得(之)「壽命」而「般涅槃」。	乃至以「誓力」，我當「五分」壽減一；(於)欲「般涅槃」時。
第313 爲憐愍眾生而將自身舍利碎如半芥子願	我於是時，(將)自分其身(此喻舍利)，如半「葶藶」(通「亭歷」，爲一年生的草本藥用植物。《一切經音義》云：「葶艾」……《考聲》云「葶藶」，草名也……實葉，皆似「芥」)子，(我)為憐愍衆生故，(乃)求「般涅槃」。	我當碎身，「舍利」(將)如「半芥子」，(我)為悲衆生故，然後當入「涅槃」。
第314 於般涅槃後爲憐愍眾生故正法住世千年願 第315 於般涅槃後爲憐愍眾生故像法住世五百年願	(待)「般涅槃」後，所有「正法」住世(將達)「千歲」，「像法」住世，滿「五百歲」。	令我「涅槃」後，「正法」(仍)住世「千歲」、「像法」住世，復「五百歲」。
第316 若以珍寶供養我身舍利則於三乘得不退轉	(寶海)我「涅槃」後，若有衆生，以「珍寶、伎樂」供養「舍利」，乃至「禮拜、右繞一匝、合掌	我「般涅槃」後，其有衆生，以「衆寶物」供養「舍利」，乃至「一稱南無佛」，「一禮、一

願	稱歎、一莖華散」，以是因緣，隨其志願，(令眾生)於「三乘」中，各(得)「不退轉」。	旋、一合掌業、一花供養」者，令彼一切(眾生)隨於「三乘」得「不退轉」。
第 317 若以伎樂供養我身舍利則於三乘得不退轉願		
第 318 若禮拜我身舍利則於三乘得不退轉願		
第 319 若右繞一匝 我身舍利則於三乘得不退轉願		
第 320 若合掌稱歎我身舍利則於三乘得不退轉願		
第 321 若以一莖散華供養我身舍利則於三乘得不退轉願		
第 322 我般涅槃後能堅持受持一戒者則於三乘得不退轉願	(寶藏)世尊！(寶海)我「般涅槃」後，若有眾生，於我法中，乃至「一戒」，如我所說，能「堅持」之，乃至讀誦「一、四句偈」，為他人說。令彼聽者，心生「歡喜」，供養法師，乃至「一華、一禮」，以是因緣，隨其「志願」，(令眾生)於「三乘」中，各「不退轉」。	(寶海)我「般涅槃」後，其有眾生，於我「法」中，能受「一戒」，如說奉持，乃至讀誦「一、四句偈」，為他人說。其有聞者，能發好心，「供養」法師，能以「一花」，或設「一禮」，令彼一切(眾生)隨於「三乘」(皆)得「不退轉」。
第 323 我般涅槃後能讀誦我法一四句 者則於三乘得不退轉願		
第 324 我般涅槃後能供養說法者則於三乘得不退轉願		
第 325 我般涅槃後能以一華供養說法者則於三乘		

得不退轉願		
第 326 我般涅槃後能以一禮供養說法者則於三乘得不退轉願		
第 327 我般涅槃後我身舍利將盡入地表「金剛際」願	乃至「法炬」滅、「法幢ㄔㄨㄤˊ」倒。(待)「正法」滅已，(寶海)我之「舍利」，尋沒於「地」，至「金剛際」(kāñcana-maṇḍala 金性地輪；地輪；金剛輪；以金剛鋪成之地表。金輪之最下端稱爲金輪際)。	乃至「正法」盡，「法燈」永滅，「法幡ㄈㄢ」倒已。(再)令我(之)「舍利」，乃至入「地金輪」(kāñcana-maṇḍala 金性地輪；地輪；金剛輪；以金剛鋪成之地表。金輪之最下端稱爲金輪際)上住。
第 328 願我般涅槃後我身舍利將變爲「意相琉璃寶珠」願	爾時娑婆世界，(若)空無「珍寶」，(則寶海)我之「舍利」，(將)變為「意相琉璃寶珠」。	隨其「幾時」(曾幾何時，此喻時機時間)，(若)娑訶世界，窮乏「珍寶」，(則)令(我之舍利)成「琉璃珠」，現如「火色」，名曰「勝意」。
第 329 我身舍利所變的「意相琉璃寶珠」光明從金剛際到色究竟天願	(此由舍利變出的「意相琉璃寶珠」)其(光)明(炎)焰(熾)盛，從「金剛際」出於世間，上至「阿迦尼吒天」(Akaniṣṭha-deva 色究竟天)。	令(此由舍利變出的「勝意琉璃珠」)從彼(金剛際之)上，乃至「阿迦尼吒」(Akaniṣṭha-deva 色究竟天)際住。
第 330 我身舍利所變的「意相琉璃寶珠」將雨種種華願	(接著會)雨種種華： 曼陀羅華(māndārava 天妙花；悅意華；赤華)、 摩訶曼陀羅華(mahā-māndārava 大赤華)、 波利質多華(pārijātaka圓生樹；晝度樹；香遍樹；天樹王。根莖枝葉花果皆有香氣，能遍熏忉利天宮)、 曼殊沙華(mañjūṣaka 白華)、 摩訶曼殊沙華(mahā-mañjūṣaka 大白華)	(接著會)雨種種花： 曼陀羅花(māndārava 天妙花；悅意華；赤華)、 摩訶曼陀羅花(mahā-māndārava 大赤華)、 波利質多羅伽花(pārijātaka 圓生樹；香遍樹)、 曼殊沙花(mañjūṣaka 白華)、 摩訶曼殊沙花(mahā-mañjūṣaka 大白華)、 蘆遮摩那花、 陀羅花、 摩訶阿陀羅花、 無垢輪花、

		百葉花、 千葉花、 百千葉花、 普光花、 普香花、 善樂花、 薩哆花、 盧遮那花、 樂限月光花、 明月花、 無量色花、 無量香花、 無量光花。
第331 我身舍利所變的「意相琉璃寶珠」將雨「種種香」願	復有好香，微妙常敷，觀者無厭。 其明(炎)焰(熾)盛，不可稱計，微妙之香，無量無邊，純雨如是無量諸華。	令雨如是等「大花雨」。
第332 我身舍利所變的「意相琉璃寶珠」將出微妙「佛聲」願	當其雨(花)時，復出種種微妙(之29種)「音聲」： ❶佛聲、 ❷法聲、	令彼諸「花」，出種種(總共29種的)「柔軟聲」，所謂： ❶佛聲、 ❷法聲、
第333 我身舍利所變的「意相琉璃寶珠」將出微妙「法聲」願	❸比丘僧聲、 ❹三歸依聲、 ❺優婆塞戒聲、	❸僧聲、 ❹三歸依聲、 ❺優婆塞戒聲、
第334 我身舍利所變的「意相琉璃寶珠」將出微妙「僧聲」願	❻成就「八戒」聲、 ❼出家「十戒」聲、 ❽布施聲、	❻聖「八分戒」聲、 ❼出家「十戒」聲、 ❽施聲、
第335 我身舍利所變的「意相琉璃寶珠」將出微妙「三歸依聲」願	❾持戒聲、 ❿清淨梵行，具「大戒」聲、 ⓫「佐助眾事」聲、	❾戒聲、 ❿具足「梵行」聲、 ⓫「勸化」聲、

第 *336* 我身舍利所變的「意相琉璃寶珠」將出微妙「優婆塞戒聲」願	⓬讀經聲、	⓬誦聲、習聲、
	⓭禪「思惟」聲、	⓭禪定思惟「九觀」聲、
	⓮觀「不淨」聲、	⓮「不淨」聲、
	⓯念「出入息」聲、	⓯「阿那波那」(ānāpāna 安般；安那般那；出入息念；數息觀) 念聲、
第 *337* 我身舍利所變的「意相琉璃寶珠」將出微妙「八戒聲」願	⓰「非想非非想」聲、	⓰「非想處」聲、
	⓱「有想無想」聲、	⓱「無所有處」聲、
	⓲「識處」聲、	⓲「無量識處」聲、
第 *338* 我身舍利所變的「意相琉璃寶珠」將出微妙「十戒聲」願	⓳「空處」聲、	⓳「無量空處」聲、
	⓴「八勝處」聲、	⓴「(八)勝處」聲、
第 *339* 我身舍利所變的「意相琉璃寶珠」將出微妙「布施聲」願	㉑「十一切入」(daśakṛtsnāyatanāni 十一切入；十一切處；十遍入；十遍處；十遍處定。觀「色」等十法，各周遍一切處而無任何間隙。十法是「地、水、火、風、青、黃、赤、白、空、識」)聲、	㉑「一切處」聲、
第 *340* 我身舍利所變的「意相琉璃寶珠」將出微妙「持戒聲」願	㉒「定、慧」聲、	㉒「止、觀」聲、
	㉓「空」聲、	㉓㉔「空、無相」聲、
	㉔「無相」聲、	
	㉕「無作」聲、	
第 *341* 我身舍利所變的「意相琉璃寶珠」將出微妙「梵行大戒聲」願	㉖「十二因緣」聲、	㉖「緣起」聲、
	㉗具足「聲聞藏」聲、	㉗令出具足「聲聞藏」聲、
	㉘學「緣覺」聲、	㉘令出具足「辟支佛乘藏」聲、
	㉙具足大乘「六波羅蜜」聲。	㉙具說大乘「六波羅蜜」。
第 *342* 我身舍利所變的「意相琉璃寶珠」將出微妙「佐助眾事聲」願		
第 *343* 我身舍利所變的「意相琉璃寶珠」將出微妙「讀經聲」願		
第 *344*		

我身舍利所變的「意相琉璃寶珠」將出微妙「禪定思惟聲」願		
第345 我身舍利所變的「意相琉璃寶珠」將出微妙「不淨聲」願		
第346 我身舍利所變的「意相琉璃寶珠」將出微妙「出入息聲」願		
第347 我身舍利所變的「意相琉璃寶珠」將出微妙「非想非非想聲」願		
第348 我身舍利所變的「意相琉璃寶珠」將出微妙「有想無想聲」願		
第349 我身舍利所變的「意相琉璃寶珠」將出微妙「識處聲」願		
第350 我身舍利所變的「意相琉璃寶珠」將出微妙「空處聲」願		
第351 我身舍利所變的「意相琉璃寶珠」將出微妙「八勝處聲」願		
第352 我身舍利所變的「意相		

琉璃寶珠」將出微妙「十一切入聲」願		
第 353 我身舍利所變的「意相琉璃寶珠」將出微妙「定慧止觀聲」願		
第 354 我身舍利所變的「意相琉璃寶珠」將出微妙「空聲」願		
第 355 我身舍利所變的「意相琉璃寶珠」將出微妙「無相聲」願		
第 356 我身舍利所變的「意相琉璃寶珠」將出微妙「無作聲」願		
第 357 我身舍利所變的「意相琉璃寶珠」將出微妙「十二因緣聲」願		
第 358 我身舍利所變的「意相琉璃寶珠」將出微妙「具足聲聞藏聲」願		
第 359 我身舍利所變的「意相琉璃寶珠」將出微妙「具足緣覺乘聲」願		
第 360 我身舍利所變的「意相琉璃寶珠」將出微妙「具		

足六度聲」願		
第 361 我身舍利所變的 29 聲，「色界」天人聞後將下來娑婆度眾願 第 362 「色界」天人聞舍利所變的 29 聲後，將下來教化世人修十善願	於其華中，出如是等(29 種)聲，(所有)「色界」諸天(人)，皆悉聞之(其)本昔所作諸「善根本」。(或)各自憶念，(其本昔)所有(造作)「不善」，(即)尋自「悔責」，即便來下娑婆世界，教化世間，無量眾生，悉令(眾生)得住於「十善」中。	(能)令彼諸花，出如是(29 種)「聲」，(能)令「色界」諸天(人)，聞如是聲，(即)各自識念「先」(往昔)造「善根」，令彼於一切(曾造作過)善法(的)摩訶薩(mahāsattva 大菩薩;大有情眾生)不嫌(不要嫌棄娑訶世界)，令從彼(天上而)下(來)，為娑訶世界「一切人」，說「十善業」，(並)令住其中。
第 363 我身舍利所變的 29 聲，「欲界」天人聞後，愛結五欲將得息止願	(所有)「欲界」諸天(人)，亦得聞受(此 29 種諸聲)，所有「愛結(結使煩惱)、貪喜、五欲」(等之)諸「心數法」，悉得「寂靜」。	(能)令「欲界」諸天(人)，亦如是聞(此 29 種諸聲)，(則)令彼一切「捨受」(會)使「遊戲樂著」(之)心意。
第 364 「欲界」天人聞舍利所變的 29 聲後，將下來教化世人修十善願	(欲界諸天其)「本昔」所作「諸善根本」，各自憶念；(亦於其本昔)所有(造作)「不善」，尋自「悔責」，即便來下娑婆世界，教化世間無量眾生，悉令得住於「十善」中。	令彼(欲界諸天)一切各自識念「先」(往昔)作「善根」；令彼從天(上)來下，為娑訶世界「一切人」，說「十善業」，(並)勸令住(於十善業)中。
第 365 我身舍利所變的「意相琉璃寶珠」雨諸華後復變成諸珍寶願	(寶藏)世尊！如是諸華，於虛空中，復當化作種種珍寶，「金銀、摩尼、真珠、琉璃、珂ㄎㄜ貝(白珂貝螺)、璧玉、真寶、偽寶、馬瑙、珊瑚、天冠、寶飾」，如雨而下，一切遍滿娑婆世界。	令彼諸花於虛空中變成雜寶。(寶藏)世尊！所謂：「金、銀、摩尼、真珠、琉璃、車璩ㄑㄩˊ、馬瑙」，及「螺、珊瑚、虎珀、玫瑰右旋」，一切娑訶佛土，令雨如是等寶。
第 366 我身舍利所變的「意相琉璃寶珠」能令眾生心和悅願 第 367 我身舍利所變的「意相琉璃寶珠」能除滅眾生	爾時，人民其心「和悅」，無諸「鬪諍、飢餓、疾病、他方怨賊、惡口、諸毒」，一切消滅，皆得寂靜。爾時，世界有如是樂。	除滅娑訶佛土「瞋諍、言訟、飢饉、疾疫」，及他「軍馬、惡風、雜毒」，一切除盡，令「安隱」康健，無諸「鬪諍、言訟、繫閉」，娑訶佛土一切「豐樂」。

鬪諍願		
第 368 我身舍利所變的「意相琉璃寶珠」能除滅眾生飢餓願		
第 369 我身舍利所變的「意相琉璃寶珠」能除滅眾生疾病願		
第 370 我身舍利所變的「意相琉璃寶珠」能除滅眾生怨賊願		
第 371 我身舍利所變的「意相琉璃寶珠」能除滅眾生惡口願		
第 372 我身舍利所變的「意相琉璃寶珠」能除滅眾生諸毒願		
第 373 我身舍利所變的「意相琉璃寶珠」能令世界獲得豐樂願		
第 374 我身舍利所變之諸珍寶若眾生見之則於三乘得不退轉願	若有衆生，見諸「珍寶」(此由舍利變出的「意相琉璃寶珠」)，若「觸」、若「用」，(即能令眾生)於「三乘」中，無有退轉。	其有衆生，「見」寶(此由舍利變出的「勝意琉璃珠」)、「觸」寶，隨作供具者，令彼一切(眾生)於「三乘」法得「不退轉」。
第 375 我身舍利所變之諸珍寶若眾生觸之則於三乘得不退轉願		

第 376 我身舍利所變之諸珍寶若眾生用之則於三乘得不退轉願		
第 377 我身舍利所變之諸珍寶於利益眾生後復還歸於地表「金剛際」願	是諸「珍寶」(此由舍利變出的「意相琉璃寶珠」)，作是(種種)利益(眾生)，作「利益」已，還沒於「地」，至本住處「金剛際」(kāñcana-maṇḍala 金性地輪；地輪；金剛輪；以金剛鋪成之地表。金輪之最下端稱爲金輪際)上。	令彼(由舍利變出的「勝意琉璃珠」)逮下，乃至「金輪」(kāñcana-maṇḍala 金性地輪；地輪；金剛輪；以金剛鋪成之地表。金輪之最下端稱爲金輪際)上住。
第 378 我身舍利將變爲「紺琉璃珠」從地而出到色究竟天願	(寶藏)世尊！(當)娑婆世界，(有)「兵劫」起時，(寶海)我身「舍利」，復當化作「紺ㄍㄢˋ 琉璃珠」，從「地」而出，上至「阿迦尼吒天」(Akaniṣṭha-deva 色究竟天)。	(寶藏)世尊！如是「刀兵劫」時，令彼「舍利」，復更變成「紺ㄍㄢˋ王摩尼」，上至「阿迦尼吒」(Akaniṣṭha-deva 色究竟天)際住。
第 379 我身舍利所變的「紺琉璃珠」能治刀兵劫願		
第 380 我身舍利所變的「紺琉璃珠」能雨種種華願	雨種種華，曼陀羅華(māndārava 天妙花；悅意華；赤華)、摩訶曼陀羅華(mahā-māndārava 大赤華)、波利質多華(pārijātaka 圓生樹；香遍樹)。	降種種花雨，所謂：曼陀羅華(māndārava 天妙花；悅意華；赤華)、摩訶曼陀羅花(mahā-māndārava 大赤華)、波利質多羅花(pārijātaka 圓生樹；香遍樹)，乃至無量光花。
第 381 我身舍利所變的「紺琉璃珠」復還歸於地表「金剛際」願	乃至(由舍利變出的「紺琉璃寶珠」)還沒於「地」，至本住處(之)「金剛際」，亦復如是。	令彼諸花，出種種「妙聲」，所謂「佛聲」，乃至如前所說。令彼「舍利」，乃至「金輪」上住。
第 382 我身舍利所變的「紺琉璃珠」能除滅眾生刀兵劫願	(寶藏)世尊！如(遇)「刀兵劫、飢餓、疾疫」，亦復如是。	如是(若遇)「飢饉劫」時，復令「舍利」，上昇「虛空」，乃至「阿迦尼吒」(Akaniṣṭha-deva 色究竟天)際住，降「大花雨」，乃至如前所說。如是(若遇)「疾疫劫」時，亦如前所說。
第 383 我身舍利所變的「紺琉璃珠」能除滅眾生飢餓		

願		
第 384 我身舍利所變的「紺琉璃珠」能除滅眾生疾疫願		
第 385 我身舍利能作種種佛事度化眾生於三乘得不退轉願	(寶藏)世尊！(我之舍利能)如是(於)大「賢劫」中，(待)我「般涅槃」後，是(我之)諸「舍利」，作如是「佛事」，(能)調伏無量無邊眾生，(令眾生)於「三乘」中得「不退轉」。	如「賢劫」中，(待)我「般涅槃」後，(我之)「舍利」當作「佛事」，(能)勸化(勸教度化)過數眾生，於「三乘」住「不退轉」。
第 386 我身舍利能於五佛世界等大劫中度化眾生於三乘得不退轉願	(我之舍利能)如是當於「五佛」世界，「微塵數」等「大劫」之中，調伏無量無邊眾生，令(眾生)於「三乘」得「不退轉」。	如是(於)「五佛土」微塵數(之)「大劫」中，我(之)「舍利」，(能度)化眾生於「三乘」住「不退」。
第 387 無數劫後所有成佛者皆曾由寶海我所勸化而修六度願	(寶藏)世尊！若後滿千「恒沙」等「阿僧祇」劫，於十方無量無邊「阿僧祇」(之)餘世界，(若有)成佛出世者；(此)悉是(寶海)我(往昔)修「阿耨多羅三藐三菩提」時，所教化(並勸諸人)初發「阿耨多羅三藐三菩提」心(者)，(勸諸人皆)安止令住(於)「六波羅蜜」者。	(於)後過千「恒河沙」數「阿僧祇」，於十方無量「阿僧祇」(之)餘世界中，(若有)諸佛世尊於彼出(世)者；(此皆)是我(往昔)為菩薩時，行「阿耨多羅三藐三菩提」行(時)，(已)先所勸化(勸教度化)，(勸諸人)於「阿耨多羅三藐三菩提」令住其中者，亦(皆亦)是我勸以「(六)波羅蜜」得住(其)中者。
第 388 我身舍利能令眾生發阿耨菩提心願	(寶藏)世尊！(待)我成「阿耨多羅三藐三菩提」已，所可(所有可以)勸化(勸教度化)令發「阿耨多羅三藐三菩提」心，(勸諸人皆)安止令住(於)「六波羅蜜」。及(待我)「涅槃」後，(我之)「舍利」(將發生神力)變化，所(度)化(的)眾生，(亦能)令(眾生)發「阿耨多羅三藐三菩提」心者。	亦是我逮「菩提」已，勸化(勸教度化)眾生以「阿耨多羅三藐三菩提」，令住(其)中者。又我「般涅槃」後，眾生以我「舍利」(所發生的)「神變」，(進而)發「阿耨多羅三藐三菩提」心者。

第 389 無數劫後所有成佛者皆回頭稱讚往昔寶海之五百大願	是諸眾生，過千「恒河沙」等「阿僧祇」劫，於十方無量無邊「阿僧祇」世界，(將)成佛出世，皆當「稱」(歎)「我名字」，而說「讚歎」(稱讚的內容如下)： 過去久遠，有劫名賢，初入劫時，第四世尊(即釋迦牟尼)，名曰某甲，彼佛世尊(即釋迦牟尼)勸化(勸教度化)我等，初發「阿耨多羅三藐三菩提」心。 我等(眾生)爾時，燒滅「善心」，集「不善根」，作「五逆」罪，乃至「邪見」。彼佛(即釋迦牟尼)爾時勸化(勸教度化)我等，令得安住「六波羅蜜」。 因是(我等眾生)即得解了「一切陀羅尼」門，轉「正法輪」，離生死縛，令無量無邊百千眾生，安住「勝果」，復令無量百千眾生，安止(於)「天人」，乃至(得)「解脫果」。 若有眾生，求菩提道，聞讚歎(寶海)我已，各問於(自己所屬之)佛：彼佛世尊(此指寶海成佛為釋迦)，見何義利(義理與功效利益)？(能)於「重五濁惡世」之中，成「阿耨多羅三藐三菩提」？ 是諸世尊(此指這些眾生所各歸屬之如來)，即便向是「求菩提道」(之)「善男子、善女人」，說(寶海)我「往昔」所成(之)「大悲」(心)，(以及)初發「阿耨多羅三藐三菩提」心，(以及)莊嚴世	彼亦於後過千「恒河沙」數「阿僧祇」時，令彼菩薩於十方無量「阿僧祇」餘(之)世界中，成「阿耨多羅三藐三菩提」已，(將會)稱譽「讚歎」，說「我名號」(稱讚的內容如下)： 過去久遠，爾時有劫名賢，於彼「賢劫」始，第四聖日(即釋迦牟尼)名號如是。彼(即釋迦牟尼)先勸化(勸教度化)我等(眾生)以「阿耨多羅三藐三菩提」。 於「燋枯」意，集「不善根」、造「無間業」，乃至「邪見」(等諸眾生)，(當時釋迦牟尼)令我等得住「六波羅蜜」。 緣(因)是我等(眾生)，令得轉「入一切種智」，行「正法輪」，轉「深妙輪」，令多億「那由他」百千「眾生」(皆能)「生天」，(並)住「解脫果」。 其有眾生，(若)求菩提者，(於)彼如來所，聞稱譽(寶海)我，令以如是，問彼如來：唯！世尊(此指這些眾生所各歸屬之如來)！彼如來(此指寶海成佛為釋迦)見何義趣(義理與旨趣)？(能)於彼重「結」(結使煩惱)五濁惡世(而)成「阿耨多羅三藐三菩提」？ 令彼「諸如來」(此指這些眾生所各歸屬之如來)，為求「菩提」(之)「善男子、善女人」，說(寶海)我是具「大悲」(心)，是「初發心」、佛土(如何)莊嚴、立(下五百大)願(之)本事。

	界，及「妙善願」(之種種)本起因緣。 是(諸)人聞已，其心驚愕，歎未曾有。 (是諸眾人)尋發「妙願」，(亦)於諸眾生，生「大悲心」，如(寶海)我(而)無異，(是諸眾人並)作是願言： 其有如是「重五濁世」，其中眾生作「五逆」罪，乃至成就諸「不善根」，我(等眾人)當於中，而調伏之。 彼「諸世尊」(此指這些眾生所各歸屬之如來)，以是諸人，(亦能)成就(如是偉大之)大悲(心)，(並)於「五濁世」發(下與寶海一樣的)諸(大)善願，(彼諸佛世尊應)隨其「所求」，而與(此諸人等)「授記」。	令彼求「菩提」(之)「善男子、善女人」，得未曾有，信樂「大法」。 令彼(等眾人)亦(能)於「一切眾生」，(也學習)發如是「大悲」，(學習)立如是願： (能)攝度(攝取度化)重「結」(結使煩惱)五濁惡土，(攝度)造「無間業」，乃至(攝度)集「不善根」者。 令彼「諸佛如來」(此指這些眾生所各歸屬之如來)，亦以是「授」彼(諸眾生亦)具(有之)大悲(心)，(且)求「菩提」(之)「善男子、善女人」記。(並)隨(這些)「善男子、善女人」(之)意(願)，(亦能於)重「結」(結使煩惱)五濁惡世立(下與寶海一樣的大)願。
第 390 若寶海我發之五百大願不能成就則今當棄捨菩提心願 第 391 若寶海我的五百願不成就則今亦不至他方佛土作善根迴向願	(釋迦)佛告寂意菩薩：善男子！爾時，寶海梵志在寶藏佛所，諸天大眾，「人、非人」前，尋得成就「大悲之心」廣大無量。作「五百誓願」已，復白(寶藏)佛言： (寶藏)世尊！若(寶海)我所願不成，不得己利(獲得諸善法成就為「己利」)者，(寶海)我則不於未來「賢劫」、「重五濁惡、互共鬪諍、末世盲癡、無所師諮、無有教誡、墮於諸見、大黑闇中、作五逆惡」，如上(所)說中「成就所願」，(並)作於「佛事」。我今則捨「菩提」之心，亦不願於「他方佛土」，(去)殖諸善根。	善男子！爾時國大師(國王之婆羅門大師)海濟(寶海)婆羅門，住寶藏如來前，(於)「乾闥婆、世人」前，立如是具「大悲」(之)「五百願」，而白(寶藏)佛言： (寶藏)世尊！若我如是意(願)不(圓)滿，不(能)於來世「賢劫」、「五濁重結(結使煩惱)、散亂惡世、冥時、盲無導師、無引導師、為見所困、長處冥世、造無間者」，乃至如前(我)所說(之大願)。若我不能具成(具足成就)如是「佛事」如我(之五百)立願者，我當還捨(棄)「菩提願」，(亦)非(至)餘剎中(作種種)善根迴向。

第 392 我所修之六度萬行不是只有迴向自己成阿耨菩提願 第 393 我所修之六度萬行並非爲求辟支佛乘願 第 394 我所修之六度萬行並非爲求聲聞乘願 第 395 我所修之六度萬行並非爲求天王願 第 396 我所修之六度萬行並非爲求人王願 第 397 我所修之六度萬行並非爲求五欲願 第 398 我所修之六度萬行並非爲求生天願 第 399 我所修之六度萬行並非爲求乾闥婆願 第 400 我所修之六度萬行並非爲求阿修羅願 第 401 我所修之六度萬行並非爲求迦樓羅願 第 402 我所修之六度萬行並	(寶藏)世尊!(寶海)我今如是「專心」(修於「大悲」,並以所修六度萬行功德諸善根), 不以是「善根」(只爲)成「阿耨多羅三藐三菩提」(而已)。 亦不願求「辟支佛乘」。 亦復不願作「聲聞乘、天王、人王」。 (亦復不)貪樂五欲,(及)生天人中。 (亦復)不求「乾闥婆、阿修羅、迦樓羅、緊那羅、摩睺羅伽(mahoraga 大蟒神)、夜叉、羅刹、諸龍王」等。	(寶藏)世尊!(專修「大悲」,並修六度萬行功德諸善根)是(寶海)我(之)所「欲」, 我亦不欲此「善根」(只有)迴向「阿耨多羅三藐三菩提」(而已)。 (亦)不求「辟支佛乘」。 亦不求「聲聞乘」,亦不求「人天、王位」。 亦不求「五欲」供具,「生天」之樂。 又亦不求「乾闥婆、阿修羅、夜叉、羅刹、龍、迦樓羅」。 亦不求「人中」生。

非爲求緊那羅願		
第 403 我所修之六度萬行並非爲求阿修羅願		
第 404 我所修之六度萬行並非爲求摩睺羅伽願		
第 405 我所修之六度萬行並非爲求夜叉願		
第 406 我所修之六度萬行並非爲求羅剎願		
第 407 我所修之六度萬行並非爲求諸龍王願		
第 408 我所修之六度萬行並非爲求人中願		
第 409 我所修之布施果報只爲迴向救度地獄眾生願	(寶藏)世尊！若(寶海)我(之)「善根」成就，得己利(獲得諸善法成就爲「己利」)者，(寶海)我之所有「布施、持戒、多聞、思惟」，悉當成就，以是「果報」皆(只)為「地獄」一切衆生。	(寶藏)世尊！我所作「施、戒、聞、修」福德，若我如是立願(而)意不(圓)滿者，我以是一切「善根」(皆)迴向「地獄」衆生。
第 410 我所修之持戒果報只爲迴向救度地獄眾生願		
第 411 我所修之多聞果報只爲迴向救度地獄眾生願		
第 412 我所修之思惟果報只		

爲迴向救度地獄眾生願		
第413 我願迴向救度阿鼻地獄之眾生令轉生人中願	若有衆生墮「阿鼻」地獄，以是(我所修之)善根，當拔濟之，令生「人中」，聞佛說法，即得開解，成「阿羅漢」，速入「涅槃」。	其有衆生，在「阿鼻地獄」，受諸苦切者，以是(我所修之)「善根」令彼得脫，於此佛土，得生為「人」，值「如來」法，令得「羅漢」，而入「涅槃」。
第414 我願迴向救度阿鼻地獄之眾生令生人中得成阿羅漢果願		
第415 我願迴向救度阿鼻地獄之眾生令得阿羅漢果而入涅槃願		
第416 令我身碎如微塵又如須彌山而代眾生受重罪苦惱願	是諸衆生，若「業報」未盡，(寶海)我當「捨壽」，入「阿鼻獄」，(並)代受苦惱。願令我身數，(粉碎)如「一佛世界」(之)微塵，(我之)一一身(皆)如「須彌山」等，是(我之)一一身(所)覺諸「苦樂」，(皆)如我今(一)身所覺(之)苦樂，(我之)一一身(皆)受如「一佛世界」微塵數等種種「重惡苦惱」之(苦)報。	若彼衆生「業果」不盡，(則)令(寶海)我今命終，生「阿鼻」大地獄中，令我(之)「一形」(裂)分為「佛土」微塵數(之)身，(再)令此一一身，大如「須彌山王」，令(我之)一一身(所)覺如是「苦痛」，(皆)如我一身(所)覺(之)苦痛(更)甚；令我一一身(皆)受「佛土微塵數」(之)「地獄」(之)苦切。
第417 十方五逆重罪墮阿鼻獄者願代眾生入阿鼻受諸苦痛願	如今「一佛世界」微塵(數)等，十方諸佛世界(之)所有衆生，(若有)作「五逆」惡，起「不善業」，乃至當墮「阿鼻」地獄(者)，若後過如「一佛世界」微塵等大劫。十方諸佛世界微塵數等所有衆生，(若有)作「五逆」惡，起「不善業」，當墮「阿鼻」地獄者。(寶海)我當為是一切衆生，於「阿鼻」地獄(中)	又令現在佛土「微塵數」(之)十方餘世界中衆生，(若有)造「無間業」，乃至造作(諸惡)入「阿鼻」業。又復於後，乃至過佛土「微塵數」大劫中，於十方佛土「微塵數」餘佛國中，及此佛土，(若有)衆(生)造「無間」業者，我當為彼一切衆生故，住「阿鼻」獄(代)受彼(之)「罪業」，令彼衆生不墮「地獄」，
第418 十方墮阿鼻獄者願代入阿鼻受諸苦痛令彼出離地獄願		
第419 十方墮阿鼻獄者願代		

入阿鼻受諸苦痛令彼值遇諸佛願	「代」受諸苦，令不墮「地獄」，(能)值遇「諸佛」，諮受「妙法」，出於「生死」，入「涅槃」城。	永與「苦別」，(能)值遇諸佛，得度「生死」，入「涅槃」城。
第 420 十方墮阿鼻獄者願代入阿鼻受諸苦痛令彼咨受妙法願		
第 421 十方墮阿鼻獄者願代入阿鼻受諸苦痛令彼出離生死願		
第 422 十方墮阿鼻獄者願代入阿鼻受諸苦痛令彼入涅槃城願		
第 423 十方重罪墮阿鼻獄者願代眾生入阿鼻受苦並久處阿鼻願	(寶海)我今要當，「代」是眾生，久久常處「阿鼻」地獄。	我當於爾所，「久遠」住(於)「阿鼻獄」，(而)度脫眾生。
第 424 十方五逆重罪墮「火炙」獄者願代眾生入「炎熱」地獄受苦願	復次，如「一佛世界」微塵數等，(於)十方世界所有眾生「惡業」成就，當必受果(報)，墮「火炙」地獄(Tapana 炎熱;燒炙;焦熱;炎熱)，如：	乃至如是，於十方佛土「微塵數」餘佛剎中，(若)眾生有造如是「業」，應生「燒炙」地獄(Tapana 炎熱;燒炙;焦熱;炎熱)者，乃至如前所說。如是：
第 425 十方五逆重罪墮「所說炙」獄者願代眾生入「大焦熱」地獄受苦願	(墮)「阿鼻」地獄(Avīci 無間;無救)、 (墮)「所說炙」地獄(Pratāpana 大焦熱;大燒炙)、	(墮)「大燒炙」(Pratāpana 大焦熱)、
第 426 十方五逆重罪墮「盧獦」獄者願代眾生入「叫喚」地獄受苦願	(墮)「摩訶盧獦(獵的異體字)」地獄(Mahāraurava 大叫喚)、 (墮)「逼迫」地獄(Saṃghāta 眾合;堆壓)、	(墮)「啼哭」(Raurava 號叫)、 (墮)「大啼哭」(Mahāraurava 大叫喚;大號叫)、 (墮)「刀劍」(Saṃghāta 眾合;堆壓)、
第 427 十方五逆重罪墮「摩訶盧獦」獄者願代眾生入	(墮)「黑繩」地獄(Kālasūtra)、 (墮)「想」地獄(Saṃjīva 等活;想地	(墮)「黑繩」(Kālasūtra)、 (墮)「還活」(Saṃjīva 等活;想地獄)等

「大叫喚」地獄受苦願	獄)。	種種。
第 428 十方五逆重罪墮「逼迫」獄者願代眾生入「眾合」地獄受苦願		
第 429 十方五逆重罪墮「黑繩」獄者願代眾生入「黑繩」地獄受苦願		
第 430 十方五逆重罪墮「想」獄者願代眾生入「等活」地獄受苦願		
第 431 十方眾生因惡業而召畜生報者願代眾生受「畜生」業報願	及(墮)種種「畜生、餓鬼、貧窮、夜叉、拘槃茶、毘舍遮、阿修羅、迦樓羅」等，皆亦如是。	(若墮)畜生中，(亦)作如是說；(若墮)餓鬼中，亦作是(如是)說；(若墮)「夜叉、貧窮」中，亦作(如)是說；如是(若墮)「鳩槃茶(Kumbhāṇḍa)、毘舍遮、阿修羅、伽樓羅」，亦作(如)是說。
第 432 十方眾生因惡業而召餓鬼報者願代眾生受「餓鬼」業報願		
第 433 十方眾生因惡業而召貧窮報者願代眾生受「貧窮」業報願		
第 434 十方眾生因惡業而召夜叉報者願代眾生受「夜叉」業報願		
第 435 十方眾生因惡業而召拘槃茶報者願代眾生受「鳩槃茶」業報願		

<table>
<tr><td>第 436
十方眾生因惡業而召毘舍遮報者願代眾生受「毘舍遮」業報願</td><td rowspan="3"></td><td rowspan="3"></td></tr>
<tr><td>第 437
十方眾生因惡業而召阿修羅報者願代眾生受「阿修羅」業報願</td></tr>
<tr><td>第 438
十方眾生因惡業而召迦樓羅報者願代眾生受「迦樓羅」業報願</td></tr>
<tr><td>第 439
十方眾生因惡業而召聾盲報者願代眾生受「聾盲」業報願</td><td rowspan="6">(寶藏)世尊！若有如「一佛世界」微塵數等，十方世界所有衆生，(若其)成就「惡業」，必當「受報」。(或)生於人中「聾盲、瘖瘂、無手、無脚、心亂、失念、食噉不淨」，(寶海)我亦當「代」如是衆生，受於諸罪，如上所說。</td><td rowspan="6">於佛土「微塵數」十方餘世界中，(若有)衆生造起如是「業」，應生人中「聾盲、瘖瘂、癃殘、百病、手足不具、心意散亂、應食不淨」(者)，(皆)略如前(之所)說。</td></tr>
<tr><td>第 440
十方眾生因惡業而召瘖瘂報者願代眾生受「瘖瘂」業報願</td></tr>
<tr><td>第 441
十方眾生因惡業而召感百病者願代眾生受「百病」業報願</td></tr>
<tr><td>第 442
十方眾生因惡業而召無手報者願代眾生受「無手」業報願</td></tr>
<tr><td>第 443
十方眾生因惡業而召無腳報者願代眾生受「無腳」業報願</td></tr>
<tr><td>第 444</td></tr>
</table>

十方眾生因惡業而召心亂報者願代眾生受「心亂」業報願		
第 445 十方眾生因惡業而召失念報者願代眾生受「失念」業報願		
第 446 十方眾生因惡業而召食噉不淨報者願代眾生受「食噉不淨」業報願		
第 447 十方墮阿鼻獄者願代受苦惱如眾生生前所受之五陰果報願	復次，若有衆生墮「阿鼻地獄」，受諸苦惱，(寶海)我當久久「代」是衆生，受諸「苦惱」，如「生死」衆生所受「(五)陰、(十八)界、諸(十二)入」。	我當復還生「阿鼻」大地獄中，乃至隨幾所時，衆生於「生死」中(所)受(之)「(五)陰、(十八)界、(十二)入」。
第 448 十方墮阿鼻獄者願代受苦惱如眾生生前所受之十八界果報願		
第 449 十方墮阿鼻獄者願代受苦惱如眾生生前所受之十二入果報願		
第 450 寶海之五百大願必得十方諸佛之證明願	(寶藏)世尊！若我所願成就，逮得己利(獲得諸善法成就爲「己利」)，成「阿耨多羅三藐三菩提」，如上所願者，十方無量無邊「阿僧祇」世界，在在處處「現在諸佛」，(正在)為衆生說法(之諸佛)，悉當為(寶海)我「作證」，(此)亦是諸佛之所「知見」。	我若如是「阿耨多羅三藐三菩提」意不(能圓)滿，設復我如是「阿耨多羅三藐三菩提」意(得以圓)滿者，乃至如前所說，(則)令十方無量「阿僧祇」餘世界中，「現在住世」說法(之)諸佛世尊，(皆同)證我「是事」。
第 451 寶海之五百大願必得	(寶藏)世尊！若我必能成就如是「佛事」，如我願者，(今)令	我能「成辦」如是「佛事」，如我所立(之五百)誓願。

成就故天龍應生感動而涕泣願	此大衆，及諸「天龍、阿修羅」等，若「處地、虛空」，唯除如來(之外)，其餘一切(眾生)皆當「涕泣」，悉於(寶海)我前，頭面作禮，(並)讚言：	爾時一切大衆，「天龍、夜叉、乾闥婆、阿修羅」及諸「世人」，在於「虛空」及「住地」者，唯除如來(之外)，彼一切(眾生)無不「墮淚」，皆以「五體」禮(寶海)婆羅門足，(並)同聲讚言：
第 452 寶海之五百大願必得成就故阿修羅應生感動而涕泣願		
第 453 寶海之五百大願必得成就故住地眾生應生感動而涕泣願		
第 454 寶海之五百大願必得成就故虛空眾生應生感動而涕泣願		
第 455 寶海之五百大願必得十方諸菩薩說偈讚歎願	爾時，觀世音菩薩(原爲無諍念王之第一王子不眴，將來成佛爲遍出功德光明佛，不眴亦號爲觀世音)說偈讚言：衆生多所著，(寶海)汝今無所著。於上下諸根，久已得自在。故能隨衆生，根願具足與。未來世當得，陀羅尼智藏……得大勢菩薩說偈讚言……文殊師利菩薩復說偈讚言……虛空印菩薩復說偈讚言……金剛智慧光明菩薩復說偈讚言……虛空日菩薩復說偈讚言……	略說，時觀世音菩薩以偈讚曰：自無所著著衆生，縱根逸馬已調伏；仁於諸根得自在，仁當總持智慧藏……大勢至菩薩以偈讚曰……時曼殊師利菩薩以偈讚曰……時，虛空印菩薩以偈讚曰……斷金剛慧照明菩薩以偈讚曰……虛空照明菩薩以偈讚曰……
第 456 以淨心施身內外諸物給外道，而彼外道仍爲修無上道之助伴願	善男子！爾時，(寶海)梵志聞是事已，即禮(寶藏)佛足，便告(亂想可畏)裸形梵志言：善哉！善哉！(亂想可畏)汝真是我(修)「無上道」(之)伴(侶)。(亂想可畏)汝於無量無邊百千萬億「阿僧祇」劫，常至(寶海)	善男子！大悲婆羅門聞彼(壞想邪命)語訖，(便)五體禮寶藏如來足已，(便)語彼壞想邪命言：善哉，善哉！善丈夫！(壞想邪命)汝為(寶海)我(修)「無上行」(之)友。(壞想邪命)汝乃能為(寶海)我，於
第 457 以淨心施身內外諸物給外道，而彼外道亦無		

任何罪業願	我所，乞索所須，所謂(求索)「衣服」，乃至(求索)「舌、身」。 (寶海)我於爾時，以「清淨心」，捨諸所有「布施」於(亂想可畏)汝，汝於是時，亦無(任何之)「罪分」。	無量阿僧祇「那由他」百千眾生處，從乞「衣服」，乃至(求索)「頭、目」故。 我當「歡喜」，「淨心」施與(給你)，令(壞想邪命)汝永無(任何之)「罪分」。
第 458 修布施時有乞士對我以「軟語」我皆不起心動念願 第 459 修布施時有乞士對我以「惡言」我皆不起心動念願 第 460 修布施時有乞士對我以「輕毀呰」我皆不起心動念願 第 461 修布施時有乞士對我以「眞實言」我皆不起心動念願	善男子！爾時，大悲菩薩摩訶薩復(此即寶藏如來之父親寶海梵志，此寶海即是釋迦佛之前生)作是言：(寶藏)世尊！我於無量無邊百千萬億「阿僧祇」劫，在在生處，為(修)「菩薩」時，有諸「乞士」，在我前住，若求「飲食」、或以「軟語」、或以「惡言」、或「輕毀呰」、或「真實言」。 (寶藏)世尊！我於爾時，乃至不生一念(之)「惡心」，若(我)生「瞋恚」，如彈指頃。	善男子！時彼大悲菩薩摩訶薩，復白寶藏如來言：(寶藏)世尊！若我在所生處，於無量「阿僧祇」億「那由他」百千劫中，行「阿耨多羅三藐三菩提」行時，其有住(於)我前，從我「求食」，或以「軟言」，或以「麤言」，或「輕調言」，或「正直言」，從我求索。 (寶藏)世尊！若我於「求者」(之)所，(於)一念之頃，若(我對彼)生「瞋恚」、不(生)「愛敬心」(的話)。
第 462 修布施時若對眾生起瞋愛心，即等同欺誑十方諸佛與永不成佛願	(則)以(此一念惡心布)施因緣，求將來(之果)報者，我即(同)「欺誑」十方世界無量無邊「阿僧祇」現在(之)諸佛，(我)於「未來世」，亦當必定不成「阿耨多羅三藐三菩提」。	(則我所)施求(之)果報，(像)如是(一念惡心)施者，(則)令我永(遠)已不見十方無量「阿僧祇」餘(之)世界中，現在住世(之)說法諸佛，(亦)令我不成「阿耨多羅三藐三菩提」。
第 463 所修布施時皆令受施者得無虧損願 第 464 所修布施時若令受施	(寶藏)世尊！我今當以「歡喜」之心，(布)施於「乞者」，願令「受者」(接受我布施的人)，無諸「損益」；於諸「善根」，亦無「留難」(阻留刁難障礙)，乃至(連)	(寶藏)世尊！我以「淨心」(布)施與「乞士」，若「受施者」(接受我布施的人)，於信施(中)墮(入)「障礙善法」，乃至(發生障礙就算只是)析毛(至)「億分(之)一」者，(則亦)

者得一毫毛之障礙則我永不見佛願	「一毫」(都沒有任何的「留難」)。	令我永(遠)已不見諸佛。
第 465 所修布施時若令受施者得一毫毛之障礙則我即等同欺誑十方諸佛願	若我令彼「受者」(接受我布施的人),有一毫(的)「損益」善根「留難」(阻留刁難障礙)者，則(我)為「欺誑」十方世界無量無邊「阿僧祇」等「現在諸佛」。	(寶藏)世尊！「受施」者，乃至(發生如)「毛億分之一」(之)「障善法」者，(則)令我墮「阿鼻地獄」中。
第 466 於布施衣服時若我不能生歡喜淨心則我必墮阿鼻地獄願	若「誑」諸佛者，則(我)當必墮「阿鼻」地獄，(若我)不能歡喜(布)「施」，與(布施)「衣服、飲食」(等，皆同前所說)。	如(布)施「飲食、衣服」，亦爾。
第 467 於布施飲食時若我不能生歡喜淨心則我必墮阿鼻地獄願		
第 468 有乞士對我求索頭目我若生瞋愛心則必墮阿鼻地獄願	若彼「乞者」，或(對我)以「軟語」、或(對我)「麤惡言」、或(對我)「輕毀呰」、或(對我)「真實言」，(甚至對我)求索如是「頭目、髓腦」。	乃至「乞者」，(甚至)從我求「頭」、或(對我)以「軟語」，或(對我)以「麤語」，或(對我以)「輕弄語」，或(對我)以「正直語」，(甚至)從我索「頭」。
第 469 有乞士對我求索髓腦我若生瞋愛心則必墮阿鼻地獄願	(寶藏)世尊！若我是時，心(有)「不歡喜」，乃至生於一念「瞋恚」，(則)以此(布)施(因)緣，求(將來)果報者，則為「欺誑」十方世界無量無邊「現在諸佛」，以是因緣，(甚至我)必定墮於「阿鼻」地獄。	(寶藏)世尊！若我於「求者」(之)所，有一念頃，若生「瞋恚」，不(生)「愛敬心」，(則以此布施「因」而)願求「果」者，(則)令我永(遠)已不見諸佛。(寶藏)世尊！乃至令我(墮)入「阿鼻」地獄。
第 470 有眾生對我欲求餘五度者我若生瞋愛心則必墮阿鼻地獄願	如「檀」波羅蜜說，乃至「般若」波羅蜜亦如是。	如我行(之布)施，(至於持)「戒」亦如是，乃至(修智)惠，乃至「捨」，亦如是說。
第 471 寶海具大悲心發五百願得大名稱以「六和敬	善男子！爾時，寶藏如來即便讚歎寶海梵志：善哉！善哉！善能安止(於)「大悲心」	善男子！爾時寶藏如來讚大悲菩薩摩訶薩言：善哉！善哉！(寶海)汝善丈夫！(能)以

法」滿足眾生願	故，(並)作是「誓願」。 善男子！爾時，一切大衆，諸「天龍、鬼神」，「人」及「非人」，合掌讚言：善哉！善哉！(寶海)善能安止「大悲心」故，作是「誓願」，(故)得「大名稱」，「堅固」行於「六和」(與眾生需有六種的「和同愛敬」，身和敬、口和敬、意和敬、戒和敬、見和敬、利和敬)之法，充足利益一切衆生。	「大悲意」，立是「妙願」。 善男子！時一切大衆，「天、乾闥婆、阿修羅、世人」，合掌而住，讚言：善哉，善哉！仁善丈夫！(寶海)以「大悲意」，立是「妙願」，善勝「堅固」，(寶海)仁亦以「六和敬」法(與眾生需有六種的「和同愛敬」，身和敬、口和敬、意和敬、戒和敬、見和敬、利和敬)滿足衆生。
第472 若我不能度眾生解脫生死者即等同欺誑十方諸佛與永不成佛願 第473 若我不能為眾生授三乘記者即等同欺誑十方諸佛與永不成佛願	(若)我成「阿耨多羅三藐三菩提」已，若(我)不(能解)脫(眾生之)「生死」，(若我)不得「授記」(眾生)於「三乘」者，我則「欺誑」十方世界無量無邊「現在諸佛」，(我)必定不成「阿耨多羅三藐三菩提」。	若我逮「菩提」已，從(眾生的)生死(輪迴)中，(若我)不(能解)脫彼衆生，(若我)不(能)授彼(眾生)「聲聞乘、辟支佛乘、大乘」(之)記者，(則)令我永(遠)已不見現在十方(之)「諸佛世尊」，(亦)令我不逮「阿耨多羅三藐三菩提」。
第474 欲令眾生安住於六度乃至眾生只如一毛端之善根，我亦令彼成就佛道願	善男子！爾時，大悲菩薩摩訶薩(此即寶藏如來之父親寶海梵志，此寶海即是釋迦佛之前生)復作是言：(寶藏)世尊！(寶海)我今所願，行「菩薩道」時，若有衆生(為)我要勸化(勸教度化)，(則)令「安止」住(於)「檀」波羅蜜，乃至(住於)「般若」波羅蜜，乃至勸化(勸教度化眾生)令住(只)如「一毛端」(之一點點的)善根，乃至(令眾生)成「阿耨多羅三藐三菩提」。	善男子！大悲菩薩摩訶薩重白寶藏如來言：(寶藏)世尊！(寶海)我如是立願，乃至隨我幾數時，行「無上菩提」行。(我於)「無上菩提」行所，(將)勸化(勸教度化)衆生，(令安止)於「檀」波羅蜜，(我將)以「善」勸化(勸教度化)衆生，乃至(只如)「毛億分之一」(的)修行(善根)，乃至(令眾生成)菩提(之)際。
第475 若我不能令眾生安住於三乘而有一人生退轉者，即等同欺誑十方	若(我)不(能)安止(眾生)，乃至(令)「一衆生」於「三乘」中，令「退轉」者，則(我即)為「欺誑」十方世界無量無邊「阿僧	(我若)不(能)令彼「衆生」，住「三乘」地(得)「不退轉」，(甚且)乃(至)遺(留)「一人」(不住三乘而退轉)者，(則)令我永(遠)已「不見」十方

諸佛與永不成佛願	祇」等「現在諸佛」，(我將來)必定不成「阿耨多羅三藐三菩提」。	無量「阿僧祇」世界中現在住世(之)「說法諸佛」，(亦)令我不成「阿耨多羅三藐三菩提」。
第476 有著袈裟僧但曾犯重戒，此人能一念對三寶生敬心，若不獲三乘受記而生退轉者，即等同欺誑十方諸佛與永不成佛願	(寶藏)世尊！(寶海)我成佛已，若有眾生，(能)入我法中「出家」，著「袈裟」者。或(曾)犯「重戒」，或行「邪見」，若於「三寶」，「輕毀」不信，集諸「重罪」。 (若有)「比丘、比丘尼、優婆塞、優婆夷」，若(有能)於「一念」中，(對釋迦佛我)生「恭敬心」，(生)尊重「世尊」(之想)，或於「法、僧」(亦能生恭敬之心者)。 (寶藏)世尊！如是(這類的)眾生，乃至「一人」，(若)不(能)於「三乘」(獲)得(我的)「授記莂」而(發生)「退轉」者，則(我爲)為「欺誑」十方世界無量無邊「阿僧祇」等「現在諸佛」，(我將來)必定不成「阿耨多羅三藐三菩提」。	(寶藏)世尊！(寶海)我得「無上智」已，其有眾生於我法中，著「染袈裟」者。若犯「根(本)罪」，若因「諸見」(而)於「三寶」失(去信心)，犯眾「過罪」。 (若有)「比丘、比丘尼、優婆塞、優婆夷」，(其)有(能)於我所，能(於)「一念頃」(對釋迦佛我)發「師事想」，(並)生恭敬心，若(及)於「法、僧」，(能生)起「恭敬」意者。 (寶藏)世尊！(寶海)我若不「授」彼眾生(住)「三乘」(而)不「退轉」記，(乃至)遺(留)「一人」(不住三乘而退轉)者，(則)令我永(遠)已「不見」諸佛世尊，乃至(令我)不成「阿耨多羅三藐三菩提」。
第477 有著袈裟僧但曾行邪見，此人能一念對三寶生敬心，若不獲三乘受記而生退轉者，即等同欺誑十方諸佛與永不成佛願		
第478 有著袈裟僧但曾輕毀三寶，此人能一念對三寶生敬心，若不獲三乘受記而生退轉者，即等同欺誑十方諸佛與永不成佛願		
第479 若天龍能於著袈裟僧生恭敬供養尊重讚歎即得不退轉於三乘願	(寶藏)世尊！(寶海)我成佛已，諸「天龍、鬼神」，「人」及「非人」，若能於此「著袈裟」者，(皆生起)「恭敬、供養、尊重、讚歎」。 其人若得見此「袈裟」少分，即得「不退」於「三乘」中。	(寶藏)世尊！(寶海)我逮「菩提」已，令(我法中有)「染服袈裟」(者)，(能)為「天、世人」之所「尊重」，(並生起)恭敬供養。 其有眾生，(若)得見(我法中之)「袈裟」者，(亦)令(住)於「三乘」得「不退轉」。
第480 若鬼神能於著袈裟僧生恭敬供養尊重讚歎即得不退轉於三乘願		
第481 若人能於著袈裟僧生		

恭敬供養尊重讚歎即得不退轉於三乘願		
第 482 若非人能於著袈裟僧生恭敬供養尊重讚歎即得不退轉於三乘願		
第 483 若貧窮鬼神能得袈裟乃至四寸之少分，即能獲飲食充足願	若有眾生，為「饑渴」所逼，若「貧窮鬼神、下賤諸人」，乃至「餓鬼」眾生。 若(能)得「袈裟」少分，乃至「四寸」，其(諸貧窮鬼神、餓鬼、下賤諸)人即得「飲食」充足，隨其所願，疾得成就。	其有眾生，(爲)「飢渴」所逼，乏無「飲食」，若「夜叉」(之)貧窮，若人「貧窮」，若於「餓鬼」，其「餓鬼」眾生。(若能)得「染袈裟」，乃至「四指」，(則能)令彼(貧窮夜叉、貧窮、餓鬼等)一切「所求飲食」，隨意充滿。
第 484 若下賤眾生能得袈裟乃至四寸之少分，即能獲飲食充足願		
第 485 若餓鬼眾生能得袈裟乃至四寸之少分，即能獲飲食充足願		
第 486 若諸眾生處於共相「違逆反叛」時，能憶念此袈裟功德，即獲悲心、柔軟心、無怨心、寂滅心、調伏善心願	若有眾生，共相「違反」(違逆反叛)，起「怨賊想」，展轉「鬪諍」，若諸「天龍、鬼神、乾闥婆、阿修羅、迦樓羅、緊那羅、摩睺羅伽(mahoraga 大蟒神)、拘辦荼(Kumbhāṇḍa 鳩槃茶)、毘舍遮」，「人」及「非人」，(於)共「鬪諍」時，(若能憶)念此「袈裟」，(彼諸鬪諍大眾)尋(刻即)生「悲心、柔軟之心、無怨賊心、寂滅之心、調伏善心」。	其有眾生，不相「和順」，多饒、怨嫉，共相「鬪戰」，若「天」、若「夜叉」、若「羅刹、龍、阿修羅、迦樓羅、緊那羅、摩睺羅伽(mahoraga 大蟒神)、鳩槃茶(Kumbhāṇḍa)、毘舍遮」，及餘「世人」，(於)「交陣鬪」時，能(憶)念(此)「袈裟」者，(則)令彼(陣鬪)「眾生」，(立刻獲)得「悲心、軟心、無怨心、淨心、隨用作心」。
第 487 若諸眾生處於「怨賊鬪諍」時，能憶念此袈裟功德，即獲悲心、柔軟心、無怨心、寂滅心、調伏善心願		
第 488 若天龍八部處於「共相鬪諍」時，能憶念此袈裟功德，即獲悲心、柔		

軟心、無怨心、寂滅心、調伏善心願		
第 489 若處於「兵甲」眾生能持此袈裟隨身攜帶恭敬供養，即能脫離諸難願 第 490 若處於「鬪訟」眾生能持此袈裟隨身攜帶恭敬供養，即能脫離諸難願 第 491 若處於「決斷諸事」眾生能持此袈裟隨身攜帶恭敬供養，即能脫離諸難願	有人若(處)在「兵甲、鬪訟、斷事(決斷事情)」之中，(若能)持此「袈裟」少分，至此(兵甲鬪訟)輩中，為(了)「自護」故，(只需)「供養、恭敬、尊重」(此袈裟)，(則)是諸人等，(便)無(人)能(對你)「侵毀、觸嬈、輕弄」，(亦能)常得「勝他」(勝過於他)，(能讓你越)過(及解脫)此「諸難」。	衆生若(處)於「鬪戰」，若於「諍訟」，為(了)「護身」故，(則應)尊重恭敬供養(此)「袈裟」，(並)常持「自隨」(自我隨身攜帶)者。(如此則能)令彼衆生所在(之處)常勝(常處殊勝處)、無(人)能(侵)陵(古通「凌」)者，(亦能)從「鬪戰、諍訟」(中獲得)「安隱、解脫」。
第 492 若我袈裟不能成就五種聖功德，即等同欺誑十方諸佛與永不成佛願 第 493 若我袈裟不能成就此五種聖功德，即令我退失一切善法願 第 494 若我袈裟不能成就此五種聖功德，即令我不能破壞外道願	(寶藏)世尊！若我(之)「袈裟」，不能成就如是「五事聖功德」者，則(我便)為「欺誑」十方世界無量無邊「阿僧祇」等「現在諸佛」，未來(我)不應成「阿耨多羅三藐三菩提」，(並)作「佛事」也，(我將)沒失「善法」，必定不能破壞「外道」。	(寶藏)世尊！若我(之)「袈裟」不具此「五聖(功)德」者，(則)令我永(遠)已「不見」十方「諸佛世尊」，乃至令我不能具作(諸)「佛事」，(亦)令我(於)「諸法」悉皆「忘失」，(亦)令我不能降伏「異學」(外道)。
第 495 於無佛國土之五濁惡世，我皆以「麤惡言語」去恐怖眾生勸住三乘願	善男子！(釋迦)我於「恒河沙」等大劫，如「恒河沙」等「無佛國土」(之)「五濁」之世，(我皆)以「麤惡言」(或)「斷命」因緣，(去)恐怖衆生，然後勸令	(釋迦)我於「恒河沙」數大劫，在「恒河沙」數「五濁」(之)「空(無)佛剎」中，(我皆)以「恐逼、麤言」(去)勸衆「行善」，(然後)隨衆生「意」，令住(於)「三乘」。

第 496 於無佛國土之五濁惡世，我皆以「斷命威脅」去恐逼眾生勸住三乘願	(眾生)安住(於)「善法」及「三乘」中。	
第 497 我捨無量「肉山」於眾生亦不生一念悔心，若此願不成，我將常墮阿鼻地獄	善男子！汝今當知，(釋迦佛)我於往昔「萬歲」之中，所捨無量無邊「阿僧祇」身，(於)一壽命中，自以「血肉」，給施如是無量無邊「阿僧祇」眾生，悉令飽足，乃至(我)「一念」不生「悔心」…… 如是(於)一「恒河沙」等「萬歲」，(我將)「遍滿」於此無垢須彌三千大千世界，作「血肉山」(於)一一天下，(並)於「萬歲」中，自以「血肉、頭目、耳」等，給施眾生…… (在吃完這些身肉後)然後勸化(勸教度化)安置住於「三乘」法中。…… 若(釋迦)我所願不成，不得己利(獲得諸善法成就爲「己利」)者，(我)即便「欺誑」十方世界無量無邊「諸佛世尊」(正在)為諸眾生「轉法輪」者，(我)必定不成「阿耨多羅三藐三菩提」，(我將永)住於「生死」(輪迴)…… 若我不能成就「捨身」布施(之大願行門的話)，(若我不能)充足諸眾生(飲食)者，(我將)常墮「阿鼻地獄」。	善男子！觀我於「十千年」(1 萬年)中，(能)以一身命，(於)如是無量無邊「阿僧祇」施(捨)，以是(所施的「身血肉」皆)充滿(於)無量無邊「阿僧祇」衆生，(我)無「一念頃」，而生「悔心」…… (釋迦)我即於彼，立如是(大)願：若我得成「阿耨多羅三藐三菩提」，意(願)如是(圓)滿者，如我(將)於此「一天下」中，(以)自「身血肉」，充足一切(施與所有眾生)…… (在吃完這些身肉後)勸以「三乘」…… 若我是(所)願(心)意(而)「不滿」(不能圓滿)者，(則)令我永已「不見」十方餘世界中「已轉法輪」(之)「現在住世」說法(之)諸佛世尊，我(亦)不成「阿耨多羅三藐三菩提」，使我(永處)於「生死」(輪迴)中…… 若我(將)自身(血肉)「施與」充足一切衆生，如是(之大)願「不滿」(不能圓滿)者，使我常處「阿鼻地獄」。
第 498 待我成佛願作大龍王	(釋迦我)以「願力」故，生於彼(盧婆羅世界)中，(我亦)作「轉輪聖	(釋迦我)我為度衆生，故於其中(轉)生，(並)為「四天下」(之)「轉

示現種種無量珍寶藏布施於眾生願	王」，主「四天下」，號虛空淨，教諸衆生，安住「十善」及「三乘」中…… (虛空淨王)我於爾時，(即)作大誓願：若我未來，於「五濁」中、(於)厚重煩惱(中)，(於)人壽「百歲」(中)，必定成「阿耨多羅三藐三菩提」。(若我)所願成就，得己利(獲得諸善法成就爲「己利」)者，(我願)作「大龍王」，(並)示現種種「珍寶」之藏。 (虛空淨王我)於此選擇諸惡世界，(於)在在處處(之)「四天下」中，於一一天下，(我與)「七返」受身(重受新身轉世)，(並於)一一身中，示現無量百千萬億「那由他」等「珍寶」之藏。 (所有)一一寶藏，縱廣正等，(有)一千「由旬」，各各充滿種種「珍寶」，如上所說，(供)給(布)施衆生。	輪聖王」，名曰虛空…… (虛空王)我即立願：若我於彼「五濁惡世」、(於)結使(煩惱)極重(之)「百歲」人中，得成「阿耨多羅三藐三菩提」。(若)是(我的)「意滿」(意願圓滿)者，(則)令我於此佛土，得為「龍王」，名現伏藏。 (虛空王我將)於除穢佛土(之)一切方中，各「七返」受「龍身」，(並)於一一身，(皆能)示現億「那由他」百千「伏藏」，滿中衆寶，(例如)「金、銀」乃至「玉紺𥿄、大紺𥿄、明月、水精」，持用施與(廣大眾生)。 (所有)一一「伏藏」，縱廣(有)千「由旬」，如是衆寶，充滿其中，(我皆)開發(布)施與一切衆生。
第 *499* 於無佛國土之五濁惡世，我將化作「夜叉形」以「恐逼」眾生勸住三乘願	(釋迦)我於是中，作釋提桓因，名善日光明，觀閻浮提，見諸衆生，轉行「惡法」。我時即化為「夜叉」像，其形可畏，下(此)閻浮提，(並)住諸人前…… (惡夜叉)我於爾時，發是願已，(若我)一切(獲)成就，(我將)於珊瑚池世界，化作可畏「夜叉」之像，(去)調伏衆生，令住「十善」，及「三乘」中。 如是遍於十方無量無邊「阿僧祇」等「五濁」惡世，(及)「無	時(釋迦)我為是「四天下」(之)「釋」(提桓因)，名曰等照。我見斯閻浮提衆生，不求「戒行」，(我)見已，即自變形為「惡夜叉」，甚可怖畏，(我便)下此閻浮提，(於)人前住…… 善男子！(惡夜叉)我如是「意願」盡(圓)滿，如此(周)遍(於)珊瑚井世界中，(我皆)以「夜叉」形，(去)調伏世人，(並)置(眾生於)「善法」中。 如是(前往)十方恒河沙數「五濁」(之)「空(無)佛剎」中，(並)以

	佛」國土，(皆)作「夜叉」像，調伏衆生，令行「十善」，(並)住「三乘」中。	「夜叉」形，(去)調伏世人，(並)置(眾生於)「善道」行。
第 *500* 十方微塵佛其有「般涅槃」者，往昔皆經由釋迦佛所勸教度化，未來若有成佛者，其往昔亦是受過釋迦佛所勸教度化願	爾時，(釋迦)佛告寂意菩薩摩訶薩言：善男子！如(釋迦)我今者，以「佛眼」見十方世界，如一佛土「微塵」等諸佛世尊(有)「般涅槃」者。 (這些已般涅槃的世尊們)皆悉是(釋迦)我(往)昔所勸化(勸教度化)初發「阿耨多羅三藐三菩提」心，(令彼眾)行「檀」波羅蜜，乃至(修)「般若」波羅蜜者。 (乃至)「未來」之世，亦復如是。 (指未來有成佛的世尊，這些人也是往昔受過釋迦佛的勸教度化而成佛的)	善男子！如(釋迦)我以「佛眼」觀見十方佛刹「微塵數」諸佛世尊，(其)已「般涅槃」(者)，彼(等)皆是(釋迦)我(往昔)勸化(勸教度化)「阿耨多羅三藐三菩提」令住中者。 (這些已般涅槃的世尊們)亦是(釋迦)我(最)初勸(修)「檀」波羅蜜，乃至(修)「般若」波羅蜜，令住中者。 乃至「當來」(之世)，亦如是說。 (指未來有成佛的世尊，這些人也是往昔受過釋迦佛的勸教度化而成佛的)

《悲華經》第一卷

一－1 釋迦佛在王舍城耆闍崛山，與大比丘僧 6 萬 2 千人俱，及彌勒菩薩為「上首」的菩薩眾 440 萬人，與色界梵天、欲界諸天護法等

北涼‧曇無讖 譯 《悲華經》	秦‧譯者佚 名 《大乘悲分陀利經》
《轉法輪品‧ 第一》	《轉法輪品‧ 第一》
㊀如是我聞：一時(釋迦)佛在王舍城(Rāja 王-gṛha 城;舍宅;屋宅;宮殿;室;宇)耆闍崛山(Gṛdhra 鷲鳥-kūṭa 峰;頂;山)，與大比丘僧，六萬二千人俱，皆(四果大)阿羅漢，諸漏已盡，無復煩惱，一切自在，心得解脫，慧得解脫。	㊀如是我聞：一時，(釋迦)佛住王舍城(Rāja 王-gṛha 城;舍宅;屋宅;宮殿;室;宇)耆闍崛山(Gṛdhra 鷲鳥-kūṭa 峰;頂;山)中，與大比丘眾，六萬二千人俱，皆是(四果大)阿羅漢，諸漏已盡，盡諸有結(結使煩惱)，皆得自在，心善解脫、慧善解脫。
㊁(諸大羅漢)譬如善調「摩訶那伽」(maha-nāga)，所作已辦，捨於重擔，逮得己利(四果羅漢已達「智斷功德」圓滿，故名「己利」，以「般若智慧」去「斷除煩惱」。或照了眞理，稱「智德」，謂菩提: 斷盡煩惱，稱「斷德」，指涅槃)，盡「諸有」結(結使煩惱)，「正智」得解，心得自在，於一切心，得「度彼岸」，唯除阿難(阿難仍未證四果大阿羅漢)。	㊁(諸大羅漢)如調象王，所作已辦，脫於重擔，逮得己利(四果羅漢已達「智斷功德」圓滿，故名「己利」，以「般若智慧」去「斷除煩惱」。或照了眞理，稱「智德」，謂菩提: 斷盡煩惱，稱「斷德」，指涅槃)，「往來」已盡，得「正智」已，心得自在，到於「彼岸」，唯除一人，長老阿難(阿難仍未證四果大阿羅漢)。
㊂(另有)菩薩摩訶薩，四百四十萬人，(以)彌勒菩薩最為「上首」，皆得「陀羅尼、忍辱、禪定」，深解諸法，(得)空無定想，如是大士，皆(得)「不退轉」。	㊂(另有)菩薩摩訶薩眾，八十四百千人俱，(以)彌勒為首，皆得「陀羅尼、忍辱、三昧」，樂居「空靜」，皆「不退轉」。
㊃是時， ❶復有「大梵」(Mahā-brahmā)天王，與無量百千諸梵天子俱。 ❷「他化自在」(Para-nirmita-vaśa-vartin)天王，與其眷屬四百萬人俱。	㊃ ❶娑訶世界主「梵天」(Mahā-brahmā)，與無量百千梵天俱。 ❷「他化」(Para-nirmita-vaśa-vartin)天子，與八十百千他化天子俱。

❸「化樂」(Nirmāṇa-rati 樂變化天)天王，亦與眷屬三百五十萬人俱。 ❹「兜率」(Tuṣita)天王，亦與眷屬三百萬人俱。 ❺「夜摩」(Suyāma)天王，亦與眷屬三百五十萬人俱。 ❻「忉利」(Trāyastriṃśat)天王、「釋提桓因」(Śakra Devānām-indra 帝釋天主)，亦與眷屬四百萬人俱。 ❼毘沙門天王(vaiśra-vaṇa 北方毘沙門天王)，亦與鬼神眷屬十萬人俱。 ❽毘樓勒天王(vi-rūḍhaka 南方毘樓勒迦天王)，亦與「拘辦荼」(Kumbhāṇḍa 鳩槃荼)眷屬一千俱。 ❾毘樓勒叉天王(vi-rūpākṣa 西方廣目 毘樓婆叉天王)，亦與諸龍眷屬一千俱。 ❿提頭賴吒天王(dhṛta-rāṣṭra 東方持國天王)，與乾闥婆眷屬一千俱。 ⓫難陀龍王(Nanda-nāga-rājā)、婆難陀龍王(upananda-nāga-rājā)，亦各與一千眷屬俱。 ㈤如是等眾，皆已「發心」，趣於「大乘」，已行「六波羅蜜」。	❸「化自在」(Nirmāṇa-rati 樂變化天)天子，與七十百千化自在天子俱。 ❹「珊兜率」(Saṃtuṣita)天子，與六十百千「兜率」天子俱。(兜率天之天主名刪兜率陀天王 Saṃtuṣita-devarāja) ❺「須夜摩」(Suyāma-deva-rāja)天子，與七十二百千「須夜摩」天子俱。 ❻「釋提桓因」(Śakra Devānām-indra 帝釋天主)，與八十百千三十三天俱。 ❼毘沙門天王(vaiśra-vaṇa 北方)，與其眷屬百千夜叉俱。 ❽毘留勒伽(vi-rūḍhaka 南方毘樓勒迦天王)，與其眷屬千「鳩槃荼」(Kumbhāṇḍa)俱。 ❾毘留波叉(vi-rūpākṣa 西方廣目 毘樓婆叉天王)，與其眷屬千龍俱。 ❿⓫提陀羅吒(dhṛta-rāṣṭra 東方持國天王)，各與其眷屬千龍王俱。

一－2 釋迦佛說微妙法，令眾除「四顛倒」，說「四聖諦」，越二乘，最終證阿耨菩提。於 440 萬菩薩中有 1 萬菩薩向東南方讚言：南無蓮華尊(上)佛

北涼・曇無讖 譯 《悲華經》	秦・譯者佚 名 《大乘悲分陀利經》
㈠爾時(釋迦)世尊，(有諸)眷屬圍繞，(釋迦)為諸大眾，說「微妙法」，(令)除「四顛倒」(於佛之「常樂我淨」生出顛倒)，生善法明，得	㈠爾時(釋迦)世尊，與如是等上首，皆求「大乘」，行「六波羅蜜」圍遶。捨「四顛倒」(於佛之「常樂我淨」生出顛倒)法，明慧光照，

「智慧光」，了「四聖諦」，欲令來世諸菩薩等，得入「三昧」。入「三昧」已，(越)過於「聲聞、辟支佛」地，於「阿耨多羅三藐三菩提」，無有退轉。	因「四諦」說法，令諸菩薩摩訶薩得種種「三昧」。以是「三昧」，(越)過「聲聞、辟支佛」地，以是三昧，令得堅固「阿耨多羅三藐三菩提」。
㊁爾時，(有) ①彌勒菩薩、 ②無癡見菩薩、 ③水天菩薩、 ④師子意菩薩、 ⑤日光菩薩。 如是等(五位)上首菩薩摩訶薩(共計)「十千」(一萬)人俱，即從座起，偏袒右肩，右膝著地，叉手合掌，向東南方，一心歡喜，恭敬瞻仰而作是言：	㊁爾時，(有) ①彌勒菩薩摩訶薩、 ②無礙見菩薩、 ③水天菩薩、 ④師子意菩薩、 ⑤照明菩薩摩訶薩。 如是等(五位共計有)「十千」(一萬)菩薩，俱從座起，整衣服，面東南向，右膝著地，叉手合掌，喜踊意視，作如是言：
南無蓮華尊 多陀阿伽度・阿羅呵・三藐三佛陀！(tathāgata arhate-samyak-saṃbuddha) 南無蓮華尊 多陀阿伽度・阿羅呵・三藐三佛陀！(tathāgata arhate-samyak-saṃbuddha)	南無 南無蓮華上 多陀阿伽度・阿羅呵・三藐三佛陀！(tathāgata arhate-samyak-saṃbuddha)
㊂希有世尊(此指蓮華尊佛)，(能)成「阿耨多羅三藐三菩提」，未久而能示現種種無量「神足」(神通具足)變化，(能)令無量無邊百千億「那由他」眾生得種善根，(令皆)不退轉於「阿耨多羅三藐三菩提」。	㊂(蓮華上佛)成佛未久，(即)現大「神通」，(能)勸發無數億「那由他」百千眾生(之)善根成就，(令皆)得不退轉「阿耨多羅三藐三菩提」。

一－3 寶日光明菩薩問：於 440 萬菩薩中有 1 萬菩薩為何向東南方讚：南無蓮華尊(上)佛？又問蓮華尊佛之「成佛時間、國土、世界、莊嚴、

神通」等問題

北涼・曇無讖 譯 《悲華經》	秦・譯者佚 名 《大乘悲分陀利經》
㊀爾時，會中有菩薩摩訶薩，名寶日光明，即從座起，偏袒右肩，右膝著地，合掌向(釋迦)佛，而白佛言：	㊀爾時，寶照明菩薩即從座起，整衣服，右膝著地，叉手合掌，白(釋迦)佛言：
㊁彌勒菩薩、無癡見菩薩、水天菩薩、師子意菩薩、日光菩薩，如是等(五位爲)上首菩薩摩訶薩(共計)「十千」(一萬)人等，以何緣故，捨於(釋迦佛而另外)「聽法」？(況且這一萬菩薩因)而從座起，偏袒右肩，右膝著地，叉手合掌，向「東南方」，一心歡喜而作是言：	㊁世尊！以何因緣，彌勒菩薩、無礙見菩薩、水天菩薩、師子意菩薩、照明菩薩摩訶薩，如是等(五位爲上首共計)「十千」(一萬)菩薩，俱捨(釋迦)世尊所說法？(一萬菩薩因而)從座起，整衣服，面「東南向」，右膝著地，叉手合掌，喜踊意視，作如是言：
南無蓮華尊 多陀阿伽度・阿羅呵・三藐三佛陀！(tathāgata arhate-samyak-saṃbuddha)	南無 南無蓮華上 多陀阿伽度・阿羅呵・三藐三佛陀！(tathāgata arhate-samyak-saṃbuddha)
南無蓮華尊 多陀阿伽度・阿羅呵・三藐三佛陀！(tathāgata arhate-samyak-saṃbuddha)	
㊂希有世尊(此指蓮華尊佛)，(能)成「阿耨多羅三藐三菩提」，未久而能示現種種無量「神足」變化，令無量無邊百千億「那由他」衆生得種善根。	㊂甚為希有(此指蓮華上佛)，(能)成佛未久，現大「神通」，瑞應(祥瑞感應)勸發無數億「那由他」百千衆生善根成就。
㊃(釋迦)世尊！ ❶是蓮華尊佛，去此遠近？(此蓮華尊佛即無諍念王之第五王子無所畏，未來成佛號蓮華尊如來，世界名蓮華) ❷彼(蓮華尊)佛成道已來，幾時？	㊃ ❶蓮華上如來・應供・正遍知，去此遠近？ ❷(蓮華上佛)成「阿耨多羅三藐三菩提」來，

	幾時？
❸國土何名？	❸蓮華上如來「世界」何名？
❹以何莊嚴？	❹彼土嚴飾，云何莊嚴？
❺蓮華尊佛，何故示現種種「變化」？	❺以何蓮華上如來・應供・正遍知現大「神通」？
❻(蓮華尊能)於十方世界所有諸佛(而)「示現」種種無量「變化」，或有「菩薩」而得瞻見(蓮華尊佛)，(寶日光明菩薩)我獨不覩？	❻以何因緣，有菩薩(能)見於十方無數他方世界現在「諸佛」世尊(例如能見蓮華尊佛)，又(能)見彼諸佛(例如蓮華尊佛)所現(之)「神通」，(寶照明菩薩)我等(則)不見？
㈤爾時，(釋迦)佛告寶日光明菩薩：善男子！善哉！善哉！(寶日光明菩薩)汝所問者，即是珍寶，即是賢善(賢明善良)，即是善辯，即是善問。	㈤爾時，(釋迦)世尊告寶照明菩薩言：善哉，善哉！善男子！機辯(機智善辯)甚善，所問賢快(賢明勤快)。
㈥(寶日光明)汝善男子！能問如來如是妙義，欲得教化無量萬億「那由他」眾生，令種善根，欲得顯現蓮華尊界種種莊嚴。	㈥(寶照明)汝，善男子！乃問如來如是之義，為無量億「那由他」百千眾生，善根成就故，乃問蓮華上如來所現「神通」佛土莊嚴。
㈦善男子！(釋迦)我今當說，諦聽！諦聽！善思念之，善受攝持。	㈦(寶照明)汝，善男子！諦聽，諦聽！善思念之！(釋迦我)當為(寶照明菩薩)汝說。
㈧寶日光明菩薩一心歡喜，受教而聽。	㈧唯然！(釋迦)世尊！寶照明菩薩聽佛所說。

一－4 蓮華尊佛於「昨夜」成佛，佛世界名蓮華，具種種莊嚴

北涼・曇無讖 譯 《悲華經》	秦・譯者佚 名 《大乘悲分陀利經》
㈠爾時，(釋迦)世尊告寶日光明：善男子！「東南方」去此「一億百千」佛土，有佛世界名曰蓮華。	㈠爾時，(釋迦)世尊告寶照明菩薩言：善男子！「東南方」去此佛土，過億百千佛剎，有世界名蓮華。

㊁以種種莊嚴而挍ㄐㄧㄠˋ餝(古同「飾」)之，散諸名華，香氣遍熏，寶樹莊嚴，種種寶山，紺ㄍㄢˋ琉璃地，無量菩薩充滿其國，善法妙音，周遍而聞。	㊁諸妙莊嚴，散眾名華，種種妙香，充滿世界，寶樹莊嚴，多諸寶山，地紺ㄍㄢˋ琉璃，菩薩遍滿，法音不絕。
㊂其地(指蓮華世界)柔軟，譬如天衣，行時足下蹈入「四寸」，舉足還復，自然而生種種蓮華。	㊂彼(指蓮華世界)琉璃地，柔軟妙好，猶若天衣，若以足蹈，則下「四寸」，舉足(則地)還復(如平)，多諸蓮花。
㊃ ❶其七寶樹，高七「由旬」，其枝自然懸天「袈裟」。 ❷其佛世界常聞諸天「伎樂」音聲。 ❸彼諸眾鳥聲中，常出「根、力、覺、意」(五根、五力、七覺支、八聖道支)妙法之音。 ❹諸樹枝葉，相振ㄔㄥˊ(觸;碰撞)作聲，過諸天人「五樂」之音。 ❺一一樹根，所出香淚，過諸「天香」，香氣遍滿，過千「由旬」。 ❻其樹中間，懸天「瓔珞」，有七寶樓觀，高「五百「由旬」，縱廣正等，一百「由旬」，周匝欄楯，七寶所成。	㊃ ❶七寶行樹，高七「由旬」，其寶樹上垂諸「天衣」。 ❷天作「音樂」，柔軟妙好。 ❸樹上眾鳥，演出「根、力、覺、道」(五根、五力、七覺支、八聖道支)法化之聲。 ❹諸寶樹葉，互相撐觸，所出音聲，勝天「五樂」。 ❺一一寶樹所出「妙香」遍千「由旬」。 ❻諸寶樹上，垂天「瓔珞」，一一樹間，有「七寶臺」，高「五百「由旬」，廣「百「由旬」，其臺四邊，有諸窓ㄔㄨㄤ牖ㄧㄡˇ(窗口戶牖)，遶臺周匝。
㊄其樓四邊有大池水，長八十「由旬」，廣五十「由旬」，其池四方，有妙階道，純以七寶，其池水中有「優鉢羅華(utpala 青蓮花)、拘物頭華(kumuda 赤蓮華)、波頭摩華(padma 赤蓮華、紅蓮華)、芬陀利華(puṇḍarīka 白蓮花)」，一一蓮華，縱廣正等，滿一「由旬」。	㊄自然池水，長八十「由旬」，廣五十「由旬」，池水四邊七寶梯階，芙蓉青蓮華(utpala)，遍覆水上，一一蓮華，廣一「由旬」。
㊅ ①於「夜初分」有諸菩薩，於華臺中生結	㊅ ①眾華臺上，生諸菩薩摩訶薩，於「初夜」

「加趺」坐，受於「解脫喜悅」之樂。	時，華臺上生結「加趺」坐，受「解脫」樂，歡喜竟夜。
②過夜分已，四方有風，柔軟香潔，觸菩薩身，其風能令合華開敷(開散敷展)，吹散布地。	②天欲明時，四方微風，柔軟香好，吹華開敷(開散敷展)。
③是時菩薩，從「三昧」起，復受「解脫喜悅」之樂，下蓮華臺，昇於高樓，於七寶座處，結「加趺」坐，聽受妙法。	③彼諸菩薩從「三昧」起，捨「解脫」樂，從華臺下，昇諸寶臺，於七寶座結「加趺」坐，而聽受法。
(柒)	(柒)
❶其園觀外，周匝四邊，有閻浮檀(jambūnada-suvarṇa。閻浮檀金，爲「金」中最高貴者)，紫磨金山，高二十「由旬」，縱廣正等，滿三「由旬」。山有無量百千珍寶、紺ㄍㄢˋ琉璃珠、「火珠」(寶珠的一種。或説似珠之石，又名「火齊珠」)之明，間錯其間。	❶諸樹寶臺，周匝四面，紫磨寶山，高二十「由旬」，廣三「由旬」。其諸山上有無數百千日明、月明、王紺ㄍㄢˋ、大紺ㄍㄢˋ明月寶珠。
❷爾時，蓮華尊佛以大光明，幷諸寶明，和合顯照其佛世界(指蓮華世界)。	❷處處皆現蓮華上佛光明，山珠、佛光珠明，普照蓮華世界。
❸其土光明，微妙第一，更無「日月」，亦無「晝夜」。	❸妙光常遍，「晝夜」無異，無「日月」光，不覺有夜。
❹以華合(喻夜晚)、鳥栖ㄑㄧㄢ(古同「遷」→鳥遷移回巢，喻夜晚)，而知時節。	❹蓮華合時，衆「鳥聲」止，以是知夜。
(捌)	(捌)
①其寶山上，有紺ㄍㄢˋ琉璃妙好之臺，高六十「由旬」，縱廣二十「由旬」。其臺四邊，周匝「欄楯」，七寶所成。	①彼諸山上有紺ㄍㄢˋ琉璃寶臺，高六十「由旬」，廣二十「由旬」，寶臺周匝，七寶窓ㄔㄨㄤ牖ㄧㄡˇ(窗口戶牖)。
②其臺中央，有「七寶床」，其床各有「一生菩薩」(eka-jāti-pratibaddha，菩薩之最高「等覺」菩薩位。彌勒即屬爲「一生補處」之菩薩)坐聽受法。	②其寶臺中有七寶座，「一生補處菩薩」(eka-jāti-pratibaddha，菩薩之最高「等覺」菩薩位。彌勒即屬爲「一生補處」之菩薩)坐上聽法。
(玖)	(玖)
❶善男子！其佛世界(指蓮華世界)，有菩提	❶善男子！蓮華世界菩提之樹，名「因陀

樹，名「因陀羅」，高三千「由旬」，樹莖縱廣五百「由旬」，枝葉縱廣一千「由旬」。 ❷下有蓮華，琉璃為莖，高五百「由旬」。一一諸華，各有一億百千金葉，高五「由旬」，馬瑙為鞾髮(細嫩毳毛之飾)、七寶為鬚，高十「由旬」，縱廣正等，滿七「由旬」。 ㊉ ①爾時，蓮華尊佛坐此華上，即於「昨夜」成「阿耨多羅三藐三菩提」。 ②其「菩提華座」周匝，復有種種蓮華，有諸菩薩各坐其上，見蓮華尊佛種種「變化」。	羅」，高三千五百「由旬」，枝葉分布五千「由旬」。 ❷彼菩提樹下有蓮花，高五百「由旬」，琉璃為莖，黃金為葉，有億百千，長五百「由旬」，七寶為臺，馬瑙為鬚，高十「由旬」，廣七「由旬」。 ㊉ ①蓮華上如來·應供·正遍知，於彼華上，「昨夜」成「阿耨多羅三藐三菩提」。 ②於其道場，周匝華座，皆有菩薩而坐其上，觀蓮華上如來現大「神通」。

一－5 釋迦佛告寶日光明菩薩有關蓮華尊佛的「神通」。他方微塵數諸菩薩見蓮華尊佛已，各自棄捨自己國土，皆詣蓮華尊佛所，禮拜圍繞、供養恭敬、尊重讚歎

北涼·曇無讖 譯 《悲華經》	秦·譯者佚 名 《大乘悲分陀利經》
㊀爾時，世尊釋迦牟尼說是事已，寶日光明菩薩摩訶薩白(釋迦)佛言：世尊！(此)蓮華尊佛(此蓮華尊佛即無諍念王之第五王子無所畏，未來成佛號蓮華尊如來，世界名蓮華)以何相貌作諸變化？惟願說之。 ㊁ ❶(釋迦)佛告寶日光明：善男子！蓮華尊佛於「昨夜」分，成「阿耨多羅三藐三菩提」，其佛過「夜分」，(蓮華尊佛)已示現種種「神足變化」，其身變現(身作種種變化示現)，乃至(高大至)「梵天」。	㊀是時，寶照明菩薩白(釋迦)佛言：(釋迦)世尊！(此)蓮華上如來(此蓮華上佛即無諍念王之第五王子無所畏，未來成佛號蓮華尊如來，世界名蓮華)，云何現大神通？ ㊁ ❶爾時，(釋迦)佛告寶照明菩薩言：蓮華上如來於「昨後夜」，成「阿耨多羅三藐三菩提」，(蓮華尊佛)即夜向「明」(天明)，現是「神通」，變化身(身作種種變化示現)，(乃)至(高大至)「梵天」。

❷(蓮華尊佛)頂肉髻相，放六十億「那由他」百千光明，照於上方「微塵數」等諸佛世界。	❷(蓮華尊佛)頂上肉髻，放六十億「那由他」百千光明，照於「上方」，過「一佛世界」，微塵數諸佛國土。
㊂爾時，「上方」菩薩(皆)不(需特意去)觀「下方」眼所緣色，所謂「大、小」鐵圍，及諸小山(因爲「上方」菩薩「自然」就能見「下方」世界的)，但(上方菩薩亦能)觀(見)「佛光」所及世界。	㊂是時「上方」諸菩薩，(能)觀見「下方」，大鐵圍山、小鐵圍山、黑山，無能障礙。
㊃於諸世界(中)，有諸菩薩(獲)得「授記莂」，若(或)得「陀羅尼、忍辱、三昧」，或得上位「一生補處」(eka-jāti-pratibaddha，菩薩之最高「等覺」菩薩位。彌勒即屬爲「一生補處」之菩薩)。	㊃(於)諸世界中，(有)大菩薩(獲)得「授記」者，有得「三昧」，有得「總持」，有得「忍辱」，有得「過地」(超越諸地)，有得「一生補處」(eka-jāti-pratibaddha，菩薩之最高「等覺」菩薩位。彌勒即屬爲「一生補處」之菩薩)。
㊄是(諸)菩薩等所有(自身之)光明，以(蓮華尊佛之)「佛光」故，(被佛光遮蔽而)悉不復現。如是等衆，叉手向於蓮華尊佛，瞻仰(其)尊顏。爾時，惟見(蓮華尊佛)三十二相，(有)瓔珞其身，(有)八十種好，次第莊嚴，(並)見蓮華尊佛，及其(蓮華)世界種種莊嚴，如是見已，心得歡喜。	㊄(諸)菩薩摩訶薩，皆見(蓮華上佛)光明，叉手合掌，觀蓮華上如來身，(皆)見三十二大人之相，八十種好，以自莊嚴；并見菩薩摩訶薩衆，蓮華世界佛土莊嚴。見已歡喜，皆發「善心」。
㊅爾時，如微塵數等諸佛世界中，諸菩薩摩訶薩見蓮華尊佛，光明變化，及其(蓮華)世界已，各捨(自己原來)「本土」，以自「神足」(神足通)，悉共發來，詣彼(蓮華尊)佛所，禮拜、圍繞、供養、恭敬、尊重、讚歎。	㊅過「一佛土」微塵數世界菩薩摩訶薩，(諸菩薩)各各捨己「國土」，以「神足力」至蓮華世界，供養恭敬親近蓮華上如來・應供・正遍知。
㊆ ①善男子！爾時，彼(蓮華尊)佛見諸菩薩，(即)出其「舌相」，悉皆遍覆諸四天下，「行、住、坐」等一切「衆生」。	㊆ ①善男子！蓮華上如來見大衆集，(蓮華上如來)現「廣長舌相」，遍覆大衆，及四天下，「行、住、坐、立」於此座上。

②或有菩薩入於「禪定」，從「禪定」起，在大眾中，禮拜、圍繞、供養、恭敬、尊重、讚歎蓮華尊佛。 ③善男子！彼(蓮華尊)佛爾時「示現」如是「廣長舌相」，作變化已，即還(收)攝之。	②(諸)菩薩皆從「三昧」起，一切大眾供養蓮華上如來。 ③善男子！蓮華上如來還(收)攝「舌相」神通。
捌 ❶善男子！蓮華尊佛復放身毛孔光，一一毛孔，出六十億「那由他」百千光明，其光微妙，普遍十方，一一方面，各各過於微塵數等諸佛世界。 ❷彼(蓮華)世界中，在在處處，所有菩薩，得「授記」已，得「陀羅尼、三昧、忍辱」，或得上位「一生補處」(eka-jāti-pratibaddha，菩薩之最高「等覺」菩薩位。彌勒即屬爲「一生補處」之菩薩)。 ❸(諸菩薩眾)見是光已，各各自捨其佛世界，乘「神通力」，皆共發來至彼佛所(指蓮華世界)，禮拜、圍繞、供養、恭敬、尊重、讚歎。	捌 ❶(蓮華尊佛)復放一一身諸毛孔各六十億那由他百千光明，遍照十方各「一佛世界」微塵數國土。 ❷於諸剎(指蓮華世界)中，菩薩摩訶薩，有「授記」者，得「三昧」者。略說。 ❸彼諸菩薩摩訶薩，各各捨己佛剎，以「神足力」到蓮華世界，供養恭敬親近蓮華上如來。
玖善男子！爾時，彼(蓮華尊)佛作此變化，即復還(收)攝(剛才變現的種種神通現象)，為諸菩薩及諸大眾，講說「正法」，轉不退輪，欲令無量無邊眾生得大利益，得大快樂。憐愍世間為人天故，欲令具足無上「大乘」。	玖善男子！爾時蓮華上如來，還(收)攝(剛才變現的種種)「神通」，為一切菩薩大眾，轉不退轉「正法」之輪，多所饒益，愍念世間，為饒益安樂諸天世人，成就「大乘」故。

一－6 所有蓮華世界之菩薩眾，若已生、當生者，皆具三十二相，光一「由旬」，乃至成佛。常聞 21 種聲、成就 23 種心、得 23 種力

北涼・曇無讖 譯 《悲華經》	秦・譯者佚 名 《大乘悲分陀利經》

《陀羅尼品・第二》	《入陀羅尼門品・第二》
㊀爾時，寶日光明菩薩白(釋迦)佛言：世尊！ ❶彼佛世界(指蓮華世界)云何得知「晝夜」差別？ ❷所聞「音聲」，為何相貌？ ❸彼諸菩薩云何而得成就？ ❹一心行何「異行」？	㊀爾時寶照明菩薩白(釋迦)佛言：世尊！ ❶蓮華世界云何分別「晝夜」？ ❷聞何等聲？ ❸彼諸眾生「身相」云何？
㊁(釋迦)佛告寶日光明菩薩：善男子！彼佛世界(指蓮華世界)常有「佛光」以為照明： ①以華合(喻夜晚)、鳥拪ㄑㄧㄢ(古同「遷」→鳥遷移回巢，喻夜晚)。 ②如來、菩薩入諸「禪定」師子遊戲，其心歡喜，受「解脫」樂。 爾時，便知即是「夜分」。	㊁(釋迦)佛告寶照明菩薩言：善男子！彼蓮華世界： ①蓮華合，眾鳥聲止。 ②佛及菩薩，遊戲「三昧」，受「解脫」喜樂。 以是為「夜」。
①若有風吹，諸華散地。 ②諸鳥相和，作微妙聲。 ③雨種種華，四方風起。 ④香氣微妙，柔軟細滑。 ⑤佛及菩薩，從「禪定」起。 ⑥是時，彼(蓮華尊)佛為諸大眾說「菩薩法藏」，欲令出(超)過「聲聞、緣覺」。 是故得知即是「晝分」。	①風吹華敷。 ②眾鳥和鳴。 ③雨眾名華。 ④四方軟風，極妙音觸。 ⑤佛、諸菩薩從「三昧」起。 ⑥蓮華上佛，為諸菩薩摩訶薩說(超)過「聲聞、辟支佛」(之)菩薩法藏。 以是為「晝」。
㊂善男子！彼佛世界(指蓮華世界)諸菩薩眾，常聞： ❶佛音、❷法音、❸僧音。 ❹寂滅之音。 ❺無所有音。 ❻「六波羅蜜」音。	㊂善男子！其中(指蓮華世界)菩薩摩訶薩，常聞： ❶佛聲、❷法聲、❸僧聲。 ❹滅聲。 ❺無為聲。 ❻(六)波羅蜜聲。

❼(十)力、❽(四)無畏音。 ❾六神通音。 ❿無所作音。 ⓫無生滅音。 ⓬微妙寂靜音。 ⓭因寂靜音。 ⓮緣寂⓯靜音。 ⓰大慈⓱大悲、⓲無生⓳法忍、⓴「授記」之音。 ㉑諸菩薩清淨妙音。 常不遠離聞如是音。善男子!所聞音聲相貌如是。	❼(十)力聲、❽(四)無畏聲。 ❾通聲。 ❿無行聲。 ⓫無生聲。 ⓬無滅聲。 ⓭寂聲。 ⓮靜聲。 ⓯惔怕聲(即淡泊安靜聲。《新集藏經音義隨函錄・卷二十八》云:「淡泊……安靜也。正惔怕也」)。 ⓰大慈聲、⓱大悲聲、⓲無生聲、⓳法聲、⓴得授職聲。 ㉑純菩薩聲。 彼諸菩薩聞如是等聲,未常斷絕。
㊃善男子!彼界菩薩,若「已生」、若「當生」,皆悉成就三十二相,常身光明,照一「由旬」,乃至成「阿耨多羅三藐三菩提」,終不墮於「三惡道」中。 彼(蓮華世界之)諸菩薩,皆悉成就: ①大慈心、大悲心、柔軟心、 ②無愛濁心、 ③調伏心、 ④寂靜心、 ⑤忍辱心、 ⑥禪定心、 ⑦清淨心、 ⑧無障礙心、 ⑨無垢心、 ⑩無汙心、 ⑪真實心、 ⑫喜法心、 ⑬欲令眾生斷煩惱心、 ⑭如地心、	㊃復次,善男子!蓮華世界菩薩摩訶薩,(所有)已生、當生,皆具三十二相,光一「由旬」,乃至成佛,(永)不墮「惡趣」。 彼(指蓮華世界之)一切菩薩(皆具): ①慈潤心、 ②不濁心、 ③調心、 ④靜心、 ⑤忍心、 ⑥定心、 ⑦清心、 ⑧無礙心、 ⑨淨心、 ⑩無塵心、 ⑪善心、 ⑫法喜心、 ⑬除一切眾生結(結使煩惱)心、 ⑭如地心、

⑮離一切世俗言語心、	⑮不樂世間語心、
⑯愛樂聖法心、	⑯樂過世間語心、
⑰求善法心、	⑰求一切善法心、
⑱離我心、	⑱滅心、
⑲離生老病死寂滅心、	⑲除老病死心、
	⑳真實心、
㉑燒諸煩惱心、	㉑燒一切結(結使煩惱)心、
㉒解一切縛寂滅心、	㉒滅一切受心、
㉓於一切法得不動心。	㉓不輕一切法心。
(伍)善男子！彼(蓮華世界之)諸菩薩：得	(伍)
❶專心力、	❶意力強、
❷得發起力、	❷作力強、
❸得緣力、	❸因緣力強、
❹得願力、	❹願力強、
❺得無諍力、	❺業行力強、
❻得觀一切法力、	❻斷力強、
❼得諸善根力、	❼善根力強、
❽得諸三昧力、	❽誓力強、
❾得多聞力、	❾聞力強、
❿得持戒力、	❿戒力強、
⓫得大捨力、	⓫施力強、
⓬得忍辱力、	⓬忍力強、
⓭得精進力、	⓭進力強、
⓮得禪定力、	⓮定力強、
⓯得智慧力、	⓯慧力強、
⓰得寂靜力、	⓰止力強、
⓱得思惟力、	⓱觀力強、
⓲得諸通力、	⓲通力強、
⓳得念力、	⓳念力強、
⓴得菩提力、	⓴菩提力強、
㉑得壞一切魔力、	㉑破一切魔力強、
㉒得摧伏一切外道力、	㉒降伏一切外論同法力強、
㉓得壞一切諸煩惱力。	㉓破一切結(結使煩惱)力強。

㊅ ①如是菩薩，於彼(蓮華世界之)佛土，(所有)已生、當生者，即是「真實菩薩」，(皆)已得供養無量百千諸佛世尊，於諸佛所種諸善根。 ②彼(蓮華世界之)諸菩薩，以「禪味」為食，「法」食、「香」食，猶如梵天，無有「揣食」。 ③(蓮華世界)亦無「名字」，無有「不善」，亦無「女人」，「苦受、愛憎」、諸餘「煩惱」。 ④及「我、我所」，身心苦惱、「三惡道」等，皆悉無有是諸名字。	㊅ ①彼蓮華世界諸菩薩摩訶薩，(所有)已生、當生，(皆)已曾親近無量百千諸佛殖諸善根。 ②又蓮華世界，(所有)已生、當生菩薩，「禪悅」為食，「法」食、「香」食，猶若「梵天」，無有「揣食」。 ③(蓮華世界)其中無有一切「不善之名」，無諸「女人」，亦無其「聲」；無有一切「苦聲」及「愛憎聲」，乃至亦無「結使(煩惱)聲」，無「有為聲」。 ④(蓮華世界)亦無「闇冥」，無諸「臭穢」，身心無疲；無有「地獄、餓鬼、畜生」之聲，亦無「假名」。
㊆(蓮華世界)亦無「黑闇臭處」、不淨荊棘穢惡、山陵堆阜、土沙礫石、及日月星宿，然火之明、須彌大海、大小鐵圍二山中間「幽冥」之處，亦無有雨，濁亂惡風，及「八難」處，悉亦無有此諸「名字」。	㊆(蓮華世界)無諸「刺棘、坑坎、瓦礫」；亦無「燈火、日月、星宿」；亦無「大海」，「須彌山、鐵圍山、大鐵圍山、障山、黑山」及諸土山；無「雲雨聲」，無「惡風聲」，無有一切諸「惡趣」聲，無諸「難聲」。
㊇ ❶善男子！彼佛(蓮華)世界常以「佛光、菩薩寶光」而為照明，其光微妙，清淨第一，遍滿其國。 ❷其中有鳥名曰善果，聲中常出「根、力、覺、道」(五根、五力、七覺支、八聖道支)微妙之音。	㊇ ❶彼蓮華世界，佛光、菩薩光、摩尼珠光、寶光、妙光，普照於彼。 ❷有鳥名娑訶羅，各各自出「根、力、覺、道」(五根、五力、七覺支、八聖道支)軟澤之聲。

一一7 寶日光明菩薩問釋迦佛有關蓮華尊佛及其蓮華世界的八個問題

北涼・曇無讖 譯 《悲華經》	秦・譯者佚 名 《大乘悲分陀利經》
㊀爾時，寶日光明菩薩復白(釋迦)佛言：世尊！ ❶彼(蓮華尊)佛世界，縱廣(大小)幾何？ ❷住世壽命，說法幾時？ ❸(蓮華尊佛)「昨夜」始成「阿耨多羅三藐三菩提」，「滅度」之後，(正)法住久近(時間多與少)？ ❹(蓮華世界中的)諸菩薩衆，在世幾時？ ❺生彼(蓮華)世界諸菩薩等，頗有遠(時間多與少)於見佛？聞法？供養衆僧不？ ❻蓮華世界(之)佛「未出」時，(當時的)名字何等？ ❼彼(蓮華世)界「先昔」佛日(之前之佛日)世尊，「滅度」已來，為經幾時？「滅度」之後，「中間」幾時，蓮華尊佛而得成道？ ❽以何因緣，於十方世界，在在處處，所有諸佛入於「師子遊戲」三昧，(且)示現種種「神足」(神通具足)變化，諸菩薩等，或有見者？或不見者？	㊀爾時寶照明菩薩白(釋迦)佛言：世尊！ ❶彼蓮華世界，大小云何？ ❷蓮華上如來「昨夜」成「阿耨多羅三藐三菩提」，幾時「住世」說法教化？ ❸(蓮華上佛)「般涅槃」後，「正法」(仍)住世幾時？ ❹彼蓮花世界菩薩，(所有)已生、當生，幾時「住世」？ ❺彼(蓮華世界)諸菩薩，為何見佛？及與聞法？供養僧耶？為不久(時間多與少)乎？ ❻蓮花世界(早)先有何名？ ❼先佛(之前的佛)去世(滅度)為經幾時？蓮華上如來次後(方)成「阿耨多羅三藐三菩提」？ ❽以何因緣，有(菩薩能得)見十方餘世界中諸佛世尊所現「神通」變化，有(的菩薩則)不見者？

一一8 蓮華世界之前的世界名為栴檀，佛名為日月尊，時有虛空印菩薩，後來成佛即名為蓮華尊如來

北涼・曇無讖 譯 《悲華經》	秦・譯者佚 名 《大乘悲分陀利經》
㊀ ❶爾時，(釋迦)佛告寶日光明菩薩：善男子！如須彌山王，高十六萬八千「由	㊀ ❶(釋迦)佛言：善男子！須彌山王，高六十八千「由旬」，廣八十四千「由旬」，假

旬」，縱廣八萬四千「由旬」。或時有人勤行精進、或幻化力、或禪定力，碎破「須彌」猶如「芥子」，過諸算數，除佛世尊「一切智」者」，餘無能知。 ❷如「一芥子」為一「四天下」，是蓮華世界所有「四天下」，數盡此「芥子」。有諸菩薩充滿其中，(蓮華世界的菩薩數量)猶如西方安樂世界(極樂世界)諸菩薩等。	使有人，有勇健力，以「三昧力」碎須彌山，令如芥子，無能數者；唯除如來「一切種智」(者)。 ❷以「一芥子」為一「四天下」，盡此芥子，為蓮華世界，如是(蓮華)世界菩薩滿中，譬如安樂國土(極樂世界)菩薩充遍。
㊁善男子！彼蓮華尊佛(此蓮華尊佛即無諍念王之第五王子無所畏，未來成佛號蓮華尊如來，世界名蓮華，因此無所畏亦號爲虛空印)壽命說法「三十中劫」，「滅度」已後，「正法」(仍)住世，滿「十中劫」。	㊁善男子！蓮華上如來(此蓮華尊佛即無諍念王之第五王子無所畏，未來成佛號蓮華尊如來，世界名蓮華，因此無所畏亦號爲虛空印)・應供・正遍知，壽「三十小劫」，住世說法，教化衆生。
㊂善男子！彼諸菩薩(於蓮華世界中，若有)已生、當生者，壽命四十中劫。	㊂善男子！蓮華上如來「般涅槃」後，「正法」(仍)住世「十小劫」，於蓮華世界菩薩摩訶薩，(所有)已生、當生，皆壽四十小劫。
㊃善男子！彼佛(蓮華)世界本名(本來的名稱)栴檀(candana)，清淨好妙，不如今也(指今現在的蓮華世界是更好的)。爾時，(栴檀)世界亦無如是(之)清淨菩薩。	㊃善 男 子 ！ 蓮 華 世 界 先 名 栴 檀 (candana)，國土莊嚴，衆生清淨，皆不如今(指今現在的蓮華世界是更好的)。
㊄ ❶善男子！栴檀(candana)世界過去「先佛」出於世間，号日月尊如來・應・正遍知・明行足・善逝・世間解・無上士・調御丈夫・天人師・佛・世尊。壽命說法「三十中劫」。 ❷(日月尊佛)臨「滅度」時，或有菩薩以「願力」故，至「餘佛土」，其餘在者，作如是念：	㊄ ❶善男子！彼時栴檀(candana)世界有佛，名月上如來・應供・正遍知・明行足・善逝，乃至佛・世尊。彼佛亦「三十小劫」住世說法。 ❷(月上如來)欲「般涅槃」時，有菩薩以「本願」故，至他方佛國，餘者各作是念：

今夜「中分」，日月尊如來當取「涅槃」。是佛滅已，我等當於「十中劫」中，護持「正法」，誰能於此「正法」滅已，「次第」得成「阿耨多羅三藐三菩提」？	於今「中夜」，月上如來當入「涅槃」。世尊「般涅槃」後，我等於「十小劫」當持「正法」。誰當「正法」滅後，次成「阿耨多羅三藐三菩提」？
㊅時，有菩薩名虛空印，以「本願」故，日月尊如來即與「授記」：	㊅時有菩薩摩訶薩，名虛空印，以「本願」故，月上如來即「授」其「阿耨多羅三藐三菩提」記：
善男子(虛空印菩薩)！我(日月尊佛)「滅度」已，「正法」(仍)住世，滿「十中劫」。過「十中劫」，於「夜初分」，「正法」(方)滅盡，(虛空印菩薩)汝於是時即當成「阿耨多羅三藐三菩提」，號曰蓮華尊如來．應．正遍知．明行足．善逝．世間解．無上士．調御丈夫．天人師．佛．世尊。	諸善男子(虛空印菩薩)！吾(月上如來)「般涅槃」後，「正法」(仍)住世「十小劫」中，「初夜」正法滅盡，即於「後夜」是(虛空印)菩薩成「阿耨多羅三藐三菩提」，名蓮華上如來．應供．正遍知．明行足．善逝，乃至佛．世尊。
㊆爾時，(有)諸菩薩摩訶薩(包括虛空印菩薩)至日月尊佛所，至佛所已，諸菩薩等以「禪定力」種種自在師子遊戲，供養日月尊如來。作供養已，右繞三匝，作如是言：	㊆是時彼諸菩薩摩訶薩(包括虛空印菩薩)，詣月上如來所，彼一切菩薩，以誓願力，種種菩薩神通，至心供養月上如來，遶佛三匝，前白佛言：
(日月尊)世尊！我等(諸菩薩摩訶薩)願欲於此「十中劫」中入「滅盡定」(nirodha-samāpatti。滅受想定;滅盡三昧)。	(月上)世尊！我等(諸菩薩摩訶薩)欲於「十小劫」中，入「滅心無諍三昧」(nirodha-samāpatti。滅受想定;滅盡三昧)。

一－9 日月尊如來告虛空印菩薩，你應受持此三世諸佛皆會為「已被授記成佛的菩薩們」所宣說的「解了一切陀羅尼」十段咒句

北涼．曇無讖 譯 《悲華經》	秦．譯者佚 名 《大乘悲分陀利經》
㊀善男子！爾時，日月尊如來告虛空	㊀善男子！爾時月上如來告虛空印菩

印菩薩摩訶薩(虛空印即是無所畏，就是無諍念王之第五王子無所畏，後來成佛名爲蓮華尊如來)：善男子！(汝應)受持此「解了一切陀羅尼」門。	薩摩訶薩(虛空印即是無所畏，就是無諍念王之第五王子無所畏，後來成佛名爲蓮華尊如來)，作如是言：汝，善男子！(汝應)受是「入一切悲陀羅尼」門。
❶(此咒乃爲)過去諸多陀阿伽度·阿羅呵·三藐三佛陀(tathāgata arhate-samyak-saṃbuddha)，已為「受佛職位」諸菩薩說。	❶(此咒乃爲)一切過去如來·應供·正遍知，皆為「授職法王子」菩薩摩訶薩說。
❷如今現在十方諸佛，亦為「受佛職位」諸菩薩說(此咒)。	❷(此咒亦)於今現在十方一切世界諸佛世尊，「現在」住世說法教化，彼諸佛世尊亦為「授職法王子」菩薩摩訶薩說。
❸未來諸佛世尊，亦當為「受佛職位」諸菩薩說，所謂「解了一切陀羅尼」門。	❸(此咒將)於當來諸佛世尊，亦為「授職法王子」菩薩摩訶薩，說是「入一切悲陀羅尼」門。

一－10「解了一切陀羅尼」前五段咒是「四念處解脫、四聖種(四種聖)解脫、四無所畏解脫、四擁護(守護三乘)解脫、四正斷(四正勤)解脫」

北涼·曇無讖 譯 《悲華經》	秦·譯者佚 名 《大乘悲分陀利經》
㊀(於是釋迦佛)即說章句(此咒乃三世諸佛皆會爲「已被授記成佛的菩薩們」宣說。所以可說是日月尊佛說的，也可說是現今的釋迦佛說的，但咒文的後面卻是署名釋迦佛說的)： 闍梨 闍連尼 摩訶闍連 休翅休翅三鉢提摩訶 三鉢提 提陀阿吒醯多遮吒迦吒陀羅卓迦 阿斯摩迦斯 醯隸 彌隸帝隸流流翅 摩訶流流翅 闍移頭闍移 闍移末坼羶坻 舍多禰伽陀禰阿茂隸 茂羅波 隸闍尼摩羅斯禰毘羅婆禰目帝目帝波隸輸題 阿毘坻 波夜無郅禰 波羅烏呵羅禰 檀陀毘闍比闍婆留欝躭禰	㊀(釋迦佛)即說呪曰(此十條咒文與「三本」大異，對挍甚難，故今以宋元對挍明本，別附卷末)： 闍梨尼 摩訶闍梨尼 域翅厲復厲三鉢陀摩訶 三鉢陀 提楚頞帝 遮致吒翅吔厲(羅嫁) 吔翅阿肆摩迦肆尸 梨彌梨帝利樓樓翅 摩訶樓翅闍 裔突樓闍裔闍耶摩帝揄(輸干反)帝賖龂漏涅伽多禰阿牟隸牟羅波利瞋禰 摩羅搋 若比哆 羅娑禰目帝多波利輸地 阿毘帝娑 夜慕遮禰 婆羅憂呵 羅禰檀哆毘滯(除又反)毘滯婆樓多咩(羊鳴音)捉伽

	羅呵婆坻南(㒵炎反)達磨婆坻那僧伽羅呵勒叉達磨婆坻南
如是章句，破壞外道一切「論議」，攝「正法輪」，復能擁護說「正法」者，開示分別「四念處解脫」法門。	此是「四念處解脫」句。
(貳)爾時，(釋迦佛)世尊復說章句： 佛陀波加舍移　阿摩摩禰摩摩呵庶乖ㄓˇ頗緹頞緹涅帝羅禰　路迦提目帝刪提陀隸婆末尼』	(貳) 佛馱波羅迦　賒裔阿摩摩美(冈雉反)摩磨阿支　至頞剃　頞吔禰(致)羅禰盧迦緻目那帝陀馱波利婆禰婆
如是章句，開示分別「四種聖解脫」法門。	此是「四聖種解脫」句。
(參)爾時，(釋迦佛)世尊復說章句： 波沙緹　波沙禰　陀隸　陀羅波坻　搁坻守毘守婆波坻　禰坻　須摩跋坻羼提翅坻迦留那欝提叉移　比坻憂比叉　三鉢禰　阿羅翅婆羅地　佉岐佉岐竭移阿茂隸　牧羅輸檀尼	(參) 婆沙剃婆禰馱隸陀羅波帝舅礙帝牧備牧婆波羅備米帝隸　修摩婆帝　羼帝抧帝加樓奈欝坻叉裔畢履帝憂蜫叹　三般禰阿勒翅婆羅蠡佉秖(求臂反)佉爾阿牟隸牟羅輸禰
如是章句，開示分別「四無所畏解脫」法門。	此是「四無畏解脫」句。
(肆)爾時，(釋迦佛)世尊復說章句： 咀頗羅　阿伽頗羅　阿涅頗羅　涅羅頗羅三目多阿延陀　伊毘持坻毘持　烏頭都羅兜藍阿興三乘　伊提多婆　阿埵多埵　薩婆路伽　阿荼伽　隸頻陀　阿浮薩隸　陀陀曼坻毘舍伽跋提阿頗邏迦頗藍	(肆) 怛頗羅阿伽羅頗羅阿昵頗羅昵羅頗三目哆阿目哆涅目哆　阿罷(薄啞反)毘賚毘目帝婆禰毘羅頗羅阿延大伊毘雉帝毘雉欝崙度　臭羅兜嵐阿興(虎徵反)三摩伊弟多婆頗帝婆多帝婆薩婆路迦(鳩地反)阿嗏迦隸(樓咩反)阿迦隸　頻大阿浮娑隸　嗏陀昧帝　毘賒伽　羅婆帝　額頗邏迦頗羅

如是章句，開示分別「守護三乘」法門。	此是「四擁護解脫」句。
㉕爾時，(釋迦佛)世尊復說章句： 門陀多　安禰醯羅　婆波多驃　伊曇頗隸尼炎頗隸　三茂檀那延　毘浮舍　波拖蘇摩兜　阿兔摩五阿鳩摩都拖陀跋帝達舍婆羅毘波拖他　悉舍涕多　何尼飲摩底拏摩坻　阿路俱　阿提鬪拏薩坻末坻	㉕ 闍嗏哆阿尼尸　羅婆婆多步(屏趣反)伊曇頗隸抳耶　磨頗嵐三某陀那夜毘浮舍波施蘇磨斪阿毿磨妬阿鳩磨妬　侈他婆帝昧多羅他(偷大反)陀舍婆邏毘波羅婆他　伊舍絺哆須抳佉磨胝差(初机反)那磨帝　阿虛句阿坻　兜瑟南薩第磨帝波羅嗡(都鬱反)波奈佛馱　弗樓婆婆羅呵隸
如是章句，現在諸佛本所修習，開示分別「四正勤」法門(①已生惡令永斷，而勤精進。②未生惡令不生，而勤精進。③未生善令生，而勤精進④已生善令增長，而勤精進)。	此是「四正斷解脫」(①已生惡令永斷，而勤精進。②未生惡令不生，而勤精進。③未生善令生，而勤精進④已生善令增長，而勤精進)句。

一－11「解了一切陀羅尼」後五段咒是「四辯解脫、四神足(四如意足)解脫、根力現解脫、七覺意(七菩提分)解脫、十力解脫」

北涼・曇無讖 譯 《悲華經》	秦・譯者佚 名 《大乘悲分陀利經》
㉖爾時，(釋迦佛)世尊復說章句： 安禰　摩禰　摩禰　摩摩禰　遮隸至利帝隸履賒履多毘　羴帝目帝郁多履　三履尼三履三摩三履叉裔　阿叉裔　阿闍地毦帝　賒蜜致　陀羅尼　阿跋伽婆婆斯賴那婆提　賴魔波提闍那婆提　彌留婆提叉裔尼陀舍尼　路伽婆提波禰陀舍尼	㉖ 安爾摩爾摩禰摩摩禰　旨隸旨隸帝賒咩賒咩多鼻羶帝　目帝郁多膝(擲糸反)三膝尼三膝三磨三膝叉裔惡叉裔　頞耆(齜尼反)抳檀帝　賒美瑟帝　陀羅禰阿盧伽婆細　曷羅多那婆羅帝　曷羅濕彌婆帝　闍那婆帝　禰樓婆帝　彌樓婆帝叉夜昵　阿梨賒　禰盧迦波羅坻波昵達梨賒昵
如是章句，開示分別「四無閡ㄜˊ(隔閡)辯解	此是「四辯解脫」句。

脫」法門。	
㊆爾時，(釋迦佛)世尊復說是章句： 研閦阿婆婆禰陀舍尼　禪那路伽陀兜波婆散尼　薩婆因提浮摩坻千坻　薩婆薩婆　婆摩薩婆波吡婆叉夜迦隸　懼迦隸婆闍尼　路伽㲊達舍 那比婆	㊆ 遮湊(叉書反)阿婆娑昵　阿梨賒禰闍那虛迦妬妬波羅婆娑帝　薩倢寅坻利耶浮磨帝迦蘭帝娑娑婆婆　婆摩薩憓　波羅他匐叉裔伽隸　瞿迦嗏婆陀禰　盧迦㲊陀利舍那毘復
如是章句，開示分別「四如意足解脫」法門(①欲如意足：希慕所修之法能如願滿足。②精進如意足：於所修之法，專注一心，無有間雜，而能如願滿足。③念如意足：於所修之法，記憶不忘，如願滿足。④思惟如意足：心思所修之法，不令忘失，如願滿足)。	此是「四神足解脫」句(①欲如意足：希慕所修之法能如願滿足。②精進如意足：於所修之法，專注一心，無有間雜，而能如願滿足。③念如意足：於所修之法，記憶不忘，如願滿足。④思惟如意足：心思所修之法，不令忘失，如願滿足)。
㊇爾時，(釋迦佛)世尊復說章句： 阿遮隸　佛提陀陀波遮隸　那尼　乾拏斯提苷頻提　尼屑提三筆知　波隸伽薩隸蘇彌戰提　戰提阿遮隸　阿遮遮隸阿波隸　頻枝婆離　禰婆離婆遮遮離波波離　阿那夜　阿那夜　阿俾斯　鈎鈎娑婆毘禰迦禰　禰闍斯　伽伽彌　那由禘	㊇ 阿遮隸浮地陀馱波遮隸婆禰齕栗那悉地劍(加嚴反)毘坻尼稚三筆智波利迦肆利蘇彌旃地施陀遮遮阿遮遮隸阿波隸毘至婆隸胝波隸波羅遮遮隸波羅波隸阿那夜阿便(旁連反)細迦迦羅彌波羅婆毘禰加羅彌　尼遮細伽邏迦羅彌那由帝
如是章句，開示分別「一切根力解脫」法門。	此是「根力現解」句。
㊈爾時，(釋迦佛)世尊復說章句： 富罷　帚富罷　度摩波　隸呵隸　阿婆移欝支隸　支迦勒差　阿夜末兜 帝帝隸摩摩隸手遮尸尸隸　路伽寫尼闍那夜叉岐醯帝那遮夜帝沙栴提那』	㊈ 沸師辟蘇沸師辟杜摩波利呵隸阿婆裔郵樓脂隸支迦邏勒差阿虵摩悉妬帝帝隸磨磨隸股遮失尸隸盧迦寫毘若禰那夜嗟其利尼帝遮鹽帝沙失栴地那
如是章句，開示分別「七菩提分解脫」法	此是「七覺意解脫」句。

門。 ㉟爾時，(釋迦佛)世尊復說章句： 遮迦婆闍隸 婆帝遮迦隸 遮加陀隸陀羅遮迦隸陀隸 茂隸醯醯隸隸陀離阿樓婆跋提 休休 夜他甚婆餓頻婆隸夜陀祈尼 夜他波蘭遮 離提奢夜他婆耶離離絁薩遮尼隸呵羅 闍留遮毘離 毘梨尼離呵羅 末離末伽尼隸呵羅尼囉尼隸呵羅 三摩提尼隸呵羅 般若尼隸呵羅比目帝尼隸呵羅 比目帝闍那陀隸舍那尼隸呵羅那叉帝尼隸呵羅 栴陀尼 隸呵羅 修利尼 隸呵羅 波陀舍夜六躭多陀阿伽度阿浮陀尼羅浮曇三佛陀陀佛陀 伊呵浮陀 咀哆浮陀 尼呵我摩茂隸 阿羅頗陀陀羅頗半荼隸 曼陀隸咀哆 隸多留摩伽伽憐尼茂祖拏 三半茂祖拏 恒伽崩伽摩毟尼 留婆那舍尼那舍槃檀尼 叱叱帝 叱叱覩摩由婆醯燈伽摩婆隸摩隸呵咀尼 婆隸摩隸頻提毘離毘離憂沙離 舍羅尼 陀羅尼 婆婆坻 婆藍那羅易 毘頭摩婆羅齲摩梵摩遮隸那因提婆尸提提耶羅尼摩醯首羅羅尼 三摩宿彌阿藍念彌 伊迦勒叉利師遮尼遮羅阿支栴陀羅修利 薩婆修羅阿婆藍富那伽緻躭半持多 阿夜那 虔稚闍波斯迦伽陀隸阿羅陀呵尼 摩伽羅毘路呵尼 悉曇曼啼 毘路迦曼啼 是陀羅尼門，(乃為)諸佛世尊之所受持，開示分別如來「十力解脫」法門。	 ㉟ 遮迦羅婆視婆帝遮 翅隸 遮迦羅陀隸陀隸遮翅隸陀隸目隸醯隸醯隸陀隸 阿留蔪波地休休隸耶他視多伽頻婆隸耶他伽昵耶他波隣遮坻坻利舍夜他婆夜俁利履舍 諦音闍留柘毘利，精進音周隸，道音戒音定音慧音解脫音解脫知見音，星宿音月音日音。如是等句如來所說。頞浮哆彌羅浮躭三佛 曇阿浮 曇伊呵浮曇悜多羅浮曇昵酣（牟甘反）伽摩目隸阿羅頗 陀羅頗 曇荼隸 曼㖞禰悜多羅嵐多樓曼（牟啖反）伽伽羅膩 牟緻膩三波羅 牟緻膩 伽奈波槾枷廣毟毟尼樓婆那賒 禰那賒婆陀昵鵄鵄 帝鵄鵄頭摩余婆逸（雨詰反）澄伽磨婆隸 磨隸呵多寧婆歛（魯謙反）婆隸頻地頻隸 頻隸郁沙隸 賒羅禰陀羅寗 波羅婆 帝婆嵐那 㖞夷毘頭頭磨婆羅丘曼婆羅呵磨遮梨那因陀羅婆昵提提羅虵昵磨醯尸波羅邏羅昵婆磨嗷咩 阿羅尼 彌伊伽俁勒叉俁利師遮昵遮羅頗旨袮阿羅修隸薩婆脩嵐阿婆嵐 不那伽坻擔 般坻多阿 夷那揵坻闍婆細迦揵陀隸陀隸阿多羅㖞呵昵磨伽羅頻盧呵昵肆曇曼帝毘盧伽磨帝 佛馱坻師絺帝陀羅尼目ㄙ 此是「十力解脫」句。

翻譯經典的「年代先後」與佛宣講的「法義內容」並沒有特別的一定關係。

但很奇怪的，眾生的「業力」與「福報」下所感召出來的「經典」就是如此。

例如佛陀最初成道，於三七日之間，以「法身」講《華嚴經》，以「肉身」講《阿含經》，所以《華嚴經》算是「很早、最先」的，但《八十華嚴經》是實叉難陀的翻譯本(於 699 年)卻比《阿含經》還晚，只有《六十華嚴》由佛馱跋陀羅(於 421 年)譯出。

《長阿含經》：(413 年翻譯)
《中阿含經》：(384 年翻譯)
《雜阿含經》：(435-443 年翻譯)
《增一阿含經》：(384 年翻譯)

《阿含經》的「結集」與「漢譯」都在先，而《華嚴經》或大乘經典的「結集」大約都在「後期」。

《涅槃經》確定是佛陀「晚年最後」宣講的，但在 3~400 年就翻譯出來了。所以佛陀「晚年」講的佛經，也可能「很早」就翻譯出來。

而密咒出現大量有關「福德五欲功德」的相關經典，都出現在「唐朝三大士」翻譯的佛典，就是 700 年以後了。

早期「阿含」時代，只有「蛇咒」確定是佛陀有宣說的咒語，但這也只是「防蟲」用，與「功德&五欲追求感應」，大致都是無關的~

阿地瞿多翻譯的《陀羅尼集經》(最早譯來中國的密教咒語大典)，是在 652 年以後的。裡面咒語的「功能」利益，很多就與「功德五欲」都有關了。

所以譯經的「先後」時間與佛陀講的法義「內容」本來就是無關，但因眾生「共業」感召之下，在「咒語」中有關很多「五欲功德」利益之說，例如求男得男，求女得女之類的，大約都是出現在 650~900 年「翻譯」的經典裡面。

早期眾生「福多」，所以「感召」很多「不重視五欲感應」的佛典被「翻譯」出來，純「解脫」佛典被「翻譯」出來，供應給眾生修行＆解脫成佛用。

晚期眾生「福少」，就「感召」出很多「較強調五欲感應」的佛典被翻譯出來，滿足並供應給眾生追求「五欲感應」之用。

例如前面說的阿地瞿多所譯的《陀羅尼集經》，這是在 652 年以後的佛典，裡面咒語的功德利益，已很多與「功德五欲感應」有關。

《六祖壇經》慧能那個時代，已是 700 年了，但《壇經》的內容還是堅持「不談五欲感應追求」的內容。甚至宣說---**迷人修福不修道，只言修福便是道，布施供養福無邊，心中三惡元來造~**

所以當我們把「佛經佛咒」當作追求「五欲」的感應、相應、滿願之用，就又經常忘了要發「成佛」的「大心」，忘了要「迴向」阿耨菩提了，吾人對「咒語功德」應該要有「正知正見」的認識～

一－12 釋迦佛宣說「解了一切陀羅尼」後，有無數三千大千世界及三界眾生皆至耆闍崛山「聽受」此法門

北涼・曇無讖 譯 《悲華經》	秦・譯者佚 名 《大乘悲分陀利經》
	《入一切種智行陀羅尼品・第三》
㊀爾時，世尊釋迦牟尼說是「解了一切陀羅尼」法門時，三千大千世界六種震動，叵亻我(《一切經音義・卷九》云：傾側搖動不安)踊沒。	㊀爾時(釋迦)世尊，欲說是「入一切種智行」陀羅尼門句時，於此三千大千世界，大地六種震動，極大動搖，發大音聲，岠亻峨(《一切經音義・卷九》云：傾側搖動不安)踊沒。
㊁爾時，有大微妙光明遍於十方，過如恒河沙等世界。其中所有須彌山王，大小鐵圍，不與眼對(即光明普照，無任何的障礙，也沒有任何可以與眼「敵對」之物)。	㊁現如是光，令十方過數恒河沙世界妙光普遍，於時「須彌、鐵圍、大鐵圍」，不障礙眼(即光明普照，無任何的障礙)。
㊂但見世界地平如掌，十方世界所在之處，有諸菩薩其數無量，得諸「禪定、總持、忍辱」。	㊂十方無數世界現平如掌，十方無數世界於中止住。菩薩摩訶薩，有得「三昧、陀羅尼、忍辱」者。

(肆)如是等衆，以「佛神力」於己剎沒，忽然來至娑婆世界耆闍崛山(Gṛdhra-kūṭa)。到(釋迦)如來所，頭面禮足，以諸菩薩所得種種自在神足供養於佛。作供養已，各各次第於一面坐，欲聽「解了一切陀羅尼」門。	(肆)乘如來力，各於其土忽然不現，來此娑訶世界，詣耆闍崛山(Gṛdhra-kūṭa)，至(釋迦)世尊所，頭面禮足，以種種無量菩薩神通，供養世尊，各坐一面，為聽是「入一切種智行」陀羅尼門。
(伍)(有)不可稱計「欲、色」界諸天來至(釋迦)佛所，頭面禮足，亦各次第坐於一面，聽受「解了一切陀羅尼」門。	(伍)(有)無數「欲界、色界、無色界」諸天，來詣(釋迦)佛所，為聽是「入一切種智行」陀羅尼門。無數「龍、夜叉、阿修羅、鳩槃荼(Kumbhāṇḍa)、毘舍遮」，詣耆闍崛山(Gṛdhra-kūṭa)，至(釋迦)世尊所，為聽是「入一切種智行」陀羅尼門。
(陸)如是大衆，悉皆得見蓮華佛剎，亦見彼(蓮華尊)佛與大菩薩圍繞集會。	(陸)(所有)菩薩摩訶薩於此集者，(皆能)普見蓮華世界蓮華上如來・應供・正遍知，與大菩薩衆圍遶俱。
(柒) ❶爾時，世尊釋迦牟尼說此「解了一切陀羅尼」門。有七十二恒河沙等諸菩薩摩訶薩得此「陀羅尼」門，即時得見不可稱計十方世界諸佛世尊，及見諸佛「淨妙」世界，諸菩薩等，怪未曾有。 ❷是諸菩薩以「禪定力」師子遊戲得自在故，作種種供具，以供養(釋迦)佛。	(柒) ❶於是(釋迦)世尊，始說是「入一切種智行」陀羅尼門。(有)七十二恒河沙數菩薩摩訶薩，得是「陀羅尼」，見十方無數世界諸佛世尊，并見彼諸佛世界莊嚴，得未曾有。 ❷以菩薩誓力神通，供養(釋迦)佛已。

一－13 若菩薩能修此「解了一切陀羅尼」門者，即得八萬四千「陀羅尼」門、七萬二千「三昧」門、六萬「法聚」門，得「一切智」，無有障閡

北涼・曇無讖 譯 《悲華經》	秦・譯者佚 名 《大乘悲分陀利經》

㊀爾時，(釋迦)佛告諸菩薩等：善男子！若菩薩修是「解了一切陀羅尼」門者，即得八萬四千「陀羅尼」門、七萬二千「三昧」門、六萬「法聚」門，即得「大慈大悲」，解「三十七」助道之法、得「一切智」，無有障閡ㄞˋ(障礙隔閡)。	㊀(釋迦)佛言：善男子！若菩薩摩訶薩修是「入一切種智行」陀羅尼門，得八萬四千「陀羅尼」門，得七萬二千「三昧」門，得六萬「法門」。菩薩得是「陀羅尼」已，得「大慈大悲」。得是「陀羅尼」已，菩薩摩訶薩覺「三十七」助菩提法，得「一切種智」，是中具攝一切佛法。
㊁是「陀羅尼」門攝一切佛法，諸佛了此「陀羅尼」已，為諸眾生說無上法，久久在世，不入涅槃。	㊁諸佛世尊，實覺是「陀羅尼」，為眾生說法，不疾入涅槃。
㊂ ❶善男子！汝今所見，當知即是「解了一切陀羅尼」門威神力故，令此大地六種震動。 ❷及有微妙清淨光明，遍照十方過恒河沙等諸佛世界。 ❸光所及處，無量世界諸菩薩等，來至此會，聽受「解了一切陀羅尼」門。 ❹并及此界所有無量「欲、色」界天，和合聚集。 ❺復有諸龍、夜叉、阿修羅、人非人等，皆來欲聽「解了一切陀羅尼」門。	㊂ ❶善男子！應當知是「入一切種智行」陀羅尼門威德，令大地震動。 ❷妙光顯照，普遍無量無數諸佛世界。 ❸緣是妙光，照無量無邊諸佛世界，令無量無邊菩薩摩訶薩，來會此土，為聽是「入一切種智行」陀羅尼門。 ❹於此一切「娑訶」世界，無量無邊「欲界、色界、無色界」， ❺天、龍、夜叉、阿修羅、人非人，為聽是「入一切種智行」陀羅尼門。
㊃ ①若菩薩聞「解了一切陀羅尼」門已，即於「阿耨多羅三藐三菩提」而「不退轉」。 ②若有書寫(此咒)，其人乃至(最終獲得)「無上涅槃」，常得不離見佛、聞法、供養眾僧。 ③若能讀誦(此咒)，諸惡業等，永盡「無餘」，轉身受生，即過「初地」，得「第二住」。	㊃ ①菩薩適聞是「入一切種智行」陀羅尼門，得不退(轉於)「阿耨多羅三藐三菩提」。 ②若書寫(此咒)者，(則得)常得見佛、聞法、供養眾僧，乃至(最終獲得)無上「般涅槃」。 ③若菩薩(能)讀誦是「入一切種智行」陀羅尼門，一切重罪，滅盡無餘，轉生得

	登「初地」。
㊄ ❶菩薩摩訶薩若能修行「解了一切陀羅尼」門，所作「五逆」重惡之罪，悉得除滅，第二「轉生」即過「初地」，得「第二住」。	㊄ ❶菩薩摩訶薩修是「入一切種智行」陀羅尼門，是菩薩若先有「五無間罪」，皆悉除滅，「轉生」亦登「初地」。
❷若無(造作過)「五逆」，(於修學此咒後)即於此身(曾作過的)所有「重業」永盡無餘，「轉身」即得過於「初地」，得「第二住」。	❷若無(造作過)「無間罪」，(於修學此咒後，即能將此)現身(所曾造作過的諸)餘罪(業)，悉皆滅盡，轉得登「初地」。
❸若其不能讀誦修行(此咒語)，(但)於聽(聞此咒)法時，(即)以諸繒ㄗㄥ綵(彩色繒帛絲織品)奉上(宣講此咒語之)「法師」者。	❸(假)設不能修(此咒)，(也)不能誦讀(此咒)，(甚至)若不得聞(此咒)法，(但能)以繒ㄗㄥ綵(彩色繒帛絲織品)為鬘，(去)供養(宣講此咒語之)「法師」。

一－14 若不能讀誦修行此咒語，但以「彩色繒帛、香、華、珍寶」等去供講「能宣講此咒語之法師」，亦能得大利益

北涼・曇無讖 譯 《悲華經》	秦・譯者佚 名 《大乘悲分陀利經》
㊀爾時，如恒河沙等現在諸佛，各於世界，(皆會對你)稱揚、讚歎：善哉！善哉！	㊀是人(將受到)恒河沙數他方世界，(以及)現在住世(之)諸佛世尊，皆讚(歎你)：善哉！
(並)即與授其(人獲得)「阿耨多羅三藐三菩提」記。	彼諸佛世尊，亦(將)授其(人獲得)「阿耨多羅三藐三菩提」記。
㊁ ❶是菩薩以「供養」(宣講此咒語之法師的)因緣故，不久當得「受佛職位」，「一生」(eka-jāti-pratibaddha，菩薩之最高「等覺」菩薩位。彌勒即屬為「一生補處」之菩薩)成就「阿耨多羅三藐三菩提」。	㊁ ❶是菩薩施繒ㄗㄥ綵(彩色繒帛絲織品)故，不久當得法王子位「一生補處」(eka-jāti-pratibaddha，菩薩之最高「等覺」菩薩位。彌勒即屬為「一生補處」之菩薩)，成「阿耨多羅三藐三菩提」。

❷若(以)「香」供養(宣講此咒語之法師)，不久當得「無上定香」。 ❸若(以)「華」供養(宣講此咒語之法師)，不久當得「無上智華」。 ❹若以「珍寶」供養(宣講此咒語之)法師，不久當得「三十七助道法」之寶。	❷如是(以)「香」供養(宣講此咒語之法師)，不久當得「無上三昧」之香。 ❸(若)以「華」供養(宣講此咒語之法師)，不久當得「無上智花」。 ❹(若)有持「寶」供養(宣講此咒語之)法師，不久當得「三十七助菩提」寶。
㊂善男子！若有菩薩能「解了」是陀羅尼者，得大利益。何以故？	㊂善男子！是「入一切種智行」陀羅尼門，有如是饒益諸菩薩摩訶薩。何以故？
㊃此陀羅尼門，能開示分別一切菩薩諸法寶藏，以是持故，令諸菩薩得「無閡㝵(隔閡)辯四適意」法。	㊃是中純說「菩薩法藏」故。緣是「入一切種智行」陀羅尼門，菩薩得不可計辯，得「四妙法」。

一－15 有無量百千億「那由他」菩薩，從虛空印菩薩受持是「解了一切陀羅尼」，得「不退轉」，證「一生補處」

北涼・曇無讖 譯 《悲華經》	秦・譯者佚 名 《大乘悲分陀利經》
㊀善男子！日月尊如來(亦)為虛空印菩薩(虛空印即是無所畏，就是無諍念王之第五王子無所畏，後來成佛名爲蓮華尊如來)說(此)陀羅尼門已，爾時大地亦六種震動，亦有無量微妙光明，遍照十方無量無邊諸佛世界，見諸佛剎，地平如掌。	㊀善男子！爾時月上如來，以是「入一切種智行」陀羅尼門，(去)教受虛空印菩薩(虛空印即是無所畏，就是無諍念王之第五王子無所畏，後來成佛名爲蓮華尊如來)；即時亦復地大震動，大光顯現，十方無量無邊諸佛世界，妙光普遍，地平如掌。
㊁ ❶爾時，會中亦有無量菩薩摩訶薩，悉見十方不可稱計諸佛世尊。 ❷是時，十方無量無邊諸菩薩等，各各自於己世界沒，忽然來至栴檀(candana)世界，見日月尊佛禮拜圍繞，供養恭敬尊重讚歎，皆欲聽受是「陀羅尼」門。	㊁ ❶於中菩薩集者，見彼十方無量無邊世界諸佛世尊。 ❷如是十方無量佛國，無數菩薩來至栴檀(candana)世界，供養恭敬親近月上如來，為聽是「入一切種智行」陀羅尼門。

(參)善男子！爾時，彼(日月尊)佛告(十方所來之)諸菩薩：善男子！我今已聽(許)汝等，若是(已證)「一生補處」(eka-jāti-pratibaddha，菩薩之最高「等覺」菩薩位。彌勒即屬爲「一生補處」之菩薩)，於「十中劫」聽(許繼續)入「滅定」(nirodha-samāpatti。滅受想定；滅盡三昧)。其餘(未入「滅盡定」之)菩薩應(於)「十中劫」，從虛空印菩薩摩訶薩，(聽)受此「陀羅尼」門(之)菩薩法藏。(諸菩薩若能)隨受持(此咒)法，(則能)得見十方無量世界所有諸佛，因見佛故，心生歡喜，得種善根。	(參)善男子！時月上如來·應供·正遍知，告諸菩薩摩訶薩言：善男子等！有菩薩摩訶薩(已證)「一生補處」(eka-jāti-pratibaddha，菩薩之最高「等覺」菩薩位。彌勒即屬爲「一生補處」之菩薩)者，我聽(許彼等於)「十小劫」中(繼續)入是「滅心三昧」(nirodha-samāpatti。滅受想定；滅盡三昧)。(而)其餘(未入「滅盡定」之)菩薩摩訶薩，(則)從虛空印菩薩摩訶薩，(於)「十小劫」(中)聽(受)是「入一切種智行」陀羅尼門(之)「菩薩法藏」，(諸菩薩)於此「十小劫」中(受持此咒)，(則能)見彼十方無數諸佛國土，現在住世諸佛如來，彼從發清淨心，善根成就。
(肆) ❶爾時，會中有諸菩薩得種種「自在師子遊戲」者，以種種供具，供養彼(日月尊)佛。作供養已，白佛言：(日月尊)世尊！是虛空印菩薩摩訶薩，過「十中劫」成「阿耨多羅三藐三菩提」，當得轉於「無上法輪」。 ❷時，(日月尊)佛告曰：諸善男子！如汝所說。是虛空印菩薩摩訶薩，過「十中劫」，得成「阿耨多羅三藐三菩提」，即過其夜，便轉法輪。	(肆) ❶彼諸菩薩以種種若干菩薩(之)「神通」，供養月上如來已，白佛言：(月上)世尊！是虛空印菩薩摩訶薩，竟(過後)「十小劫」時，(將)轉於無上「正法」輪耶？ ❷(月上)佛言：如是，如是！善男子！是「十小劫」盡時，是虛空印菩薩摩訶薩，當成「阿耨多羅三藐三菩提」；所「成佛」夜，即於「夜」為諸菩薩轉「正法」輪。其有菩薩於「十小劫」中，從(虛空印菩薩)其聞「入一切種智行」陀羅尼門善根成就。
(伍) ①爾時，虛空印菩薩摩訶薩成「阿耨多羅三藐三菩提」已，即過其夜，轉「正法輪、不退法輪、無上法輪」。	(伍) ①虛空印菩薩成「阿耨多羅三藐三菩」時，即於是夜轉「正法輪、不退轉輪、最上輪」，令無數億「那由他」百千菩薩住「不

②爾時，會中無量無邊百千億「那由他」菩薩，先從虛空印菩薩於「十中劫」受是「陀羅尼門」者，得「不退轉」，(證)有「一生補處」(eka-jāti-pratibaddha，菩薩之最高「等覺」菩薩位。彌勒即屬爲「一生補處」之菩薩)，當得「阿耨多羅三藐三菩提」。	退轉」。 ②其(於)諸菩薩，於「十小劫」，從其(虛空印菩薩)聞說「入一切種智行」陀羅尼法門者，爾時皆得「一生補處」(eka-jāti-pratibaddha，菩薩之最高「等覺」菩薩位。彌勒即屬爲「一生補處」之菩薩)。
㊐善男子！若有菩薩，「不多」(喻時間很少)修學是「陀羅尼」者，於當來世(即)得過「初地」上「二住位」，不退轉於「阿耨多羅三藐三菩提」，決定得是「陀羅尼」門。	㊐其諸菩薩(若)有小聞(是)法，是時皆得登「住地」，不退轉「阿耨多羅三藐三菩提」，爾時皆具得是「陀羅尼」。

一－16 日月尊如來為虛空印等諸菩薩示現「那羅延、莊嚴光、金剛場、輪鬘」等四種三昧神通變化，能令尚未成佛之虛空印馬上具有不可思議的「轉法輪與度眾」力量

北涼・曇無讖 譯 《悲華經》	秦・譯者佚 名 《大乘悲分陀利經》
㊀如是說已，日月尊如來為諸菩薩「示現」種種「神足」變化。「示現」是已，為虛空印菩薩摩訶薩(虛空印即是無所畏，就是無諍念王之第五王子無所畏，後來成佛名爲蓮華尊如來)示現「那羅延」三昧。汝(若能)得是定，便當得受「金剛」之身。	㊀時月上如來・應供・正遍知，為諸菩薩摩訶薩「現」佛種種「神通變化」已，為虛空印菩薩(虛空印即是無所畏，就是無諍念王之第五王子無所畏，後來成佛名爲蓮華尊如來)「現」三昧，名「那羅延」，令受「金剛」身。
㊁(日月尊如來)復為(虛空印菩薩)示現一切「莊嚴」三昧光明：善男子！(虛空印菩薩)汝雖(仍)未(開始)轉是「正法輪」，(但你將於)夢(中開始)為諸菩薩說此「陀羅尼」門。(虛空印菩薩)汝於爾時，便為已得如來身分「三十二相、八十種好」，亦當放此一切「莊嚴」三昧(之)光明，(能)遍照無量一切世界，復於	㊁(月上如來)現「莊嚴光」三昧，令(虛空印菩薩於)未轉法輪(之時)，(可連續於)「十小劫」中，為諸菩薩說是「入一切種智行」陀羅尼法門。諸佛世界皆見其(虛空印菩薩)現「佛身」，相好光明。

「光」中得見無量無邊諸佛。	
(參)(日月尊如來)復為(虛空印菩薩)示現「金剛場」三昧，以「三昧力」故，(虛空印菩薩)雖未「坐道場」菩提樹下、未轉「法輪」，(但)已能(開始)為諸菩薩說微妙法。	(參)(月上如來)現「金剛輪」三昧，令(虛空印菩薩能)坐菩提座，(雖)未(開始)轉法輪，(但已能)為諸菩薩說種種法。
(肆)(日月尊如來)復為(虛空印菩薩)示現「輪鬘」三昧，以(此「輪鬘」之)三昧力故，(虛空印菩薩就能)尋(即刻)轉法輪，(當虛空印菩薩開始)轉法輪時，(便會)有無量無邊百千億「那由他」菩薩當得「畢定」(同「必定」，此指「必定菩薩」。指必定會成就「佛位」之菩薩。「必定」義同於「正定聚、不退轉」)。	(肆)(月上如來)現「輪鬘」三昧，令(虛空印菩薩將來能)轉法輪。(到)時(會有)無數億「那由他」百千眾生，得「不退轉」地。

一－17 虛空印菩薩於日月尊佛「滅度」後便成佛為蓮華尊佛，有無量百千億菩薩得此「解了一切陀羅尼」門，皆發「阿耨菩提心」

北涼‧曇無讖 譯《悲華經》	秦‧譯者佚 名《大乘悲分陀利經》
(壹)爾時，虛空印菩薩摩訶薩(虛空印即是無所畏，就是無諍念王之第五王子無所畏，後來成佛名為蓮華尊如來)聞(日月尊如來之)說是已，尋即自知當「轉法輪」，(便)歡喜踊躍，(虛空印菩薩)與無量菩薩共供養(日月尊)佛。作供養已，各各自入諸「樓觀」中。	(壹)虛空印菩薩(虛空印即是無所畏，就是無諍念王之第五王子無所畏，後來成佛名為蓮華尊如來)，既知(未來將)轉法輪，(虛空印菩薩便)與無數菩薩眾供養(月上如來)世尊已，各還上寶臺。
(貳)爾時，彼(日月尊)佛即於其夜入「無餘涅槃」。時諸菩薩過其夜已，供養(日月尊如來)舍利。	(貳)即於是夜，彼月上如來‧應供‧正遍知，入「無餘涅槃」。
(參)(諸菩薩)既供養(日月尊如來之舍利)已，各各還入「寶樓觀」中。他方菩薩(則)各各自還(返於)「本佛」(之)世界。	(參)彼諸菩薩所應供養(月上如來)世尊舍利，供養已竟，各各還昇「寶臺」，其餘菩薩各還本土。

㊃(有已證)「一生菩薩」(eka-jāti-pratibaddha，菩薩之最高「等覺」菩薩位。彌勒即屬爲「一生補處」之菩薩)於「十中劫」(仍然在)入「滅盡定」(nirodha-samāpatti。滅受想定;滅盡三昧)，(而)其餘(未入「滅盡定」之)菩薩，(則)因虛空印(講)說「妙法」故，(聽)滿「十中劫」，(獲)得種善根。	㊃於中(有已證)「一生補處」菩薩(eka-jāti-pratibaddha，菩薩之最高「等覺」菩薩位。彌勒即屬爲「一生補處」之菩薩)，(則繼續)入「滅心三昧」(nirodha-samāpatti。滅受想定;滅盡三昧)，(繼續於)「十小劫」中，寂然而住。
㊄是虛空印菩薩摩訶薩，始於「昨夜」成「阿耨多羅三藐三菩提」，即於今日轉「正法」輪，示現種種「神足」變化，令百千億「那由他」無量衆生，於「阿耨多羅三藐三菩提」不退轉。	㊄時虛空印菩薩，尋即為諸菩薩摩訶薩「十小劫」中具說諸法，令衆菩薩種諸善根。彼於昨夜得成「阿耨多羅三藐三菩提」，即於是夜便「轉法輪」，現「大神通」，令無數億「那由他」百千衆生，住不退轉「阿耨多羅三藐三菩提」。
㊅(虛空印菩薩)我今於此(亦復)說是「(解了)陀羅尼門」時，亦有八十那由他百千菩薩得「無生忍」；(有)七十二億衆生於「阿耨多羅三藐三菩提」不退轉；(有)七十二「那由他」百千菩薩得是「解了一切陀羅尼」門；(有)無量無邊天與人發「阿耨多羅三藐三菩提」心。	㊅是時(虛空印菩薩)復說(此)「入一切種智行」陀羅尼門，(有)八十那由他百千菩薩，得「無生法忍」；(有)九十二億衆生，得不退轉「阿耨多羅三藐三菩提」；(有)七十二那由他百千菩薩得是「入一切種智行」陀羅尼門；(有)無數諸天世人，發「阿耨多羅三藐三菩提」心。

一－18 釋迦佛回答解脫怨憎菩薩，須具有「四、五、六」種輔助之法，且連續「七年」皆如此修法，專意讀誦如是咒語，即可獲得「解了一切陀羅尼」之成就。不識本心，學法無益，誦咒無益

北涼・曇無讖 譯 《悲華經》	秦・譯者佚 名 《大乘悲分陀利經》
㊀爾時，會中有菩薩名解脫怨憎，白(釋迦)佛言：世尊！菩薩摩訶薩(須)成就幾法？(方)能修集是「解了一切陀羅尼」門？	㊀爾時，解怨菩薩白(釋迦)佛言：世尊！菩薩(需)具足「何法」？(方能)得是「陀羅尼」(之成就)？
㊁(釋迦)佛告解脫怨憎菩薩言：善男	㊁(釋迦)佛言：菩薩具足「四法」，(方能)

子！菩薩(若)成就「四法」，則能修是「陀羅尼」門(成就)。 何等為四？菩薩住是「四聖種」(四種能生「眾聖」之種子。衣服喜足聖種、飲食喜足聖種、臥具喜足聖種、樂斷樂修聖種。前三者爲隨得食、衣、住之喜悅而滿足，令人知足少欲，後一種爲斷煩惱、修聖道之「欣悅」，從而引生「聖果」，故稱爲「聖種」)中，於： ❶麁衣。 ❷食。 ❸臥具。 ❹醫藥，常得知足。 (人生應永遠往下比＝知足滿足心增加＝無怨無悔＝心無罣礙＝煩惱消失＝業障消除＝智慧增加)	得是「陀羅尼」(之成就)。 何謂為四？菩薩住「四聖種」(四種能生「眾聖」之種子。衣服喜足聖種、飲食喜足聖種、臥具喜足聖種、樂斷樂修聖種。前三者爲隨得食、衣、住之喜悅而滿足，令人知足少欲，後一種爲斷煩惱、修聖道之「欣悅」，從而引生「聖果」，故稱爲「聖種」)。 ❶隨所得衣，以為喜足。 ❷隨所得食，以為喜足。 ❸隨得房舍、臥具，以為喜足。 ❹隨所得藥，以為喜足。
菩薩成就如是「四法」，則能修是「陀羅尼」門。	菩薩具足是「四法」，得修是「陀羅尼」。
㊂復次，善男子！菩薩摩訶薩成就「五法」，則能修是「陀羅尼」門。 何等為五？ ①自持「禁戒」，所謂「愛護解脫」戒，成就「威儀」行。 ②防護「戒法」，(應常)心生怖畏，(就像)如「小金剛」(心如小小的金剛附體一樣，應隨時不讓它造業，莫以惡小而爲之，莫以善小而不爲)。 ③受持修學一切諸戒；(若)見「破戒者」，(應)勸令「持戒」； (若)見「邪見」者，(應)勸令(生)「正見」； (若見)「破威儀」者，(應)勸住(於)「威儀」。 ④(若)見「散心」者，(應)勸令「一心」。 ⑤見有好樂於「二乘」者，(應)勸令安住「阿	㊂菩薩摩訶薩復具「五法」，得修「入一切種智行」陀羅尼門。 何謂為五？ ①自持戒「波羅提木叉」(prātimokṣa 遠離諸煩惱惑業而得解脫所受持之戒律；別解脫戒)，以自「防制」，威儀具足。 ②乃至「小罪」，(心即)生大怖畏，應如是學。 ③(若有)不持戒者，(應)勸令「持戒」使住其中； (若)無「正見」者，勸令「正見」，使住其中； (若)無「威儀」者，勸「正威儀」，使住其中。 ④(若見)「邪意」衆生，(應以)「正意」勸之，令住其中。 ⑤(若有)學「聲聞、辟支佛」者，(應)以「阿

耨多羅三藐三菩提」。 菩薩成就如是五法，則能修是「陀羅尼」門。	耨多羅三藐三菩提」，勸之令住其中。 菩薩摩訶薩具是五法，得「入一切種智行」陀羅尼門。
㊃復次，善男子！菩薩成就「六法」，則能修是「陀羅尼」門。 何等為六？ ❶自修「多聞」，通達(法義而)無閡ㄏㄜˊ(隔閡)。(若)見「寡聞」者，(應)勸令「多聞」。 ❷自不「慳ㄑㄧㄢ、悋ㄌㄧㄣˋ」，(若)見「慳、悋」者，(應)勸令安住(於)不「慳、悋」法。 ❸自不「嫉妬」，(若)見「嫉妬」者，(應)勸令安住(於)不「嫉妬」法。 ❹自不「怖」他，(應)施以「無畏」。(若)見「怖畏」者，(應)為作擁護，(以)善言誘喻，使(彼)得「安隱」。 ❺心不「諛ㄩˊ諂ㄔㄢˇ」，無有「姧ㄐㄧㄢ詐」。 ❻(常)行「空三昧」。 菩薩成就如是六法，則能修是陀羅尼門。	㊃菩薩復具足「六法」，得是「陀羅尼」。何謂為六？ ❶已(累)積「多聞」，(若)見「少聞」者，(應)勸使「多聞」，令(多聞)住其中。 ❷❸自不「慳、悷(古同「嫉」)」，(若見)「慳、悷」眾生，(應)勸使布施，令(不慳嫉)住其中。 ❹不惱眾生，(應)施以「無畏」；(應)救「恐畏」者，令得解脫。 ❺不誑「諂ㄔㄢˇ偽」。 ❻常樂「空靜」。 菩薩具是六法，得「入一切種智行」陀羅尼門。
㊄菩薩摩訶薩成就如是「相貌法」(指上面所説的「四、五、六」種法門)已，(連續)於「七歲」(年)中，「總略」(總集略括)一切「陀毘梨」(Drāviḍalipi 陀毘荼國書，南天竺)章句。(能於)晝夜六時，頭面恭敬，一心思惟(專意精誠的一心誦咒)，緣(於)「身念」(之)處，(應)行「空三昧」，(並)讀誦如是「陀毘」(Drāviḍalipi 陀毘荼國書，南天竺)章句。	㊄菩薩具如是法，略備(略括具備)一切(指上面所説的「四、五、六」種法門)，(應連續)於「七年」中，住「空閑」(安靜;空寂)處，(如)是呪章句，(能於)晝夜六時，叉手(恭敬合掌)專意，而「讀誦」之：
即於(開始持咒)起時，(應)遍念(皈依頂禮並稱念)十方一切世界無量「諸佛」。	(開始持咒)起時(應)普修(先禮請十方諸佛的一種「普廣」修法)，(應遍)念十方現在「諸佛」(指應先皈依頂禮並稱念十方諸佛)。

㊅是菩薩摩訶薩過「七歲」(年)已，即便得是「解了一切陀羅尼」門(之成就)。	㊅彼菩薩摩訶薩竟「七年」已，得是「入一切種智行」陀羅尼門(之成就)。

一一19 此「解了一切陀羅尼」門，能得如是種種大利益事，損滅惡業、增諸善根，所有「五逆」重惡罪等，於此世今生「轉身」後，便得永盡無餘

北涼・曇無讖 譯 《悲華經》	秦・譯者佚 名 《大乘悲分陀利經》
㊀菩薩得是「(解了一切)陀羅尼門」已，便得如是「聖清淨眼」(應指「天眼」)；得是眼已，(便能)見於十方如恒河沙等世界中，在在處處(的)諸佛世尊(之)不取「涅槃」(指的是「現在仍住世之諸佛」)，亦(能)見示現種種無量「神足變化」。	㊀得如是「(入一切種智行)陀羅尼」已，得如是「聖明慧眼」(應指「天眼」)；(便能得)見於十方恒河沙數世界中，(所有)現在住世(之)諸佛(所)現(之)大光明。
㊁是菩薩爾時悉(能)「見」一切無量「諸佛」(而)無有遺餘，以(能)「見佛」故，即得八萬四千「陀羅尼」門，(及得)七萬二千「三昧」門，(與)六萬「法門」。	㊁(待)見彼諸佛「神通」已，(便)得八萬四千「陀羅尼」門，(能)得七萬二千「三昧」門，(及)得六萬「法門」。
㊂ ❶(若)菩薩摩訶薩(能)得是「解了一切陀羅尼」門已，復於眾生得「大慈悲」。 ❷復有菩薩摩訶薩得是(解了一切陀羅尼)法門已，所有「五逆」重惡罪等，(此世今生)轉身便得永盡無餘。(待至)第三生已，(能滅)盡一切(餘業)業，得「第十住」。 ❸若無(造作)「五逆」，(則)其餘(曾造作過的)諸業，即於此身永盡無餘，過「一生」(eka-jāti-pratibaddha，菩薩之最高「等覺」菩薩位。彌勒即屬爲「一生補處」之菩薩)已，得「第十住」，不久便得「三十七(道)品」及「一切智」。	㊂ ❶(若)菩薩摩訶薩得是「入一切種智行」陀羅尼門，(只要)得陀羅尼已，(便能)得「大慈悲」。 ❷若得是(入一切種智行)陀羅尼，菩薩摩訶薩設有「五無間罪」，(待)捨是身已，即得除滅(五無間罪)，(待)轉至「三身」，(便)無復「餘習」，(能)得登「十地」。 ❸設菩薩(若)無(造作)「無間罪」，(則)其餘(曾造作過的)諸罪，皆悉「除盡」，轉身得登「十地」，不久得「三十七助菩提法」，成「一切種智」。

㊃善男子！是「解了一切陀羅尼」門，能「大利益」諸菩薩摩訶薩。 ①若菩薩(能)常念諸佛「法身」故，(便)得見種種(諸佛之)「神足」(神通具足)變化； ②見是(變)化已，即得如是無漏「歡喜」； ③因「歡喜」故，便成如是「神足」變化； ④以「神足」力，則能供養如恒河沙等世界諸佛； ⑤得供養已，於諸佛所亦聽受妙法； ⑥聽受法故，即得「陀羅尼、三昧、忍辱」，便還來至此佛世界(釋迦佛之婆婆世界)。	㊃善男子！是「入一切種智行」陀羅尼門，如是大饒益菩薩摩訶薩。 ①堅衆(堅定道心之眾)菩薩摩訶薩，(能)見(諸)佛世尊所現「神通」； ②得如是「聖法喜」； ③如是「神通」備足； ④以是「供養」恒河沙世界諸佛世尊已； ⑤於諸佛所聞種種法； ⑥得「三昧、忍辱、陀羅尼」已，還來此土(釋迦佛之婆婆世界)。
㊄善男子！是「(解了一切)陀羅尼」門，能作如是大利益事，損滅「惡業」、增諸「善根」。	㊄善男子！是「入一切種智行」陀羅尼門，如是「饒益」菩薩摩訶薩，(能)除諸「業障」，善根「增長」。

一－20 有菩薩作如是言：我等已於過去一到九「恒河沙」等諸佛所，曾聞是「解一切陀羅尼」門，聞已即得

北涼・曇無讖 譯 《悲華經》	秦・譯者佚 名 《大乘悲分陀利經》
㊀爾時，有諸菩薩白佛言：世尊！我等於過去如「一恒河沙」等諸佛所，(已得)聞是(解了一切)陀羅尼門，聞已即得。	㊀復有菩薩作如是言：世尊！我等於過去「九恒河沙」數現在住世諸佛世尊所，聞得是(入一切種智行)陀羅尼。
㊁復有菩薩作如是言：我等已於「二恒河沙」等諸佛所，(已得)聞是(解了一切)陀羅尼門，聞已即得。	㊁復有菩薩作如是言：「二恒河沙」數聞。
㊂復有菩薩作如是言：我等已於「三恒河沙」等諸佛所，(已得)聞是(解了一切)陀羅尼門，聞已即得。	㊂復有三(恒河沙)。

㊃復有菩薩作如是言：我等已於「四恒河沙」等諸佛所，(已得)聞是(解了一切)陀羅尼門，聞已即得。	㊃復有四(恒河沙)。
㊄復有菩薩作如是言：我等已於「五恒河沙」等諸佛所，(已得)聞是(解了一切)陀羅尼門，聞已即得。	㊄復有五(恒河沙)。
㊅復有菩薩作如是言：我等已於「六恒河沙」等諸佛所，(已得)聞是(解了一切)陀羅尼門，聞已即得。	㊅復有六(恒河沙)。
㊆復有菩薩作如是言：我等已於「七恒河沙」等諸佛世尊，(已得)聞是(解了一切)陀羅尼門，聞已即得。	㊆復有七(恒河沙)。
㊇復有菩薩作如是言：我等已於「八恒河沙」等諸佛所，(已得)聞是(解了一切)陀羅尼門，聞已即得。	㊇復有八(恒河沙)。
㊈復有菩薩作如是言：我等已於「九恒河沙」等諸佛所，(已得)聞是(解了一切)陀羅尼門，聞已即得。	㊈復有九(恒河沙)，作如是言：世尊！我等於過去「九恒河沙」數現在住世諸世尊所，(已)聞得是「入一切種智行」陀羅尼門。

一－21 過去十恒河沙劫，有世界名微妙清淨一切莊嚴，有佛名娑羅王佛，彼佛為彌勒菩薩宣講「解了一切陀羅尼」門。今釋迦佛亦為彌勒授「佛職」

北涼‧曇無讖 譯 《悲華經》	秦‧譯者佚 名 《大乘悲分陀利經》
㊀爾時，彌勒菩薩摩訶薩白(釋迦)佛言：世尊！ ❶(彌勒)我於往世過「十恒河沙」等劫時，	㊀彌勒菩薩摩訶薩作如是言： ❶過去「十恒河沙」數劫，大劫名刪提蘭

有大劫名善普遍。於此劫中，是娑婆世界(名爲)微妙清淨一切莊嚴。	(Saṇḍilya)，是佛國土，名一切瓔珞嚴飾。
❷爾時，有佛出現於世，號娑羅王如來·應·正遍知·明行足·善逝·世間解·無上士·調御丈夫·天人師·佛·世尊。	❷爾時有佛，名娑隣陀羅闍明行足·善逝·世間解·無上士·調御丈夫·天人師·佛·世尊。
❸有無量百千億「那由他」比丘僧，復有不可計諸「菩薩」摩訶薩恭敬圍遶。	❸無數億那由他百千「比丘僧」圍遶，如是無數「菩薩」圍遶。
㊁	㊁
①爾時，娑羅王佛(亦)為諸大衆說是「解了一切陀羅尼」門，(彌勒)我於爾時，從彼(娑羅王)佛所，得聞是(解了一切陀羅尼咒)法，聞已修學，學已即得，增廣具足。	①(娑隣陀羅闍佛亦)說是「入一切種智行陀羅尼」門。(彌勒)我從彼(娑隣陀羅闍佛)聞是「陀羅尼」，修行滿足(圓滿具足)。
②(彌勒我於)如是無量無邊劫中，有不可計阿僧祇佛(之前)，(彌勒)我於爾時，隨其壽命，(並)以諸菩薩所得(之)種種「師子遊戲自在三昧」，供養如是「無量諸佛」。	②(彌勒我於)如是無數劫，復過無數「阿僧祇」過去(之)諸佛世尊(前)，(我以)現在住世(之)無數阿僧祇「菩薩」(之)神通，(一同)供養彼「諸佛世尊」已。
③(彌勒)我於爾時，便得於此一一佛所，種無量無邊不可稱計「阿僧祇」(之)善根；種善根已，即得無量「大功德」聚；以是「善根」故，(有)無量諸佛與(彌勒)我「授記」。	③(彌勒我於)一一佛所，種無量「阿僧祇」無稱無邊(之)諸善根福德，以是「善根」，(便受)多千諸佛「授我記」。
④(彌勒我)以「本願」故，久在「生死」，以「待時」故，(暫)不成「阿耨多羅三藐三菩提」。	④(彌勒)我「待時」，(因)「本願」故，久住世間，(所以暫)不先成「阿耨多羅三藐三菩提」。
⑤(釋迦)世尊！惟願如來，於今與(彌勒)我「受佛職位」，令得「阿耨多羅三藐三菩提」。	⑤今日(釋迦)世尊，授(彌勒)我「法王子位」解脫鬘，結「阿耨多羅三藐三菩提」。
㊂爾時，(釋迦)佛告彌勒菩薩摩訶薩：如是，如是！如汝所說。(於)娑羅王佛(還)現「在世」(之)時，(彌勒)汝已得是「解了一切陀羅尼」法門。	㊂爾時(釋迦)世尊告彌勒菩薩：如是，如是！彌勒阿逸多！如汝所言，於娑隣陀羅闍如來·應供·正遍知(之)所，(你已)聞得是「入一切種智行陀羅尼」門。

㊃ ❶彌勒！汝於過去「十大劫」中，若欲(早早)願成「阿耨多羅三藐三菩提」者，汝於爾時，尋應具足「速疾」成就「阿耨多羅三藐三菩提」，(並)入「無餘涅槃」。 ❷彌勒！汝(暫且)久住「生死」，以「本願」(之)故，所以(暫)不成(佛)，以「待時」故。 ❸彌勒！(釋迦)我今為汝「受佛職位」。	㊃ ❶汝彌勒！欲成「阿耨多羅三藐三菩提」者，(你)於「十大劫」中，(早早)便可滿足「如來」(之)意。汝彌勒！(早早便能)如是「速疾」以無上「般涅槃」，(並)入「無餘涅槃」。 ❷汝彌勒！乃(暫且)能樂久「住世」，以「本願」(之故)，(以)「待時」故。 ❸彌勒！汝今於(釋迦)我所「授法王子職」。

一－22 釋迦佛宣說「十二因緣解脫章句」等咒語，諸天、龍、夜叉、阿修羅等聞後，皆得大利益，能發「阿耨成佛心」與得「不退轉」

北涼・曇無讖 譯 《悲華經》	秦・譯者佚 名 《大乘悲分陀利經》
㊀爾時，(釋迦)世尊觀諸大衆及諸菩薩、比丘、比丘尼、優婆塞、優婆夷、天、龍、夜叉、阿修羅、羅刹、乾闥婆、人、非人等，作是觀已，說是章句：	㊀爾時(釋迦)世尊普觀大衆，菩薩摩訶薩、比丘、比丘尼、優婆塞、優婆夷、天、龍、阿修羅、夜叉、羅刹、乾闥婆、人非人等，觀已，即於是時，說是呪句曰：
㊁ ❶帶哆浮彌　檀陀浮彌　曇摩陀浮彌　伽帝浮彌　蜜帝浮彌　般若浮彌　毘舍羅闍浮彌　鉢帝三毘多浮彌　阿耨差婆浮彌　阿婆差浮彌　三摩多博差摩博差浮彌　闍帝叉裔浮彌　三扠闍毘扠闍　波羅扠闍　毘舍伽達舍婆帝毘舍陀帝羅那　羅伽伽　三扠舍婆多毘摩帝揄波醯羅羅伽摩　阿吒扠羅婆舍僧伽摩　伊帝朱羅失帝彌文陀羅陀呵羅跋帝般若浮多　阿陀伽彌多娑	㊁ ❶怛哆羅浮彌　檀哆浮彌　曇摩陀浮彌　加帝浮彌　悉彌　離帝浮彌　波羅若浮彌鞞舍伽羅滯(除若反)浮彌　波羅帝三毘　大浮彌　阿慉釵波浮彌　吉略波羅伯　廢浮彌　三摩哆波利差慕俾　叉浮彌闍帝　叉那浮彌　三牟闍毘牟闍　波羅牟闍毘　舍加羅達舍婆帝毘舍吒　帝羅那　伽伽羅伽羅婆母賒　婆哆毘摩帝　愈波醯羅　煙羅伽置(彌闍反)闍賴吒目邏婆尸　僧伽羅

圖沙槃多　伊羅耶尼羅耶　阿呼薩吒阿牧陀牧阿他婆帝伽樓婆帝　帝醯那提　婆阿迦那摩帝　婆迦那摩帝三彌帝毘娑婆地　禕陀婆羅禕陀婆羅　阿羅多羅　拘留沙兜樓沙賴摩羅留他多留他　薩婆他　薩婆他遮尼留他提呵多多醯頗羅　婆睺頗羅薩婆頗羅世吒婆提	磨　伊帝朱羅婆帝　彌企文陀邏　陀呵羅婆帝　波羅若浮哆呵　大迦羅彌哆　沙度沙槃　哆伊羅夜尼羅夜阿睺娑吒　阿陀羅置阿梨他　婆帝　求留婆帝帝醯那提汎(浮啖反)阿迦那婆帝婆迦那帝沙彌帝毘沙婆煙㗛吒　婆邏頗吒邏怛哆邏鳩留師席　兜留師磨邏留師　磨邏留他　他留緹薩婆多薩婆多　薩婆多　柘阿尼樓馱地呵他多醯頗邏　婆睺頗邏薩哆　頗邏失吒婆帝
❷說是雜「十二因緣解脫章句」時，有六十「那由他」諸天見「四聖諦」。	❷世尊為諸天說是「十二因緣解脫句」，六十「那由他」諸天，得見「聖諦」。
㊂爾時，(釋迦)世尊復說章句： ①帶頗嵐　阿伽頗嵐　羅羅頗嵐　阿羅頗嵐尼羅呼羅　婆婆多驃　伊曇頗嵐尼監頗嵐　南無陀鹽　毘浮蛾　般若遮伽　阿㝹毘地遮迦　闍尼遮迦	㊂ ①恒頗嵐鴦伽邏頗　嵐羅羅頗　阿羅頗尼　羅呼邏　婆婆哆驃　伊曇嵐　扼蛇磨頗　嵐那母馱　炎毘得伽波羅若遮迦阿耨毘梨　帝遮迦　闍昵遮迦羅
②說是「解脫章句」時，有一億「諸天」，發「阿耨多羅三藐三菩提」心，皆得不退轉。	②以是「解脫句」，十億「那由他」天，發「阿耨多羅三藐三菩提」心，即得「不退轉」。
㊃爾時，(釋迦)世尊復說章句： ❶波拖　蘇摩都　阿㝹摩都　阿拘摩都鵄陀婆拘　摩哆他陀舍羅　毘篋跛他伊呵世鐵多蘇禰摩　蘇帝啢拏帝(利惠)阿路拘(光明)阿提鬪拏(大默然) ❷說是解脫章句時，六萬四千「諸龍」，發「阿耨多羅三藐三菩提」心，皆得「不退轉」。	㊃ ❶波施蘇摩妬阿奴摩妬阿鳩摩妬尸馱婆句磨多邏邏他阿舍羅　毘波羅婆他伊舍絺哆　修尼磨　胝差磨帝　阿盧駒頞　規覺師那 ❷以是解脫句，六万四千「龍」，發「阿耨多羅三藐三菩提」心，即得「不退轉」。
㊄爾時，(釋迦)世尊復說章句：	㊄

①阿叉修跋叉　修婆沙波曼陀那　阿羅住婆伽羅厨　迦羅茶叉　悉曇摩帝三曼多　荖阿叉婆隸　醯吒迦路摩訶婆隸　烏闍陀路　陀羅尼　醯伽羅叉　拘陀叉　拘婆叉　鞞路布　毘留波目佉　勢帝嗐哆　勢帝婆隸阿修路比那　修路波摩提	①修婆叉　修婆婆婆羅摩他那　阿羅住婆伽羅住伽婆羅住伽羅耀叉　悉大磨帝　娑曼哆（叉句反）惡叉婆隸俣吒迦盧　摩訶婆隸嗚闍阿盧陀羅那　俣伽勒叉　鳩陀叉毘留蔪　毘留蔪目佉賖帝呵悉多賖帝婆隸　阿脩路　毘那修路　波羅磨地
②說是解脫章句時，十二億「夜叉」，發「阿耨多羅三藐三菩提」心，皆得「不退轉」。	②以是解脫句，十二億「夜叉」，發「阿耨多羅三藐三菩提」心，皆「不退轉」。
㉖爾時，（釋迦）世尊復說章句：	㉖
❶阿㖒卑　梨離　尼帝㖒　珊帝㖒　伽帝抳　那迦彌　阿藍彌　波嵐彌　阿陀彌摩陀彌　摩帝彌　珊尼阿　守隸陀羅尼　阿毘舍多　薩陀　薩提婆薩那伽　薩夜叉　薩阿修羅提婆那伽尼六帝隸婆羅　尼六帝羅毘蜜帝般若般梨跋多末帝　婆利羅毘伽帝提　帝波利波羅伽帝提帝羅毘弗婆翅毘闍禰毘薩遮利畔多　阿毘陀那畔多　首羅畔陀到羅毘梨耶毘陀毘多毘畔坻　毘娑婆禰　末伽文陀毘舍鉢利劍摩　禰叉波羅呼　烏呵羅路提羅波都　阿修羅文陀那伽叉文陀　夜叉文陀　羅利文陀　鞞提　鞞提彌多卑　多多卑烏拏那咩　婆佉提　陀羅尼阿毘舍多提舍首陀尼　波翅輸提　耆婆輸陀尼波翅波利羯磨　帝摩帝伽帝趺帝伽那波帝婆羅那拂提闍耶　遮加輸若陀遮迦　卑夜	❶頞利剃毘梨隸眤緻剃珊緻剃　伽緻寗那伽脒　阿羅㥞　阿馱脒　磨帝脒珊眤呵首隸　陀羅尼夜阿鞞　尸哆薩因陀羅薩提婆　薩那伽　薩夜阿脩邏提婆那伽眤留帝波利　波羅眤留帝羅毘悉眤留帝　波羅若　波利波邏磨伽帝直力　帝羅毘弗婆只㥞　視禰㥞薩遮利多槃哆　阿毘帝　那槃哆　首羅槃哆　指利那　毘梨蛇槃姡　毘馱槃帝毘三婆袛末伽文陀羅達舍波利　羯摩眤叉　波羅嗅十烏呵羅奴提羅婆頭修羅文陀　羅那伽文陀羅　夜叉文陀羅枯邏　叉肆文阿羅　㥞題彌　多薜多多薜欝率禰　那彌婆羅佉滯那那帝陀羅尼夜阿卑賖哆提舍輪陀禰婆柘（諸若反）輪地捨破輸陀禰婆指波利羯磨　波羅若　浮地悉勿帝磨帝　伽帝直力帝　伽那波　羅帝薩羅那浮闍地耶遮吉利　首若哆遮吉利　婆耶
❷（釋迦佛）說是解脫章句已，五萬六千「阿修羅」，發「阿耨多羅三藐三菩提」心，皆得「不退轉」。	❷以是解脫句，五萬六千「阿修羅」，發「阿耨多羅三藐三菩提」心，「不退轉」於「阿耨多羅三藐三菩提」心。

一一23 釋迦佛告無所畏平等地菩薩：諸佛世尊能「出世」甚難！如來能宣說「咒語章句」，此乃佛之「五分法身」所薰修的功德，能讓菩薩獲種種功德

北涼・曇無讖 譯 《悲華經》	秦・譯者佚 名 《大乘悲分陀利經》
㊀爾時，(釋迦)世尊告無所畏平等地菩薩摩訶薩言：善男子！諸佛世尊「出世」甚難，(能)演布是法，乃復倍難。	㊀爾時，(釋迦)世尊告無畏地菩薩：甚難！善男子！諸佛如來出現於世。
㊁是法(指上面所説的陀羅尼咒法)乃是(釋迦佛之)「戒、定、慧、解脫、解脫知見」之所「熏修」。善男子！如是(咒語)「章句」能令菩薩(之)「威德」成就。	㊁(上面所説的陀羅尼咒法皆是釋迦佛之)「戒、定、慧、解脫、解脫知見」(之所薰修)，(若能)修習「呪句」，是亦為難，以(這些咒語能)饒益衆生，成就菩薩「功德」故也。
㊂ ❶善男子！如來本行「菩薩道」時，(曾)以「布施、持戒、忍辱、精進、禪定、智慧」攝(受)是「章句」，(並已)供養恭敬無量無邊百千萬億諸佛世尊。 ❷(如來曾)於「諸佛」所，或行「布施」，或修「梵行」，清淨「持戒」，或勤「精進」，或修「忍辱」，或入「三昧」，或修習「慧」。(因)種種修集「純善淨業」，是故(釋迦)我今(證)得「無上智」。	㊂ ❶善男子！如來本行「菩薩行」時，(修持)「布施、調善、忍辱、精進、禪定、智慧」滿足，(曾)親近億「那由他」百千多佛。 ❷(如來)或行「布施」、或「持戒」、或行「梵行」、或「修習」、或「精進、忍辱」、修「成就定」，親近「學慧」多。(因)種種若干「善業」滿足，以是(釋迦)我今(證)得「無上智」。
㊃ ①善男子！(釋迦)我昔於無量阿僧祇億「那由他」劫，修菩薩道時，身常遠離「妄語、兩舌、惡口、綺語」，是故(釋迦)我今得是(廣長)舌相。 ②善男子！以是因緣故，諸佛世尊所說真實，無有虛妄。	㊃ ①善男子！(釋迦)如來本行菩薩道時，於億百千「那由他」多劫，口無「四過」，「不妄言、不綺語、不麤辭、不兩舌」，緣是得成「廣長舌相」。 ②善男子！如來所說，終無虛妄。

一一24 釋迦佛示現種種神通，入「遍一切功德三昧」，放光救度「三惡道」眾生。獲得「化佛」開示「前世罪業因果」後，「自己發心」的稱唸「三皈依」，與生「大懺悔」及「責究罪過」，即可獲得解脫轉生至「天上」或「人中」

北涼・曇無讖 譯 《悲華經》	秦・譯者佚 名 《大乘悲分陀利經》
㊀爾時，(釋迦)世尊示現種種「神足變化」，作變化已，入「遍一切功德三昧」。(釋迦佛)入是(遍一切功德)三昧已，(便)出「廣長舌」，遍覆面門，從其「舌根」放六十億「光明」，其「光」微妙遍照三千大千世界，「地獄、餓鬼、畜生、天、人」，皆蒙其光。	㊀爾時(釋迦)世尊即於座上，欲現「神通」入于三昧，名「集一切福德」。(釋迦佛便)出「廣長舌相」，以自覆面。於其「舌相」放十億「光」，是諸「妙光」，普照三千大千世界，「地獄、餓鬼、畜生、人、天」，無不周遍。
㊁(若有)「地獄」眾生，身(遭)熾然者，以蒙(佛)「光」故，於須臾間，(便)得「清涼」樂。	㊁(若有)「地獄」眾生，遭「焚燒」者，以斯(佛)「光」故，(便)有「涼風」(生)起，(地獄眾生便)暫得「受樂」。
㊂ ❶是諸(地獄)「眾生」即於其前，各有「化佛」，(皆具)「三十二相、八十種好」，莊嚴其身。 ❷爾時(地獄)眾生以見「(化)佛」故，皆得快樂，各作是念：蒙是人恩，令我得樂。(地獄眾生便)於「化佛」所，心得歡喜，叉手恭敬。	㊂ ❶於「地獄」(眾生)中，(於)一一人前，(有)「化如來」身，皆(具)「三十二大人之相」，(有)「八十種好」以自莊嚴。 ❷彼「地獄」人，以見「(化)佛」故，快樂充足，心生此念：蒙斯大士，我等今得歡喜，快樂。(地獄眾生便)於「(化)如來」所，心愛生「喜」恭敬。
㊃ ①爾時，(化)佛告彼諸(地獄)眾生：汝今稱「南無佛！南無法！南無僧」(意即地獄眾生若無法「自己發心」的稱唸「三皈依」的話，是無法得「解脫」的，並不是「旁人」幫代唸，就可以獲「解脫」的)，以是緣故，(便)常得「快樂」。 ②是諸(地獄)眾生，長跪叉手，前受(化)佛	㊃ ①(化)如來告彼(地獄眾生)：咄！汝眾生！作如是說：「南無佛！南無法！南無僧」(意即地獄眾生若無法「自己發心」的稱唸「三皈依」的話，是無法得「解脫」的，並不是「旁人」幫代唸，就可以獲「解脫」的)，能令汝得長夜「安隱」。 ②(地獄眾生)聞(化)佛語已，彼地獄(眾)人，

(之)教，而作是言：「南無佛！南無法！南無僧！」 ❸是諸(地獄)眾生，以是「善根」因緣故，於此命終，或(轉)生「天上」，或(轉)生「人」中。 (意即地獄眾生在「自己發心」的稱唸「三皈依」後，才能獲得「解脫」轉世到「天上」或「人間」而已，並不是馬上能轉世到「西方」去了極樂世界，或去了任何的佛國淨土)	(便)叉手合掌，作如是言：「南無佛！南無法！南無僧！」。 ❸彼「地獄」眾生，緣是「善根」，即捨「地獄」，或(轉)生「天上」，或(轉)生「人」中。 (意即地獄眾生在「自己發心」的稱唸「三皈依」後，才能獲得「解脫」轉世到「天上」或「人間」而已，並不是馬上能轉世到「西方」去了極樂世界，或去了任何的佛國淨土)
㈤ ①若有眾生，在「寒凍」地獄，是時尋有柔軟「煖風」來觸其身，乃至(轉)生(至)「天、人」中，亦復如是。 ②(若有)「餓鬼」眾生，為「飢渴」所逼，蒙「(化)佛光」故，(能)除飢渴惱，受於「快樂」。 ③(餓鬼眾生)亦各於前，有一「化佛」，(皆具)「三十二相、八十種好」，莊嚴其身，(餓鬼眾生)以見「佛」故，皆得快樂。 ④(餓鬼眾生)各作是念：蒙是人恩，令我得樂。(便)於「化佛」所，心得歡喜，叉手恭敬。	㈤ ①若有「寒氷」地獄眾生，(此時便有)「熱風」來吹，乃至得(轉)生(至)「人」中。 ②如是「餓鬼」(受)飢渴身然(燃)，(待化佛之)光明「照」已，(其)「飢渴火」滅，得受「快樂」。 ③(於)一一餓鬼，(有)「化佛」現前，(皆具)有「三十二大人之相、八十種好」，以莊嚴身。 ④彼(餓鬼眾生)見(化)佛已，(便)喜樂充足，於(化)世尊所，心生「喜愛」恭敬。
㈥爾時，(化)世尊令彼(地獄與餓鬼)眾生，得見「宿命」罪業因緣，尋自「(懺)悔、責(責究自己的罪過)」，以是善根，(地獄與餓鬼眾生)於中「命終」，(便得轉)生「天、人」中；「畜生」眾生，亦復如是。 (意即地獄與餓鬼眾生，必須在聽聞「化佛」對他們的「宿世罪業」因緣的「開示」，也就是知道自己的「前世今生因果業報」後，必須「自己」生「大懺悔」與「責究罪過、責備處罰、責治懲處」，才能獲得「解脫」轉世到「天上」或「人間」而已，並不是馬上能轉世到「西方」去了極樂世界，或去了任何的佛國淨土。問題是如果這些眾生沒有獲得「前世今生因果業	㈥(化)佛隨其語，而教化之。(地獄與餓鬼眾生)緣是「善根」，於中「捨身」，有(轉)生「天上」，有(轉)生「人」中。如是(度)化「畜生」，乃至(轉生至)「人、天」。

報」的「開示」，「自己」也沒有生起「大懺悔」與「責究罪過、責備處罰、責治懲處」，單單要憑「後人」幫忙超薦寫牌位迴向而獲得「解脫」的話，那就難上加難了，個人生死個人了） ㊦ ❶爾時，世尊為諸「天人」，(開)示「宿世因緣故，有無量無邊「眾生」，來至佛所，頭面作禮，却坐一面，聽受妙法。 ❷爾時，有不可計諸「天」及「人」，發「阿耨多羅三藐三菩提」心，(有)無數菩薩摩訶薩得「陀羅尼、三昧、忍辱」。	㊦ ❶是時(有)無數諸「天、世」人，詣如來所，各坐一面，而聽受法。 ❷即於爾時，(有)無數諸「天、世」人，發「阿耨多羅三藐三菩提」心，於中(有)無數「菩薩」，得「三昧、忍辱、陀羅尼」。

（《大乘悲分陀利經》的「十條」咒文與「三本」大異，對挍甚難，故今以宋、元對挍明本，別附卷末）

北涼・曇無讖 譯 《悲華經》	秦・譯者佚 名 《大乘悲分陀利經》
	㊀ 闍梨尼　摩訶闍梨尼　域翅厲　復翅厲　三鉢陀　摩訶三鉢陀　提焱頞帝遮致吒翅　吔厲(羅嫁切)吔翅　阿肆摩迦肆吚(阿尼切)梨彌梨帝利　樓樓翅摩訶樓樓翅　闍裔突樓闍裔　闍耶摩帝　羶(詩旃切)帝賒斫(丁豆切)漏　涅伽多禰　阿牟隸牟邏波利瞋禰　摩羅栖若比哆羅娑禰目帝　多波利輸地　阿毘帝娑夜暮遮禰　婆羅憂訶羅禰　檀哆毘滯　毘滯婆樓多芈(彌爾切羊鳴聲)抳伽羅呵婆泥南(㝹啖切)　達磨婆泥那　僧伽羅呵勒叉　達磨婆泥南 此是「四念處解脫句」。 ㊁ 佛馱波羅迦賒裔　阿摩磨美(明雉切)摩

	磨阿支至　頞剃　頞吔禰致　羅禰盧迦緻(兜雉切)　目帝那陀　馱波利婆婆禰 此是「四聖種解脫句」。 ㊂ 婆沙剃　婆沙禰馱隸　陀羅波帝　舅畢帝　牧憓牧婆波羅憓　米帝隸　修摩婆帝　羼帝枳帝　加樓奈欝泥叉裔　畢履帝憂蜫叹　三般禰　阿勒翅　婆羅蠡佉祇(求臂切)佉爾阿牟隸　牟羅輸禰 此是「四無畏解脫句」。 ㊃ 怛頗邏　阿伽羅頗羅　阿昵頗羅昵羅頗三目哆　阿目哆涅目哆　阿罷(薄啞切)毘奈毘目帝婆禰　毘羅頗羅阿延大　伊毘雉帝毘雉　欝崙度　兜徵羅兜嵐阿興(虎徵切)三摩伊弟多婆頗帝婆多帝婆薩婆路迦(鳩他切)阿嗏迦隸(婁咩切)阿迦隸頻大阿浮娑隸嗏他昧帝　毘賒伽羅婆帝　頞頗邏伽頗羅』 此是「四擁護解脫句」。 ㊄ 闍嗏哆阿尼尸羅婆婆多步(屏趣切)伊曇頗隸抳耶　摩頗嵐三某陀那夜　毘浮舍波祀蘇摩斫　阿㲋磨妬　阿鳩磨妬　侈他婆帝昧多羅他(偷大切)陀舍婆邏毘波羅婆陀伊舍絺哆須抳佉磨泥差(初几切)那摩帝阿盧句　阿泥兜瑟南薩弟磨帝波羅啜(都蔚切)波奈佛馱　佛樓婆波　羅呵隸 此是「四正斷解脫句」。

	㊅ 安爾摩爾　摩禰摩摩禰　旨隸旨隸帝賖半除半多鼻羶帝　目帝郁多毤（模系切）三毤尼三毤三磨三毤叉裔　惡叉裔　頞耆（齵尼切）羶帝賖美瑟帝　陀羅禰阿盧伽婆細　曷羅多那婆羅帝　曷羅濕彌婆帝闍那婆帝　禰樓婆帝禰樓婆帝　叉夜昵陀梨賖禰　盧迦婆羅泥婆昵達梨賖昵 此是「四辯解脫句」。 ㊆ 遮湊（叉晝切）阿婆娑昵陀　梨賖禰闍那盧迦馱姤波羅婆娑帝　薩俥寅泥利耶浮磨帝迦蘭帝　娑婆娑婆婆磨薩傯波羅他匐叉裔伽隸瞿迦嗦　婆陀禰盧迦毤陀利舍那毘復 此是「四神足解脫句」。 ㊇ 阿遮隸浮地陀陀馱波遮隸婆禰齕　栗那悉地金（加嚴切）毘坻尼稚三筆智波利迦肆利蘇彌旃地陀陀遮遮阿遮遮隸阿波隸毘至婆隸昵　波隸波羅遮遮隸波邏波隸阿那夜阿那夜阿便（馬地切）細迦迦羅彌波羅婆毘禰迦羅彌尼遮細　伽羅伽羅彌那由帝 此是「根力解脫句」。 ㊈ 沸師辪　蘇沸　師辪杜　摩波利呵隸阿婆裔　垂樓脂隸支迦羅　勒差　阿蛇摩悉姤帝　帝隸　摩磨隸般遮失尸隸盧迦寫毘若禰那夜　嗟其利尸帝　遮鹽帝沙失旃地那

此是「七覺意解脫句」。

㊗

遮迦羅婆視　隸婆帝　遮翅隸　遮迦羅陀隸　陀遮翅隸陀隸　目隸醯隸　醯隸陀隸　阿留簸婆地　休休隸　耶他視多伽　頻婆隸耶他　波隣遮垤泥　利舍夜他婆夜俟利履舍諦音　闍留祐毘利精進音　周隸道音　戒音定音慧音解脫音解脫知見音　星宿音月音日音

如是等句，如來所說。

頞浮哆　彌羅浮躭　三佛曇　阿浮曇伊呵浮曇　怛多羅浮曇昵酣(呼甘切)伽摩目隸　阿羅頞　陀羅頞　曼荼隸　曼荼禰怛多羅　嵐多樓曼(牟啖切)伽　伽羅膩　牟緻膩　三波羅牟緻膩　伽奈波楞伽磨毚毚　尼樓婆那賒禰那賒婆陀昵鵶鵶帝鵶鵶　摩余婆逸(雨詰切)澄(紬陵切)伽磨婆隸　磨隸呵　多寗婆斂(魯謙切)婆隸頻地頻隸頻隸郁沙隸賒羅禰陀羅寗　婆羅婆帝　婆嵐那嗏夷毘頭頭磨　婆羅丘曼婆羅呵　磨遮梨那　因陀羅婆昵提提羅蛇昵　磨醯尸波邏羅羅昵婆磨嗷半　阿羅尼　彌伊伽俟勒叉俟利師遮　昵遮羅頞旨　旃阿羅修隸　薩婆修嵐　阿婆嵐不那　伽泥檐般泥多　阿夷那揵泥哆　闍婆細迦揵陀隸陀隸　阿多羅嗏昵　磨伽羅　頻盧呵昵　肆曇曼帝　毘盧伽磨帝　佛馱泥　師絺帝　陀羅尼目企』

此是「十力解脫句」。

拾壹

❶怛哆羅浮彌　檀哆浮彌　曇摩陀浮彌　伽帝浮彌悉彌　離帝浮彌　波羅若浮彌　鞞舍伽羅滯（除若切）浮彌　波羅帝三毘大浮彌　阿惼釵波浮彌　拮略波羅舀（以沼切）廢浮彌　三摩哆波利差慕俾叉浮彌　闍帝叉那浮彌　三牟闍　毘牟闍波羅牢闍毘舍伽羅達舍婆帝　毘舍吒帝羅那伽伽羅伽羅娑母賒婆哆毗摩帝愈波醯羅煙羅伽冒（彌闍切）闍賴吒目羅婆尸憎伽羅磨　伊帝朱羅婆帝彌企文陀羅陀呵羅婆帝波羅若浮哆呵大　迦羅彌哆沙度沙槃哆伊羅夜　尸羅夜尼羅夜　阿睺娑吒　阿聞陀羅冒　阿梨他娑帝　求留婆帝　帝醯那提汎（浮啖切）阿迦那婆帝婆迦那帝　沙彌帝　毘沙婆煙嗦吒婆邏頗吒　羅怛哆邏　鳩留師磨兜留師磨　邏留師磨邏留他他　留緹薩婆多薩婆多薩婆多柘　阿尼樓馱他呵　他多醯頗邏　婆睺頗邏　薩哆頗邏　失吒婆帝

世尊為諸天說是「十二因緣解脫句」，六十「那由他」諸天得見聖諦。

拾貳

怛頗嵐　鴦伽邏頗嵐　羅羅頗阿邏頗尼羅呼邏　婆婆哆驃伊曇嵐扼蛇廢頗嵐那母馱炎毘浮伽　波羅若遮迦阿耨毘利帝遮迦　闍昵遮迦羅

以是解脫句，十億「那由他」天，發「阿耨多羅三藐三菩提」心，即得「不退轉」。

拾參

波施蘇摩姤　阿奴磨姤　阿鳩磨姤　尸馱婆句摩多邏他　他阿舍羅　毘波羅波他伊舍絺哆　修尼磨　聖差那磨帝　阿

	盧駒頞雉覺師那 以是解脫句，六萬四千龍，發「阿耨多羅三藐三菩提」心，即得「不退轉」。 拾肆 修婆叉修婆娑　婆羅摩陀　那阿羅住　婆伽邏住　伽婆羅住　伽羅燿叉　悉大磨帝　娑曼哆初(叉句切)惡叉婆隷　侯吒迦盧　摩訶婆隷　嗚闍陀盧陀羅那　侯伽勒叉鳩陀　叉毘留簸　毘留簸目佉　賒帝呵悉多　賒帝婆隷　阿修路　毘那修路　波羅磨地 以是解脫句，十二億夜叉，發「阿耨多羅三藐三菩提」心，皆「不退轉」。 拾伍 頞利剃　毘梨隷昵緻剃　珊緻剃　伽緻寗　那迦賖　阿羅㥁　阿馱賖　磨帝賖　珊昵呵　首隷　阿羅尼夜阿　韓尸哆薩　因陀邏薩提婆薩那伽薩夜阿　修邏提婆那伽昵留帝波利婆邏　昵留帝羅毘悉昵留　帝波羅若波利　婆邏　磨伽帝直力　帝羅毘弗婆只㥁視禰㥁薩遮利多槃哆　阿毘他那槃哆首羅槃哆　指利那毘利蛇　槃妬　毘馱槃帝　毘三婆祇末伽叉陀羅　達含波利羯磨昵叉波羅鼼十烏呵羅奴　提邏婆斮　修羅文陀羅　那伽文陀羅　夜叉文陀羅　桔邏叉肆文陀羅㥁題彌多　薜多多薜欝率禰那彌　婆邏佉滯那那帝　陀羅尼夜阿卑賒哆　提舍輸陀禰婆柘(紂若切)輸地捨破輸陀禰　婆指波利　羯磨波羅若　浮地悉勿帝磨帝伽帝直力　帝伽那那波羅帝薩羅那　浮闍地耶遮吉利首若哆遮吉利婆耶

	以是「解脫句」，五萬六千阿脩羅，發「阿耨多羅三藐三菩提」心，「不退轉」於「阿耨多羅三藐三菩提」心。

《悲華經》第二卷

二－1 寂意菩薩問釋迦佛，以何因緣而處此「穢惡不淨」的「五濁」惡世，乃至成「阿耨菩提」？且在四眾中說「三乘」法？

北涼・曇無讖 譯 《悲華經》	秦・譯者佚 名 《大乘悲分陀利經》
《大施品・第三之一》	《勸施品・第四》
㊀爾時，會中有菩薩摩訶薩名曰寂意，瞻覩(釋迦)如來種種神化已，白(釋迦)佛言：(釋迦)世尊！何因緣故，其餘諸佛所有世界，「清淨」微妙種種莊嚴，離於「五濁」，無諸「穢惡」，其中純有「諸大菩薩」，成就種種無量功德，受諸快樂，其土乃至無有「聲聞、辟ㄠ支佛」名，何況當有「二乘」之「實」？	㊀爾時，寂意菩薩摩訶薩承(釋迦)佛威神白(釋迦)佛言：(釋迦)世尊！以何因何緣，其餘諸佛國土「清淨」，無諸「穢惡」，亦無「五濁」，種種奇妙莊嚴佛土；彼諸菩薩摩訶薩種種「威德」而皆「悉備」，種種歡樂而皆滿足，亦無「聲聞、辟ㄠ支佛」名，何況其餘？
㊁今我(釋迦)世尊，何因何緣？處斯「穢惡不淨」世界，「命濁、劫濁、眾生濁、見濁、煩惱濁」，於是五濁惡世之中，成「阿耨多羅三藐三菩提」？在四眾中說「三乘」法？	㊁(釋迦)世尊！以何因緣，於此穢惡「命濁、劫濁、眾生濁、見濁、煩惱濁」世，成「阿耨多羅三藐三菩提」，而有四眾「三乘」說法？
㊂以何緣故，(釋迦佛為何)不取如是「清淨」世界，而不遠離「五濁」惡世？	㊂(釋迦)世尊！何故不取「清淨」佛土無「五濁」者？
㊃(釋迦)佛告寂意菩薩：善男子！菩薩摩訶薩以「本願」故，取「淨妙國」，亦以「願」故，取「不淨土」。何以故？善男子！菩薩摩訶薩(若為)成就「大悲」故，取斯「弊惡」不淨土耳。	㊃(釋迦)佛言：善男子！以「本願」故，菩薩取「淨佛土」，亦以「本願」故，取「不淨土」。善男子！有菩薩摩訶薩，(為成就)「大悲」具足，(故)取「不淨」佛土。

㊄是故(釋迦)吾以「本願」，處此「不淨穢惡」世界，成「阿耨多羅三藐三菩提」。善男子！(寂意菩薩)汝今諦聽，善思念之，善受善持，(釋迦)吾今當說。 ㊅時諸菩薩受教而聽。	㊄所以者何？(釋迦我)以「本願」故，令我於此「惡世」成佛。(寂意菩薩)汝一心善聽，當為汝說。 ㊅時寂意菩薩聽(釋迦)佛所說。

二－2往昔阿僧祇劫有刪提嵐世界，有無諍念轉輪聖王，有寶海大臣，其子為寶藏，成佛為寶藏如來，復至安周羅大城之閻浮園林中休止

北涼・曇無讖 譯 《悲華經》	秦・譯者佚 名 《大乘悲分陀利經》
㊀(釋迦)佛告寂意菩薩：善男子！(釋迦)我於往昔過恒河沙等「阿僧祇」劫，此佛世界名刪提嵐(Saṇḍilya)，是時大劫名曰善持。	㊀(釋迦)佛言：善男子！乃往古昔，過一恒河沙數「阿僧祇」劫，於此佛剎，爾時有大劫名持，是大劫中，在此佛剎是四天下。
㊁於彼劫中有轉輪聖王名無諍念(此即阿彌陀佛的前生，無諍念王後來改字爲無量清淨，成佛爲無量壽佛，即阿彌陀佛)，主四天下。有一大臣名曰寶海(此即寶藏如來之父親，亦即後文的大悲菩薩，此寶海即是釋迦佛之前生)，是梵志(brāhmaṇa 婆羅門；梵士；淨裔；淨行者；淨行梵志)種，善知「占相」。	㊁時轉輪王名曰離諍(此即阿彌陀佛的前生，無諍念王後來改字爲無量清淨，成佛爲無量壽佛，即阿彌陀佛)，主四天下。離諍王時，有國大師(國王之婆羅門大師海濟)婆羅門(brāhmaṇa 梵士；淨裔；淨行者；淨行梵志)，名曰海濟(寶海，此即寶藏如來之父親，亦即後文的大悲菩薩，此寶海即是釋迦佛之前生)。
㊂(寶海)時生一子，有三十二相，瓔珞其身，八十種好，次第莊嚴，以百「福德」成就一相，常光「一尋」，其身圓足，如「尼拘盧」樹(nyagrodha，似榕樹之桑科植物，樹幹端直高大，覆地甚廣。常被喻爲「三十二相」之第十一相「身廣長等相」)，諦觀一相，無有厭足。	㊂(寶海)生一子，(具)有「三十二相、八十種好」，百福「莊嚴」，皆悉具足，身有「圓光」，如「若瞿盧」樹(nyagrodha，似榕樹之桑科植物，樹幹端直高大，覆地甚廣。常被喻爲「三十二相」之第十一相「身廣長等相」)，紫磨金色。
㊃(寶海之子)當其生時，有百千諸天來共「供養」，因為作字，號曰寶藏。其後長大，剃除鬚髮，法服「出家」，(修)成「阿耨	㊃(寶海之子在)當生之時，百千諸天來供養已，即為立字，名曰海藏。彼(海藏)於餘時「出家」學道，剃除鬚髮，而被「法

多羅三藐三菩提」，還號寶藏如來・應供・正遍知・明行足・善逝・世間解・無上士・調御丈夫・天人師・佛・世尊。	服」，(修)得成「阿耨多羅三藐三菩提」，號曰寶藏。
㈤(寶藏如來)即轉法輪，令百千無量億「那由他」諸衆生等，得生「人、天」，或得「解脫」。如是利益諸天、人已，與百千億「那由他」聲聞大衆，恭敬圍遶。(寶藏如來)次第遊行(至)城邑聚落，漸到一城，名安周羅，即是(無諍念)聖王所治(理)之處。	㈤彼(寶藏)佛轉法輪時，令多億「那由他」百千衆生，有得「天道」及「解脫果」。(寶藏如來)彼於餘時，與多億「那由他」百千「聲聞衆」圍遶侍從，(於)村城、聚落、王舍遊行，漸漸至安訓𤜵羅城，(此乃爲)離諍轉輪王所治(理)之處。
㈥去(安周羅)城不遠，有一園林，名曰閻浮。爾時，(寶藏)如來與百千無量億「那由他」聲聞大衆，止頓此(閻浮園)林。	㈥去(安訓羅)城不遠，有閻披羅園，寶藏如來・應供・正遍知，與多億「那由他」百千「聲聞衆」俱，於(閻披羅林園)中止住。

二－3 無諍念轉輪王準備供養寶藏佛及諸聖眾，奉施「衣被、飲食、臥具、湯藥」等，共三個月，亦勸諸小王、大臣、人民及其眷屬等，一同供養

北涼・曇無讖 譯 《悲華經》	秦・譯者佚 名 《大乘悲分陀利經》
㊀時(無諍念)轉輪王，聞寶藏佛與百千無量億「那由他」大聲聞衆，次第遊行至閻浮(園)林。	㊀時離諍王，聞寶藏如來・應供・正遍知與無數億「那由他」百千聲聞衆俱入其街里，住閻披羅園。
㊁爾時，(無諍念)聖王便作是念：我今當往至於(寶藏)佛所，禮拜、圍遶、供養、恭敬、尊重、讚歎。	㊁(無諍念)王即生念：今我應至(寶藏)如來，應供養、恭敬、尊重、讚歎。
㊂(無諍念王)作是念已，即便自以聖王(之)「神力」，與無量大衆前後圍遶，出安周羅城向閻浮林。既至(閻浮園)林外，如法下車，步至(寶藏)佛所。到(寶藏)佛所已，頭面禮足，右遶三匝，却坐一面。	㊂時離諍王，以大神德，無量王威，咸與無數億百千「臣民」，前後圍遶，導從出城，詣閻披羅園。以其所乘，盡所乘地下乘步進，向寶藏如來所，至已頭面禮足，遶佛三匝，却坐一面。

㊃善男子！爾時，寶藏多陀阿伽度・阿羅呵・三藐三佛陀(tathāgata arhate-samyak-saṃbuddha)，即為(無諍念)聖王說於「正法」，以種種方便，示教(開示教誨)利喜(利益生喜)。(寶藏佛)說是法已，(無諍念王)默然而止。	㊃善男子！爾時寶藏如來・應供・正遍知，見離諍王(好要)「正法」喜悅，(寶藏如來使)要語(精要法語)勸化(勸教度化)離諍王，令踊躍歡喜；以無數言辭，(開示教誨種種)正法(令彼)喜悅，要語(精要法語)勸化(勸教度化)，令(無諍念王)踊躍已，默(然)而住。
㊄ ❶時(無諍念)轉輪王，便從坐起，長跪叉手前白佛言：唯願(寶藏)如來及諸聖衆，於「三月」中受我供養「衣被、飲食、臥具、湯藥」。	㊄ ❶時離諍王叉手合掌，白寶藏如來・應供・正遍知言：唯願(寶藏)世尊，與比丘僧，受我「三月」請，供養「衣服、飲食、床榆[illegible]、臥具、病瘦醫藥」，隨其所須。
❷善男子！彼時(寶藏)如來「默然」許之。	❷善男子！寶藏如來「默然」受請。
❸時(無諍念)王即知(寶藏)佛已許可，頭面作禮，遶佛三匝，歡喜而去。	❸彼離諍王知(寶藏)佛受請，禮畢遶佛三匝而去。
㊅ ①時(無諍念)轉輪王告諸「小王、大臣、人民」及其「眷屬」，作如是言：汝等知不？我今已請寶藏如來，及其大衆，終竟(終究畢竟圓滿)「三月」，奉諸所安(奉養諸物所需，令得安隱)。自我所用「愛重之物」，諸供養具、僮使(僮奴婢使)、僕從(侍僕隨從)，我今悉捨，以奉施(寶藏)佛及諸聖衆。汝等(小王、大臣、人民及其眷屬)今者亦當如是「捨所重物」，諸供養具、僮使(僮奴婢使)、僕從(侍僕隨從)，以奉施(寶藏)佛及諸聖衆。	㊅ ①時離諍王，還告諸「小王、群臣、人民」，作如是言：汝等當知！我請寶藏如來・應供・正遍知，及比丘僧，「三月」供養一切所須；我有「財寶」供養之具，所可(所有我可)愛(之)重，盡迴施(寶藏)佛，及比丘僧。汝等(小王、群臣、人民)所有「己物」供養之具，盡迴施(寶藏)佛，及比丘僧。
②諸人(小王、大臣、人民及其眷屬)聞已，即便受教，歡喜奉行。	②彼諸人等，皆亦迴施。

二－4 當時有「主藏寶臣」使以種種的莊嚴之「寶物」去供養寶藏如來

北涼・曇無讖 譯 《悲華經》	秦・譯者佚 名 《大乘悲分陀利經》
壹 ❶時(有)「主寶」臣(只有「轉輪聖王」能擁有「七寶」，如輪寶、象寶、馬寶、珠寶、玉女寶、居士寶(主藏寶)與「主兵臣寶」(將軍)。「輪寶」又分「金輪寶、銀輪寶、銅輪寶、鐵輪寶」四寶)於閻浮(園)林中，以純金為地，於其地上，作七寶樓。其樓四門，七寶所成，七寶行樹，其樹皆懸「寶衣」瓔珞，種種真珠、妙好寶蓋，及諸寶器，以用莊嚴。 ❷復有「諸香、妙寶、華果」，以莊挍(莊嚴挍飾)樹，散種種華，綩綖繒纊(繒帛棉絮絲纊)，以為敷具，懸諸繒幡。	壹 ❶(當)時(有)「主藏寶」臣(只有「轉輪聖王」能擁有「七寶」，如輪寶、象寶、馬寶、珠寶、玉女寶、居士寶(主藏寶)與「主兵臣寶」(將軍)。「輪寶」又分「金輪寶、銀輪寶、銅輪寶、鐵輪寶」四寶)，盡以金為閻披羅園地，尋時以竟，即為(寶藏)世尊造「七寶臺」，周匝四邊，七寶為戶，遍於園中置七寶樹，彼諸樹上種種「衣服」而以莊嚴，種種幡蓋，種種真珠、瓔珞，種種房舍，種種嚴飾。 ❷種種寶器，種種雜香，種種七寶華果，以莊嚴；散種種華，種種繒綵，種種茵褥，種種氍毹(一種毛織或毛與其他材料混織的毯子)毾㲪(毛席)，種種衣服，以用敷座。
貳(無諍念)聖王(之)「金輪」於樓觀前懸處，虛空去地七尺，令「白象寶」在(寶藏)如來後，持七寶樹，其樹復有真珠「繒帛」，種種「瓔珞」，以用莊挍(莊嚴挍飾)，其上復有七寶「妙蓋」。	貳又置「寶輪」在於臺外，當(寶藏)世尊前，去地一仞(於)虛空中住，光燄(火貌)甚明。純白「象寶」，七支平滿，住(寶藏)世尊後，擎持寶樹，覆(寶藏)世尊上。彼樹莊嚴，以七寶瓔珞，種種莊嚴。以七寶瓔珞，種種嚴具，種種鬘飾，種種繒綵(彩色繒帛絲織品)，種種妙衣，種種房舍，樹上有「蓋」，七寶莊嚴。
參使「玉女寶」於(寶藏)如來前，磨「牛頭栴檀」(gośīrṣa-candana。檀香木之一，爲旃檀中之最具香氣者，大部份皆產於南印度的摩羅耶山)及「黑沈水」，用散佛上，以「摩尼珠寶」，置於(寶藏)佛前，(有)「寶珠、金輪」二光微妙，常	參離諍王第一「正后」(古代帝王嫡妻之稱)，在(寶藏)佛前住，以海此岸(之)「牛頭栴檀」(gośīrṣa-candana。檀香木之一，爲旃檀中之最具香氣者，大部份皆產於南印度的摩羅耶山)末香(cūrṇa 秣香；被擣碎呈粉末狀之香)，以散(寶藏)佛上。離諍王親

明遍滿閻浮檀林，晝夜無異。寶藏如來，常身(放大)光明，微妙清淨，遍滿三千大千世界。	自執持「摩尼寶珠」，光耀極明，置(寶藏)如來前，彼輪光珠，光照於園中，其明充滿。其(寶藏)佛光，照三千大千世界，微妙普遍。
㊃以「牛頭栴檀」(gośīrṣa-candana)為一一(每一位)「聲聞」，作諸「床榻」，(在)一一床邊(有)「牛頭栴檀」(gośīrṣa-candana)以為「机隥」(《一切經音義・卷十三》云：小坐物也)，(在)一一座後有「白象寶」，持七寶樹，種種莊嚴，亦如(寶藏)如來。	㊃(於)一一(每一位)「聲聞」，(皆)以「牛頭栴檀」(gośīrṣa-candana)為座，亦以為「机」(可小坐之木桌)而承其足。諸「聲聞」後皆有「白象」，擎持寶樹，嚴飾麗妙，如前所說，以覆其上。
㊄(在)一一座前，有「玉女寶」，磨「牛頭栴檀」(gośīrṣa-candana)及「黑沈水」散以供養。於一一「聲聞」座前，(亦)各各安置「摩尼寶珠」。(於)其(閻浮)園林中，作種種伎樂，其園外邊，有「四兵寶」(主兵臣寶)，周匝圍遶。	㊄諸(一一)「聲聞」前皆有「婇女」，(以)衆寶瓔珞，以為嚴飾，皆以海此岸(之)「牛頭栴檀」(gośīrṣa-candana)末香(cūrṇa 粖香；被擣碎呈粉末狀之香)，用散佛上。(於)其一一「聲聞」前置「琉璃珠」，(有)種種音樂周遍園中。(有)「聖道寶」臣，將「四種兵」(主兵臣寶)，列住(於)園外周匝(而作)侍衛。

二－5 無諍念轉輪王為寶藏佛做種種的「供養」，及於身上燃百千無量億「那由他」的燈來供佛。其餘國王「千子」及八萬四千諸「小王」亦復如是供養三個月

北涼・曇無讖 譯 《悲華經》	秦・譯者佚 名 《大乘悲分陀利經》
㊀ ❶善男子！時(無諍念)轉輪王，清旦出城，向於(寶藏)佛所，既至(閻浮園)林外，如法下車，步至(寶藏)佛所。至佛所已，頭面禮足，右遶三匝，自行澡水，手自斟酌上妙「餚饌」，(供養寶藏)佛及大衆。	㊀ ❶善男子！爾時離諍王，於晨朝時出城詣(寶藏)佛，乘其所乘，盡所乘(之)地，下乘，步進向(寶藏)世尊所。至已，頭面禮寶藏如來足，及禮衆僧，遶三匝已，(無諍念)王親以水灌(寶藏)如來手，躬自斟酌，(所有)「百味」飲食，種種「餚饍」，皆悉備足。

❷(寶藏佛)飲食已訖，捨鉢漱口。時(無諍念)轉輪王手執寶扇，以扇(寶藏)如來，及一一「聲聞」。	❷(無諍念)王知(寶藏佛)食訖，收鉢，手執寶拂，敬拂(寶藏)如來。
❸時(無諍念)王「千子」，及八萬四千諸「小王」等，悉皆供養一一「聲聞」，如(無諍念)轉輪王供養(寶藏)世尊(一般)。	❸其(無諍念)王「千子」，及八萬四千諸「小國王」，如是供養「聲聞」僧已，皆各執拂，而拂大眾。
㊁	㊁
①(寶藏佛與諸聲聞)尋於食後，有百千無量億「那由他」眾生入閻浮(園)林，於(寶藏)如來所聽受「正法」。	①(寶藏佛與諸聲聞)飯訖少時，(有)無數億「那由他」百千眾生，皆來入(閻浮)園，為聽法故。
②爾時，虛空中有百千無量億「那由他」諸天，散諸「天華」，作天伎樂以供養(寶藏)佛。	②(有)無數億「那由他」百千諸天，於虛空中，雨眾天華，作諸伎樂。
③是時虛空中有「天衣、瓔珞」，種種「寶蓋」而自迴轉。	③種種天繒幡ㄈㄢ 蓋，柔軟衣服，及諸「瓔珞」懸虛空中。
④復有四萬青衣「夜叉」，於栴檀(candana)林取「牛頭栴檀」(gośīrṣa-candana)，為(寶藏)佛大眾然(燃)火熟食。	④(有)四萬青「夜叉」，於栴檀(candana)林中，常取海此岸(之)「牛頭栴檀」(gośīrṣa-candana)為薪，為(寶藏)佛、比丘僧「供設飯食」。
㊂	㊂
❶時(無諍念)轉輪王其夜，於(寶藏)佛及大眾前，然(燃)百千無量億「那由他」燈。	❶時離諍王即是夜於(寶藏)佛大眾前，然(燃)多億「那由他」百千燈明。
❷善男子！時(無諍念)轉輪王頂戴一燈，肩荷二燈，左右手中執持四燈，其二膝上各置一燈，兩足趺(腳背)上亦各一燈，如是竟夜(整夜)供養(寶藏)如來。	❷善男子！時離諍王，夜分於(寶藏)世尊前，(於身體上之)「頂上、兩肩、手、膝、兩足」，竟夜(整夜)擎燈。
❸(以寶藏)佛神力故，(無諍念王之)身心快樂，無有疲極，譬如比丘入「第三禪」，(無諍念)轉輪聖王所受「快樂」亦復如是，如是供養(寶藏佛及諸聖眾)終竟(終究畢竟圓滿)「三月」。	❸(以寶藏)佛「威神」故，(無諍念王之)形(體竟)無疲懈(疲憊懈怠)，其身受「樂」，譬如比丘入「第三禪」，身不傾倚(傾斜倒倚)，心無勞惓(古同「倦」)。如是供養(寶藏佛及諸聖眾)終竟(終究畢竟圓滿)「三月」。

㊄ ①時王「千子」及八萬四千諸「小王」等，百千無量億「那由他」衆，亦以「妙食」供養一一諸「聲聞」等，亦如(無諍念)聖王所食(之)「餚饌」，亦滿「三月」。	㊄ ①如是「千子」、八萬四千諸「小國王」，幷餘多億「那由他」百千衆生，(亦)以王供養(佛的方式而供養)一一「聲聞」，終於(終究畢竟圓滿)「三月」，如離諍王供養寶藏如來，等無有異。
②其(宮中之諸)「玉女寶」亦以種種「華香」供養(寶藏佛及聲聞大眾)，(皆)如(無諍念)轉輪王供養於(寶藏)佛，等無差別。	②時王「正后」(古代帝王嫡妻之稱)，於「三月」中(以)華香供養(寶藏佛及聲聞大眾)；
③其餘衆生(亦以)「華香」供養(寶藏佛及聲聞大眾)，亦如「玉女」供養「聲聞」(的方式)，無有異也。	③(有)餘多億「那由他」百千「婇女」，於「三月」中，(亦)以「華香」供養諸「聲聞」衆，亦復如是。
㊅善男子！時(無諍念)轉輪王過「三月」已，以「主藏寶」(之)臣(只有「轉輪聖王」能擁有「七寶」，如輪寶、象寶、馬寶、珠寶、玉女寶、居士寶(主藏寶)與「主兵臣寶」(將軍;聖道寶;藏臣主兵)。「輪寶」又分「金輪寶、銀輪寶、銅輪寶、鐵輪寶」四寶)，貢上如來「閻浮檀金」(jambūnada-suvarṇa。爲「金」中最高貴者)作龍頭瓔(珞)，(有)八萬四千上(妙之)「金輪寶、白象、紺ㄍㄢˋ馬、摩尼珠寶」，妙好「火珠」(寶珠的一種。或說似珠之石，又名「火齊珠」)，主藏臣寶、主四兵(臣)寶。	㊅善男子！爾時離諍王竟「三月」已，以八萬四千「紫磨寶臺」，迴施(寶藏)世尊。(以)八萬四千「金輪」(之)輪寶為首(只有「轉輪聖王」能擁有「七寶」，如輪寶、象寶、馬寶、珠寶、玉女寶、居士寶(主藏寶)與「主兵臣寶」(將軍;聖道寶;藏臣主兵)。「輪寶」又分「金輪寶、銀輪寶、銅輪寶、鐵輪寶」四寶)，亦用施佛。(以)八萬四千「白象」(之)象寶為首，(以)八萬四千「馬」(之)馬寶為首。(以)八萬四千「日明珠」(之)珠寶為首，盡以施(寶藏)佛。
㊆諸小王等，(於)安周羅城(之)諸小城邑，(有)七寶衣樹、妙寶華聚、種種寶蓋，(以無諍念)轉輪聖王所著「妙衣」，種種華鬘、上妙瓔珞，七寶妙車、種種寶床，七寶頭目，挍ㄐㄧㄠˋ絡(「挍絡」字在他經有時亦作「交露」，原意指「交錯的珠串所組成的帷幔，狀若露珠」，此處指「交織綿絡」)寶網，閻浮金(jambūnada-suvarṇa。閻浮檀金，爲「金」中最高貴者)鎖、寶真珠貫，上妙履屣ㄒㄧˇ、綩ㄨㄢˇ綖ㄧㄢˊ茵蓐ㄖㄨˋ，微妙机、七寶器物、鐘鼓伎樂，寶鈴珂ㄎㄜ貝(白珂貝螺)、	㊆八萬四千諸「小國王」，(以)「主藏寶」為首，迴施(寶藏)世尊，供給所須。(有)八萬四千「小王」，(以)「聖導寶」(主兵臣寶)為首，迴施世尊，給侍左右。(有)八萬四千城，(以)安訓ㄒㄩㄣˋ羅城為首，施佛及僧，隨意所用。(有)八萬四千「七寶行樹」，(有)八萬四千「衆寶華聚」，(有)八萬四千「七寶蓋」，(有)八萬四千「王妙衣服」，(有)八萬四千「雜寶鬘飾」，略說：車乘、床座及「承足机」，臥具、屣ㄒㄧˇ器、頭服、冠幘

園林幢ㄔㄨㄤˊ 幡ㄈㄢ，寶灌燈燭、七寶鳥獸，雜廁(交雜夾廁)妙扇、種種諸藥，如是等物，各「八萬四千」，以用奉施(寶藏)佛及聖衆。	ㄢ，瓔珞、金瓔、真珠、瓔珞，伎樂、鍾鈴、螺鼓、幢ㄔㄨㄤˊ 麾ㄏㄨㄟ 及拂，鐙ㄉㄥ 鑪、澡盥(僧人盛盥漱用水的器皿)、園林、鳥獸，皆是衆寶，幷及妙味，各八萬四千，盡迴施(於)寶藏如來・應供・正遍知已。
㊆(無諍念王)作是施已，白(寶藏)佛言：世尊！我國多事，有諸「不及」，今我「悔過」(懺悔供養有「不周到、不圓滿」之處)。唯願(寶藏)如來，久住此(閻浮)園，復當令我數得往來，禮拜圍遶、恭敬供養、尊重讚歎。	㊆(無諍念王)而白(寶藏)佛言：我國事殷(般雜繁眾)，幷懺悔世尊(懺悔供養有「不周到、不圓滿」之處)，唯願(寶藏)如來，樂住此(閻浮)園，比更(比起來更能)「奉覲ㄐㄧㄣˋ」(供奉與覲見朝拜)。
㊇彼王諸子在(寶藏)佛前坐，一一王子復各請(寶藏)佛及比丘僧，終竟(終究畢竟圓滿)「三月」奉諸所安(奉養諸物所需，令得安隱)，唯願許可。	㊇彼離諍王千子於(寶藏)佛前住，一一「王子」請(寶藏)佛及僧，「三月」供養一切所須。
㊈爾時，(寶藏)如來默然許之。時(無諍念)轉輪王已知(寶藏)如來(已接)受「諸子」(之)請，頭面禮佛及比丘僧，右遶三匝，歡喜而去。	㊈(寶藏)世尊默然，(接)受「王子」(之)請。爾時離諍王，知(寶藏)佛(已接)受「諸子」(之)請已，頭面禮足及比丘僧，右繞三匝，辭退還宮。

二－6 無諍念轉輪王的第一王子不眴，能以種種「莊嚴」寶物，供養寶藏如來及比丘僧共三個月，唯除「轉輪聖王」才能擁有的那「七寶」

北涼・曇無讖 譯 《悲華經》	秦・譯者佚 名 《大乘悲分陀利經》
㊀善男子！時(無諍念)王千子第一太子名曰不眴ㄕㄨㄣˋ，終竟(終究畢竟圓滿)「三月」，供養(寶藏)如來及比丘僧，奉諸所安(奉養諸物所需，令得安隱)，一如(無諍念)聖王(供養寶藏佛及諸聖眾一般的方式)。	㊀彼時(無諍念王之)諸王子中，第一王子名曰不眴ㄕㄨㄣˋ，於「三月」中，供養(寶藏)世尊及比丘僧，如離諍王(供養寶藏佛及諸聖眾一般的方式)。

㊁時(無諍念)轉輪王，日至(寶藏)佛所，瞻覲尊顏，及比丘僧，聽受妙法。	㊁王子「間日」(若有空閒之日)一來(親來一趟)，奉覲(供奉與覲見朝拜寶藏佛)世尊，及比丘僧，聽微妙法。
㊂善男子！爾時大臣寶海梵志，周遍到於閻浮提內，(向城內之)男子、女人、童男、童女一切人所，乞求所須(之物)。	㊂善男子！時國大師(國王之婆羅門大師海濟)婆羅門，是寶藏如來父(親)，名曰海濟(寶海)，遍閻浮提男女大小，而從乞求(所須之物)。
㊃ ❶爾時，(寶海)梵志先要「施主」：汝今若能「歸依三寶」，發「阿耨多羅三藐三菩提」心者，然後(我)乃當「受汝所施」。 ❷時閻浮提一切眾生，其中乃至無有一人，不從(寶海)梵志受「三歸依」，(並)發「阿耨多羅三藐三菩提」心者。既令諸人受「教誡」已，(寶海)即便(接)受其「所施之物」。 ❸爾時，(寶海)梵志令百千億無量眾生住「三福」(布施世福、持律戒福、眾善修福)處，及發「阿耨多羅三藐三菩提」心。	㊃ ❶未便即受(若未能先受「三皈依」與發「阿耨成佛心」者，便不接受所施之物；若能，便接受所施之物)，先令「施主」受「三歸依」，住「阿耨多羅三藐三菩提」，然後(才願意)「受施」。 ❷閻浮提內一切老少有智，海濟(寶海)婆羅門無不受其(所)施，(皆)勸以「三歸」，(並)令住「阿耨多羅三藐三菩提」者。 ❸如是勸多億「那由他」百千眾生，令修「三福」(布施世福、持律戒福、眾善修福)地，住「阿耨多羅三藐三菩提」。
㊄(當時第一)太子不眴供養(寶藏)如來及比丘僧，竟「三月」已，所奉「噠嚫」(dakṣiṇā 所布施給僧眾之「金銀財物」等)，(有)八萬四千金龍頭瓔，唯無(無諍念)聖王(之)「金輪、白象、紺馬、玉女、藏臣主兵、摩尼寶珠」(只有「轉輪聖王」能擁有「七寶」，如輪寶、象寶、馬寶、珠寶、玉女寶、居士寶(主藏寶)與「主兵臣寶」(將軍;聖道寶;藏臣主兵)。「輪寶」又分「金輪寶、銀輪寶、銅輪寶、鐵輪寶」四寶)，其餘所有「金、輪、象、馬」、妙好「火珠」(寶珠的一種。或說似珠之石，又名「火齊珠」)、童男童女、七寶衣樹，七寶華聚、	㊄不眴王子於「三月」中，如是供養(寶藏)世尊及比丘僧，如離諍王(供養寶藏佛及諸聖眾一般的方式)，竟「三月」已；唯除「城郭」(與)「自然輪、自然象、自然馬、自然摩尼寶、玉女寶、主藏寶、聖道寶」(只有「轉輪聖王」能擁有「七寶」，如輪寶、象寶、馬寶、珠寶、玉女寶、居士寶(主藏寶)與「主兵臣寶」(將軍;聖道寶;藏臣主兵)。「輪寶」又分「金輪寶、銀輪寶、銅輪寶、鐵輪寶」四寶)；除是已，以八萬四千「金輪」，八萬四千「象」，八萬四千「馬」，盡迴施佛，略說：日明珠、婇女、童子、如意之樹，華聚、衣

種種寶蓋，微妙衣服、種種華鬘，上好瓔珞、七寶妙車，種種寶床、七寶頭目，挍ㄐㄧㄠˇ絡(「挍絡」字在他經有時亦作「交露」，原意指「交錯的珠串所組成的帷幔，狀若露珠」，此處指「交織綿絡」)寶網、閻浮金(jambūnada-suvarṇa。閻浮檀金，爲「金」中最高貴者)鎖，寶真珠貫、上妙履屣ㄒㄧˇ，綩ㄨㄢˇ綖ㄧㄢˊ茵蓐ㄖㄨˋ、微妙机隥ㄉㄥˋ，七寶器物、鐘皷ㄍㄨˇ伎樂，寶鈴珂ㄎㄜ貝(白珂貝螺)、園林幢ㄔㄨㄤˊ幡ㄈㄢ，寶灌燈燭、七寶鳥獸，雜廁(交雜夾廁)妙扇、種種諸藥，如是等物，各八萬四千，以奉獻(寶藏)佛及比丘僧。	蓋、瓔珞、車乘、床座，及承足机、臥具、屣ㄒㄧˇ器、頭服、冠幘ㄗㄜˊ、真珠、瓔珞，伎樂、鍾鈴、螺皷ㄍㄨˇ、幢ㄔㄨㄤˊ麾ㄏㄨㄟ及拂，鐙ㄉㄥ鑪、澡盥(僧人盛盥漱用水的器皿)、園林、鳥獸，皆是「衆寶」，并及「妙味」，各八萬四千。
陸(不眴太子)作是施已，白(寶藏)佛言：世尊！所有不及，今日悔過(懺悔供養有「不周到、不圓滿」之處)。	陸(不眴太子)盡迴施已，(並)懺悔世尊(懺悔供養有「不周到、不圓滿」之處)，及比丘僧。

三福(三福業事、三性福業事)

(1)指「施、戒、修」三福業，即：

❶「施」類福業事(施性業)：乃布施諸沙門、苦行者、乞者以飲食、衣服、臥具、房舍、醫藥、燈燭等物，或行身業之施、語業之施、意業之施，是為施類。

❷「戒」類福業事(戒性業)：凡離害生命，離不與取，離欲邪行，離虛妄語，離飲酒、放逸等，是為戒類。

❸「修」類福業事(修性業)：慈悲喜捨四無量，是為修類。

(2)指往生極樂淨土者所修之三種淨業；此為過去、現在、未來三世諸佛之淨業正因。即：

❶「世福」又作「世善」：為世俗本來存在之孝悌忠信等善法，如孝養父母、奉事師長、慈心不殺、修十善業等。

❷「戒福」又作「戒善」：為佛出世所定之戒法，包括人、天、聲聞、菩薩所受持之三歸、五戒乃至具足眾戒，不犯威儀等。其中，或具受或不具受；或具持或不具持，但皆迴向，必能往生。

❸「行福」又作「行善」：為凡夫起大乘心，自行化他所具之善根，即發大菩提心、深信因果、讀誦大乘經典（開智慧、厭苦欣涅槃）、勸進行者（勸人捨惡，向涅槃道）、發願往生淨土等。

(3)據《增一阿含經・卷十二》載，指：

❶施福業：謂修行之人若遇貧窮者來乞時，須食與食、須衣與衣，乃至臥具、醫藥，隨其所欲，皆悉施與。因施獲福，稱為施福業。

❷平等福業：謂修行之人能持戒律，不興惡想，梵行端嚴，語言和雅，以平等慈悲愛護之心普覆一切有情，令得安隱。以平等心而能致福，稱為平等福業。

❸思惟福業：修行之人以智慧觀察，了知出要之法，遠離世間塵緣雜想。以此思惟為出世善福之業，稱為思惟福業。

二－7 無諍念轉輪王的第二王子尼摩，能以種種「莊嚴」寶物供養寶藏如來及比丘僧共三個月。無諍念王的「千子」亦復能供養寶藏如來及比丘僧三個月

北涼・曇無讖 譯 《悲華經》	秦・譯者佚 名 《大乘悲分陀利經》
㊀時(無諍念王之)第二王子名曰尼摩，終竟(終究畢竟圓滿)「三月」，供養(寶藏)如來及比丘僧，如不眴太子所奉「噠嚫ㄔㄣˋ」(dakṣiṇā 所布施給僧眾之「金銀財物」等)，如上所說。	㊀(無諍念王之)尼摸王子，亦以如是供養之具，於「三月」中供養世尊并比丘僧，如不眴ㄒㄩㄢˋ，供養已，如是寶物施與「噠嚫ㄔㄣˋ」(dakṣiṇā 所布施給僧眾之「金銀財物」等)，亦如不眴ㄒㄩㄢˋ。
㊁ 第三王子名曰王衆， 第四王子名能加羅，	㊁ 帝衆王子，於「三月」中，供養世尊并比丘僧，「噠嚫ㄔㄣˋ」(dakṣiṇā 所布施給僧眾之「金銀財物」等)亦然。
㊂ 第五王子名無所畏， 第六王子名曰虛空， 第七王子名曰善臂， 第八王子名曰泯圖， 第九王子名曰蜜蘇， 第十王子名曰濡心， 十一王子名曹伽奴， 十二王子名摩樗ㄩˊ滿， 十三王子名摩奴摸，	㊂今當略說彼衆王子： 無畏王子， 虛空王子， 支象王子， 民陀羅王子， 蜜蘇王子， 魔陀步王子， 上衆王子， 知義王子， 童子王子，

十四王子名摩嗟蠡滿，	解愚王子，
十五王子名摩闍奴，	解人王子，
十六王子名曰無垢，	阿羅步王子，
十七王子名阿闍滿，	遣使王子，
十八王子名曰無缺，	安佉慕王子，
十九王子名曰義雲，	義語王子，
二十王子名曰因陀羅，	阿隣度路王子，
二十一名尼婆盧，	將願王子，
二十二名尼伽珠，	將象王子，
二十三名曰月念，	月將王子，
二十四名曰日念，	日將王子，
二十五名曰王念，	主將王子，
二十六名金剛念，	金剛將王子，
二十七名忍辱念，	忍將王子，
二十八名曰住念，	處將王子，
二十九名曰遠念，	疾將王子，
三十名曰寶念，	賀邏尼慕王子，
三十一名羅睺，	曀障王子，
三十二名羅睺力，	障力王子，
三十三名羅睺質多羅，	障雜王子，
三十四名羅摩質多羅，	樂雜王子，
三十五名曰國財，	王財王子，
三十六名曰欲轉，	欲悶王子，
三十七名蘭陀滿，	賀邏陀附王子，
三十八名羅剎盧蘇，	擁護王子，
三十九名羅耶輸，	王稱王子，
四十名炎摩，	鹽摩野披羅步王子，
四十一名夜婆滿，	野闍路王子，
四十二名夜闍盧，	野度披樹王子，
四十三名夜磨區，	野頗奴王子，
四十四名夜墮珠，	野象奴王子，
四十五名夜頗奴，	禮月王子，
四十六名夜娑奴，	不退王子。
四十七名南摩珠帝，	

四十八名阿藍遮奴。	
㊃如是等(無諍念)聖王千子，各各「三月」，供養(寶藏)如來及比丘僧，一切所須「衣服、飲食、臥具、醫藥」，亦復皆如第一太子(不眴太子去供養寶藏佛及諸聖眾一般的方式)，所奉「噠嚫」(dakṣiṇā 所布施給僧眾之「金銀財物」等)種種之物，亦復各各八萬四千。	㊃乃至離諍王(之)千子，一一亦皆如是，以一切所須(之物)，供養寶藏如來·應供·正遍知，及無量比丘僧，「衣被、飲食、臥具、隨病醫藥」，幷餘所須(之物)，各於「三月」，如王太子不眴，一一以八萬四千「金輪」，乃至八萬四千味，皆迴施佛及比丘僧。
㊄因其所施(所布施的功德)，各各「發心」，或願(求)「忉利天王」，或求「梵王」，或求「魔王」(「波旬」通常指欲界第六天魔，稱為「他化自在天魔」。欲界第六天除了有「天人」在此住外，還有另一個魔宮是處在「欲界、色界初禪天」之間，專由「他化自在天魔」所住。如《瑜伽師地論·卷四》云：「他化自在天」復有「摩羅」天宮，即「他化自在天」攝。又如《長阿含經·閻浮提州品》云：於「他化自在天」、「梵加夷天」(指初禪天)中間，有「摩天宮」)，或求「轉輪聖王」，或願「大富」，或求「聲聞」。是諸王子，其中乃至尚無一人求於「緣覺」，(更何)況(要)求「大乘」？	㊄以是「大施」(所布施的功德)，(或)有求「天帝」，有求「梵王」，有求「魔王」，有求「轉輪聖王」，有求「大富」，有求「聲聞」，乃無一人求「辟支佛乘」，(更何)況(要)求「大乘」？
㊅時(無諍念)轉輪王因「布施」故，而復還求(來生能繼續作)「轉輪王位」。是時(無諍念)聖王及其「千子」，如是供養滿「二百五十歲」(如果 1 個人供三個月，那一年只能有 4 個人供，250 年的話，剛好是 1 千個人在供養寶藏佛)，各各向(寶藏)佛及比丘僧，「悔」諸不及(懺悔供養有「不周到、不圓滿」之處)。	㊅爾時離諍王以此「大施」，還求(來生能繼作)「轉輪聖王」，如是(供養)滿「二百五十歲」(如果 1 個人供三個月，那一年只能有 4 個人供，250 年的話，剛好是 1 千個人在供養寶藏佛)，皆亦各各「懺悔」世尊(懺悔供養有「不周到、不圓滿」之處)幷比丘僧。

二－8 寶海梵志作念：我今已令百千億眾生皆發「阿耨菩提」心，然不知無諍念轉輪聖王「所願」何等？唯願諸「龍、夜叉、佛、聲聞、梵王」

等，能為我「示現夢境」

北涼‧曇無讖 譯 《悲華經》	秦‧譯者佚 名 《大乘悲分陀利經》
㊀ ❶善男子！時寶海梵志尋往(寶藏)佛所，而白佛言：唯願(寶藏)如來及比丘僧，滿「七歲」中，受我供養「衣服、飲食、臥具、醫藥」。 ❷爾時，(寶藏)如來「默然」許可，受(寶海)梵志(之)請(供)。 ❸善男子！爾時(寶海)梵志供養(寶藏)如來及比丘僧「所須之物」，亦如(無諍念)聖王之所供養(寶藏佛及諸聖眾一般的方式)。	㊀ ❶爾時國大師(國王之婆羅門大師)海濟(寶海)婆羅門，詣寶藏如來、比丘僧所，請供「七年」，以一切所須「衣被、飲食、臥具」，隨病「醫藥」，幷餘所須(之物)。 ❷爾時(寶藏)世尊「默然」受之，國大師(國王之婆羅門大師寶海)請(供)。 ❸是時海濟(寶海)婆羅門，以一切所須(之物)，供養寶藏如來，如王離諍(供養寶藏佛及諸聖眾一般的方式)，亦無有異。
㊁ ①善男子！寶海梵志復於「後時」，作如是念：(寶海)我今已令百千億「那由他」眾生，發「阿耨多羅三藐三菩提」心，然我不知(無諍念)「轉輪聖王」所願何等？為願「人王」？「天王」？「聲聞」？「緣覺」？為求「阿耨多羅三藐三菩提」？ ②若(寶海)我「來世」必成「阿耨多羅三藐三菩提」，(應)度「未度」者；(應)解「未解(脫)」者；(若有)未離「生老病死、憂悲苦惱」，(皆)悉令得離；(若有)未「滅度」者，(皆)令得「滅度」。定如是者(我來世「必定」如是而成佛，則這些眾生「必定」如是受我度化)。 ③(寶海)我於「夜臥」(之時)，當有諸「天、魔、梵、諸龍」，及「夜叉」等，(或)「諸佛世尊、聲聞、沙門、婆羅門」等，(能)為我「現夢」(示現夢境)，說此(無諍念)聖王之所「志求」，為求「人王」？為求「天王」？	㊁ ①善男子！海濟(寶海)婆羅門，於餘時心生念：(寶海)我已勸多億「那由他」百千眾生，令發「阿耨多羅三藐三菩提」心，不知是離諍王所可(所以認可之)志願？為求「天王」？為求「人王」？為求「聲聞乘」？為求「辟支佛乘」？為求「阿耨多羅三藐三菩提」？ ②設我當得成「阿耨多羅三藐三菩提」，(若有)未度眾生，令皆得度；(若有)未得解(脫)眾生，令皆得解。(若)諸「老病死、憂悲苦惱」眾生，(皆)令得解脫；(若有)未「涅槃」者，(皆)令得「涅槃」。 ③若「龍」、若「夜叉」、若「佛」、若「聲聞」、若「梵王」，願示我「夢」(示現夢境)，是(無諍念)王為求「天福」？為求「人福」？為求「聲聞」？(為求)「辟支佛地」？為求「阿耨多羅三藐三菩提」耶？

為求「聲聞」？(爲求)「辟支佛乘」？(爲求)「阿耨多羅三藐三菩提」耶？	
㊂	㊂
❶善男子！時寶海梵志於「睡眠」中見有光明，因此光故，即見十方如恒河沙等諸世界中，在在處處「諸佛世尊」。	❶善男子！爾時國王大師(國王之婆羅門大師)海濟(寶海)婆羅門，即於夢中見如是光明，見十方恒河沙數世界諸佛如來。
❷彼諸世尊，各各遙以微妙「好華」，與此(寶海)梵志。其「華臺」中見「日輪」像，於「日輪」上各各悉有七寶「妙蓋」。	❷彼諸佛世尊，皆遣「蓮華」與(寶海)婆羅門，(蓮華以)「白銀」為莖，「黃金」為葉，「馬瑙」為臺，「琉璃」為鬚，一一華上皆有「日」現。
❸(蓮華臺上的)一一「日輪」，各各皆出六十億光，是諸光明，皆悉來入(寶海)梵志口中。	❸彼諸「日」上有「七寶蓋」，一一「日」出六十億光，彼一切光皆入(寶海)婆羅門口。
❹(寶海)自見其「身」，(身高)滿千「由旬」，(純)淨無垢穢，譬如明鏡。	❹(寶海)自見己身，高千「由旬」，(身)清淨如鏡。
❺(寶海)見其「腹內」，有六十億「那由他」百千「菩薩」，在「蓮華」上，結「加趺坐」，(入於)三昧正受。	❺(寶海)自見身中，(有)六十億「那由他」百千「菩薩」，皆於「蓮華臺」上，結「加趺座」，入於「三昧」。
❻(寶海)復見「日鬘」，圍遶其「身」，於諸「華」中出諸伎樂，踰ㄩˊ於「天樂」。	❻(寶海)見彼諸日，(圍)遶(自己)身周匝，又見諸「蓋」(於)虛空中住，乃至(高至)「梵天」。彼諸「蓮華」遶身住者，(聽)聞出「柔軟」之「音」，(超)過天「五樂」。

二－9 寶海梵志於夢中見無諍念王受「畜生」諸事，醒後得知無諍念王所願「卑下」，竟愛樂「生死」，貪著「世樂」

北涼・曇無讖 譯 《悲華經》	秦・譯者佚 名 《大乘悲分陀利經》
㊀	㊀
❶善男子！爾時(寶海)梵志又見其(無諍念)王，血污其身，四方馳走，面首似「猪」，(自己先)噉(食)種種蟲；既噉蟲已，(吃飽後	❶於中見離諍王，「猪頭」人身，以血自塗，東西馳走，多諸雜虫，競來食之。於卑賤「伊蘭樹」(eraṇḍa 極臭木，其惡臭與「栴

復)坐「伊蘭樹」(eraṇḍa 極臭木，其惡臭與「栴檀」之香氣相反。經論多以「伊蘭木」喻煩惱，「栴檀香」喻菩提)下。有無量眾生來「食其身」，唯有「骨鎖」(白骨相鉤連鎖貌)，捨「骨鎖」(白骨相鉤連鎖貌)已，數ㄕㄨㄛˋ數ㄕㄨㄛˋ(屢次)受身(重受新身復原)，亦復如是。	檀」之香氣相反。經論多以「伊蘭木」喻煩惱，「栴檀香」喻菩提)下坐，多諸雜虫，競共食之，乃至「白骨」已，數ㄕㄨㄛˋ數ㄕㄨㄛˋ(屢次)還復(重受新身復原)。(無諍念王變成)「猪頭」人身，以血自塗，多諸雜虫，競來食之，於卑賤「伊蘭樹」(eraṇḍa 極臭木，其惡臭與「栴檀」之香氣相反。經論多以「伊蘭木」喻煩惱，「栴檀香」喻菩提)下坐，多諸雜虫，競來食之，乃至「白骨」。
❷於是復見諸「王子」等，或作「猪」面，或作「象」面，或「水牛」面，或「師子」面，或「狐、狼、豹」面，或「獼猴」面，以血污身，亦各皆噉(食)無量眾生，(吃飽後復)坐「伊蘭樹」(eraṇḍa 極臭木，其惡臭與「栴檀」之香氣相反。經論多以「伊蘭木」喻煩惱，「栴檀香」喻菩提)下，復有無量眾生(再)來(噉)食其身，乃至「骨鎖」(白骨相鉤連鎖貌)，離「骨鎖」(白骨相鉤連鎖貌)已，數ㄕㄨㄛˋ數ㄕㄨㄛˋ(屢次)受身(重受新身復原)，亦復如是。	❷於中見諸「王子」，有「猪」頭者、有「象」頭者、有「水牛」頭者、有「狼」頭者、有「豺」頭者、有「狗」頭者、有「獼猴」頭者，以血塗身，多諸雜虫，競來食之，皆依卑賤「伊蘭樹」(eraṇḍa 極臭木，其惡臭與「栴檀」之香氣相反。經論多以「伊蘭木」喻煩惱，「栴檀香」喻菩提)下坐，多諸雜虫，競來食之，乃至「白骨」，其身還復(重受新身復原)，虫尋食之。
❸或見「王子」，(以)「須曼那華」(sumanas 蘇摩那花；蘇曼那花；須曼花；須曼那花；修摩那花；須末那花。意譯爲「悅意花；好意花；好喜花；善攝意花；稱意花」，爲「肉荳蔻」之一種。花爲黃白色，有香氣)以作「瓔珞」，載「小弊車」，駕以「水牛」，(但)從「不正道」(之)南向馳走。	❸復見餘「王子」，乘「水牛」車，(以)「須曼那華」(sumanas 悅意花；好意花；好喜花；善攝意花；稱意花)以自莊嚴，(但)隨「不正道」而(往)南遊行。
(貳)復見「四天大王、釋提桓因、大梵天王」，來至其所，告(寶海)梵志言：汝今四邊所有「蓮華」，應先取一「華」與「轉輪王」。一一「王子」各與一「華」，其餘諸華與諸「小王」，次與汝「子」，并及「餘人」。(寶海)梵志得聞如是語已，即如其言，悉取賦(分)之。	(貳)「梵王、帝釋」，并及「護世」，來語之(寶海)言：咄！婆羅門！汝與「蓮華」周匝住者，於中先以一「華」持與「國王」，其諸「王子」各與一華。然後與諸「小王」，自與汝「子」，并及餘人。 時(寶海)婆羅門，聞彼諸天，使「分布」已，即分(散)諸華。

㊂(寶海作)如是夢已，忽然而寤，(寶海)從臥起坐，憶念夢中所見諸事，尋時得知(無諍念)轉輪聖王所願「卑下」，愛樂「生死」，貪著「世樂」。	㊂(寶海)眠覺起，坐憶所見夢，於坐生念：是(無諍念)轉輪王，願樂下賤「生死」，悕望「安樂」而願「卑賤」；諸「王子」等，亦復如是。
㊃(寶海)我今復知：諸「王子」中，或有所願「卑小下劣」，以諸「王子」有「發心」求「聲聞乘」者故，我夢見「須曼那華」(sumanas 悅意花;好意花;好喜花;善攝意花;稱意花)以作「瓔珞」，載「水牛」車，於「不正道」(往)南向馳走。	㊃又我所見「王子」乘「水牛」車，(以)「須曼那華」(sumanas 悅意花;好意花;好喜花;善攝意花;稱意花)以自莊嚴，而(往)南遊行，是(為)求「聲聞乘」者。
㊄(寶海)我何緣故？昨夜「夢中」見大光明，及見十方無量世界，(見)在在處處「諸佛世尊」。(此乃)以(寶海)我(曾經)先教閻浮提內無量眾生，悉令安住(於)「三福」(布施世福、持律戒福、眾善修福)處故。是故(我)於夢得見「光明」，及見十方無量「世界」，(見)在在處處「諸佛世尊」。(此乃)以(寶海)我(曾經)教勅ㄔ(教導勅命)閻浮提內一切眾生，(皆)發「阿耨多羅三藐三菩提」心。	㊄又，(寶海)我所見「光明」，於十方諸佛世尊，緣我遍至閻浮提，勸化(勸教度化)多億「那由他」百千眾生，以「三福」(布施世福、持律戒福、眾善修福)地，使得成就，令住其中。以是故，(寶海)我夢見「大光明」，(能)見於十方「諸佛世尊」，(此乃)以我(曾經)遍至閻浮提，勸化(勸教度化)過數眾生，(皆)令住「阿耨多羅三藐三菩提」。
㊅(寶海我)請(供)寶藏佛及比丘僧，足滿(畢足圓滿)「七歲」，奉諸所安(奉養諸物所需，令得安隱)，是以(我)夢中見十方諸佛，與我「蓮華」。以我發「阿耨多羅三藐三菩提」心故，是以「夢見」十方諸佛與我「寶蓋」。	㊅又(寶海)我今請(寶藏)如來・應供・正遍知及比丘僧，於「七年」中，以「一切所須」(之物)，以是(導致)十方諸餘世界「諸佛世尊」，今遣此「華」而來與(寶海)我，令(我)發「阿耨多羅三藐三菩提」，願以是諸佛世尊為我遣「華」。
㊆如(寶海)我所見「蓮華臺」中，見「日輪」像，有無量「光明」入我「口」中，及見(我自己)大身滿千「由旬」。(在)「七寶蓋」上，以「日」為飾，及見「腹中」有六十億	㊆我所見華上「日」，有諸「光明」入我「口」中，(又)見己身極為高廣。見日周身(周繞我身)，(又)自見「身中」，有六十億「那由他」百千「菩薩」，(於)「蓮華臺」上，結

百千「菩薩」，在「蓮華」上，結「加趺」坐，(入)三昧正受。(又夢當)時(爲)梵天王，所可(所有可令)教敕彳(教導勅命我應該)賦(賦分)諸「蓮華」(應先取一華與轉輪王。然後一一王子各與一華，其餘諸華與諸小王，次與汝子并及餘人)。 ㉞如是等夢，非我所解，唯有(寶藏)如來乃能解之，(寶海)我今當往至(寶藏)世尊所，問其所以。何因緣故，見是諸事？	「加趺坐」，入於「三昧」。如是「諸夢」，我所不解。(我)又(夢)見「梵、釋、護世」，勸我(要)「分布」諸「華」，尋時自見分此「華」(應先取一華與轉輪王。然後一一王子各與一華，其餘諸華與諸小王，次與汝子并及餘人)。 ㉞如是諸夢，唯(寶藏)佛明焉！(寶海)我以何因緣見此大夢？我今應至(寶藏)佛所，問此「夢意」。

「二乘ㄙ、三乘、大乘、小乘」與「一佛乘」的名詞歸納：

據《法華經》內容：

聲聞(羅漢)	小乘(羊車)	二乘	小乘	三乘
緣覺(辟ㄆ支佛；獨覺；緣一覺；因緣覺)	中乘(鹿車、馬車)			
菩薩乘	大乘(牛車、象車)	大乘(菩薩乘)	大乘(菩薩乘)	
一佛乘(佛乘；一乘；一乘道)	佛乘(大白牛車)	大乘(一佛乘)	大乘(一佛乘)	一佛乘

二－10 寶藏佛告寶海梵志云：汝於「250年」之中，曾教閻浮提內無量眾生，令住「三福」，復令無量眾生發「阿耨菩提」心

北涼・曇無讖 譯 《悲華經》	秦・譯者佚 名 《大乘悲分陀利經》
㊀善男子！爾時，寶海梵志，過夜清旦，即至(寶藏)佛所，飲食以辦，自行澡水，手自斟酌上妙「餚饌」。(寶藏佛)食已，行水收舉鉢訖，即於一面，坐卑小床，欲聽(寶藏佛宣講)妙法。 ㊁爾時，(無諍念)聖王及其「千子」無量無邊百千大衆，出安周羅城，恭敬圍遶，向閻浮園，到園外已，如法下車，步至(寶藏)佛所，頭面禮(寶藏)佛，及比丘僧，	㊀爾時海濟(寶海)婆羅門，即於夜時具辦餚饍，明至佛所，自行澡水。佛及比丘，從上至下，行水畢已，手自斟酌種種「餚饍」，隨意所須(之物)，飯佛及僧。(寶藏佛)食訖收鉢，還坐說法。 ㊁爾時離諍王與其「千子」、無數百千大衆俱，圍遶侍從，往詣(寶藏)佛所，乘其所乘，盡所乘地，下乘恭肅，步進入(閻浮)園；至(寶藏)如來所，頭面禮足，及

在(寶藏)佛前坐，為欲聽法。	比丘僧，坐於(寶藏)佛所，聽說妙法。
㊂ ❶爾時，(寶海)梵志如「夢中所見」，具向(寶藏)佛說。 ❷(寶藏)佛告(寶海)梵志：汝夢所見，有「大光明」，十方無量如恒河沙等諸世界中，在在處處，(有)諸佛世尊與汝「蓮華」，於「華臺」中有「日輪」像，大光入「口」。 ❸以(寶海)汝先(曾)於「二百五十年」(如果1個人供三個月，那一年只能有4個人供，250年的話，剛好是1千個人在供養寶藏佛)中，教閻浮提內無量眾生，令住「三福」(世福、戒福、行福)處，復令無量眾生發「阿耨多羅三藐三菩提」心。	㊂ ❶爾時海濟(寶海)婆羅門，如前「所見夢」，前問(寶藏)佛已。 ❷(寶藏)世尊告(寶海)大婆羅門：汝所見「大光明」，見於十方恒河沙數世界，諸佛世尊，彼(諸佛世尊)為汝遣「華」；上見「日」，皆放光明，彼諸「光明」盡入汝「口」。 ❸以汝(寶海)婆羅門，(曾)於「二百五十歲」(如果1個人供三個月，那一年只能有4個人供，250年的話，剛好是1千個人在供養寶藏佛)，遍行閻浮提，勸化(勸教度化)過數眾生，以「三福」(世福、戒福、行福)地令住其中。又勸化(勸教度化)過數眾生，以「阿耨多羅三藐三菩提」令住其中。
㊃(寶海你)於今復作如是「大施」，供養(寶藏)如來及比丘僧，以是故，十方諸佛授(寶海)汝「阿耨多羅三藐三菩提」記，十方如恒河沙等諸佛世尊，現在說法，與(寶海)汝「蓮華」，「銀」莖、「金」葉，「琉璃」為鬚，「馬瑙」為鞊(細嫩毳毛之飾)。(於)「蓮華臺」中有「日輪像」，如是等事，皆是(寶海)汝之「受記」相貌。	㊃以是「大施」故，(寶海)婆羅門！彼諸佛世尊，皆授(寶海)汝「阿耨多羅三藐三菩提」記，於十方恒河沙數世界中，現在住世說法。諸佛遣「華」與(寶海)汝，以「白銀」為莖，「黃金」為葉，「馬瑙」為臺，「琉璃」為鬚，一切華上，所可(所有皆可令)見「日」。(寶海)婆羅門！彼所現夢(示現夢境)，是先瑞應(祥瑞感應)。
㊄ ①(寶海)梵志！汝夢所見，十方如恒河沙等諸世界中，在在處處諸佛世尊，現在說法，彼諸世尊「所可」(所以可令)與(寶海)汝「七寶妙蓋」，蓋上「莊飾」，(上高)至「梵天」者。 ②(寶海)汝於來世，當於夜分成「阿耨多羅	㊄ ①汝(寶海)婆羅門！夢見十方恒河沙數世界中諸佛世尊，現在住世說法。彼諸佛世尊為(寶海)汝遣「七寶蓋」，彼諸「寶蓋」於空中住，乃至(高至)「梵天」。 ②(寶海)婆羅門！汝可成「阿耨多羅三藐

三藐三菩提」，即於其夜有「大名稱」，遍滿十方如恒河沙等諸世界中，上(高)至「梵天」，(你)當得「無見頂相」，無能過者，即是(寶海)汝之「成道」初相。	三菩提」夜時，即是夜「名稱」，流布聞於十方恒河沙數世界，乃至(高至)「梵天」。無其過上(越過而上)，(能)見汝頂者。(寶海)婆羅門！彼所現夢(示現夢境)，是先瑞應(祥瑞感應)。
㊅	㊅
❶(寶海)汝夢見大身，又見「日鬘」而自「圍遶」者，汝於來世(當)成「阿耨多羅三藐三菩提」已。	❶(寶海)婆羅門！汝夢見己身極自「高廣」，乃至(高至)「梵天」，(如)日周(繞於)身(中)住。
❷(寶海)汝先所可(所有可)於閻浮提內教無量衆生，令發「阿耨多羅三藐三菩提」心者，(這些被你教導的眾生)亦當「同時」於十方如微塵等世界之中，成「阿耨多羅三藐三菩提」。	❷(寶海)婆羅門！汝所可(所有可以)勸化(勸教度化)過數衆生「發菩提心」，是汝成「菩提」時，「一佛世界」微塵數十方國土，彼(這些被你教導的眾生)亦成「阿耨多羅三藐三菩提」。
❸(這些被你教導而成佛的眾生)亦皆各各發此「讚言」：	❸是(寶海)汝本所勸化(勸教度化)於「菩提」者，彼皆「稱譽」汝，而作是言：
我於往昔為寶海梵志之所勸化(勸教度化)，發「阿耨多羅三藐三菩提」心，是故我等今日，悉成「阿耨多羅三藐三菩提」。某甲世尊(此指寶海後來成佛爲釋迦)，即是我之真「善知識」。	彼如來(此指寶海後來成佛爲釋迦)・應供・正遍知，初勸化(勸教度化)我等於「阿耨多羅三藐三菩提」，是故我今得成「阿耨多羅三藐三菩提」，彼是我等「善知識」。
㊆	㊆
①爾時，諸佛各各自遣諸「大菩薩」，為「供養」(寶海)汝故。諸菩薩等，以先所得「己佛世界」(之)種種「自在師子遊戲」神足變化，而以供養(你)。	①彼諸佛皆遣「菩薩」，恭敬供養讚歎於(寶海)汝。彼諸「菩薩摩訶薩」各捨「己佛土」而來，皆以種種菩薩「神通」，供養於(寶海)汝。
②爾時諸菩薩種種供養(汝)已，於彼聽法(之時)，(皆)得「陀羅尼、三昧、忍辱」。是諸菩薩聽受法已，(再)各還本土，向(己)佛(之)世尊稱說「汝國」所有(殊勝)諸事。	②(他方來之諸菩薩)而聽法已，(皆)得種種若干「三昧、忍辱、陀羅尼」門；彼諸菩薩摩訶薩各還本土，(皆)稱譽「讚歎」(寶海)汝之「名稱」。

③(寶海)梵志！如是夢事，皆是(寶海)汝之「成道」相貌。	③(寶海)婆羅門！彼所現夢(示現夢境)，是先瑞應(祥瑞感應)。
捌(寶海)梵志！汝所夢見，於其「腹內」有無量億諸「大菩薩」，在「蓮華」上，結「加趺坐」，(入於)三昧正受者，(寶海)汝於來世成「阿耨多羅三藐三菩提」已，復當勸化(勸教度化)無量億萬百千「衆生」，令不退於「阿耨多羅三藐三菩提」。	捌(寶海)婆羅門！汝自見身中多億「菩薩」，於「蓮華」上，結「加趺坐」，入於「三昧」者。(寶海)婆羅門！汝成菩提時，勸化(勸教度化)多億「那由他」百千「衆生」，得「不退轉」住「阿耨多羅三藐三菩提」。
玖(寶海)汝(以後)入「無上般涅槃」已，其後「未來」之世，當有十方世界無量諸佛法王世尊，亦當「稱汝名字」，(並)作如是言：	玖婆羅門！(寶海)汝以(後進入)「無上般涅槃」，(待)「般涅槃」已，於後「一佛世界」微塵數大劫中，(有)十方國土諸佛世尊，以「正法」王治，皆讚歎稱譽(寶海)汝：
過去微塵數等大劫有「某甲佛」(此指寶海後來成佛爲釋迦)，是佛世尊(曾)勸化(勸教度化)我等，(讓吾人)安住於「阿耨多羅三藐三菩提」令「不退轉」，是故我等今(亦)成「阿耨多羅三藐三菩提」作「正法王」。	如過無量無邊阿僧祇劫，有如來(此指寶海後來成佛爲釋迦)・應供・正遍知，名號如是。彼如來・應供・正遍知，勸化(勸教度化)我等令住「阿耨多羅三藐三菩提」；以是故，我等今得成「阿耨多羅三藐三菩提」，得「正法王位」。
拾(寶海)梵志！如是等夢，皆是汝之「成道」相貌。	拾(寶海)婆羅門！彼所現夢(示現夢境)，是先瑞應(祥瑞感應)。

二－11 如果「執著住於」修「三福」，只為求「人天」福報，即得生死輪迴，是為愚癡者。應「如理如法」的修持「三福」而只為求「解脫成佛」

北涼・曇無讖 譯《悲華經》	秦・譯者佚 名《大乘悲分陀利經》
壹(寶海)梵志！汝夢所見，人形「猪」面，乃至「獼猴」面，以血污身，(先)噉(食)種種蟲已，(吃飽後復)坐「伊蘭樹」(eraṇḍa 極臭木，	壹(寶海)婆羅門！汝夢見餘人「猪頭」人身、「象頭」，乃至「狗頭」，以血塗身，多諸雜虫，競來食之；(於)卑賤「伊蘭樹」

其惡臭與「栴檀」之香氣相反。經論多以「伊蘭木」喻煩惱，「栴檀香」喻菩提)下，(有)無量眾生(來)唼ㄕㄚˋ食其身，乃至「骨鎖」(白骨相鉤連鎖貌)，離「骨鎖」(白骨相鉤連鎖貌)已，數ㄕㄨㄛˋ數ㄕㄨㄛˋ(屢次)受身(重受新身復原)者。	(eraṇḍa 極臭木，其惡臭與「栴檀」之香氣相反。經論多以「伊蘭木」喻煩惱，「栴檀香」喻菩提)下坐，(有)多諸雜虫，競來食之，乃至「白骨」，其身還復。「猪頭」人身，乃至「狗頭」，以血自塗，多諸雜虫，競來食之。
㊁有諸「癡人」，住(執著住於)「三福處」，所謂「布施(世福)、調伏(持戒;戒福)、善攝身口(修福;行福)」。	㊁(此)是彼愚癡男子，(往昔修道)住(執著住於)「三福」地，「布施、持戒、修定」者。
㊂ ❶如是人等，(未來若)當生「魔天」(「波旬」通常指欲界第六天魔，稱爲「他化自在天魔」。欲界第六天除了有「天人」在此住外，還有另一個魔宮是處在「欲界、色界初禪天」之間，專由「他化自在天魔」所住。如《瑜伽師地論・卷四》云：「他化自在天」復有「摩羅」天宮，即「他化自在天」攝。又如《長阿含經・閻浮提州品》云：於「他化自在天」、「梵加夷天」(指初禪天)中間，有「摩天宮」)，(則)有「退沒」(之)苦。	㊂ ❶有求魔界(之)苦(處)、(或)樂求天上(之處)，(則有)福盡命終之苦。
❷若(轉)生「人」中，(則)受「生老病死、憂悲苦惱、愛別離苦、怨憎會苦、所求不得苦」。	❷(若轉生)人中，(則受)老病死苦，怨憎會苦，愛別離苦。
❸(若轉)生「餓鬼」中，(則)受飢渴苦。	❸(若轉生)餓鬼中，(則受)飢渴苦。
❹(若轉)生「畜生」中，(則受)無明黑闇，有斷頭苦。	❹(若轉生)畜生中，(則受)癡冥、屠割(屠殺宰割)苦。
❺(若轉)生「地獄」中，(則)受種種苦，欲得不離如是「諸苦」。	❺(若)樂在地獄中，(則)受種種苦。
㊃ (1)是故(應)「安住」(如理如法的)修「三福處」。	㊃ (1)(是故應如理如法的修)住「三福」(布施世福、持律戒福、眾善修福)地者。
(2)(如果只)願求「天王、轉輪聖王」，或欲主領一(個)「四天下」，乃至主領四(個)「四天下」。	(2)(如果只)求天上(之)「天王」。(或)求人中一(個)「天下王」(人中之一個「天下王」即指「轉輪聖王」)、(或)求二(個)「天下王」、(或)求三(個)

⑶如是「癡人」，(將)食一切眾生，是眾生等，(又)復當「還食」如是(之)「癡人」。如是展轉，行於「生死」不可得量。 ⑷(寶海)梵志！如是夢者，即是久受「生死」之相貌也。 肆 ①(寶海)梵志！汝夢所見有諸人等，(以)「須曼那華」(sumanas 悅意花;好意花;好喜花;善攝意花;稱意花)以作瓔珞，載「小弊車」，駕以「水牛」，於「不正道」(往)南向馳走。 ②(寶海)梵志！(此)即是「安住」於(修)「三福事」，(彼)能自「調伏」，令得「寂靜」，(此是)向「聲聞乘」者(修行)之「相貌」也。	「天下王」、(或)求四(個)「天下王」。 ⑶彼「愚癡男子」，(將)食一切眾生，一切眾生亦(將)食彼「愚癡男子」，如是經久，沈溺「生死」。 ⑷(寶海)婆羅門！彼所現夢(示現夢境)，是先瑞應(祥瑞感應)。 肆 ①(寶海)婆羅門！汝夢見餘人以「須曼那華」(sumanas 悅意花;好意花;好喜花;善攝意花;稱意花)而自莊嚴，乘「水牛車」，隨「不正道」而(往)「南」遊行者。 ②(寶海)婆羅門！彼善男子，亦住(於)「三福」地，(修)「布施、持戒、修定」，(但只)為「自度」故，是求「聲聞乘」者。彼所現夢(示現夢境)，(乃是)求「聲聞乘」人，是先瑞應(祥瑞感應)。

二－12 寶海梵志告無諍念轉輪王：人身難得已得，當思惟「生死輪迴」有種種諸苦。若只求「人、天」福報，此皆是「無常」，亦無「決定」相，猶如「疾風、水中月」般的虛幻，應發「阿耨菩提」心

北涼・曇無讖 譯 《悲華經》	秦・譯者佚 名 《大乘悲分陀利經》
	《勸發品・第五》
壹善男子！爾時寶海梵志白(無諍念)轉輪王言：(無諍念)大王當知，人身難得。(無諍念)王今已得成就「無難」，諸佛世尊「出世」甚難，(超)過「優曇華」。(若要)調善「欲心」，及作「善願」，乃復甚難。 貳(無諍念)大王！今者，若(只希)願「天	壹善男子！爾時國大師(國王之婆羅門大師)海濟(寶海)婆羅門，語離諍王，作如是言：大王！人身難得，閑靜時難，如來・應供・正遍知，「出世」甚難，譬如「優曇鉢華」，(僅)時一現耳。(若要)樂求「善根」難，(若要發起)「正願」亦難。 貳(無諍念)大王！(若只希求)王位(乃是)「衆

人」，即是苦本。若欲得主一(個)「四天下」及「二、三、四」(個「四天下」)，(此)亦是苦本，(皆會)輪轉生死。

(參)(無諍念)大王！若(只求)生「人、天」，(此)皆是「無常」，無「決定」相，猶如「疾風」，其人貪著，樂於「五欲」，心不厭足，猶如「小兒」，見「水中月」。

(肆)若有願求在「天人」中，(可)受「放逸」樂，(但福盡後)其人數 數 (屢次)墮於「地獄」，(皆)受無量苦；
若生「人」中，(則)受「愛別離苦、怨憎會苦」。
若生「天上」，(則)有「退沒」苦，當復數 數 (屢次)有「受胎苦」，復有種種互相「食噉奪命」之苦。癡如嬰兒，心不知厭(離)。

(伍)
❶何以故？
①離「善知識」故，
②不作「善願」故，
③不行「精進」故，
④應「得」者，不得故，
⑤應「解」者，不解故，
⑥應「證」者，不證故。
❷癡如嬰兒，無所識別。唯「菩提心」能離諸苦，無有遺餘，而反(對「菩提心」)生厭(離)。(於)世間生死，數 數 (屢次)受苦，而(反)更(生)「甘樂」(甘心樂意)，遂令諸苦，轉復增長。
❷(無諍念)大王！今當思惟「生死」有如是

苦」之本，(於)人中(主)一天下(之)王位、(或主)「二天下」(之)王位、(或主)「三天下」(之)王位、(或主)「四天下」(之)王位，(此)皆苦之本。大王！此是久受「生死」苦器(之輪迴)。

(參)(無諍念)大王！(所有的)「人、天」福報，譬如「疾風」，無有(常)「住」時，如「水中月」。

(肆)凡夫「五欲」無足(無有滿足)，(沉)醉於「境界」，樂求「人、天」福報；凡夫人，(將來便遭)數受「地獄」苦、「畜生」苦、「餓鬼」苦、人中「愛別離苦」、天上「退還苦」、數 數 (屢次)「入胎」苦，更相「殘害」苦。

(伍)
❶凡夫如是展轉受苦，所以者何？
①無「善知識」，
②不發(起)「正願」故，
③亦不能求，
④未及謂「及」(仍未到達，就說已到達)，
⑤未得謂「得」(仍未獲得，就說已獲得)，
⑥未證謂「證」(仍未證聖，就說已證聖)。
❷如是「無明」凡夫，不知「厭足」，不肯發「菩提心」，(不肯發)所可(所有可令)滅眾苦(之心)，於生死中(仍)「不厭、不憂」，(故)於中數 數 (屢次)受苦。
❷(無諍念)大王！思惟「生死苦器」。

等種種諸苦。	
㊅(無諍念)大王！ ①今者(您)已供養佛，已種「善根」，是故(大王您)於「三寶」中，應生「深信」。 ②大王當知！(您早)先所(有)供養「佛世尊」者，即是來世(感召)「大富」之因； ③(堅守)愛護「禁戒」，即是來世(感召)「人天」中因。 ④今者「聽法」，即是來世(感召)「智慧」因也。 ⑤(無諍念)大王！今者(您)已得「成就」如是等事，應發「阿耨多羅三藐三菩提」心。	㊅是故(無諍念)大王！ ①汝今於佛法中，已種「善根」，作諸福德，於三寶中，已得「信喜」。 ②(布)施與世尊，(則會感召未來)大富果報。 ③奉持戒者，(則會感召未來)生天果報。 ④有所「聞法」，(則會感召未來)大智慧果報。 ⑤(無諍念)大王！汝設「邪見」若已竟(假設大王您之前生起追求「五欲」的邪見已滅盡的話)，汝今可發「阿耨多羅三藐三菩提」心。
㊆時，(無諍念)王答言(寶海)梵志： ❶我今不用如是「菩提」，我心今者(仍然)愛樂(於)「生死」(輪迴)。 ❷以是緣故，(我雖已修)「布施、持戒、聽受妙法」。 ❸(寶海)梵志！(但我認爲)「無上菩提」(是)甚深難得(之法)。	㊆(無諍念)王曰： ❶止！(寶海)婆羅門！我(並)不求「菩提」，(我)樂住(於)「生死」(輪迴)。 ❷(寶海)婆羅門！我(雖)已(修)「布施、持戒、聽法」。 ❸(寶海)婆羅門！(但我認爲)「阿耨多羅三藐三菩提」(是)甚為難得。

二－13 寶海梵志對無諍念大王說了 29 個「無上菩提正道」的特色，故應當一心求「阿耨菩提」

北涼・曇無讖 譯 《悲華經》	秦・譯者佚 名 《大乘悲分陀利經》
㊀是時，(寶海)梵志復白(無諍念)大王：是道清淨，應當一心，具足願求。	㊀海濟(寶海)婆羅門復作是言：(無諍念)大王！菩提道淨，應至意「發願」，「淨心」滿足。
❶是道「無濁」，心清淨故。 ❷是道「正直」，無諂曲故。	❶是道「清淨」故，意淨故。 ❷是道「正直」，以不諂故。

❸是道「鮮白」，離煩惱故。	❸是道「極淨」，諸結(結使煩惱)盡故。
❹是道「廣大」，無障閡ㄜˊ(障礙隔閡)故。	❹是道「寬博」，無障礙故。
❺是道「含受」，多思惟故。	❺是道「等度」，以等心故。
❻是道「無畏」，不行諸惡故。	❻是道「無畏」，以不作諸惡故。
❼是道「大富」，行「檀」波羅蜜故。	❼是道「大富」，以「檀」波羅蜜故。
❽是道「清淨」，行「尸羅」波羅蜜故。	❽是道「最尊」，以「尸」波羅蜜故。
❾是道「無我」，行「羼提」波羅蜜故。	❾是道「無辱」，以「羼提」波羅蜜故。
❿是道「不住」，行「毘梨耶」波羅蜜故。	❿是道「無住」，以「毘梨耶」波羅蜜故。
⓫是道「不亂」，行「禪」波羅蜜故。	⓫是道「閑靜」，以「禪」波羅蜜故。
⓬是道「善擇」，行「般若」波羅蜜故。	⓬是道「善釋」，以「般若」波羅蜜故。
⓭是道乃是真實「智慧」之所至處，行大慈故。	⓭是道得「實智」，以大慈故。
⓮是道「不退」，行大悲故。	⓮是道得「不退轉」，以大悲故。
⓯是道「歡喜」，行大喜故。	⓯是道得「踊躍」，以大喜故。
⓰是道「堅牢」，行大捨故。	⓰是道「堅固」，以大捨故。
⓱是道「無刺棘」，常遠離欲恚惱覺故。	⓱是道「無坑坎刺棘」，無喜欲誑想故。
⓲是道「安隱」，心無障閡ㄜˊ(障礙隔閡)故。	⓲是道至「安隱」，心無壞故。
⓳是道「無賊」，分別「色、聲、香、味、觸」故。	⓳是道無「劫奪」，善解「色、聲、香、味、觸」故。
⓴是道「壞魔」，善分別「陰、入、界」故。	⓴是道除「魔怨敵」，善解陰、界、入故。
㉑是道「離魔」，斷諸結(結使煩惱)故。	㉑是道「無魔」，滅諸結(結使煩惱)故。
㉒是道「妙勝」，離「聲聞、緣覺」所思惟故。	㉒是道得「妙心」，無「聲聞」、辟支佛念故。
㉓是道「遍滿」，一切諸佛所受持故。	㉓是道「興盛」，受諸佛力故。
㉔是道「珍寶」，「一切智慧」故。	㉔是道至「大寶」，應「一切種智」寶故。
㉕是道「明淨」，智慧光明，無障閡ㄜˊ(障礙隔閡)故。	㉕是道一切「露現」，阿僧祇智明故。
㉖是道「善說」，為「善知識」之所護故。	㉖是道「明導師」，所行不離善知識故。
㉗是道「平等」，斷愛憎故。	㉗是道無「高下」，無憎愛故。
㉘是道「無塵」，離恚穢忿怒故。	㉘是道無「塵穢」，不喜瞋濁故。
㉙是道「善趣」，離一切不善故。	㉙是道「善逝」，無諸不善故。
㊁(無諍念)大王！是道如是，能(令眾生)到「安樂」之處，乃至「涅槃」，是故(大王您)	㊁(無諍念)大王！彼菩提道，趣「安隱」，盡「涅槃」際。大王！(您)可發「菩提心」！

應發「阿耨多羅三藐三菩提」心。	

二－14 無諍念王願發「阿耨成佛」心，修集大乘，入不可思議法門，但終不願於「五濁穢惡」國土之世而發「成佛菩提心」

北涼‧曇無讖 譯 《悲華經》	秦‧譯者佚 名 《大乘悲分陀利經》
㊀爾時，(無諍念)轉輪聖王答大臣言：(寶海)梵志！ ❶今者如來出現於世，(就算)壽「八萬歲」，其命(仍)「有限」，(如來)不能悉與一切衆生(永)斷諸「惡業」、令(永)種「善根」。 ❷(若能修行)種善根(成熟)已，(則能)安置「聖果」，或得「陀羅尼、三昧、忍辱」。 ❸或(能修)得菩薩(的)勝妙「善根」，諸佛(則爲菩薩)「授記」得「阿耨多羅三藐三菩提」。 ❹或(只種)少「善根」，(則)於「天人」中，受諸「快樂」。 是諸衆生，各各自受「善、不善」報。	㊀(無諍念)王曰：(寶海)婆羅門！ ❶(就算於如)是(壽命長達)八萬歲(的)世人中，「如來」出現(於世)，(如來)猶尚不能(永)滅(眾生)諸「惡趣」。 ❷其有衆生(若已修至)「善根」熟者，彼衆生皆(能)住於(聖)果，有得「三昧、陀羅尼、忍辱」者。 ❸(若有)菩薩(修至)「善根」純熟，彼(將被佛)授「菩提」記。 ❹(或只)有少種「善根」者，(則)彼受「人天」福。 衆生各各「輪轉」，隨「善、惡」(之)行有處。
㊁ ①(寶海)梵志！於衆生中，乃至一人，(若其人)無「善根」者，(則)如來不能(爲)說「斷苦法」。 ②如來世尊，雖為(世人之)「福田」，若(眾生)無「善根」(的話)，(則亦)不能令斷「諸苦惱法」。	㊁ ①佛說：若一切衆生「不種善根」(的話)，(則眾)苦不滅。 ②唯佛身是(世人之)「福田」，然(佛亦)不能度脫「未種善根」者。
㊂(寶海)梵志！(無諍念)我今發「阿耨多羅三藐三菩提」心，我行「菩薩道」時，修集「大乘」，入於不可思議法門，教化衆生	㊂(無諍念)我當發「菩提心」，我行「菩薩行」時，以「大智」入不可思議「陀羅尼」法門，度衆生佛事，然不以此「不淨土」

而作佛事，(然我)終不願於「五濁」之世、(於)「穢惡」國土(之時而)發「菩提心」。	(之時)迴向「菩提心」。
㊃(無諍念)我今行「菩薩道」，願成「阿耨多羅三藐三菩提」時，世界眾生(已)無諸「苦惱」。若我得如是(清淨之)「佛剎」者，爾乃當成「阿耨多羅三藐三菩提」。	㊃設我得「如意」佛土，我當發「菩提心」，乃至證「阿耨多羅三藐三菩提」時，我爾所時，行「菩薩行」，(願)滅佛土中一切「眾生苦」。

二－15 寶藏如來入「見種種莊嚴三昧」，現出 19 種十方世界種種不同的不可思議「相貌」

北涼・曇無讖 譯 《悲華經》	秦・譯者佚 名 《大乘悲分陀利經》
㊀ ①善男子！爾時，寶藏多陀阿伽度・阿羅呵・三藐三佛陀(tathāgata arhate-samyak-saṃbuddha)即入「三昧」，其三昧名「見種種莊嚴」。 ②(寶藏佛)入「三昧」已，作「神足變化」，放大光明，以「三昧力」故，現十方世界一一方面各千佛剎，微塵數等諸佛世界種種「莊嚴」(相貌)。	㊀ ①善男子！爾時，寶藏如來・應供・正遍知，入「見莊嚴三昧」，現如是神通。 ②寶藏如來入「現莊嚴三昧」已，應時現如是「光明」，於十方各千佛土微塵數世界，現一切「莊嚴」。
㊁ ❶或有世界，佛「已」(已經)涅槃。 ❷或有世界，佛「始」(剛開始要入)涅槃。 ❸或有世界，其中「菩薩」始坐道場，(於)菩提樹下，降伏「魔怨」。 ❹或有世界，佛「始成」(剛開始成就佛)道，便轉法輪。 ❺或有世界，佛「久成」(已經久成佛)道，方轉法輪。 ❻或有世界，純諸「菩薩」摩訶薩等，遍	㊁ ❶有諸佛世尊，「已入」涅槃。 ❷有「欲入」涅槃。 ❸有菩薩摩訶薩，(於)菩提樹下坐，「降魔」官屬。 ❹有成佛「未久」，而轉法輪。 ❺有「久」成佛(而)說法。 ❻有純「菩薩」充滿佛土，有國土乃至無

滿其國，無有「聲聞、緣覺」之名。 ❼或有世界，佛說「聲聞、辟支佛乘」。 ❽或有世界，(完全)無「佛、菩薩、聲聞、緣覺」。 ❾或有世界，(充滿)五濁弊惡。 ❿或有世界，清淨微妙，無諸濁惡。 ⓫或有世界，(都是)卑陋不淨。 ⓬或有世界，(全部)嚴淨妙好。 ⓭或有世界，壽命無量。 ⓮或有世界，壽命短促。 ⓯或有世界，有大「火災」。 ⓰或有世界，有大「水災」。 ⓱或有世界，有大「風災」。 ⓲或有世界，「劫」始欲成。 ⓳或有世界，成就以竟。 有如是等無量世界，(由寶藏佛之)「微妙」光明，悉皆遍照，令得「顯現」。 ㊂爾時，大衆悉見如是等無量「清淨」諸佛世界(之)種種「莊嚴」。	「聲聞、辟支佛」名。 ❼有處有「聲聞、辟支佛」。 ❽有國土，空無「佛、菩薩」，亦無「聲聞、辟支佛」。 ❾有「不淨」佛土(之)「五濁」出時。 ❿有「淨」佛土，無有「五濁」。 ⓫⓬有尊、有卑。 ⓭有「長壽」。 ⓮有「短壽」。 ⓯有佛土「火災」起。 ⓰有「水災」起。 ⓱有「風災」起。 ⓲有處「已壞」。 ⓳有處「始成」。 (寶藏佛之)妙光照彼(十九種世界觀)，(故)一切悉現。 ㊂爾時大衆，普見彼諸佛土(之)「國界」莊嚴。

二－16 無諍念聖王向寶藏佛言：我已見19種諸佛土世界的種種相貌，但我願求遠離「五濁」之「清淨莊嚴世界」國土

北涼・曇無讖 譯 《悲華經》	秦・譯者佚 名 《大乘悲分陀利經》
㊀時，寶海梵志白(無諍念)轉輪王：大王！今者已得見此諸佛世界種種莊嚴，是故今應發「阿耨多羅三藐三菩提」心，隨意欲求何等「佛土」！ ㊁善男子！時(無諍念)轉輪王向(寶藏)佛叉手，而白佛言：世尊！	㊀爾時海濟(寶海)婆羅門語(無諍念)王言：汝今但觀佛土「莊嚴」。大王！可發「阿耨多羅三藐三菩提」心。大王！可取隨意「佛土」！ ㊁善男子！爾時離諍王，向寶藏如來叉手合掌而白佛：唯！世尊！

❶諸菩薩等以何業故，取「清淨」世界？ ❷以何業故，取「不淨」世界？ ❸以何業故，壽命「無量」？ ❹以何業故，壽命「短促」？	❶菩薩摩訶薩以何行業，取「淨佛土」？ ❷(又)以何(而取)「不淨意」衆生？ ❸以何取長壽？
㊂(寶藏)佛告(無諍念)聖王：大王當知， ①諸菩薩等以「願力」故，取「清淨土」，離「五濁惡」。 ②復有菩薩以「願力」故，求「五濁惡」。	㊂(寶藏)佛言：(無諍念)大王！ ①菩薩摩訶薩(有)以「願」，取「淨佛土」，無「五濁」。 ②亦以「願」，取「不淨」。
㊃爾時，(無諍念)聖王前白(寶藏)佛言：世尊！我今還城，於「閑靜」處，專心「思惟」，當作「誓願」。如我所見佛土相貌，離「五濁惡」，(我)願求「清淨莊嚴世界」。	㊃(無諍念)王曰：唯！(寶藏)世尊！我還入城，(於)一處靜坐，「思惟」所願，如我所應，佛土無有「五濁」，(全部是)「淨行」迴向。
㊄(寶藏)佛告(無諍念)聖王：宜知是時。	㊄(寶藏)佛言：(無諍念)大王！今正是時。
㊅善男子！時(無諍念)轉輪王，頭面禮(寶藏)佛及比丘僧，右遶三匝，即退而去。便還入城，到所住處，(於)自宮殿中，在一「屏處」，一心端坐，思惟修集種種「莊嚴己佛世界」。	㊅善男子！爾時離諍王頂禮(寶藏)世尊足并比丘僧，遶佛三匝而去，還來入城，至其宮殿，獨坐一處，(以一心)三昧「思惟」佛土「莊嚴」(之)誓願。

二－17 寶海梵志復教化八萬四千「諸小王」，及餘九萬二千億「眾生」，皆令發「阿耨菩提」心。於七年中，眾人皆一心端坐，思惟修集種種「莊嚴自己佛土世界」之誓願

北涼・曇無讖 譯 《悲華經》	秦・譯者佚 名 《大乘悲分陀利經》
㊀善男子！時寶海梵志，次白(無諍念轉輪王之第一)太子不眴ㄕㄨㄣˋ：善男子！汝今亦當發於「阿耨多羅三藐三菩提」心，如(不眴)汝所行「三福」處者，所謂「布施(世福)、調伏(持戒;戒福)、善攝身口(修福;行福)」，及餘	㊀善男子！爾時海濟(寶海)婆羅門，語(無諍念轉輪王之第一)太子不眴ㄕㄨㄣˋ言：善男子！汝亦可發「阿耨多羅三藐三菩提」心，(不眴)汝所有(修之)「三福」地，「布施、持戒、修定」，所修「善行」，一切(皆應)迴

所行清淨善業，盡應和合迴向「阿耨多羅三藐三菩提」。	向「菩提」。
㊁爾時，(不眴)太子作如是言：我今先應，還至宮殿，在一屏處，端坐思惟。若我必能發「阿耨多羅三藐三菩提」心者，(不眴)我當還來至於(寶藏)佛所，當於佛前，畢定(畢竟決定)發心，願取種種「淨妙佛土」。	㊁(不眴)彼曰：我亦還家，獨坐一處，思惟「莊嚴」佛土願，我若發「菩提心」，更來(寶藏)如來所，迴向「菩提心」，取「莊嚴佛土」。
㊂爾時，(不眴)太子頭面禮佛，及比丘僧，右遶三匝，即還而去。至本宮殿，在一屏處，一心端坐，思惟修集種種「莊嚴己佛世界」。	㊂時彼(不眴)王子，頂禮佛足，并比丘僧，遶佛三匝，還於己舍，獨坐一處，如是思惟「莊嚴佛土願」。
㊃善男子！爾時(寶海)梵志復白(無諍念轉輪王之)第二王子(尼摩)，作如是言：善男子！(尼摩)汝今當發「阿耨多羅三藐三菩提」心。	㊃善男子！爾時國大師(國王之婆羅門大師)海濟(寶海)婆羅門，語(無諍念轉輪王之)第二子尼摸，作如是言：(尼摩)汝童子，亦可發「菩提心」。
㊄如是(無諍念)聖王(之)「千子」，皆悉教化，令發「阿耨多羅三藐三菩提」心。	
㊅ ❶爾時，(寶海)梵志復教化八萬四千「諸小王」等，及餘九萬二千億「衆生」，令發「阿耨多羅三藐三菩提」心。 ❷一切大衆皆作是言：(寶海)梵志！我等今當，各各還至所住之處，在一靜處，一心端坐，思惟修集種種「莊嚴己佛世界」。 ❸如是大衆，一心寂靜，於「七歲」中，各各於「己本所住處」，一心端坐，思惟修集種種「莊嚴己佛世界」。	㊅ ❶乃至王「諸子」勸發菩提，八萬四千「諸小王」，并餘九十二億「人」，(皆)勸發「菩提心」。 ❷彼一切皆作是言：我等亦各各歸家，獨坐一處，思惟「莊嚴佛土願」。 ❸彼(等)一切，(於)如是「七年」中，各坐「三昧」無惱亂心，思惟「莊嚴佛土」願。

二－18 寶海梵志教化毗沙門天王，及諸「夜叉」皆發「阿耨菩提」心，並協助寶海一起供養寶藏佛與諸僧眾連續七年

北涼・曇無讖 譯 《悲華經》	秦・譯者佚 名 《大乘悲分陀利經》
㊀善男子！寶海梵志復於後時，作如是念：今我教化無量百千億「那由他」眾生，令發「阿耨多羅三藐三菩提」心。	㊀善男子！海濟(寶海)婆羅門，於餘時心生是念：我勸多億「那由他」百千眾生，於「阿耨多羅三藐三菩提」。
㊁(寶海)我今已請(寶藏)佛及大眾，於「七歲」中，奉諸所安(奉養諸物所需，令得安隱)。若我當來必成「阿耨多羅三藐三菩提」，所願成就者，我當勸喻「天、龍、鬼神、阿修羅、乾闥婆、緊那羅、摩睺羅伽(mahoraga大蟒神)、夜叉、羅剎、拘辦荼(Kumbhāṇḍa鳩槃茶)」等，令其供養如是大眾(指令天龍八部等，亦能一起供養寶藏佛及諸聖眾七年)。	㊁又(寶海)我請(寶藏)佛，及無量比丘僧，(於)「七年」供養一切所須(之物)；設我「阿耨多羅三藐三菩提」意(得以圓)滿，如願必成，我當勸化(勸教度化)「天、阿修羅、乾闥婆、龍、夜叉、羅剎、鳩槃茶(Kumbhāṇḍa)」等以「大施會」(指令天龍八部等，亦能一起供養寶藏佛及諸聖眾七年)。
㊂ ❶善男子！爾時，(寶海)梵志即「念」毘沙門天王。 ❷善男子！爾時(毘沙門)天王即知(寶海)梵志心之所「念」，(使)與百千億無量「夜叉」，恭敬圍遶至(寶海)梵志所。尋於其夜，在(寶海)梵志前，(毘沙門)作如是言：(寶海)梵志！欲何教勅ㄔˋ(指教或勅命)？ ❸(寶海)梵志問言：汝是誰耶？ ❹毘沙門言：(寶海)梵志！汝頗曾聞毘沙門王不？即我身是。欲何所勅ㄔˋ(勅命)？ ❺時(寶海)梵志言：善來，(毘沙門)大王！我今供養(寶藏佛與)如是大眾，汝可助我共供養之(指一起供養寶藏佛及諸聖眾七年)。	㊂ ❶善男子！爾時國大師(國王之婆羅門大師)海濟(寶海)婆羅門，思見毘沙門大王。 ❷善男子！爾時毘沙門大王，與多百千「夜叉」圍遶侍從，俱夜詣海濟(寶海)婆羅門所。於其前住作如是言：(寶海)婆羅門！何故思我耶？ ❸(寶海)婆羅門言：汝為是誰？ ❹(毘沙門)彼曰：(寶海)婆羅門！汝不聞乎？有「夜叉」(之)主，名毘沙門，我身是也。(寶海)婆羅門！欲使我作何等？ ❺(寶海)婆羅門曰：(毘沙門)大王！汝亦應助是「大施會」(指一起供養寶藏佛及諸聖眾七年)。

❻毘沙門王言：敬如所勅彳(勅命)，隨意所須。 ❼(寶海)梵志復言：(毘沙門)大王！若能隨我意者，令諸「夜叉」發「阿耨多羅三藐三菩提」心。 ㊃復當宣告諸「夜叉」等，欲得福者、欲得「阿耨多羅三藐三菩提」者，可度大海，日日往取「牛頭栴檀」(gośīrṣa-candana)及以「沈水」，并諸餘香、種種諸華，持來至此，亦當如我日日供養(寶藏)佛及衆僧。	❻(毘沙門)彼曰：唯然！(寶海)婆羅門！如汝所思。 ❼(毘沙門)大王！汝以我語，勸諸「夜叉」，令發「阿耨多羅三藐三菩提」。 ㊃又(度)化汝等(之)「夜叉」樂求福德者、樂求「菩提」者，可日日往海彼岸，取此岸(之)「牛頭栴檀」(gośīrṣa-candana)香來，復取種種塗香(vilepana 以香塗身;塗妙香)，種種雜華，日日給我供養(寶藏)世尊。 ㊄唯然！(寶海)婆羅門！

二－19 屬於毗沙門天王下之「夜叉羅剎」等，對寶海梵志要連續供養寶藏佛與諸僧眾七年；於此「福德」皆生「隨喜」心，並以此「善根」迴向自己也能成「阿耨菩提」

北涼·曇無讖 譯 《悲華經》	秦·譯者佚 名 《大乘悲分陀利經》
㊀爾時，(毘沙門)天王聞是語已，還至住處，擊鼓集會「夜叉、羅剎」，唱如是言： ❶卿等(諸夜叉羅剎等)知不？此閻浮提有轉輪聖王名無諍念，有梵志名曰寶海，即是(無諍念)聖王之大臣也。終竟(終究畢竟圓滿)「七歲」請(寶藏)佛及「僧」，奉諸所安(奉養諸物所需，令得安隱)。 ❷卿等(諸夜叉羅剎等)！於此「福德」，應生「隨喜」，生「隨喜」已，以是「善根」，發心迴向「阿耨多羅三藐三菩提」。 ㊁ ①善男子！爾時，有百千無量億「那由他」	㊀毘沙門大王聞(寶海)婆羅門語已，還本住處，擊鼓集諸「夜叉、羅剎」。作如是言： ❶汝等(諸夜叉羅剎等)當知！是閻浮提有婆羅門，名曰海濟(寶海)，是離諍王國之大師(國王之婆羅門大師)，彼請寶藏如來·應供·正遍知，及比丘僧俱，「七年」供養一切所須(之物)。 ❷汝等(諸夜叉羅剎等)於彼「善根」(應生)「隨喜」，以是「善根」發「阿耨多羅三藐三菩提」心。 ㊁ ①即於爾時，(有)多億「那由他」百千「夜

(之)「夜叉」等，叉手合掌作如是言：若寶海梵志，於「七歲」中供養(寶藏)如來及比丘僧，奉諸所安(奉養諸物所需，令得安隱)，(所有的)善根「福報」，我等(即生)「隨喜」。 ②以是「隨喜善根」故，令我(夜叉 羅剎)等(亦能)成「阿耨多羅三藐三菩提」。	叉、羅剎」，叉手合掌作如是言：如海濟(寶海)婆羅門(之)「福德善業」，請寶藏如來·應供·正遍知，及無量比丘僧，「七年」供養一切所須(之物)，如是彼「福德業」，我等(即生)「隨喜」。 ②以是(所生隨喜之)「善根」，願我(夜叉 羅剎等亦能)成「阿耨多羅三藐三菩提」。
㊂爾時，(毘沙門)天王復作是言：卿(夜叉 羅剎)等諦聽！欲得「福德」及「善根」者，便可日日渡於大海，為彼(寶海)梵志，取「牛頭栴檀」(gośīrṣa-candana)及以「沈水」，「熟食」飯(寶藏)佛，及比丘僧。	㊂毘沙門大王曰：諸賢善聽！(夜叉 羅剎)汝等樂求「菩提」者、樂求「福德」者，日日可往海彼岸，取海此岸(之)「牛頭栴檀」(gośīrṣa-candana)香來，給海濟(寶海)婆羅門，為(寶藏)如來設食，并比丘僧。
㊃時有九萬二千「夜叉」同時發言：天王！我等今者，於「七歲」中，常當取是「牛頭栴檀」(gośīrṣa-candana)及以「沈水」，與彼(寶海)梵志，熟食飯(寶藏)佛及比丘僧。	㊃九萬二千「夜叉」同聲唱言：我等大士，於此「七年」，當取海此岸(之)「牛頭栴檀」香(gośīrṣa-candana)來，以給海濟(寶海)婆羅門，為(寶藏)如來設供，并比丘僧。
㊄復有四萬六千「夜叉」，亦同聲言：我等當取微妙諸香，與彼(寶海)梵志，供養(寶藏)如來，及比丘僧。	㊄四萬六千「夜叉」作如是言：我等取種種「香」來。
㊅復有五萬二千諸「夜叉」等，亦各同聲作如是言：我等當取種種妙華，與彼(寶海)梵志，供養(寶藏)如來，及比丘僧。	㊅五萬二千「夜叉」作如是言：我取種種「華」來。
㊆復有二萬諸「夜叉」等，亦同聲言：我等當取諸味之精，與彼(寶海)梵志，調和飲食，以供養(寶藏)佛，及比丘僧。	㊆二萬「夜叉」作如是言：我等當取種種「諸味之精(華)」來，著(寶藏)如來、比丘僧衆「食飲」之中。
㊇爾時，復有七萬「夜叉」亦同聲言：我等當往與作飲食，供養(寶藏)如來，及比丘僧。	㊇七萬「夜叉」作如是言：我等，大士！為(寶藏)世尊，造作飯食，并比丘僧。

二－20 寶海梵志復勸三千大千世界「百億」之「四大天王」，與其所屬之眷屬，亦復發「阿耨菩提」心

北涼・曇無讖 譯 《悲華經》	秦・譯者佚 名 《大乘悲分陀利經》
㊀善男子！爾時(寶海)梵志復作是念：次當勸喻毘樓勒叉天王(vi-rūpākṣa 西方廣目 毘樓婆叉天王)、毘樓羅叉天王(vi-rūḍhaka 南方毘樓勒迦天王)、提頭賴吒(dhṛta-rāṣṭra 東方持國天王)天王。	㊀善男子！爾時海濟(寶海)婆羅門，思念欲見毘留勒迦(vi-rūpākṣa 西方廣目 毘樓婆叉天王)大王。
㊁作是念已，爾時「三王」即知其念，往(寶海)梵志所，乃至還所住處。 ❶毘樓勒叉(vi-rūpākṣa 西方廣目 毘樓婆叉天王)與百千億「那由他」(之)「拘辦荼」(Kumbhāṇḍa 鳩槃茶)等， ❷毘樓羅叉(vi-rūḍhaka 南方毘樓勒迦天王)天王與百千無量億「那由他」諸「龍」。 ❸提頭賴吒(dhṛta-rāṣṭra 東方持國天王)與百千無量億「那由他」諸「乾闥婆」，乃至發「阿耨多羅三藐三菩提」心亦如是。	㊁即時， ❶毘留勒迦(vi-rūpākṣa 西方廣目 毘樓婆叉天王)大王詣海濟(寶海)婆羅門所，乃至多億「那由他」百千「鳩槃茶」(Kumbhāṇḍa)，勸勸發「阿耨多羅三藐三菩提」心。 ❷如是毘留波叉(vi-rūḍhaka 南方毘樓勒迦天王)。 ❸提陀羅吒(dhṛta-rāṣṭra 東方持國天王)與多億「那由他」百千「龍、乾闥婆」，勸發「阿耨多羅三藐三菩提」心。
㊂ ①善男子！爾時，(寶海)梵志即復「念」於第二(個)天下(之)「四天大王」。 ②彼「四天王」以(寶藏)佛力故，至(寶海)梵志所，作如是言：(寶海)梵志！今者欲何所勑彳(勑命)？ ③(寶海)梵志答言：我今勸汝(第二個天下之「四天大王」)與諸眷屬，發「阿耨多羅三藐三菩提」心。	㊂ ①善男子！爾時海濟(寶海)婆羅門，思念(第)二(個)「四天下」(之)護世(天王)。 ②彼以(寶藏)佛威神，至(寶海)婆羅門所。 ③(寶海)婆羅門，亦以如是勸化(勸教度化)已。

(第二個天下之)四天王言：敬如所勅ㄔ(勅命)。 ㊃(第二個天下之「四天大王」)即各還至「所住之處」，與諸「眷屬」，悉共發於「阿耨多羅三藐三菩提」心。 ㊄如是乃至三千大千世界「百億」(之)毘沙門王，發「阿耨多羅三藐三菩提」心。百億毘樓勒叉(vi-rūpākṣa 西方廣目 毘樓婆叉天王)天王、百億毘樓羅叉(vi-rūḍhaka 南方毘樓勒迦天王)、百億提頭賴吒(dhṛta-rāṣṭra 東方持國天王)，各各自與所有眷屬，亦復如是發「阿耨多羅三藐三菩提」心。	㊃(第二個天下之「四天大王」)各還「本處」，勸其眷屬，以「阿耨多羅三藐三菩提」。 ㊄乃至一切三千大千佛土「百億」(之)毘沙門，與其「眷屬」，勸化(勸教度化)「阿耨多羅三藐三菩提」。百億毘留勒迦(vi-rūpākṣa 西方廣目 毘樓婆叉天王)、百億毘留波叉(vi-rūḍhaka 南方毘樓勒迦天王)、百億提陀羅吒(dhṛta-rāṣṭra 東方持國天王)，與其眷屬，俱勸以「阿耨多羅三藐三菩提」。

二－21 寶海梵志亦復勸「忉利、夜摩、兜術、化樂、他化自在」等五天王，應發「阿耨菩提」心，並協助寶海一起供養寶藏佛與諸僧眾連續七年

北涼・曇無讖 譯 《悲華經》	秦・譯者佚 名 《大乘悲分陀利經》
㊀善男子！爾時，(寶海)梵志復作是念：若我「未來」必成「阿耨多羅三藐三菩提」，所願成就，得己利(獲得諸善法成就爲「己利」)者，當令一切「諸天」，皆使得此「福德」之分，亦勸使發「阿耨多羅三藐三菩提」心。 ㊁若我來世，以是「善根」，必成「阿耨多羅三藐三菩提」者，「忉利天王」當來至此與我相見；「夜摩天子、兜術天子、化樂天子、他化自在天子」，亦當來此與我相見。 ㊂善男子！	㊀善男子！爾時海濟(寶海)婆羅門心生是念：若我「阿耨多羅三藐三菩提」意，必成「所願」心果(心願果位)，我當分此大耶？若「福」與彼「欲界諸天」，(皆)勸以(發)「阿耨多羅三藐三菩提」。 ㊁我以是善根，審得「阿耨多羅三藐三菩提」者，「天帝釋」今應來現；「須夜摩天子、刪兜率陀天子(兜率天之天主名刪兜率陀天王 Saṃtuṣita-devarāja)、化樂天子、他化自在天子」，悉應來現。 ㊂善男子！

❶爾時(寶海)梵志作是念已，「忉利天王、夜摩天王、兜術天王、化樂天王、他化自在天王」，悉皆來此，與(寶海)梵志相見。 ❷(五天王)作如是言：(寶海)梵志！今者欲何所勅ㄔˋ(勅命)？ ❸(寶海)梵志答言：汝是誰也？ ❹時「五天王」各稱姓名，復言(寶海)梵志：欲何所勅ㄔˋ(勅命)？不須在此大會使耶？(難道不需要我們在你的「佈施供養寶藏佛的法會」中作「供給使役」的事嗎？)	❶海濟(寶海)婆羅門適發念已，「釋提桓因」(即)來現在前，及「須夜摩天子、刪兜率陀天子、化樂天子、他化自在天子」，(即)來現在前。 ❸(寶海)婆羅門問曰：汝等是誰？ ❹彼「五天王」，各各自說名字已，作如是言：汝婆羅門！欲使我等，何所施作？欲使我等，於此「大施」，何所供給？
㊃(寶海)梵志答言： ①(五)天王當知，汝等天上，所有「妙寶、臺殿、樓閣」，有諸「寶樹」及諸「衣樹、香樹、華樹、果蓏之樹」，天衣、天座、綩ㄨㄢˇ綖ㄧㄢˊ茵蓐ㄖㄨˋ，上妙寶器，及以瓔珞，天幢ㄔㄨㄤˊ天蓋，諸繒幡ㄈㄢ等，種種莊嚴，諸天所有種種「伎樂」。 ②(五天王)汝等可以「如此之物」，種種莊嚴此閻浮園，供養於(寶藏)佛及比丘僧。	㊃(寶海)婆羅門曰： ①(五天王)汝等天上，所有最妙「寶臺、寶樹」，若「劫波樹」，若「香樹」，若「華樹」，若「果樹」，天衣、天座、天衆敷具，天諸寶器，天莊挍ㄐㄧㄠˋ(莊嚴挍飾)天蓋、幢ㄔㄨㄤˊ幡ㄈㄢ、瓔珞、伎樂。 ②如是等一切盡為(供養寶藏)佛及僧，嚴飾此閻披羅園。
㊄時「五天王」作如是言：敬如所勅ㄔˋ(勅命)。	㊄唯然大士。

二－22「忉利、夜摩、兜術、化樂、他化自在」等五天王，皆告其「天子大士」，應下閻浮提界，以種種「莊嚴物」去莊嚴閻浮園，為了供養寶藏如來

北涼・曇無讖 譯 《悲華經》	秦・譯者佚 名 《大乘悲分陀利經》
㊀時諸(五)「天王」各各還至所住之處。	㊀彼「五天王」從(寶海)婆羅門所，聞是語已，各還天上。告
❶「忉利天王」告毘樓勒天子。	❶鞞宅居天子。

❷「夜摩天王」告阿荼滿天子。 ❸「兜術天王」告路醯天子。 ❹「化樂天王」告拘陀羅天子。 ❺「他化自在天王」告難陀天子。	❷曠野天子。 ❸畢天子。 ❹居藍披天子。 ❺難陀天子。
㊁ (五天王)各作是言：(諸天子大士)卿今當下閻浮提界，以此所有種種，莊嚴彼閻浮園，懸諸「瓔珞」，敷種種「座」，如諸天王種種「莊嚴」，為(寶藏)如來故，作寶「高樓」，當使如此「忉利天上」所有「寶樓」。	㊁ ①(五天王)作如是言：汝等(諸天子)大士，至閻浮提 閻披羅園，以如是莊挍ㄐㄧㄠˋ(莊嚴挍飾)，以如是嚴飾，以如是「瓔珞」、以如是座、以如是「敷具」以為莊嚴，如天「嚴飾」，等無有異；又為(寶藏)世尊造立「寶臺」，如衆寶嚴臺。 ②(諸天子大士)對曰：唯然！
㊂ ❶是諸「天子」聞是(五天王之)教已，即下來至閻浮提中，尋於其「夜」，(以)種種「莊嚴」是閻浮園，以諸「寶樹」，乃至天幡ㄈㄢ 而莊挍ㄐㄧㄠˋ(莊嚴挍飾)之。 ❷(諸天子大士)為(寶藏)如來故，作「七寶樓」，如「忉利天」所有寶樓。	㊂ ❶彼「五天子」於「五天王」所聞已，至閻浮提(以)竟夜，如是一切莊嚴閻披羅園，從寶樹乃至幢ㄔㄨㄤˊ 幡ㄈㄢ 以為莊嚴： ❷(諸天子大士又為(寶藏)世尊造立「寶臺」，如「釋提桓因」衆寶嚴臺，一切莊挍ㄐㄧㄠˋ(莊嚴挍飾)閻披羅園，如天莊嚴。
㊃ ①是「五天子」持諸寶物，(以)種種「莊嚴」閻浮提園已，尋還天上，各白其王：大王當知，我等已往莊挍ㄐㄧㄠˋ(莊嚴挍飾)彼園，所有之物，如此無異。 ②(諸天子大士已)為(寶藏)如來故，作「七寶樓」，如「忉利天」所有「寶樓」，等無差別。	㊃ ①(諸天子大士)作已，還至天上，白諸「天王」：大士當知！如此天上(之)莊挍ㄐㄧㄠˋ(莊嚴挍飾)，(於)閻浮提 閻披羅園莊挍ㄐㄧㄠˋ(莊嚴挍飾)，一切「瓔珞」亦如是。 ②(諸天子大士)又為(寶藏)世尊造立「寶臺」，如「釋提桓因」衆寶嚴臺，(已如)天上閻浮提 閻披羅園，等無有異。

二－23 寶海梵志告「忉利、夜摩、兜術、化樂、他化自在」等「五天

王」，汝等於種種「福德」應生「隨喜」，並發心迴向「阿耨菩提」，及供養寶藏如來

北涼・曇無讖 譯 《悲華經》	秦・譯者佚 名 《大乘悲分陀利經》
㊀善男子！時「忉利天王、夜摩天王、兜術天王、化樂天王、他化自在天王」，即便來至閻浮提中，到(寶海)梵志所，作如是言：(寶海)梵志！我今已為(寶藏)佛及眾僧，莊挍(莊嚴挍飾)此園，更何所勅(勅命)？願便說之。	㊀彼時「五天王」，「帝釋、須夜摩、刪兜率陀(兜率天之天主名刪兜率陀天王 Saṃtuṣita-devarāja)、化樂、他化天王」，來至閻浮提，語海濟(寶海)婆羅門言：為世尊及比丘僧，莊挍(莊嚴挍飾)園已，復何所為？
㊁ ❶(寶海)梵志答言：汝等各各自於「境界」，(各)有「自在」(之神)力，可集諸天，汝持我言：閻浮提內有大梵志名曰寶海，於「七歲」中，請(寶藏)佛世尊，及無量僧，奉諸所安(奉養諸物所需，令得安隱)。 ❷卿(五天王)等今者於此「福德」應生「隨喜」，生「隨喜」已，發心迴向「阿耨多羅三藐三菩提」，是故應往(寶藏)佛所，見佛世尊及比丘僧，供養所須(之物)，聽受妙法。	㊁ ❶爾時海濟(寶海)婆羅門語諸天王，作如是言：汝等天王！所主領處普集天眾，以我語而告之言：閻浮提有婆羅門名海濟(寶海)，彼請寶藏如來・應供・正遍知并無量比丘僧，「七年」供養一切所須(之物)。 ❷汝(五天王)等於彼「福業」，應當「隨喜」，發「阿耨多羅三藐三菩提」心，汝應下閻浮提，奉覲(供奉與覲見朝拜寶藏)世尊恭敬親近并比丘僧，於(寶藏)世尊所聽微妙法。
㊂時「五天王」，從(寶海)梵志所聞是言已，各各自還至所住處。	㊂彼「五天王」聞婆羅門語已，各還本處。

二－24 諸天子們對寶海要供養寶藏佛與諸僧眾七年；於此「福德」皆生「隨喜」心，並以此「善根」迴向自己亦能成「阿耨菩提」。「五天王」是夜帶領諸「天子女、童男女、餘眷屬」等，至寶藏佛所，頂禮聽法，至明清旦

北涼・曇無讖 譯	秦・譯者佚 名

《悲華經》	《大乘悲分陀利經》
㊀爾時，「忉利天王」(之)「釋提桓因」，即集「諸天」而告之曰：(諸忉利天子)卿等當知，閻浮提內，有轉輪聖王名無諍念，有大梵志名曰寶海，即其(無諍念)聖王之大臣也，請(寶藏)佛世尊，及無量億僧，終竟(終究畢竟圓滿)「七歲」。奉諸所安(奉養諸物所需，令得安隱)，我已先為(寶藏)佛、比丘僧，取諸寶物種種莊嚴彼閻浮園。(諸忉利天子)卿等以是「善根」因緣，生「隨喜」心，生「隨喜」已，發心迴向「阿耨多羅三藐三菩提」，亦令(寶海)梵志得如所願。	㊀時「釋提桓因」集「三十三天」，以海濟(寶海)婆羅門語，勸化(勸教度化)而告之言：汝等(諸忉利天子)大士當知！閻浮提離諍王，有大師婆羅門，名曰海濟(寶海)，請寶藏如來，及無量比丘僧，(連續)「七年」供養一切所須(之物)；我等(已)為(寶藏)佛、僧莊挍(莊嚴挍飾)園已，(諸忉利天子)汝等於彼「善根」，應當「隨喜」發「阿耨多羅三藐三菩提」心。
㊁善男子！爾時，百千無量億「那由他」(之)「忉利」天子，恭敬叉手，作如是言：(諸忉利天子)我等今者，於是「善根」，生「隨喜」心，以是「隨喜」故，令(忉利天子)我等一切得成「阿耨多羅三藐三菩提」。	㊁即於爾時多億「那由他」百千「三十三天」，叉手合掌，而說是言：(諸忉利天子)我等於(此)「福業」(生)「隨喜」，以(生)「隨喜福業」，盡迴向「阿耨多羅三藐三菩提」。
㊂ ❶「夜摩天王、兜術天王、化樂天王、他化自在天王」，如是等各集「諸天」而告之曰：卿等當知，閻浮提內有轉輪聖王名無諍念，有大梵志名曰寶海，即其(無諍念)聖王之大臣也，請(寶藏)佛世尊，及無量億僧，終竟(終究畢竟圓滿)「七歲」奉諸所安(奉養諸物所需，令得安隱)。 ❷(四天王)我已先為(寶藏)佛、比丘僧，取諸寶物種種莊挍(莊嚴挍飾)彼閻浮園。 ❸(諸天子)卿等以是「善根」因緣故，應生「隨喜」，生「隨喜」已，發心迴向「阿耨多羅三藐三菩提」，當令(寶海)梵志得如所願。	㊂如是「須夜摩天子、集須夜天」，略說……「刪兜率陀(兜率天之天主名刪兜率陀天王 Saṃtuṣita-devarāja)、化自在、他化自在天子」，集「他化自在天」。

㊃善男子！爾時，「四天」各有百千無量億「那由他」(之)天子，恭敬叉手，作如是言：我等(諸天子)今者，於是「善根」，生「隨喜」心，以是「隨喜」故，令(諸天子)我等一切(亦)皆(能)得成「阿耨多羅三藐三菩提」。	㊃乃至多無數億「那由他」百千「天子」，叉手合掌，而說是言：(諸天子)我等於彼「善根」(生)「隨喜」，以是「善根」，我等(諸天子亦能)得「阿耨多羅三藐三菩提」。
㊄爾時，「五王」各各告言：(諸天子)卿等！今當至閻浮提，見寶藏佛及比丘僧，禮拜、圍遶、恭敬、供養、尊重、讚歎。	㊄是故汝等(諸天子)大士，應下閻浮提奉覲(供奉與覲見朝拜寶藏)世尊，恭敬親近聽受妙法，并比丘僧。
㊅ ❶善男子！時「五天王」，各各於夜，一一將諸「天子、天女、童男、童女」，及餘眷屬百千億「那由他」眾，前後圍遶來至(寶藏)佛所，頂禮(寶藏)佛足及比丘僧，從(寶藏)佛聽法，至明清旦，(再)還住(於)虛空。 ❷(諸天子女、童男女)以種種「天華、優鉢羅華(utpala青蓮花)、鉢頭摩華(padma赤蓮華、紅蓮華)、拘物頭華(kumuda赤蓮華)、分陀利華(puṇḍarīka白蓮花)、須曼那華(sumanas悅意花)、婆尸師華(vārṣika，雨時生;雨時花;夏生花;夏至花)、阿提目多伽(atimuktaka。龍舐花;苣藤;善思夷花)、占婆伽華(campaka。瞻波樹;瞻博迦樹;金色花樹;黃花樹)、曼陀羅華(māndārava天妙花;悅意華;赤華，爲四種天華之一)、摩訶曼陀羅華(mahā-māndārava天妙花;悅意華;大赤華)」，以散大會，如雨而下，并鼓天樂而以供養。	㊅ ❶時「五天王」，即夜一一天王，與(諸)「天子、天女」及「童男女」，(有)多億「那由他」百千圍遶，俱下閻浮提，頭面禮(寶藏)世尊足并比丘僧，於(寶藏)世尊所聽受法。 ❷晝則空中雨眾「天華、優鉢羅(utpala青蓮花)、鉢曇摩(padma赤蓮華、紅蓮華)、俱物頭(kumuda赤蓮華)、分陀利伽(puṇḍarīka白蓮花)、須摩那(sumanas悅意花)、波利師迦(vārṣika，雨時生;雨時花;夏生花;夏至花)、阿提目多伽(atimuktaka。龍舐花;苣藤;善思夷花)、瞻匐伽華(campaka。瞻波樹;瞻博迦樹;金色花樹;黃花樹)、曼陀羅華(māndārava天妙花;悅意華;赤華，爲四種天華之一)、摩訶曼陀羅華(mahā-māndārava天妙花;悅意華;大赤華)」，并作「天樂」。

二－25 寶海梵志教「五位阿修羅」，及百千無量億「阿修羅」與「天魔

波旬」之「男子、女人、童男、童女」，皆發「阿耨菩提」心

北涼・曇無讖 譯 《悲華經》	秦・譯者佚 名 《大乘悲分陀利經》
㊀善男子！爾時寶海梵志復作是念：若我當來必成「阿耨多羅三藐三菩提」，所願成就，得己利(獲得諸善法成就爲「己利」)者，復當教化諸「阿修羅」，悉令發於「阿耨多羅三藐三菩提」心。	㊀復次，善男子！海濟(寶海)婆羅門心生是念：若我「阿耨多羅三藐三菩提」意(得以圓)滿，所願必成，我當以「菩提」，勸「阿修羅」。
㊁善男子！爾時，(寶海)梵志作是念已，有「五阿修羅王」到(寶海)梵志所，乃至百千無量億「那由他」(之)「阿修羅」(之)「男子、女人、童男、童女」，如(寶海)梵志教發「阿耨多羅三藐三菩提」心，至於(寶藏)佛所，聽受妙法。	㊁善男子！(寶海)適「發心」已，(有)「五阿修羅王」來詣海濟(寶海)婆羅門所，乃至多億「那由他」百千「阿修羅」(之)「男女、大小」，以(寶海)婆羅門語，勸令發「阿耨多羅三藐三菩提」心，來至(寶藏)佛所，而聽受法，略說……
㊂善男子！爾時，寶海梵志復作是念：若我當來必成「阿耨多羅三藐三菩提」，所願成就，得己利(獲得諸善法成就爲「己利」)者，復當教化「天魔波旬」(「波旬」通常指欲界第六天魔，稱爲「他化自在天魔」。欲界第六天除了有「天人」在此住外，還有另一個魔宮是處在「欲界、色界初禪天」之間，專由「他化自在天魔」所住)，令發「阿耨多羅三藐三菩提」心。	㊂(寶海)婆羅門！如是思念(欲要教化)魔王。
㊃善男子！時「魔波旬」，即知(寶海)梵志心之所「念」，尋與百千無量億「那由他」(之)「男子、女人、童男、童女」，至(寶海)梵志所，敬如教勅彳(教導勅命)，(亦)發「阿耨多羅三藐三菩提」心，乃至聽法，亦復如是。	㊃即時魔王名佛樓那，來至(寶海)婆羅門所，乃至無數億「那由他」百千「魔子、魔女」大小，(皆)勸發「阿耨多羅三藐三菩提」心，乃至「聽法」。

《悲華經》第三卷

三－1 寶海梵志準備度化螺髻大梵天王與諸梵天子，對寶海要供養寶藏佛與諸僧眾七年；於此「福德」皆生「隨喜」心，並以此「善根」迴向自己亦能成「阿耨菩提」

北涼・曇無讖 譯 《悲華經》	秦・譯者佚 名 《大乘悲分陀利經》
《大施品・第三之二》	
㊀(釋迦)佛復告寂意：善男子！爾時，(寶海)梵志復作是念：若我當來成「阿耨多羅三藐三菩提」，所願成就，得己利(獲得諸善法成就爲「己利」)者，次當教化(螺髻)「大梵天王」，發「阿耨多羅三藐三菩提」心。	㊀善男子！爾時海濟(寶海)婆羅門，思念螺髻大梵。
㊁時(螺髻)梵天王即知(寶海)梵志心之所念，到(寶海)梵志所，作如是言：欲何所勅ㄔ(勅命)？ (寶海)梵志問言：汝是誰也？ (寶海)梵王報言：我是(螺髻)大梵天王。 (寶海)梵志答言：善來，(螺髻)天王！可還天上，集會(集合會聚)諸天，汝持(寶海)我言： 閻浮提內有大梵志，名曰寶海，於「七歲」中，請(寶藏)佛世尊及無量僧，奉諸所安(奉養諸物所需，令得安隱)，卿等今者，於此「福德」，應生「隨喜」，生「隨喜」已，發心迴向「阿耨多羅三藐三菩提」。	㊁螺髻大梵亦來至(寶海)婆羅門所。
㊂爾時，(螺髻)梵王聞是教已，尋還天	㊂(螺髻)聞已，還梵天上。

上，聚集諸梵，而告之言： 卿(諸梵天)等當知，閻浮提內有轉輪聖王名無諍念，有大梵志名曰寶海，即其(無諍念)聖王之大臣也，請(寶藏)佛世尊及無量僧，終竟(終究畢竟圓滿)「七歲」奉諸所安(奉養諸物所需，令得安隱)。 ㊃卿(諸梵天)等以是「善根」，應生「隨喜」，生「隨喜」已，發心迴向「阿耨多羅三藐三菩提」，當令寶海得如所願(指寶海要供養寶藏佛及諸聖眾長達七年)。	
㊄善男子！爾時，百千無量億「那由他」諸「梵天子」，恭敬叉手作如是言：(梵天子)我等今者於是「善根」，生「隨喜」心，以是「隨喜」故，悉令(梵天子)我等一切皆得成「阿耨多羅三藐三菩提」。 ㊅復更告言：卿(諸梵天)等今當至閻浮提，見寶藏佛及比丘僧，禮拜、圍遶、恭敬、供養、尊重、讚歎。	㊄乃至(於)多億「那由他」百千「梵天」。(皆)勸發「阿耨多羅三藐三菩提」心。
㊆善男子！時(螺髻)梵天王與百千無量億「那由他」諸「梵天子」，前後圍遶，來至(寶藏)佛所，頭面禮佛足，及比丘僧，聽受妙法。	㊆(螺髻梵天王與百千無量億那由他諸梵天子)從(天)上來下，至(寶藏)世尊所，恭敬親近比丘僧，而聽受法。

三－2 寶海梵志準備度化第二個四天下之「忉利、夜摩、兜術、化樂、他化自在」等五天王，對寶海要供養寶藏佛與諸僧眾七年；於此「福德」皆生「隨喜」心，並以此「善根」迴向自己亦能成「阿耨菩提」

北涼‧曇無讖 譯 《悲華經》	秦‧譯者佚 名 《大乘悲分陀利經》
㊀善男子！爾時，(寶海)梵志復作是念：復當教化第二(個四)天下「忉利天王、夜摩天王、兜術天王、化樂天王、他化自在天王」。	㊀善男子！爾時海濟(寶海)婆羅門，思念(第)二(個)四天下「帝釋」，(以及)思念「須夜摩、刪兜率陀(兜率天之天主名刪兜率陀天王 Saṃtuṣita-devarāja)、化樂、他化天子」。
㊁以(寶藏)佛力故，即各來至是(寶海)梵志所，各作是言：欲何所勅彳(勅命)？ (寶海)梵志問言：汝是誰也？	㊁彼「五天王」亦以(寶藏)佛「威神」，來至(寶海)婆羅門所，婆羅門(亦)如是約勅彳(約法勅命)。
各各答言：我是其餘(指第二個四天下)「忉利天王」，乃至「他化自在天王」。 (寶海)梵志報言：汝等各還，至所住處，汝持(寶海)我言： 閻浮提內有轉輪王名無諍念，有大梵志名曰寶海，即其(無諍念)聖王之大臣也，終竟(終究畢竟圓滿)「七歲」供養(寶藏)如來，及比丘僧。卿等以是「善根」，應生「隨喜」，生「隨喜」已，發心迴向「阿耨多羅三藐三菩提」。	
㊂「忉利天王」乃至「他化自在天王」，聞是語已，各各還至所住之處，即集會(集合會聚)諸天而告之言：卿等當知，閻浮提內有轉輪聖王名無諍念，有大梵志名曰寶海，即其(無諍念)聖王之大臣也，終竟(終究畢竟圓滿)「七歲」供養(寶藏)如來及比丘僧。卿等以是「善根」因緣故，應生「隨喜」，生「隨喜」已，發心迴向「阿耨多羅三藐三菩提」。	㊂彼(五天王)各還去，以(寶海)婆羅門語，勸眷屬以「菩提」；如是(有)多億「那由他」百千「三十三」(之)「天子、天女」，勸發「阿耨多羅三藐三菩提」心，及「帝釋」來此「四天下」，恭敬親近(寶藏)世尊，并比丘僧，而聽受法。如是「須夜摩、刪兜率陀、化自在，如是他化天子」，勸發「他化自在天」以「菩提」。

㊃善男子！時諸「天衆」，恭敬叉手，作如是言：我等今者，於是「善根」，生「隨喜」心，以「隨喜」故，悉令我等一切皆得成「阿耨多羅三藐三菩提」。	㊃(有)多億「那由他」百千「他化自在」(之)「天子、天女、大小」，勸發「阿耨多羅三藐三菩提」心。
㊄復更告言：卿等今者當至(寶藏)佛所，見(寶藏)佛世尊，及比丘僧，禮拜、圍遶、恭敬、供養、尊重、讚歎。	
㊅善男子！爾時「忉利天王」，乃至「他化自在天王」，各各悉與百千無量億「那由他」(之)「天子、天女、童男、童女」，及餘眷屬，前後圍遶，來至(寶藏)佛所，頂禮(寶藏)佛足，及比丘僧，聽受妙法。	㊅來此「四天下」，恭敬親近(寶藏)世尊，并比丘僧，而聽受法。
㊆第二(個四)「天下」、五「阿修羅王」、「天魔波旬、大梵天王」，亦復如是。	㊆如是(第)二(個)四天下，「阿修羅、魔」及「大梵」。
㊇第三、第四、第五，乃至三千大千佛之世界，百億「忉利天」、百億「夜摩天」、百億「兜率天」、百億「化樂天」、百億「他化自在天」、百億「五阿修羅王」、百億「魔波旬」、百億「大梵天王」，及無量億百千「那由他」眷屬，悉發「阿耨多羅三藐三菩提」心。	㊇如是(第)三(個)四天下，如是(第)四(個)「四天下」，如是(第)五(個)「四天下」，「帝釋、須夜摩、刪兜率陀、他化」，「阿修羅、魔」及「大梵」。以(寶藏)佛威神故，與眷屬，俱來此「四天下」，而聽受法。乃至三千大千佛土，百億「帝釋」，百億「須夜摩」，百億「刪兜率陀」，百億「化自在」，百億「他化自在天子」，百億「阿修羅王」，百億「魔」，百億「大梵」，一一「大梵」，勸無數億「那由他」百千「梵天」，發「阿耨多羅三藐三菩提」心。
㊈以(寶藏)佛力故，皆共來到。此「四天下」(諸天人)，至於(寶藏)佛所，頭面禮(寶藏)	㊈彼以(寶藏)世尊威神，一切(皆)來。此「四天下」(諸天人)，恭敬親近(寶藏)世尊，

佛，及比丘僧，聽受妙法。 ㊉爾時，大衆悉皆遍滿此間，三千大千世界(皆)無「空缺」處。	幷比丘僧，而聽受法。 ㊉爾時三千大千世界，地無如「毫髮」(之)空(而)不周(全)者。

三－3 寶藏如來入「無熱三昧」定，示現大神通，於一一毛孔放無量光明，遍照三千大千世界及「三惡趣」眾生。眾生在稱唸「南無佛」後便得解脫轉生「人間」

北涼・曇無讖 譯 《悲華經》	秦・譯者佚 名 《大乘悲分陀利經》
㊀善男子！爾時，寶海梵志復作是念：我今已得教化百億毘沙門天王，乃至百億「大梵天王」，而我今者，所有誓願，已得自在。	㊀善男子！爾時海濟(寶海)婆羅門而生是念：若我「阿耨多羅三藐三菩提」意，得滿(獲得圓滿)者，如百億毘沙門，乃至百億「大梵」，悉皆隨我者。
㊁(寶海)復作是念：若我來世必成「阿耨多羅三藐三菩提」，逮得己利(獲得諸善法成就爲「己利」)，所願成就者，願(寶藏)佛世尊為諸大衆，示現種種「神足」(神通具足)變化，(能)以「神力」故，令此三千大千世界所有「畜生、餓鬼、地獄」及「世人」等，悉皆得離一切「苦惱」，純受「諸樂」。(於是)各於一一衆生之前，(皆)有一「化佛」，(皆)勸彼衆生，令發「阿耨多羅三藐三菩提」心。	㊁(寶藏佛)應現如是「大神通」，令遍三千大千世界人及「畜生、餓鬼、地獄」，一切「苦受」得息(得以止息)，(一切的)「樂受」得生(得以重生)。(於是在)一一衆生(之前，皆有一)「化佛」在前，(皆)勸(彼等)發「阿耨多羅三藐三菩提」。
㊂ ❶善男子！爾時寶藏如來，尋知寶海心之所念，即時入於「無熱三昧」。 ❷爾時，(寶藏)世尊入是「三昧」已，示現如是「神足變化」，(於)一一毛孔，放於無量無邊光明。其光微妙，遍照三千	㊂ ❶善男子！爾時寶藏如來・應供・正遍知，知海濟(寶海)婆羅門心所「念」，即入三昧名「鉢羅名婆」。 ❷入已，(佛於)一一毛孔，放過數光明，照此三千大千世界，妙光普遍，其光明至「地獄」者。

大千世界，及照「地獄」。	
①(有)氷凍衆生，遇之(佛光)則「溫」。 ②(有)熱惱衆生，遇之(佛光)則「涼」。 ③(有)飢渴衆生，遇之(佛光)則「飽」，受最妙樂。 ④(於)一一衆生，各於其前(皆)有一「化佛」，(化佛具)「三十二相」瓔珞其身，(有)「八十種好」，次第莊嚴。	①令寒地獄衆生，(有)煖風來吹。 ②有衆生舉身「火然」，(有)冷風來吹。 ③彼諸地獄衆生，飢渴困乏，「苦受」即滅，極得「樂受」。 ④(於)一一地獄衆生(之前皆有一)「化佛」在前，(化佛)具「三十二大人之相、八十種好」，莊嚴其身。
㊃	㊃
❶彼諸(地獄)衆生受快樂已，作如是思惟：我等何緣，得離苦惱，受是妙樂？ ❷爾時，(地獄)衆生見於「化佛」，(具)「三十二相」而自瓔珞，(有)「八十種好」，次第莊嚴。 ❸(地獄衆生)見如是已，各作是言：蒙是成就「大悲」者(之)恩，令我得離一切「苦惱」，受於「妙樂」。 ❹爾時，(地獄)衆生以「歡喜心」瞻仰(化佛)尊顏。	❶彼「地獄」衆生受「喜樂」已，而生是念：以何因緣，我等「苦」滅，「樂受」得生？ ❷彼(地獄衆生)見(化佛)世尊(皆具)「三十二大人之相、八十種好」，莊嚴其身。 ❸(地獄衆生)見已作是言：蒙是具足「大悲」之恩，(令我)得受「樂受」。 ❹(地獄衆生)倍極歡喜，「善心」生焉，瞻仰(化佛)世尊。
㊄爾時，「化佛」告諸衆生：汝等(地獄眾生)皆應稱「南無佛」，發「阿耨多羅三藐三菩提」心，從是已後，更不「受苦」，常受第一「最妙快樂」。(意即地獄眾生若無法「自己發心」的稱唸「三皈依」的話，是無法得「解脱」的，並不是「旁人」幫代唸，就可以獲「解脱」的)	㊄(化佛)世尊告曰：咄！汝(地獄)衆生！當作是言：南無「佛陀」。發「阿耨多羅三藐三菩提」心，汝等衆生，更不「受苦」，常得「受樂」。(意即地獄眾生若無法「自己發心」的稱唸「三皈依」的話，是無法得「解脱」的，並不是「旁人」幫代唸，就可以獲「解脱」的)
㊅	㊅
①彼諸(地獄)衆生尋作是言：南無「世尊」！發「阿耨多羅三藐三菩提」心，以此「善根」斷一切惡，而於其中，尋得「命終」，轉生「人」中。 ②(地獄中的)「熱惱」衆生，以「蒙光」故，尋	①彼(諸地獄眾生)作是言：南無「佛陀」！我等發「阿耨多羅三藐三菩提」心，以是善根，願「罪業」永滅。於中有「命終」者，(便轉)生此「人間」。 ②於地獄衆生(中有被)「火所燒」者，(因佛之)

得清涼，離飢渴苦，受諸妙樂，乃至(轉)生於「人」中。	光明至已，(便有)冷風來吹，彼一切「飢渴、困乏、苦痛」即滅，乃至於中「命終」，(便轉)來生「人間」。
③如「地獄、畜生、餓鬼、人」，亦如是。	③(其餘的)「畜生、餓鬼」及「人」，亦如是說(指皆能獲佛光加被而得解脫一事)。
㊆其光(明)遍照諸世界已，還遶(寶藏)佛身，滿三匝已，從(佛之)頂上(還)入。	㊆彼光(明)還來，繞(寶藏)佛三匝，從(佛之)頂上(還)入。
㊇ ❶是時即有無量無邊「人天、夜叉、阿修羅、乾闥婆、諸龍、羅剎」，得「不退轉」於「阿耨多羅三藐三菩提」。 ❷復有不可計眾生，得「陀羅尼、三昧、忍辱」。	㊇ ❶過數「天人、夜叉、羅刹、龍、阿修羅」，得「不退轉」，住「阿耨多羅三藐三菩提」。 ❷於彼過數「眾生」，得「三昧、忍辱、陀羅尼」。
㊈ ①爾時，閻浮人間無量「諸天」，為(寶藏)佛世尊及比丘僧，自以天上種種所有，莊挍ㄐㄧㄠˋ(莊嚴挍飾)「嚴飾」安周(羅)城外閻浮之園，如天莊嚴，等無差別。 ②是人復作是念：我等今者當往觀之，幷見(寶藏)如來，及比丘僧，因聽受法。	㊈ ①於此閻浮提人間安訓ㄒㄩㄣˋ羅城，王之住處閻披羅園。(有)諸天為(寶藏)佛及僧，以天莊嚴已。 ②彼生是念：我等宜應往觀「奉覲」(供奉與覲見朝拜)寶藏如來・應供・正遍知，敬瞻聖眾，於(寶藏)如來所，聽受正法。

三－4 有百千無量億「那由他」男子、女人、童男、童女，皆頂禮寶藏佛及比丘僧。只要入此閻浮園，包括天龍八部及三惡道眾生，皆盡勸彼等發「阿耨菩提」心

北涼・曇無讖 譯 《悲華經》	秦・譯者佚 名 《大乘悲分陀利經》
㊀善男子！爾時，日日常有百千無量億「那由他」(之)「男子、女人、童男、童女」，來至(寶藏)佛所，頭面禮(寶藏)佛，及	㊀當於爾時，無數億「那由他」百千「男、女、長、幼」，日往見(寶藏)世尊，恭敬親近，幷比丘僧，周遍觀園。

比丘僧，右遶三匝，恭敬、供養、尊重、讚歎，并欲見此閻浮之園。	
㉂其(閻浮)園門戶，具足二萬(指有二萬個門口)，純七寶成，(在)一一門前，復敷(有)五百「七寶」之床，(皆)有五百「梵志」(童子)各坐其上。	㉂彼(閻浮)園有二萬「七寶」(個)門，一一門側，敷(有)五百「寶床」，(有)五百「童子」各坐其上。
㉃若有衆生欲入是(閻浮)園，此諸(五百位童子)梵志輒便勸化(勸教度化)，令其畢定(畢竟決定)「歸依三寶」，發「阿耨多羅三藐三菩提」心，然後乃聽，入此(閻浮)園中，見於(寶藏)世尊及比丘僧，禮拜、圍遶、恭敬、供養、尊重、讚歎。	㉃(凡有)來入(閻浮)園者，彼諸(五百位)童子，誨以「三歸依」佛、法、聖衆，勸發「阿耨多羅三藐三菩提」心，令住其中，然後乃聽入(閻浮)園，見(寶藏)佛及僧，恭敬親近，周遍觀園。
㉄善男子！爾時，(寶海)梵志於「七歲」中，教化不可計「天」，令其「畢定」(畢竟決定)住於「阿耨多羅三藐三菩提」。	㉄善男子！爾時國大師(國王之婆羅門大師)海濟(寶海)婆羅門，於「七年」中勸過數諸天發「阿耨多羅三藐三菩提」令住其中。
㉅復令不可計「龍、阿修羅、乾闥婆、羅刹、拘槃茶、毘舍遮、餓鬼、畜生、地獄」及「人」，畢定(畢竟決定)住於「阿耨多羅三藐三菩提」。	㉅過數龍、阿修羅、夜叉、羅刹、鳩槃茶(Kumbhāṇḍa)、乾闥婆、飢鬼、毘舍遮及地獄；過數人，盡勸發「阿耨多羅三藐三菩提」，令住其中；過數衆生勸發「阿耨多羅三藐三菩提」，令住其中。
㉆善男子！爾時，(寶海)梵志過「七歲」已，以八萬四千「金輪」，惟除「天輪」(輪寶)，(及)八萬四千「白象」(之外)，(其餘皆以)七寶莊嚴。惟除「象寶」(只有「轉輪聖王」能擁有「七寶」，如輪寶、象寶、馬寶、珠寶、玉女寶、居士寶(主藏寶)與「主兵臣寶」(將軍)。「輪寶」又分「金輪寶、銀輪寶、銅輪寶、鐵輪寶」四寶)，乃至(以)八萬四千種種「諸樂」，如是等物，欲以奉獻(寶藏)佛及衆僧。	㉆彼「七年」將欲盡時，海濟(寶海)婆羅門，具八萬四千「金輪」，(唯)除自然「輪寶」，(及)八萬四千「象」(外)，(皆)挍ㄐㄧㄠˋ(挍飾)以「七寶」，(唯)除自然「象寶」(只有「轉輪聖王」能擁有「七寶」，如輪寶、象寶、馬寶、珠寶、玉女寶、居士寶(主藏寶)與「主兵臣寶」(將軍)。「輪寶」又分「金輪寶、銀輪寶、銅輪寶、鐵輪寶」四寶)，乃至(以)八萬四千「味」，欲以「迴向」(供養寶藏佛及諸聖眾)。

三－5 無諍念轉輪聖王於「七年」中不生 15 種「諸欲」之心，其八萬四千諸小王與眾生等，亦於「七年」中修種種法，或願於「清淨佛土」成佛，或發願於「不淨佛土」成佛

北涼・曇無讖 譯 《悲華經》	秦・譯者佚 名 《大乘悲分陀利經》
㊀爾時，(無諍念)轉輪聖王於「七歲」中，	㊀「七年」離諍王
❶心無「欲」(之)欲。	❶曾無「欲想」。
❷無「瞋恚」(之)欲。	❷(無)「瞋恚」。
❸無「愚癡」(之)欲。	❸(無)「愚癡」及
❹無「憍慢」(之)欲。	❹(無)「吾我」想，悉皆「無有」。
❺無「國土」(之)欲。	❺又無「王」(國土、國王)想。
❻無「兒息」(兒女子息)欲。	❻無「施」想。(可作「施政」解。或解爲雖「布施」而無布施想的「三輪」體空。或將施讀爲ㄧ ，「延及」也。如《詩經・ 大雅・ 皇矣》：施于孫子)
❼無「玉女」(妻子)欲。	❼無「妻、息」(妻子、兒女子息)想，
❽無「食飲」(之)欲。	❽無「食飲」想。
❾無「衣服」(之)欲。	❾無「香花」。
❿無「華香」(之)欲。	❿(無)「衣服」想。
⓫無「車乘」(之)欲。	⓫無「車乘」想。
⓬無「睡眠」(之)欲。	⓬無「睡眠」想。
⓭無「想樂」(之)欲。	⓭無「樂」想。
⓮無「有我」(之)欲。	⓮⓯無「彼、我」想。
⓯無「有他」(之)欲。	
如是「七歲」，乃至無有「一欲」之心。	於「七年」中，
㊁(無諍念王便開始)常坐不臥，無「晝夜想」、無「疲極想」、亦復無「聲、香、味、觸」想。	㊁(無諍念王)未曾倚臥，無「晝夜想」，無有「色、聲、香、味、觸」想；於「七年」中，未曾疲懈(疲憊懈怠)。
㊂(無諍念王)而於(修行的七年)其中，常見十方，一一方面，如萬佛土，微塵數等，諸佛世界清淨莊嚴，不見(不需特意去見)「須	㊂(無諍念王便於修行的七年中)常「觀見」十方各千佛土(之)微塵數世界「佛土莊嚴」，(還有)諸「須彌山」，(皆)不障(礙)於眼，其餘「諸

彌」，及諸「小山、大小、鐵圍二山、中間幽冥之處」，(以及)「日月星辰、諸天宮殿」。其所見者，惟見(唯需只專注去見)清淨莊嚴佛土，見是事已，隨願取之。	山、鐵圍、大鐵圍山障、日月障、天宮殿」，悉無(任何)「障礙」。如彼所見，(但只專注在)莊嚴佛土，彼思惟「莊嚴淨佛土」願。
㊃如(無諍念)轉輪聖王，於「七歲」中得受快樂，(唯)見於「清淨」種種莊嚴(之)諸佛世界，願取「上妙清淨」(之)佛土。	㊃如離諍王，以如是「德」，樂住「七年」，如是見「莊嚴佛土」，彼(無諍念王)坐思惟「莊嚴淨佛土」願。
㊄(無諍念)轉輪聖王太子不瞬，乃至千子八萬四千「諸小王」等，及九萬二千億「眾生」等。	㊄(無諍念聖王之)王子不眴、尼摸、因陀羅伽盧，乃至彼王「千子」，八萬四千「諸小國王」，并餘九十二億「眾生」，亦復如是。
㊅ ❶(諸小王與眾生等亦)各「七歲」中，心無「欲」(之)欲，乃至無有「香、味、觸」想，各於「靜處」，入定「思惟」，亦得見於十方世界，一一方面如萬佛土，微塵數等諸佛世界所有莊嚴。 ❷不見(不需特意去見)「須彌」及「諸小山、大小鐵圍、二山中間幽冥之處」，(及不需特意去見)「日月星辰」(與)「諸天宮殿」。 ❸其所見者(唯需只要去見)，惟見「清淨」莊嚴佛土。如其所見，隨而取之。	㊅ ❶彼(諸小王與眾生等)一切於「七年」中，獨坐一處，而入「三昧」，見十方各千佛土微塵數世界。彼亦於「七年」中，不生「欲想」、無「瞋恚想」，乃至無「疲懈」(疲憊懈怠)處，常普見十方各千佛土(之)微塵數佛國莊嚴。 ❷彼須彌山(皆)不障於眼，其餘「諸山鐵圍、大鐵圍山障」，「日月天」(與)「諸宮殿」，悉無所礙。 ❸如彼所見莊嚴佛土，思惟「莊嚴淨佛土」願。
㊆如是一切諸大眾等，於「七歲」中，各得「修行」種種法門，或(發)願(於)「清淨」佛土(成佛)，或(發)願(於)「不淨」佛土(成佛)。	㊆彼一切以如是功德快樂，於「七年」住，有思惟「莊嚴淨佛土」願，(亦)有取「不淨佛土」(之願)。

三－6 寶藏佛已勸化無諍念聖王之「千子」，皆發「阿耨菩提」心，今

當令無諍念聖王及所有被寶海所度化的眾生，皆能從寶藏佛得「授記」

北涼・曇無讖 譯 《悲華經》	秦・譯者佚名 《大乘悲分陀利經》
㊀善男子！爾時(寶海)梵志過「七歲」已，持諸「七寶」，奉獻於(寶藏)佛及比丘僧，向(寶藏)佛合掌前白佛言：	㊀爾時海濟(寶海)婆羅門知「七年」竟，欲以「七寶」迴施寶藏如來・應供・正遍知，(寶海)叉手合掌白言：
(寶藏)世尊！(寶海)我已勸化(無諍念)轉輪聖王，(令)發「阿耨多羅三藐三菩提」心。(令無諍念王)還至「住處」，靜坐思惟，乃至不聽(不允許)一人令入(進來打擾靜坐思惟的修行)。	(寶藏)世尊！(寶海)我(已)勸離諍王於「阿耨多羅三藐三菩提」。彼(無諍念王已)自還家，獨坐一處，而入「三昧」，無(人)敢入者，(亦)無人能覺(無諍念王)。
㊁(寶海)我復勸化(勸教度化)其(無諍念聖)王(之)「千子」，發「阿耨多羅三藐三菩提」心，是諸(千)「王子」亦各還至「所住之處」，靜坐思惟，乃至不聽(不允許)一人令入。	㊁如是彼王「千子」，(寶海)我勸以「阿耨多羅三藐三菩提」，彼(國王千子)亦如是，各各還家，獨在一處，而入三昧，無敢入者，無人能覺(國王之千子)。
㊂(所有)八萬四千「小王」、九萬二千億「眾生」等，亦發「阿耨多羅三藐三菩提」心，(諸小國王與眾生)各在靜處，端坐思惟，乃至不聽(不允許)一人令入。	㊂(寶海)我亦如是，勸八萬四千諸「小國王」，并餘九十二億「眾生」，已發「阿耨多羅三藐三菩提」，於彼(諸小國王與眾生)一切各各還家，皆在一處，而入三昧，無能入者。
㊃(寶藏)世尊！今當令是(無諍念)轉輪王等，從「三昧」起，來至(寶藏)佛所，及(寶海)我先所教化(的所有眾生)，令發「阿耨多羅三藐三菩提」心者。悉令集(合於)此(寶藏)佛世尊所，一心端坐，受於「清淨佛」之世界，(得)「不退轉」於「阿耨多羅三藐三菩提」，(能)從(寶藏)佛「授記」已，當取「國土」及「名姓」字。	㊃唯願(寶藏)世尊覺(指請他「出定」)離諍王，令「三昧」起，來至於此；彼一切(受寶海)我所勸化(勸教度化)菩提者，皆亦使來。彼(等大眾)獨坐「三昧」者，一切使來，(令)取「阿耨多羅三藐三菩提」意不動，於(寶藏)世尊所，(能)得受「名號、國土」之記。

三－7 寶海梵志對無諍念王言：布施功德，不應求「人天」福報，福報與珍寶，皆是「無常」，無「決定」相，應迴向速成「阿耨菩提」，度眾生令入涅槃

北涼・曇無讖 譯 《悲華經》	秦・譯者佚名 《大乘悲分陀利經》
㊀善男子！爾時，寶藏如來即入「三昧王」三昧，入是三昧已，於其(寶藏佛)口中出種種色光，(有)「青、黃、赤、白、紫」。如(無諍念)轉輪王(尚)在「定」中者，(便)各於其前，有(一)「化梵王」，作如是言：	㊀善男子！爾時寶藏如來・應供・正遍知，入於三昧，名「涅邏訶邏波帝」，(寶藏佛)口出「青、黃、赤、白、紅、紫色」光，於彼(無諍念王還)住(在)三昧者，(時有)一切「化婆羅門」(便)在前立，作是言：
(無諍念)汝等今者，可從定起，至於佛所，見(寶藏)佛世尊，及比丘僧，禮拜、圍遶、恭敬、供養、尊重、讚歎。	起！(無諍念)大士！往見(寶藏)世尊，幷比丘僧，恭敬親近。
㊁(無諍念王)汝等當知，寶海梵志於「七歲」中，作法會竟，今(寶藏)佛世尊，復當遊行諸餘國土。	㊁大士海濟(寶海)婆羅門，槃遮于色(pañca-vārṣika-maha 般遮于瑟會。國王本人爲施主，召請眾僧行布施供養。意譯爲「無遮」大會，直譯爲「五年一大會、五年功德會、五歲會、五歲筵」。此法會廣行於印度及西域地方，多擇「春季」，會集遠近諸僧，行種種之「供養」，長達三個月)，已竟「七年」，(寶藏)世尊復欲遊諸聚落。
㊂時(無諍念)轉輪王等，聞是(「化梵王」之)言已，尋從「定」起。	㊂(無諍念王)彼聞「(化)婆羅門」語已，一切皆起。
㊃爾時，諸天在虛空中，作諸伎樂，是時(無諍念)聖王即便「嚴駕」(嚴備車駕)，與其「千子」、八萬四千諸「小王」等，九萬二千億「人」，前後導從，出安周羅城向閻浮園，既到(閻浮)園外，如法下車，步至(寶藏)佛所，頭面禮佛，及比丘僧，却	㊃離諍王聞是語，即從座起，天於空中，搥ㄔㄨㄟˊ鍾擊鼓，作天伎樂。時離諍王躬自乘車，與「千子」俱，及八萬四千諸「小國王」，餘九十二億「眾生」俱，圍遶出城，詣(寶藏)世尊所。至已，頭面禮足，幷比丘僧，却坐一面；離諍王與無數億

坐一面。	「衆生」俱。
㊄善男子！爾時(寶海)梵志白(無諍念)聖王言：惟願大王，持此寶物，并及大王，(曾經)先於「三月」，供養(寶藏)如來，及比丘僧，(有)種種珍寶八萬四千(於)安周羅城。如是(所作的種種)「福德」，(無諍念王汝)今應迴向「阿耨多羅三藐三菩提」。	㊄時海濟(寶海)婆羅門語離諍王曰：大王！於此「噠嚫」(dakṣiṇā 所布施給僧眾之「金銀財物」等)，應發「隨喜」。(無諍念)大王！汝(曾經)於「三月」供養(寶藏)世尊，以一切所須(之物)，及無數比丘僧，(以)種種雜寶「迴施」，及八萬四千城「迴施」已。(無諍念王汝今應)以此「隨喜」(之)「福業」，是一切(即)可迴向「阿耨多羅三藐三菩提」。
㊅其(無諍念)王(之)「千子」、八萬四千諸「小王」等，九萬二千億「人」，皆悉教令迴向「阿耨多羅三藐三菩提」。	㊅(寶海)亦如是勸(無諍念)王(之)「千子」、八萬四千諸「小國王」，并餘多億「衆生」。(今應)以此「隨喜」(之)「福業」，勸於「阿耨多羅三藐三菩提」令住其中，是「噠嚫」(dakṣiṇā 所布施給僧眾之「金銀財物」等)應(生)「隨喜」，應「迴向」(阿耨菩提)。
㊆(寶海)復作是言：(無諍念)大王當知，以此「布施」，不應求於「忉利天王、大梵天王」。何以故？王今「福報」所有「珍寶」，皆是「無常」，無「決定」相，猶如「疾風」，是故應當以此「布施」所得「果報」，令心「自在」，速成「阿耨多羅三藐三菩提」，度脫無量無邊衆生，令入「涅槃」。	㊆(寶海)而說偈言： 我以是施不求釋(帝釋天)，亦復不求梵天果； 危脆不堅如疾風，況求世間人王福。 心得自在妙菩提，度諸衆生無有量； 此施果報極寬廣，我所願求畢令獲。

三－8 寶藏如來作是念：有無量眾生已「不退轉」於「阿耨菩提」，我今當與各各「授記」，并為示現種種佛土之莊嚴

北涼・曇無讖 譯 《悲華經》	秦・譯者佚 名 《大乘悲分陀利經》
《諸菩薩本授記品・第四之一》	《離諍王授記品・第六》

㊀爾時，寶藏如來復作是念：如是等無量「眾生」，已「不退轉」於「阿耨多羅三藐三菩提」，我今當與，各各「授記」，并為「示現」種種「佛土」。 ㊁爾時，(寶藏)世尊即入「三昧」，其「三昧」名「不失菩提心」。以「三昧力」故，放大光明，遍照無量無邊世界，皆悉令是(無諍念)轉輪聖王，及無量「眾生」等，見無邊「諸佛世界」。 ㊂爾時十方無量無邊諸餘世界，其中各各有「大菩薩」，蒙(寶藏)「佛光」故，以「佛力」故，各各悉來至於(寶藏)佛所，以己所得(之)「神足變化」，供養於(寶藏)佛，及比丘僧。頭面禮足，右遶三匝，坐於(寶藏)佛前，欲聽(寶藏)如來為諸「菩薩」受(將來成)佛(之)「記莂」。	㊀善男子！爾時寶藏如來・應供・正遍知而作是念：彼勸多億眾生以「阿耨多羅三藐三菩提」，住「不退轉」地，我今應「授其記」、示現「剎」。 ㊁爾時(寶藏)世尊入于「三昧」，名為「不忘菩提心」，(寶藏佛)即現微笑。笑已，(有)「妙光」普照無量無邊「佛土」，示(現於)離諍王，并餘多億「眾生」(之種種)佛剎莊嚴。 ㊂爾時十方過數佛土中「菩薩摩訶薩」見「光明」已，承(寶藏)佛威神，來此世界，奉覲(供奉與覲見朝拜寶藏)世尊，恭敬親近，并比丘僧，以種種菩薩「神通」供養(寶藏)世尊，頭面禮足；禮足已，於(寶藏)世尊前，各一面坐，為聽(寶藏佛)授(諸)菩薩(將來成佛之)「願記」。

三－9 無諍念聖王於「七年」中，端坐思惟種種「莊嚴清淨佛土」，並發願：我得成「阿耨菩提」時，世界無「三惡道」，眾生皆作「金色」獲六神通

北涼・曇無讖 譯 《悲華經》	秦・譯者佚 名 《大乘悲分陀利經》
㊀善男子！爾時，寶海梵志復白(無諍念)聖王：大王！今可先發「誓願」，取妙佛土。 ㊁善男子！爾時(無諍念)聖王聞是語已，即起合掌，長跪向(寶藏)佛，前白佛言：(寶藏)世尊！我今真實欲得「菩提」，如我(曾經)先於「三月」之中，以諸所須(之	㊀善男子！爾時國大師(國王之婆羅門大師)海濟(寶海)婆羅門語離諍王曰：大王！汝可先取「莊嚴佛土」。 ㊁善男子！爾時離諍王向寶藏如來叉手合掌，白佛言：世尊！我樂求「菩提」。我(曾經)於「三月」，以一切所須(之物)，供養(寶藏)世尊，并無數比丘僧，我以是「善

物)，供養於(寶藏)佛及比丘僧，如是善根，我今迴向「阿耨多羅三藐三菩提」，終不願取「不淨佛土」。	根」，迴向「阿耨多羅三藐三菩提」，唯不在此「穢濁佛土」。
㊂(寶藏)世尊！(無諍念)我先已於「七歲」之中，端坐思惟種種「莊嚴清淨佛土」。(寶藏)世尊！我今發願：令我得成「阿耨多羅三藐三菩提」，時世界之中無有「地獄、畜生、餓鬼」。(所有)一切眾生(於)命終之後，令不墮於「三惡道」中。	㊂(寶藏)世尊！我於此「七年」，思惟「莊嚴佛土」已。(寶藏)世尊！其中無有「地獄、餓鬼、畜生」，(於)如是(三惡道)處，(當)我成「阿耨多羅三藐三菩提」，願令其中有「命終」者，(皆)不墮「惡趣」。
㊃世界眾生皆作「金色」，「人、天」無別。	㊃令其一切普皆「金色」，「人、天」無異。
㊄皆得六通： ❶以「宿命通」，乃至得知百千萬億「那由他」劫宿世之事。 ❷以清淨「天眼」，悉見百千億「那由他」十方世界，亦見其中，在在處處，現在諸佛說微妙法。 ❸以清淨「天耳」，悉聞百千億「那由他」十方世界現在諸佛「說法之聲」。 ❹以「他心智」(他心通)故，知無量無邊億「那由他」十方世界「眾生之心」。 ❺以「如意通」(神足通)故，於一念中，遍於百千億「那由他」諸佛世界，周旋往返。 ❻令是眾生悉解「無我」及「無我所」，皆得「不退」於「阿耨多羅三藐三菩提」。	㊄願其中眾生： ❶皆自識過去億「那由他」百千劫宿命。 ❷願其中一切眾生，具是「天眼」，見億「那由他」百千餘世界中，現在住世(正在)說法(之)諸佛。 ❸使中一切眾生具是「天耳」，聞億「那由他」百千住世諸佛「所說之法」。 ❹使其中一切眾生，善具「他心智」(他心通)，如是知多億「那由他」百千佛土「眾生心念」所行。 ❺令其中一切善具神足(神足通)，如是「一念頃」，過億「那由他」百千佛土。 ❻令其中眾生，無「我、我所」，無所作，乃至己身。願其中一切眾生，得「不退轉」(於)「阿耨多羅三藐三菩提」。

三－10 無諍念聖王所發之「莊嚴清淨佛土」約有 40 願

北涼・曇無讖 譯 《悲華經》	秦・譯者佚 名 《大乘悲分陀利經》
壹	壹
❶願我(國土)世界，無有「女人」(佛剎淨土本來就是無女無男)及其名字，一切眾生，(平)等一「化生」。	❶願其(我國土世界)中，眾生悉皆「化生」，使其中無有「女人」(佛剎淨土本來就是無女無男)。
❷(願我國土世界眾生)壽命無量，除其「誓願」。	❷亦使其(我國土世界)中，眾生「壽命無量」，除「隨願」者。
❸(願我國土世界眾生)無有一切「不善」之名。	❸令其(我國土世界)中眾生，無「不善」之名。
❹(願我國土)世界「清淨」，無有臭穢，常有諸天微妙之香，皆悉充滿。	❹其(我)佛國中，令無「臭穢」，「香氣」遍滿，過踰天香。
❺(願我國土世界)一切眾生皆悉成就「三十二相」，而各「瓔珞」。	❺願其(我國土世界)中，一切眾生，具「三十二大人之相」。
❻(願我國土世界)所有菩薩皆是「一生」(eka-jāti-pratibaddha，菩薩之最高「等覺」菩薩位。彌勒即屬爲「一生補處」之菩薩)，除其「誓願」。	❻願其(我國土世界)中，一切眾生得「一生補處」(eka-jāti-pratibaddha，菩薩之最高「等覺」菩薩位。彌勒即屬爲「一生補處」之菩薩)，除「隨願」者。
❼願我(國土)世界所有眾生，於一食頃，以「佛力」故，(能)遍至無量無邊世界，見現在佛，禮拜、圍遶，以其所得「神足變化」供養於佛，即於食頃，還至本土。	❼使其(我國土世界)中，一切眾生，以「小食頃」，承佛威神，過無數佛土親近「住世」無數諸佛，令得成就；隨其所欲，菩薩「神變」以供養諸佛，以是食頃，還歸本國。
❽(願我國土世界眾生)而常講說「佛之法藏」。	❽使其(我國土世界)中，一切眾生，皆說「佛藏」。
❾(願我國土世界眾生)身得大力，如「那羅延」(Nārāyaṇa 具有大力之印度古神；即欲界天之毘紐天神，此天多力，身爲綠金色，有八臂，乘金翅鳥，手持門輪及種種器杖，常與阿修羅王戰爭)。	❾令其(我國土世界中)一切眾生，(皆)具「那羅延」力(Nārāyaṇa 具有大力之印度古神；即欲界天之毘紐天神，此天多力，身爲綠金色，有八臂，乘金翅鳥，手持門輪及種種器杖，常與阿修羅王戰爭)。
❿(願我國土)世界所有「莊嚴」之事，乃至得「天眼」者，不能盡說。	❿令(我國土世界)無量眾生，能盡知其佛土中「莊嚴色像」，亦非「天眼」之所能知。
⓫(願我國土世界)所有眾生，皆得「四辯」。	⓫願其(我國土世界)中，眾生悉逮「無礙」阿僧祇「辯」。
⓬(願我國土世界)一一「菩薩」所坐之「樹」，枝葉遍滿一萬「由旬」。	⓬願令(我國土世界中)一一「菩提樹」，高千「由旬」。
⓭(願我國土)世界常有「淨妙光明」，悉令他	⓭願(我的)佛土「明淨」，(有)周匝過數「莊

方無量佛土種種「莊嚴」，而於中現(皆能在我的國土世界中顯現出來)。	嚴佛土」，於其中現(皆能在我的國土世界中顯現出來)。
⑭(願我國土世界)所有眾生，乃至成「阿耨多羅三藐三菩提」，不行「不淨」。	⑭願使眾生來生(我國土世界)中者，乃至「菩提」(之)際，常具「梵行」。
⑮(願我國土世界眾生)常為其餘一切諸「天、人」及「非人」之所恭敬、供養、尊重，乃至成「阿耨多羅三藐三菩提」。	⑮令其(我國土世界)中一切眾生，為諸「無難」，(皆為)人之所禮敬。
⑯(願我國土世界眾生)而於其中，常得「六根」清淨。	⑯(我國土世界)乃至「菩提」(之)際，無有「諸根不具足」者。
⑰(願我國土世界眾生)即於生時，得「無漏喜」，受於「快樂」。	⑰令其(我國土世界)中眾生，生已，得「聖喜樂」，過於「諸天」。
⑱(願我國土世界眾生)自然成就一切「善根」。	⑱願其(我國土世界)中，一切「諸善根」集。
⑲(願我國土世界眾生)尋於生時，著「新袈裟」。	⑲願其(我國土世界)中，一切眾生生時，自然「袈裟」著身而生。
⑳(願我國土世界眾生)便得「三昧」，其三昧名「善分別」，以三昧力，(能)遍至無量諸佛世界，見「現在佛」，禮拜、圍遶、恭敬、供養、尊重、讚歎，乃至成「阿耨多羅三藐三菩提」，於此「三昧」，無有退失。	⑳使其(我國土世界)中眾生，生已，得「善分別諸三昧」，以是「三昧」，至過數佛土親近「諸佛世尊」，乃至菩薩「菩提」(之)際，未嘗不見。
㉑(願我國土世界)所有菩薩如其所願，各自「莊嚴」修「淨妙土」。	㉑令其菩薩來生(我國土世界)其中，(皆能)隨其所欲，佛土莊嚴。
㉒(願我國土世界)於「七寶樹」中，悉皆(能)「遙見」諸佛世界(之)一切「眾生」。	㉒輙如(其)所念，佛土莊嚴(於)「寶樹」中現。
㉓(若有眾生)尋於(我國土世界)生時，(即)得「遍至三昧」，以「三昧」力故，(能)常見十方無量無邊諸世界中「現在諸佛」，乃至成「阿耨多羅三藐三菩提」，終不退失。	㉓使其中(我國土世界)眾生，生已，(即)得「普至三昧」，以是「三昧」，(能)普見十方過數佛土「現在諸佛」，乃至「菩提」(之)際，未嘗不見。
㉔願令我(國土世)界所有眾生，皆得「宮殿、衣服、瓔珞」，種種莊嚴，猶如「第六化自在天」。	㉔令來(我國土世界)生者，得如是「衣服、宮殿、莊挍ㄐㄧㄠˋ(莊嚴挍飾)、瓔珞、形色」，如「他化自在天」。
㉕(願我國土)世界無有「山陵、堆(古同「堆」)阜ㄈㄨˋ、大小鐵圍、須彌、大海」。	㉕令其(我)國(世界)中，無「土石、黑山」，亦無「鐵圍、大鐵圍、須彌大海」。

㉖(願我國土世界)亦無「陰蓋」(五陰覆蓋真性)，及諸「障閡」(障礙隔閡)、煩惱之聲。 ㉗(願我國土世界)無「三惡道、八難」之名。 ㉘(願我國土世界)無有「受苦」之名，及「不苦不樂」名。 ㈡(寶藏)世尊！(無諍念)我今所願如是。欲得如是「嚴淨」佛土。(寶藏)世尊！(無諍念)我於「來世」，便當久久行「菩薩道」，要得成就如是「清淨」佛土。	㉖願其(我國土世界)中無有「障礙、結使(煩惱)」之聲。 ㉗願其(我國土世界)中普無「地獄、畜生、餓鬼」之聲。 ㉘(願令我國土世界中)無諸「難聲」，無有「苦聲」，(亦無)「非樂非苦聲」。 ㈡(無諍念)我今欲求如是佛土。(寶藏)世尊！我為菩薩時，行如是等「難行」，我以如是「嚴淨佛土」。

三－11 無諍念聖王所發之「莊嚴清淨佛土」約有 40 願

北涼・曇無讖 譯 《悲華經》	秦・譯者佚 名 《大乘悲分陀利經》
㈠(寶藏)世尊！(無諍念)我於來世作是希有事已，然後乃成「阿耨多羅三藐三菩提」。 ㈡ ㉙(寶藏)世尊！(願)我成「阿耨多羅三藐三菩提」時，「菩提樹」縱廣正等，一萬「由旬」。 ㉚(願我)於此(菩提)樹下，坐「道場」時，於「一念」中成「阿耨多羅三藐三菩提」。 ㉛(願我)成「阿耨多羅三藐三菩提」已，(我之)「光明」(能)照於無量無邊百千億「那由他」諸佛世界。 ㉜令我「壽命」無量無邊百千億「那由他」劫，無能知者；(唯)除(已證)「一切智」(才能數盡)。 ㉝令我(國土)世界，無有「聲聞、辟支佛」	㈠(寶藏)世尊！是(無諍念)我「丈夫」行，然後乃逮「阿耨多羅三藐三菩提」。 ㈡ ㉙願我(我國土世界)，「菩提樹」高「十千」(一萬)「由旬」。 ㉚我坐其(菩提樹)下，「發心」(一)念頃，(便)證「阿耨多羅三藐三菩提」。 ㉛使我「光明」無量，照億「那由他」百千「佛土」。 ㉜使我「壽命」無數億「那由他」百千劫，無能數者；(唯)除(已證)「薩婆若智」(才能數盡)。 ㉝令我(我國土世界中)「菩薩僧衆」無數，「聲

乘，所有大衆純諸「菩薩」，無量無邊，無能數(計算數目)者；(唯)除(已證)「一切智」(才能數盡)。	聞、緣覺」無能數(計算數目)者；(唯)除(已證)「薩婆若智」(才能數盡)。
㉞願我成「阿耨多羅三藐三菩提」已，令十方諸佛「稱揚讚歎」我之「名字」。	㉞令我等得「成佛」時，(其)餘無量「阿僧祇」佛土、諸佛土、諸佛世尊(皆)「稱譽讚歎」(我的名字)。
㉟願我成「阿耨多羅三藐三菩提」已，(其)無量無邊「阿僧祇」餘佛世界，所有衆生，(若)聞我「名」者，修諸「善本」，欲生我界，願其「捨命」之後，必定得(往)生；惟除「五逆」、誹謗「聖人」、廢壞「正法」。	㉟令我成「菩提」時，(其)餘無數「阿僧祇」佛土中，有衆生聞我「名」者，所作「善根」，「迴向」我國，「命終」之後，(即)得(往)生我國；除「無間罪」、謗毀「賢聖」、非ㄈㄟˇ(古通「誹」→誹謗)「正法」者。
㊱願我成「阿耨多羅三藐三菩提」已，其餘無量無邊「阿僧祇」諸佛世界，所有衆生，若發「阿耨多羅三藐三菩提」，修諸「菩提」，欲生我界者；「臨終」之時，我時當與「大衆」圍遶，現其人前，其人見我，即於我所，得心「歡喜」，以「見我」故，離諸障閡ㄜˊ(障礙隔閡)，即便「捨身」，來生我界。	㊱令我得「菩提」時，(其)餘無數佛土中衆生，(若)發「菩提心」，願生我國，(並以)「善根」迴向；(則)彼欲「終」時，我(將)與無數衆圍遶，而現其前；彼見我已，令於我所(我之處所)，得「大歡喜」，除諸「障礙」，命終已後，得生我國。
㊲願我成「阿耨多羅三藐三菩提」已，諸菩薩摩訶薩所(有之)「未聞法」，欲從我聞者，如其所願，悉令得聞。	㊲其(我國土世界)中「菩薩」，隨其所樂，所(有的)「未聞法」，隨意得聞。
㊳願我成「阿耨多羅三藐三菩提」已，其餘無量無邊「阿僧祇」世界，在在處處諸菩薩等，(若能)聞我「名」者，即得「不退轉」於「阿耨多羅三藐三菩提」。	㊳使我得「菩提」時，(有)過數佛土中菩薩，(若)聞我「名」者，(即)得不退轉「阿耨多羅三藐三菩提」。
㊴(諸菩薩亦能)得「第一忍、第二、第三」(三法忍指：①音響忍；隨順音聲忍；生忍。②柔順忍；思惟柔順忍；柔順法忍。③無生法忍；修習無生忍；無生忍。或指「喜忍；悟忍；信忍」這三個忍)。	㊴(諸菩薩亦能)得「第一、第二、第三忍」(三法忍指：①音響忍；隨順音聲忍；生忍。②柔順忍；思惟柔順忍；柔順法忍。③無生法忍；修習無生忍；無生忍。或指「喜忍；悟忍；信忍」這三個忍)。
㊵(諸菩薩若)有願欲得「陀羅尼」及諸「三昧」者，如其所願，必定得之，乃至成「阿耨多羅三藐三菩提」無有退失。	㊵(諸菩薩將)隨其所欲，(能得)「三昧、忍、陀羅尼」，隨意即得。

三－12 無諍念王發「莊嚴清淨佛土」願，願我「般涅槃」後，若有「女人」聞我名者，得極歡喜，迴向「阿耨菩提」心，乃至成佛，終不復受「女人」身

北涼・曇無讖 譯 《悲華經》	秦・譯者佚 名 《大乘悲分陀利經》
㊀ ❶(無諍念)我「滅度」後，過諸算數劫已，有無量無邊阿僧祇世界，其中(若有)菩薩聞我「名字」，心得「淨信」，(獲)第一歡喜，(彼諸菩薩)悉禮拜(於)我，歎未曾有。 ❷是佛世尊(往昔)為「菩薩」時，(皆)已作佛事，久久乃成「阿耨多羅三藐三菩提」。	㊀ ❶令(無諍念)我「般涅槃」後，(於)過數劫、過數佛土中(之)菩薩，(若有)聞我「名」者，得極歡喜，(彼諸菩薩)敬禮於我，(並)得未曾有，稱譽讚歎。 ❷彼為菩薩時，(已曾)作佛事已，然後(將)成「阿耨多羅三藐三菩提」。
㊁彼諸菩薩(將)得最「第一信」，心歡喜已，必定當得「第一初忍、第二、第三」(三法忍指：❶音響忍;隨順音聲忍;生忍。❷柔順忍;思惟柔順忍;柔順法忍。❸無生法忍;修習無生忍;無生忍。或指「喜忍;悟忍;信忍」這三個忍)。	㊁彼(諸菩薩)極歡喜已，(將)得菩薩「第一、第二、第三忍」(三法忍指：❶音響忍;隨順音聲忍;生忍。❷柔順忍;思惟柔順忍;柔順法忍。❸無生法忍;修習無生忍;無生忍。或指「喜忍;悟忍;信忍」這三個忍)。
㊂(若)有願欲得「陀羅尼」門，及諸「三昧」者，(皆能)如其所願，悉皆得之，乃至成「阿耨多羅三藐三菩提」，無有退失。	㊂(諸菩薩將)隨其所欲，「三昧、忍、陀羅尼」，隨意即得，乃至(得)「菩提」(之)際，未常斷絕。
㊃我成「阿耨多羅三藐三菩提」已，其餘無量無邊「阿僧祇」世界，(若)有諸「女人」，聞我「名」者，即得「第一信心」歡喜，發「阿耨多羅三藐三菩提」心，乃至成佛，終不復受「女人」之身。	㊃令我逮「菩提」時，於過數佛土中，(若)有「女人」聞我名者，(能)得極歡喜，發「阿耨多羅三藐三菩提」心，乃至(得)「菩提」(之)際，(皆)不受「女身」。
㊄願我「滅度」已，雖經無量無邊「阿僧祇」劫，有無量無邊「阿僧祇」佛刹，其中(若有)「女人」聞我名者，即得「第一信	㊄願我「般涅槃」後，於過數佛土中，(若有)「女人」聞我名者，(能)得極歡喜，(並)迴向「阿耨多羅三藐三菩提」心，乃至(得)

心」歡喜，(並)發「阿耨多羅三藐三菩提」心，乃至成佛，終不復受「女人」之身。	「菩提」(之)際，(皆)不受「女身」。
㊅ ①(寶藏)世尊！(無諍念)我之所願，如是佛土，如是衆生。 ②(寶藏)世尊！若世界清淨、衆生如是(清淨)者，然後(無諍念我)乃成「阿耨多羅三藐三菩提」。	㊅ ①惟願(寶藏)世尊！(無諍念)我求如是佛土，如是「淨意」(具清淨意念)衆生。 ②如是佛土中，(無諍念)我當逮「阿耨多羅三藐三菩提」。
㊆善男子！爾時，寶藏如來語(無諍念)轉輪王言：	㊆善男子！爾時寶藏如來・應供・正遍知，告離諍王曰：
善哉！善哉！(無諍念)大王！今者所願甚深，已取「淨土」，是中衆生，其心亦「淨」。	善哉！善哉！(無諍念)大王！所願甚深。大王！取「淨佛土」，(取)「淨意」(具清淨意念)衆生。

三－13 西方有世界名尊善無垢，佛名尊音王如來。滅度後，世界名為彌樓光明，佛名不可思議功德王如來。滅度後，世界亦名為尊善無垢，佛名寶光明如來。滅度後，世界名為善堅，佛名寶尊音王如來

北涼・曇無讖 譯 《悲華經》	秦・譯者佚 名 《大乘悲分陀利經》
㊀ ❶(無諍念)大王！汝見「西方」過百千萬億佛土，有世界名尊善無垢，彼界有佛名尊音王如來・應供・正遍知・明行足・善逝・世間解・無上士・調御丈夫・天人師・佛・世尊，今現在為諸菩薩說於「正法」。 ❷彼界無有「聲聞、辟支佛」名，亦無有說「小乘法」者，純一「大乘」清淨無雜。 ❸其中衆生，等一(平等一切皆是)「化生」，亦無「女人」(佛刹淨土本來就是無女無男)及其名	㊀ ❶汝觀！(無諍念)大王！「西方」過億百千佛土，有世界名帝無塵，其佛號帝明自在王如來・應供・正遍知，現在住世，純為「菩薩」，說「一乘法」。 ❷其佛國土，無有「聲聞」及「辟支佛」，亦無其名，不說「聲聞」，純說「大乘」。 ❸其中衆生，一切「化生」，於中乃無「女人」(佛刹淨土本來就是無女無男)名字。

字。	
㊁彼(尊音王)佛世界，所有功德「清淨」莊嚴，悉如(無諍念)大王(之)所願。(尊音王佛與)無量種種「莊嚴」佛之世界，(皆)等無差別，(尊音王佛的世界)悉已(能)「攝取」無量無邊「調伏」(之)眾生。	㊁其(帝明自在王)佛土中，有是一「切德」，猶如(無諍念)大王(之)所願，(亦)取無量「莊嚴」佛土，(然後)攝度(攝取度化)無量(的)「淨意」(清淨意念)眾生。
㊂今改汝(無諍念王)字為無量清淨(即無量壽;阿彌陀)。	㊂是故(無諍念)大王！字汝為無量淨(即無量壽;阿彌陀)。
㊃爾時，(寶藏)世尊便告無量清淨：彼尊音王佛，過一中劫，當「般涅槃」。	㊃彼帝明自在王如來·應供·正遍知，竟「一小劫」，當入「涅槃」。帝明自在王如來·應供·正遍知，「正法」(仍)住世「十小劫」。
㊄ ①(待尊音王佛)「般涅槃」已，「正法」(仍)住世，滿「十中劫」。(待)「正法」滅已，過六十中劫。彼土轉名彌樓光明，當有如來出現於世，號不可思議功德王如來·應供·正遍知·明行足·善逝·世間解·無上士·調御丈夫·天人師·佛·世尊。 ②是(不可思議功德王)佛(之世界)猶如尊音王如來，(其)世界莊嚴，(皆)如(之前的)尊善無垢(世界)，等無有異。其(不可思議功德王)佛壽命六十中劫。	㊄ ①(待帝明自在王佛之)「正法」滅後，過「六十小劫」，彼世界當名彌樓光，其佛號不可思議意德王如來·應供·正遍知。 ②(不可思議意德王如來的世界皆)如(之前的)帝明自在王如來帝，無塵世界，佛土莊嚴。彼不可思議意德王如來(之)彌樓光世界，(其)佛土莊嚴(與之前的佛國世界)如是無異。
㊅ ❶(待不可思議功德王)佛「滅度」已，「正法」(仍)住世「六十中劫」。	㊅ ❶彼不可思議意德王如來壽「六十小劫」。(待)不可思議意德王如來「般涅槃」後，「正法」(仍)住世「十六小劫」。

❷(待不可思議功德王佛之)「正法」滅已，過千中劫，是時世界故名尊善無垢，復有佛出號寶光明如來・應供・正遍知・明行足・善逝・世間解・無上士・調御丈夫・天人師・佛・世尊。	❷(不可思議意德王如來之)「正法」滅後，過「千小劫」，世界名無樂，其佛號寶光明如來・應供・正遍知。
❸(寶光明佛之)「世界」所有？「壽命」多少？「正法」住世(時間長久)？亦如(之前的)不可思議功德王佛，等無有異。	❸略說「壽命」等，世界亦等，如是「正法」住世。
㊂	㊂
①(寶光明佛之)「正法」滅已，是時世界轉名善堅，復有佛出，號寶尊音王如來・應供・正遍知・明行足・善逝・世間解・無上士・調御丈夫・天人師・佛・世尊。	①(寶光明如來之)「正法」滅後，彼世界當名娑羅，其佛名寶幢自在鳴如來・應供・正遍知，出現於世。
②(寶尊音王佛之)世界莊嚴，如前無異，佛壽「三十五中劫」。	②(寶幢自在鳴如來之)佛土莊嚴等；佛「住世」說法，三十五「小劫」。
③(待寶尊音王)佛「滅度」後，「正法」(仍)住世，滿「七中劫」。	③彼(寶幢自在鳴)佛「般涅槃」後，「正法」(仍)住世「七小劫」。
㊃(待寶尊音王佛之)「正法」滅已，復有無量無邊諸佛，次第出世，所有世界「壽命、正法」悉亦如是。(寶藏佛)我今皆見如是諸佛「始初」成道，及其「滅度」(的現象)。是時世界，(仍然是處在)常住「不異」，(及)無有(眞實的)「成」(與)「敗」。	㊃(待寶幢自在鳴如來之)「正法」滅後，略說，(寶藏佛)我見於彼世界，(有)無量無數「諸佛世尊」成佛而「入涅槃」，(但)彼世界未曾(眞實有)「成」(與)「敗」。

三－14 無諍念王改字為無量清淨，未來成佛為無量壽佛(阿彌陀佛)，世界名安樂(極樂世界)。有些菩薩已從過去諸佛授記，故早無諍念王還先成「阿耨菩提」

北涼・曇無讖 譯 《悲華經》	秦・譯者佚 名 《大乘悲分陀利經》
㊀(無諍念)大王！如是諸佛悉「滅度」已，	㊀汝無量淨(即原本的無諍念王)，於當來世

復過「一恒河沙」等阿僧祇劫，入「第二恒河沙」等阿僧祇劫，是時世界轉名安樂(極樂世界)，汝(無諍念王)於是時，當得作佛，號無量壽如來·應供·正遍知·明行足·善逝·世間解·無上士·調御丈夫·天人師·佛·世尊。	過「一恒河沙」數阿僧祇，始入「二恒河沙」數阿僧祇，彼世界當名安樂(極樂世界)；汝無量淨(即原本的無諍念王)，(無諍念王)於中當成「阿耨多羅三藐三菩提」，名阿彌陀如來·應供·正遍知。
㊁是時，(無諍念)聖王聞是語已，前白(寶藏)佛言：世尊！如是(早先於我成佛之)等輩，當成佛者，為在何處？	㊁時(無諍念)王白言：唯！(寶藏)世尊！彼諸菩薩摩訶薩，其佛土中「先前」(於)我(早已)成「阿耨多羅三藐三菩提」者，今在何處？
㊂(寶藏)佛告(無諍念)大王：如是(早先於你成佛之)「菩薩」今在此會，其數無量，不可稱計，(皆)悉從十方「餘佛世界」而來集此，供養於(寶藏佛)我，(並)聽受妙法。	㊂(寶藏)佛言：無量淨(即原本的無諍念王)！此(早先於你成佛之)「菩薩摩訶薩」於無量「阿僧祇」、無稱無數十方餘世界中來，奉覲(供奉與覲見朝拜)恭敬親近於(寶藏佛)我，(並)坐聽法者。
㊃是諸菩薩，已從「過去諸佛」授「阿耨多羅三藐三菩提」記，復從「現在十方諸佛」授「阿耨多羅三藐三菩提」記，是故(早於你)先成「阿耨多羅三藐三菩提」。	㊃是「過去諸佛」皆授其「阿耨多羅三藐三菩提」記，「現在諸佛世尊」亦授此諸善男子「阿耨多羅三藐三菩提」記，(故)其(於)佛土中(早於你)先成「阿耨多羅三藐三菩提」者。
㊄ ①(無諍念)大王！是「諸菩薩」，已曾供養無量無邊百千萬億「那由他」佛，種諸善根，修集智慧。 ②(無諍念)大王！以是之故，是「諸菩薩」在於汝(之)「前」，(早)成「阿耨多羅三藐三菩提」。	㊄ ①無量淨(即原本的無諍念王)！彼一一「菩薩摩訶薩」於無數多億「那由他」百千佛所，殖諸善根，修行智慧。 ②無量淨(即原本的無諍念王)！彼善男子(早)「先」於其佛土中，當得成佛。
㊅ ❶時(無諍念)轉輪王復白(寶藏)佛言：世尊！	㊅ ❶(無諍念)王曰：惟！(寶藏)世尊！此海濟(寶

是寶海梵志，乃能勸「我」及諸「眷屬」發「阿耨多羅三藐三菩提」心。是(寶海)梵志於「未來世」，為經幾時，當成「阿耨多羅三藐三菩提」？ ❷(寶藏)佛告(無諍念)大王：是(寶海)梵志成就「大悲」故，於「未來世」(寶海成佛後開始弘法作)「師子吼」時，(無諍念王)汝自知之(寶海)。	海)婆羅門，勸我及與眷屬於「阿耨多羅三藐三菩提」，彼(寶海)幾時當證「菩提」？ ❷(寶藏)佛言：是(寶海)大婆羅門「大悲」具足，汝(無諍念)大王！自當聞(寶海)其(未來成佛後開始弘法作)「師子吼」。

三－15 十方諸佛亦為無諍念王「授記」言：於刪提嵐世界，於善持劫中，人壽八萬歲，有佛出世名寶藏，有轉輪聖王名無諍念王(後改名無量淨)

北涼・曇無讖 譯 《悲華經》	秦・譯者佚 名 《大乘悲分陀利經》
㊀時(無諍念)轉輪王復白(寶藏)佛言：(寶藏)世尊！若(無諍念)我所願成就，如佛所記者，我今頭面禮佛，當令十方如恒河沙等世界六種震動，其中諸佛亦當為我授「阿耨多羅三藐三菩提」記。	㊀時(無諍念)王曰：如(寶藏)世尊授我記，我所願必成。若我五體禮(寶藏)世尊足時，令恒河沙數世界震動，於彼諸佛土中，諸佛世尊「現在住世」，願授(無諍念)我記。
㊁善男子！爾時，無量淨王(即原本的無諍念王)作是語已，尋於(寶藏)佛前，頭面著地。爾時，十方如恒河沙等諸佛世界「六種震動」。	㊁善男子！爾時無量淨王(即原本的無諍念王)，五體禮寶藏如來足，頭面著地時，恒河沙數佛土，即「震動」踊沒。
㊂是中「諸佛」即(為無諍念王)與「授記」作如是言： ❶刪提嵐(Saṇḍilya)界善持劫中，(於)人壽八萬歲，有佛出世號曰寶藏，有轉輪聖王名無量淨(即原本的無諍念王)，主四天下。 ❷(無諍念王以往昔曾經)「三月」供養寶藏如來，及比丘僧，以是善根故，過「一恒河沙」等阿僧祇劫已，始入「第二恒河沙」阿	㊂恒河沙數「諸佛世尊」即(為無諍念王)「授其記」： ❶於刪提蘭(Saṇḍilya)佛土劫名陀羅尼，(於)八萬歲世人中，佛名寶藏如來・應供・正遍知，四天下轉輪王名無量淨(即原本的無諍念王)。 ❷(無諍念王以往昔曾)於寶藏如來所，積殖德本，彼(無諍念)王當來，過恒河沙數阿僧祇，始入「二恒河沙」數阿僧祇世界，

僧祇劫，當得作佛，號無量壽，世界名安樂(極樂世界)，常身光照，縱廣周匝十方，各如恒河沙等諸佛世界。	當名安樂(極樂世界)。彼無量淨王，於中當得成佛，名阿彌陀如來・應供・正遍知，光明遍照十方恒河沙數世界。
㊃爾時，寶藏如來即為(無諍念)大王說此偈言： 十方世界，震動大地， 及餘山林，如恒沙等。 汝今可起，已得「授記」， 為天人尊，勝法調御。	㊃諸(寶藏)佛告言： 妙智明士今可起，諸十力已授汝記； 恒沙山地普震動，當為人尊上調御。
㊄善男子！爾時，(無諍念)轉輪聖王聞是(寶藏佛之)偈已，心生歡喜，即起合掌，前禮(寶藏)佛足，去(寶藏)佛不遠，復坐聽法。	㊄善男子！爾時無量淨王(即原本的無諍念王)得喜踊躍，起一面坐而聽法。

三－16 無諍念王將於「第二恒沙」等阿僧祇劫成佛，世界名安樂(極樂世界)，佛號無量壽，世界莊嚴，眾生清淨，作「正法」之王

北涼・曇無讖 譯 《悲華經》	秦・譯者佚 名 《大乘悲分陀利經》

	《三王子授記品・第七》
㊀善男子！爾時寶海梵志，復白（無諍念）聖王第一太子（不眴）言：善男子！持此寶物，并及（早）先所，於「三月」中，供養（寶藏）如來，及比丘僧，種種珍寶，如是「福德」和合集聚，迴向「阿耨多羅三藐三菩提」。	㊀善男子！爾時海濟（寶海）婆羅門，告無量淨王（即原本的無諍念王）第一太子不眴ㄒㄩㄢˋ曰：略說。
㊁（寶海梵志）復作是言：善男子（無諍念王之第一太子不眴）！以此所施，不應求於「忉利天王、大梵天王」。何以故？今者所有「福報」之物，皆是「無常」、無「決定」相，猶如「疾風」。是故應當以是「布施」所得果報，令心自在，速成「阿耨多羅三藐三菩提」，度脫無量無邊衆生，令入「涅槃」。	
㊂是時（不眴）太子聞是語已，答（寶海）梵志言：	㊂
❶（不眴）我今觀於「地獄」衆生，多諸苦惱。	❶（不眴）我已觀「惡趣」，於中衆生，受苦「痛切」。
❷人天之中，或有垢心，以垢心故，數ㄕㄨㄛˋ數ㄕㄨㄛˋ（屢次）墮於「三惡道」中。	❷（不眴我）又觀天上，於中衆生，心垢濁故，數ㄕㄨㄛˋ（屢次）墮「惡趣」。
❸（不眴）復作是念：是諸衆生，以坐親近「惡知識」故，退失「正法」，墮「大闇處」，（滅）盡諸「善根」，攝取種種諸「邪見」等，以覆其心，行於「邪道」。	❸我已觀一切衆生，（皆遠）離「善知識」，住（於）「貧窮法」，處於（幽）冥中，（滅）盡諸「善根」，為「邪見」覆障，困於「邪道」。
㊃	㊃
①（寶藏）世尊！今（不眴）我以「大音聲」告諸衆生，我之所有一切「善根」，盡迴向「阿耨多羅三藐三菩提」。願（不眴太子）我行「菩薩道」時，若有衆生受諸「苦惱、恐怖」等事，退失「正法」，墮「大闇處」，	①唯！（寶藏）世尊！（不眴）我當以「高聲」告彼衆生，以諸「善根」，迴向「阿耨多羅三藐三菩提」。我行「菩薩行」時，若有衆生（遭）「苦痛」逼切。有諸「恐畏」，「貧窮」於法，處在「闇中」，無所「依怙」，

(受)憂愁、孤窮，無有「救護」，無依、無舍。 ②(此等苦難眾生)若能念(不眴)我、稱我「名字」，若(此類眾生)其為我「天耳」所聞、(為我)「天眼」所見。是(諸)衆生等，若不得免斯「苦惱」者，(不眴)我終不成「阿耨多羅三藐三菩提」。	無「燈」、無「救」、無「歸」、無「趣」。 ②令(此等苦難眾生)使念(不眴)我、稱我「名字」；我(將)以「天耳」聞其音聲，(以)「天眼」見之。若(我)不(能度)脫彼衆生(之)困厄，我終不成「阿耨多羅三藐三菩提」。
㊄(不眴)復白佛言：(寶藏)世尊！我(不眴)今復當為衆生故，發「上勝」(最上殊勝)願。(寶藏)世尊！我今若能逮得己利(獲得諸善法成就為「己利」)者，願令(無諍念王)「轉輪聖王」，過「第一恒沙」等阿僧祇劫已，始入「第二恒沙」等阿僧祇劫，是時世界名曰安樂(極樂世界)，(無諍念)大王成佛號無量壽，世界莊嚴衆生清淨，作「正法」王。	㊄(寶藏)世尊！如(不眴)我為衆生願故，久行「菩薩行」，是意得滿，如今(之無諍念)大王，過「一恒河沙」阿僧祇，始入「二恒河沙」阿僧祇於安樂世界(極樂世界)，當成「阿耨多羅三藐三菩提」，名阿彌陀如來，(為成就)「淨」佛土、(為成就)「淨意」(清淨意念)衆生，而作佛事。
㊅ ❶是(阿彌陀)佛世尊，於無量劫作佛事已，所作已辦，入「無餘涅槃」，乃至「正法」(仍)住時。(不眴)我於其中修「菩薩道」，即於是時，能作「佛事」。 ❷是(阿彌陀)佛「正法」於「初夜」滅，即其「後夜」，(不眴我)成「阿耨多羅三藐三菩提」。	㊅ ❶乃至阿彌陀如來，於無量劫作佛事已，入「無餘涅槃」，隨其「正法」(仍)住世幾時。於爾所時，(不眴)我當行「菩薩行」。 ❷(不眴)我為「菩薩」，當作佛事，盡阿彌陀如來「正法」初夜滅，即是「後夜」(不眴)我當成「阿耨多羅三藐三菩提」。
㊆(不眴)復白(寶藏)佛言：惟願世尊，為我「授記」，今(不眴)我一心請於十方如恒河沙等現在諸佛，惟願各各為(不眴)我「授記」。	㊆唯願(寶藏)世尊，授(不眴)我「阿耨多羅三藐三菩提」記。如是十方恒河沙數世界中，諸佛世尊「現在住世」。(不眴)我亦以音聲白彼「諸佛」，彼「諸佛」亦當授(不眴)我「阿耨多羅三藐三菩提」記。

信佛修行的人，要依止以「佛典經教」為主的「善知識」，也就是以「佛典經教」為主的

「僧人、法師、教授師、善知識」，這就是依「法」為師的真正定義，而不是完全不要「法師、師父」的意思。

如果沒有了「法師、師父」來「領眾」的話，那三寶弟子要去那裡受「三皈依？五戒？八關齋戒」呢？

如果沒有了「法師、師父」的「戒德莊嚴」的話，那三寶弟子又如何來修持「戒、定、慧」呢？

如果沒有了「法師、師父」來傳授「密咒、灌頂、密印」的話，那三寶弟子又如何來修持密咒呢？

如果不是依止以「經教」為主的「僧人、法師、教授師、善知識」，那就是以「人」為師的一種情形了。

「人」是「無常」的，「人」也是會「變心」的，所以一直以「人」為師；而完全不理會「佛典」所說的「正知正見」的話，這樣是非常危險的，很容易就會落入「邪見」與「魔道」。

寧可千年不往生，不可一日入魔道啊！

那要如何找到？或如何「依止」能以「佛典經教」為主的「善知識」的人呢？

答案很簡單，就是--「物以類聚」或「人以類同」--這四個字的祕訣。

只要你一直每天保持有「禮拜」大乘經典，採取一字一拜的方式，抓緊「純佛經典」的「禮拜」，或者每天「抄寫」大乘經典。

這樣的「修法」會得到「相同」的感應，也就是--「人以類同」--，你就會「感應、感召」出遇到的都是以「佛典經教」為主的「正善知識、正道場、正法師、正師父」的果報。

近代禪宗泰斗虛雲老和尚開示：
現在是末法時代，你到那裡訪「善知識」呢？不如熟讀一部《楞嚴經》，修行就有「把握」，就能「保綏哀救」，消息「邪緣」，令其身心，入「佛知見」，從此成就，不遭歧路！
—《虛雲老和尚年譜法彙增定本》頁 367。

明・憨山 德清大師(肉身舍利，全身不壞)，大師自己就是以《楞嚴經》當作「善知識」，甚至以《楞嚴經》來「印證」自己「悟道」的經過。

四年，丙子，予三十一歲，發悟後，無人請益，乃展《楞嚴》印證，初未聞講此經，全不解義，故今但以「現量」照之，少起「心識」，即不容「思量」，如是八閱月，則全經旨趣，了然無疑。

一見《憨山大師年譜疏》頁 35。

徵聞初祖(菩提達摩)以《楞伽》四卷印心，今憨祖(憨山祖師)以《楞嚴》全部印心，先聖後聖，其揆(道理;准則)一也。

一見《憨山大師年譜疏》頁 37。

歸室中，案頭見《楞嚴經》，忽展開，即見汝心汝身，外及山河虛空大地，咸是妙明真心中物，則全經觀境，了然心目，隨命筆述《楞嚴懸鏡》一卷……乃是盧祖作我，非我作盧祖。《楞嚴》印我，非我印《楞嚴》也。

一見《憨山大師年譜疏》頁 54—55。

《大乘本生心地觀經》卷 3〈報恩品 2〉

(1)**鈍根小智**(者，若聽)**聞「一乘」**(一佛乘)，(便)**怖畏「發心」**(成佛需要)**經多劫。**

(2)不知身有「如來藏」，**唯欣「寂滅」**(寂靜無爲涅槃)**厭「塵勞」。**

(3)**眾生本有「菩提」種**(性)，**悉在「賴耶藏識」**(「阿賴耶識」亦稱爲「藏識」)**中。**

(4)**若**(能得)**遇「善友」**(便能)**發**(起)**「大心」**(大乘的「成佛心」)，三種(戒定慧)「鍊磨」修「妙行」

(5)**永斷「煩惱」**(之)**所知障，證得「如來常住身」。**

(6)「菩提妙果」不難成，(要得)「真善知識」實難遇。

(7)一切菩薩修「勝道」(殊勝的佛道)，(有)四種法要應當知：

親近「善友」為第一。(遇眞善知識)

聽聞「正法」為第二。(聞)

如理「思量」為第三。(思)

如法「修證」為第四。(修)

(8)**十方一切**(諸)**「大聖主」，**(若)**修是「四法」**(便能)**證「菩提」。**

(9)**汝諸「長者」大會眾，及未來世**(之)**「清信士」，**如是「四法」(能令修至)「菩薩地」，要當修習(便能)成(就)佛道。

清・來舟集《大乘本生心地觀經淺註(第 1 卷-第 3 卷)・卷三》

(1)三種者，「戒、定、慧」也，「鍊」者「冶金」也，「磨」者「瑳磨」也，此二字借字顯「修」，謂行人承「善友」之教，以「戒、定」降伏其「心」，能斷煩惱，如石「磨物」，轉「有」成「無」，以磋融「萬法」，歸於「一心」，如爐「鍊金鎖」，散成「錠」也。

(2)既會萬法「唯心」，亦會延促「無礙」，再不怖「佛道長遠」，亦不懼「久受勤苦」，故云「修妙行」……

(3)謂「菩提妙果」非「心外」別「有」，每在「心目」之間，未嘗離却「片時」，固不「難成」。

(4)所難者，真「善知識」，實難得遇。滅有緣者(緣散故滅，有緣故生。有緣佛出世，無緣佛入滅)，(若能)得遇「真善知識」，以「向上」好處提撕，如點「鐵」成「金」，復何難哉？如龍女遇文殊，立地成佛。夾山遇船子，篙ㄍㄠ 頭見道。

註：唐・船子 德誠禪師，曾隨侍藥山 惟儼三十年，為其法嗣。船子禪師嘗至浙江 華亭，泛「小舟」隨緣接化「往來之人」，世稱船子和尚。船子禪師傳法予夾山 善會(805～881)禪師後，便自「覆舟」而逝。

有關船子禪師傳法給夾山 善會之因緣，禪林中皆稱為「船子得鱗」。「鱗」是指有金色鱗之魚，比喻眾中之「大力」者。船子禪師雖得藥山禪師之法脈，然船子性好山水，而致日久仍無「嗣法之弟子」可以報達「師恩」，後因道吾禪師而得遇夾山 善會禪師，夾山 善會並從船子之「問答教示」中而得開悟，後蒙「印可」，夾山便成為船子的嗣法弟子。

三－17 寶藏佛為無諍念王之第一王子不眴授記：將來成佛為遍出功德光明佛。在無量壽佛「般涅槃」後，世界轉名為一切珍寶所成就世界，住持極樂世界，因此不眴亦號為觀世音

北涼・曇無讖 譯 《悲華經》	秦・譯者佚 名 《大乘悲分陀利經》
㊀善男子！爾時，寶藏佛尋為(不眴太子)「授記」：善男子！(不眴)汝(已)觀「天人」及「三惡道」一切眾生(的受苦處)，(故能)生「大悲心」，欲斷眾生諸「苦惱」故，欲斷眾生「諸煩惱」故，欲令眾生「住安樂」故。	㊀善男子！寶藏如來即(爲不眴太子)「授其記」：如(不眴)汝善男子！已觀「惡趣」；又觀「天上」，觀眾生(之)苦，(故已)能生「悲心」，為脫一切「眾生苦」故，除「結使」(煩惱)故，令得樂故。
㊁善男子！今當字汝(不眴)為觀世音。善男子！(不眴)汝行菩薩道時，已有百千無量億「那由他」眾生得離「苦惱」，(不眴)	㊁是故，汝善男子！字汝(不眴)為觀世音。汝觀世音，當度脫多億「那由他」百千眾生苦。汝善男子！(不眴往昔)為菩薩

汝(往昔)為「菩薩」時，已能大作「佛事」。	時，(已)當(廣)作佛事。
㊂善男子！(在)無量壽佛「般涅槃」已，「第二恒河沙」等「阿僧祇」劫「後分」，「初夜分」中，「正法」滅盡，「夜後分」中，彼土轉名一切珍寶所成就世界，所有種種莊嚴，無量無邊，(一切珍寶所成就世界是)安樂世界(極樂世界)所不及也。	㊂(在)阿彌陀如來「般涅槃」後，(在過)「二恒河沙」阿僧祇之餘，「初夜」阿彌陀如來「正法」滅已，即於「後夜」(此時)安樂世界(極樂世界)，當名(爲)一切寶集(世界)，彼土莊嚴無量阿僧祇，(亦)勝於安樂(極樂世界)。
㊃善男子！(不眴)汝於「後夜」種種莊嚴，在「菩提樹」下坐「金剛座」，於「一念」中間成「阿耨多羅三藐三菩提」，號遍出一切光明功德山王如來・應供・正遍知・明行足・善逝・世間解・無上士・調御丈夫・天人師・佛・世尊，其(遍出一切光明功德山王)佛壽命，九十六億「那由他」百千劫，(待佛)「般涅槃」已，「正法」(仍)住世「六十三億劫」。	㊃即於後夜，汝(不眴)善男子，(於)無量寶莊嚴「菩提樹」下，坐「金剛座」，逮「阿耨多羅三藐三菩提」，名光明普至尊積德王如來・應供・正遍知，壽九十六億「那由他」百千劫。汝(光明普至尊積德王如來)「般涅槃」後，「正法」(仍)住世「六十二億劫」。
㊄爾時，觀世音(即原來之不眴太子)前白(寶藏)佛言：若我所願，(能)得成就者，我今頭面敬禮(寶藏)佛時，當令十方如恒河沙等諸世界中「現在諸佛」，亦復各各為我「授記」，亦令十方如恒河沙等世界，大地及諸山河，六種震動，(並)出種種音樂，一切衆生，心得「離欲」。	㊄觀世音(即原來之不眴太子)言：(寶藏)世尊！若我如是「意滿」(意願圓滿)，我禮(寶藏)世尊足時，於十方恒沙數世界中，現在住世諸佛世尊皆「授我記」，恒河沙數世界，地皆震動，一切「山川、石壁、樹木、叢林」，出「五樂音」，一切衆生，心得「離欲」。
㊅善男子！ ❶爾時，觀世音菩薩(即原來之不眴)尋禮寶藏如來，頭面著地。 ❷爾時，十方如恒河沙等世界，六種震動。 ❸一切山林，悉出種種無量「音樂」，衆生聞已，即得「離欲」。	㊅ ❶觀世音菩薩(即原來之不眴)適「五體」禮寶藏如來。 ❷如是恒河沙數佛土，地皆震動。

㊐其中諸佛皆與(無諍念王之第一太子不眴)「授記」作如是言： ①散提嵐界善持劫中，(於)人壽八萬歲，時有佛出世，號曰寶藏，有轉輪聖王名無量淨，主四天下。 ②其王太子(無諍念王之第一太子不眴)名觀世音，(往昔曾經)「三月」供養寶藏如來，及比丘僧，以是善根故，於「第二恒河沙」等「阿僧祇」劫「後分」之中，當得作佛，號遍出一切光明功德山王如來，世界名曰一切珍寶所成就也。	㊐彼諸佛如來皆(為無諍念王之第一太子不眴)「授其記」，略說。
	㊅ ❸一切「山川、石壁、樹木、叢林」，出「五樂音」，一切衆生，心得「離欲」。
㊇爾時，寶藏如來為觀世音(即原來之不眴)而說偈言： 「大悲」功德，今應還起， 地六種動，及諸佛界。 十方諸佛，已授汝(不眴)記， 當成為佛，故應歡喜。	㊇(寶藏)佛言： 起悲福德歡喜音，十方諸佛授汝(不眴)記； 地及世界六種動，汝當作佛度世仙。
㊈善男子！爾時，太子觀世音(即原來之不眴)聞是(寶藏佛之)偈已，心生歡喜，即起合掌，前禮(寶藏)佛足，去(寶藏)佛不遠，復坐聽法。	

三－18 無諍念王之第二王子尼摩於遍出功德光明佛(即由觀世音住持之極樂世界)涅槃後，成佛為善住珍寶山王佛，住持極樂世界，因此尼摩亦號為大勢至

北涼・曇無讖 譯 《悲華經》	秦・譯者佚 名 《大乘悲分陀利經》

㊀善男子！爾時，寶海梵志，復白(無諍念王之)第二王子尼摩(即是後來的大勢至)言：善男子！汝今所作「福德清淨」之業，為一切眾生得「一切智」故，應迴向「阿耨多羅三藐三菩提」。	㊀善男子！爾時海濟(寶海)婆羅門國大師(國王之婆羅門大師)，語(無諍念王之)第二王子尼摸(即是後來的大勢至)言：善男子！於此大施，應當「隨喜」；又汝所作「善業」，為一切眾生故，發「阿耨多羅三藐三菩提」心，迴向「薩婆若」(一切種智)。
㊁善男子！爾時，(尼摩)王子在(寶藏)佛前坐，叉手白(寶藏)佛言： ❶(寶藏)世尊！如我(尼摩往昔曾經)先於「三月」之中，供養(寶藏)如來，及比丘僧，并我所有「身、口、意」業，清淨之行，如此「福德」，我今盡以迴向「阿耨多羅三藐三菩提」，不願(於)「不淨穢惡」世界(中成佛)。 ❷令(尼摩)我(之)國土及「菩提樹」，(皆亦)如觀世音所有世界種種「莊嚴」寶「菩提樹」，及成「阿耨多羅三藐三菩提」。	㊁善男子！爾時尼摸王子，即於(寶藏)佛前作是言： ❶我以一切所須(之物)，供養世尊并無數比丘僧，又以是「隨喜」(之)「福業」，又先「身、口、意」善業，一切迴向「阿耨多羅三藐三菩提」，然終不於此「穢濁佛土」證於「菩提」。 ❷觀世童子所可(所以可於)一切寶集世界，(於)無量寶莊嚴「菩提樹」下坐，成「阿耨多羅三藐三菩提」，名光明普至尊積德王。
㊂ ①復願遍出功德光明佛(即由觀世音住持極樂世界時的佛名號)始初成道(時)，我(尼摩)當「先請」(遍出功德光明佛)轉於法輪，隨其說法，所經時節，(我)於其中間，(廣)行「菩薩」道。 ②(待)是(遍出功德光明)佛涅槃後，「正法」滅已，我(尼摩)於其後，次第成於「阿耨多羅三藐三菩提」。我(尼摩)成佛時，所作佛事，世界所有種種莊嚴(皆如是)。 ③(待尼摩我)「般涅槃」後，「正法」(仍)住世，如是等事，悉如彼(遍出功德光明)佛，等無有異。	㊂ ①我先請(光明普至尊積德王如來)說法，隨彼(光明普至尊積德王)如來幾時「住世」演法，以爾所時，(尼摩)我(皆廣)行「菩薩行」。 ②(待)彼(光明普至尊積德王)如來滅後，(待)「正法」滅已，(尼摩)我次當成「阿耨多羅三藐三菩提」，令我佛土(之)「莊嚴」(相)亦復如是(指如光明普至尊積德王如來一樣)，我亦如是施作佛事。 ③(待尼摩)我「般涅槃」後，「正法」(仍)住世，久近(時間長久)亦爾，令我得如是一切莊嚴，(皆)如光明普至尊積德王如來。

㊃ ❶爾時，(寶藏)佛告第二王子(尼摩)：善男子！汝今所願「最大世界」，汝於來世當得如是「大世界」處，如汝所願。 ❷善男子！(尼摩)汝於來世，當於如是「最大世界」成「阿耨多羅三藐三菩提」，號曰善住珍寶山王如來・應供・正遍知・明行足・善逝・世間解・無上士・調御丈夫・天人師・佛・世尊。 ❸善男子！由汝(尼摩)願取「大世界」故，因字汝(尼摩)為得大勢。	㊃ ❶(寶藏)佛言：善男子！(尼摩)汝取「大處」，汝當逮是處，如汝所取。 ❷(尼摩)汝善男子！於彼佛土當成「阿耨多羅三藐三菩提」，名善安隱摩尼積德王如來。 ❸以(尼摩)汝善男子，取「大處」故，字汝(尼摩)名大勢至。
㊄爾時，得大勢(原為無諍念王之第二王子尼摩)前白(寶藏)佛言：世尊！若我所願成就，得己利(獲得諸善法成就為「己利」)者，我今敬禮於(寶藏)佛，當令十方如恒河沙等諸佛世界，六種震動，雨「須曼那華」(sumanas 悅意花)，其中現在諸佛各「授我記」。	㊄彼(尼摩)白(寶藏)世尊：若(尼摩)我如是，意得(圓)滿者，我五體禮(寶藏)世尊足時，於十方恒河沙數諸佛世尊，皆「授我記」，雨「須曼那花」(sumanas 悅意花)。
㊅善男子！爾時，得大勢在於(寶藏)佛前，頭面著地，尋時十方如恒河沙等世界六種震動，天雨「須曼那華」(sumanas 悅意花)，其中現在諸佛世尊各與(尼摩)「授記」。	㊅善男子！如大勢至善男子，「五體」禮寶藏如來足時，於恒河沙數十方世界中恒河沙數諸佛世尊皆「授其記」，大地六種震動，雨「須曼那華」(sumanas 悅意花)。
㊆爾時，寶藏如來為得大勢而說偈言： 堅力功德，今可還起， 大地震動，雨「須曼華」(sumanas 悅意花)， 十方諸佛，已授汝記， 當來得成，人天梵尊(天上梵天與人間中最尊者)。	㊆(寶藏)佛言： 起堅固勢疾福德，十方世尊已「授記」； 地已震動雨「須曼」(sumanas 悅意花)， 於天世人汝為梵(天上梵天與人間中最尊者)。
㊇善男子！爾時，得大勢聞是(寶藏佛之)偈已，心生歡喜，即起合掌，前禮(寶藏)	

佛足，去(寶藏)佛不遠，復坐聽法。	

三－19 無諍念王之第三王子王眾發願：不在「不淨穢濁」世界成「阿耨菩提」，亦復不願速成「阿耨菩提」

北涼・曇無讖 譯 《悲華經》	秦・譯者佚 名 《大乘悲分陀利經》
㊀善男子！爾時寶海梵志，復白(無諍念王之)第三王子王眾言：善男子！今汝所作「福德」之聚，「清淨」之業，應為一切眾生得「一切智」故，迴向「阿耨多羅三藐三菩提」。	㊀善男子！爾時海濟(寶海)婆羅門，告(無諍念王之)第三王子帝衆，略說。
㊁善男子！爾時，(無諍念王之)第三王子(王眾)在佛前坐，叉手白(寶藏)佛言：(寶藏)世尊！如我(曾經)先於「三月」之中，供養(寶藏)如來及比丘僧，并我所有「身、口、意」業，清淨之行，如是「福德」，今我盡以迴向「阿耨多羅三藐三菩提」。	㊁(帝眾)彼叉手合掌白寶藏如來言：我已(將)一切所須(之物)，供養(寶藏)世尊，及比丘僧，又我「身、口、意」善行，及此「隨喜」(之)「福業」，盡以迴向「阿耨多羅三藐三菩提」。
㊂(王眾)我今所願，不能於是「不淨」世界成「阿耨多羅三藐三菩提」，亦復不願速成「阿耨多羅三藐三菩提」。	㊂(帝眾)終不於「穢濁佛土」逮「阿耨多羅三藐三菩提」，亦不速成。
㊃(王眾)我行「菩薩道」時，願令我所(教)化十方無量無邊諸佛世界所有「衆生」，發「阿耨多羅三藐三菩提」心，(皆能)安止於「阿耨多羅三藐三菩提」心，勸化(勸教度化這些眾生都能)安止於「六波羅蜜」者。	㊃(帝眾)我如是逮「菩提」，行「菩薩行」時，見(有)十方無量無邊餘世界中「諸佛世尊」，(此等皆)是我(早)「先」所勸化(勸教度化而發)「菩提」。(此等比我早先成佛的都是)我勸發「菩提心」，我使(彼等)住「菩提心」，我勸(彼等)以「(六)波羅蜜」，令住其中者。
㊄願令「先我」(比王眾我早先)悉於十方，一一方面(於)如恒河沙佛剎微塵數等「諸	㊄(帝眾)我(往昔)行菩薩行時，(能)以「天眼」見一一方恒河沙數佛剎微塵數「佛土」

佛世界」，(比我早先)成佛(與宣講)說法(者)，令我爾時(即能)以清淨「天眼」，悉遍見之。	中，彼(在宣)說(佛)法(之)諸佛世尊，(彼等皆)是我(曾經)所勸化(勸教度化而發)「菩提」者，我當如是行「菩薩行」，而作「佛事」。
陸願(王眾)我為「菩薩」時，能作如是無量「佛事」，我於「來世」行「菩薩道」(時)無有「齊限」。(透過)我所「教化」(之)諸眾生等，(皆)令其「心淨」猶如「梵天」。如是(心淨如梵天的)眾生，(來)生我界者，(此等眾生)爾乃當成「阿耨多羅三藐三菩提」，以是(我)等(乃是)「清淨」莊嚴佛剎。	陸(帝眾)我爾所時，行「菩薩行」，(所有)如是「淨」眾生(之)身(與)意，於我佛土(來)「生」者，(皆能)如「梵世天子」，(我的)佛土「嚴淨」亦如「梵世」(一樣的清淨)。
柒(王眾我)願令三千大千世界恒河沙等十方「佛土」，(合成)為「一佛剎」，(此「一佛剎」的)周匝世界有「大寶牆」，(有)「七寶」填廁(充填雜廁)，其牆高大，(能高)至「無色界」。(以)真紺琉璃，以為其地，無諸「塵土、石沙、穢惡、荊棘」之屬，又無「惡觸」。	柒(帝眾)我(之)「一佛土」，(能)令如恒河沙數「三千」世界(之佛土一樣的廣大)，(能)令其(一)佛土(之)周匝牆障(牆界障隔)，(皆有)無量百千「眾寶」合成，「間錯」(間隔錯雜)嚴飾，(能)高至「有頂」(無色界天)。(能)令其「佛土」純以「琉璃」，周遍為地，(皆是)柔軟細滑，令無「塵土、瓦礫、眾穢」。
捌亦無「女人」(佛剎淨土本來就是無女無男)及其名字，一切眾生皆悉「化生」。	捌令其(於我國土世界)中無有「女人」(佛剎淨土本來就是無女無男)之名。
玖不食「揣食」等，(皆)以「法喜三昧」為食。	
拾無有「聲聞、辟支佛」乘，純諸「菩薩」，離於「貪欲、瞋恚、愚癡」，皆修「梵行」，悉滿其國。	

三－20 無諍念王之第三王子王眾發願的世界：眾生皆「化生」及「法食、歡喜食、三昧食」，無「聲聞、辟支佛」名，純諸「菩薩」

北涼・曇無讖 譯 《悲華經》	秦・譯者佚 名 《大乘悲分陀利經》
壹(若眾生於王眾我未來的國土世界)當其生已，鬚髮自落，服「三法衣」，即於生已，便欲得食，尋有「寶器」在「右手」中，自然而有上妙「百味」，具足在鉢。	壹(若眾生於王眾我未來的國土世界)其中衆生皆令「化生」，其中衆生令無「揣𢷬 食」，其中衆生皆以「法食、歡喜食、三昧食」。令其佛土無有「聲聞、辟支佛」名，令其佛土純諸「菩薩」，充滿其中，無煩惱亂，淨修「梵行」；願令其中一切「菩薩、沙門」(之)「形服」與「身」俱生，適生中已，令思念「食」，(則有)無量「味飯」，充滿「寶鉢」，在於「右手」。
貳時諸「菩薩」作是思惟： ❶我等不應噉是「揣𢷬 食」，我今當持(食物)至於「十方」，供養「諸佛」，及「聲聞」衆，并「貧窮」者。 ❷(若)有諸「餓鬼」，受饑渴苦，其身熾然，(我)當至其所，而給足之。 ❸我等自應修行「法喜三昧」之食。	貳適得是已，令生斯念： ❶我等不宜食此「揣𢷬 食」，應以「此食」(帶)至「餘世界」，(去)供養「現在住世」(之)諸佛，并諸「聲聞」，及「貧窮」者。 ❷(若有)餓鬼困乏，飢渴身然(燃)，亦至其所，以「食」濟之。 ❸我等宜應住「歡喜」(之)食。
參 ①(諸菩薩)作是念已，(即)得「菩薩」三昧，其三昧名「不可思議行」。 ②(諸菩薩)得是(不可思議行)三昧已，即得無閡𢻑(隔閡)神力，(能)到於無量無邊世界現在佛所，供養諸佛及比丘僧，給施「貧窮」，下至「餓鬼」。作是施已，因為(彼眾)說法，尋於「食時」，周旋往返，還歸「本土」。 ③(以)衣服珍寶，及所須(之)物，供養「諸佛」，下至「餓鬼」，亦復如是，然後(我才)自用。	參 ①彼「諸菩薩」適「發心」已，令得「不可思議威儀」三昧。 ②以是(不可思議威儀)三昧，無所「染著」。(能)去至十方無量阿僧祇餘諸佛土，(於)「現在住世」諸佛世尊(前)，以此供養，并(供養)諸「聲聞」，及餘「衆生」，亦施「餓鬼」，為(彼眾)說法已，(即)以「小食頃」(便)還來本土。 ③如是「衣寶」(衣服珍寶)，以「小食頃」，歸本土已，更相施「衣」，乃至其佛土中彼諸菩薩所有(需要的)「供養具」，(我皆)令以此一切，供養諸佛，并諸「聲聞」及餘衆生，爾乃(然後我才)自用。

㊃願令(王眾)我世界無有「八難」不善苦惱，亦無「受戒、毀戒、懺悔」及其名字。	㊃令(王眾我未來)其佛土，無有「八難」及「不善聲」，亦無「苦聲」，又無「受戒、犯、悔」之聲。
㊄願(王眾)我世界，常有無量種種「珍寶」以為廁填(夾廁充填)，(所有的)「珍寶、衣樹」(皆是)十方世界所未曾有，(亦)未曾見聞，乃至(以)「億歲」說其(珍寶、衣樹之)「名字」，猶不能盡。	㊄令(王眾我未來)其佛土，(有)無量百千「衆寶」嚴飾，(有)無量百千「衆寶」間錯。令如「摩尼」，現衆色像，其中(之)「摩尼寶」，(就算是從)十方(世界)來，(都)見「未曾見」，聞「未曾聞」。如是「摩尼寶」(爲)世(間之)所希有；(欲)說(盡)其「衆寶」(之)名號，(就算經)億歲(亦宣說)不盡。
㊅願(王眾)我世界(之)諸「菩薩」等，欲見「金色」，「隨意」(隨著心力意念)得見；欲見「銀色」，亦「隨意」見。(若)當見「銀」時，(亦)不失(其)「金」相；(若)當見「金」時，(亦)不失(其)「銀」相，(所有)「頗梨、琉璃、車璩ㄑㄩˊ、馬瑙」及「赤真珠」，種種珍寶，隨意(皆可)得見，亦復如是。 (即欲見任何珍寶時，皆能於「一念」中顯現，所有的「珍寶」都可同時在「某一寶物」中顯現出來，亦即所有珍寶都是「周遍法界、互相無礙」的，見甲珍寶時，乙珍寶仍在；見乙珍寶時，甲珍寶亦還在)	㊅(若)有菩薩，欲見佛土(之)「金」，即時見「金」；欲見「銀」，即時見「銀」，(但其)「金」(的本質仍然)不壞。略說其要，有欲見「水精、琉璃、馬瑙、赤真珠、車璩ㄑㄩˊ」(者)，(皆)令(得)見如是種種「衆寶」佛土。
㊆ ❶欲見「阿竭琉香(agaru 沈水香，又稱黑沈香或蜜香)、多伽琉香(tagara 多伽留香;類似零陵香)、多摩羅跋(tamālapatra 即中國所稱之「藿香」，樹皮含有肉桂般之香味)、栴檀(candana)、沈水」，及「赤栴檀、牛頭栴檀(gośīrṣa-candana)」，欲見「純栴檀」者，「隨意」(隨著心力意念)得見，欲見「沈水」者，亦隨意見。 ❷當見「沈水」(時)不失「栴檀」(candana)；	㊆ ❶(若欲見)「沈水、木櫁ㄇㄧˋ」(《一切經音義・卷二十七》云：香木也……其樹似槐而香，極大，伐之，五年始用，若取其香，皆預斫之，久乃香出)、多摩羅跋(tamālapatra 即中國所稱之「藿香」，樹皮含有肉桂般之香味)、海此岸(之)「栴檀」(candana)，有菩薩欲見「牛頭栴檀」(gośīrṣa-candana)佛土，即時令見，隨其所欲，皆令見之。 ❷「彼、此」願見(「彼、此」是在比喻「沉水」與「栴

當見「栴檀」(時又)不失「沈水」，餘亦如是，種種所願，皆得成就。(即欲聞欲見任何香時，皆能於「一念」中便聞便見，所有的「香味」都可同時在「某一香物」中顯現出來，亦即所有香味都是「周遍法界、互相無礙」的，聞或見甲 香時，乙 香仍在；聞或見乙 香時，甲 香亦還在)	檀」香，指此國土的菩薩希願想見這些香時，皆能如願見到或聞到)，各不「相覩」(也就是欲見「沉水」時，「栴檀」並沒有消失；欲見「栴檀」時，「沉水」也沒有消失。「沉水」與「栴檀」是隨著菩薩的「心念」而顯現，但這兩者並不會互相觀看)，令彼一切所願悉滿(悉皆圓滿)。

三－21 無諍念王之第三王子王眾發願的世界：諸菩薩生者皆是「一生補處」菩薩位，無有一人會「退生」至餘處；惟除想成佛者，則須前往「兜術天」命終後即成「阿耨菩提」

北涼·曇無讖 譯 《悲華經》	秦·譯者佚 名 《大乘悲分陀利經》
㊀願(王眾)我世界，無有「日、月」，諸菩薩等(身皆)有「大光明」，如本所求，自然而出，乃至能照百千萬億「那由他」世界。以「光明」故，無有「晝、夜」，衆華「開敷」(開散敷展)，即知「晝分」，衆華「合」時便知「夜分」。	㊀令其(於我國土世界)佛土，無有「日、月」，令菩薩生時，身有「光明」，隨所欲照，放如是光，乃照至億「那由他」百千佛土。令其佛剎，無「晝、夜」名，惟以華「合」。
㊁世界調適，無有「寒、熱」及「老、病、死」。若有「一生菩薩」(eka-jāti-pratibaddha，菩薩之最高「等覺」菩薩位。彌勒即屬爲「一生補處」之菩薩)，(欲)於餘方(去其餘的他方)成「阿耨多羅三藐三菩提」者，即以此身，(而能)處於「他方」(之)「兜術天宮」命終(而)作佛。	㊁令其(於我國土世界)佛土，無有「寒、熱、疾病、老死」，惟有菩薩欲成「菩提」者，(便)至他世界「兜率天上」盡命(而)成菩提。
㊂若(王眾)我成「阿耨多羅三藐三菩提」已，(我)不於其「界」(而)取「般涅槃」，若(我)「般涅槃」時，(即)處在「虛空」(而進入涅槃)。	㊂令其(於我國土世界)佛土，無有「死」者，令以無上「般涅槃」(者)，(則)於上(方)「虛空」中，如來(方)「般涅槃」。其中菩薩，隨其所欲(之)「供具」，悉皆得之。
㊃ ❶諸菩薩等，所欲得者，自然而有，其世	㊃ ❶令其(於我國土世界)一切佛土，(於)虛空中

界邊周匝，(亦)常有百千億「那由他」自然(之)「音樂」。 ❷此音樂中不出「欲想之聲」，常出「六波羅蜜聲、佛聲、法聲、比丘僧聲、菩薩藏聲、甚深義聲」，而諸菩薩於諸「音聲」，(立刻)隨其所解。	作億「那由他」百千(之)「音樂」。 ❷其音樂中，不出「愛欲」之聲，惟有「(六)波羅蜜聲、佛聲、法聲、僧聲、菩薩法藏聲」，令聞如是，隨菩薩所樂(之)「音聲」。
㊄(寶藏)世尊！(王眾)我行「菩薩道」時，如我所(曾)見百千億「那由他」阿僧祇諸佛世界，(皆有)種種(的)莊嚴、種種(的)瓔珞、種種(的)相貌、種種(的)住處、種種(的)所願。(願)令我(的)世界，悉皆成就「如是」等事(之)所有「莊嚴」，惟除「聲聞、辟支佛」等(亦即我的佛國土不要「聲聞、緣覺」，唯皆純菩薩清淨眾、純清淨世界)。	㊄(寶藏)世尊！(王眾)我行「菩提行」時，乃至(於)無量無邊「阿僧祇」(之)佛土中，見(有)多億「那由他」百千(之)佛剎莊嚴，彼(佛剎)諸莊嚴(的)「瓔珞」、彼「相貌」、彼「瑞應」(祥瑞感應)、彼「處」、彼「行」、彼「願」。(我願)令彼「一切」(所有的莊嚴相貌)皆在我佛土中(顯現出來)，惟除「聲聞、緣覺、五濁佛土」(亦即我的佛國土不要「聲聞、緣覺、五濁世界」，唯皆純菩薩清淨眾、純清淨世界)。
㊅ ①亦復無有「五濁」之世、「三惡道」等，(亦無)「須彌諸山、大小鐵圍、土沙、礫石、大海、林木」。 ②純有「寶樹」，(皆超)過天(上之)所有。更無「餘華」，惟有天上(之)「曼陀羅華(māndārava 天妙花;悅意華;赤華)、摩訶曼陀羅華(mahā-māndārava 大赤華)」，無諸「臭穢」，純有「妙香」，遍滿其國。	㊅ ①令其彼土無「地獄、畜生、餓鬼」之名，又無「須彌、鐵圍、大鐵圍、土石諸山」，亦無「大海」。 ②令其(於我國土世界)中，無餘「樹木」，惟有種種「寶樹」，(皆超)過天(上之)所有。(寶樹)在其佛土，行列周遍。又令(我的世界)其中無有「餘華」，唯有天(之)「曼陀羅」華(māndārava 天妙花;悅意華;赤華)，無諸「臭穢」，但有種種「妙香」充滿佛土。
㊆諸菩薩等皆是「一生」(eka-jāti-pratibaddha，菩薩之最高「等覺」菩薩位。彌勒即屬爲「一生補處」之菩薩)，無有一人(會退)生(至)於「餘處」；惟除(想成佛者，則需前往)「他方」當成佛者，(亦即)處(於)「兜術天」命終(便)成「阿耨多羅三藐三菩提」。	㊆令其(於我國土世界)中(來)生者，皆是「一生補處菩薩」(eka-jāti-pratibaddha，菩薩之最高「等覺」菩薩位。彌勒即屬爲「一生補處」之菩薩)，令無一眾生(會)退生(至)餘處；惟(有欲成佛者，則其身將處在)兜率陀天，(當)其(於兜率天)中(命終)退已，(便)成「阿耨多羅三藐三菩提」。

捌 ❶(寶藏)世尊！(王眾)我行「菩薩道」時，無有「齊限」，要當成是微妙果報(之)「清淨佛土」。(我國土世界乃)「一生菩薩」(eka-jāti-pratibaddha，菩薩之最高「等覺」菩薩位。彌勒即屬爲「一生補處」之菩薩)充滿其中。 ❷是「諸菩薩」，無有「一人」，非(從)我所教(化)，(而)初發「阿耨多羅三藐三菩提」心(指沒有任何一位菩薩不是王眾我所教化而發菩提心的)，(皆令)安止(於)「六波羅蜜」者。 ❸如是菩薩，皆是我「初教」(而)發心，(令)安止(於)「六波羅蜜」。 ❹(令)此散提嵐(世)界，若(能)入我界(我之國土世界的話)，(則)一切「苦惱」，皆悉休息(休止絕息)。	捌 ❶(寶藏)世尊！(王眾)我當爾所時，為「菩薩行」，我乃成就如是「大丈夫行」，令安立如是「莊嚴」佛土，如是「淨」意。(我國土世界乃)「一生紹位菩薩」(eka-jāti-pratibaddha，菩薩之最高「等覺」菩薩位。彌勒即屬爲「一生補處」之菩薩)充滿其國。 ❷令其(於我國土世界)中，無一「菩薩」，非(從)我所(教)化於(發)「菩提」(沒有任何一位菩薩不是王眾我所教化而發菩提心的)，無不令(彼皆)住「(六)波羅蜜」者。 ❸(我皆)令彼諸菩薩來生其(我國土世界)中，(此)亦是我(早)先所勸化(勸教度化而發)菩提，(皆令)住「(六)波羅蜜」者。 ❹今此(散提嵐世界)「佛土」，(若)令入其(我國土世界)中(的話)，(則)此一切「苦」，皆當滅之。

三－22 無諍念王之第三王子王眾，未來於一念中成「阿耨菩提」，能令無量無邊眾生悉發「阿耨菩提」心，因此王眾亦號為文殊師利

北涼・曇無讖 譯 《悲華經》	秦・譯者佚 名 《大乘悲分陀利經》
壹(寶藏)世尊！(王眾)我行「菩薩道」時，要當成就如是等輩希有之事，然後於「未來世」乃成「阿耨多羅三藐三菩提」。 貳 ❶願「菩提樹」名曰選擇見善珍寶，縱廣正等，(有一)萬(個)「四天下」。 ❷香氣光明，遍於一十三千大千世界。	壹惟！(寶藏)世尊！(王眾)我為菩薩時，成就如是「大丈夫行」，然後於其佛土成「阿耨多羅三藐三菩提」。 貳 ❶願(王眾)我(之)「菩提樹」，莖圍「十千」(一萬個)四天下，枝葉周匝各「十三千」，名善現眾寶。 ❷彼「菩提樹」，(具)光明香氣，於其佛土

	一切充遍。
❸(於)「菩提樹」下，以種種「珍寶」為金剛座，縱廣正等，五(個)四天下。其座名曰善擇寂滅智香等近，高萬四千「由旬」。	❸其下我(之)「金剛座」，衆寶間錯，縱廣正等，(有)五(個)「四天下」，高八萬四千「由旬」，名普放無盡光善解智香。
❹(王眾)我於此(金剛)座，結「加趺」坐，於「一念」中(便)成「阿耨多羅三藐三菩提」，乃至「般涅槃」，(我)常於道場「菩提樹」下，坐「金剛座」，不解(不解離於此金剛座)、不壞(不廢弛頹壞於此金剛座；不壞坐[不歪斜地坐著]於此金剛座)。	❹(王眾)我於彼「菩提樹」下，「金剛座」上，結「加趺坐」，於彼「少時」(一念間很少的時間便)成「阿耨多羅三藐三菩提」，乃至(進入)「涅槃」，不改此(金剛)座，亦復不捨(離此金剛座)。(王眾)我坐(此)「菩提樹」下，(於)「金剛座」上不起。
參(王眾我)復當(變)化作無量「諸佛」及「菩薩衆」，(派)遣在其餘諸佛世界(去)教化衆生。(這些由我變化出來的)一一「化佛」，(能)於「一食頃」為諸衆生說「微妙法」，即於「食頃」(之間)，(便能)令無量無邊衆生悉發「阿耨多羅三藐三菩提」心；尋發心已，即「不退轉」(於)「阿耨多羅三藐三菩提」，如是(由我變出的)「化佛」及「菩薩衆」，常作如是希有之事。	參(王眾我復)遣化「佛、菩薩」，至過數佛土。(這些由我變化出來的)一一「化佛」，(能)以「一小食頃」為衆生說(微妙)法；即以「小食頃」勸(化)過數(之)衆生，以(令發)「阿耨多羅三藐三菩提」；使住其中，得「不退轉」。(我教)令(由我變化出來的)「化菩薩」，亦復如是(能作種種的佛事)。
肆(王眾)我成「阿耨多羅三藐三菩提」已，願諸餘世界其中衆生，悉(能)見我身，若有衆生「眼見」我身(所具的)「三十二相、八十種好」(者)，悉令必定於「阿耨多羅三藐三菩提」，乃至(入)涅槃，(皆)不離見佛。	肆願(王眾)我逮「菩提」時，(在)十方過數餘世界，「我身」(能被)普現(出來)。若有衆生見我「身相莊嚴」者，(能)令彼一切衆生「堅固」(於)「阿耨多羅三藐三菩提」，乃至(得)「無上菩提」(與)「般涅槃」，彼諸衆生未嘗不見「諸佛世尊」。
伍願令(王眾)我界(之)所有衆生，「六情」(六根)完具，無所缺少。	伍令其(於我國土世界)中，無有「諸根不具足」者。
陸若(有)諸菩薩，欲見(王眾)我者，(能)隨其所住(之處)，(於)行、來、坐、臥(之間)，	陸(若)其中(有)菩薩，樂見我者，(則在)彼所往(之)處，(或)隨身迴轉，(或)經行、坐

悉得見之。是諸菩薩尋「發心」已，即時見我坐於道場「菩提樹」下；當見我時，(早)先(而)來所有於「諸法相」(有)「疑滯」(疑慮窒滯)之處，(在)我(還)未為說(法)，便得除斷(彼之疑慮窒滯)，亦(令)得深解「法相」之義。	立(之間)，(或)彼諸菩薩適心「念佛」(指念王眾成佛後的佛陀名號)，(則這些樂見我者，即可)令見「我」坐(於)「菩提樹」下，(待)見(我)已，隨所「疑法」(所有疑慮的法義)，亘ㄍㄣˋ然(周遍;窮通;終竟)開解，(我)不說(何任的)法句，(便能)令(彼)知其「義」。
㊃願(王眾)我當來「壽命」無量，無能數者，(唯)除(已證)「一切智」(才能數盡)。菩薩(的)壽命，亦復如是。	㊃令(王眾)我「壽命」無量無能數者，(唯)除(已證)「薩婆若智」(才能數盡)。使其菩薩「壽」亦無量。
㊇ ①(王眾)我(能於)「一念」中成「阿耨多羅三藐三菩提」已：(亦)即(於)「一念」中，(亦)有無量菩薩，鬚髮自落，服「三法衣」，乃至(證入)「涅槃」。 ②於其(我之國土世界)中間，無有一人，長其鬚髮，著「俗衣裳」，(我國土世界)一切皆著「沙門」之服。	㊇ ①(王眾)我欲於其佛土成「阿耨多羅三藐三菩提」時，令有如是「瑞應」(祥瑞感應)相現：謂其(我國土世界)佛土一切菩薩，其首(頭)文(文飾)嗏ㄔㄚˊ(塗飾)袈裟在身，乃至(證入)「般涅槃」。 ②其(我)佛土中，無有一人，飾髮「俗服」，令其(於我國土世界)一切住「沙門像」，而無有異。

三－23 無諍念王之第三王子王眾，未來成佛號普現，世界名清淨無垢寶窴，因此王眾亦號為文殊師利

北涼・曇無讖 譯 《悲華經》	秦・譯者佚 名 《大乘悲分陀利經》
㊀爾時，佛告(無諍念王之)第三王子(王眾)：善男子！善哉！善哉！(王眾)汝是純善大丈夫也。聰叡、善解，能作如是甚難「大願」，所作功德甚深甚深，難可思議，(此乃)微妙「智慧」之所為也。	㊀佛言：善哉，善哉！善丈夫(王眾)！汝亦聰達解慧，所「願」甚善，志意極大，「威德」特尊，「智慧」甚妙。

㊁(王眾)汝善男子！為眾生故，自發(自我發心)如是尊重(至尊慎重)之(大)願，取「妙」國土，以是故今號(王眾)汝為文殊師利(Mañjuśrī)。	㊁善男子！(王眾)汝能為一切眾生故，自作如是「妙勝」大意，取「妙莊嚴」佛土。是故，善男子！字汝(王眾)為曼如尸利(Mañjuśrī)。
㊂ ❶(王眾)於未來世，過「二恒河沙」等無量無邊「阿僧祇」劫，入「第三」無量無邊「阿僧祇」劫，於此「南方」有佛世界，名曰清淨無垢寶寘ㄓˋ，此散提嵐界亦入其(清淨無垢寶寘世界)中。 ❷彼(清淨無垢寶寘)世界中有種種莊嚴，(王眾)汝於此中當成「阿耨多羅三藐三菩提」，號普現如來・應・正遍知・明行足・善逝・世間解・無上士・調御丈夫・天人師・佛・世尊。諸菩薩眾，皆悉清淨，(王眾)汝之所願，具足成就，如說而得。 ❸善男子！(王眾)汝行菩薩道時，於無量億諸如來所，種諸善根，是故一切眾生以(王眾)汝為「(良)藥」，汝心清淨，能(爲眾生)破煩惱，(能爲眾生)增諸善根。	㊂ ❶曼如尸利！(王眾)汝於來世，過「二恒河沙」數阿僧祇，始入「第三」恒河沙數「阿僧祇」，於南方有世界名淨無塵積，此娑訶世界亦在其(淨無塵積世界)內。 ❷如是莊嚴(淨無塵積世界)佛土嚴淨，汝曼如尸利(即原來之王眾太子)！當於其中成「阿耨多羅三藐三菩提」，號普現如來・應供・正遍知。如是(之)菩薩眾，汝淨一切願，悉當成就，如汝所願。(王眾)汝為菩薩時，於多億佛所，(已)殖諸「善根」。 ❸汝曼如尸利(即原來之王眾太子)！為眾生(之)「良藥」，(能)除「意患」(意念之患咎)、滅眾(生之)「結」(結使煩惱)，增長(眾生)「善根」。
㊃ ①爾時，文殊師利(即原來之王眾太子)前白(寶藏)佛言：世尊！若(王眾)我所願成就，得己利(獲得諸善法成就爲「己利」)者，惟願十方無量無邊阿僧祇世界，六種震動，其中諸佛現在說法，與(王眾)我受記，亦願一切眾生受「歡喜樂」。 ②譬如菩薩入「第二禪」自在遊戲，天雨「曼陀羅華」(māndārava 天妙花;悅意華;赤華)，遍滿世界，華中常出「佛聲、法聲、比	㊃ ①時曼如尸利(即原來之王眾太子)白(寶藏)佛言：世尊！若我如是「意滿」(意願圓滿)，如我所願，於十方無量「阿僧祇」世界中，現在「住世說法諸佛世尊」願授我記，令無量「阿僧祇」佛土皆悉震動，令一切眾生得如是「快樂滿足」。 ②猶如菩薩遊戲「第二禪」三昧，亦令無量「阿僧祇」佛土，雨天「曼陀羅華」(māndārava 天妙花;悅意華;赤華)，令彼「曼陀

丘僧聲、六波羅蜜、(十)力、(四)無所畏」如是等聲。 ③願(王眾)我敬禮寶藏佛時，即出如是諸相貌等。 ㈤(王眾)作是語已，尋時禮(寶藏)佛，頭面著地，即於是時，十方無量無邊阿僧祇世界六種震動，天於空中雨「曼陀羅華」，一切眾生受於「喜樂」，譬如菩薩入「第二禪」自在遊戲。諸菩薩等是時，惟聞「佛聲、法聲、比丘僧聲、六波羅蜜、十力、(四)無畏」如是等聲。	羅華」出如是等聲，所謂「佛聲、法聲、僧聲、(六)波羅蜜聲、(十)力、(四)無畏聲」。 ③若(王眾)我五體禮(寶藏)世尊足時，如是「瑞應」(祥瑞感應)，皆悉令現。 ㈤如曼如尸利(即原來之王眾太子)童真禮(寶藏)世尊足時，於無量「阿僧祇」佛土，地皆震動，雨天「曼陀羅」，一切眾生皆得如是快樂，充滿如是所願。
㈥ ❶是時，他方(有)諸菩薩等，見聞是事，怪未曾有，各白其(世界所主持之)佛言：何因緣故有是「瑞應」(祥瑞感應)？ ❷諸佛各(便)告諸菩薩言：十方諸佛(正在)各各廣為文殊師利(即原來之王眾太子)授「阿耨多羅三藐三菩提」記故，是其「瑞應」(祥瑞感應)。	㈥ ❶其中菩薩摩訶薩，於諸佛所聽法者，彼皆問(其世界所主持之)諸佛世尊：以何因何緣現是「瑞應」(祥瑞感應)？ ❷彼諸佛世尊，皆授曼如尸利(即原來之王眾太子)「阿耨多羅三藐三菩提」記。
㈦爾時寶藏如來為文殊師利(即原來之王眾太子)而說偈言： 勝意曠𣏌大(曠遠廣大)，今可還起， 十方諸佛，已授(王眾)汝記， 當於來世，成尊勝道， 世界大地，六種震動， 眾生滿足，受於快樂。	㈦(寶藏)佛說偈言： 起最上意智慧廣，十方濟世授(王眾)汝記； 地動雨華眾生樂，汝當作佛出現世。
㈧善男子！爾時，文殊師利(即原來之王眾太子)聞是(寶藏佛之)偈已，心生歡喜，即起合掌，前禮(寶藏)佛足，去(寶藏)佛不遠，	

復坐聽法。	

《悲華經》第四卷

四－1 無諍念王之第四王子能伽奴，未來成佛號普賢如來，世界名不眴，因此能伽奴亦號為金剛智慧光明功德

北涼・曇無讖 譯 《悲華經》	秦・譯者佚 名 《大乘悲分陀利經》
《諸菩薩本授記品・第四之二》	《四王子授記品・第八》
㊀善男子！爾時，寶海梵志白(無諍念王之)第四王子能伽奴(前文則云能加羅)言，乃至發願，亦復如是。	㊀善男子！爾時海濟(寶海)婆羅門，告(無諍念王之)第四王子支衆。略說，如曼如尸利(即原來的無諍念王第三王眾太子)所願無異。
㊁爾時，(寶藏)佛告阿伽那(即能伽奴)言： ❶善哉！善哉！善男子！(能伽奴)汝行菩薩道時，以「金剛慧」，破無量無邊衆生諸「煩惱」山，大作佛事，然後乃成「阿耨多羅三藐三菩提」。 ❷善男子！是故號(能伽奴)汝為金剛智慧光明功德。	㊁(寶藏)世尊讚言： ❶善哉，善哉！善男子！(支眾)汝為菩薩時，當破無量「阿僧祇」衆生「結使」(煩惱)金剛之山，而作佛事，然後當成「阿耨多羅三藐三菩提」。 ❷善男子！是故字(支眾)汝為壞金剛慧明照尸利。
㊂爾時，(寶藏)佛告金剛智慧光明功德菩薩： ①善男子！(能伽奴)汝於來世，過「一恒河沙」等阿僧祇劫，入「第二恒河沙」等「阿僧祇」劫，於此「東方」，過「十恒河沙」等世界中微塵數等世界，有世界名曰不眴𥇒。 ②善男子！(能伽奴)汝於是中當得作佛，號曰普賢如來・應供・正遍知・明行足・善逝・世間解・無上士・調御丈夫・天人師・佛・世尊。其(未來的普賢)佛世界所有莊嚴，(將)如(能伽奴)汝所願，悉皆	㊂ ①(支眾)汝壞金剛慧明照，於當來世過「一恒河沙」數阿僧祇，始入「二恒河沙」數阿僧祇，「東方」過「十恒河沙」數佛土微塵數世界，有國名阿尼彌沙。 ②善男子！(支眾)汝於其中，當成「阿耨多羅三藐三菩提」，號普賢如來・應供・正遍知・明行足，乃至「佛婆伽婆」。其(未來的普賢)佛土無量莊嚴，亦復如是，如(支眾)汝所願。

具足。	
㊃ ❶善男子！寶藏如來「授」金剛智慧光明功德菩薩摩訶薩「阿耨多羅三藐三菩提」記。 ❷時虛空中有無量無邊百千億「那由他」天，而讚歎言：善哉！善哉！雨「牛頭栴檀(gośīrṣa-candana)、阿伽流香(agaru 沈水香，又稱黑沈香或蜜香)、多伽流香(tagara 多伽留香；類似零陵香)、多摩羅跋(tamālapatra 即中國所稱之「藿香」，樹皮含有肉桂般之香味)」，并及「末香」(cūrṇa 粖香；被擣碎呈粉末狀之香)，而以供養。	㊃ ❶善男子！寶藏如來，適「授」壞金剛慧明照菩薩摩訶薩「阿耨多羅三藐三菩提」記。 ❷於虛空中(有)無量億「那由他」百千諸天，皆讚：善哉！雨海此岸(之)「牛頭」(gośīrṣa-candana)、「沈水、木櫁」(《一切經音義．卷二十七》云：香木也……其樹似槐而香，極大，伐之，五年始用，若取其香，皆預斫之，久乃香出)、粖香(cūrṇa 末香；被擣碎呈粉末狀之香)」。
㊄ ①爾時，金剛智慧光明功德菩薩白(寶藏)佛言：世尊！若(能伽奴)我所願成就，得己利(獲得諸善法成就爲「己利」)者，(能伽奴)我今敬禮諸佛世尊。惟願十方如恒河沙等世界，(皆充)滿中「諸天」微妙「好香」。(若有)衆生之類，或在「地獄、畜生、餓鬼、天上、人中」；若(能)聞是「香」，所有「身心苦惱」之疾，悉得遠離，(就像金剛智慧光明功德菩薩)如是頭面到地(頂禮寶藏佛)。(此喻時間非常快速，即金剛智慧光明功德菩薩頭面著地禮寶藏佛的「瞬間」，眾生的身心苦惱就會馬上消除) ②善男子！爾時，金剛智慧光明功德菩薩作是言已，即頭面禮(寶藏)佛。	㊄ ①彼(壞金剛慧明照菩薩)白佛言：唯！(寶藏)世尊！若(支眾)我如是「意滿」(意願圓滿)，如(支眾)我「五體」禮佛足時，(願)令恒河沙數世界(有)踰(越諸)天(之)「妙香」充滿其中；(若)於中(有)「地獄、畜生、餓鬼、人、天」，彼衆生(能)得聞是「香」，(其)「身心苦患」，乃至訖(支眾)我「頭面著地」(之時)，於爾所時(所有的身心苦患皆)得休息。(此喻時間非常快速，即金剛智慧光明功德菩薩頭面著地禮寶藏佛的「瞬間」，眾生的身心苦惱就會馬上消除) ②善男子！爾時壞金剛慧明照菩薩「五體」禮寶藏如來足。
㊅爾時，十方如恒河沙等世界，周遍悉有微妙之「香」，(所有)衆生聞者，皆得(以)遠離「身心苦惱」。	㊅應時恒河沙數世界，(有)踰(越諸)天(之)「妙香」充遍其中，於中一切衆生，(其)「身心苦患」盡皆休息。

㊆爾時，寶藏如來即為金剛智慧光明功德菩薩(即原來之能伽奴太子)而說偈言： 金剛慧能破，汝今可還起， 十方佛世界，周遍有妙香， 與無量衆生，安樂及歡喜， (能伽奴)當來得成佛，無上世間解。 ㊇善男子！爾時，金剛智慧光明功德菩薩聞是(寶藏佛之)偈已，其心歡喜，即起合掌，前禮(寶藏)佛足，去(寶藏)佛不遠，復坐聽法。	㊆(寶藏)佛言： 起能壞金剛，香色充滿剎； 喜樂多衆生，汝為世間解。

四－2 無諍念王之第五王子無所畏，未來成佛號蓮華尊如來，世界名蓮華，因此無所畏亦號為虛空印

北涼・曇無讖 譯 《悲華經》	秦・譯者佚 名 《大乘悲分陀利經》
㊀善男子！爾時，寶海梵志復白(無諍念王之)第五王子無所畏言，乃至發心，亦復如是。 ㊁ ❶爾時，(無所畏)王子答(寶海)梵志言：我今所願，不欲於此「不淨」世界成「阿耨多羅三藐三菩提」。 ❷願(無所畏我)成佛時，世界之中無有「地獄、畜生、餓鬼」，其地純以紺琉璃寶，廣說皆如蓮華世界所有莊嚴。 ㊂爾時，無畏王子手持「蓮華」(供)上寶藏佛，作如是言： ①(寶藏)世尊！若(無所畏)我所願成就，得已	㊀善男子！爾時海濟(寶海)婆羅門，告(無諍念王之)第五王子無畏，略說。 ㊁ ❶(寶藏)世尊！(無所畏)我惟不取斯「穢濁佛土」。 ❷(無所畏我)當知是(清淨之)處，(而)成「三藐三菩提」，其中無有「地獄、畜生、餓鬼」，(皆)紺琉璃地等，如蓮華世界莊嚴說。 ㊂無畏王子以「蓮華」置寶藏如來前，白(寶藏)佛言： ①唯！(寶藏)世尊！若我如是「意滿」(意願圓

利(獲得諸善法成就爲「己利」)者，以(寶藏)佛力故，今在佛前，願(無所畏)我當得悉見種種「莊嚴三昧」。 ②復願天雨種種「蓮華」，大如「車輪」，遍滿十方如恒河沙世界微塵數等諸佛國土，亦令(無所畏)我等皆(能)「遙見」之。	滿)，當承(寶藏)佛威神，令我得現(見)「莊嚴三昧」。 ②如我在(寶藏)世尊前，於十方恒河沙數世界微塵數佛土，當雨「蓮華」，大如「車輪」，令(無所畏)我等見。
㊃ ❶善男子！無畏王子說是言已，以(寶藏)佛力故，尋時即得悉見種種「莊嚴三昧」，天雨種種無量「蓮花」，大如「車輪」，遍滿十方如恒河沙等世界微塵等諸佛國土。 ❷一切大衆，皆得「遙見」，見是事已，得「歡喜樂」。	㊃ ❶(無所畏)適發斯言(已)，(即)蒙(寶藏)佛威神，得現(見)「莊嚴三昧」，十方恒河沙數世界微塵數佛土，皆雨「蓮華」，大如「車輪」。 ❷無畏王子見已，極大歡喜。
㊄爾時，(寶藏)佛告無畏王子：善男子！乃能作是甚深微妙之「大願」也，取「嚴淨」佛土，復能疾得悉見種種「莊嚴三昧」，(你之所)願不虛故，天雨如是無量「蓮華」。	㊄(寶藏)佛言：善男子！(無所畏)汝所願甚善，取「妙佛土」，以「至誠語」，(故)疾得「三昧」，雨於「蓮華」。
㊅(寶藏)世尊！若(無所畏)我所願成就，得己利(獲得諸善法成就爲「己利」)者，願此「諸華」悉(常)住(於)於「空」，不復墮落。	㊅彼(無所畏)白(寶藏)佛言：若(無所畏)我得滿「阿耨多羅三藐三菩提」意者，(則)令此「蓮華」懸於「虛空」，應時即住(於)「虛空」。
㊆時寶藏佛告無畏王子言：善男子！(無所畏)汝今速疾，以諸「蓮華」印(類似「烙印」的意思)於「虛空」，是故號汝(無所畏)為虛空印。	㊆(寶藏)佛言：善男子！(無所畏)汝所為甚疾，以「蓮華」印(類似「烙印」的意思)於「虛空」。善男子！是故字汝(無所畏)為虛空印。
㊇爾時，(寶藏)佛告虛空印菩薩：善男子！(無所畏)汝於來世，過「一恒河沙」等「阿僧祇」劫，入「第二恒河沙」等「阿僧祇」劫，於「東南方」，去此佛土百千萬億	㊇汝虛空印，於當來世，過「一恒河沙」數「阿僧祇」，始入「二恒河沙」數「阿僧祇」，於「東南方」，過億百千「恒河沙」數佛土，有世界名蓮華。(無所畏)汝當於中成

「恒河沙」等世界，彼有世界名曰蓮華。(無所畏)汝於是中當成「阿耨多羅三藐三菩提」，號蓮華尊如來・應・正遍知・明行足・善逝・世間解・無上士・調御丈夫・天人師・佛・世尊。所有大衆，純諸「菩薩」摩訶薩等，其數無量不可稱計。其佛壽命，無量無邊，所願具足，悉皆成就。	「阿耨多羅三藐三菩提」，號蓮華上如來・應供・正遍知・明行足，乃至佛・婆伽婆。純「菩薩僧」，其數無量，壽亦無量，必得是一切威德，如(無所畏)汝所願。
㊈爾時，虛空印菩薩摩訶薩，頭面禮於寶藏如來，即起合掌，去(寶藏)佛不遠，復坐聽法。	㊈虛空印菩薩即時「五體」投地，禮寶藏如來足。
㊉爾時，(寶藏)世尊為虛空印(即原來之無所畏太子)而說偈言： 善男子當知，有人作己利， 能斷煩惱結(結使煩惱)，常令得寂靜， 所受持功德，數如恒河沙， 世界微塵等，成就而不失。 (無所畏)汝於當來世，成就無上道， 亦如過去佛，等無有差別。 善男子！虛空印菩薩聞是(寶藏佛之)偈已，心生歡喜。	㊉(寶藏)佛言： 汝當饒益世，除滅結穢濁； 持剎微塵德，逮覺如前勝。

四－3 無諍念王之第六王子虛空，未來成佛號法自在豐王如來，世界名日月，因此虛空亦號為虛空日光明

北涼・曇無讖 譯 《悲華經》	秦・譯者佚 名 《大乘悲分陀利經》
㊀善男子！爾時，寶海梵志白(無諍念王之)第六王子虛空言，乃至發心，亦復如是。	㊀善男子！爾時海濟(寶海)婆羅門語(無諍念王之)第六王子虛空，略說。

㊁爾時，王子菴婆羅(即虛空)白(寶藏)佛言：(寶藏)世尊！(虛空)我今所願，不欲於此「不淨世界」成「阿耨多羅三藐三菩提」，略說如虛空印(之)所願。	㊁(虛空我)唯不於此「穢濁佛土」，略說如虛空印菩薩(之)所願。
㊂ ❶(寶藏)世尊！若(虛空)我所願成就，得己利(獲得諸善法成就為「己利」)者，願令十方如「恒河沙」等世界之中，自然而有七寶「妙蓋」，在上虛空，羅列而住，「純金」為網，以覆其上。 ❷(以)「七寶」為鈴，垂以莊嚴，其蓋「寶鈴」，常出「佛聲、法聲、比丘僧聲、六波羅蜜」及「六神通」，「十力、(四)無畏」如是等聲。 ❸(若有)世界眾生聞(是諸聲)者，尋發「阿耨多羅三藐三菩提」心。(若)已發心者，即得「不退轉」。「寶鈴」所出「佛法僧聲」，乃至「(四)無所畏聲」，悉(能遍)聞(於)十方世界虛空，以(寶藏)佛力故，(眾生)乃得(以)「自聞」。	㊂ ❶(寶藏)世尊！若我如是「意滿」(意願圓滿)，令於十方「恒河沙」數世界虛空中，有「七寶蓋」，白珠羅網，以覆其上，懸眾「寶鈴」以嚴其蓋。 ❷(其)「寶鈴」網中，出如是聲，所謂：「佛聲、法聲、僧聲、(六)波羅蜜聲、(十)力聲、通聲」及「(四)無畏聲」。 ❸其中一切眾生使聞是「聲」，(皆)令發「阿耨多羅三藐三菩提」心。其有「先」發「菩提心」者，(則)令不退轉「阿耨多羅三藐三菩提」。適發是言，於十方恒河沙數世界一切虛空中，略說，出如是「聲」，蒙(寶藏)佛威神，(眾生)皆悉自見。
㊃ ①(寶藏)世尊！若(虛空)我所願成就，得己利(獲得諸善法成就為「己利」)者，願(虛空)我今者得「知日三昧」，以「三昧力」故，增益一切諸善根本；得「三昧」已，惟願諸佛與我授「阿耨多羅三藐三菩提」記。 ②是時(虛空)王子說是語已，以(寶藏)佛力故，即得「知日三昧」。	㊃ ①(虛空)復白(寶藏)佛言：唯！(寶藏)世尊！若是「意滿」(意願圓滿)如我所願，令(虛空)我於(寶藏)世尊前，得「智顯明三昧」，以是增長善法。得是「三昧」已，然後(寶藏)世尊授(虛空)我「菩提記」。 ②(虛空)蒙(寶藏)佛威神，即得「智顯明三昧」。
㊄ ❶爾時，(寶藏)世尊讚(虛空)王子言：善哉！	㊄ ❶(寶藏)佛言：善哉！善男子！所願甚妙。

善哉！善男子！(虛空)汝所願者，甚深甚深，以甚深功德因緣故，尋時十方如恒河沙諸世界中，自然而有七寶「妙蓋」，於上虛空羅列而住。「純金」為網，以覆其上，「七寶」為鈴，悉以莊嚴，其鈴常出「佛法僧聲」，乃至「(四)無所畏聲」。	以(虛空)汝「福業」，於十方恒河沙數佛土虛空中，覆以「寶蓋」，出「柔軟聲」，覺悟多億「那由他」百千衆生。
❷爾時，有百千億「那由他」衆生，聞是「聲」已，尋發「阿耨多羅三藐三菩提」心，是故號汝(虛空)為虛空日光明。	❷善男子！是故字汝(虛空)為虛空顯明。
㊅爾時，(寶藏)佛告虛空日光明菩薩摩訶薩：(虛空)汝於來世當成「阿耨多羅三藐三菩提」，過「一恒河沙」阿僧祇劫，入「第二恒河沙」等「阿僧祇」劫，東方去此「二恒河沙」等佛刹，有世界名曰日月，(虛空)汝於是中當成「阿耨多羅三藐三菩提」，號法自在豐王如來・應・正遍知・明行足・善逝・世間解・無上士・調御丈夫・天人師・佛・世尊。	㊅汝虛空顯明！於當來世，過「一恒河沙」數「阿僧祇」，始入「二恒河沙」阿僧祇，於「東方」過「二恒河沙」數佛土，有世界名日月；汝當於中成「三藐三菩提」，號法自在富王如來・應供・正遍知・明行足，乃至佛・世尊。
㊆爾時，虛空日光明菩薩聞是記已，即禮佛足。	㊆時虛空顯明菩薩以「五體」禮寶藏如來足。
㊇爾時，(寶藏)世尊為虛空日光明(即原來之虛空太子)而說偈言： (虛空)善男子今起，善哉自調御， 以淳淑(淳厚賢淑)「大悲」，於一切衆生， 度脫令斷苦，畢竟住彼岸， 智慧善分別，令到無上道。	㊇(寶藏)佛言： 起善習意調伏心，能發「大悲」於衆生； 當度群品苦海岸，覺智無上正菩提。
㊈善男子！爾時，虛空日光明菩薩聞是(寶藏佛之)偈已，其心歡喜，即起合掌，前禮(寶藏)佛足，去(寶藏)佛不遠，復坐聽	

法。	

四－4 無諍念王之第七王子善臂發願：不於此「不淨穢濁」的世界成「阿耨菩提」

北涼・曇無讖 譯 《悲華經》	秦・譯者佚 名 《大乘悲分陀利經》
㊀爾時，寶海梵志復白(無諍念王之)第七王子善臂言，乃至發心，亦復如是。	㊀善男子！爾時海濟(寶海)婆羅門語(無諍念王之)第七王子支像，略說。
㊁爾時，(善臂)王子白佛言： ❶(善臂)我今所願，不欲於此「不淨」世界成「阿耨多羅三藐三菩提」。 ❷願(善臂)我來世所有「世界」，無有「地獄、畜生、餓鬼、女人名字」，及以「胎生」，(亦無)「須彌諸山、大小鐵圍、山陵、堆阜ㄈㄨˋ、石沙、穢惡、荊棘、惡風、木樹、叢林、大海、江河、日月、晝夜、闇冥、臭處」眾生等類，無有「便利、涕唾、污垢」，身心不受諸「不樂事」。	㊁ ❶唯不於此「濁」佛土中。 ❷(善臂)我(將來於)如是處成「菩提」，於(我國土世界)中無有「地獄、畜生、餓鬼」之名，亦無「女人」(佛剎淨土本來就是無女無男)，其中眾生不由「胞胎」。無「須彌、鐵圍、大鐵圍、土石諸山」，無有「泉源、瓦礫、刺棘、高下惡風、樹木、大海」，亦無「日月、星宿ㄒㄧㄡˋ、晝夜、闇冥」。其中眾生無有「穢氣、屎尿、涕唾」，(色身之)形無「污臭」，身心(亦)無寄(沒有任何「不樂」的寄託)。
㊂ ①(我未來之國土世界是)「馬瑙」為地，無諸「塵土」，純有百千無量「珍寶」而莊嚴之，無有「諸草」，唯有好妙「曼陀羅華」(māndārava 天妙花;悅意華;赤華)，(有)種種「寶樹」以為挍ㄐㄧㄠˋ飾。	㊂ ①令其(於我國土世界)中，不以「土石」為地，(皆)純「馬瑙」成無量百千眾寶莊嚴。令其佛土無有「餘草」，唯(有)「曼陀羅(māndārava 天妙花;悅意華;赤華)、摩訶曼陀羅(mahā-māndārava 大赤華)」。令其佛土以種種「寶樹」莊嚴。
②其「寶樹」下，有妙「寶蓋」，復有種種	②其「寶樹」上，(有)種種「寶蓋」莊挍ㄐㄧㄠˋ(莊

「寶衣、華鬘」，諸寶「瓔珞、香華、伎樂」，諸「寶器物」，諸「寶妙華」，以如是等，挍飾其樹。	嚴挍飾)，有種種「寶房舍」，種種「寶衣」，種種「寶鬘」，種種「寶瓔」，種種「寶嚴具」，種種「音樂」，種種「寶器」，種種「華」以莊挍ㄐㄧㄠˋ(莊嚴挍飾)樹。
(肆)	(肆)
❶(我國土)世界之中，無有「晝、夜」，以華「開、合」，而知時節。	❶令衆華「合」、音樂聲「止」，以是知「夜」。
❷諸菩薩等在「金華」中，(皆)自然出生；既得生已，皆得悉見種種「莊嚴三昧」，以(此)「(莊嚴)三昧」力故，(便)得見十方如微塵等諸世界中「現在諸佛」。	❷衆華「合」時，菩薩(即)受生，(菩薩)適生其中，便坐「定」意。令得現「莊嚴三昧」，以是「(莊嚴)三昧」，(便能)見十方佛土微塵數世界中「現在諸佛」。
(伍)於此「(莊嚴)三昧」(中)，(於)一念之頃，(使)具足「六通」。	(伍)
①以「天耳」故，悉(能聽)聞十方如微塵等世界「現在諸佛」說法(之)音聲。	①令於(此「莊嚴三昧」中)爾時(即)得「淨天耳」，(能聽)聞於佛土微塵數十方餘世界中「現在住世」說法，說法(之)諸佛。
②以「宿命智」，(能)知「過去世」如一佛土微塵等劫「宿世」之事。	②令其(於我國土世界)中衆生，生已，皆自識「宿命」，(能)憶念佛土微塵數劫中「生事」。
③以「天眼」故，悉(能)見十方諸佛世界種種「莊嚴」。	③令其(於我國土世界)生已，得「淨天眼」，普見十方佛微塵數佛國「莊嚴」。
④以「他心智」故，(能)於「一念」中，得知如「一佛世界」微塵數等世界，(其)衆生「心之所念」，乃至成「阿耨多羅三藐三菩提」，終不失是「(莊嚴)三昧」。	④令其(於我國土世界)生已，善具知「他心智」，(能)以「一念」頃，知佛土微塵佛剎中，(其)一切衆生「心念所行」，乃至(得)菩提(及)「般涅槃」，(皆)不失是「(莊嚴)三昧」。
⑤(在)清旦之時，四方有風，柔軟清淨，吹微妙香，及散諸華，以「風力」故，諸菩薩等(便)從「三昧」起(出定)；「三昧」起已，即得如是「如意通力」(神足通)。	⑤(在)夜欲明時，(有)四方「香風」，微妙柔軟，觸身(即)生「喜」，來吹華敷；(能)令諸菩薩從「三昧」覺；於華臺起(出定)，(並)令得如是「神(足)通」。
⑥以是(如意通)力故，(便)於「一念頃」，能到十方，(於)一一方面如「一佛土微塵數」	⑤⑥(此神足通能於)一心念頃，(便)至一一方(之)佛土微塵數佛剎，(去)親近「現在諸

等諸佛世界(中)，(去)供養現在諸佛世尊，(並)請受妙法。(又)即(於)一念中，(歸)還至本土，無有罣閡(罣礙隔閡)。 ㊅諸菩薩等，(皆)在「曼陀羅華、摩訶曼陀羅華」華臺之中，結「加趺坐」，思惟法門。所謂欲得見我(之)所在(的各個)方面，(諸菩薩皆能)隨身所(在的方)向，悉令得見(到我)。 ㊆ ❶(諸菩薩)若於「深法」有「疑滯」(疑慮窒滯)者，以「見我」故，尋得除滅。 ❷(諸菩薩)若有問義，(或)欲聽法者，(因)以「見我」故，(立)即得深解，無有狐疑。 ㊇所有菩薩深解「無我」及「無我所」，是故能捨「身根、命根」，一切必定不退於「阿耨多羅三藐三菩提」。	佛世尊」已，(再歸)還來本土。 ㊅(有諸菩薩)於「曼陀羅、摩訶曼陀羅」花臺上結「加趺坐」，思惟法門，瞻仰如來，如所坐處，隨其迴轉，於(任何)一切方(位)，(皆)悉(能)令見(到)我。 ㊆ ❶其中菩薩於「法」或「想」，若生「疑」者，(即)令觀(見)我身，(只要)見(我)即亘然(周遍;窮通;終竟)。 ❷彼諸菩薩隨欲「聞法」，適觀(見)我已，皆悉令知。 ㊇其中菩薩令無「我、所」，無「所為」作，乃至「身命」，其中菩薩皆得「不退轉」。

四－5 無諍念王之第七王子善臂發願未來成佛「世界」的種種莊嚴相

北涼・曇無讖 譯 《悲華經》	秦・譯者佚 名 《大乘悲分陀利經》
㊀(我國土)世界(中)無有一切「不善」之名，亦無「受戒、破戒之名、毀戒、悔過」。 ㊁(我國土世界)一切眾生，其身皆有「三十二相」，得「那羅延」力(Nārāyaṇa 具有大力之印度古神;即欲界天之毘紐天神，此天多力)，乃至成「阿耨多羅三藐三菩提」，無有一人(是)「六根毀缺」(或)「不完具」者。	㊀其(於我國土世界)中，令無「不善」之名，令其佛土亦無「受戒之名」、無「犯悔語」。 ㊁令其(於我國土世界)中一切眾生，具「三十二大人之相」，具「那羅延」力(Nārāyaṇa 具有大力之印度古神;即欲界天之毘紐天神，此天多力)。令其中(所有眾生)無有一人「諸根不具」，乃至(得)「菩提」(與)「般涅槃」。

㊂ ❶(我國土世界)所有眾生，即於生已，(便)鬚髮「自落」，服「三法衣」，(皆)得「善分別三昧」，乃至「阿耨多羅三藐三菩提」，終不中失(此「善分別三昧」)。 ❷(我國土世界)諸眾生等，悉得和合一切「善根」，無有一人為「老、病」所苦。	㊂ ❶令其(於我國土世界)中一切眾生，其首(頭)文(文飾)[口*茶*攵](塗飾)袈裟著身，一時俱生，令得「善分別三昧」，乃至(得)「菩提」(之)際，未曾中失(此「善分別三昧」)。 ❷令其(於我國土世界)中眾生，普集「善根」，令其中眾生，無「老、病」苦。
㊃ ①(我國土世界)若諸菩薩「命終」之時，(即)結「加趺」坐，入於「火定」，自燒其身；燒其身已，(會有)四方「清風」來吹其身，(所有)「舍利」(將)散在諸方(之)「無佛」世界，尋時(舍利能)變作「摩尼寶珠」，如轉輪聖王所(擁)有(的)寶珠(一般)。 ②(於他方無佛之世界)若有眾生(得)見、觸之(指由「舍利」所變現出來的「摩尼寶珠」)者，悉令不墮「三惡道」中，乃至(得)「涅槃」不受「諸苦」。	㊃ ①有菩薩於(我國土世界)中，壽欲終時，(即)結「加趺」坐而「般涅槃」，身中出「火」，以自「闍維」(jhāpita 荼毘;燒身;火葬)，(會有)香風來吹。彼(所留下的)舍利(若)置於他方「無佛土」中，(將)令(舍利轉)成「如意珠寶」，(就)如「轉輪王」(所擁有的)明淨「摩尼」之寶(一般)。 ②其(於他方無佛之世界)中眾生，(若)有見彼「摩尼寶光」者，有見「摩尼寶」者，有復「觸」者；令彼一切不受「地獄、餓鬼、畜生」之苦，乃至(得)菩提(及)「般涅槃」，(將)未曾受(諸)痛，於中命終。
㊄(若見或觸此由「舍利」所變現出來的「摩尼寶珠」)即得「捨身」，(能轉)生於「他方」現在佛所，諮受妙法，發「阿耨多羅三藐三菩提」心，便「不退轉」。	㊄其有(他方)諸佛，(於)現在(尚)住其世，(仍)為眾生說法，(若見或觸此由「舍利」所變現出來的「摩尼寶珠」，便能轉)生如是(諸佛之)處。彼(之眾生)得生已，於諸佛所，聞說妙法，(即)發「菩提心」；適「發心」已，令得不退轉「阿耨多羅三藐三菩提」。
㊅(我國土世界)所有眾生，若「命終」時，其心在「定」，無有「散亂」，不受諸苦，(及)「愛、別、離」等(苦)。	㊅(善臂)我佛土中，無有一人不入「三昧」，而命終者，亦無苦痛，無相「戀著、別、離」(而)命終。

㊈(於我國土世界)命終之後,(皆)不墮「八難」(或)無「佛」之世,乃至(終將)成「阿耨多羅三藐三菩提」,常得見佛,諮受妙法,供養眾僧。	㊈(眾生)於(我國土世界)中(壽)終已,(皆)令不生「難處」(或)無「佛國土」中。(乃)至(直到)「菩提」(之)際,未嘗「不見佛」,未嘗「不聞法」,未嘗「不供養僧」。

四－6 無諍念王之第七王子善臂發願未來成佛「世界」的種種莊嚴相

北涼・曇無讖 譯 《悲華經》	秦・譯者佚 名 《大乘悲分陀利經》
㊀ ❶(我國土世界)一切眾生,離於「貪欲、瞋恚、愚癡、恩愛、嫉妬、無明、憍慢」。 ❷(我國土)世界無有「聲聞、緣覺」,所有大眾純諸「菩薩摩訶薩」等,充滿其國。 ❸(我國土世界眾生)其心「柔軟」,無有「愛濁」,(皆)「堅固」不退於「阿耨多羅三藐三菩提」,得諸三昧。	㊀ ❶令其(於我國土世界)中一切眾生,無「穢濁、瞋恚、愛憎、慳嫉、無明、吾我」,於中生也。 ❷其(於我)佛土中,令無「聲聞」及「辟支佛」,純諸「菩薩」。 ❸(諸菩薩皆具)「潤心、軟心、無怨心、不濁心、寂心、定心」,如是菩薩充滿其中。
㊁ ①(我國土)世界,純有清淨光明,十方如微塵等諸佛世界,悉皆(能)得聞我之世界。 ②(善臂)我(我國土世)界,所有微妙之「香」,悉遍十方,如微塵等諸佛世界。 ③(善臂)我(我國土世)界,眾生常得快樂,未曾聞有「受苦」之聲。	㊁ ①令我佛土(世界),(具)莊嚴明淨,(能顯)現於十方佛剎「微塵數」(其)餘世界中。 ②(我國土世界中之)香亦遍至(周遍而至)。 ③使其(我國土世界)眾生,常「樂」充滿,令其(於我)佛土,不聞「苦」聲。
㊂(寶藏)世尊!(善臂)我行「菩薩道」時,不作「齊限」(齊量限制),我今要當(先)莊嚴如是「清淨」佛土,眾生之類皆使「清淨」遍滿其國,然後(我)乃成「阿耨多羅三藐三菩提」。	㊂(善臂)我當爾所時,行「菩薩行」,為菩薩時,先立如是「淨」莊嚴佛土,(先)安置如是「淨意」(具清淨意念)眾,充滿佛剎,然後我於其中成「阿耨多羅三藐三菩提」。

肆	肆
❶(寶藏)世尊！(善臂)我成「阿耨多羅三藐三菩提」，當出無量無邊「光明」，照於十方，如千佛剎微塵數等諸佛世界。	❶(善臂)我逮菩提時，令「光明」無量，又我「身相」莊嚴，(能)令於十方千佛土「微塵數」餘佛剎中，皆悉遍現(遍見我身之莊嚴)。
❷令彼(處於十方世界之)眾生，悉遙見(善臂)我「三十二相」，即時得斷「貪欲、瞋恚、愚癡、嫉妬、無明、憍慢」一切煩惱。(令)發「阿耨多羅三藐三菩提」心，(並)如其所求，(能)得「陀羅尼、三昧、忍辱」。	❷於(十方世界之)中眾生，(若)有見(善臂)我者，(能)令彼眾生滅除「貪欲、瞋恚、愚癡、慳嫉、吾我、嫌恨、結使(煩惱)」，悉皆令滅。(並令)發菩提心，隨其所欲，(所有的)「三昧、陀羅尼、忍辱」，以見(善臂)我故，悉皆令得(此「三昧、陀羅尼、忍辱」)。
伍	伍
①以見(善臂)我故，(處於)寒冰地獄所有眾生，悉得熅ㄩˋ(溫暖)樂，譬如菩薩入「第二禪」。	①其有眾生，生「寒氷」地獄者，見(善臂)我已受暖(之)「暖樂」受，得是快樂，譬如比丘入「第三禪」。
②以見(善臂)我故，身心受於「第一妙樂」，發「阿耨多羅三藐三菩提」心。	②彼見(善臂)我已，令其身意「極樂」充滿，皆發「阿耨多羅三藐三菩提」心。
③(彼諸眾生)若其「命終」，要當生(善臂)我佛之世界，生已，即得「不退轉」於「阿耨多羅三藐三菩提」；(其餘所有處在)「熱地獄」等、(及)「畜生、餓鬼」，亦復如是。	③(彼諸眾生)於中命終，來生我國，(皆)得不退轉「阿耨多羅三藐三菩提」。若眾生生「餓鬼」中，得見(善臂)我已，略說，(亦)令不退轉「阿耨多羅三藐三菩提」，(其餘)畜生，亦如是說。
④諸天所見(我國土世界)光明一倍(以上)。令我壽命無量無邊無能數者，(唯)除(已證)「一切智」(才能數盡)。	④如是(善臂)我「光」，倍照諸天，令我壽命無量，無能數者，(唯)除(已證)「薩婆若智」(才能數盡)。
陸	陸
❶(寶藏)世尊！(善臂)我成「阿耨多羅三藐三菩提」已，令十方無量無邊阿僧祇世界現在諸佛「稱讚」於我。	❶(善臂)我逮「菩提」時，於十方無量「阿僧祇」無稱無邊餘世界中，諸佛世尊(皆對我善臂)讚歎稱譽。
❷其餘(處於十方世界之)眾生，若(能)得聞是稱讚(善臂)我(之)聲，願作「善根」，速生我	❷(善臂)我令(處於十方世界之)其中眾生聞(善臂我)名者，於彼所作「善根」迴向「我剎」，

國，(其)命終之後，必生我國；唯除「五逆」、毀壞「正法」、誹謗「聖人」。	彼命終已，來生我國，除「無間罪」、非ㄟˇ (古通「誹」➔誹謗)毀「正法」、謗「賢聖者」。
㊆	㊆
①(寶藏)世尊！(善臂)我成「阿耨多羅三藐三菩提」已，十方無量無邊「阿僧祇」世界中所有衆生，若聞我「聲」，發願欲生我世界者。是諸衆生，臨命終時，悉令「見我」，(我)與諸大衆，前後圍遶，我於爾時，入「無翳ㄧˋ 三昧」，以「三昧力」故，現在其前，而為說法。	①(善臂)我逮「菩提」時，於無量「阿僧祇」餘佛刹中，衆生(若得)聞我「名號」，求生我國，(其)命欲終時，(善臂)我(將)與無量大衆圍遶，入「無曀ㄧˋ 三昧」而現其前。
②(彼諸眾生)以聞法故，尋得斷除一切「苦惱」，心大歡喜；其「心喜」故，得「寶冥三昧」，以「三昧力」故，令心得「念」，及「無生忍」，命終之後，必生(善臂)我界。	②如是善說，令彼衆生心得「歡喜」，一切苦滅；以是「歡喜」，悟「畢定三昧」，令其心得「法忍」之樂，彼命終已，得生(善臂)我國。
㊇	㊇
❶若餘世界諸衆生等，無有「七財」(七聖財。①信財:能信受正法②戒財:能持戒律③慚財:能自慚不造諸惡④愧財:於不善法能生羞愧⑤聞財:能多聞佛典正教⑥施財:能施捨諸物，捨離執著⑦慧財:能修習般若空性智慧)，不欲「修集」行於「三乘」，(亦)不欲生於「人天」中者，亦不修行一切「善根」及「三福」(布施世福、持律戒福、眾善修福)處。(專門)「非法」行污、愛著「惡欲」、專行「邪見」。	❶又餘佛土，乏「七財」(七聖財。①信財:能信受正法②戒財:能持戒律③慚財:能自慚不造諸惡④愧財:於不善法能生羞愧⑤聞財:能多聞佛典正教⑥施財:能施捨諸物，捨離執著⑦慧財:能修習般若空性智慧)者，不樂求「三乘」，亦不樂求「人天」之福，又不樂求「三善」福地。(卻專門)樂著「非法」，慳貪、嫉妒，樂近「邪法」(之)衆生之類。
❷如是(罪惡)衆生，願(善臂)我入於「無燋惱三昧」，以「三昧力」故，(能令)彼諸衆生，若命終時，(善臂)我與大衆而住其前，為說「妙法」。	❷(善臂我即)以「墮無墮三昧」，(令)彼諸衆生，(於其)命欲終時，(即)現住其前，與無量衆圍遶，而為說法。
❸復為(諸眾生)示現(我自己的)「佛土」所有，又勸令(諸眾生)發「阿耨多羅三藐三菩提」心。衆生聞已，即於(善臂)我所，心	❸以(善臂我自)己佛土「示」彼衆生，(並)勸以(發)菩提，令彼衆生於我所，得「樂喜」踊躍，發「菩提心」。(能)令彼「一切苦

生深信，歡喜安樂，尋發「阿耨多羅三藐三菩提」心；令彼衆生得斷「苦惱」，斷「苦惱」已，便得「日燈光明三昧」，斷於「癡闇」，命終之後，尋生(善臂)我界。	痛」除滅，得「日燈三昧」，令捨愚癡，命終之後，得生(善臂)我國。

四－7 無諍念王之第七王子善臂，未來成佛號光明無垢堅香豐王如來，世界名青香光明無垢，因此善臂亦號為師子香

北涼・曇無讖 譯 《悲華經》	秦・譯者佚 名 《大乘悲分陀利經》
㊀爾時，寶藏如來讚言：善哉！善哉！(善臂)汝今乃能作微妙之大願也。	㊀佛言：善哉，善哉！(善臂)善男子！所願甚善。
㊁ ❶(寶藏)世尊！若(善臂)我所願成就，得己利(獲得諸善法成就爲「己利」)者，願令十方如微塵等諸佛世界，悉雨「憂陀羅婆羅香」、并「栴檀香」(candana)、「牛頭栴檀」(gośīrṣa-candana)香、種種「末香」(cūrṇa 粖香；被擣碎呈粉末狀之香)。 ❷若有衆生，在在處處聞是「香」者，(皆)悉發「阿耨多羅三藐三菩提」心。 ❸令(善臂)我今者，得「金剛願三昧」，以(此)三昧力故，悉得遙見諸世界中所雨(之)「諸香」。	㊁ ❶彼白佛言：(寶藏)世尊！若(善臂)我如是「意滿」(意願圓滿)，(願)於佛剎微塵數十方餘佛土中，(能)令雨ㄩ奇妙海此岸(之)「栴檀」(candana)之末(香)。 ❷於中(有任何的)衆生聞是「香」者，(皆)令彼一切發「菩提心」。 ❸令(善臂)我於今得「如願三昧」已，而自得見(此從天降下來之諸香)。
㊂善男子！爾時(善臂)王子說是言已，尋得「(金剛願)三昧」，(於是)自見十方如微塵數等諸佛世界，所有諸香，(如)「憂陀羅婆羅香」、「牛頭栴檀」(gośīrṣa-candana)，種種「末香」(cūrṇa 粖香；被擣碎呈粉末狀之香)，及見一一方面有不可計諸衆生等，(皆)恭敬叉	㊂善男子！彼適願(剛發願)已，(便)得「如願三昧」，(而)自見(諸)佛土，(於)微塵數十方餘世界中，雨奇妙海此岸(之)「栴檀」(candana)之末(香)，(亦)見於十方各過數「衆生」，(皆)叉手合掌，發「菩提心」。

手，發「阿耨多羅三藐三菩提」心。	
㊃寶藏如來告(善臂)王子言： ①善男子！(善臂)汝之所願，已得成就，天雨種種諸微妙「香」已，有不可計衆生，(皆)恭敬叉手，發「阿耨多羅三藐三菩提」心，是故號(善臂)汝為師子香。 ②(善臂)汝於來世過「一恒河沙」等「阿僧祇」劫，入「第二恒河沙」等「阿僧祇」劫，「上方」去此四十二「恒河沙」世界微塵數等諸佛世界，有世界名青香光明無垢。 ③(善臂)汝於彼土，當得成「阿耨多羅三藐三菩提」，號光明無垢堅香豐王如來．應供．正遍知．明行足．善逝．世間解．無上士．調御丈夫．天人師．佛．世尊。	㊃(寶藏)佛言： ①善男子！雨ㄩˋ香甚速，勸過數衆生於菩提。善男子！是故字(善臂)汝為師子香。 ②(善臂)於當來世過「一恒河沙」數「阿僧祇」，始入「二恒河沙」數阿僧祇，於「上方」去此佛土，過四十二「恒河沙」數佛刹微塵數佛土，有世界名紺ㄍㄢˋ香光明無塵。 ③(善臂)汝師子香！於中當成「阿耨多羅三藐三菩提」，號光明無塵上身香月自在王如來．應供．正遍知，乃至佛．世尊。
㊄善男子！爾時，師子香菩薩(即善臂太子)禮寶藏如來，頭面著地。	㊄善男子！爾時師子香(即善臂太子)菩薩五體禮(寶藏)如來足。
㊅爾時，(寶藏)如來為師子香菩薩(即善臂太子)而說偈言： 天人師起，受諸供養， 度脫生死，令離苦惱， 斷諸結縛，及諸煩惱， (善臂太子)來世當作，天人之尊。	㊅寶藏如來言： 起人修羅天所敬，當為世尊濟衆生； 汝斷三界苦結縛，汝當得妙無上士。
㊆善男子！爾時，師子香菩薩聞是(寶藏佛之)偈已，心大歡喜，即起合掌，去(寶藏)佛不遠，復坐聽法。	

四－8 無諍念王之第八王子泯圖發願：將於此「不淨濁惡」的世界成「阿

耨菩提」，他將獲得諸多不可思議的「三昧力」

北涼・曇無讖 譯 《悲華經》	秦・譯者佚 名 《大乘悲分陀利經》
	《第八王子授記品・第九》
㊀善男子！爾時，寶海梵志復白(無諍念王之)第八王子泯圖言，乃至發心，亦復如是。	㊀善男子！爾時海濟(寶海)婆羅門語(無諍念王之)第八王子阿摸具，略說。
㊁爾時，(泯圖)王子前白佛言：(寶藏)世尊！(泯圖)我今所願，要當於是「不淨世界」修「菩薩道」。	㊁(寶藏)世尊！(泯圖)我當爾所時，於「濁佛剎」，為「菩薩菩提」，行「菩提」行。
㊂復當(先)「修治」莊嚴十千(一萬)「不淨」世界，令其「嚴淨」如青香光明無垢世界(此即善臂太子未來成佛的世界名稱)，亦當教化無量菩薩，令心清淨，無有「垢穢」，皆趣「大乘」，悉使充滿(在泯國)我之世界，然後(泯圖)我當(方)成「阿耨多羅三藐三菩提」。	㊂(泯圖)我先「淨」十千(一萬)「濁佛剎」，立如是淨，(皆)如紺(gàn) 香光明無塵佛土(此即善臂太子未來成佛的世界名稱)無異，安置如是種「善根」清淨意，求「大乘」諸菩薩，充滿其剎，然後(泯圖)我當於中(方)成「阿耨多羅三藐三菩提」。
㊃(寶藏)世尊！願(泯圖)我修行「菩薩道」時，要當勝於(其)餘諸菩薩。 ❶(寶藏)世尊！(泯圖)我已於「七歲」之中，端坐思惟諸佛菩薩清淨功德，及種種莊嚴佛土「功德」，是時即得悉見種種「莊嚴三昧」等，(共有一)「萬一千菩薩三昧」，增進修行。 ❷(寶藏)世尊！若未來諸菩薩等(在)行「菩薩道」時，亦願悉得(底下)如是(諸多的)「三昧」。 ❸(寶藏)世尊！願(泯圖)我得「出離三世勝幢(chuáng) 三昧」，以「三昧力」故，悉見十方無量無邊諸佛世界，在在處處「現在諸	㊃唯！(寶藏)世尊！(泯圖)我當如是行「菩提行」，(此)非「餘菩薩」之所能「行」。 ❶(寶藏)世尊！(泯圖)我於此「七年」中，一處靜坐，思惟淨佛功德佛剎「莊嚴淨佛土」功德，我於中發起現「莊嚴三昧」等，(共有)「一萬八千菩薩三昧」，而得修習。 ❷(寶藏)世尊！是(泯圖)我以「菩薩菩提」，行「菩提行」。 ❸(泯圖)我以「臣婆闍伽枳由邏三昧」，(故能得)常見十方無量無邊餘世界中「現在住世」諸佛世尊，饒益衆生而為說法。

佛」，「出離」(超越過)三世，(一直都在)為諸衆生說於「正法」。	又「過」(超越過)三世者，(皆能)見彼諸佛(遍)滿(於)「一切剎」(都在爲眾生講法)。
❹(寶藏)世尊！願(泯圖)我得「不退三昧」，以「三昧力」故，於一念中，悉見如微塵等「諸佛菩薩」及諸「聲聞」，恭敬圍遶。	❹(寶藏)世尊！(泯圖)我以「旋三昧微塵」等心，(能)見彼「諸佛世尊、菩薩、聲聞大衆」圍遶。
❺願(泯圖)我於此一一佛所，得「無依止三昧」，以「三昧力」故，作「變化身」，(於)一時(即可)遍至如「一佛界」微塵數等諸如來所，供養禮拜。	❺(泯圖)我以「無依三昧力」，(能變無量身而至)佛土微塵數(諸如來)身(前)，(能)禮一一(如來)身。
❻願(泯圖)我(之)一一(變化)身，(能)以種種無上「珍寶」、華香、塗香(vilepana 以香塗身；塗妙香)、末香(cūrṇa 粖香；被搗碎呈粉末狀之香)、妙勝伎樂，種種莊嚴，供養一一諸佛。	❻(泯圖我能)以無上雜「寶華」、無上「雜香、塗末、鬘飾」及與音樂，以此一切無上「嚴飾」(去)供養諸佛。
❼(寶藏)世尊！願(泯圖)我(之)一一(變化)身，(能)於一一佛所，(能)如「大海水渧ㄉㄧˋ」等劫(數)，(而)行菩薩道。	❼(我能於)一一佛土，如大海劫(般的修)行。
❽願(泯圖)我得「一切身變化三昧」，以「三昧力」故，於「一念」中在一一佛前，知如「一佛土」微塵數等諸佛世界。	❽(泯圖)我以「一切修身三昧」，(能)於一念頃，知一切佛土中微塵數(諸)佛(之)行。
❾(寶藏)世尊！願(泯圖)我得「功德力三昧」，以「三昧力」故，於一一佛前，(能)遍到如「一佛土」微塵數等諸世尊所，以微妙讚歎，讚歎諸佛。	❾(寶藏)世尊！(泯圖)我以「功德三昧」，(能至於)佛土微塵數(世界)，(以)無上妙讚(微妙讚歎)一一佛。
❿(寶藏)世尊！願(泯圖)我得「不眴ㄒㄩㄢˋ三昧」，以「三昧力」故，於「一念」中，悉見諸佛遍滿十方無量無邊世界之中。	❿(寶藏)世尊！(泯圖)我以「不眴ㄒㄩㄢˋ三昧」，(於)一塵(一念之塵)等心，(悉)見佛充滿(於)一切佛土。
⓫(寶藏)世尊！願(泯圖)我得「無諍三昧」，以「三昧力」故，於一念中，悉見「過去、未來、現在」諸佛所有「淨妙」世界。	⓫(寶藏)世尊！(泯圖)我以「無諍三昧」，(能)「一念頃」見一切佛土中，「過去、當來、現在」(所有)佛剎莊嚴。

四－9 無諍念王之第八王子泯圖發願：若我得「首楞嚴三昧」，即化作地獄之身，入地獄中與眾生說妙法，勸令發「阿耨菩提」心

北涼·曇無讖 譯 《悲華經》	秦·譯者佚 名 《大乘悲分陀利經》
ⓐ ❶(寶藏)世尊！願(泯圖)我得「首楞嚴三昧」(śūrāñgama-samādhi 堅固攝持諸法之三昧)，以「三昧力」故，化作「地獄」之身，入「地獄」中，與地獄眾生，說微妙法，勸令發「阿耨多羅三藐三菩提」心。 ❷彼諸(地獄)眾生，聞是法已，尋發「無上菩提」之心，即便「命終」，生於「人中」。(這些從地獄轉爲人道之眾生能)隨所生處，常得值(遇諸)佛，隨所值(遇之)佛，而得聽法，聽受法已，即得住於「不退轉」地。	ⓐ ❶(寶藏)世尊！(泯圖)我以「首楞嚴三昧」(śūrāñgama-samādhi 堅固攝持諸法之三昧)入「地獄」中，化作其身，而為說法。 ❷勸以「菩提」，令彼(地獄眾生)發心，於中「命終」，得生為「人」。(這些從地獄轉爲人道之眾生能)值(遇)現在世(正在)說法(之)諸佛，(能)令彼(地獄)眾生從佛聞法(而)得「不退轉」地。
ⓑ(所有)「乾闥婆、阿修羅、迦樓羅、緊那羅、摩睺羅伽(mahoraga 大蟒神)、人非人」等，(及)「天、龍、鬼神、夜叉、羅刹、毘舍遮、富單那、伽吒富單那、屠殺、魁膾、商賈、婬女、畜生、餓鬼」，如是等眾，亦復如是，皆令發「阿耨多羅三藐三菩提」心。	ⓑ如是(其餘的)「畜生、餓鬼、夜叉、羅刹、阿修羅、龍、緊那羅、摩睺羅伽(mahoraga 大蟒神)」中，及與「天上」，如是「毘舍闍、富單那、迦吒富單」中，如是「人、栴陀羅、賈客、婬女」中。
ⓒ(若)有諸眾生，隨所(轉)生處，得諸色像；(泯圖)我(亦能)分之「身」，如(彼眾生)業(力)所作，隨(彼眾生亦)受「苦、樂」及諸「工巧」，願(泯圖)我(之)變化(身)，(能)作如是身，(能)隨其(彼眾生之)所作，而教化之。	ⓒ如是，(寶藏)世尊！(泯圖我將)隨眾生處，而受其形(即指能變種種身)，(亦能)順彼眾生「業行」(之)因緣，(而)受若「苦、樂」，若(與及)有種種「工巧」伎術，(我皆能)隨類而入，(並)現說所行。
ⓓ(寶藏)世尊！若有眾生(具有)各各「異音」(不同的語言聲音)，願(泯圖)我隨其種種「音聲」，而為說法，各令歡喜，因其「歡喜」，	ⓓ(泯圖我將以種種)「巧言」方便，得眾生心，然後誨之「正法」，勸以「阿耨多羅三藐三菩提」，令住「不退轉」(於)「無上正遍知」。

勸發安止，令其不退於「阿耨多羅三藐三菩提」。	
伍(寶藏)世尊！(泯圖)我要當教「十千」(一萬)佛土所有衆生，令心清淨，無有「行業」(身口意所造之業行)、「煩惱」諸毒，乃至不令一人屬於「四魔」(①蘊魔；五陰魔；五蘊魔②煩惱魔；欲魔③能令眾生夭喪殞沒之死魔④欲界第六天之魔王)，何況多也。	伍唯！(寶藏)世尊！(泯圖)我當爾所時，行「菩提行」，淨除「十千」(一萬)佛土，(令)於中一切衆生(之)行業、結使(煩惱)滅如是(諸)毒，乃至(於)一衆生所，令無「四魔」道(①蘊魔；五陰魔；五蘊魔②煩惱魔；欲魔③能令眾生夭喪殞沒之死魔④欲界第六天之魔王)。
陸若(泯圖)我莊嚴「十千」(一萬)佛土，如是清淨，如光明無垢尊香王佛(此即善臂太子未來成佛之名，完整名爲光明無垢堅香豐王如來)，青香光明無垢世界(此即善臂太子未來成佛之世界名)，所有種種微妙莊嚴，然後(泯圖)我身及諸眷屬，乃當如彼師子香菩薩(即善臂太子)之所願也。	陸(泯圖)我當如是淨立「十千」(一萬)佛土，如光明無塵上身香月自在王如來(此即善臂太子未來成佛之名)，紺ㄍㄢˋ香無塵世界佛剎莊嚴(此即善臂太子未來成佛之世界名)。我當「自淨」佛土及以眷屬，如師子香菩薩(即善臂太子)摩訶薩所願。
柒(寶藏)世尊！若(泯圖)我所願成就，得己利(獲得諸善法成就爲「己利」)者，當令「十千」(一萬)諸佛世界所有衆生，斷諸苦惱，得「柔軟心」，得「調伏心」，各各自於「四天下」界，(皆能)見佛世尊「現在說法」。一切衆生，自然而「得」種種珍寶、華香、末香(cūrṇa 粖香；被擣碎呈粉末狀之香)及以塗香(vilepana 以香塗身；塗妙香)，種種衣服，種種幢ㄔㄨㄤˊ幡ㄈㄢ，各各以用供養於佛，供養佛已，悉發「無上菩提之心」。	柒唯！(寶藏)世尊！若如是「意滿」(意願圓滿)，令「十千」(一萬)佛土中一切衆生，衆苦除滅，令得一切「軟心、隨作心」，令彼各各自(於)「四天下」(能)見於諸佛。彼諸衆生，(以)種種「衆寶」、種種「華香」、「末香」(cūrṇa 粖香；被擣碎呈粉末狀之香)、塗香(vilepana 以香塗身；塗妙香)、雜衣、頭舍(kauśa 拘舍衣，或 kauśeya 高世耶衣、憍賒耶衣，即蠶絲衣或絹布衣)、幢ㄔㄨㄤˊ麾ㄏㄨㄟ、幡ㄈㄢ蓋，令自然在手，令彼衆生用供養諸佛，(並)發「阿耨多羅三藐三菩提」心。
捌(寶藏)世尊！(泯圖)我等今者，以悉得見種種「莊嚴三昧力」故，皆得遙見如是諸事。	捌(泯圖)我以現「莊嚴三昧力」，(故能)令(我自)己自見(諸多不可思議事)。

㊈(泯圖)作是語已，尋如所願，悉得見之。	㊈(泯圖)適發是語，如其所願，悉自得見。

四－10 無諍念王之第八王子泯圖，未來成佛號智剛吼自在相王如來，世界名知水善淨功德，因此泯圖亦號為普賢菩薩

北涼‧曇無讖 譯 《悲華經》	秦‧譯者佚 名 《大乘悲分陀利經》
㊀爾時，(寶藏)世尊讚阿彌具(阿彌具三個字在《大乘悲分陀利經》中譯為無諍念王第九太子蜜蘇，但此處應該是指泯圖此人)言：善哉！善哉！善男子！(泯圖)汝今世界，(能令)周匝四面(之)「一萬佛土」清淨莊嚴(即前經文說的泯圖把一萬個「不淨」國土修治成「清淨」國土)，(泯圖汝)於未來世，復當教化無量眾生，令心清淨，復當供養無量無邊諸佛世尊。	㊀(寶藏)佛言：善哉，善哉！(泯圖)善男子！如(泯圖)汝普自立「淨佛土」，(能令)周匝淨「十千」(一萬)佛土(即前經文說的泯圖把一萬個「不淨」國土修治成「清淨」國土)，(亦能)淨無量「阿僧祇」眾生「身、意」，如是無量「阿僧祇」諸佛世尊，以如是無量「阿僧祇」供具而供養之。
㊁ ❶善男子！以是緣故，今改(泯圖)汝字名為普賢(此與無諍念王之第四王子能伽奴，未來成佛號為普賢如來，兩者為同佛之名，但卻不同人)。 ❷於未來世過「一恒河沙」等「阿僧祇」劫，入「第二恒河沙」等阿僧祇劫，末後分中，於「北方」界，去此世界過六十恒河沙等佛土，有世界名知水善淨功德。 ❸(泯圖)汝當於中成「阿耨多羅三藐三菩提」，號智剛吼自在相王如來‧應‧正遍知‧明行足‧善逝‧世間解‧無上士‧調御丈夫‧天人師‧佛‧世尊。	㊁ ❶善男子！是故字(泯圖)汝為普賢(此與無諍念王之第四王子能伽奴，未來成佛號為普賢如來，兩者為同佛之名，但卻不同人)。 ❷汝普賢(即泯圖太子)，於當來世過一恒河沙數阿僧祇、二恒河沙阿僧祇餘少分，在於北方，去此佛土過六十恒河沙數佛剎，有世界名智水淨德。 ❸汝普賢(即泯圖太子)！當於其中成「阿耨多羅三藐三菩提」，號師子奮迅金剛智如來‧應供‧正遍知，乃至佛‧世尊。
㊂善男子！爾時，普賢菩薩(即泯圖太子)	㊂善男子！爾時普賢菩薩(即泯圖太子)摩

摩訶薩頭面著地禮寶藏佛。 ㊃爾時，(寶藏)如來即為普賢菩薩(泯圖太子)而說偈言： (泯圖)汝起善導師，已得如所願， 善能調眾生，皆令得一心， 度於煩惱河，及脫諸惡法， 來世作燈明，諸天世人師。	訶薩五體禮(寶藏)如來足。 ㊃寶藏如來言： 起善智樂調伏心，於眾生所善堅誓； 於結(結使煩惱)深河度眾生，汝知炬妙世作佛。

四－11 爾時法會中有「一萬人」心生「懈怠」發聲言：寶藏佛！我等來世亦將於普賢菩薩所修治的「一萬清淨」佛土中，一時亦成「阿耨菩提」

北涼·曇無讖 譯 《悲華經》	秦·譯者佚 名 《大乘悲分陀利經》
	《十千人授記品·第十》
㊀善男子！爾時，會中有「十千人」(一萬人。此即前經文說的泯圖把一萬個「不淨」國土修治成「清淨」國土，而這一萬佛國土就給此「一萬尊菩薩」成佛後所住持的世界)，心生「懈怠」，異口同音，作如是言：(寶藏)世尊！我等(一萬人)來世，即於如是(泯圖所)嚴淨(的一萬清淨)佛土(中)，成(就)「阿耨多羅三藐三菩提」，(此即)所謂普賢菩薩所修(之一萬)「清淨」諸世界也。	㊀善男子！於爾時「十千」(一萬)懈怠者(一萬人。此即前經文說的泯圖把一萬個「不淨」國土修治成「清淨」國土，而這一萬佛國土就給此「一萬尊菩薩」成佛後所住持的世界)，同發聲言：唯！(寶藏)世尊！我等(一萬人)欲於(泯圖所嚴)淨(的一萬清淨)佛土中(而)成如來·應供·正遍知。所謂(的)世界(就是將來)普賢菩薩，(其)行「菩薩行」所修(一萬個清)淨(國土)處。
㊁(寶藏)世尊！我等(一萬人)要當具足修「六波羅蜜」，以具足「六波羅蜜」故，各各於諸佛土成「阿耨多羅三藐三菩提」。	㊁如是我等(一萬人皆)行「六波羅蜜」，滿於佛土，逮成正覺。
㊂善男子！爾時，寶藏如來即便為是「十千人」(一萬人)等，授「阿耨多羅三藐三菩提」記：	㊂善男子！寶藏如來亦復如是，授彼「十千」(一萬)懈怠者記：

善男子！(當)普賢菩薩成「阿耨多羅三藐三菩提」時，汝等(一萬人亦)當於普賢菩薩所修(之)清淨(一)萬(個)佛土中，一時(亦)成「阿耨多羅三藐三菩提」。	如普賢菩薩成「阿耨多羅三藐三菩提」時，汝等(一萬人)亦於(其所修治)周匝(一萬個清淨)世界(中)，(也同時)成「阿耨多羅三藐三菩提」。

四－12 有「一千佛」同號為智熾尊音王如來。如是等等諸佛，同共於「一日一時」，皆各於諸世界成「阿耨菩提」，壽命各十中劫

北涼・曇無讖 譯 《悲華經》	秦・譯者佚 名 《大乘悲分陀利經》
⑤有「一千佛」(將)同號(爲)智熾尊音王如來・應供・正遍知・明行足・善逝・世間解・無上士・調御丈夫・天人師・佛・世尊。	⑤(會)有「千人」同號(爲)智熾鍾自在聲如來。
復有千佛同號增相尊音王。 復有千佛同號善無垢尊音王。 復有千佛同號離怖畏尊音王。 復有千佛同號善無垢光尊音王。 復有千五百佛同號日音王。 復有五百佛同號日寶藏尊王。 復有五佛同號樂音尊王。 復有二佛同號日光明。 復有四佛同號龍自在。 復有八佛同號離恐怖稱王光明。 復有十佛同號離音光明。 復有八佛同號音聲稱。 復有十一佛同號顯露法音。 復有九佛同號功德法稱王。 復有二十佛同號不可思議王。 復有四十佛同號寶幢光明尊王。 復有一佛號覺知尊想王。 復有七佛同號不可思議音。	復有千人同號攝自在師子音如來。 復有千人同號無垢聲自在王如來。 復有千人同號除恐畏音自在王如來。 復有千人同號善無垢聲光曜自在王如來。 復有五百人同號日明如來。 復有五百人同號日藏自在王如來。 復七號龍雷如來。 八號無畏稱王無垢光如來。 十號無光音如來。 十一號稱自在聲開法稱音如來。 九號德法稱王如來。 二十號不可思議意王如來。 三號寶幢月自在照牟尼智自在牆微無味王不可思議意智藏如來。 十五號智高幢如來。 五十號智海王如來。 二號大精進音自在王高德劫如來。

復有三佛同號智藏。 復有十五佛同號智山幢。 復有五十佛同號智海王。 復有三十佛同號大力尊音王。 復有二佛同號山功德劫。 復有八十佛同號清淨智勤。 復有九十佛同號尊相種王。 復有百佛同號善智無垢雷音尊王。 復有八十佛同號勝尊大海功德智山力王。 復有四十佛同號無上菩提尊王。 復有二佛同號智覺山華王。 復有二佛同號功德山智覺。 復有三佛同號金剛師子。 復有二佛同號持戒光明。 復有二佛同號示現增益。 復有一佛號無量光明。 復有三佛同號師子遊戲。 復有二佛同號無盡智山。 復有二佛同號寶光明。 復有二佛同號無垢智慧。 復有九佛同號智慧光明。 復有二佛同號師子稱。 復有二佛同號功德通王。 復有二佛同號雨法華。 復有一佛號造光明。 復有一佛號增益山王。 復有一佛號出法無垢王。 復有一佛號香尊王。 復有一佛號無垢目。 復有一佛號大寶藏。 復有一佛號力無障閡王。 復有一佛號自知功德力。 復有一佛號衣服知足。	八十號智無塵疾如來。 九十號自在種如來。 一百號智善無垢雷自在如來。 八十號非食德海王智集力王如來。 四十號勝菩提自在王如來。 牟尼積疾華如來。 積德智意如來。 金剛師子戒光音如來。 賢上如來。 無量光明如來。 三師子喜如來。 無盡智積寶光如來。 智無垢如來。 智珊瑚如來。 二師子稱如來。 通德王如來。 法華雨如來。 光踊高如來。 法踊王無垢如來。 香自在如來。 無垢眼如來。 大積如來。 阿僧祇力王如來。 自智福德力如來。 智衣如來。 自在如來。 阿僧祇饒益如來。 智積如來。 大高如來。 力藏如來。 德沈如來。 枝華幢如來。 照衆如來。 無癡德王如來。

復有一佛號得自在。	金剛上如來。
復有一佛號無障閡利益。	法勝如來。
復有一佛號智慧藏。	聲帝王如來。
復有一佛號大山王。	自執金剛持寶如來。
復有一佛號曰力藏。	自在踊幢止劫如來。
復有一佛號求功德。	樂雲法用婆羅王如來。
復有一佛號華幢枝。	普德海王如來。
復有一佛號衆光明。	智積如來。
復有一佛號無癡功德王。	智焰華如來。
復有一佛號金剛上。	衆世主自在如來。
復有一佛號曰法相。	優曇鉢華金幢如來。
復有一佛號尊音王。	法幢雷王如來。
復有一佛號堅持金剛。	栴檀善安隱起（丹超）勢如來。
復有一佛號珍寶自在王。	幢最燈如來。
復有一佛號堅自然幢。	智起（丹超）如來。
復有一佛號山劫。	堅幢滅如來。
復有一佛號雨娛樂。	法稱如來。
復有一佛號增益善法。	降魔德焰如來。
復有一佛號娑羅王。	闍那波羅沙瞬如來。
復有二佛同號功德遍滿大海功德王。	智燈如來。
復有一佛號智慧和合。	安隱王如來。
復有一佛號智熾。	智音如來。
復有一佛號華衆。	幢集如來。
復有一佛號世間尊。	金剛如來。
復有一佛號優曇鉢華幢。	金剛曜如來。
復有一佛號法幢自在王。	莊嚴王如來。
復有一佛號栴檀王。	闇夜僧棄如來。
復有一佛號善住。	善安意如來。
復有一佛號精進力。	月王如來。
復有一佛號幢等光明。	超吼王如來。
復有一佛號曰智步。	婆羅王如來。
復有一佛號曰海幢。	
復有一佛號滅法稱。	
復有一佛號壞魔王。

復有一佛號衆光明。	
復有一佛號出智光明。	
復有一佛號日慧燈。	
復有一佛號安隱王。	
復有一佛號日智音。	
復有一佛號幢攝取。	
復有一佛號天金剛。	
復有一佛號種種莊嚴王。	
復有一佛號無勝智。	
復有一佛號善住意。	
復有一佛號月王。	
復有一佛號無勝步自在王。	
復有一佛號娑憐陀王。	
復有八十佛同號師子步王。	八十師子步如來。
復有五十佛同號那羅延無勝藏。	五十那羅延勝藏如來。
復有七十佛同號聚集珍寶功德。	七十寶積德如來。
復有三十佛同號光明藏。	三十月藏如來。
復有二十佛同號分別星宿ㄒㄧㄡˋ稱王。	二十星宿ㄒㄧㄡˋ稱如來。
復有二佛同號功德力娑羅王。	三十德力婆羅王如來。
復有九十佛同號微妙音。	九十軟音如來。
復有一佛號日梵增。	梵上堅固如來。
復有一佛號提頭賴吒王(dhṛta-rāṣṭra 東方持國天王)。	
復有千佛同號蓮華香擇稱尊王。	復有十號香華勝稱王如來。
復有六十佛同號光明熾諸王。	七十光明圓月照王如來。
復有三十佛同號蓮華香力增。	三十香華上如來。
復有二佛同號無量功德大海智增。	無量德海如來。
復有一佛號閻浮陰。	智上如來。
復有一百二佛同號功德山幢。	閻浮影如來。
復有一佛號師子相。	一百二德山幢如來。
復有一百一佛同號龍雷尊華光明王。	師子最如來。
復有一佛號善趣種無我甘露功德王劫。	百一龍吼華曜王如來。
復有千佛同號離法智龍王解脫覺世界海眼山王。	善香種無我如來。 無量德曜王劫如來。

皆有十號如來・應・正遍知・明行足・善逝・世間解・無上士・調御丈夫・天人師・佛・世尊。	復有千人同號捨法智龍王解脫覺世海眼止如來・應供・正遍知。
㊁如是等佛，同共「一日、一時」，各各於諸世界成「阿耨多羅三藐三菩提」，壽命各「十中劫」。卿等「涅槃」，亦同一日。(待)「般涅槃」已，所有「正法」，七日即滅。	㊁汝等各於異國，(於)一日同時，當成「阿耨多羅三藐三菩提」，當壽十小劫。汝等亦當「同日」(而)入「無上涅槃」，後佛土「正法」，(於)七日(後)皆滅。
㊂善男子！爾時，「十千人」(一萬人，即前經文所說的「懈怠者」)向寶藏佛，頭面作禮。	㊂彼「十千人」(一萬人，即前經文所說的「懈怠者」)五體稽首禮寶藏如來足。
㊃爾時，(寶藏)世尊為「十千人」(一萬人)而說偈言： 龍王汝起，堅固自在， 無上善願，清淨和合， 卿等用意，疾如猛風， 精勤修學，六波羅蜜， 來世必成，天人之尊。	㊃寶藏如來言： 起汝等妙堅龍吼，當求習最積善財； 勤修六度莫懈怠，當為天人作導師。
㊄善男子！爾時，「十千人」(一萬人)聞是(寶藏佛之)偈已，心生歡喜，即起合掌，前禮(寶藏)佛足，去(寶藏)佛不遠，復坐聽法。	

四－13 無諍念王之第九王子蜜蘇發願：我行菩薩道時，乃至成佛，於其中間不生悔心，乃至成佛，常住一心，無有退轉

北涼・曇無讖 譯 《悲華經》	秦・譯者佚 名 《大乘悲分陀利經》
	《第九王子授記品・第十一》
㊀善男子！爾時，寶海梵志復白(無諍念王之)第九王子蜜蘇言，乃至發心，亦復如	㊀善男子！爾時海濟(寶海)婆羅門語(無諍念王之)第九王子阿彌具(蜜蘇)，略說。

是。	
㊁爾時，(蜜蘇)王子前白(寶藏)佛言：(寶藏)世尊！(蜜蘇)我行菩薩道時，願十方如恒河沙等世界所有「現在諸佛」為我作證，今於佛前發「阿耨多羅三藐三菩提」心。	㊁彼白(寶藏)佛言：(蜜蘇)我當如是行「菩薩行」，令十方恒河沙數世界中，恒河沙數「現在住世」諸佛世尊，證(蜜蘇)我行「菩薩菩提」行。
㊂(寶藏)世尊！ ❶願(蜜蘇)我行「菩薩道」時，乃至成佛，於其中間，不生「悔心」，乃至成佛，常住「一心」，無有退轉。	㊂唯！(寶藏)世尊！ ❶如(蜜蘇)我今於(寶藏)佛前發「菩提心」，乃至成「阿耨多羅三藐三菩提」，於其中間，行「菩提行」，莫令心悔，乃至「菩提」(之)際，誓願堅固。
❷如說而行，如行而說，乃至無有一人來「惱」我心(無人惱亂我，我亦不惱亂他人)。	❷如說修行，(我亦)不惱「他心」。
❸更不求於「聲聞、緣覺」，不起「婬欲、惡想」之心，其心不與「睡眠、憍慢、疑悔」等共。	❸令(蜜蘇)我不生「聲聞、辟支佛」心；令我心意不生「愛欲」，不與「眠睡、傲慢、輕弄、誑惱、疑惑」共俱。
❹亦復不生「貪婬、殺盜、妄言、兩舌、惡口、綺語、貪恚、邪見、嫉妬、慢法、欺誑」之心。	❹不與「殺生、偷盜」及「非梵行」，「妄語、兩舌、麤言、綺語、無明、掉動、邪見、嫉妬」等俱；無「不敬法」心，亦無(遠)離(法之)心。
❺(蜜蘇)我修「菩薩」道(時)，乃至成「阿耨多羅三藐三菩提」，(於其)中間(皆)不生如是等(惡)法。	❺(蜜蘇)我行「菩薩行」時，乃至「菩提」(之)際，莫令心有如是等(惡)法。
㊃乃至(蜜蘇我)成「阿耨多羅三藐三菩提」，(於)行時步步(之際)，(於)心心數法(念念之間)，常念諸佛，得見諸佛，諮受妙法，供養衆僧。	㊃願(蜜蘇)我乃至「菩提」(之)際，(於)舉足下足(之際)，心常念佛，乃至「菩提」(之)際，未曾不見佛、不聞法、不供養僧。
㊄ ①(願)於諸生處，常願「出家」；當「出家」時，即得成就「糞掃三衣」。	㊄ ①(願)在所生處，常得「出家」，常「糞掃衣」，但(著)三衣。

②(願)常在樹下，獨坐思惟，住「阿蘭若」，常行「乞食」。	②(願於)樹下止，常坐空閑處。
③(願)不求「利養」，行於「知足」，常講說法。	③(願)常乞食，少欲知足，常說法言，無染著語。
④(願)成就無量、無障閡ㄏㄜˊ(障礙隔閡)辯，不犯「大罪」。	④(願)令我具足無量「辯才」，常不犯「根罪」，不雜妄語，非ㄈㄟˇ(古通「誹」➔誹謗)毀「他論」，常念於「空」。
⑤不以「我相」(而獨)為「女人」說法，若說法時，恒以「空相」，其心常念「空無」之法，拱手端坐，亦不露齒。	⑤(若)為女說法(之時)，常思惟「空」。於女人前，不露「齒笑」，不「染相、動手」(而)為人說法。
(陸)	(陸)
❶若有學習「大乘之人」，而於其所(生)起(如)「世尊」(之)想，(並)恭敬供養(此修學大乘之人)。	❶(蜜蘇)我(對)常(修學)於大乘菩薩(者)，(皆)有「師事供養」之心。(若有常修學大乘者，我對此人生大師想，以大師事之，並供養之)
❷(於)所(聽)聞(大乘)法(之)處，亦(生)起(有)佛(之)想。於諸「沙門、婆羅門」中，故生「恭敬、供養、尊重」，除佛世尊(指恭敬沙門與婆羅門的心，僅次於供養如來佛陀而已)。	❷(蜜蘇)我若從他(人聽)聞(大乘)法，(皆)敬意(他人)如師，我常恭敬「沙門、婆羅門」，(對彼)尊重供養，唯如來前(指恭敬沙門與婆羅門的心，僅次於供養如來佛陀而已)。
(柒)	(柒)
①於諸眾中，不生分別「此是」福田、「此非」福田而行「布施」。	①我不觀(不特意分別觀察)「應與」(或)「不應與」而為「布施」。
②願(蜜蘇)我不於「法施」人所(而)生「嫉妬心」。	②我於「法施」(時)，不生「嫉妬」心。
③若有眾生應被「刑戮」，願(蜜蘇)我「捨命」以救護之。	③我以「身命」(救)濟「應死」者。
④若有眾生犯於「諸罪」，願(蜜蘇)我以「(能)力、言說、錢財」，而拔濟之，令得解脫。	④自以「精進」，辦及「眾物」(去)救厄眾生。
(捌)	(捌)
❶若有「在家、出家」之人，有諸罪過，願不(特意)發露(或)顯現於人。	❶我不說「在家、出家」(之)是非長短。

❷於諸「利養、名譽」等中，而常「遠離」，如避「火坑、刀劍、毒樹」。	❷(蜜蘇)我常觀察「利、養、稱、譽」，如火、如毒、如怨，心常「遠避」。
㊈(寶藏)世尊！若(蜜蘇)我此願，乃至成「阿耨多羅三藐三菩提」已，悉得成就如今(我於寶藏)佛(面)前之所(發)願者，(則應)令我「兩手」自然而有「千輻」(之)「天輪」，所得「光明」如「火」猛焰。	㊈(寶藏)世尊！若(蜜蘇)我乃至「菩提」(之)際，(能)成就如世尊(之面)前所立(下的)「誓願」者，(則應)令我「兩手」中(生出)自然「輪寶」，(有)千輻輞轂，(光)明焰(熾)具足。
㊉善男子！是時(蜜蘇)王子說是語已，其兩手中，即尋各有「一千」(的)「輻輪」，如說而得。	㊉阿彌具(蜜蘇)王子，適發言已，(則)如其所願，(輻)輪即在手(中出現)。

四－14 蜜蘇王子遣了二個千輻「天輪」，遍至十方無佛之穢惡世界，為諸眾生出「諸菩薩受記音聲、不失專念智慧聲、修學空法諸佛所有法藏聲」

北涼・曇無讖 譯 《悲華經》	秦・譯者佚 名 《大乘悲分陀利經》
㊀(寶藏)世尊！若(蜜蘇)我所願成就，逮得己利(獲得諸善法成就爲「己利」)，成「阿耨多羅三藐三菩提」者，(蜜蘇)我今遣此「千輻」(之)「天輪」，至於無佛(之)「五濁」世界，是「輪」當作如是「大聲」，遍滿佛土。如難陀龍王(Nanda-nāga-rājā)、優波難陀龍王(upananda-nāga-rājā)，(能)作「大音聲」，遍滿世界，其輪(所作的)音聲，亦復如是。	㊀復白佛言：(寶藏)世尊！若(蜜蘇)我乃至「菩提」(之)際如是「意滿」(意願圓滿)者，令此「輪寶」(能)往至「五濁」、空(無)佛土中，出是大聲，如難陀(Nanda)、跋難陀龍王(upananda-nāga-rājā)之聲。
㊁所謂： ❶菩薩「受記」音聲。 ❷不失專念(的)「智慧」之聲。 ❸修學空法，諸佛所有「法藏」之聲。	㊁一切佛土聲，唱是言： ❶菩薩「受記」。 ❷入「不妄念」(之)智。 ❸唱修「空」不動，意界「法藏」。
㊂若有衆生，在在處處，聞是「法聲」，	㊂一切衆生，生其中者，此「法藏聲」

即時得斷「貪欲、瞋恚、愚癡、憍慢、慳悋、嫉妬」，而得「寂靜」，思惟諸佛甚深「智慧」，(並)發「阿耨多羅三藐三菩提」心。	入彼「耳根」；適入耳已，(即)令彼眾生「欲愛」即滅，「瞋恚、愚癡、吾我、慳嫉」皆滅；令得思念「佛境界智」，(並)發「阿耨多羅三藐三菩提」心。
(肆) ①善男子！爾時，(蜜蘇)王子即遣「二輪」(二個千輻之天輪)，譬如諸佛(之)神足捷疾，其輪去疾，亦復如是，(能)遍至十方「無佛」惡世，為諸眾生出「(一)諸菩薩受記音聲。(二)不失專念智慧之聲。(三)修學空法，諸佛所有法藏之聲」。 ②在在處處，(有)諸眾生等，(能)聞是法音，即便得斷「貪欲、瞋恚、愚癡、憍慢、慳悋、嫉妬」，而得「寂靜」，思惟諸佛甚深「智慧」，(並)發「阿耨多羅三藐三菩提」心。 ③其輪(二個千輻之天輪)須臾還來，在此(蜜蘇)王子前住。	(肆) ①善男子！阿彌具(蜜蘇)王子遣彼「二輪」(二個千輻之天輪)，其輪甚速，譬如諸佛如來(之)神通，如是往至十方無量阿僧祇「五濁」、空(無)佛土中。至已，為眾生唱：「(一)菩薩受記。(二)入不妄念智。(三)修空不動，意界法藏」。 ②其中一切眾生，(只要)此「法藏音」入耳根已，一切「欲愛」，乃至心意「嫉妬」滅；皆悉思念如「佛境界智」，(並)發「阿耨多羅三藐三菩提」心。 ③(於)須臾之頃，彼輪(二個千輻之天輪)還來(蜜蘇)王子前住。
(伍)善男子！爾時，寶藏如來讚(蜜蘇)王子言：善哉！善哉！善男子！(蜜蘇)汝行「菩薩道」所發「善願」，無上最妙，(能)遣此「天輪」至於「無佛、五濁」之世，(能)令無量無邊「阿僧祇」億百千眾生，安止住於「無穢濁」心，心無「惱害」，(並)勸化(勸教度化)發於「阿耨多羅三藐三菩提」。	(伍)善男子！爾時寶藏如來歎阿彌具(蜜蘇)王子言：善哉，善哉！善男子！如(蜜蘇)汝行「菩薩行」，所願甚善，遣此自然「輪寶」至彼「五濁」、空(無)佛土中，令多「阿僧祇」億「那由他」百千眾生，住「無濁心、無惱心」，(並)勸以「菩提」。
(陸)以是故今改(蜜蘇)汝名為阿閦，於未來世當為世尊，(蜜蘇)汝今當於(寶藏)佛前，如心所喜，願取種種莊嚴佛土。	(陸)善男子！是故字(蜜蘇)汝為無惱。(蜜蘇)汝無惱(未來世)當為世導，(蜜蘇)汝可取莊嚴佛土，隨汝所欲。

四－15 無諍念王之第九王子蜜蘇太子發願未來成佛「世界」的種種莊

嚴相

北涼・曇無讖 譯 《悲華經》	秦・譯者佚 名 《大乘悲分陀利經》
㊀爾時阿閦(即蜜蘇太子)白佛言：(寶藏)世尊！(蜜蘇)我今所願，如是種種莊嚴佛土，令(蜜蘇)我世界，「純金」為地，地平如掌，多有種種諸天妙寶，遍滿其國，無有「山陵、垍(古同「堆」)阜、土沙、礫石、荊棘」之屬，其地「柔軟」，譬如「天衣」，行時足下蹈入「四寸」，舉足還復。	㊀阿彌具(蜜蘇)白佛言：(寶藏)世尊！(蜜蘇)我求如是「莊嚴」佛土，所謂一切「黃金」為地，平正如掌，饒諸「天寶」，周遍其中。令無「瓦礫、土石、諸山」，地柔軟觸，猶「劫波育」(karpāsa 吉貝衣;棉布衣)，足下(踩地時)則下(陷)，舉足(則地)還復(如平)。
㊁(於我國土世界中)無有「地獄、畜生、餓鬼」，不淨臭穢，純有諸天微妙「上香」，及「曼陀羅(māndārava 天妙花;悅意華;赤華)、摩訶曼陀羅華(mahā-māndārava 大赤華)」，遍滿其國。	㊁其(於我國土世界)中，令無「地獄、畜生、餓鬼」之名。(蜜蘇)我佛土無諸「臭穢」，勝天「妙香」，充滿其國，令天「曼陀羅華」(māndārava 天妙花;悅意華;赤華)周遍佛土。
㊂ ①所有(於我國土世界)眾生無有「老、病」，各各自在，不相畏怖，常不惱他，命不中夭。 ②(眾生於)臨捨命時，心無「悔恨」，其心「決定」，無有「錯亂」，(能)繫念「思惟」諸佛如來。 ③若(眾生)命終已，(亦)不墮「惡道」，不生「無佛、五濁」惡世，乃至成「阿耨多羅三藐三菩提」，常得見佛，諮受妙法，供養眾僧。	㊂ ①令其(於我國土世界)中眾生無有「老、病」，無相(怖)畏者，無相「惱亂」。 ②令其中眾生，無有「橫死」，死無「悔恨」，無不入「三昧」而命終者，令其中眾生，思惟「念佛」而取「命終」。 ③(若眾生命)終已，不墮「惡趣」，不生「五濁」、空(無)佛土中。乃至(得)「菩提」(與)「般涅槃」，未常「不見佛、不聞法、不供養僧」。
㊃ ❶所有(於我國土世界)眾生，薄「婬、怒、癡」，皆行「十善」。	㊃ ❶令其(於我國土世界)中眾生少於「愛欲、瞋恚、愚癡」；令其中一切眾生修「十善

	業」。
❷世界無有種種「工巧」，無有「犯罪」及「犯罪名」。	❷令其佛土衆生，無「受戒」、無「犯悔」名。
❸亦無「天魔」諸「留難」(阻留刁難障礙)事。	❸令其中衆生，「魔」不得便。
❹衆生受形，無有惡色。	❹令其中衆生，無諸「醜陋」。
❺亦不分別「尊卑、高下」。	❺使其中衆生，無有「貴賤」分別。
❻一切衆生，深解「無我」及「無我所」。	❻使其中衆生，無我所、無所作。
❼(所有)「聲聞、菩薩」，乃至夢中(皆)不失「不淨」。	❼令其中「聲聞、菩薩」，乃至夢中無失「不淨」。
❽衆生常樂「求法、聽法」。	❽令其中一切衆生「愛法、求法」。
❾無有一人生於「倒見」。	❾❿令其佛土無有一人「異學、倒見」。
❿亦無「外道」。	
㊄	㊄
①(於我國土世界)衆生，無有身心「疲極」。	①令其(於我國土世界)中衆生，身無「疲懈」(疲憊懈怠)心無勞惓(古同「倦」)。
②皆得「五通」。	②使其中一切衆生皆得「五通」。
③無有飢渴、諸苦惱事。	③使其中衆生無「飢渴」患。
④隨所喜樂，(若有)種種「食飲」，即有「寶器」自然在手，有種種食，猶如欲界所有諸天(的方式)。	④隨所欲食，充滿「寶器」而在其前，如「欲界天」(的方式)。
⑤無有「涕唾、便利」之患，(亦無)痰癊ㄣ(指體內過量水液不得輸化、停留或滲注於某一部位而發生的疾病。一般認爲「稠濁者爲痰，清稀者爲癊(飲也)」)、汗、淚。	⑤令其中衆生，無有「屎尿、涕唾、目淚、身汗」。

四－16 無諍念王之第九王子蜜蘇太子發願未來成佛「世界」的種種莊嚴相

北涼・曇無讖 譯 《悲華經》	秦・譯者佚 名 《大乘悲分陀利經》
㊀(於我國土世界中)亦無「寒、熱」，常有柔軟「香風」觸身，此風「香氣」，微妙具足，	㊀令其(於我國土世界)中無有「寒、熱」；令其中「香風」軟觸，以動人天，隨意所欲，

薰諸天人，不須餘香。如是「香風」，隨諸天人，所求「冷、溫」，皆使滿足。	有求「涼風」，有求「暖風」。
㊁又復有求「優鉢羅華」(utpala 睡蓮;青蓮花)香風，又復有求「優陀娑羅」香風，有求「沈水」(agaru 沈水香，又稱黑沈香或蜜香)香風，有求「多伽羅(tagara 多伽留香;類似零陵香)香風，有求「阿伽羅」(agaru 沈水香，又稱黑沈香或蜜香)香風，有求種種「香風」，如所悕望，於「發心」時，皆得成就，除「五濁」世(唯除在五濁惡世中，否則此地皆有種種香風)。	㊁有求「優鉢羅」(utpala 睡蓮;青蓮花)香風，有求「木櫁」(《一切經音義．卷二十七》云：香木也……其樹似槐而香，極大，伐之，五年始用，若取其香，皆預斫之，久乃香出)香風，有求海此岸(之)香，有求「多伽羅」(tagara 多伽留香;類似零陵香)香，有求「沈水」(agaru 沈水香，又稱黑沈香或蜜香)香，有求一切「香風」，(皆)隨心(之)所念，悉皆令得。令無如是「五濁」世界(唯除在五濁惡世中，否則此地皆有種種香風)。
㊂願(蜜蘇)我國土，有「七寶樓」，其寶樓中，敷「七寶床」，茵蓐 丹枕(《一切經音義．卷六》云：天竺無木枕，皆以赤皮疊布爲枕，貯以兜羅綿，及毛枕，而且倚丹，言其色赤也，即諸經中朱色枕者，同其事也)，細滑柔軟，猶如「天衣」。衆生處此「寶樓」床榻，皆悉歡樂。其樓四邊有「好池水」，其水具足有「八功德」，衆生隨意而取用之。	㊂令其(於我)國中，有「七寶臺」，於彼臺中有「七寶座」，重敷茵蓐，安置丹枕(《一切經音義．卷六》云：天竺無木枕，皆以赤皮疊布爲枕，貯以兜羅綿，及毛枕，而且倚丹，言其色赤也，即諸經中朱色枕者，同其事也)，觸甚柔軟，如「劫波育」(karpāsa 吉貝衣;棉布衣)，人所住處，令其寶臺，周匝有「池」，「八功德水」充滿其中，彼諸衆生，以此為用。
㊃其(於我)國(土世界中)多有「金」多羅(tāla)樹，種種「華果」，妙香具足，上妙「寶衣」、種種「寶蓋、真珠、瓔珞」而以莊嚴。諸衆生等，隨意所憙，妙寶「衣服」即於樹上「自恣」取著，「華果香」等，亦復如是。	㊃使其(於我國土世界)中，諸樹行列，「須曼那」(sumanas 悅意花)莊嚴，以種種「華」、種種「果」、種種「香」、種種「衣」、種種「蓋」、種種「瓔珞」、種種「嚴具」以莊嚴樹;其中衆生，隨所樂「衣」，於「如意樹」上，取而著之，如是華，乃至「嚴具」，隨取服之。
㊄(寶藏)世尊！願(蜜蘇)我菩提之樹，純是七寶，高千「由旬」，樹莖周匝滿一「由旬」，枝葉縱廣，滿千「由旬」，常有「微風」吹「菩提樹」，其樹則出「六波羅蜜」、	㊄(蜜蘇)我「菩提樹」，令七寶成，高千「由旬」，其莖徑一「由旬」，枝葉分布一千「由旬」，微風來吹，枝葉相敦(觸;碰撞)，令出柔軟，過天妙音，謂「(六)波羅

「根、力、覺、道」(五根、五力、七覺支、八聖道支)微妙之聲，若有衆生聞此「妙聲」，一切皆得離於「欲心」。	蜜」、(五)神通、「根、力、覺、道」(五根、五力、七覺支、八聖道支)之聲，其有聞者，心得「離欲」。

四－17 無諍念王之第九王子蜜蘇太子發願未來成佛「世界」的種種莊嚴相

北涼・曇無讖 譯 《悲華經》	秦・譯者佚 名 《大乘悲分陀利經》
㊀(於我國土世界)所有「女人」，成就一切諸妙功德，猶如「兜術天」上「天女」，無有「婦人」諸「不淨」事、(無)「兩舌、慳悋、嫉妬」覆心。	㊀令其(於我國土世界)佛土，「女人」具諸功德，譬如「兜率天女」，又其中「女人」無諸「臭穢」，不「兩舌、慳、嫉妬」。
㊁ ①(於我國土世界中女人)不與男子(以)「漏心」交通(交媾淫通)，若諸男子發「婬欲心」，(便)至女人(處)所，以愛心「視」，(於)須臾之間，便離「欲心」，自生「厭離」，即便還去，尋得「清淨無垢三昧」。 ②以「(清淨無垢)三昧力」故，於諸「魔」縛，而得「解脫」，更不復生「惡欲」之心。	㊁ ①(於我國土世界中)使其男子不與女人「觸身」(身體接觸)行欲。彼(男子)生「欲心」，(只需)往「觀」女人，(於)「須臾」之頃，「欲心」即滅，生「大慚愧」而去，令得「淨無塵三昧」。 ②以是「(淨無塵)三昧」，常離「魔」所，終不更生「欲心」。
㊂ ❶如是女人，若見男子，有「愛欲心」，便得「妊ㄖㄣˋ身」，亦得離於「婬欲」之想。 ❷當妊ㄖㄣˋ身時，若懷男女，(於胎內)身心無有諸「苦惱」事，常受快樂，如「忉利天人」，身心所受(之)「上妙快樂」。 ❸女人懷妊ㄖㄣˋ，(於)七日七夜，所受「快樂」亦復如是，亦如比丘入「第二禪」。	㊂ ❶彼女人以「欲心」視男子已，令即「有胎」，適視已，「欲心」俱滅。 ❷如是男女「處胎」，(於胎內)身心受樂，譬如「三十三天」歡喜愛樂。 ❸使其(於我國)佛土，男女處胎(時)，(於)七日七夜，(即)如是受樂，女人懷妊ㄖㄣˋ，亦受是樂，譬如比丘入「第二禪」。
❹處胎男女(之時)，不為一切「不淨」所污，	❹彼處胎者，不為不淨「胎垢」所污，於

(只需)滿足七日，即便出生。當其生時，受諸快樂，有「微妙音」。 ❺女人產時，亦無諸苦，如是「母子」俱共入水，「洗浴」其身。 ❻是時女人得如是念，以「念力」故，尋得「離欲清淨三昧」，以「(離欲清淨)三昧力」故，其心常定，於諸「魔」縛，而得解脫。	七日旦，極香甚樂，而得出生。 ❺令彼女人不受「苦痛」，俱入「池浴」。 ❻令彼女人，心即離「欲」，得「淨無塵三昧」，以是「(淨無塵)三昧」，令離「魔事」，常入「三昧」。
㊃若有眾生，宿業成就，應無量世作「女人身」，以(此離欲清淨)定力故，(便)得離「女身」，乃至(得)「涅槃」，一切「女業」(女人業報)永滅(永遠滅盡)無餘，更不復受。	㊃(若有眾生)先身(先前之身)所作「業行」因緣，(本)應多億劫受「女人身」，令以是「(淨無塵)三昧」，得盡(得以滅盡)除却一切「女身」(的業報)，乃至(得)「菩提」(與)「般涅槃」更不復受。
㊄或有眾生(其)「宿業」成就，於無量億劫，應處「胞胎」受「苦惱」者。願(蜜蘇)我成「阿耨多羅三藐三菩提」已，聞(蜜蘇)我「名字」即生「歡喜」；生歡喜已，尋便「命終」，(原本應受的)「處胎」即(改轉)生(蜜蘇)我之世界，尋於生已，(其原本)所受(之)「胎」分，(便)永盡(永遠滅盡)無餘，乃至成「阿耨多羅三藐三菩提」更不(再)受「胎」。	㊄又有眾生，所作業行，應過數劫，常受「胎苦」，(蜜蘇)我逮菩提時，(只需)聞我「名號」，(即)心生「喜樂」者，於彼「命終」，即(改轉生)來(蜜蘇)我國。(所有原本應)受胎(之)眾生，其中一切所作(之)業行，(將終)盡彼除滅，乃至(得)「菩提」(之)際，更不(再)受「胎生」。
㊅或有眾生，(本具)「多善根」者，尋便得來至(蜜蘇)我世界(於)「蓮華」中生。 或有眾生(只具)「少善根」者，(仍)要當(受)「處胎」。 或受「女人(身)」而生「我界」，然後乃得永盡(永遠滅盡)「胎」分。	㊅有眾生「善根熟」者，(則)令彼(於我國世界中的)華中「化生」。 (或)有「少福德」，(或)未種善根(者)，(則仍需)令彼「胎生」，(方能滅)盡諸「業行」。(需於)我國土中，若(或)為「女人」，若(或)復「入胎」。
㊆(於我國土世界中)所有眾生，一向純受「微妙快樂」，微風吹此金「多羅」(tāla)樹，	㊆令彼(於我國土世界中)眾生，一向「受樂」充滿；令「微風」吹「須曼那」(sumanas 悅意

出「微妙聲」，所謂「苦、空、無我、無常」等聲。(若得)聞是聲者，皆得「光明三昧」，以(此)「三昧力」故，(便)得諸「空定」甚深三昧，世界無有「婬欲相」(之)聲。	花)多羅(tāla)披帝樹，(便)出如是「喜樂」之聲，(即)「苦、空、無常、無我」之聲。以是「音聲」，(能)令其中人得「然明三昧」，以是「三昧」，(便)令彼衆生覺明(覺悟明了)「深空」，(能)令其(我國)佛土，不出「樂欲」之聲。

根據美國弗吉尼亞州大學知覺研究系(Perceptual Studies)塔克(Jim Tucker)博士所從事的輪迴研究中指：我們已經研究了 2500 個案例，對每個案例分配了 200 個參數。從案例分組中，我們可以找到一些從單獨案例無法發現的模式。男孩擁有前世回憶案例比女孩多，這似乎是很奇怪的，因為女孩通常在年幼時候更擅長「語言」的表達。

談論前世的孩子大約有 90%回憶說自己曾經是「同一性別」的人。而且有前世回憶的「男孩」多於「女孩」，並且多是在「非正常情況」下死亡的，確實這種情況男性比女性多。

孩童會回憶起前世「非正常死亡」的狀態大約 73%都是男性。這點是符合美國的統計數字：五年內全國「非正常死亡」人中 72%就是男性。

美國維吉尼亞大學(University of Virginia，U.Va.或 UVA)醫學院還對對人身上的「胎記」進行了專門的研究。研究者具體考察了那些有前世記憶的人，並且去當地「機構」尋找其前世「死亡」時的「醫生證明」，並考察其前世的「真實經歷」。結果獲得了許多匪夷所思的發現。

如果他們的前世是死於「暴力」，那麼這些兒童的「胎記」或先天性的「缺陷」就恰好與其「前世」受的傷口是在身體的「同一個地方」；另一種情況則是，有些亞洲地區的家庭，會故意在死者身上用「顏料」做個「記號」的習俗，而其「轉世的孩子」就會在做「記號」的這個地方恰好出現一個「胎記」。

雖然有些兒童在長大的過程中，「胎記」的位置會發生些許「變化」，「顏色」也會變淡，但與前世的有關情況仍然會「對應」得很明顯。研究發現：人身上的「胎記」可能是前世遺留下來的「標記」，方便後人相認吧？

除了「生理」印記，轉世的人還會留有前世的許多「心理」上的印記。如前世是「非正常死亡」的人，那麼有高達「35%」的人在今世會表現出對前世「死亡方式」的恐懼。例如有 53 個「淹死」的人中，結果造成今世會有 31 個人天生就會「怕水」，有的甚至必須由兩個人「按住」才願意去洗澡。

有一個女孩前世因為躲避一個公共汽車而掉到「池塘」裡溺水而死，結果今世天生就怕「汽車」，也怕水。

在轉世過程中，如果改變了與前生不同「性別」的，那麼今世就會表現很「不適應」的現象，比如前世是男生，今生轉成「女孩」，她總是會強烈要求當成一個「男孩」。

像這種「心理」印記的案例，也會體現在「行為習慣」上。例如有好幾個出生於「緬甸」的小孩，他們會聲稱自己前世是「二次世界大戰」時期死在這裡的「日本兵」，而這些孩子「天生」就會喜愛「日本式」的食物，甚至「拒絕」穿著「緬甸」當地的服飾，而且「天生」就非常的害怕「飛機」。還有的人會做出「前世」上班或工作時候的「動作」習性，例如「打鐵」。

有的人甚至會在遊戲過程中「模擬」自己前世「死亡的完整過程」，包括前世曾經「拔槍自殺」的深刻印象！(以上節錄自 http://www.ifuun.com/a2016526104134/研究發現：人身上的胎記是前世遺留下來的標記，方便後人相認)

四－18 無諍念王之第九王子蜜蘇太子發願未來成佛「世界」的種種莊嚴相

北涼・曇無讖 譯 《悲華經》	秦・譯者佚 名 《大乘悲分陀利經》
㊀(寶藏)世尊！(蜜蘇)我坐菩提樹下，於一念中成「阿耨多羅三藐三菩提」已，願(蜜蘇)我世界，無有「日月光明、晝夜差別」，(唯)除(以)華「開、合」(來知其晝夜)。	㊀(寶藏)世尊！(蜜蘇)我坐菩提樹下，願須臾之頃，(即)逮「阿耨多羅三藐三菩提」。逮「菩提」已，令其佛土無「日月光」，亦無有夜，惟以華「合」(則代表是夜晚)。
㊁ ❶(蜜蘇)我成「阿耨多羅三藐三菩提」已，	㊁ ❶(蜜蘇)我當放如是「光明」，(能)遍照三千

當以「光明」遍照三千大千世界，以「光明力」故，令諸衆生悉得「天眼」。	大千佛土，無不周至。
❷以「天眼」故，得見十方無量無邊諸佛世界，在在處處諸佛世尊「現在說法」。	❷以是「光」照，令彼衆生得如是「大明」，(能得)見十方無量「阿僧祇」餘世界中「現在住世」諸佛世尊。
㊂	㊂
①(寶藏)世尊！(寶蘇)我成「阿耨多羅三藐三菩提」已，說於「正法」，令此音聲遍滿三千大千世界，衆生聞者，得「念佛三昧」。	①(寶蘇)我逮菩提時，當以如是「聲」說法，遍滿三千大千佛土，令其中衆生得「念佛心」。
②衆生或有「行、住、迴轉」，隨所(在的各各)方面，常得「見」我。	②(若眾生)隨所住處、(或)經行、(或)坐、(或)臥，及與「迴轉」，(能)令彼一切常得「見」我。
③若於諸法有「疑滯」(疑慮窒滯)處，以「見」我故，即得斷疑。	③隨所疑法，(只需)適「觀」我已，疑惑盡除。
㊃	㊃
❶(寶藏)世尊！(寶蘇)我成「阿耨多羅三藐三菩提」已，十方無量無邊「阿僧祇」諸佛世界，在在處處所有衆生： 若學「聲聞」、若學「緣覺」、若學「大乘」，(只需)聞「我名」者，命終要來生(寶蘇)我世界。 若「聲聞」人，聞我法者，(能)得「八解脫」(aṣṭau vimokṣāḥ❶內「有色想」，觀諸色解脫❷內「無色想」，觀外色解脫❸「淨解脫身」作證，具足住解脫❹超「諸色想」，滅「有對想、不思惟」種種想，入「無邊空、空無邊處」，具足住解脫❺超一切「空無邊處」，入「無邊識、識無邊處」，具足住解脫❻超一切「識無邊處、入無所有、無所有處」，具足住解脫❼超一切「無所有處」，入「非想非非想處」，具足住解脫❽超一切「非想非非想處」，入「想受滅身作證」，具足住解脫)阿羅漢果。 學「大乘」人，聞我法者，(能)得「深法	❶(寶蘇)我逮菩提時，於十方無量「阿僧祇」佛土衆生，若求「聲聞乘」、若求「大乘」者，(只需)從我「聞法」，(皆)令得「深三昧、忍辱、陀羅尼」，即住不退轉「阿耨多羅三藐三菩提」。

忍、陀羅尼門」及諸「三昧」,「不退轉」於「阿耨多羅三藐三菩提」。 ❷(能)得無量「聲聞」以為眷屬,其數無邊無能數者,唯除諸佛(方能數盡)。	❷令(蜜蘇)我(之)「聲聞」僧衆無量,無能數者,唯除如來(方能數盡)。
㈤ ①(寶藏)世尊!(蜜蘇)我成「阿耨多羅三藐三菩提」,隨所至方,舉下足處,即有千葉「金蓮華」生,其華微妙,有大光明,(蜜蘇)我當遣(此金蓮華)至「無佛之處」,(到無佛國土後,此金蓮華會)稱讚我「名」。 ②若有衆生於此「(金蓮)華」中,得聞稱讚(蜜蘇)我名字者,尋生歡喜,(馬上)種諸「善根」,欲生(蜜蘇)我國,願命終時,悉皆來生。	㈤ ①(蜜蘇)我逮菩提時,在(我)所遊行「投足」之處,令有千葉「金色蓮華」,我(將)遣彼「(金色)華」至空(無)佛土(的地方),彼華至已,(即)稱讚於我,彼(位於無佛國土之)諸衆生,(只需)聞我「名」者,即生喜樂。 ②令彼衆生所有「善根」,盡皆「迴向」求生(蜜蘇)我國,於彼命終,皆得來生。
㈥ ❶(蜜蘇)我諸大衆「出家」之人,(皆)遠離「諂曲、妬嫉、姦欺、沙門之垢」。 ❷尊重於「法」。 ❸於諸所須,名稱、利養,心不貴重。常樂「苦、空、無常、無我」,常勤精進,尊法、依僧。	㈥ ❶令我「聲聞」僧,無「沙門垢」、無「諂曲」,為令一切衆,皆悉如是。 ❷令我眷屬,(皆)貴「重」於「法」。 ❸不貪「財物」、不重「榮利」,樂於「無常、苦、空、無我」,勤修精進。敬佛、樂法、重比丘僧。
㈦若(於我國土世界中)諸菩薩得「不退」者,皆悉令得「就雨三昧」,以(此)「三昧力」故,為衆生說「般若波羅蜜」,令離「生死」,乃至成佛,於其中間,所可(所有可以)說法,(皆)不忘、不失。	㈦令其(於我國土世界)中「不退菩薩」得入「空意」,隨所生處,常說「般若波羅蜜」,乃至(得)「菩提」(之)際,令不忘失。
㈧(寶藏)世尊!(蜜蘇)我成佛已,壽命住世「十千大劫」,(待)「般涅槃」後,「正法」(仍)住世,滿「一千劫」。	㈧(蜜蘇)我逮「菩提」時,令住世「十千大劫」,(待)「般涅槃」後,「正法」(仍)住世「千劫」。

四－19 無諍念王之第九王子蜜蘇，未來成佛號阿閦如來，世界名妙樂，因此蜜蘇亦號為阿閦

北涼・曇無讖 譯 《悲華經》	秦・譯者佚 名 《大乘悲分陀利經》
㊀爾時，如來讚阿閦言：善哉！善哉！善男子！(蜜蘇)汝今已取「清淨世界」，汝於來世，過「一恒河沙」等「阿僧祇」劫，入「第二恒河沙」等「阿僧祇」劫，「東方」去此「十佛世界」，彼有世界名曰妙樂，所有莊嚴，(皆)如(蜜蘇)汝(之)所願，皆悉具足。	㊀佛言：善哉，善哉！(蜜蘇)丈夫取淨佛土。汝阿閦，於當來世，過「一恒河沙」數阿僧祇，始入「二恒河沙」，於「東方」去此「千佛土」，有世界名樂喜，莊嚴成就，如(蜜蘇)汝(之)所願。
㊁(蜜蘇)汝於是中當成「阿耨多羅三藐三菩提」，猶號阿閦如來(akṣobhya)‧應‧正遍知‧明行足‧善逝‧世間解‧無上士‧調御丈夫‧天人師‧佛‧世尊。	㊁(蜜蘇)汝當於中成「阿耨多羅三藐三菩提」，即名阿閦如來(akṣobhya)，乃至佛‧世尊。
㊂ ❶爾時，阿閦菩薩白佛言：(寶藏)世尊！若(蜜蘇)我所願成就，得己利(獲得諸善法成就為「己利」)者，一切世間「(五)陰、(十八)界、諸(十二)入」所攝眾生，皆得「慈心」，無「怨賊想」及諸「穢濁」。身心快樂猶如「十住」諸菩薩等，處蓮華上，結加趺坐，「三昧正受」；以(此)「三昧力」，令心無垢，是諸眾生「身心」快樂，亦復如是。 ❷(蜜蘇)我今頭面敬禮於(寶藏)佛，唯願此地，有「金色光」。	㊂ ❶阿閦白佛言：(寶藏)世尊！若(蜜蘇)我如是「意滿」(意願圓滿)者，於一切世界中，眾生成「(五)陰、(十八)界、(十二)入」有形之類，在眾生數者，令彼一切皆得「慈心」，無「怨心」，無「濁心」。令彼「身意」受樂，譬如住「十地菩薩」，入「蓮華三昧」，捨身得淨，使一切眾生「身意受樂」，亦復如是。 ❷如(蜜蘇)我五體禮(寶藏)世尊足時，令一切地皆作「金色」。
㊃善男子！爾時，阿閦菩薩(即蜜蘇太子)	㊃善男子！彼阿閦菩薩(即蜜蘇太子)五體

以頭面敬禮(寶藏)佛足，是時一切無量衆生，身心即得受大快樂，其地亦有「金色」光明。 ㊄爾時，寶藏如來為阿閦菩薩(即蜜蘇太子)而說偈言： 尊意且起，汝今以令， 一切衆心，心無忿怒， 復於衆生，生「大悲心」， 兩手各得，天千輻輪， 淨意當來，為天人尊。 ㊅善男子！爾時，阿閦菩薩聞是(寶藏佛之)偈已，心大歡喜，即起合掌，前禮(寶藏)佛足，去(寶藏)佛不遠，復坐聽法。	禮寶藏如來足，即時一切衆生受如是樂，如其所願，彼一切地皆作「金色」。 ㊄寶藏如來言： 起住妙意無惱心，寶輪最妙在汝手； 多億衆生得悲心，汝當淨意為世尊。

《悲華經》第五卷

五－1 無諍念王之第十王子軟心，未來成佛號金華如來，世界名妙樂，因此軟心亦號為香手

北涼·曇無讖 譯 《悲華經》	秦·譯者佚 名 《大乘悲分陀利經》
《諸菩薩本授記品·第四之三》	《諸王子授記品·第十二》
㊀(釋迦)佛告寂意菩薩：善男子！爾時，寶海梵志復白(無諍念王之)第十王子軟心言，乃至發心，亦復如是。	㊀善男子！爾時海濟(寶海)婆羅門，語(無諍念王之)第十王子尼摩尼，略說。王子尼摩尼，其所立願亦如阿閦(即無諍念王第九子蜜蘇太子)。
㊁(軟心)王子所願，皆如阿閦菩薩(即無諍念王第九子蜜蘇太子)所願，白佛言：(寶藏)世尊！若我(軟心)所願成就，得己利(獲得諸善法成就爲「己利」)者，令一切衆生悉得「思惟」諸佛境界，手中自然生「栴檀香(candana)、優陀婆羅香」，以此諸香供養諸佛。	㊁唯！(寶藏)世尊！若我如是「意滿」(意願圓滿)，令一切衆生得「念佛」(之)心；令其手中皆有海此岸(之)栴檀(candana)之香；令彼一切以是妙香供養佛像。
㊂ ❶爾時，寶藏如來讚(軟心)王子言：善哉！善哉！善男子！(軟心)汝所願者甚奇特。(軟心)汝願衆生手中自然有「栴檀香(candana)、優陀婆羅香」，悉得「思惟」諸佛境界，繫念清淨。 ❷以是故，今改(軟心)汝字號為香手。	㊂ ❶(寶藏)佛言：善哉，善哉！(尼摩尼)善男子！所願極妙。(尼摩尼)汝能使一切衆生手中，皆有海此岸(之)栴檀(candana)妙香，發「念佛」(之)心。 ❷善男子！是故字(尼摩尼)汝為香手。
㊃佛告香手：善男子！未來之世，過「一恒河沙」等「阿僧祇」劫，入「第二恒河沙」等「阿僧祇」劫「後分」之中。(待)阿閦如來(即無諍念王第九子蜜蘇太子未來成佛之名)「般	㊃汝香手！於當來世過「一恒河沙」數阿僧祇、「二恒河沙」阿僧祇之餘。(待)阿閦如來(即無諍念王第九子蜜蘇太子未來成佛之名)「般涅槃」正法滅已，於後七日。汝香手！於

涅槃」後，「正法」滅盡，過七日已。(軟心)汝於是時當成「阿耨多羅三藐三菩提」，其佛世界故名妙樂，佛名金華如來・應・正遍知・明行足・善逝・世間解・無上士・調御丈夫・天人師・佛・世尊。	彼世界(將)成「阿耨多羅三藐三菩提」，號金華如來・應供・正遍知，乃至佛・世尊。
㈤爾時，香手菩薩復作是言：(寶藏)世尊！若我所願成就，得己利(獲得諸善法成就爲「己利」)者，今我禮(寶藏)佛，此閻浮園周匝當雨諸「薝蔔華」(campaka 瞻蔔樹、瞻波樹。金色花樹、黃花樹，產於印度熱帶森林及山地，樹身高大)。	㈤香手白佛言：(寶藏)世尊！若我如是「意滿」(意願圓滿)，我五體禮(寶藏)世尊足時，令此園中周遍雨「瞻蔔華」(campaka 瞻蔔樹、瞻波樹。金色花樹、黃花樹，產於印度熱帶森林及山地，樹身高大)。
㈥善男子！爾時，香手菩薩於寶藏佛前，頭面著地，是時閻浮園中如其所言，周匝遍雨諸「薝蔔華」。	㈥善男子！爾時香手菩薩五體禮寶藏如來足時，尋遍園中雨「瞻蔔華」。
㈦爾時，寶藏如來為香手菩薩(即軟心太子)而說偈言： 尊妙功德，善趣汝起， 如心所願，雨薝蔔華， 度脫無量，一切衆生， 示諸善道，令至無畏。	㈦寶藏如來言： 起極妙德意善香，雨瞻蔔華周遍園； 汝當顯示淨妙道，度多衆生(到達)無畏岸。
㈧善男子！爾時，香手菩薩聞是(寶藏佛之)偈已，心大歡喜，即起合掌，前禮(寶藏)佛足，去(寶藏)佛不遠，復坐聽法。	

五－2 無諍念王之第十一王子師子，未來成佛號龍自在尊音王如來，世界名月勝，因此師子亦號為寶相

北涼・曇無讖 譯 《悲華經》	秦・譯者佚 名 《大乘悲分陀利經》

㊀善男子！爾時，寶海梵志復白(無諍念王之)第十一王子瞢伽奴(師子)言，乃至發心，亦復如是。(瞢伽奴)王子所願，亦如香手菩薩(即無諍念王第十子軟心太子)所願。	㊀善男子！爾時海濟(寶海)婆羅門，語(無諍念王之)第十一王子名師子，略說。
㊁爾時，師子(瞢伽奴)王子以珍寶幢ㄔㄨㄤˊ供養寶藏如來時。	㊁(師子太子)即以「寶幢ㄔㄨㄤˊ」(供)上寶藏如來，如香手菩薩(即無諍念王第十子軟心太子)所願無異。
㊂(寶藏)佛即讚師子(瞢伽奴)王子言：善哉！善哉！善男子！(瞢伽奴)汝今以此「寶幢ㄔㄨㄤˊ」供養，是故號汝(瞢伽奴)名為寶相。	㊂寶藏如來言：善哉，善哉！善男子！是故字(師子)汝為寶勝。
㊃(寶藏)佛告寶相：未來之世，過「一恒河沙」等「阿僧祇」劫，入「第二恒河沙」等「阿僧祇」劫「後分」之中，(待)妙樂世界(之)金華如來(即無諍念王第十子軟心太子未來成佛之名)般涅槃後，「正法」滅已，過「三中劫」，妙樂世界(將)轉名月勝。	㊃(師子汝)於當來世過「一恒河沙」數「阿僧祇」、「二恒河沙」數「阿僧祇」之餘，(待)金華如來來(即無諍念王第十子軟心太子未來成佛之名)般涅槃已，「正法」滅後，竟「三劫」，樂喜世界當名妙樂。
㊄(瞢伽奴)汝於是中，當成「阿耨多羅三藐三菩提」，號龍自在尊音王如來・應・正遍知・明行足・善逝・世間解・無上士・調御丈夫・天人師・佛・世尊。彼(龍自在尊音王)佛世界所有莊嚴，如(之前的)妙樂世界，等無差別。	㊄(師子)汝當於中成「阿耨多羅三藐三菩提」，號自在龍雷音如來，乃至佛・世尊，(自在龍雷音如來)國土莊嚴，如(之前的)阿閦佛土無異。
㊅爾時，寶相菩薩(即瞢伽奴太子)前白(寶藏)佛言：(寶藏)世尊！若我所願成就，得己利(獲得諸善法成就爲「己利」)者，我今頭面禮於(寶藏)佛足，令一切衆生得如是念，猶如菩薩住「無諂ㄔㄢˇ三昧」，一切衆生得大利益，生於「大悲」，發菩提心。	㊅寶勝(即師子太子)白(寶藏)佛言：(寶藏)世尊！若(師子)我如是「意滿」(意願圓滿)者，禮(寶藏)佛足時，令一切衆生得如是心，如菩薩住「平等悲三昧」，為饒益一切衆生，求「菩提」者，令「不退轉」。

㊆善男子！爾時，寶相菩薩在寶藏佛前，頭面著地，一切眾生悉得如是「無諂三昧」，得大利益，生於「大悲」，發菩提心。	㊆善男子！寶勝菩薩五體禮寶藏如來足時，一切眾生得如是意，謂諸眾生得住「悲心」。
㊇爾時，寶藏如來為寶相菩薩(即瞢伽奴太子)而說偈言： 善意勤起，已於我前， 為諸眾生，善作大誓， 能大利益，無量眾生， 令心無垢，是故來世， (瞢伽奴太子)得成為佛，天人之尊。	㊇善男子！爾時寶藏如來告寶勝菩薩(即師子太子)言： 起勇善意大丈夫，能因眾生立堅誓； 安立多眾無塵心，於天世人當作佛。
㊈善男子！爾時，寶相菩薩聞是(寶藏佛之)偈已，心大歡喜，即起合掌，前禮(寶藏)佛足，去(寶藏)佛不遠，復坐聽法。	

五－3 寶藏如來各各為無諍念王之「五百、四百、八十九」位諸王子，及八萬四千小王，與九十二億眾生，皆「授記」將來當得「阿耨菩提」

北涼·曇無讖 譯 《悲華經》	秦·譯者佚 名 《大乘悲分陀利經》
㊀ ❶爾時，(無諍念王之王子，另有)摩闍婆王子等(為首的)「五百王子」作如是願：願得如是種種莊嚴功德佛土，皆如虛空印(無諍念王之第五王子無所畏，亦號為虛空印)菩薩摩訶薩所修「淨土」。 ❷爾時，寶藏如來皆為一一(五百王子)授「阿耨多羅三藐三菩提」記，同共「一時」各於「餘國」，成「無上道」，如虛空印菩薩摩訶薩。	㊀ ❶略說。(無諍念王之王子，另有)摩闍披等(為首的)「五百王子」，立如是願：取莊嚴佛土，如虛空印菩薩(無諍念王之第五王子無所畏，亦號為虛空印)所願取淨佛土。 ❷寶藏如來盡皆授(五百王子)「阿耨多羅三藐三菩提」記：汝等「同時」，各(於)異(不同的)世界，當證「阿耨多羅三藐三菩提」。

㊁ ①復次，(無諍念王之王子，另有)「四百王子」(亦)作是誓願：願取莊嚴淨妙佛土，皆如金剛智慧光明(無諍念王之第四王子能伽奴，亦號爲金剛智慧光明功德)菩薩摩訶薩。 ②爾時寶藏如來亦為一一(四百王子)授「阿耨多羅三藐三菩提」記，同共「一時」各於「異國」，成「無上道」，如金剛智慧光明菩薩摩訶薩。	㊁ ①復有(無諍念王之王子，另有)「四百王子」，立如是願：取莊嚴佛土，如斷金剛慧照明菩薩。 ②寶藏如來亦皆授(四百王子)其「阿耨多羅三藐三菩提」記，各(於)異(不同的)世界。
㊂復次，(無諍念王之王子，另有)「八十九王子」，又作是願：願取如是莊嚴佛土，如普賢(無諍念王之第八王子泯圖，亦號爲普賢)菩薩摩訶薩所修佛土，等無差別。	㊂復有(無諍念王之王子，另有)「八十九王子」，立如是願：取莊嚴佛土，如普賢菩薩。
㊃ ❶爾時，(無諍念王之王子，另有)「八萬四千小王」，各各別異，作殊勝願，人人自取種種「莊嚴上妙」佛土。 ❷爾時，寶藏如來各各與(八萬四千小王)授「阿耨多羅三藐三菩提」記，當來之世，各在餘國，同共「一時」，成「無上道」。	㊃ ❶又彼(無諍念王之王子，另有)「八萬四千諸小國王」，皆立淨願，各取「莊嚴淨」佛國土。 ❷寶藏如來悉皆受(八萬四千小王)其「阿耨多羅三藐三菩提」記，各(於)異(不同的)世界，俱逮菩提。
㊄ ①爾時，(有)「九十二億衆生」，亦各發願，取種種「莊嚴勝妙」佛土。 ②時寶藏如來一切皆與(九十二億衆生)授「阿耨多羅三藐三菩提」記：汝等來世，於餘國土，同共「一時」，成「無上道」。	㊄ ①如是(有)「九十二億衆生」，皆各立願所修淨土。 ②寶藏如來亦盡授(九十二億衆生)「阿耨多羅三藐三菩提」記：汝等「同時」，各(於)異(不同的)世界，當逮「阿耨多羅三藐三菩提」。

五－4 寶海梵志有八十子，其第一長子為海地尊王子，未來成佛號寶山如來，世界名願愛。若有菩薩為成就「大悲」者，專度「濁穢惡意、

顛倒邪見」眾生，則願取「不淨世界」成佛

北涼・曇無讖 譯 《悲華經》	秦・譯者佚 名 《大乘悲分陀利經》
	《八十子受記品・第十三》
㊀善男子！爾時，寶海梵志有「八十子」(寶藏佛也是寶海的兒子，如果全部算入，寶海應該有八十一個兒子)，即是寶藏如來之「兄弟」也，其最長子名海地尊。	㊀善男子！時海濟(寶海)婆羅門，有八十子(寶藏佛也是寶海的兒子，如果全部算入，寶海應該有八十一個兒子)，皆是寶藏如來之弟。其第一者名海自在童真。
㊁善男子！ ❶爾時寶海梵志告其長子(海地尊)言：汝今可取微妙清淨莊嚴佛土。 ❷其(海地尊)子答言：惟願尊者(即父親寶海)，(應)先(作)「師子吼」。 ❸其父(寶海)告言：(寶海)我之所願，當最後說。	㊁善男子！ ❶爾時海濟(寶海)婆羅門，告海自在曰：今汝童真可取清淨莊嚴佛土。 ❷海自在言：大師(即父親寶海)應先作「師子吼」。 ❸(寶海)大師告言：(寶海)我所思願，(當最)後乃說之。
㊂ ①其(海地尊)子復言：(海地尊)我今所願，當取「清淨、不清淨」耶？ ②(寶海)父復答言：若有菩薩成就「大悲」，爾乃取於「不清淨」世界。何以故？欲善調伏「眾生垢」故，如是之事，(海地尊)汝自知之。	㊂ ①彼(海自在)即白言：(海自在)我為取「淨土」？取「不淨」耶？ ②(寶海)大師告言：其有菩薩具「大悲」者，取「不淨土」，度諸「濁意(濁穢惡意)、倒見(顛倒邪見)」眾生。(海自在)汝童真！自可知之。
㊃善男子！爾時，海地尊至寶藏如來所，在於(寶藏)佛前白佛言：(寶藏)世尊！ ❶(海地尊)我願「阿耨多羅三藐三菩提」，若人有壽「八萬歲」時，如今佛世，爾乃成「阿耨多羅三藐三菩提」。 ❷(海地尊)我今又願，令我(未來的)國土所有眾生，薄「婬恚癡」、厭離「身心」、怖畏	㊃善男子！時海自在童真至寶藏如來前白(寶藏)佛言：世尊！ ❶(海自在)我求「阿耨多羅三藐三菩提」，亦於如是「八萬歲」世人中，證妙菩提，如今世尊。 ❷願令(於我未來的國土)眾生少於「貪欲、瞋恚、愚癡」等畏，能於「生死」，以「身」

「生死」。(若有)見其「過患」，來至我所，(願)出家學道，(海地尊)我於爾時，為諸衆生說「三乘」法。	為患。令於(海自在)我所，而得「出家」，(海自在)我亦當以「三乘」為衆說法。
㈤(寶藏)世尊！若(海地尊)我所願成就，得己利(獲得諸善法成就爲「己利」)者，惟願(寶藏)世尊授(海地尊)我「阿耨多羅三藐三菩提」記。	㈤(寶藏)世尊！若(海自在)我如是「意滿」(意願圓滿)者，唯願(寶藏)世尊，當授(海自在)我「阿耨多羅三藐三菩提」記
陸 ①爾時，寶藏如來告海地尊言：善男子！未來之世，過「一恒河沙」等「阿僧祇」劫，入「第二恒河沙」等「阿僧祇」劫，是時有劫名曰遍敷優鉢羅華，此佛世界當名願愛。 ②是時人民，壽「八萬歲」，(海地尊)汝於是中成「阿耨多羅三藐三菩提」，號曰寶山如來・應・正遍知・明行足・善逝・世間解・無上士・調御丈夫・天人師・佛・世尊。	陸 ①寶藏佛言：(海自在)汝於來世，過「一恒河」沙數「阿僧祇」，始入「二恒河沙」數「阿僧祇」，於散華劫時，此佛土四天下當名妙勝。 ②於「八萬歲」人中，(海地尊你)當逮菩提，號寶積如來，乃至佛・世尊。
㈦爾時，海地尊復作是言：(寶藏)世尊！若(海地尊)我所願成就，得己利(獲得諸善法成就爲「己利」)者，此閻浮園周匝，當雨「赤色真珠」，一切樹木，自然皆出微妙「技樂」。	㈦(海地尊)白(寶藏)佛言：(寶藏)世尊！若我如是「意滿」(意願圓滿)者，令遍此園，雨「赤真珠」，一切樹上出「五樂音」。
㈧善男子！時海地尊在寶藏佛前頭面作禮，當爾之時，其園周匝，雨「赤真珠」，一切樹木皆出種種微妙「伎樂」。	㈧善男子！海自在童真，五體禮寶藏如來足時，遍於園中雨「赤真珠」，一切樹上出「五樂音」。
㈨爾時，寶藏如來即為(海地尊)摩納(Māṇava 儒童)，而說偈言：	㈨寶藏如來言：
大力(海地尊)汝起，無量智藏，	起大勢力無盡慧，慈心衆庶愍傷仙；

慈悲衆生，作大利益， 所願清淨，今得成就， 當為衆生，作天人師。 ㊷善男子！爾時，海地尊聞是(寶藏佛之)偈已，心大歡喜，即起合掌，前禮(寶藏)佛足，去(寶藏)佛不遠，復坐聽法。	所求當滿淨衆生，為群黎(眾生)故世成佛。

五－5 寶海梵志有八十子，其第二長子為三婆婆王子，未來成佛號日華如來，世界亦名願愛。其第七十九位兒子亦成佛，號火藏佛

北涼・曇無讖 譯 《悲華經》	秦・譯者佚 名 《大乘悲分陀利經》
㊀(寶海)梵志第二子名曰三婆婆，白(寶藏)佛言：(寶藏)世尊！(三婆婆)我今所願，如(第一長子)海地尊之所願也。	㊀(寶海)婆羅門第二子名曰成就，彼作是言：如(第一長子)海自在所可(所以可令)立願，(成就)我亦如是，略說。
㊁爾時，寶藏如來便告(第二長子)三婆婆言：未來之世，(你亦於)優鉢羅華劫中，(亦名爲)願愛世界，(當)人壽轉多「八十億歲」，(三婆婆)汝當於中得成「阿耨多羅三藐三菩提」，號曰日華如來・應・正遍知・明行足・善逝・世間解・無上士・調御丈夫・天人師・佛・世尊。	㊁寶藏佛言：(成就)汝童真，亦於散華劫，(亦名爲)妙勝佛土中四天下，於「八萬歲」世人中，(成就)汝當成佛，號照明華如來，乃至佛・世尊。略。
㊂第三子(缺名字)所得世界，亦復如是，(於)人壽「二千歲」時，成「阿耨多羅三藐三菩提」，號火音王如來，乃至天人師・佛・世尊。	㊂(寶藏佛)告第三(缺名字)言：汝於「二千歲」人中，當逮菩提，號月持王如來，乃至佛・世尊。
㊃ (寶海梵志之)第四(子)成佛，號須曼那， 第五(子)成佛號持戒王，	㊃ 略說「授記」：(寶海梵志之第四子)須摩那如來， 山王如來，

第六(子)成佛號善持目，	制眼如來，
第七(子)成佛號梵增益，	梵上如來，
第八(子)成佛號閻浮影，	閻浮影如來，
第九(子)成佛號富樓那，	滿如來，
第十(子)成佛號曰勝妙，	高如來，
十一(子)成佛號曰寶山，	寶山如來，
十二(子)成佛號曰海藏，	海藏如來，
十三(子)成佛號那羅延，	那羅延如來，
十四(子)成佛號曰尸棄，	尸軀那牟尼如來，
十五(子)成佛號南無尼，	牟尼主如來，
十六(子)成佛號曰覺尊，	憍陳如如來，
十七(子)成佛號憍陳如，	師子步如來，
十八(子)成佛號師子力，	智幢如來，
十九(子)成佛號曰智幢，	佛聲如來，
二十(子)成佛號音聲，	最勝如來，
二十一(子)成佛號尊勝佛，	開化如來，
二十二(子)成佛號離世尊佛，	饒益如來，
二十三(子)號利益佛，	慧明如來，
二十四(子)號智光明佛，	帝主如來，
二十五(子)號師子尊佛，	寂慧如來，
二十六(子)號寂靜智佛，	作喜如來，
二十七(子)號難陀佛，	無怒王如來，
二十八(子)號尼拘羅王佛，	金銀如來，
二十九(子)號金色目佛，	摩醯覩如來，
三十(子)號得自在佛，	日喜如來，
三十一(子)號日樂佛，	寶髮如來，
三十二(子)號寶勝佛，	善明如來，
三十三(子)號善目佛，	背摩如來，
三十四(子)號梵善樂佛，	善喜如來，
三十五(子)號梵仙佛，	梵征如來，
三十六(子)號梵音佛，	吼如來，
三十七(子)號法月佛，	法月如來，
三十八(子)號示現義佛，	現議如來，
三十九(子)號稱樂佛，	稱喜如來，

四十(子)號增益佛，	稱上如來，
四十一(子)號端嚴佛，	端正香如來，
四十二(子)號善香佛，	四妙根如來，
四十三(子)號眼勝佛，	須尼闍靚如來，
四十四(子)號善觀佛，	適遶如來，
四十五(子)號攝取義佛，	善意如來，
四十六(子)號善意願佛，	妙乘慧如來，
四十七(子)號勝慧佛，	金幢如來，
四十八(子)號金幢佛，	善目如來，
四十九(子)號善目佛，	天淨如來，
五十(子)號天明佛，	淨道如來，
五十一(子)號淨飯佛，	善現如來，
五十二(子)號善見佛，	乘幢如來，
五十三(子)號毘琉璃幢佛，	毘樓波叉如來，
五十四(子)號毘樓博叉佛，	梵音如來，
五十五(子)號梵音佛，	德聚如來，
五十六(子)號功德成就佛，	德無塵如來，
五十七(子)號有功德淨佛，	摩尼光如來，
五十八(子)號寶光明佛，	焰氣如來，
五十九(子)號摩尼珠佛，	釋迦牟尼如來，
六十(子)號釋迦文尼佛，	音自在如來，
六十一(子)號音尊王佛，	爾成如來，
六十二(子)號智和合佛，	最尊如來，
六十三(子)號勝尊佛，	華成如來，
六十四(子)號成華佛，	等華如來，
六十五(子)號善華佛，	無惱如來，
六十六(子)號無怒佛，	日藏如來，
六十七(子)號日藏佛，	樂自在如來，
六十八(子)號尊樂佛，	月如來，
六十九(子)號日明佛，	龍齒如來，
七十(子)號龍得佛，	金剛照如來，
七十一(子)號金剛光明佛，	稱王如來，
七十二(子)號稱王佛，	常光如來，
七十三(子)號常光明佛，	勝光如來，

七十四(子)號相光明佛， 七十五(子)號刪尼輸佛， 七十六(子)號智成就佛， 七十七(子)號音王佛， 七十八(子)號娑羅王那羅延藏佛， 七十九(子)號火藏佛。	薩泥斫如來， 智成如來， 香自在如來， 婆羅主如來， 那羅延藏如來， 月藏如來。

五－6 寶海梵志有八十子，其最小子為離怖惱王子，未來成佛號無垢燈出王如來

北涼・曇無讖 譯 《悲華經》	秦・譯者佚 名 《大乘悲分陀利經》
㊀善男子！爾時，(寶海)梵志其最小子名離怖惱，在(寶藏)佛前住，白(寶藏)佛言：(寶藏)世尊！是七十九人，(寶藏)佛今已為現前「授記」，於遍數優鉢羅華劫願愛世界，(於)人壽轉多時，成「阿耨多羅三藐三菩提」。	㊀善男子！其(寶海)大師最後幼子名無恐畏，(無恐畏)彼白寶藏如來言：(寶藏)世尊授此七十九童真記，於散華劫，成「阿耨多羅三藐三菩提」。
㊁(寶藏)世尊！(離怖惱)我今(於寶藏)佛前發「阿耨多羅三藐三菩提」心，優鉢羅華劫「後分」之中。	㊁(寶藏)世尊！(無恐畏)我當發「阿耨多羅三藐三菩提」心，盡散華劫。
㊂(離怖惱我)成「阿耨多羅三藐三菩提」時： ⑴(我將)如(寶海梵志之七十九兒子皆成)「七十九佛」所得壽命，願(最小的兒子離怖惱)我壽命，亦復如是。 ⑵(我將)如「七十九佛」所度衆生(的數量)，(離怖惱)我所度衆生(的數量)，亦復如是。 ⑶(我將)如「七十九佛」(之)「三乘」說法，(離怖惱)我亦如是說「三乘」法。	㊂(寶藏)世尊！令(無恐畏)我最後證「妙菩提」： ⑴(我將)如彼(寶海梵志之七十九兒子皆成)「七十九佛」壽命。 ⑵令(無恐畏)我逮「菩提」時，授獨與等，如彼所度(眾生之)願，我亦(復如是與之相)等。 ⑶彼(七十九佛以)「三乘」化(度眾生)，(無恐畏)我亦當說「三乘」之法。

⑷(我將)如「七十九佛」(之)「聲聞」弟子「眾數」多少，(離怖惱)我之所得「眾數」多少，亦復如是。 ⑸是「七十九佛」於優鉢羅華劫，所可(所有可令)教化無量眾生，使受「人身」(但仍尚)未得度者，(離怖惱)我(將)於「末劫」成「阿耨多羅三藐三菩提」已，悉當教化(這些尚未度化的眾生)，令住「三乘」。	⑷如彼(七十九佛之)所有「聲聞」僧數，(無恐畏)我得佛時，(我的)「聲聞」(數量)亦(與之同)等。 ⑸如彼「七十九佛」出世於散華劫，所有眾生得受「人形」，(於)半劫盡時，(無恐畏)我逮「阿耨多羅三藐三菩提」(時)，(無恐畏)我當使彼一切眾生(皆)住於「三乘」。
㊁(寶藏)世尊！若(離怖惱)我所願成就，得己利(獲得諸善法成就爲「己利」)者，惟願(寶藏)世尊授(離怖惱)我「阿耨多羅三藐三菩提」記。	㊁(寶藏)世尊！若(無恐畏)我如是「意滿」(意願圓滿)者，(寶藏)佛當授(無恐畏)我「阿耨多羅三藐三菩提」記。
㊄善男子！爾時，寶藏佛即讚離怖惱言： ❶善哉！善哉！善男子！(離怖惱)汝今乃為無量眾生，生「大悲心」。 ❷善男子！未來之世，過「一恒河沙」等「阿僧祇」劫，入「第二恒河沙」等「阿僧祇」劫，是中有劫名優鉢羅華。 ❸(於)「後分」之中，(離怖惱)汝當成「阿耨多羅三藐三菩提」，號無垢燈出王如來・應・正遍知・明行足・善逝・世間解・無上士・調御丈夫・天人師・佛・世尊。 ❹(你將如彼)七十九佛所得(之)「壽命」，都合「半劫」，(離怖惱)汝之壽命(將)亦得(是)「半劫」，如前所願，悉得成就。	㊄善男子！爾時寶藏如來讚無恐畏言： ❶善哉，善哉！善男子！(無恐畏)汝能為過數眾生，(生)「大悲」饒益(之心)。 ❷(無恐畏)汝於來世，過「一恒河沙」數「阿僧祇」，入「二恒河沙」數「阿僧祇」。 ❸散華劫半盡時，(無恐畏)汝當最後成「阿耨多羅三藐三菩提」，號無上勇王如來，乃至佛・世尊。 ❹(你將)如彼「七十九佛」共壽(之)「半劫」，(無恐畏)汝當獨壽(亦得)「半劫」，乃至如(無恐畏)汝所願，悉皆當成。
㊅爾時，離怖惱菩薩復作是言：(寶藏)世尊！若(離怖惱)我所願成就，得己利(獲得諸善法成就爲「己利」)者，(離怖惱)我今頭面敬禮於(寶藏)佛，令此世界周匝，遍雨「優鉢羅	㊅(無恐畏)彼白(寶藏)佛言：(寶藏)世尊！若(無恐畏)我如「意滿」(意願圓滿)者，五體禮(寶藏)世尊足時，令此佛土，普雨「青蓮華」(utpala)極妙甚香，其有眾生，聞是香氣，

華」(utpala 青蓮花)微妙之香。若有眾生(能得)聞此香者，身諸「四大」，(皆)清淨無穢，調適和順，一切病苦，悉得除愈。	(皆)四大調和，眾病皆愈。
㊱善男子！爾時，離怖惱菩薩說是言已，尋以頭面敬禮(寶藏)佛足。爾時，此佛世界，尋時遍雨「優鉢羅華」(utpala 青蓮花)微妙之香。(其有)眾生聞者，身諸「四大」，(皆)清淨無穢，調適和順，一切病苦，悉得除愈。	㊱善男子！如無恐畏童真，五體禮寶藏如來足，應時一切佛土，雨「青蓮華」(utpala)，(有)眾生聞香，彼一切「四大調和」，眾病皆愈。
捌寶藏如來為是(離怖惱)菩薩，而說偈言： 善心慈悲，導師可起， 諸佛世尊，咸稱讚(離怖惱)汝， 能斷堅牢，諸煩惱結， 當來成善，淨智慧藏。	捌寶藏如來言： 起習「大悲」善調心， 多妙世尊皆敬(無恐畏)汝； 諂結(結使煩惱)、慳結如能斷， 當得淨妙智慧藏。
玖善男子！爾時，離怖惱菩薩聞是(寶藏佛之)偈已，心大歡喜，即起合掌，前禮(寶藏)佛足，去(寶藏)佛不遠，復坐聽法。	

五－7 寶海梵志有三億弟子，皆教導應發「阿耨菩提」心。其中一位名樹提，問寶海：何為菩提？助菩提法？菩薩修行菩提？繫念得於菩提？

北涼・曇無讖 譯 《悲華經》	秦・譯者佚 名 《大乘悲分陀利經》
	《三億少童子受記品・第十四》
壹善男子！爾時，寶海梵志有「三億」弟子，在園門外一處而坐，(寶海)教餘眾生受「三歸依」，令發「阿耨多羅三藐三菩提」心者。	壹善男子！時海濟(寶海)婆羅門「三億」弟子，謂在園門坐，有人來為我「三歸」，(皆)勸以「菩提」者。

㊁善男子！爾時，(寶海)梵志勸諸(三億)弟子，作如是言：汝等今者，應發「阿耨多羅三藐三菩提」心，取佛世界，今於(寶藏)佛前，如心所求，便可說之。	㊁善男子！爾時海濟(寶海)婆羅門告諸(三億)弟子言：汝等童子，可發「阿耨多羅三藐三菩提」心，各隨所欲，而取佛土，在(寶藏)如來前，隨意發願。
㊂是「三億人」中有一人名曰樹提，作如是言：(寶海)尊者！ ❶云何「菩提」？ ❷云何「助」菩提法？ ❸云何菩薩「修行」菩提？ ❹云何「繫念」得於菩提？	㊂其(三億)弟子中，有一童子名曰月忍，彼白(寶海)師言： ❶是「道」云何？ ❷當積何「德」？ ❸修何「行」？ ❹作何「念」而得菩提？
㊃爾時，其(寶海)師報言：(樹提)摩納(Māṇava 儒童)！如汝所問，「菩提」者，即是菩薩之所修集「四無盡藏」。 何等為四？ ①所謂無盡「福德」藏。 ②無盡「智」藏。 ③無盡「慧」藏。 ④無盡「佛法和合」藏。 善男子！是名「菩提」。	㊃(寶海)大師告曰：(月忍)童子！菩薩具「四無量藏」，得逮「菩提」。何謂為四？ ①具無盡「福」藏。 ②具無盡「智」藏。 ③具無盡「慧」藏。 ④具無盡「一切佛法」藏。 是名具足「四無盡藏」。

五－8 如來宣說種種能於「菩提道」上能「助益、增益」的法門，計有28條的「攝取助清淨度生死法門」(總集淨德度生死法門)

北涼・曇無讖 譯 《悲華經》	秦・譯者佚 名 《大乘悲分陀利經》
㊀(樹提)摩納(Māṇava 儒童)！如佛所說「助菩提法」，所謂「攝取助清淨度生死法門」。(能攝取、能總集無量的清淨功德，這28條所修的功德，是能益助我們度脫生死的一種法門)	㊀善男子！如來說如是「菩提道」，名「總集淨德度生死法門」。(能攝取、能總集具足無量的清淨功德，這28條所修的功德，是能益助我們度脫生死的一種法門)

㊁善男子！	㊁
(底下是六度波羅蜜的全部內容)	(底下是六度波羅蜜的全部內容)
❶「捨財」即是助菩提法，以調伏眾生故。	❶菩薩具足「行施」，為度眾生故。
❷「持戒」即是助菩提法，隨其所願，得成就故。	❷菩薩具足「持戒」，為滿願故。
❸「忍辱」即是助菩提法，「三十二相、八十種隨形好」具足故。	❸菩薩具足「忍辱」，成相好故。
❹「精進」即是助菩提法，具足一切諸事故。	❹菩薩具足「精進」，以辦眾事故。
❺「禪定」即是助菩提法，其心當得「善調伏」故。	❺菩薩具足「禪」，以「調心」故。
❻「智慧」即是助菩提法，以知一切諸煩惱故。	❻菩薩具足「慧」，以滅諸結(結使煩惱)故。
(底下講「多聞、福德功德、智慧」的內容)	(底下講「多聞、福德功德、智慧」的內容)
❼「多聞」即是助菩提法，得「無閡ㄞˋ辯」故。	❼菩薩具足「聞」，為阿僧祇「辯才」故。
❽「福德」即是助菩提法，一切眾生之「所須」故。	❽菩薩具足「功德」，潤益一切眾生故。
❾「智」即是助菩提法，成就「無閡ㄞˋ智」故。	❾菩薩具足「智」，為阿僧祇「智」故。
(底下講「止、觀」的內容)	(底下講「止、觀」的內容)
❿「寂滅」(定。止息一切外境與妄念)即是助菩提法，「柔軟善心」得成就故。	❿菩薩具足「止」(śamatha 奢摩他;寂;定。止息一切外境與妄念)，隨心作故。
⓫「思惟」(慧。生起智慧以觀般若)即是助菩提法，成就「斷疑」故。	⓫菩薩具足「觀」(vipaśyanā 毘婆舍那;照;慧。生起智慧以觀般若)，為除「疑惑」故。
(底下是四無量心的全部內容)	(底下是四無量心的全部內容)
⓬「慈心」即是助菩提法，成就「無閡ㄞˋ心」故。	⓬菩薩具足「慈」，為「心無礙」故。
⓭「悲心」即是助菩提法，教化眾生「無厭足」故。	⓭菩薩具足「悲」，為度化「無疲厭」故。
⓮「喜心」即是助菩提法，於「正法」中生	⓮菩薩具足「喜」，為「樂法喜」故。

「愛樂」故。 ⓯「捨心」即是助菩提法，成就斷於「愛、憎」法故。	⓯菩薩具足「捨」，為除「愛、憎」故。
(底下講「聽法、出家修道、住阿蘭若」的內容) ⓰「聽法」即是助菩提法，成就滅「五蓋」(貪欲、瞋恚、睡眠、掉悔、疑)故。	(底下講「聽法、出家修道、住阿蘭若」的內容) ⓰菩薩具足「摩沙」(dharma-śrāvaṇa 聽法)門，為除「障礙」(指五蓋，貪欲、瞋恚、睡眠、掉悔、疑)故。
⓱「出世」即是助菩提法，成就捨除「一切世間」故。	⓱菩薩具足「出家」，為捨一切「有為」故。
⓲「阿蘭若」(araṇya)是助菩提法，所作「不善」，滅使不生，所有善根，多增長故。 (「阿蘭若」是指適合修道人所居住的「僻靜場、寂靜、最閑、無諍」之處所。也就是遠離「繁囂」城市的一種「僻靜」修行「環境」。在這種「環境」下修行，「五欲」的「誘惑因」很少，所以「不善業、造惡」的機會就會減少。相對的，也容易增長「善業」)	⓲菩薩具足「閑居」(araṇya)，為滅「不善業」，修「益善業」故。
(底下講「專念、正意、執持」的內容) ⓳(專)「念」是助菩提法，成就護「持」(應指成就護念「總持、陀羅尼」的意思)故。	(底下講「專念、正意、執持」的內容) ⓳菩薩具足(專)「念」，為得「持」(應指獲得「總持、陀羅尼」的意思)故。
⓴(正)「意」是助菩提法，成就分別「諸法」故。 (或另解爲「作意」：指令心發生「警覺」的一種精神作用。《瑜伽師地論·卷三十一》舉出「四種作意」，即： ❶調練心作意，謂於可厭患之法，調停練習，令心厭離。 ❷滋潤心作意，謂於可欣尚之法，滋長沃潤，令心欣樂。 ❸生輕安作意，謂於可厭之法，令心厭離；於可欣之法，令心欣樂，安住寂靜，以對治身心粗重，生起身心輕安。 ❹淨智見作意，謂以清淨之智慧，照了諸法皆空，即得內心寂靜，由寂靜之故，而見眞實之理)	⓴菩薩具足(正)「意」，為覺(悟)「深解」(深刻解悟諸法)故。
㉑(執)「持」是助菩提法，成就「思議」(理解)寤醒故。	㉑菩薩具足「強志」(堅強的意志)，為覺「義」(覺悟法義)故。

(底下是三十七道品的部份內容)	(底下是三十七道品的部份內容)
㉒(四)「念處」即是助菩提法，分別「身、受、心、法」成就故(觀身不淨、觀受是苦、觀心無常、觀法無我)。	㉒菩薩具足(四)「念處」，為觀「身、受、心、法」故(觀身不淨、觀受是苦、觀心無常、觀法無我)。
㉓(四)「正勤」(①已生惡令永斷，而勤精進。②未生惡令不生，而勤精進。③未生善令生，而勤精進④已生善令增長，而勤精進)即是助菩提法，以離一切「不善法」，修行一切「善法」增廣故。	㉓菩薩具足(四)「正捨」(①已生惡令永斷，而勤精進。②未生惡令不生，而勤精進。③未生善令生，而勤精進④已生善令增長，而勤精進)，為捨一切「不善法」，修滿「一切善」故。
㉔(四)「如意足」(①欲如意足：希慕所修之法能如願滿足。②精進如意足：於所修之法，專注一心，無有間雜，而能如願滿足。③念如意足：於所修之法，記憶不忘，如願滿足。④思惟如意足：心思所修之法，不令忘失，如願滿足)是助菩提法，成就「身心輕利」故。	㉔菩薩具足(四)「神通」(①欲如意足：希慕所修之法能如願滿足。②精進如意足：於所修之法，專注一心，無有間雜，而能如願滿足。③念如意足：於所修之法，記憶不忘，如願滿足。④思惟如意足：心思所修之法，不令忘失，如願滿足)，為「輕身心」故。
㉕「諸(五)根」(①信根。②精進根。③念根。④定根。⑤慧根)即是助菩提法，攝取「諸根」成就故。	㉕菩薩具足(五)「根」(①信根。②精進根。③念根。④定根。⑤慧根)，為滿「攝根」故。
㉖「諸(五)力」(①信力。②精進力。③念力。④定力。⑤慧力)即是助菩提法，摧滅一切「煩惱」故。	㉖菩薩具足(五)「力」(①信力。②精進力。③念力。④定力。⑤慧力)，為伏一切結使(煩惱)故。
㉗(七)「覺」是助菩提法，覺知「實法」故。	㉗菩薩具足(七)「覺分」，為覺「實法」故。
㉘「六和」(與眾生需有六種的「和同愛敬」，身和敬、口和敬、意和敬、戒和敬、見和敬、利和敬)即是助菩提法，調伏眾生，令清淨故。	㉘菩薩具足「六和敬」(與眾生需有六種的「和同愛敬」，身和敬、口和敬、意和敬、戒和敬、見和敬、利和敬)法，為淨「應度者」(之)心故。
㊂(樹提)摩納(Māṇava 儒童)！是名「攝取助清淨度生死法門」。(能攝取、能總集具足無量的清淨功德，這 28 條所修的功德，是能益助我們度脫生死的一種法門)	㊂童子！是名「總具足淨度生死法門」。(能攝取、能總集具足無量的清淨功德，這 28 條所修的功德，是能益助我們度脫生死的一種法門)

五－9 寶海師回答樹提弟子，何為「助菩提法」與「繫念得於菩提」之

法？

北涼・曇無讖 譯 《悲華經》	秦・譯者佚 名 《大乘悲分陀利經》
㊀樹提復言：(寶海)尊者！如佛所說： ❶①布施(能得)果報，即是「大富」得「大眷屬」。(如此布施的心將感召來生的「生死輪迴」) ②護持「禁戒」，(能)得生「天上」， ③廣博「多聞」，(能)得「大智慧」。 ❷又如佛說，(唯有)「思惟」(修行清淨心念)之法，(乃能)得度「生死」。	㊀彼白(寶海)師言：聞世尊說： ❶①布施(能)得「大富」，饒益諸眷屬。(如此布施的心將感召來生的「生死輪迴」) ②持戒(能)得「生天」。 ③多聞(能)得「大慧」。 ❷世尊說(唯有思惟)「修淨」(修行清淨心念之法)，為(得)度「生死」故。
㊁(寶海)師復報言：(樹提)摩納(Māṇava 儒童)！若樂(於)生死(輪迴)，故行「布施」，是故(來生將)大富。(如此布施的心將感召來生的「生死輪迴」)	㊁(寶海)大師告曰：(月忍)童子！有樂(於)「生死」(而行布)施者，如汝所說。(如此布施的心將感召來生的「生死輪迴」)
㊂(樹提)摩納！若善男子、善女人， (一)心(專)向「菩提」，(乃)為「心調伏」，故行「布施」。 (二)為(求)心「寂靜」，故持「禁戒」。 (三)為(求)心「清淨」，無有「愛濁」(愛染污濁)，故求「多聞」。 (四)為(得)「大悲」故，「思惟」修道。 (五)其餘諸法，(皆是)智慧方便，(只為)成就助求。 (意指「調伏心、心寂靜、心清淨、大悲心」才是能了生死之「正行」。其餘「表相」上的「布施、持戒、多聞」只是「益助」菩提之法而已) (樹提)摩納！(此)是名「助菩提法」。	㊂(月忍)童子！善男子！善女人！ (一)信「菩提」道(而行布)施者，(乃)為「調伏心」故。 (二)「持戒」，(乃)為「滅心」(滅掉惡念之心)故。 (三)「求聞」，(乃)為除「心濁」(除掉穢濁之心)故。 (四)修「悲」，(乃)為(得)「大悲心」故。 (五)(其餘)餘法(皆)以「智慧方便」，具足集行。 (意指「調伏心、心寂靜、心清淨、大悲心」才是能了生死之「正行」。其餘「表相」上的「布施、持戒、多聞」只是「益助」菩提之法而已) (月忍)童子！此(即)是「菩提道」。
㊃如是修行，即是「繫念得菩提」也。	㊃具足集如是「德」、如是「修」、如是「念」，乃逮「菩提」。

㈤(樹提)摩納！如是菩提，今應生(願)欲： ❶是道「清淨」，應專心「作願」。 ❷是道「無濁」，「心清淨」故。 ❸是道「正直」，無有諂曲，「斷煩惱」故。 ❹是道「安隱」，乃至能到「涅槃城」故。	㈤諸(月忍)童子！「菩提道」行如是，諸童子！可求「菩提」。 ❶諸童子！菩提道「淨」，應「至意」立願，必當得滿。 ❷諸童子！菩提道「淨」，以「意淨」故。 ❸諸童子！菩提道「直」，淨除諸結(結使煩惱)，無「諂偽」故。 ❹諸童子！菩提道乃至「安隱」(能到)「無上涅槃」際故。
㈥(樹提)汝等今應作「大善願」，取「莊嚴」佛土，隨意所求「淨」及「不淨」(的佛國世界)。	㈥是故(月忍)汝等，今可立願，隨取「嚴淨、不淨」佛土(世界)。

五－10 寶海梵志的弟子樹提，未來成佛號寶蓋增光明如來，世界名和合音光明。寶海的三億弟子，除「一千」位童子外，其餘皆同發願於此和合音光明世界成「阿耨菩提」

北涼・曇無讖 譯 《悲華經》	秦・譯者佚 名 《大乘悲分陀利經》
㈠善男子！爾時，樹提摩納(Māṇava 儒童)在寶藏佛前，右膝著地，長跪叉手，前白(寶藏)佛言：(寶藏)世尊！(樹提)我今發「阿耨多羅三藐三菩提」心。此「不淨世界」所有衆生，少於「貪婬、瞋恚、愚癡」，不犯「非法」，心無「愛濁」、無「怨賊想」，捨離「慳悋、嫉妬」之心，離「邪見」心，安住「正見」，離「不善心」，求諸「善法」，離「三惡心」，求「三善道」，於「三福」(布施世福、持律戒福、眾善修福)處，成就善根，於「三乘」法，精勤修集，爾時(樹提)我當成無上道。	㈠善男子！爾時月忍童子至寶藏如來前，右膝著地，叉手合掌，而白(寶藏)佛言：(寶藏)世尊！我今欲發「阿耨多羅三藐三菩提」心。於此「濁佛土」中衆生，少於「貪欲、瞋恚、愚癡」，無「忘失」、無「濁心」、無「怨心」、無「慳嫉心」、無「邪見心」，住「正見心」，無「不善心」，常求「善心」，無三「惡趣」心，求「人天心」，集「三福」(布施世福、持律戒福、眾善修福)地善根心，求「三乘」心，我當於是中成「阿耨多羅三藐三菩提」。
㈡(寶藏)世尊！若(樹提)我所願成就，得己利(獲得諸善法成就為「己利」)者，令我兩手自	㈡(寶藏)世尊！若我如「意滿」(意願圓滿)者，令我兩手有自然「龍象」。

然而出「白色龍象」。	
㊂(樹提)作是言已，(寶藏)佛神力故，其兩手中即出「龍象」，其色純白，七處到地。	㊂(月忍)適發言已，蒙(寶藏)佛神力，於兩手中有自然「龍象」，其身純白，「七支」具足。
㊃(樹提)見是事已，告(白色龍象)言： ❶龍象！汝等今者，可至「虛空」，去此不遠，遍雨此界「八德香水」，覺悟此界一切眾生。 ❷若有眾生得遇一渧ㄉ、聞其「香氣」，悉斷「五蓋」，所謂「婬欲、瞋恚、眠睡、掉悔、疑蓋」。	㊃(月忍)躬自目見，而告之(白色龍象)曰： ❶汝「二龍象」，上昇虛空，周遍此土，降極香妙(之)「八功德雨」，覺此佛土一切眾生。 ❷令此雨渧ㄉ，觸眾生身，有聞「香」者，令除「五蓋」，謂「愛、睡、掉、悔、疑」。
㊄ ①(樹提)作是語已，爾時，龍象在虛空中，周旋速疾，猶如力士，善射放箭。 ②是「二龍象」所作諸事，悉成就已，復還來至(樹提)摩納(Māṇava 儒童)前住。 ③爾時，樹提見是事已，心大歡喜。	㊄ ①(月忍)適發是言，彼二龍象，即昇虛空，如是健速，如大力士，放箭甚疾。 ②彼二龍象如向所說，事訖而還，在其(月忍)前立。 ③善男子！爾時月忍童子，極大歡喜。
㊅ ❶善男子！爾時，寶藏如來即告(樹提)摩納：善男子！未來之世，過「一恒河沙」等「阿僧祇」劫，入「第二恒河沙」阿僧祇劫，是時有劫名音光明，此佛世界轉名和合音光明，汝於是中成「阿耨多羅三藐三菩提」，号寶蓋增光明如來．應．正遍知．明行足．善逝．世間解．無上士．調御丈夫．天人師．佛．世尊。 ❷善男子！爾時，樹提頭面著地，禮於(寶藏)佛足。	㊅ ❶時寶藏如來告彼言：(月忍)汝善男子！於當來世，過「一恒河沙」數「阿僧祇」，始入「二恒河沙」阿僧祇，於照明劫，明集佛土，此四天下，汝當成佛，號寶蓋勇光如來，乃至佛．世尊。 ❷善男子！爾時月忍菩薩，五體禮寶藏如來足。

㊆寶藏如來即為樹提而說偈言： 其心離垢，清淨且起， 今已「授記」，能令無量， 億數衆生，淨第一道， 於當來世，調御天人。	㊆寶藏言： 起(月忍)汝無塵心甚淨，汝授多億衆生記； 淨治菩提最妙道，汝當得仙導衆生。
㊇善男子！爾時，樹提聞是(寶藏佛之)偈已，生大歡喜，即起合掌，前禮(寶藏)佛足，去(寶藏)佛不遠，復坐聽法。	㊇略說。
㊈ ①(寶海梵志之)「三億」弟子，除「一千人」(之外)，其餘咸共同聲發願：(願將)於此(和合音光明)世界(共)成「阿耨多羅三藐三菩提」。 ②爾時，寶藏如來皆為一一授其「阿耨多羅三藐三菩提」記。 ③乃至毘婆尸(Vipaśyin 過去七佛的第一位)、尸棄(Śikhin 過去七佛的第二位)、毘尸沙婆(Viśvabhū 過去七佛的第三位)，(此是)最後成「阿耨多羅三藐三菩提」。	㊈ ①(寶海梵志有三億弟子，唯除這)「千人」不滿(之外)，(其餘的)「三億」童子(皆)於此(明集)佛土，(皆共)立「阿耨多羅三藐三菩提」願。 ②寶藏如來皆(一一爲之)授彼「記」。 ③其最後(成佛)者，名毘波尸如來(Vipaśyin 過去七佛的第一位)、式棄如來(Śikhin 過去七佛的第二位)、鞞尸羅披如來(Viśvabhū 過去七佛的第三位)，(此皆)是(寶藏佛爲)授童子記也。

五－11 寶海的三億弟子，仍有「一千」位童子在讀誦婆羅門根本聖典「毗陀」，其中首領名婆由比紐，但卻發願欲於「五濁」成「阿耨菩提」，婆由比紐未來成佛號金山王如來，世界名袈裟幢

北涼・曇無讖 譯 《悲華經》	秦・譯者佚 名 《大乘悲分陀利經》
	《千童子受記品・第十五》
㊀ ❶(寶海梵志有三億弟子，唯除)其餘「千人」，(仍)悉皆讀誦「毘陀」(Veda 吠駄；韋陀；圍陀；薜陀；鞞陀；比陀；皮陀。意譯「智、明、明智、明解、分」。又稱《圍陀	㊀ ❶(寶海梵志有三億弟子，唯除)彼「千童子」，(仍)皆通「四鞞陀」(catur-veda四韋陀；四圍陀，婆羅門教之根本聖典)。其最大者，師而事之，名

論》、《毘陀論經》、《薛陀咒》、《智論》、《明論》。古印度婆羅門教根本聖典之總稱)外典，其中最大所宗仰者，名婆由比紐。	披由毘師紐。
❷(婆由比紐)白(寶藏)佛言：(寶藏)世尊！(婆由比紐)我今所願，當於「五濁惡世」成「阿耨多羅三藐三菩提」，為此厚重「貪欲、瞋恚、愚癡」多惱衆生，說於「正法」。	❷(婆由比紐)彼言：(婆由比紐)我欲於彼五濁佛土證「阿耨多羅三藐三菩提」；為極重「貪欲、瞋恚、愚癡、諸結(結使煩惱)」衆生而說法。
㊁時，「千人」中復有一人字曰火鬘，作如是言：尊者婆由比紐！向見何義？(你為何要)願於「五濁惡世」之中，成「阿耨多羅三藐三菩提」？	㊁月鬘童子白(婆由比紐)大師言：此披由毘師紐，見何等事，乃能立願於「五濁佛土」？
㊂其(婆由比紐)師報(火鬘)言： ①是菩薩「大悲」成就故，於「五濁世」成「阿耨多羅三藐三菩提」。 ②爾時，衆生無有「救護」、無諸「善念」，其心常為「煩惱」所亂、(為)「諸(邪)見」所侵。 ③(婆由比紐我)於(五濁世界)中成「阿耨多羅三藐三菩提」，乃能「大益」無量衆生，善能為作「擁護」，(為眾生所)依止「舍宅」(之)燈明，兼復度脫(眾生)於「生死大海」，教令(眾生)安住於「正見」中，使處「涅槃」，服「甘露水」。是菩薩摩訶薩(若)欲示現「大悲」故，(亦有發)願取如是「五濁惡世」。	㊂(婆由比紐)大師告曰：(月鬘)童子！ ①有「大悲」菩薩，彼(發願)於「五濁佛土」而逮「菩提」。 ②(眾生)無救、無趣，困於「諸結」(結使煩惱)邪見之厄。 ③(婆由比紐我願)為此衆生，作「救趣、饒益」故，(願)於「生死海」，度斯等類，令住「正見」，以「涅槃、甘露」之味，充滿衆生。此(乃)現菩薩(之)「大悲」(故)立願於「五濁佛土」者。
㊃ ❶善男子！爾時，寶藏如來告婆由比紐言：善男子！當來之世，過「一恒河沙」等「阿僧祇」劫，入「第二恒河沙」等「阿僧祇」劫，「後分」之中，「東方」去此「一佛世界」微塵數等佛土，有世界名袈裟	㊃ ❶時寶藏如來言：汝披由毘師紐，於當來世，過「一恒河沙」數「阿僧祇」，「二恒河沙數」阿僧祇之餘，於「東方」過佛土微塵數佛剎，有世界名結使幢 。

幢ꞏ。	
❷(婆由比紐)汝於是中當成「阿耨多羅三藐三菩提」，号金山王如來・應・正遍知・明行足・善逝・世間解・無上士・調御丈夫・天人師・佛・世尊。	❷(婆由比紐)汝善丈夫！於中當成「阿耨多羅三藐三菩提」，號主山王如來，乃至佛・世尊。
㈤ ①爾時，婆由比紐復白(寶藏)佛言：(寶藏)世尊！若(婆由比紐)我所願成就，得己利(獲得諸善法成就爲「己利」)者，我今頭面敬禮(寶藏)佛足，惟願(寶藏)如來以「百福莊嚴」--佛之「兩足」，置我頂上。	㈤ ①披由毘師紐白(寶藏)佛言：禮(寶藏)世尊足時，唯願(寶藏)世尊，當以「百福莊嚴」--兩手摩我頂上。
②善男子！爾時，婆由比紐說是語已，尋時敬禮寶藏佛足。	②善男子！如披由毘師紐童子，頭面禮(寶藏)世尊足時。
㈥即時，(寶藏)如來「百福之足」在其(婆由比紐)頭上，復以此偈，而讚歎言： 「大悲心」者，今可還起， 智慧明利，行菩薩道， 為菩提故，斷除堅牢， 諸煩惱縛，當來成佛， 能大利益，無量衆生。	㈥寶藏如來即以「兩手」摩披由毘師紐菩薩頂，而告之曰： 起「大悲意」深智惠，汝為菩提修妙行； 結縛甚堅強力斷，汝當成佛饒益世。
㈦善男子！爾時，婆由比紐聞是(寶藏佛之)偈已，心大歡喜，即起合掌，前禮(寶藏)佛足，去(寶藏)佛不遠，復坐聽法。	

五－12 寶海的「一千」位童子其中第一位名火鬘，亦發願欲於「五濁」成「阿耨菩提」，故未來此世界即名為娑婆。火鬘於「賢劫」千佛中最初成「阿耨菩提」者為拘留孫如來(過去七佛的第四位)

北涼・曇無讖 譯 《悲華經》	秦・譯者佚 名 《大乘悲分陀利經》

(壹)善男子！爾時，(寶海梵志一千童子中第一位)火鬘摩納(Māṇava 儒童)在寶藏佛前，右膝著地，長跪叉手，前白(寶藏)佛言：(火鬘)我今所願，(願)於此(五濁)世界，發「阿耨多羅三藐三菩提」心，若有衆生，(具)「三毒」等分(謂貪瞋癡三心，一齊而起)，不能專心住於「善法」，其心「不善」，(於人)壽四萬歲，爾時(火鬘)我當成「阿耨多羅三藐三菩提」。	(壹)善男子！爾時(寶海梵志一千童子中第一位)月鬘童子，向寶藏如來，右膝著地，而白(寶藏)佛言：(寶藏)世尊！我欲發「阿耨多羅三藐三菩提」心，於此佛土(具足)「貪欲、瞋恚、愚癡」等分(謂貪瞋癡三心，一齊而起)心衆生，(有)不住諸善(之)「惡心」衆生，於「四萬歲」世人中，(月鬘)我當成「阿耨多羅三藐三菩提」。
(貳)爾時，寶藏如來告火鬘言：善男子！未來之世，過「一恒河沙」等「阿僧祇」劫，入「第二恒河沙」等「阿僧祇」劫，「後分」之中，此佛世界當名娑婆。	(貳)寶藏佛言：(月鬘)汝於來世，過「一恒河」沙數「阿僧祇」，「二恒河沙」之餘，有世界當名娑訶。
(參)何因緣故，名曰娑婆(sahā，指「堪忍」，或譯「忍土」。衆生竟能安忍於諸煩惱，不肯出離，故稱爲「娑呵」國土)？是諸衆生，(能)忍受「三毒」及諸煩惱，是故彼界名曰忍土。	(參)何故名娑訶(sahā 同「娑婆」義，即指「堪忍」，或譯「忍土」。衆生竟能安忍於諸煩惱，不肯出離，故稱爲「娑呵」國土)？其中衆生(能)忍樂(於)「貪欲、瞋恚、愚癡」，一切「結縛」，皆悉(能)忍故，以是因緣名曰娑訶。
(肆) ❶時有大劫，名曰善賢。 ❷何因緣故，劫名善賢？ 是大劫中，多(具)有「貪欲、瞋恚、愚癡、憍慢」衆生，(但仍)有「千世尊」(爲)成就「大悲」(而)出現於世。	(肆) ❶時有大劫名賢。 ❷何故名賢？ 於此劫(雖有)行「貪欲、瞋恚、愚癡、吾我」衆生中，當有千(尊具有)大悲(之)「佛婆伽婆」於中出(世)故。
(伍)(火鬘)善男子！「賢劫」(bhadrakalpa 現在住劫。「現在賢劫」與「過去莊嚴劫、未來星宿劫」合稱爲三劫)之初，(於)人壽「四萬歲」，於(賢劫)「千佛」中，(火鬘)最初成「阿耨多羅三藐三菩提」(者)，号(爲)拘留孫如來(Krakucchanda 過去七佛的第四位)・應・正遍知・明行足・善逝・世	(伍)(月鬘)汝善丈夫！(於)始入「賢劫」(bhadrakalpa 現在住劫。「現在賢劫」與「過去莊嚴劫、未來星宿劫」合稱爲三劫)，於「四萬歲」世人中，(月鬘)當先成「阿耨多羅三藐三菩提」，號迦羅迦孫馱如來(Krakucchanda 過去七佛的第四位)，乃至佛・世尊。當以「三乘」說法，

間解・無上士・調御丈夫・天人師・佛・世尊。為諸衆生說「三乘」法，令無量衆生在「生死」者，悉得「解脫」，住於「涅槃」。 ㊅善男子！爾時，火鬘摩納前禮(寶藏)佛足，却在一面，復坐聽法。	有過數衆生，為「生、老、病、死」駛河所漂，汝當度著「涅槃」彼岸。 ㊅善男子！爾時月鬘菩薩五體禮寶藏如來足，却坐一面。

五－13 寶海的「一千」位童子其中第二位名虛空，亦發願欲於「五濁」成「阿耨菩提」，於拘留孫佛滅度後，虛空當於此成「阿耨菩提」，名伽那迦牟尼如來(過去七佛的第五位)

北涼・曇無讖 譯 《悲華經》	秦・譯者佚 名 《大乘悲分陀利經》
㊀善男子！爾時，(寶海梵志一千童子中)第二摩納(Māṇava 儒童)字虛空，在(寶藏)佛前坐，白(寶藏)佛言：(寶藏)世尊！我於來世次拘留孫如來(Krakucchanda 過去七佛的第四位)之處，(於)人壽「三萬歲」，(虛空)我當成「阿耨多羅三藐三菩提」。	㊀善男子！爾時，(寶海梵志一千童子中)第二童子名曰欽婆羅，前白寶藏如來言：(寶藏)世尊！(欽婆羅)我欲次迦羅迦孫馱如來(Krakucchanda 過去七佛的第四位)後，於「三萬歲」世人中當成佛。
㊁爾時，世尊告虛空摩納言：善男子！當來之世，過「一恒河沙」等「阿僧祇」劫，入「第二恒河沙」等「阿僧祇」劫後分，入「賢劫」(bhadrakalpa 現在住劫。「現在賢劫」與「過去莊嚴劫、未來星宿劫」合稱爲三劫)中，(於)娑婆世界，次拘留孫佛(Krakucchanda 過去七佛的第四位)後，(於)人壽「三萬歲」，(虛空)汝當於中成「阿耨多羅三藐三菩提」，号伽那迦牟尼如來(Kanakamuni 過去七佛的第五位)・應・正遍知・明行足・善逝・世間解・無上士・調御丈夫・天人師・佛・世尊，有大名稱，遍聞世間。	㊁寶藏佛言：(欽婆羅)汝童子！於當來世過「一恒河沙」數「阿僧祇」，「二恒河沙」阿僧祇之餘，於娑訶(sahā 同「娑婆」義，即指「堪忍」，或譯「忍土」。眾生竟能安忍於諸煩惱，不肯出離，故稱爲「娑呵」國土)國土，適入「賢劫」(bhadrakalpa 現在住劫。「現在賢劫」與「過去莊嚴劫、未來星宿劫」合稱爲三劫)，次迦羅迦孫馱如來(Krakucchanda 過去七佛的第四位)後，於「三萬歲」世人中，(欽婆羅)當得成佛，號迦那迦牟尼如來(Kanakamuni 過去七佛的第五位)・應供・正遍知，乃至佛・世尊，名稱流布。

㊂爾時，虛空聞受記已，頭面禮(寶藏)佛，右繞三匝，在(寶藏)佛前住，以種種華散(寶藏)佛身上，叉手恭敬禮，以偈讚(寶藏)佛： 攝護身心，善入禪定， 以微妙音，善能教誡； 其心清淨，無有濁亂， 雖化眾生，不壞世法； 名稱光明，及念總持， 百福功德，無不增廣； 為諸眾生，示現善道， 竪仙勝幡ㄈㄢ，積功德山； 持以利益，無量眾生， 悉令一切，功德滿足； 又與眾生，善寂滅道， 所燒煩惱，如須彌山； 於「三有」中，生「大悲心」， 而與無量，眾生受記。	㊂彼(欽婆羅)於(寶藏)世尊所，聞「授記」已，頭面禮足，起遶三匝，於寶藏如來前，以華散佛，叉手合掌，以偈讚(寶藏佛)曰： 善集和合巧次第，無失濁亂淨妙稱； 意極高廣諸仙尊，說菩提道如大爓ㄒㄢ(火貌) 興人德自百福滿，施寂樂道繞結山； 牟尼所為無過者，授多眾生菩提記。

五－14 寶海的「一千」位童子其中第三位名毘舍掬多，亦發願欲於「五濁」成「阿耨菩提」，於伽那迦牟尼佛滅度後，當於此成「阿耨菩提」，名迦葉如來(過去七佛的第六位)，因此毘舍掬多亦號為大悲智慧

北涼・曇無讖 譯 《悲華經》	秦・譯者佚 名 《大乘悲分陀利經》
㊀善男子！爾時，(寶海梵志一千童子中)第三摩納(Māṇava 儒童)字毘舍掬多，在於(寶藏)佛前，以七寶床，床上所敷綩ㄨㄢˇ綖ㄧㄢˊ茵蓐ㄖㄨˋ，價直千萬兩金，於其床上，置真金器，盛滿七寶，純金澡灌(僧人盛盥漱用水的器皿)，七寶妙杖，供養(寶藏)世尊，及比丘僧。	㊀善男子！爾時，(寶海梵志一千童子中第三位)童子名厚攝，以七寶床，著寶藏如來前，價直百千兩金，敷以所宜，置之金鉢，盛滿七寶，以金澡盥(僧人盛盥漱用水的器皿)，并七寶床，施(寶藏)佛及僧。

㊁作是施已，(毘舍掬多)白佛言：(寶藏)世尊！我未來世，過「一恒河沙」等「阿僧祇」劫，「第二恒河沙」等「阿僧祇」劫後分，入「賢劫」(bhadrakalpa 現在住劫。「現在賢劫」與「過去莊嚴劫、未來星宿劫」合稱爲三劫)中，願(毘舍掬多)我成「阿耨多羅三藐三菩提」。	㊁(厚攝)而白(寶藏)佛言：(寶藏)世尊！我欲於來世，過「一恒河沙」數「阿僧祇」，「二恒河沙」數之餘，於彼「賢劫」(bhadrakalpa 現在住劫。「現在賢劫」與「過去莊嚴劫、未來星宿劫」合稱爲三劫)，成如來・應供・正遍知。
㊂爾時人民，壽命「損減」，初入「五濁」，所有衆生，厚重「貪婬、瞋恚、愚癡、慳悋、嫉妬」，行於「邪見」，隨「惡知識」，諸「不善根」，以覆其心，於諸「善根」，心沒退失，遠離「正見」，「邪命」自活。	㊂(時世)衆善滅時，「惡世」瑞現，衆生住重「貪欲、瞋恚、愚癡、慳嫉」，依「惡知識」邪見，衆生常樂親近，「不善根心、離善根心、無正見心」，(種種)「邪命」亂心。
㊃(待)伽那迦牟尼(Kanakamuni 過去七佛的第五位)「般涅槃」後，(待)「正法」滅已，一切衆生，盲無慧眼、無所師宗，(於)人壽「二萬歲」，爾時，(毘舍掬多)我當成「阿耨多羅三藐三菩提」。	㊃(待)迦那迦牟尼如來(Kanakamuni 過去七佛的第五位)「般涅槃」已，(待)「正法」滅後，衆生盲冥，世無導師，(於)「二萬歲」世人中，(厚攝)我當成「阿耨多羅三藐三菩提」。
㊄善男子！爾時，寶藏如來讚毘舍掬多言：善哉！善哉！善男子！(毘舍掬多)汝今成就「無上智慧」。	㊄善男子！時寶藏如來告厚攝曰：善哉，善哉！婆羅門！(厚攝)汝善丈夫，具「大明智」。
㊅(毘舍掬多)汝當初入「五濁惡世」，時人壽命滿「二萬歲」，(衆生)盲無「慧眼」，無所「師宗」。(毘舍掬多)汝於是中(而)成「阿耨多羅三藐三菩提」，今當号(毘舍掬多)汝為大悲智慧。	㊅(厚攝汝能於)惡世人中，(於)瑞應(祥瑞感應)出時，乃至「二萬歲」世人中，(衆生)盲無「導師」，(厚攝汝能)於中立願。是故，善丈夫！字(厚攝)汝為明智悲意。
㊆(寶藏)佛告大悲智慧菩薩：善男子！(毘舍掬多)汝於來世，過「一恒河沙」等「阿僧祇」劫，入「第二恒河沙」等「阿僧祇」劫後分，入「賢劫」(bhadrakalpa 現在住劫。「現在賢劫」與「過去莊嚴劫、未來星宿劫」合稱爲三劫)中，	㊆汝明智悲意！於當來世，過「一恒河沙」數「阿僧祇」，「二恒河沙」之餘，即於此娑訶世界，在「賢劫」(bhadrakalpa 現在住劫。「現在賢劫」與「過去莊嚴劫、未來星宿劫」合稱爲三劫)，(於)「二萬歲」世人中，(厚攝汝)當得成佛號

(於)人壽「二萬歲」，(毘舍掬多)汝於爾時，得成「阿耨多羅三藐三菩提」，号迦葉如來(Kāśyapa 過去七佛的第六位)‧應‧正遍知‧明行足‧善逝‧世間解‧無上士‧調御丈夫‧天人師‧佛‧世尊。	迦葉如來(Kāśyapa 過去七佛的第六位)，乃至佛‧世尊。
(捌)善男子！爾時，大悲智慧菩薩(即原來的毘舍掬多)，尋以頭面禮於(寶藏)佛足，却住一面，以種種華香、末香(cūrṇa 粖香；被擣碎呈粉末狀之香)、塗香(vilepana 以香塗身；塗妙香)供養(寶藏)世尊，以偈讚(寶藏)佛：	(捌)善男子！爾時明智悲意菩薩(即原來的厚攝)，五體禮寶藏如來足，於一面立，以華鬘、香粖ㄇㄛˋ(cūrṇa 粖香；被擣碎呈粉末狀之香)散寶藏如來，以偈讚(寶藏佛)曰：
人中之尊，利益衆生， 悉能令彼，生愛樂心， 念定法門，心得專一， 我聞妙音，心大歡喜； 智慧方便，無不具足， 是故能行，世間教化。 又與無量，無邊衆生， 授於無上，菩提道記； 緣是得見，十方諸佛， 智慧神足，皆悉平等。 諸佛所有，微妙功德， 并及示現，修菩薩道， 授諸衆生，無上道記。 若欲稱讚，不可得盡， 是故我今，稽首敬禮。	人尊多聞蓋，皆生喜樂意； 以巧妙善語，善智處人天。 授多衆生記，於十方作佛； 神通智意等，佛法無稱量； 尊現菩提行，故我稽首禮。

五－15 寶海的「一千」位童子其中第四位名毘舍耶無垢，則發願於眾生世界「清淨」時成「阿耨菩提」，於迦葉佛滅度後，當於此成「阿耨菩提」，名彌勒如來

北涼‧曇無讖 譯 《悲華經》	秦‧譯者佚 名 《大乘悲分陀利經》

㊀爾時，寶海梵志(於一千童子中)復告第四摩納(Māṇava 儒童)毘舍耶無垢言：善男子！汝今可發「阿耨多羅三藐三菩提」心。	㊀善男子！爾時海濟(寶海)婆羅門(於一千童子中)，覺悟第四童子名無垢意。
㊁善男子！爾時，毘舍耶無垢在(寶藏)佛前住白佛言：(寶藏)世尊！我願於此世界「賢劫」(bhadrakalpa 現在住劫。「現在賢劫」與「過去莊嚴劫、未來星宿劫」合稱爲三劫)中，求「阿耨多羅三藐三菩提」，非於「五濁惡世」之中(而求菩提)，如迦葉佛(Kāśyapa 過去七佛的第六位)所有國土。(寶海的「一千」位童子其中第三位名毘舍掬多，亦發願欲於「五濁」成「阿耨菩提」，成佛名爲迦葉如來)	㊁善男子！爾時無垢意童子前白寶藏如來言：我欲如是，於此土「賢劫」(bhadrakalpa 現在住劫。「現在賢劫」與「過去莊嚴劫、未來星宿劫」合稱爲三劫)中求「菩提」，以不如是(之)「惡世」(成佛)。(寶海的「一千」位童子其中第三位名毘舍掬多，亦發願欲於「五濁」成「阿耨菩提」，成佛名爲迦葉如來)
㊂(待)迦葉如來(Kāśyapa 過去七佛的第六位)「般涅槃」後，(待)「正法」滅已，人壽轉少，至「十千歲」，所有「布施、調伏、持戒」悉皆「滅盡」，是諸衆生，「善心」轉滅，遠離「七財」(七聖財。①信財: 能信受正法②戒財: 能持戒律③慚財: 能自慚不造諸惡④愧財: 於不善法能生羞愧⑤聞財: 能多聞佛典正教⑥施財: 能施捨諸物，捨離執著⑦慧財: 能修習般若空性智慧)，於「惡知識」起「世尊」想，於「三福」(布施世福、持律戒福、眾善修福)事，永無「學心」，離「三善行」，勤行「三惡」，以諸「煩惱」覆「智慧心」，令無所見，於「三乘」法不欲修學。	㊂(待)迦葉如來(Kāśyapa 過去七佛的第六位)「般涅槃」後，(待)「正法」滅已，於「萬歲」世人中，衆生「布施、持戒、修定」心意轉，乏於「七財」(七聖財。①信財: 能信受正法②戒財: 能持戒律③慚財: 能自慚不造諸惡④愧財: 於不善法能生羞愧⑤聞財: 能多聞佛典正教⑥施財: 能施捨諸物，捨離執著⑦慧財: 能修習般若空性智慧)，敬「惡知識」，以之為師，心不樂求於「三福」(布施世福、持律戒福、眾善修福)地；亦不樂修「三善」之業，反樂為「三不善惡」業。以諸「結使」(煩惱)闇亂心故，不欲樂求「三乘」之道。
㊃是衆生中，若(毘舍耶無垢)我(於此惡世)欲成「阿耨多羅三藐三菩提」，尚無有人能(爲我)作「遮閡ㄜˊ」(遮障隔閡，指保護隔離)，何況(於)人壽(將長達)「一千歲」也！乃至人壽「百歲」。是時衆生，乃至無有「善法」名字，何況有「行善根」之者！	㊃於當爾時，尚無能辨(別)「菩提行」者，況復「千歲」(於)世人，乃至(於人壽)「百歲」！爾時衆生，無有「善名」，(更何)況(會有)「行善」者！

㈤ ❶(於此)五濁惡世，人民壽命，稍稍減少，乃至十歲，「刀劫」復起。(毘舍耶無垢)我於爾時，當從「天」(下)來，擁護衆生，為(示)現「善法」。 ❷令(眾生)離「不善法」，乃至(能)安住「十善法」中，離於「十惡」煩惱諸結(結使煩惱)，悉令清淨，滅「五濁世」衆生，乃至人壽「八萬歲」，爾時(毘舍耶無垢)我當成「阿耨多羅三藐三菩提」。 ❸是時衆生，(已經)少於「貪婬、瞋恚、愚癡、無明、慳悋、嫉妬」，(毘舍耶無垢)我於爾時，為諸衆生說「三乘」法，令得安住。	㈤ ❶(於)是「五濁」世，壽命轉減，乃至「十歲」，刀兵劫起。即於爾時，(無垢意)我當從「天上」下，拔濟衆生，使捨「不善」，為說善法。 ❷令彼衆生住「十善業」，以諸善業，除衆生「結」，亦除「五濁」；乃至(於)世人壽「八萬歲」，(無垢意)我乃於中成「阿耨多羅三藐三菩提」。 ❸(我再)為少「貪欲、瞋恚、愚癡、無明、慳嫉」衆生說法，令住「三乘」。
㈥ ①(寶藏)世尊！若(毘舍耶無垢)我所願成就，得己利(獲得諸善法成就爲「己利」)者，惟願(寶藏)如來授我「阿耨多羅三藐三菩提」記。 ②(寶藏)世尊！若(毘舍耶無垢)我不得如是(寶藏佛對我的)「受記」，我於今者，當(改)求「聲聞」，或求「緣覺」。如其「乘力」，(我的目 的就是要)疾得「解脫」，度於「生死」。	㈥ ①(寶藏)世尊！若(無垢意)我如是「意滿」(意願圓滿)者，(寶藏)世尊應授我「阿耨多羅三藐三菩提」記。 ②(寶藏)世尊！設(無垢意)我不得如是「授記」，我當求「聲聞」地、若「辟支佛」，(我的目 的就是要)速脫生死。

五－16 寶藏佛告毘舍耶無垢諸多法義，如「四懈怠法、四速疾法、四無厭法、四無盡藏法、四清淨法」。毗舍耶無垢發願於眾生世界「清淨」時成「阿耨菩提」，佛號為彌勒如來

北涼．曇無讖 譯 《悲華經》	秦．譯者佚 名 《大乘悲分陀利經》
㈠時寶藏佛告毘舍耶無垢言： ❶善男子！菩薩(若)有「四懈怠」，若菩薩成就如是(底下)「四法」者，(則)貪著「生	㈠寶藏如來言： ❶(無垢意)婆羅門！菩薩(若)有「四懈怠」地，若有菩薩具此「懈怠」者，(則)久樂「生

<table>
<tr><td>死」，於「生死獄」，(將)受諸苦惱，不能疾成「阿耨多羅三藐三菩提」。
❷何等四？
①下行。(下等的戒行)
②下伴。(下等的二乘同伴)
③下施。(下等的布施)
④下願。(下等的發願)</td><td>死」，為(邪)見所誤，(將)受生死苦，不速逮「阿耨多羅三藐三菩提」。
❷何謂為四？
①或有菩薩卑賤(於)「威儀」。
②卑賤(於)「同學」。
③卑賤(於)「分施」。
④卑賤(於)「立願」。</td></tr>
<tr><td>㊁
㈠云何菩薩「下行」？
或有菩薩破「身、口」戒，不能善護(戒律與威儀)，是名「下行」。
㈡云何「下伴」？
親近「聲聞」及「辟支佛」，與共從事，是名菩薩「下伴」。(不發心去成佛都是屬於下等的願)
㈢云何「下施」？
不能一切(施)捨「諸所有」，於「受者」(指布施的對像)中，心生「分別」，(只是)為得「天上」受快樂故，而行「布施」，是名菩薩「下施」。
㈣云何「下願」？
不能一心(去)願取「諸佛淨妙世界」(指求生「佛國淨土」之事)。所作(的任何)誓願，(皆)不為「調伏」一切衆生，是名菩薩之「下願」也。
菩薩(若)成(就)是「四懈怠法」，(將)久處「生死」，受諸「苦惱」，不能疾成「阿耨多羅三藐三菩提」。</td><td>㊁
㈠何謂菩薩卑賤「威儀」？
或有菩薩破「身、口、意」，或不攝「威儀」。
㈡與學「聲聞、緣覺」者(同共)俱。
㈢不(能)一切(都布)施，不(能於)一切「處」(都布)施，(布施只爲追)求「人天」福樂(而去布)施。
㈣不「至意」立願(去求取)「莊嚴佛土」，(不立願)為「度衆生」。
(若)具(此)四法，(即是)「懈怠」菩薩，(將)久受「生死」之苦，不速逮「阿耨多羅三藐三菩提」。</td></tr>
<tr><td>㊂善男子！復有四法，菩薩(若能)成就，則能疾成「阿耨多羅三藐三菩提」。何等四？
①一、能持「禁戒」，淨「身、口、意」，護</td><td>㊂有菩薩具(底下)四法，(則將)速成「阿耨多羅三藐三菩提」。何謂為四？
①護持「身、口、意」。</td></tr>
</table>

持法行。 ②二、親近修學「大乘」之人，與「法」同事。	②或常親近「大乘」學人。
③三、所有之物，能一切(皆)「捨」，(能)以「大悲心」，(能)「施」於一切。	③(於)一切(皆)施，(於)一切處(亦皆能)施，為(度)脫一切「衆生苦」故，發(大)悲心(之)施。
④四、一心願取種種「莊嚴諸佛世界」(指求生「佛國淨土」之事)，(所作的誓願)亦為「調伏」一切衆生。	④(能)「至意」立願(去求取)「莊嚴佛土」，(願)為度衆生故。
是名四法，菩薩(若能)成就，則能疾成「阿耨多羅三藐三菩提」。	是為四法，菩薩行是速成「阿耨多羅三藐三菩提」。
㊃	㊃
復有四法，菩薩(若能)成就，能持「無上菩提之道」。何等四？ ❶精勤行於「諸(六)波羅蜜」。 ❷攝取一切「無量衆生」。 ❸心常不離「四無量行」。 (catvāry apramāṇāni 佛菩薩爲普度無量眾生，令離苦得樂，所應具有之四種精神。❶緣無量眾生，思惟令彼等得樂之法，而入「慈等至」，稱爲「慈無量」。❷緣無量眾生，思惟令離苦之法，而入「悲等至」，稱爲「悲無量」。❸思惟無量眾生能離苦得樂，於內心深感喜悅，而入「喜等至」，稱爲「喜無量」。❹思惟無量眾生一切平等，無有怨親之別，而入「捨等至」，稱爲「捨無量」。 「喜」無量爲「喜受」所攝，故依「初靜慮」與「二靜慮」。「慈、悲、捨」三無量則通依「四靜慮、未至定、中間定」等六地。故《大乘悲分陀利經》將此「四無量行」翻譯成「修辦諸禪」，似乎仍是有關連的)	復有四法，菩薩具足，(則能)攝「菩提道」。何謂為四？ ❶勤行「(六)波羅蜜」。 ❷施攝(布施攝取一切)「衆生」。 ❸修辦「諸禪」。
❹遊戲諸(神)通。 是名四法，菩薩成就，能持「無上菩提之道」。	❹遊戲「神通」。 是為四。
㊄	㊄

復有四法，(能)令「心無厭」。何等為四？ ①一者：行「施」。 ②二：聽「法」。 ③三：修行。 ④四：「攝取」衆生。 如是四法，令心無厭，菩薩應學。	復有「四無厭法」，菩薩應具： ①「施」無厭。 ②「聞法」無厭。 ③「攝衆生」無厭。 ④「願」無厭。 是為四。
㊅ 復有「四無盡藏」，是諸菩薩所應成就。何等四？ ❶一者：信根。 ❷二者：說法。 ❸三：「善根」願。 ❹四者：攝取「貧窮」衆生。 是為菩薩「四無盡藏」，具足修滿。	㊅ 復有「四無盡藏」，菩薩應(修至圓)滿： ❶「信」無盡藏，菩薩應(修至圓)滿。 ❷「說法」無盡藏，菩薩應(修至圓)滿。 ❸「迴向」無盡藏，菩薩應(修至圓)滿。 ❹「濟窮厄衆生」無盡藏，菩薩應(修至圓)滿。 是為四。
㊆復有「四清淨法」，菩薩(若能)成就。何等四？ ①「持戒」清淨，以無「我」故。 ②「三昧」清淨，無「衆生」故。 ③「智慧」清淨，無「壽命」故。 ④「解脫知見」清淨，以無「人」故。 是為四清淨法。	㊆復有四淨，菩薩應具： ①無「我」，「戒」淨。 ②無「衆生」，「三昧」淨。 ③無「命」，「慧」淨。 ④無「人」，「解脫知見」淨。 是為四法，菩薩應具。
㊇菩薩成就以是故，(能)疾成「阿耨多羅三藐三菩提」。 ❶轉「虛空」法輪。 ❷轉「不可思議」法輪。 ❸轉「不可量」法輪。 ❹轉「無我」法輪。 ❺轉「無言說」法輪。 ❻轉「出世」法輪。 ❼轉「通達」法輪。	㊇菩薩以是(四法)，(則能)速成「阿耨多羅三藐三菩提」。 ❶轉「虛空」(法)輪。 ❷(轉)「不可思議」(法)輪。 ❸(轉)「無稱量」(法輪)。 ❹(轉)「無我」(法)輪。 ❺(轉)「無言說」(法)輪。 ❻(轉)「假現」(法)輪。 ❼(轉)「厭患」(法)輪。

❽轉諸天人所不能轉「微妙」之輪。 ㊈(毘舍耶無垢)善男子！未來之世，過「一恒河沙」等「阿僧祇」劫，入「第二恒河沙」等「阿僧祇」劫後分，初入「賢劫」(bhadrakalpa 現在住劫。「現在賢劫」與「過去莊嚴、未來星宿劫」合稱爲三劫)，「五濁」滅已，壽命增益至「八萬歲」，(毘舍耶無垢)汝於是中成「阿耨多羅三藐三菩提」，号曰彌勒如來・應・正遍知・明行足・善逝・世間解・無上士・調御丈夫・天人師・佛・世尊。 ㊉爾時，毘舍耶摩納(Māṇava 儒童)在於(寶藏)佛前，頭面禮足，却住一面，以種種華香、末香(cūrṇa 粖香;被擣碎呈粉末狀之香)、塗香(vilepana 以香塗身;塗妙香)，供養於(寶藏)佛及比丘僧，(毘舍耶無垢)以偈讚(寶藏)佛： (寶藏)世尊無垢，如真金山， 眉間毫相，白如珂ㄎㄜ雪； 應時為我，說微妙法， 記我來世，作天人師。 誰有見聞，而當不取， 仙聖大覺，世燈功德？	❽轉「未曾」(轉之法)輪。 ㊈汝無垢意！於當來世，過「一恒河沙」數「阿僧祇」，於「二恒河沙」阿僧祇餘，入「賢劫」(bhadrakalpa 現在住劫。「現在賢劫」與「過去莊嚴劫、未來星宿劫」合稱爲三劫)未久，「五濁」以除，其壽轉增至「八萬歲」人中，(無垢意)汝當得逮「阿耨多羅三藐三菩提」，號彌勒如來，乃至佛・世尊。 ㊉時無垢意婆羅門，五體禮寶藏如來足已，於一面住，以華鬘、粖ㄇㄛˋ香(cūrṇa 末香;被擣碎呈粉末狀之香)供養(寶藏)世尊，(無垢意)以偈讚(寶藏佛)曰： 尊面如滿月，白毫相如雪， 身淨如金山，誰不願牟尼？ 雄猛如獸王，無量德照世， 光明普周遍，今授我佛記。

五－17 寶海的「一千」位童子，只剩持力捷疾一人在讀誦婆羅門根本聖典「毗陀」，其餘者皆已發「阿耨菩提」心

北涼・曇無讖 譯 《悲華經》	秦・譯者佚 名 《大乘悲分陀利經》
㊀善男子！爾時，寶海梵志(的)一千「摩納」(Māṇava 儒童)，惟除(持力捷疾)一人，悉共讀誦「比陀」(Veda 吠馱;韋陀;圍陀;薜陀;鞞	㊀大師(國王之婆羅門大師)海濟(寶海)婆羅門，勸彼「一千」人，(最)少(只剩)一童子通「四鞞陀」(catur-veda 四韋陀;四圍陀，婆羅門教之根

陀;比陀;皮陀。意譯「智、明、明智、明解、分」。又稱《圍陀論》、《毘陀論經》、《薜陀咒》、《智論》、《明論》。古印度婆羅門教根本聖典之總稱)外典。(其餘的)皆已勸化(勸教度化)於「阿耨多羅三藐三菩提」,如拘留孫(Krakucchanda 過去七佛的第四位)、迦那伽牟尼(Kanakamuni 過去七佛的第五位)、迦葉(Kāśyapa 過去七佛的第六位)、彌勒。其第五者,名師子光明(可能是指彌勒佛的下一位佛的名稱?),亦如是。	本聖典)得發菩提;所謂:迦羅迦孫馱(Krakucchanda 過去七佛的第四位)、迦那迦牟尼(Kanakamuni 過去七佛的第五位)、迦葉(Kāśyapa 過去七佛的第六位)、彌勒、子照(可能是指彌勒佛的下一位佛的名稱?)等「千人」。(最)少(的)二童子(還在)通「四鞞陀」,彼(其餘)一切(皆已)立「阿耨多羅三藐三菩提」願。
(貳)其「千人」中,惟除(持力捷疾)一人,其餘皆願於「賢劫」(bhadrakalpa 現在住劫。「現在賢劫」與「過去莊嚴劫、未來星宿劫」合稱爲三劫)中成「阿耨多羅三藐三菩提」,於其衆中,最下小者,名持力捷疾。	(貳)於此「賢劫」(bhadrakalpa 現在住劫。「現在賢劫」與「過去莊嚴劫、未來星宿劫」合稱爲三劫),寶藏如來(對)彼(千人)一切(都授)「阿耨多羅三藐三菩提」記,(唯)於「賢劫」中,其最小者(名爲持大力)。
(參)寶海梵志復教(持力捷疾)令發「阿耨多羅三藐三菩提」心:善男子!(持力捷疾)汝今「莫觀久遠」(不要思惟觀察「修學菩薩道的長久遙遠」而停住退道心),當(遠)離「心覺」(妄心妄覺),(應)為諸衆生(生)起「大悲心」(吧)!	(參)(寶海)大師覺(醒)之(持大力):咄!持大力!何以久觀(不要思惟觀察「修學菩薩道的長久遙遠」而停住退道心)?(持大力)汝摩訶薩,(應)捨「餘意想」(其餘的意念亂想),(應)為(度)衆生故,可發「大悲」(心)。
(肆)爾時,(寶海)梵志即為持力捷疾,而說偈言: 陰界諸入,所攝衆生, 畏老病死,墮於愛海, 閉在三有,可畏獄中, 飲煩惱毒,互相侵害。 長夜墮在,苦惱海中, 癡盲無目,失於正道, 久處生死,機關所覆, 三有衆生,諸苦熾然。 以離正見,安住邪見, 周迴生死,五道之中,	(肆)(寶海)以偈告(持大力)曰: 衆生老病死,沒於愛流河; 處在三界畏,受胎之微形。 飲結毒相害,曠野苦燒煑; 癡盲失善道,為生死所逼。 三界苦熾然,皆住於邪見; 一切在五道,譬如車輪轉。 衆生尠(很少)法眼,念無救衆生; 修慧除疑惑,今可求菩提。 為世渴愛河,作衆生橋梁; 解世結縛故,心迴向菩提。

不得休息，譬如車輪。 有諸衆生，失於法眼， 盲無所覩，又無救護。 汝應修集，無量智慧， 令離癡惑，使發菩提， 應與衆生，作善知識， 為燒愛結，解煩惱縛， 應為是等，發菩提心。 失法眼者，為癡所覆， 為離癡故，應與勝道， 生死有獄，大火熾然， 與法甘露，令其充足。 汝今速往，至於佛所， 頭頂禮足，作大利益。 當於佛所，發妙勝願， 所願勝妙，善持念之。 汝當來世，調御天人， 亦當願施，衆生無畏， 拔濟一切，悉令解脫， 亦令具足，(五)根(五)力(七)覺(八聖)道， 雨大法雨，施智慧水， 滅諸衆生，苦惱之火。	除癡開法眼，施以無上道； 生死三界然，充之以法味。 速可詣饒益，頂禮牟尼足； 可立最堅願，為佛世導師。 慰喻諸群生，曠野濟衆庶； 施妙解脫道，(五)根(五)力及(七)覺分， 為求雨法雨，以滅衆生苦。
㈤善男子！爾時，持力捷疾作如是言：(寶海)尊者！ ❶(持力捷疾)我今所願，不求「生死果報」。 ❷不求「聲聞、辟支佛」乘。 ❸我今惟求「無上大乘」(無上的成佛之乘)。 ❹(但我將)待「時」、待「處」，待(需要)「調伏」(的)衆生，待(需要)發(的)「善願」，(持力捷疾)我今(還要多)「思惟」如是等事。	㈤善男子！時持大力童子白言：(寶海)大師！ ❶(持大力)我不樂ㄠˋ「生死」，樂求「(最)尊(殊)德」。 ❷又復不求「聲聞、辟支佛」乘。 ❸(我只)欲求「無上乘」(無上的成佛之乘)。 ❹(持大力)我(需)「觀」所(度)化(之)處，(我需要)待「時」(再)立(下誓)願。
㈥(寶海)尊者！且待「須臾」，(來)聽(持力	㈥(寶海)大師！是故(持大力)我(先)住「思

捷疾)我(來作)「師子吼」(吧)！	惟」至今，(寶海)師(您且)待「須臾」，聽(持大力)我(再作)「師子吼」時。

五－18 寶海梵志的「五名侍者」手龍、陸龍、水龍、虛空龍、妙音龍等亦發「阿耨菩提」心

北涼・曇無讖 譯 《悲華經》	秦・譯者佚 名 《大乘悲分陀利經》
㊀時，善男子！爾時，寶海梵志漸漸却行，有侍者五人，一名手龍，二名陸龍，三名水龍，四名虛空龍，五名妙音龍，而告之曰：	㊀善男子！爾時海濟(寶海)婆羅門，捨彼而還，告其弟子「五婆羅門」常給侍者：
汝等今者可發「阿耨多羅三藐三菩提」心。	汝諸童子！可發「阿耨多羅三藐三菩提」心。
㊁五人(五侍者)報曰：(寶海)尊者！我等「空無所有」，無以供養(寶藏)佛及衆僧。(我等五人)未種「善根」，云何得發「阿耨多羅三藐三菩提」心？	㊁彼(五侍者)白(寶海)師言：我等無「財寶物」可供養佛，及比丘僧，我等云何未種「善根」(就可以)發「菩提心」？
㊂善男子！爾時，(寶海)梵志以： ❶左耳中所著「寶環」持與手龍。 ❷右耳「寶環」持與陸龍。 ❸所坐「寶床」持與水龍。 ❹所用「寶杖」與虛空龍。 ❺「純金」(的)澡罐(僧人盛盥漱用水的器皿)與妙音龍。	㊂善男子！爾時國大師(國王之婆羅門大師寶海)告其弟子： ❶一名迦羅浮殊，即與七寶耳璩𥫗。 ❷二名他羅浮殊，亦與七寶耳璩𥫗。 ❸第三名闍羅浮殊，與七寶床。 ❹第四名佉伽浮殊，與七寶杖。 ❺第五名婆羅浮殊，與「純金」(的)澡盥(僧人盛盥漱用水的器皿)。
㊃如是與已，(寶海)復作是言：(五侍者)童子！汝今可「持此物」，供養(寶藏)佛及衆僧，(即可)發「阿耨多羅三藐三菩提」心。	㊃(寶海)而告之曰：(五侍者)汝等可以「此物」，供養(寶藏)佛及比丘僧，(即可)發「阿耨多羅三藐三菩提」心。

《悲華經》第六卷

六－1 寶藏如來與「五名侍者」授「阿耨菩提」記：手龍為堅音如來。陸龍為快樂尊如來。水龍為導師如來。虛空龍為愛清淨如來。妙音龍為那羅延勝葉如來

北涼・曇無讖 譯 《悲華經》	秦・譯者佚 名 《大乘悲分陀利經》
《諸菩薩本授記品・第四之四》	
㊀爾時，五人即至(寶藏)佛所，以(寶海梵志剛剛贈送之)所得物，供養(寶藏)世尊，及比丘僧。	㊀時五給侍進詣(寶藏)世尊，各以(寶海梵志剛剛)所齎ㄐㄧ (所送之物)施(予寶藏)佛及僧已。
㊁(五侍者)供養已，復白(寶藏)佛言：(寶藏)世尊！惟願(寶藏)如來授我「阿耨多羅三藐三菩提」記，令於「賢劫」(bhadrakalpa 現在住劫。「現在賢劫」與「過去莊嚴劫、未來星宿劫」合稱爲三劫)成「阿耨多羅三藐三菩提」。	㊁(五侍者)而白(寶藏)佛言：唯願(寶藏)世尊！授我等「阿耨多羅三藐三菩提」記，於彼「賢劫」(bhadrakalpa 現在住劫。「現在賢劫」與「過去莊嚴劫、未來星宿劫」合稱爲三劫)，(五侍者)我等於中，當成「無上正真之道」。略說。
㊂善男子！爾時，寶藏如來即與「五人」授「阿耨多羅三藐三菩提」記：	㊂善男子！時寶藏如來即與：
❶手龍！汝於來世「賢劫」之中，當得成佛，号堅音如來，十号具足。	❶迦羅浮殊童子授「菩提」記，於「賢劫」中當名堅音如來。
❷堅音如來「般涅槃」後，陸龍次當作佛，号快樂尊如來，十号具足。	❷次後他羅浮殊當名樂相意如來。
❸快樂尊佛「般涅槃」後，水龍次當成佛，号導師如來，十号具足。	❸次後闍羅浮殊當名商導如來。
❹導師佛「般涅槃」後，虛空龍次當成佛，號愛清淨如來，十號具足。	❹次後佉伽浮殊當名愛清如來。
❺愛清淨佛「般涅槃」後，妙音龍次當作佛，号那羅延勝葉如來，十號具足。	❺次後娑羅浮殊童子當名清葉髻王如來。

六－2 寶藏佛告訴寶海梵志的弟子持力捷疾云：未來的「半賢劫」中，將會有「1004 尊」諸佛出現於世，待 1003 尊諸佛皆滅度已，最後一位「侍者」妙音龍將成佛號那羅延勝葉如來

北涼·曇無讖 譯 《悲華經》	秦·譯者佚 名 《大乘悲分陀利經》
㊀善男子！寶藏如來記是五人(於)「賢劫」(bhadrakalpa 現在住劫。「現在賢劫」與「過去莊嚴劫、未來星宿劫」合稱爲三劫)成佛已，寶海梵志復告持力捷疾：善男子！(持力捷疾)汝今可取種種莊嚴淨妙世界，如心所憙，便可發願，(給)與一切眾生「甘露法味」，專心精勤，行「菩薩道」，慎莫思惟(修習菩薩道是需要)「劫數長遠」(的)。	㊀(寶藏)佛適授彼「五童子」記，於「賢劫」(bhadrakalpa 現在住劫。「現在賢劫」與「過去莊嚴劫、未來星宿劫」合稱爲三劫)已，時(寶海)大師(國王之婆羅門大師寶海)重告持大力言：汝持大力！於(寶藏)世尊所，今可立願，取莊嚴佛土，隨意所欲。以「法味(法義之味)」謂(古通「誨」➔訓誨教導)「一切眾生」，堅固精進，行「菩薩行」，莫復「久觀」(不要思惟觀察「修學菩薩道的長久遙遠」而停住退道心)。
㊁善男子！爾時，(寶海)梵志捉持力捷疾(手)臂，將至(寶藏)佛所。(持力捷疾)至(寶海)佛所已，坐於(寶海)佛前，白(寶藏)佛言：	㊁(寶海)自執其(持大力)臂，將至(寶藏)佛所。善男子！彼時持大力童子，住(寶藏)世尊前，而白(寶藏)佛言：
(寶藏)世尊！未來之世，於「賢劫」(bhadrakalpa 現在住劫)中，有幾佛「向」(大約有多少)如來出世？	(寶藏)世尊！於當來世後「賢劫」(bhadrakalpa 現在住劫)中，當有幾牟尼(muni指尊貴殊勝之聖者，牟尼有仙人、寂默者、佛陀等義)日(時日；時期)，出現於世。
㊂爾時，(寶藏)佛告持力捷疾言：善男子！(於)半「賢劫」(bhadrakalpa 現在住劫)中(將會)有「千四」(1004 尊)佛，出現於世。	㊂寶藏如來言：(持大力)童子！於半「賢劫」(bhadrakalpa 現在住劫)當有「千四」(1004 尊)牟尼(muni)日(時日；時期)，出現於世。
㊃持力捷疾言：(寶藏)世尊！彼「賢劫」(bhadrakalpa 現在住劫)中，(共 1003 尊)諸佛世尊「般涅槃」已，最後(第 1004 尊的)妙音龍成「阿耨多羅三藐三菩提」，号那羅延勝葉。	㊃(持大力)童子白佛言：(寶藏)世尊！於彼「賢劫」(bhadrakalpa 現在住劫)，乃至「千三」(共 1003 尊)牟尼(muni)日(時日；時期)「般涅槃」已，其最後(第 1004 尊的)娑羅浮殊童子，當

	成「阿耨多羅三藐三菩提」，名青葉髻王如來。
㈤(寶藏)世尊！(持力捷疾)我願於爾時(此指持力捷疾願於 1004 尊佛的出現與涅槃之時)，(便開始)修「菩薩道」，修諸「苦行」，「持戒、布施、多聞、精進、忍辱、愛語、福德、智慧」種種「助道」，悉令具足。	㈤(持大力)我當於爾所時(此指持力捷疾願於 1004 尊佛的出現與涅槃之時)，(便開始)行「菩提行」，難行「苦行」，「布施、持戒、修定、多聞、精進、忍辱」，隨「福德、智慧」，我當具滿(具足圓滿)。
㈥ ⑴(待)「賢劫」諸佛(指共 1004 尊)，(每一尊於)「垂成」(快接近完成)佛時，願(持力捷疾)我在(最)初(就開始對這些諸佛)奉施「飲食」。 ⑵(待 1004 尊賢劫諸佛都已)「般涅槃」後，(我將)收取「舍利」，(並)起塔供養，護持「正法」。	㈥ ⑴於彼「賢劫」一切成佛未久(指共 1004 尊佛，每一尊在剛成佛不久之時)，(持大力)我(便率)先(布)施供養(這些諸佛)。 ⑵(待 1004 尊賢劫諸佛)彼「般涅槃」後，如(以)「舍利」(之)法，(去)供養「舍利」，護持「正法」。
㈦ ❶(在這 1004 尊佛的出現與涅槃的時間當中，若)見「毀戒」者，(我皆)勸化(勸教度化)安止，令住「持戒」。 ❷(若見有)遠離「正見」，墮諸(邪)見者，(我皆)勸化(勸教度化)安止，令住「正見」。 ❸(若見有)「散亂心」者，(我皆)勸化(勸教度化)安止，令住「定心」。 ❹(若見有)無「威儀」者，(我皆)勸化(勸教度化)安止，住聖「威儀」。 ❺若有眾生欲行「善根」，(持力捷疾)我當為其開示「善根」。	㈦ ❶(在這 1004 尊佛的出現與涅槃的時間當中，若見有)「乏戒」眾生，(我皆)勸令「持戒」，使住其中。 ❷(若有)「少見」(缺少正見的)困厄眾生，(我皆)勸令「正見」使住其中。 ❸(若見有)「少意」(缺少正定正意)眾生，(我皆)勸住「正意」。 ❹(若見有)無「威儀」者，(我皆)令住「威儀」。 ❺(我)當為眾生示現種種若干「善行」。
㈧(待)彼諸(共 1004 尊)世尊(在)「般涅槃」後，(在)「正法」垂滅(快接近緣滅之時)，(持力捷疾)我於「爾時」，(便)當「護持」之，令(正法)不斷絕，於世界中，然(燃)「正法」燈。	㈧(待)彼諸(共 1004 尊)佛世尊「涅槃」未久(之時)，(持大力)我當(迴)復「正法」、眼(見證)「正法」、攝(受)「正法」、(振)興「正法」燈，(令正法能繼續)熾然(熾盛皎然)於世。

六－3 寶海梵志的弟子持力捷疾發種種願，教化一切眾生，待「1004尊」諸佛皆滅度後，自己再成佛，名樓至如來，即為「賢劫千佛」中最後一位之佛(第1005尊佛)

北涼・曇無讖 譯 《悲華經》	秦・譯者佚 名 《大乘悲分陀利經》
㊀ ❶(若遇)「刀兵」劫時，(持力捷疾)我當教化一切眾生，(令彼)持「不殺戒」，乃至(能安住於)「正見」(中)。(能)於「十惡」中，拔(濟)出(離)眾生，(令)安止、令住(於)「十善道」中，滅諸「盲冥」，(並對彼)開示「善法」。 ❷(持力捷疾)我當滅此「劫濁、命濁、眾生濁、煩惱濁、見濁」，令(此五濁)無有餘。	㊀ ❶(若遇)「刀兵」劫時，(持大力)我當勸化(勸教度化)眾生，使(安)住(於)「不殺」，乃至(安住於)「正見」。(我將)以「十善業」(救度處)於「邪逕」路(上者)，拔(濟)出(離)眾生，(令彼能)著(於)「善道」中，(能)除彼「惡行、闇冥」，(並對彼)開示「善行」法。 ❷(所有的)「劫濁」，乃至「命、見、結(煩惱)、眾生」濁世，(持大力)我當滅除(此五濁)。
㊁ ①(若遇)於「飢饉」劫(時)，(持力捷疾)我當勸化(勸教度化)一切眾生，(令彼)安止住於「檀」波羅蜜(中)，乃至(能安住於)「般若」波羅蜜(中)，亦(復)如是。 ②(持力捷疾)我(將)勸眾生住「六波羅蜜」時，眾生所有一切(之)「飢餓、黑闇、穢濁、怨賊、鬪諍」，及諸煩惱，悉令「寂靜」。	㊁ ①(若於)「飢饉」劫時，(持大力)我當勸化(勸教度化)眾生，(令彼)行「檀」波羅蜜，令住其中。 ②(持大力)我(將)以「六波羅蜜」，除滅一切(眾生)「飢饉」之劫，(除滅一切的)濁亂、鬪諍，及與「怨嫉」，(願我)於眾生所，(能)除滅(彼之)「結」(結使煩惱)垢。
㊂ ❶(若遇)於「疾疫」劫(時)，(持力捷疾)我當教化一切眾生，悉令住於「六和法」(與眾生需有六種的「和同愛敬」，身和敬、口和敬、意和敬、戒和敬、見和敬、利和敬)中。 ❷亦令安止住(於)「四攝法」(❶布施攝❷愛語攝❸利行攝❹同事攝)，(願)眾生所有(之)「疾疫、	㊂ ❶❷(若遇)「疾疫」劫時，(持大力)我當以「六和敬」(與眾生需有六種的「和同愛敬」，身和敬、口和敬、意和敬、戒和敬、見和敬、利和敬)、「四攝法」(❶布施攝❷愛語攝❸利行攝❹同事攝)勸化(勸教度化)眾生，令(六和敬法與四攝法能安)住(於)其中，(並)除滅眾生(之)「疾疫、闇冥」，乃

黑闇」，(我)當令滅盡。	至滅「結」(結使煩惱)。
肆	肆
①(我將)於「半賢劫」，斷滅眾生如是「苦惱」。	①(於)一切(的)「娑呵」(sahā同「娑婆」義，即指「堪忍」，或譯「忍土」。眾生竟能安忍於諸煩惱，不肯出離，故稱爲「娑呵」國土)佛土，(我將於)「半賢劫」中，(以)如是(方式去)「救濟」眾生(之)困厄。
②(待)「一千四」(1004尊)佛於「半劫」中「出世」(與)「涅槃」，(待所有的)「正法」(皆)滅已，然後(持力捷疾)我當成「阿耨多羅三藐三菩提」。	②(待)「千四」(1004尊佛)世尊「出現」(與)「涅槃」，(待)彼一切「正法」(皆)滅已，於「賢劫」中，然後(持大力)我當成「阿耨多羅三藐三菩提」。
伍	伍
❶(我將)如「千四」(1004尊諸)佛所得(之)「壽命」。(我的)「聲聞」弟子、我之「壽命」、(我的)「聲聞」弟子(數量)，亦復如是，(皆與1004尊諸佛所得的數量相)等無差別。	❶(持大力我將)如彼「賢劫」(之)「千四」(1004尊)諸佛(之)「壽命」限量。(持大力)我逮「菩提」已，「壽命」與(1004尊諸佛相)等。如彼(1004尊諸佛)所有「聲聞」(的)僧數(量)，我(的)「聲聞」眾(數量)，亦當與(1004尊諸佛的聲聞數量相)等。
❷(我將)如「千四」(1004尊諸)佛，於「半劫」中，(能)調伏眾生，願(持力捷疾)我亦於「半賢劫」之中，(能)「調伏」眾生。	❷(我將)如彼「半劫」(之)「千四」(1004尊諸)如來所度(的)眾生(數量)，獨(持大力)我與(1004尊諸佛是相)等。
陸	陸
①(於)是「半劫」中，(若於)諸(1004尊諸)佛所有(之)「聲聞」弟子，(若有)毀於「禁戒」，墮在「諸見」，(或)於諸佛所，無有「恭敬」，生於「瞋恚、惱害」之心，(或者)破法、壞僧，誹謗「賢聖」，毀壞「正法」，(種種)作惡，(五)逆罪(者)。	①(若於)彼諸(1004尊諸)佛世尊(之中)，(若有)學「聲聞」者，設違失「戒」，墜「邪見」林，不敬「諸佛」，多「憎嫉心、惡心、害心」，伺求「法」(與)「僧」(之)「失心、過心」，誹謗「賢聖」，非ㄟ(古通「誹」➔誹謗)毀「正法」，作「無間業」者。
②(寶藏)世尊！(持力捷疾)我成「阿耨多羅三藐三菩提」時，悉當拔(濟這些眾生)出於「生死」污泥，令入無畏(之)「涅槃城」中。	②願(持大力)我逮「菩提」時，(將)於(這些仍處在)「生死」中(者)，拔(濟)彼一切(眾生)，(並)安置(此眾生於)無畏(之)「涅槃城」中。

六－4 寶海梵志的弟子持力捷疾成佛為樓至佛，廣度眾生，待樓至佛涅槃後，所有的齒骨及舍利，將變作「化佛形像」，繼續教化無量無邊眾生

北涼・曇無讖 譯 《悲華經》	秦・譯者佚 名 《大乘悲分陀利經》
㊀(待持力捷疾)我「般涅槃」後，(我的)「正法」(與)「賢劫」(bhadrakalpa 現在住劫。「現在賢劫」與「過去莊嚴劫、未來星宿劫」合稱爲三劫)，(將)一時(皆)滅盡。	㊀乃至(待持大力)我「般涅槃」(後)，(將)隨「正法」幾時滅(盡)，(我之)「賢劫」(亦)俱(滅)盡。
㊁若(持力捷疾)我涅槃(後)，(我的)「正法」(與)「賢劫」，俱滅盡已。(但)我之「齒骨」，幷及「舍利」，悉當變化作「佛形像」，(具有)「三十二相」，(有)瓔珞其身，(於)一一相中，有「八十種好」，次第莊嚴。(能)遍至十方無量無邊(之)「無佛」世界，(我之所有的)一一「化佛」(將)以「三乘」法，(去)教化無量無邊「衆生」，悉令(彼眾生皆得)「不退」。	㊁(持大力)我(之)「正法」滅(盡)，(與我的)「賢劫」(亦滅)盡已。(但)當令我「齒」及「身舍利」，變(化)成無量阿僧祇(的)「化佛」，(這些化佛將)具足「三十二大人之相」，以莊嚴身，(能)令一一相(皆具有)「八十種好」而自莊嚴，(我將)令諸「化佛」(前)往至十方無量阿僧祇(的)「無佛」之國，(能)令一一「化佛」勸彼無量阿僧祇「衆生」，使(彼眾生皆)住(於)「三乘」。
㊂若彼世界(有)「病劫」起時，無有「佛法」，(如)是(我的)「化佛」(之)像，亦當(前往)至中，(並)教化衆生，如前所說。	㊂其有佛土，(若)為「災劫」所壞，(我將)令彼「化佛」(前)往至其中，救濟衆生，(皆)如前所說。
㊃若諸世界無「珍寶」者，(我的「化佛」神力)願作(出)「如意摩尼寶珠」，雨(降)諸「珍寶」，自然發出「純金」之藏。	㊃然後(我將以我的「化佛」神力而)令成「如意摩尼」，(能)於諸佛土，若有衆生乏無「珍寶」，(則我的「化佛」神力能)到彼諸國，(能降下)「如意雨寶」(及)示現(出種種的)「伏藏」。
㊄若諸世界所有衆生，離諸「善根」，(有)「諸苦」纏身，我(的「化佛」神力)當於中，雨「憂陀娑香、栴檀(candana)、沈水」(等)	㊄又(有)餘佛土衆生，(因爲)甚尠(很少)諸善業，(故)為病所困，(我的「化佛」神力)亦到於彼，令雨海此岸(之)「牛頭栴檀」(gośīrṣa-

種種諸香。(此香能)令諸眾生斷「煩惱病」、(斬)諸「邪見病」、(治)身「四大病」，(能令眾生)於「三福」(布施世福、持律戒福、眾善修福)處，(皆)勤心修行，令(其)命終時，(亦能得)生「天人」中。

陸

❶(寶藏)世尊！(這些都是持力捷疾)我(往昔)行「菩薩道」時，當作如是(諸多能)利益眾生(之事)。

❷(待持力捷疾)我成「阿耨多羅三藐三菩提」已，(我亦)當作如是「佛事」。

❸(待我)「般涅槃」後，(我的)「舍利」復(將變成「化佛」而)至無量(之)世界，如是(能)利益(無量)眾生。

柒

①(寶藏)世尊！若(持力捷疾)我所願「不成」(不能成就)；不得「己利」(獲得諸善法成就爲「己利」)；不能與諸眾生作「大醫王」；不能「利益」者，(那)我今便為(是)「欺誑」十方無量世界在在處處(的)「現在諸佛如來」。今者，(寶藏世尊您)亦復不應與(持力捷疾)我授「阿耨多羅三藐三菩提」記。

②(寶藏)世尊(若有)所與無量無邊億「阿僧祇」眾生，授「阿耨多羅三藐三菩提」記者(之諸事)，(持力捷疾)我亦不得「見」(到)如是(被授記之)人，(我)亦不聞「佛音聲、法(與)僧之聲、行善(之)法聲」，(甚至讓我)常墮「阿鼻」地獄中(吧)！

candana)香，令彼香雨(降下的香)，(能)滅除眾生「結」(結使煩惱)病、「身患」(身體病患)及與「見困」(邪見困惑)，(能)令彼眾生勤(修)「三福」(布施世福、持律戒福、眾善修福)地，(待其命終能)得生「天上」。

陸

❶(寶藏)世尊！(這些都是持大力)我(往昔)行「菩薩行」時，欲以如是(方式而)濟度眾生。

❷(待持大力)我逮「菩提」時，(我亦)如是(而廣)作「佛事」。

❸(待)我「般涅槃」後，亦令(我的「化佛」神力能)如是(到)無量無邊諸佛土中(去)「救濟」眾生。

柒

①(寶藏)世尊！若(持大力)我如是不得滿(願的話)；(我)不(能)為眾生；(不)能作「良藥」而救濟(眾生)者(的話)。(那麼請)令我(在)禮佛已，(永遠)不見十方無量無邊世界中「現在住世」(之)說法「諸佛」，(而且)今日，(寶藏)世尊(您亦)不(應)授(持大力)我「阿耨多羅三藐三菩提」記。

②又今(寶藏)世尊(若有)所授「多億」眾生「阿耨多羅三藐三菩提」記(之諸事)，(則)令(持大力)我亦「不見」彼「諸佛世尊」，(亦)不聞「菩提聲」。若(我)如是(的大願之)意，不滿(不能圓滿)者，(則請)令我(一直)流轉(於)「生死」，不(得)聞「佛聲、法聲、僧聲」，(亦)不(得)聞「善業聲」，令此「諸聲」(皆)不經我(的)耳(朵)。(甚至)令(持大力)我常(墮)在「阿鼻」地獄(中吧)！

㊅(寶藏)世尊！若(持力捷疾)我(之)所願(能)成就，(能)得己利(獲得諸善法成就為「己利」)者，(寶藏)如來今者，當稱讚(持力捷疾)我。	

六－5 寶海的「一千」弟子中的持力捷疾，於「賢劫千佛」最後一位那羅延勝葉佛滅度後，當於此成「阿耨菩提」，名樓至如來，因此持力捷疾亦號為火淨藥王

北涼・曇無讖 譯 《悲華經》	秦・譯者佚 名 《大乘悲分陀利經》
㊀時，(佛藏)佛即讚持力捷疾：善哉！善哉！善男子！(持力捷疾)汝於來世(將)作「大醫王」，令諸衆生離諸「苦惱」，是故字(持力捷疾)汝為火淨藥王。	㊀寶藏如來告持大力童子言：善哉，善哉！善丈夫！(持大力)汝當為衆生作「善良藥」，(能令眾生)脫諸「苦難」。善丈夫！是故字(持大力)汝為無垢明藥王。
㊁(佛藏)佛告火淨藥王：(持力捷疾)汝於來世，過「一恒河沙」等「阿僧祇」劫，入「第二恒河沙」阿僧祇劫「後分」，(於)「賢劫」(bhadrakalpa 現在住劫。「現在賢劫」與「過去莊嚴劫、未來星宿劫」合稱為三劫)中，(有)「一千四」(1004 尊諸)佛，垂成(在接近完成)「阿耨多羅三藐三菩提」(之時)，(火淨藥王)汝當悉得奉施「飲食」(給這 1004 尊諸佛)，乃至如上(所說)，(皆如)汝之所願。	㊁汝無垢明藥王！於當來世，過「一恒河沙」數「阿僧祇」、「二恒河沙」數「阿僧祇」之餘，於「賢劫」(bhadrakalpa 現在住劫。「現在賢劫」與「過去莊嚴劫、未來星宿劫」合稱為三劫)中，(有)「千四」(1004 尊諸)如來成佛未久，(無垢明藥王)汝(皆率)先供養(這 1004 尊佛)，乃至如汝立願。
㊂ ❶(待最後第 1004 尊的)那羅延勝葉「般涅槃」後，(待)「正法」滅已，(火淨藥王)汝當成於「阿耨多羅三藐三菩提」，號樓至如來(Rudita 此為「賢劫千佛」中最後一位成佛，亦可算是第 1005 尊佛)・應・正遍知・明行足・善逝・世間解・無上士・調御丈夫・天人師・佛・世尊。壽命(為)「半劫」。 ❷(火淨藥王)汝之所得「聲聞」弟子(數量)，(皆)	㊂ ❶(待最後第 1004 尊的)青葉髻王如來「般涅槃」已，(待)「正法」滅後，(無垢明藥王)汝當成「阿耨多羅三藐三菩提」，號曰樓至如來(Rudita 此為「賢劫千佛」中最後一位成佛，亦可算是第 1005 尊佛)，乃至佛・世尊。壽命(為)「半劫」。 ❷(無垢明藥王你將)如彼賢劫「千四」(1004 尊)諸

如「千四」(1004 尊諸)佛所有(的聲聞)弟子(數量)，(相)等無差別，所(度)化(的)衆生(數量亦與 1004 尊諸佛所度的眾生數量是相等的)。	佛「聲聞」(的)僧數(量)，(無垢明藥王)汝(之)「聲聞」衆，獨與彼(1004 尊諸佛的聲聞眾數量是相)等，(你)所度衆生(的數量)亦復與(1004 尊諸佛所度的眾生數量是相)等。
❸(待你成佛爲樓至佛再)「般涅槃」後，(在你的)「正法」滅已，「賢劫」(亦)俱(滅)盡(後)，(樓至佛的)「齒骨」(與)「舍利」(將)悉化作「佛」(而繼續的度化眾生)。 ❹乃至(這些眾生在命終後都能)生「天人」中，亦復如是。	❸(待你成佛爲樓至佛再)「般涅槃」後，(在你的)「正法」滅時，「賢劫」(亦)俱(滅)盡(後)，如是(樓至佛)汝(之)「齒」及以「舍利」(將)成諸「化佛」。 ❹如是(這些由齒與舍利所變出的「化佛」)乃至(將前往)「無佛國中」，(能)雨「栴檀香」(candana)，(能)除彼(眾生之)「結」(結使煩惱)病、(能除眾生之)見困(邪見困惑)、身患(身體病患)，(能)安置衆生著(於)「三福」(布施世福、持律戒福、眾善修福)地，(眾生命終後)皆得「生天」。
(肆)爾時，火淨藥王(即原本的持力捷疾)菩薩復白(寶藏)佛言：(寶藏)世尊！若我所願成就，得己利(獲得諸善法成就爲「己利」)者，惟願(寶藏)如來，以百福莊嚴金色之「手」，摩(火淨藥王)我頂上。	(肆)善男子！爾時無垢明藥王(即原本的持大力)菩薩白(寶藏)佛言：(寶藏)世尊！若(無垢明藥王)我如是意得滿者，唯願(寶藏)世尊，以百福莊嚴相(之)「足」，著(無垢明藥王)我頂上。
(伍)善男子！爾時，寶藏如來即以百福莊嚴之「手」，摩火淨藥王頂上。	(伍)善男子！時寶藏如來即以百福莊嚴相(之)「足」以摩(無垢明藥王)其頂。
(陸)善男子！爾時，火淨藥王菩薩見是事已，心生歡喜，即以頭面，禮於(寶藏)佛足，却住一面。	(陸)善男子！時無垢明藥王菩薩，心大歡喜，意甚踊躍，五體投地禮寶藏如來足已，却住一面。
(柒) ①爾時，寶海梵志(使)以「天妙衣」與火淨藥王菩薩，而讚之曰：善哉！善哉！善男子！(火淨藥王)汝之所願，甚奇甚特。 ②從今已往，更不須(火淨藥王)汝(予)與(寶海)	(柒) ①時海濟(寶海)婆羅門以天「劫波育」衣(karpāsa 吉貝衣;棉布衣)與之(無垢明藥王)，讚言：善哉，善哉！(無垢明藥王)丈夫！所願甚善。 ②(無垢明藥王你)自今已後，勿為我(的役)使，

我(當作)策使(策援役使)，(火淨藥王你將)常得自在，修安樂行。(持力捷疾是寶海梵志的「一千」弟子中最後一位)	(無垢明藥王你將)隨意所欲。(持大力是寶海梵志的「一千」弟子中最後一位)

六－6 寶海已勸無量無邊眾生皆發「阿耨菩提」，諸大菩薩皆發願取「清淨」佛土，唯除派圖、婆由比紐、火鬘、虛空、毗舍掬多、大光明菩薩、日光、喜臂，加上寶海自己，總共九人是發願取「五濁穢惡」世界成佛

北涼・曇無讖 譯 《悲華經》	秦・譯者佚 名 《大乘悲分陀利經》
	《大師立願品・第十六》
㊀ ❶爾時，(釋迦)佛告寂意菩薩：善男子！時寶海梵志作是思惟：(寶海)我今已勸無量無邊百千億「那由他」衆生，令住「阿耨多羅三藐三菩提」。 ❷(寶海)我今見是諸「大菩薩」，各各發願，取「淨」佛土，唯除一人婆由毘紐(發願欲於「五濁」取「不淨世界」成佛。正確應該說有七個人，但此處經文省略他人，只專注強調婆由毘紐一人，後面經文也有類似情形，只專注強調只有寶海一人在「不淨世界」成佛的事蹟)。	㊀ ❶善男子！爾時海濟(寶海)婆羅門心生是念：我已勸化(勸教度化)多億「那由他」百千衆生，於「阿耨多羅三藐三菩提」，今此大衆，無不是(被我曾經所勸教度化)者。 ❷此諸「摩訶薩」各立「妙願」，取「淨」佛土，唯除披由毘師紐(發願欲於「五濁」取「不淨世界」成佛)，(其餘菩薩於)「賢劫」(bhadrakalpa 現在住劫。「現在賢劫」與「過去莊嚴劫、未來星宿劫」合稱爲三劫)中者，彼亦「避惡世」。
㊁此「賢劫」(bhadrakalpa 現在住劫。「現在賢劫」與「過去莊嚴劫、未來星宿劫」合稱爲三劫)中，其餘菩薩(幾乎 99/100 都)亦離「五濁」，(寶海)我今當於是「末世」中，以「真法味」與諸衆生，我今當自「堅牢」莊嚴，作諸善願，如「師子吼」，悉令一切「菩薩」聞已，心生疑怪，歎未曾有。	㊁(寶海)我念應(於)「惡世」中，以「法味」(施)諸衆生，我應堅固勇猛，應以如是作師子吼，令此一切菩薩大衆，得未曾有。
㊂復令一切大衆「天龍、鬼神、乾闥婆、	㊂又令一切大衆「天、龍、夜叉、乾闥

阿修羅、迦樓羅、緊那羅、摩睺羅伽(mahoraga 大蟒神)」,「人」及「非人」,叉手恭敬,供養於(寶海)我。	婆、阿修羅」及「世人」,皆合掌禮恭敬於(寶海)我。
㉤(願)令(諸)佛世尊稱讚於(寶海)我,幷(爲我)「授記莂」。(願)令(正在)十方無量無邊在在處處「現在諸佛」;(正在)為諸眾生講說「正法」(者之諸佛)。	㉤(願)令(諸)佛世尊(稱)讚(寶海)我「善哉」,幷授(寶海)我「記」。又於十方無量無邊阿僧祇世界中,「現在住世」為眾生說法(之)諸佛世尊。
㊄彼諸如來(在)聞(寶海)我(之)「師子吼」者,悉讚歎(我),(並)授(寶海)我「阿耨多羅三藐三菩提」記。(彼諸如來)亦遣「使」(者)來,(願)令諸大眾,悉得見之。	㊄(當寶海)我(作)「師子吼」(之)時,(願)令彼「諸佛」(能稱)讚我「善哉」,亦(能)授(寶海)我「阿耨多羅三藐三菩提」記。(願)令彼(諸佛如來都能)遣「使」慰喻於(寶海)我,(願)令此「大眾」聞見彼(佛所遣之)使(者),(寶海)我當於中,為後世具「大悲」菩薩(者而)安立願眼(大願法眼)。
㊅ ①(寶海)我今(於)最後發(下)大誓願,(爲)成就菩薩所有「大悲」,乃至成「阿耨多羅三藐三菩提」已,若有眾生(能得)聞(寶海)我「大悲」名者,悉令(眾生皆)生於「希有之心」。	㊅ ①令後時,乃至(寶海)我逮菩提(時),(若有能得)聞(寶海)我(之大)願者,令彼亦得「極未曾有」。
②若於後時,有諸菩薩(有發願要)成就「大悲」者,亦當願取如是(濁穢)世界。	②復於後時,(若有)菩薩(亦)具「大悲」者,(願)令彼(亦)如是,(能)於「濁佛刹、大惡世」時,願取「菩提」。
③是(濁穢)世界中,所有眾生「飢虛」於法(指對如來之「正法義」非常的缺乏),盲無慧眼,具足「四流」(catvāra oghāḥ。四大暴河、四瀑河,爲煩惱之異名。指能使「善品」流失之四類煩惱。①欲暴流:對外境生起色、聲、香、味、觸之五欲。②有暴流:指色界、無色界之貪、慢、疑等。③見暴流:指錯誤偏邪之邪見思想。④無明暴流:與癡相應之煩惱: 三界各有五種,合之共爲十五種),是諸(發大悲心之)菩薩,	③(於濁穢世界中,眾生)尠ㄒㄧㄢˇ (很少;缺少)法、闇冥、結(煩惱)病、(被)漂者(catvāra oghāḥ。四大暴河、四瀑河,爲煩惱之異名。指能使「善品」流失之四類煩惱。①欲暴流:對外境生起色、聲、香、味、觸之五欲。②有暴流:指色界、無色界之貪、慢、疑等。③見暴流:指錯誤偏邪之邪見思想。④無明暴流:與癡相應之煩惱 三界各有五種,合之共爲十五種),(具大悲心之菩薩)令救濟之,而作佛事,為眾

當(爲彼)作「救護」而為說法。	生說法。
㊆ ❶(寶海)我乃至「般涅槃」已，(於)十方無量無邊百千億諸世界中，在在處處「現在諸佛」，於諸菩薩大衆之中稱讚(寶海)我名，亦復宣說(寶海)我之善願，令彼菩薩以「大悲」勤心，皆專心聽聞「是事」(指寶海的大悲願力)已，(諸菩薩)心大驚怪，歎「未曾有」。	㊆ ❶乃至(寶海)我「般涅槃」後，(於)過不可思議不可稱量，(於)無邊佛刹中，諸佛世尊皆於「菩薩衆」前，(繼續)「稱譽讚歎」(寶海)我，為「諸菩薩」說我(之)願眼(大願法眼)。(能)令彼菩薩(得)受「大悲」力，(若有菩薩能)聞我願者，(皆)得「未曾有」。
❷(能令彼諸菩薩於)先(之前)所得(之)悲(心)，皆更「增廣」，(能學)如(寶海)我(之)所願，取「不淨土」。是「諸菩薩」皆如(寶海)我，(願)於「不淨」世界成「阿耨多羅三藐三菩提」，拔出「四流」(catvāra oghāḥ。四大暴河、四瀑河，爲煩惱之異名。指能使「善品」流失之四類煩惱。①欲暴流：對外境生起色、聲、香、味、觸之五欲。②有暴流：指色界、無色界之貪、慢、疑等。③見暴流：指錯誤偏邪之邪見思想。④無明暴流：與癡相應之煩惱： 三界各有五種，合之共爲十五種)衆生，安止令住於「三乘」中，乃至涅槃。	❷(諸菩薩)亦於衆生發起「大悲」，令彼(菩薩亦)如是取「菩提願」，如(寶海)我今日(之)「取願」(而)無異，彼(諸菩薩)亦如是(能於)「濁刹」中成「三菩提」；於「四漂浪」(catvāra oghāḥ。四大暴河、四瀑河，爲煩惱之異名。指能使「善品」流失之四類煩惱。①欲暴流：對外境生起色、聲、香、味、觸之五欲。②有暴流：指色界、無色界之貪、慢、疑等。③見暴流：指錯誤偏邪之邪見思想。④無明暴流：與癡相應之煩惱： 三界各有五種，合之共爲十五種)，濟脫(濟度解脫)群萌(衆生)，以「三乘」法，化度衆生，乃至著「涅槃道」。
㊇善男子！爾時，寶海梵志思惟如是「大悲」願已，偏袒右肩，至於(寶藏)佛所。	㊇善男子！爾時國大師(國王之婆羅門大師)海濟(寶海)婆羅門，具修如是「大悲」願已，整衣服偏袒右肩，詣寶藏如來所。
㊈爾時，復有無量百千萬億「諸天」，在虛空中，作天「伎樂」，雨種種華，各各同聲而讚歎言：善哉！善哉！(寶海)善大丈夫！今至(寶藏)佛所，發(500之)「奇特願」，欲以「智水」，滅於世間衆生「煩惱」。	㊈即於爾時(有)多億「那由他」百千諸天，於虛空中，作億「天樂」，雨「衆天花」，(並)同聲讚言：善哉，善哉！(寶海)丈夫！至(寶藏)世尊所，今(寶海)取(500之)「妙願」，以「智慧水」，滅世界衆生「煩惱」苦結(結使煩惱)。
㊉爾時，一切大衆合掌恭敬，在(寶海)梵	㊉一切大衆合掌向之，同聲讚言：善

志前，同聲禮敬，而讚歎言：善哉！善哉！尊大智慧！我等(一切大眾)今者得「大利益」，(亦)能作「牢堅」諸善願也。我等(一切大眾)今者，願聞(寶海)尊意，所發(之)善願。	哉，善哉！(寶海您具)妙達「智慧」，(能)饒益我等，(您的)妙意「堅願」，我(一切大眾)等欲聞。

六－7 釋迦佛告寂意菩薩：寶海梵志在寶藏佛所，及諸天大眾前，發下「五百」個大誓願內容

北涼・曇無讖 譯 《悲華經》	秦・譯者佚 名 《大乘悲分陀利經》
㊀爾時，(寶海)梵志在於(寶藏)佛前，右膝著地。爾時，三千大千世界六種震動，種種「伎樂」不鼓自鳴，飛鳥走獸，相和作聲，一切諸樹，(皆)生「非時」(之)華。	㊀時(寶海)大師至(寶藏)世尊所，右膝著地，時三千大千耐提蘭(Saṇḍilya)佛刹，六種震動，極大震動，悉極傾搖，峗峨(《一切經音義・卷九》云：傾側搖動不安)踊沒，鍾鈴蠡(古通「蠃」，即螺。特指螺殼、螺號)鼓，自然而鳴，禽獸衆鳥，出「柔軟音」，世界「枯樹」，皆生「花葉」。
㊁(於此)三千大千世界之中，(有)因(大)地(而住的)衆生，於「阿耨多羅三藐三菩提」，若「已發心」、(或)若「未發心」，惟除「地獄、餓鬼、下劣畜生」(之外)；其餘衆生，皆悉(能)生於「大利益心、純善之心、無怨賊心、無穢濁心、慈(心)、希有心(未曾有之心)」。	㊁於此三千大千世界(中有因大)地(而)住(之)鬼神(眾生)，(或)有(已)勸(發)菩提，(或)有(仍)未勸(發菩提)者，(唯)除「地獄、餓鬼、種種畜生」(之外)；(其餘)彼一切(眾生皆)得「饒益心、善心、無怨嫉心、無濁心、慈心、未曾有心」，皆得充滿。
㊂(或有)飛行衆生，尋住於「空」(者)，(皆)心生歡喜，(於是)散種種華、末香(cūrṇa 抹香；被搗碎呈粉末狀之香)、塗香(vilepana 以香塗身；塗妙香)，(以)種種「伎樂、幢幡、衣服」而以供養，(皆以)柔軟妙音，讚詠(寶海)梵志，皆悉一心，欲聞(寶海)梵志所發「善願」。	㊂(或)有衆(生是)因「空」(而)住者，彼於虛空，意得歡喜，(便)以諸雜「花鬘、香音、雜寶、幡蓋」，及以「幢麾、衣被、頭舍(kauśa 拘舍衣，或 kauśeya 高世耶衣、憍賒耶衣，即蠶絲衣或絹布衣)」，(並)以柔軟聲(作種種讚詠)，為(欲)聞(寶海)婆羅門(所發之大)願故，以用(種種)供養。

㊃乃至「阿迦貳吒天」(Akaniṣṭha-deva 色究竟天)天上諸天，亦下閻浮提。(諸天住)在虛空中，散種種華、末香(cūrṇa 粖香;被擣碎呈粉末狀之香)、塗香(vilepana 以香塗身;塗妙香)，種種伎樂、幢ㄔㄨㄤˊ 幡ㄈㄢ 、衣服而以供養(寶海)，(以)柔濡ㄖㄨˊ (柔順濡潤)妙音，讚詠(寶海)梵志(之)精勤一心，欲聞(寶海)梵志所發(500 之)「善願」。	㊃乃至(從)「阿迦尼吒」(Akaniṣṭha-deva 色究竟天)際(之)諸天，盡下(來)閻浮提，(並)住(於)虛空中，持諸「天香」乃至「頭舍」(kauśa 拘舍衣，或 kauśeya 高世耶衣、憍賒耶衣，即蠶絲衣或絹布衣)，為聽(寶海)婆羅門(所發之 500 大)願故，以用(種種)供養。
㊄爾時，寶海梵志叉手恭敬以偈讚(寶藏)佛：	㊄爾時(寶海)婆羅門叉手合掌，以偈讚歎寶藏如來言：
遊戲禪定，如大梵王； 光明端嚴，如天帝釋； 捨財布施，如轉輪王； 持妙珍寶，如主藏臣； 功德自在，如師子王； 不可傾動，如須彌山； 心不波蕩，如大海水； 於罪不罪，其心如地； 除諸煩惱，如清淨水； 燒諸「結使」，如火猛焰； 無諸障閡ㄏㄜˊ (障礙隔閡)，猶如大風； 示現「實法」，如四天王； 所雨「法雨」，如大龍王； 充足一切，猶如時雨； 破諸外道，如大論師； 功德妙音，如「須曼華」(sumanas 悅意花)； 說法「妙音」，猶如梵天； 除諸苦惱，如「大醫王」； 「等心」一切，如母愛子； 攝取眾生，猶如慈父； 身不可壞，如金剛山；	尊遊三昧如梵王，顏色從容猶帝釋； 施與錢財如國主，持最妙寶若仙尊； 德濡ㄖㄨˊ (濡潤)吼音如師子，堅固不動喻須彌； 無有怒恚如大海，含忍好惡等如地； 除一切垢如大水，燒諸結林如仙火； 無所染著猶疾風，開現真實如大天； 牟尼澍「法」如龍雨，充濟世間猶時澤； 降伏外道如論師，仙放德香如妙花； 妙聲柔軟如「梵王」，治世脫苦如良醫； 心住平等如慈母，常攝眾生喻如父； 破諸堅怨如金剛，斷恩愛枝如神劍； 濟度眾生如船師，施人智慧如牟尼； 施涼光如牟尼月，開敷人花猶如日； 施四上果如妙樹，仙眾圍遶如鳥王； 尊意甚廣如大海，等心於世猶草木； 觀諸法性如「空捲」，尊等隨世譬如水； 佛授多眾「菩提」記，持最妙相善「大悲」； 我化眾生多無量，願今授我菩提記； 於「濁結怨世」成佛，安置眾生靜寂道。

能斷愛枝，猶如利刀； 廣度生死，猶如船師； 以智濟人，猶如舟船； 光明清涼，如月盛滿； 開衆生華，如日初出； 能與衆生，沙門四果； 猶如秋樹，生諸果實； 僊(仙)聖圍遶，猶如鳳凰； 其意深廣，猶如大海； 等心衆生，猶如草木； 知諸法相，如觀「空拳」； 「等心」行世，平如水相。 成就妙相，善於「大悲」， (寶藏佛)能與無量，衆生「授記」。 我今調伏，無量衆生， 惟願(寶藏)如來，與我「授記」， 於未來世，成就勝道。 微妙智慧，大僊世尊， 願以妙音，真實說之。 (寶海)我於「惡世」，要修「諸忍」， 與諸「結使」(煩惱)，煩惱賊鬪， 拔出無量。(令)一切衆生， 安止住於，「寂滅道」中。 ㊅善男子！寶海梵志說此偈讚(寶藏)佛已，是時一切大衆皆讚歎言：善哉！善哉！(寶海)大丈夫！善能讚歎(寶藏)如來法王。	㊅善男子！國大師(國王之婆羅門大師)海濟(寶海)婆羅門，以是偈讚寶藏如來已，即時一切大衆「天、龍、夜叉、乾闥婆、世人」，歎言：善哉！

六一8 衆生具厚重煩惱，於五濁惡世，能作「五逆」，毀壞正法，誹謗聖人，行於邪見，離「聖七財」。此為「1004」尊佛所放棄捨離者

北涼・曇無讖 譯 《悲華經》	秦・譯者佚 名

	《大乘悲分陀利經》
㊀爾時，(寶海)梵志復白佛言：(寶藏)世尊！我已教化無量億衆，發「阿耨多羅三藐三菩提」心，是諸衆生，已各願取「淨妙」世界，離「不淨土」，以「清淨心」種諸善根，善攝衆生而調伏之。	㊀時國大師(國王之婆羅門大師寶海)白佛言：(寶藏)世尊！(寶海)我勸化(勸教度化)多億「那由他」百千衆生，於「阿耨多羅三藐三菩提」，彼各各觀已，而受「妙土」、取「清淨」意，種諸善根，易化(容易度化)衆生。
㊁(寶海的三億弟子下，其中一千弟子的第一位)火鬘摩納(Māṇava 儒童)等「一千四」(1004 位)人，(當時這一千弟子)皆悉讀誦「毘陀」(Veda 吠馱；韋陀；圍陀；薜陀；鞞陀；比陀；皮陀。意譯「智、明、明智、明解、分」。又稱《圍陀論》、《毘陀論經》、《薜陀咒》、《智論》、《明論》。古印度婆羅門教根本聖典之總稱)外典，如來已為是諸人等，授其「記莂」，於「賢劫」(bhadrakalpa 現在住劫。「現在賢劫」與「過去莊嚴劫、未來星宿劫」合稱爲三劫)中當成為佛。	㊁此「千四」(1004 位)月鬘等(皆爲寶海的弟子)，(當時有一千弟子)通「四鞞陀」(catur-veda 四韋陀；四圍陀，婆羅門教之根本聖典)羅，如來所可(所以可令彼千人)授「賢劫」中「記」者。
㊂(時)有諸衆生，多行「貪婬、瞋癡、憍慢」，(此 1004 尊佛)悉當「調伏」(這些眾生)於「三乘」中。是「一千四」(1004 尊)佛所放捨者(嚴格說，寶海的一千弟子中有婆由比紐、火鬘、虛空、毗舍掬多四人是發願要在五濁成佛的)，所謂衆生(具)厚重煩惱，(於)「五濁」惡世，能作「五逆」，毀壞「正法」，誹謗「聖人」，行於「邪見」，離「聖七財」(七聖財。①信財：能信受正法②戒財：能持戒律③慚財：能自慚不造諸惡④愧財：於不善法能生羞愧⑤聞財：能多聞佛典正教⑥施財：能施捨諸物，捨離執著⑦慧財：能修習般若空性智慧)。	㊂彼諸丈夫(指 1004 尊佛)，亦以「三乘」教化「貪欲、瞋恚、愚癡、吾我」衆生。彼(1004 尊佛)等亦(棄)捨重結(結使煩惱)煩惱(眾生)、(五濁)惡世，(捨)棄(造)「無間業」、誹謗「正法」、非訁(古通「誹」➔誹謗)毀「賢聖」、住於「邪見」、乏「聖七財」(七聖財。①信財：能信受正法②戒財：能持戒律③慚財：能自慚不造諸惡④愧財：於不善法能生羞愧⑤聞財：能多聞佛典正教⑥施財：能施捨諸物，捨離執著⑦慧財：能修習般若空性智慧)。
㊃不孝父母，於諸「沙門、婆羅門」所，心無恭敬，作「不應作」(之惡事)，「應作」(之善事而)不作，不行「福事」，不畏「後世」。於「三福」(布施世福、持律戒福、眾善修福)處，「無心」欲行，(甚至亦)不求「天上、人中」果報，	㊃不知「父母」、不識「沙門」、不別「婆羅門」，不知「作恩」、不知「福德」、不畏「後世」。不求「三善」天人之德，造「三不善」之「十惡」業。

勤行「十惡」，趣「三不善」(道)。	
㈤(遠)離「善知識」，不知親近「真實智慧」，入於「三有」(三界)生死獄中，隨「四流」(而漂)流，沒在「灰河」。為「癡」所盲，離諸「善業」，專行「惡業」。	㈤(此諸眾生)為一切「善知識」所(拋)棄，為一切「慧人」所譏(諷)，為三界煩惱(之)「駛水」(湍駛流水)所漂(此指 catvāra oghāḥ。四大暴河、四瀑河，爲煩惱之異名。指能使「善品」流失之四類煩惱。①欲暴流：對外境生起色、聲、香、味、觸之五欲。②有暴流：指色界、無色界之貪、慢、疑等。③見暴流：指錯誤偏邪之邪見思想。④無明暴流：與癡相應之煩惱; 三界各有五種，合之共爲十五種)，沒在「生死」灰河(中)燒煮，(爲)癡冥所弊，離諸「善業」。
㈥如是衆生，(幾乎所有的)諸佛世界所「不容受」，是故擯ㄅㄣˋ(棄)來，集此(娑婆)世界，以(因爲)「離善業」，行「不善業」行，於「邪道重惡」之罪，積如大山。	㈥(幾乎所有的諸佛都捨)棄彼衆生，(被)置「無佛」(之)國；離諸「善根」，集「不善根」，困於「邪道」，處大曠野。
㈦爾時，娑婆世界賢劫中，(於)人壽命(爲)「千歲」(時)，是「一千四」(1004尊)佛(之)「大悲」不成，不取如是「弊惡」之世。	㈦當爾之時，娑訶世界，(於)「賢劫」中，(當)人轉壽(爲)「千歲」(之時)，(這些惡重的眾生)為此「智慧諸善丈夫」(指1004尊諸佛)之所棄捨。
㈧令諸衆生，流轉生死，猶如「機關」，無有「救護」、無所「依止」、無舍、無燈，(眾生)受諸苦惱而反(被)捨(棄)放(逐)。	㈧當於爾時，(眾生)為三界「生死」因緣所逼，無投、無趣、無所歸依，(爲)「苦器」所困。
㈨(此1004尊諸佛)各各願取「淨妙」世界(嚴格說，寶海的一千弟子中有婆由比紐、火鬘、虛空、毗舍掬多四人是發願要在五濁成佛的)，(因此類)淨土衆生(皆)已自「善調」，其心(皆已)清淨，已種「善根」，(已)勤行精進，已得供養無量「諸佛」而更(更加容易的)攝取(度化)。	㈨(此1004尊諸佛)捨此(惡重)衆生，各取「妙土」，易化(容易度化具有)淨意(清淨意念的眾生)，(因此類眾生皆已)種諸「善根」，(已)精進不懈，以曾親近供養多佛而(更加容易的)濟化(拔濟度化)之。
㈩	㈩

❶(寶藏)世尊!是諸人等(指寶海的一千位弟子),為實爾不(真實情況是這樣子的嗎)? ❷爾時,(寶藏)世尊即告(寶海)梵志:實如所言。善男子!是諸人等(指寶海的一千位弟子),如其所憙,各取種種「嚴淨」世界,我(已)隨其心,已與(此千位童子)「授記」。	❶(寶藏)世尊!(此寶海的一千位弟子)如是不耶(真實情況是這樣子的嗎)? ❷寶藏如來而告(寶海)之言:如是,如是!(寶海)婆羅門!隨彼眾生(指寶海的一千位弟子)立願,所取佛土「莊嚴」,我亦如是授彼(一千位弟子)等「記」。

六一9「五百大願」的開端。若有眾生,乞求「奴婢、聚落、城邑、妻子、男女、手腳、鼻舌、頭目、皮血、骨肉、身命」等過量之物。寶海我生大悲心,皆用布施,不求果報

北涼‧曇無讖 譯 《悲華經》	秦‧譯者佚 名 《大乘悲分陀利經》
㊀爾時,(寶海)梵志復白佛言:(寶藏)世尊!我今心動(心情非常激動),如緊花(的)樹葉,心大憂愁,(我的)身皆燋悴(燋枯憔悴)。	㊀(寶海)婆羅門白言:(寶藏)世尊!我心振搖(振動搖蕩),(亦)如芭蕉葉,意甚「憂慮」,舉(全)身嗒ㄊㄚˋ然(嗒焉沮喪而悵然)。
㊁此諸菩薩(指那 1004 尊),雖(已)生「大悲」,(但仍)不能取此「五濁惡世」,今彼諸眾生,(將永)墮癡「黑闇」。	㊁(寶藏)世尊!是一切大菩薩(指那 1004 尊),皆(已)發「大悲」,然(竟)棄彼時(五濁)惡世,(煩惱)熾盛眾生(將永)處在「闇昧」之中,皆是(被彼諸菩薩們)所棄(捨)。
㊂(寶藏)世尊!乃至來世,過「一恒河沙」等「阿僧祇」劫,入「第二恒河沙」等「阿僧祇」劫後分,(於)「賢劫」(bhadrakalpa 現在住劫。「現在賢劫」與「過去莊嚴劫、未來星宿劫」合稱爲三劫)中,(於)人壽千歲,(寶海)我當爾時,行「菩薩道」,久在「生死」,忍受「諸苦」,以諸菩薩(之)「三昧力」故,要當「不捨」如是眾生。	㊂(寶藏)世尊!(寶海)我亦於當來世,(於)過「一恒河沙」數阿僧祇、(於)「二恒河沙」阿僧祇、(於)「三恒河沙」阿僧祇之餘,於「賢劫」中,待世人壽(於)「千歲」時,(寶海)我能於爾所時,(久)處在「生死」,行「菩提行」,(寶海)我能不以(其餘諸菩薩願取「淨土」成佛的)願力(而)取度(化)眾生。
㊃(寶藏)世尊!(寶海)我今自行「六波羅蜜」,調伏眾生,如佛言曰:以「財物」施,名「檀」波羅蜜。	㊃(我)當行「六波羅蜜」而取化度(眾生)。曾從佛聞,能捨「物」(之)施,(即)是「檀」波羅蜜。

㈤	㈤
❶(寶藏)世尊！(寶海)我行「檀」波羅蜜時，若有眾生，世世從我乞求所須(之物)，向其所求，要當給足，「飲食、醫藥、衣服、臥具、舍宅、聚落、華香、瓔珞、塗身之香」，供給病者「醫藥」、「侍使、幢ㄔㄨㄤˊ 幡ㄈㄢ 、寶蓋、錢財、穀帛、象馬、車乘、金銀、錢貨、真珠、琉璃、頗梨、珂ㄎㄜ 貝(白珂貝螺)、璧玉、珊瑚、真寶、偽寶、天冠、拂飾」。如是等物，我於眾生，乃至(見有)貧窮，(皆)生「大悲心」，悉以施與。 (1修行大布施之願)	❶(寶海)我當如是行「檀」波羅蜜。在所生處，(若)有來求者，(寶海)我當如是施之，所謂：「飲食、佉ㄑㄩ 闍(khādanīya 珂但尼；佉陀尼；佉闍尼。嚼食，需經咀嚼而後吞食之硬食。有根、莖、葉、花、果五種名「五不正食」，食後不易有飽足感)、蒱ㄆㄨˊ 闍(pañca-bhojanīya蒲繕尼食；五噉食；五正食，屬於五種正食之「飯、麥豆飯、麵、肉、餅」，食後有飽足感)、螺夜(？未詳)、梨舍(？未詳)、衣服、臥具、園林、房舍、鬘飾、塗香(vilepana 以香塗身；塗妙香)、隨病與藥」，「幢ㄔㄨㄤˊ 幡ㄈㄢ 、麾ㄏㄨㄟ 蓋、錢財、象馬、車乘，金銀、雜寶、摩尼、真珠、琉璃璖」及「車璩ㄑㄩˊ 、馬瑙、珊瑚、虎珀、玫瑰」幷及「餘寶」。(我)悲念眾生，(故)以「歡喜」(心去布)施如是等物。
❷(我)雖作是(布)施，(但)不求「天上、人中」果報，但(只)為「調伏攝(取)」眾生故，以是因緣，(我)捨「諸所有」。 (2布施不求人天果報但為度眾願)	❷(為)度眾生故，不望(任何人天的)「果報」，(只)為「攝度」(攝取度化)眾生故，具足施與。
㈥	㈥
①若有眾生，乞求過量(之物)，所謂「奴婢、聚落、城邑、妻子、男女、手腳、鼻舌、頭目、皮血、骨肉、身命」，乞求如是「過量」之物(時)。	①復有眾生，求「極難捨」，我(仍)當與之，所謂：「奴婢、聚落、城邑、宮殿、王位、妻妾、男女」，及與「手、足、眼、耳、鼻、舌、皮膚、血肉、骨髓、身命」，乃至「求頭」。
②爾時，(寶海)我當生「大悲心」，以此諸物，持用布施，(亦)不求「果報」，但(只)為「調伏攝(取)」眾生故。 (3若遇索求「過量」之布施亦皆滿願只為調伏攝度眾生願)	②(我)悲念眾生，(故)以極「歡喜」(之心)如是施與，不求(任何)「果報」，(只)為攝度(攝取度化)故。

㊆(寶藏)世尊！(寶海)我行「檀」(dāna 布施)波羅蜜時，(有)過去菩薩(在)行「檀」波羅蜜者，所不能及(於我)。未來(若有)菩薩，當發「阿耨多羅三藐三菩提」心，(亦)行「檀」波羅蜜者，亦不能及(於我)。 (4 我之大布施於過去未來無人能勝願)	㊆我當如是行「檀」(dāna 布施)波羅蜜。(在)先(之前)未曾有菩薩，(在)行「阿耨多羅三藐三菩提」行(之時)，能如是(像我一樣)行「檀」波羅蜜者，(在之)後，亦無有菩薩(在)行「阿耨多羅三藐三菩提」行(之時)，能如是(像我一樣的)大施。
㊇(寶藏)世尊！(寶海)我於來世，為行「菩薩道」故，於百千億劫，當行如是「檀」波羅蜜。(寶藏)世尊！未來之世，若有欲行「菩薩道」者，(寶海)我當為是行「檀」波羅蜜，令不斷絕。 (5 未來無量劫皆行大布施而永不斷絕願)	㊇如(寶海)我在所生(之)處，(於)無量阿僧祇億「那由他」百千劫中，行「阿耨多羅三藐三菩提」行(之時)，(皆)行「檀」波羅蜜。(寶海)我當為後(世)，(若)具(有)大悲(心)菩薩(者)，(我將爲之)安立「施眼」(布施法眼之)功德光。

六－10 寶海我今為是眾生專心莊嚴，精勤修集「六波羅蜜」，不求果報

北涼・曇無讖 譯 《悲華經》	秦・譯者佚 名 《大乘悲分陀利經》
㊀(寶海)我初入「尸羅」(sīla 戒律)波羅蜜時，為「阿耨多羅三藐三菩提」故，持種種戒，修諸「苦行」，如(前面的)「檀」(布施)中說。 (6 修行持戒願)	㊀思惟「諸結」(結使煩惱)，(此)是「尸羅」(sīla 戒律)波羅蜜，我當如是行「阿耨多羅三藐三菩提」，行種種「持戒」。我行無上「難行苦行」，(皆)如前所說。
㊁(我)觀我「無我」故，「五情」(五根)不為「五塵」(色聲香味觸)所傷，此(是)「羼提」(kṣānti 忍辱)波羅蜜。(寶海)我如是行「羼提」(忍辱)波羅蜜，亦如上說。 (7 修行忍辱願)	㊁(我)於(六塵)「境界」不「墮落」，觀我「無我」故，(此)是「羼提」(kṣānti 忍辱)波羅蜜。我當如是修行「羼提」(忍辱)，如前所說。
㊂觀「有為法」，離諸「過惡」(過失罪惡)。見「無為法」，(皆)微妙寂滅。(我)精勤修集，	㊂(我)又「厭患」(厭惡過患)諸「有為」(法)。(見)一切「無為」(法皆)「靜寂」，行「無上(道)」

於「無上道」，不生「退轉」。此(是)「毘梨耶」(vīrya 精進)波羅蜜，(寶海)我亦如是行「毘梨耶」(精進)波羅蜜。 (8 修行精進願)	而不退(轉)，(此)是「毘梨耶」(vīrya 精進)波羅蜜。
㊃若(於)一切處，修行「空相」，得「寂滅」法，(此)是名「禪」(dhyāna)波羅蜜。 (9 修行禪定願)	㊃於一切作，(皆)捨(修)行「空」(法)等，(此)是「禪那」(dhyāna)波羅蜜。
㊄若解諸法，本「無生」性，今則「無滅」，是名「般若」(prajñā)波羅蜜。 (10 修行般若願)	㊄如性「無生」法忍，(此)是「般若」(prajñā)波羅蜜。
㊅我(當)於無量百千億阿僧祇劫，(以)「堅固、精勤」(去)修集「般若」波羅蜜。何以故？ ❶或有菩薩於「過去世」，不為「阿耨多羅三藐三菩提」行「菩薩道」，(不能以如是的)「堅固、精勤」(去)修集「般若」波羅蜜。 ❷(於)「未來」之世，或有菩薩，未為「阿耨多羅三藐三菩提」行「菩薩道」，(不能以如是的)「堅固、精勤」(去)修集「般若」波羅蜜。 ❸是故(寶海)我今當於「來世」發「阿耨多羅三藐三菩提」心，修「菩薩道」，令諸「善法」，無有斷絕。 (11 我堅固精勤修「般若」於過去未來無人能勝願)	㊅我當(以)如是(之)「堅固、勇力」，(於)無量阿僧祇億「那由他」百千劫中，行「般若」波羅蜜。 ❶(在之)先(前)無「菩薩」，(於)行「阿耨多羅三藐三菩提」行，(能)有能如是「堅固、勇力」，(去修)行「般若」波羅蜜者。 ❷(在往)後亦無「菩薩」，(於)行「阿耨多羅三藐三菩提」行，(能)有能如是「堅固、勇力」，(去修)行「般若」波羅蜜。 ❸如(寶海)我(之)所行，(將)為後(世)時，(若有)具大悲(心)諸菩薩(者)，(我將爲之)安立(智)慧功德(法)眼。
㊆ ①(寶藏)世尊！(寶海)我初「發心」已，為未來諸菩薩等，開示「大悲」，乃至「涅槃」。(若)有得聞(寶海)我(之)「大悲」名者，(使)心生驚怪，歎「未曾有」。 (12 爲諸菩薩開示大悲心與大涅槃願)	㊆ ①我初發心，為後(世)菩薩，示現「大悲」，乃至無上「般涅槃」，彼諸菩薩(將)得「未曾有」。

②是故(寶海)我於「布施」(之時)，不自(我)「稱讚」、不依(附)「持戒」、不念(執)「忍辱」、不猗(古通「倚」→依靠)「精進」、不味(著)「諸禪」，所有「智慧」，(皆)不著「三世」。(我)雖行如是「六波羅蜜」，(皆)不求「果報」。 (13 不執著於六度的無功用道願)	②是故我「不輕」(於)行「施、戒」(此指在修布施、持戒時沒有任何的「輕賤我慢心」)。無依(於)「忍」、無想(於)「(精)進」、無住(於)「禪」、無著(於)「慧」，無「二我」(人我、法我)，不求「果報」。
㉛ ❶有諸衆生，(遠)離「聖七財」(七聖財。①信財:能信受正法②戒財:能持戒律③慚財:能自慚不造諸惡④愧財:於不善法能生羞愧⑤聞財:能多聞佛典正教⑥施財:能施捨諸物，捨離執著⑦慧財:能修習般若空性智慧)，(爲)諸佛世界之所擯(棄)棄，作「五逆」罪，毀壞「正法」，誹謗「賢聖」，行於「邪見」，「重惡」之罪，猶如大山，常為「邪道」之所覆蔽。 ❷是故(寶海)我今為是「衆生」，專心莊嚴，精勤(的)修集「六波羅蜜」。 (14 以精勤修集六度去救度五逆重罪者願)	㉛ ❶衆生乏「聖七財」(七聖財。①信財:能信受正法②戒財:能持戒律③慚財:能自慚不造諸惡④愧財:於不善法能生羞愧⑤聞財:能多聞佛典正教⑥施財:能施捨諸物，捨離執著⑦慧財:能修習般若空性智慧)，(爲諸佛所)捨棄，彼一切衆(被)置「無佛土」中，作「無間業」，謗「正法」，毀「賢聖」，盡皆「邪見」，集「不善根」，墜在「曠野」。 ❷為此「邪道」所困衆生故，我以極「勇猛力」(去修)行「(六)波羅蜜」。

六－11 寶海我為一一眾生種善根故，於十劫中，入「阿鼻」地獄，受無量苦，或入「畜生、餓鬼，及貧窮、鬼神、卑賤人」中，代受其苦

北涼・曇無讖 譯 《悲華經》	秦・譯者佚 名 《大乘悲分陀利經》
壹(寶海)我為一一衆生，(爲)種「善根」故，(我願)於「十劫」中，入「阿鼻」地獄，受無量苦，(亦願入)「畜生、餓鬼」(中代眾生受苦無量)，及(願入)「貧窮、鬼神、卑賤人中」(代眾生受苦無量)，亦復如是。 (15 於十劫中願代眾生入阿鼻受諸苦痛願) (16 於十劫中願代眾生入畜生受諸苦痛願)	壹(寶海我爲)一一衆生所為，(爲)置「善根」種故，(我願)於「十大劫」(中)，能受「阿鼻」地獄苦痛，如是(亦願入)「畜生、餓鬼、夜叉」(中代眾生受苦無量)，(及入)「貧窮」人中(受)貧窮，能忍斯苦。

(17 於十劫中願代眾生入餓鬼受諸苦痛願) (18 於十劫中願代眾生入貧窮受諸苦痛願) (19 於十劫中願代眾生入鬼神受諸苦痛願) (20 於十劫中願代眾生入卑賤人中受諸苦痛願)	
㊇若有衆生，空無「善根」，「失念」燋(枯)心，(寶海)我悉「攝取」而調伏之，令種「善根」。 (21 令無善根失念燋枯心意眾生廣種善根願)	㊇如(於)一切衆生所，置「善根」種，我當如是「攝度」(攝取度化)空倦(空虛倦憊)心意(之)燋枯衆生。
乃至(於)「賢劫」(bhadrakalpa 現在住劫。「現在賢劫」與「過去莊嚴劫、未來星宿劫」合稱爲三劫)，於其中間，(我)終不願在「天上、人中」受諸快樂；惟除(我作)「一生」(eka-jāti-pratibaddha，菩薩之最高「等覺」菩薩位。彌勒即屬爲「一生補處」之菩薩)，(需)處(於)「兜術天」，待時成佛(之時)。(寶藏)世尊！(寶海)我應如是久處(於)「生死」(中度化眾生)。 (22 不求人天享樂而久處生死度化眾生願)	乃至(於)「賢劫」之際，我不求「人天、榮利」之福；唯除(我作)「一生補處」(eka-jāti-pratibaddha，菩薩之最高「等覺」菩薩位。彌勒即屬爲「一生補處」之菩薩)，(需處)在「兜率天」，待成「菩提」(之)時。(除此之外)我於爾所，(將)時(時處於)「生死」中(度化眾生)。
㊂ ❶(我將)如(以)一佛世界(之)微塵等「劫」(數的時間)，以諸所須(之物)，(去)供養諸佛，(只)為一衆生種「善根」故。 (23 以微塵劫數時間去供養諸佛願)	㊂ ❶(我將)親近「佛土」微塵數諸佛，以佛土微塵數(等)種種「供具」，(去)供養一一諸佛。
(我將)以一佛世界「微塵數」等諸「供養」具，(去)供養十方無量無邊一一諸佛。 (24 以微塵劫「供具」去供養諸佛願)	
❷(我)亦(能)於十方無量無邊一一佛所，(獲)得「一佛世界」微塵數等「諸善功德」。 (25 於諸佛所獲得諸善功德願)	❷(我將)於一一佛所，得佛土「微塵數功德」。

(我將)於一一佛前，復得教化如「一佛世界」微塵數等「眾生」，(皆)令住(於)「無上菩提之道」。 (26 令眾生皆住無上菩提願)	(對於諸)佛土「微塵數眾生」，(我將)勸以「菩提」。
❸(所有的)「緣覺、聲聞」，亦復如是，(我將)隨諸眾生(之)所「願」而教(化之)。 (27 隨眾生心意而令住緣覺願) (28 隨眾生心意而令住聲聞願)	❸(所有的)「辟支佛乘、聲聞乘」亦如是，(我將)隨其(之)所「欲」，我以如是而勸化(勸教度化)之。
㊂ ①若有世界，(其)佛(仍)未出世(之時)，(我)願作僊(仙)人，教諸眾生，令住「十善」，(及住於)「五神通」中，(令眾生)遠離「諸見」。 (29 若世無佛我願作仙人令住十善與得五神通願)	㊂ ①若世「無佛」，我(願化)作「仙人」，以諸善業，(度)化彼眾生，令(眾生皆能)住(五)「神通」。
②若有眾生事「摩醯首羅天」(Maheśvara 大自在天；色界天魔)，(寶海)我願化身如「摩醯首羅」，而教化之，令住善法。 (30 變身大自在天「摩醯首羅」令住善法願)	②(若有眾生)因於「邪見」，(而去)奉事「摩醯首羅天」(Maheśvara 大自在天；色界天魔)者，(我)即現「摩醯首羅天」，(並)勸以「善業」。
③(若有眾生是)事「八臂」者，(我)亦願化為「八臂天」身(Nārāyaṇa 那羅延是印度古神中之大力者；即欲界天之毘紐天神。此天多力，身爲綠金色，有八臂，乘金翅鳥，手持鬥輪及種種器杖，常與阿修羅王戰爭)，而教化之，(並)令住「善法」。 (31 變身八臂「那羅延」毘紐天神令住善法願)	③(我亦願變)現「那羅延」(Nārāyaṇa 具有大力之印度古神；即欲界天之毘紐天神，此天多力，身爲綠金色，有八臂，乘金翅鳥，手持鬥輪及種種器杖，常與阿修羅王戰爭)、
④(若有眾生是)事「日、月、梵天」，(我)亦願化為「日、月、梵」身，而教化之，(並)令住「善法」。 (32 變身日天子令住善法願) (33 變身月天子令住善法願) (34 變身梵天身令住善法願)	④「日、月」(candra-sūrya-deva-putra)，乃至現「梵天」形，(並)勸(這些眾生)以「善法」。

⑤(若)有(眾生是)事「金翅鳥」(suparṇa，與迦樓羅鳥 garuḍa 同)，乃至事「兔」(śaśa)，(我)願化為「兔身」隨而教化，(並)令住「善法」。 (35 變身金翅鳥「迦樓羅」令住善法願) (36 變身兔形令住善法願)	⑤(我願)或現「迦樓羅」(garuḍa)，(而)勸「迦樓羅鳥」修諸「善行」，乃至(我願變)現為「兔」(śaśa)形。
㈤若見(有)飢餓衆生，(寶海)我當以「身血肉」與之，令其飽滿。若(見)有衆生，犯於「諸罪」，(我)當以「身命」，代其「受罪」，(並)為作救護。 (37 以身血肉救飢餓眾生並代眾生受罪爲作救護願)	㈤(若見)「飢渴」衆生，(我則)以「身肉血」而充濟之。(我將)以「己身命」，救彼一切「急厄」衆生。

六－12 寶海我願為救度眾生而勤精進行菩薩道，願在生死中受諸苦惱

北涼・曇無讖 譯 《悲華經》	秦・譯者佚 名 《大乘悲分陀利經》
㈠(寶藏)世尊！未來世中，有諸衆生，離諸「善根」，燒滅「善心」。(寶海)我於爾時，為是衆生，當勤「精進」，行菩薩道，(並墮)在「生死」中，(代)受諸苦惱。 (38 爲無善根者代受生死種種苦惱願)	㈠(寶藏)世尊！我當於爾所時，以極「勇力」，修諸「難行」，為心意「燋枯」、乏「善根」者(之眾生)。我(將)於爾時，所為衆生故，(代眾生)受於「生死」種種「苦切」。
㈡乃至過「一恒河沙」等「阿僧祇」劫，入「第二恒河沙」等「阿僧祇」劫後分，初入「賢劫」(bhadrakalpa 現在住劫。「現在賢劫」與「過去莊嚴劫、未來星宿劫」合稱爲三劫)，(時有寶海梵志一千童子中第一位)火鬘摩納(Māṇava 儒童)成「阿耨多羅三藐三菩提」，字拘留孫如來(Krakucchanda 過去七佛的第四位)。	㈡乃至過「一恒河沙」數「阿僧祇」，「二恒河沙」阿僧祇之餘，始入「賢劫」中，如(寶海梵志一千童子中第一位)月鬘童子成「阿耨多羅三藐三菩提」，號迦羅迦孫陀如來(Krakucchanda 過去七佛的第四位)。令(寶海)我爾時，(能)以「聖慧眼」，見於十方，各(於)千佛土微塵數世界中，已轉法輪(之)「現在住世」諸佛世尊，(此現在住世之諸佛乃是)是我(早)先所勸化(勸教度化之者)。

㊂ ❶時(有諸眾生皆為寶海)我所教化，(此諸眾生)離諸「善業」、行「不善業」、燒燋「善心」、離「聖七財」(七聖財。①信財：能信受正法②戒財：能持戒律③慚財：能自慚不造諸惡④愧財：於不善法能生羞愧⑤聞財：能多聞佛典正教⑥施財：能施捨諸物，捨離執著⑦慧財：能修習般若空性智慧)、作「五逆」罪、毀壞「正法」、誹謗「聖人」、行於「邪見」、「重惡」之罪，猶如大山，常為「邪道」之所覆蔽，(於)「無佛」世界(中)所(被)棄捐者，(我皆)令發「阿耨多羅三藐三菩提」心。 ❷(我皆令諸眾生)行「檀」波羅蜜，乃至(令)行「般若」波羅蜜，(並令眾生)安止住於「不退轉」地，(最終)皆令「成佛」。 (39 為乏「聖七財」眾生廣修六度並令住於不退轉願)	㊂ ❶(當時有諸眾生)心意燋枯、集「不善根」、乏「聖七財」(七聖財。①信財：能信受正法②戒財：能持戒律③慚財：能自慚不造諸惡④愧財：於不善法能生羞愧⑤聞財：能多聞佛典正教⑥施財：能施捨諸物，捨離執著⑦慧財：能修習般若空性智慧)，為一切(諸佛)所棄，在空(無)佛土，作「無間業」、誹謗「正法」、非𧦝(古通「誹」→誹謗)毀「賢聖」，乃至「邪道」所困，處「大曠野」者；我(早)先(已)為「彼眾生」讚歎「阿耨多羅三藐三菩提」，(皆)勸(彼眾生)以「阿耨多羅三藐三菩提」，令住其中者。 ❷「彼眾生」(皆)是我(早)先所勸化(勸教度化)，(我皆令彼眾生)住「檀」波羅蜜，乃至(住於)「般若」波羅蜜者。
㊃(我所度化的眾生)在於十方，如一佛土「微塵數」等諸佛世界，(皆已成佛已)轉「正法輪」，(已)令諸眾生於「阿耨多羅三藐三菩提」，種諸「善根」，出離「惡道」，安止得住(於)「功德、智慧」(之)「助菩提法」者，願(寶海)我爾時，悉得「見」之。 (40 能見曾被我度化而成佛者願)	㊃「彼眾生」(皆)是我(早先安)置(於)「無上涅槃」，(令)「善根」種者，(此皆是我)拔出「惡趣」者，(並)使立具「智慧、福德」。
㊄(寶藏)世尊！若有諸佛(於)在在處處，(能)遣「諸眾生」，至於佛所，(令)受「阿耨多羅三藐三菩提」記，令得「陀羅尼、三昧、忍辱」，即得次第上「菩薩位」，得於種種莊嚴世界，各各悉得，隨意所求，取「淨佛土」。如是眾生，悉是(寶海)我(早先)之所勸化(勸教度化)者。	㊄(諸佛能遣諸眾生)將至「現在住世」諸佛世尊所，(令這些眾生)得授「阿耨多羅三藐三菩提」記者，(令)得「三昧、陀羅尼、忍辱」者，(即)得「登地」者。彼(諸)眾生(皆)是我(早)先所勸化(勸教度化)，教使「立願」，取「莊嚴」佛土，(皆)隨彼所欲，取「莊嚴佛土」者。

(41 勸教度化無量眾生得「陀羅尼、三昧、忍辱」乃至成佛願)	

六－13 若有作「五逆」罪，毀壞正法，誹謗聖賢，重惡之罪猶如大山者，寶海我時當為如是眾生，說於正法，攝取調伏

北涼・曇無讖 譯 《悲華經》	秦・譯者佚 名 《大乘悲分陀利經》
㊀(寶海我於當時便)入「賢劫」中，(於)拘留孫佛(Krakucchanda 過去七佛的第四位)出世之時，如是等衆(生)，亦於十方如微塵等諸佛世界，(早已)成「阿耨多羅三藐三菩提」，(所有)在在處處「住世」(之諸佛)說法(之時)，亦令我(能得)見。 (42 能得見賢劫已成佛之諸佛願)	㊀(寶海)我爾時始入「賢劫」，(於)迦羅迦孫陀(Krakucchanda 過去七佛的第四位)聖日出時，令我(能得)見於十方各「千佛土」，(於)微塵數世界中，「現在住世」為衆生說法(之)諸佛世尊。
㊁ ❶(寶藏)世尊！(待)拘留孫佛(Krakucchanda 過去七佛的第四位)成佛之時，(寶海)我至其所，以諸「供具」而供養之。 (43 以諸「供具」供養拘留孫佛願) ❷(我將向拘留孫佛以)種種諮問(有關)「出家」之法，持「清淨戒」、廣學「多聞」、專修「三昧」、勤行「精進」、說「微妙法」；唯除「如來」(以外)，餘無(有人)能(比我更殊)勝。 (44 向拘留孫佛請法願)	㊁ ❶(待)迦羅迦孫陀如來(Krakucchanda 過去七佛的第四位)・應供・正遍知，成佛未久，我當往詣其所，以種種「供具」而供養之。 ❷(我將向拘留孫佛以)諮請問難「出家、修戒、多聞、三昧、說法第一」(等諸法義)，唯除「如來」(以外，其餘沒有人將比我更殊勝)。
㊂是時，或(於拘留孫佛之時)有「鈍根」衆生，無諸「善根」，墮在「邪見」，行「不正道」，作「五逆」罪，毀壞「正法」，誹謗「聖賢」，「重惡」之罪，猶如大山，(寶海)我時當為如是衆生，說於「正法」，攝取調伏。 (45 能調伏於拘留孫佛時具鈍根重罪願)	㊂於彼(拘留孫佛之)時，(有)心意「燋枯」衆生，集「不善根」、沒「邪見道」、作「無間業」，乃至「邪道」所困「曠野」衆生，我當「攝度」(攝取度化)而為說法。

㊃(待拘留孫)佛日沒已，(寶海)我於其後，自然當作無量「佛事」。(後面相繼還有)伽那迦牟尼(Kanakamuni 過去七佛的第五位)、迦葉佛(Kāśyapa 過去七佛的第六位)等(亦會)住世說法，乃至自然，(我亦將廣)作於「佛事」，亦復如是。 (46 於拘留孫佛滅度後繼作佛事願) (47 以諸「供具」供養伽那迦牟尼佛願) (48 向伽那迦牟尼佛請法願) (49 能調伏於伽那迦牟尼佛時具鈍根重罪願) (50 於伽那迦牟尼佛滅度後繼作佛事願) (51 以諸「供具」供養迦葉佛願) (52 向迦葉佛請法願) (53 能調伏於迦葉佛時具鈍根重罪願) (54 於迦葉佛滅度後繼作佛事願)	㊃(待拘留孫佛之)聖日沒後，我當具作「佛事」，如是(相繼還有)迦那迦牟尼(Kanakamuni 過去七佛的第五位)、迦葉(Kāśyapa 過去七佛的第六位)成佛未久，(我將)往至其所(這些已成佛之如來處所)，乃至具作「佛事」。
㊄乃至(於)人壽千歲，(寶海)我於爾時，勸諸眾生，(應住)於「三福」(布施世福、持律戒福、眾善修福)處。 (55 於人壽千歲仍勸眾生住「三福」願)	㊄展轉乃至(於)「千歲」(之)世人，(我將)以「三福」(布施世福、持律戒福、眾善修福)地，安立眾生。
(待)過「千歲」已，(寶海我將)上生「天上」，為諸「天人」，講說「正法」，令得調伏。 (56 生天講法利眾願) --後面的願跳接六-16	過是(千年)已(之後)，(寶海我將)往上生「天上」，為「天」說法，而攝度(攝取度化)之。

六-14 當來眾生，六根放逸，行「八邪」法，入大罪山，廣造「五逆」，毀壞正法，誹謗聖人，不識恩義，失於正念，輕蔑善法。寶海我當救度如是眾生

北涼・曇無讖 譯 《悲華經》	秦・譯者佚 名 《大乘悲分陀利經》
㊀ ❶乃至(於)人壽(降至)「百二十歲」，爾時眾	㊀ ❶乃至眾生(降至)「百二十」歲，極甚「愚

生「愚癡」自在，自恃「端正」、(自倚)「種姓」豪族，有諸「放逸、慳悋、嫉妬」，墮在黑闇「五濁惡世」。	癡、憍慠、恃色」，自倚「種族」，昏濁無識，多懷嫉恚，處在「五濁」闇冥。
❷(爾時眾生具有)厚重「貪欲、瞋恚、愚癡」，「憍慢、慳悋、嫉妬、非法行欲、非法求財、行邪倒見」、離「聖七財」(七聖財。①信財：能信受正法②戒財：能持戒律③慚財：能自慚不造諸惡④愧財：於不善法能生羞愧⑤聞財：能多聞佛典正教⑥施財：能施捨諸物，捨離執著⑦慧財：能修習般若空性智慧)。	❷是諸衆生，(於)「貪欲、瞋恚、愚癡」甚重，「憍慢、嫉妬、染著非法、非法自活，邪見、倒見」，乏「聖七財」(七聖財。①信財：能信受正法②戒財：能持戒律③慚財：能自慚不造諸惡④愧財：於不善法能生羞愧⑤聞財：能多聞佛典正教⑥施財：能施捨諸物，捨離執著⑦慧財：能修習般若空性智慧)。
❸不孝父母，於諸「沙門、婆羅門」所，不生「恭敬」。	❸非母、非父、非沙門、非婆羅門。
㊁	㊁
①「應作」(的善事)不作，作「不應作」(的惡事)，不行「福事」，不畏「後世」。	①不知作恩，不作福德，不畏後世。
②不勤修集於「三福」(布施世福、持律戒福、眾善修福)處，不樂「三乘」，於「三善根」不能修行，專為「三惡」，不修「十善」，勤行「十惡」。	②不修三福(布施世福、持律戒福、眾善修福)地，不求「三乘」，不修「三善業」，修「三惡業」，不修「十善業」，樂修「十不善」。
③其心常為(於佛之「常樂我淨」生出顛倒)所覆，安止住於「四破戒」(殺盜婬妄四種破戒的無限迴旋輪轉)中，令「四魔」王(①蘊魔：五陰魔：五蘊魔②煩惱魔：欲魔③能令眾生夭喪殞沒之死魔④欲界第六天之魔王)常得自在，漂在「四流」(catvāra oghāḥ。四大暴河、四瀑河，爲煩惱之異名。指能使「善品」流失之四類煩惱。①欲暴流：對外境生起色、聲、香、味、觸之五欲。②有暴流：指色界、無色界之貪、慢、疑等。③見暴流：指錯誤偏邪之邪見思想。④無明暴流：與癡相應之煩惱 三界各有五種，合之共爲十五種)，(遭)「五蓋」(貪欲、瞋恚、睡眠、掉悔、疑)蓋心。	③為「四顛倒」(於佛之「常樂我淨」生出顛倒)所困，住「四迴轉」(殺盜婬妄四種破戒的無限迴旋輪轉)，隨順「四魔」(①蘊魔：五陰魔：五蘊魔②煩惱魔：欲魔③能令眾生夭喪殞沒之死魔④欲界第六天之魔王。又如來之「無為涅槃」為「常、樂、我、淨」，而惱害眾生之「無常、無樂、無我、不淨」等四種顛倒心，亦名為四魔)，(為)「四病河」(catvāra oghāḥ。四大暴河、四瀑河，爲煩惱之異名。指能使「善品」流失之四類煩惱。①欲暴流：對外境生起色、聲、香、味、觸之五欲。②有暴流：指色界、無色界之貪、慢、疑等。③見暴流：指錯誤偏邪之邪見思想。④無明暴流：與癡相應之煩惱 三界各有五種，合之共爲十五種)所漂；常隨「五蓋」(貪欲、瞋恚、睡眠、掉悔、疑)。

㊂	㊂
❶當來世中，如是衆生，「六根」放逸，行「八邪」法(八正道之對稱)，入大罪山，起諸「結縛」，(甚至亦)不求「天上、人中」果報。	❶(眾生之)六情(六根)昏愚，沒在「八邪」(八正道之對稱)曠野，恒起諸「使」(煩惱)，(甚至亦)不求「天、人」福德。
❷(眾生具)「邪倒」(邪見顛倒)諸見，趣於「邪道」，行於「五逆」，毀壞「正法」，誹謗「聖人」，離「諸善根」，貧窮下賤，無所「畏忌」，不識「恩義」，失於「正念」，輕蔑「善法」。	❷(眾生)為「倒見、邪道」所困，作「無間業」，誹謗「正法」，誹毀「賢聖」，離諸「善根」，剛強麤獷ㄍㄨㄤˇ(粗魯蠻橫)，不知「恩分」。若有所作，尋即「忘失」，見修善者，惡心譏謗。
❸(眾生)無有「智慧」，不能「學問」，「破戒」諛諂，以「嫉妬心」於「所得物」，不與「他分」(他人分享)。(彼此)互相「輕慢」，無有恭敬，懶惰懈怠。	❸(眾生)淺慧、少聞、多忘。
❹(眾生)諸根缺漏，身體羸ㄌㄟˊ劣，乏於「衣服」。親近「惡友」，(於)處胎(時便)「失念」，以受種種「苦惱」故，「惡色」燋悴，其眼「互視」(無尊卑前後之別)，無慚、無愧，互相「怖畏」。	❹(眾生)諸根不具，羸瘦少力，衣服乏短。親「惡知識」，(於)「胎中」(生諸)妄念，(為)「衆病」所困，顏色醜惡，不顧(尊卑之)「前、後」，無有「慚、愧」，更想恐怖。
❺(才)於一食頃(之間)，(其)「身、口、意」業，所作諸惡，(即)無量無邊，(竟然)以能「為惡」，故(值)得稱歎(之事)。	❺(才於)一小食(之)頃，(其)「身、口、意」行，多作「惡業」，(竟然)以(作惡)是為貴。
㊃爾時，衆生專共(專門共同)修集「斷、常」二見，堅著「五陰」危脆之身，於「五欲」中，深生貪著。	㊃衆生(墮於)「常見、斷見」，(執)著「五陰」心、貪(著)「五欲心」。
㊄(眾生)常起「忿恚、怨賊」之心，欲害衆生，心常「瞋惱」，「穢濁」麤(麤魯)朴ㄆㄨˊ(樸陋；粗俗鄙陋)，未得調伏。慳悋ㄌㄧㄣˋ貪著，不捨「非法」，無有「決定」，互相畏怖，起於「諍競」，以「穢濁心」共相殺害，遠離「善法」，起「無善心」，作諸惡業。	㊄ 喜心、 掉心、 怨心、 欺心、 濁心、

	麤心、 恚心、 不調心、 不執心、 不柔伏心、 著非法心、 無住心、 相求心、 散亂心、 更相害心、 離法心、
㊅ 於「善、不善」，不信「果報」。 於諸「善法」，起「違背心」， 於「滅善法」，生「歡喜心」， 於「不善法」，起「專作心」， 於「寂滅涅槃」，起「不救心」， 於「持戒」沙門、婆羅門所，生「不敬心」， 於諸「縛結」，起「悕求心」， 於「老病死」，起「深信心」， 於諸「煩惱」，起「受持心」， 於「五蓋」法，起「攝取心」， 於「正法幢」，起「遠離心」， 於「諸見幢」，起「豎立心」， 常起「相違輕毀」之心， 共起鬪諍，相食噉心， 各各相違，共相侵陵(古通「凌」)，攝取「怨恨惱亂」之心， 於諸「欲惡」，起「無厭心」， 於「他財物」，起「嫉妬心」， 於「受恩」中，起「不報心」， 於諸「衆生」，起「賊盜心」， 於他「婦女」，起「侵惱心」。	㊅ 無報心、 計有法心、 滅善心、 不生善心、 不求涅槃靜心、 不知應供養心、 集一切使縛心、 老病死無因緣心、 受諸煩惱心、 執一切障礙心、 毀法幢心、 豎見幢心、 更相訾毀心、 共相食噉心、 自責心、 困他心、 嫉妬熾盛心、 共相殺心、 貪欲無厭心、 嫉他一切所有心、 無恩分心、

	盜竊心、 邪婬心、 欺調心、 無願心， 是時衆生，無不爾者。

六－15 眾生心中無有善願，常聞45種諸苦聲。斷諸善根，離善知識，常懷瞋恚，皆悉充滿於娑婆世界，亦是他方諸佛世界之所擯棄者

北涼・曇無讖 譯 《悲華經》	秦・譯者佚 名 《大乘悲分陀利經》
㊀是時衆生，一切心中無有「善願」，是故常聞：	㊀於中展轉相從，聞如是聲，所謂：
❶地獄聲、	❶地獄聲、
❷畜生聲、	❷畜生聲、
❸餓鬼聲、	❸餓鬼聲、
❹疾病聲、	❹病聲、
❺❻老死聲、	❺老聲、
	❻死聲、
❼「惱害聲」、	❼(惱)害聲、
❽「八難聲」、	❽(八)難聲、
❾「閉繫(幽閉囚繫)聲」、	❾陰使他國聲(被他國陰謀詭計所虜使)、
❿杻ㄔㄡˇ械、枷鏁ㄙㄨㄛˇ(之)「縛束聲」、	❿枷鏁ㄙㄨㄛˇ、杻ㄔㄡˇ械(之)「繫閉聲」、
⓫奪他財物(而被)「侵惱聲」、	⓫拷楚(拷打痛楚)聲、
⓬⓭⓮瞋恚、輕毀(之)「呵責聲」、	⓬說是非聲、
	⓭罵詈聲、
	⓮穿鑿聲、
⓯破壞衆人(之)「和合聲」、	⓯壞衆聲、
	⓰竊盜聲、
⓱他方國賊(之)「兵甲聲」、	⓱軍馬聲、
⓲「飢餓聲」、	⓲飢饉聲、
⓰穀貴(貴重的五穀，遭)「偷盜聲」、	⓳貪欲邪婬聲、
⓳⓴㉑邪婬妄語(之)「狂癡聲」、	⓴妄語聲、
	㉑癡狂聲、

㉒㉓㉔兩舌惡言(之)「綺語聲」、	㉒綺語聲、 ㉓惡口聲、 ㉔兩舌聲、
㉕慳貪、嫉妬(之)「攝取聲」、	㉕嫉妬聲、
㉖㉗㉘若「我、我所」(之)「鬪諍聲」、	㉖出內(出於「自我內在」執著的一種)「積聚聲」、 ㉗鬪諍聲、 ㉘吾我聲、
㉙㉚憎愛「適意、不適意聲」、	㉙「愛、憎」聲、 ㉚「愛、不愛」聲、
㉛「恩愛、別離、憂悲聲」、 ㉛怨憎集聚(之)「苦惱聲」、	㉛愛別離、怨憎會聲、 ㉜販賣聲、
㉝各各相畏(之)「僮僕聲」、	㉝迭ㄉㄝˊ相鬻ㄩˋ賣(鬻售叫賣)聲、
㉞㉟處胎臭穢(之)「不淨聲」、	㉞處胎聲、 ㉟臭穢聲、
㊱㊲㊳㊴㊵寒、熱、飢、渴(之)「疲極聲」、	㊱寒聲、 ㊲熱聲、 ㊳飢聲、 ㊴渴聲、 ㊵疲乏聲、 ㊶疾痛聲、
㊷耕犁種殖(之)「忽(古同「匆」→匆冗)務(塵務)聲」、	㊷種殖聲、
㊸㊹種種工巧(之)「疲厭聲」、	㊸憂種種「業」(造作惡業)聲、 ㊹種種「苦逼聲」、
㊺疾病患苦(之)「羸損聲」，	㊺種種「疾疫聲」、
是時眾生，各各常聞如是等(45種)「聲」。	眾生展轉相從，聞如是聲，有四十五。
㊁如是眾生，斷諸善根，離善知識，常懷「瞋恚」，皆悉充滿(於)娑婆世界，悉是「他方諸佛世界」之所擯ㄅㄧㄣˋ(棄)棄，以「重業」故。	㊁如是乏無「善根」，尠ㄒㄧㄢˇ(很少;缺少)善知識(之)惡心眾生。爾時充滿娑訶世界。諸眾生為一切「薩婆若」(一切智)所棄(捨)，處(於)「無佛」剎，謂無「布施、持戒、修定」，無「善業」，集諸「不善法」；我當以「八分聖道」(八正道)度(眾生離開)生死海，置(於)「無畏」(的涅槃)城。

(參)於「賢劫」中，(當人)壽「百二十歲」(中)，如是眾生(之)「業因緣」故，於娑婆世界，(將遭)受其「卑陋」(果報)，(這些惡業眾生爲已)「成就一切諸善根者」之所「遠離」。	(參)爾時眾生，緣「惡業」重故，(處於)娑訶佛剎(時)，當(遭受)極「弊惡」(之果報)，(這些惡業眾生，乃)為諸「福德」(及以)「種善根者」，所見(被；受到)「棄捨」。
(肆) ❶娑婆世界，其地多有「鹹苦、鹽鹵、土沙、礫石、山陵、埠(古同「堆」)阜ㄈㄨˋ、谿谷、溝壑、蚊虻ㄇㄥˊ、毒蛇」，諸「惡鳥獸」，充滿其中。 ❷麤澁惡風(於)「非時」而起，當於「非時」(降下)惡雹ㄅㄠˊ雨水，其雨水味，(充滿)毒酢ㄘㄨˋ(古同「醋」→酸澀)、鹹苦。 ❸以是雨故，(再)生諸「藥草、樹木、莖節、枝葉、華果」。(這些)百穀諸味，皆(已)悉「雜毒」。 ❹如是(於)「非時」(所得的)「麤澁、惡濁、雜毒」之物，眾生(一旦)食已，(即會)增益「瞋恚」(之心)，顏色「燋悴」，無有「潤澤」。	(肆) ❶(娑婆世界)處處地生「鹹鹵、瓦礫、土石」，諸山高下不平，多諸「毒蟲、蚊虻ㄇㄥˊ、惡蛇、鳥獸」。 ❷爾時充滿「非時風」起，惡濁麤澁(之)「非時」暴雨，雜毒、鹹苦，霜雹ㄅㄠˊ災降。 ❸地生如是「惡種草木」，枝葉花果，諸穀種味，眾生服食，(皆當作)養身之具。 ❹(但這些於)非時(所得的)「惡濁、雜毒、麤澁」，彼諸眾生食之，皆當增長(其)「麤惡」(心)，(及)殺害、欺誑(之心)。
(伍)(然後)於諸眾生，心無「慈愍」，誹謗「聖人」，各各無有「恭敬」之心，常懷恐怖，共相殘害，生「惱亂心」。	(伍)(然後)傳說「是非」，不相「恭敬」，生「怖畏心、相憎嫉心、欲相害心」。
(陸)(更甚)噉肉、飲血，剝(動物)皮而衣，執持刀杖，勤作「殺害」，自恃「豪族」，(或自恃)色相端正。	(陸)(更甚)飲血、食肉，衣ㄧˋ之以(動物)皮，好執「兵器」，傷殺殘害，恃「色、族富貴」。
(柒)(經常)讀誦「外典」，便習「鞍馬」(馬和鞍子。指騎馬)，善用「刀矟ㄕㄨㄛˋ」、弓箭、射御(射箭御馬之術)，於自「眷屬」，生「嫉妬心。(如此)若諸眾生，(皆)修習「邪法」，受種種苦。	(柒)(經常學習)算數「外書」，跨馬、鳴弦(此處指「弓弦」)，(於)人眾(中)鬪戰，嫉妬、傲慢。勤修種種如斯「鄙賤」，是「苦難」世。

六－16 願寶海我處胎十月中，能得一切法門，所謂「無生空三昧門」，亦能於未來無量劫中說此三昧，種種「善決定心」不可得盡

北涼‧曇無讖 譯 《悲華經》	秦‧譯者佚 名 《大乘悲分陀利經》
前面 56 願在六－13。	
㊀(寶藏)世尊！願(寶海)我爾時，從「兜術天」，下生(至)最(殊)勝(之)「轉輪王」家，若(或)「自在王」家，處在「第一大夫人」(之)胎(中)，(仍)為諸眾生「調伏」其心，修「善根」故。 (57 從兜率下生轉輪王家度眾願)	㊀爾時我當從「兜率天」下，為度眾生，(為令成)熟(眾生)善根故，(我)於最妙(之)「轉輪王」(為)種，(於)「第一夫人」(之)腹中「受胎」而住。
㊁ ❶尋「入胎」時，放大光明，其光微妙，遍照娑婆世界，從「金剛際」(kāñcana-maṇḍala 金性地輪；地輪；金剛輪；以金剛鋪成之地表。金輪之最下端稱為金輪際)，上至「阿迦尼吒天」(Akaniṣṭha-deva 色究竟天)。 (58 入胎即放光願)	㊁ ❶我當爾時，放「淨光明」，遍照娑訶佛土，上至「阿迦尼吒天」(Akaniṣṭha-deva 色究竟天)，下至「金輪際」(kāñcana-maṇḍala 金性地輪；地輪；金剛輪；以金剛鋪成之地表。金輪之最下端稱為金輪際)，妙光周遍。
❷令彼所有諸眾生等，若在「地獄」、若在「畜生」、若在「餓鬼」、若在「天上」、若在「人中」、若「有色」、若「無色」、若「有想」、若「無想」、若「非有想」、若「非無想」，悉願見我(入胎時所發生的)「微妙光明」。 (59 令三界眾生見我入胎光明願)	❷爾時眾生，生娑訶佛剎者，或在「地獄」、或為「畜生」、或為「餓鬼」、或生「天上」、或生「人中」，在「色界」、「無色界」、「想、無想」、「非想非非想」處，令彼一切見斯(我入胎時所發生的)「光明」。
❸若(此)光(明)觸「身」，亦願得知。(眾生)以見知「光」故，悉得分別「生死過患」，	❸(此光明只要)覺觸其「身」，(能)令彼一切(眾生)，厭「生死苦」，樂求「涅槃」，乃至住

(能)勤求無上「寂滅涅槃」，乃至「一念」(能)斷諸煩惱，是名令諸衆生「初種涅槃」之根栽也。 (60 光明觸身能種涅槃根願)	「滅結(結使煩惱)心」，是(名)「初種涅槃道」(之)種。
㊂願(寶海)我處胎，於「十月」中，得選擇「一切法」、入「一切法門」，所謂「無生空三昧門」。於未來世無量劫中，說此「(無生空)三昧」(之)「善決定心」，(乃)不可得盡。 (61 處胎即獲「無生空三昧門」願)	㊂我當受「一切法決定」三昧，(得)受「一意法門」三昧心，(在我於)十月住「母腹」中。
㊃若(寶海)我「出胎」，成「阿耨多羅三藐三菩提」已，彼諸衆生，我當拔出，令離「生死」，如是等衆，悉令「見我」(的處胎與出胎之相)。 (62 能見我處胎與出胎願)	㊃又我得佛，(能讓)衆生「厭離生死」，(此皆是)我所「應度」者。(我能)令彼衆生於「十月」中，見我在(在胎與出)胎(之相)。
(我)雖處「母胎」，滿足「十月」，然其實是住(於)「珍寶三昧」，結「加趺坐」，正受思惟。 (63 雖處母胎卻住於「珍寶三昧」願)	(我在胎中是)結「加趺坐」，心入「三昧」，如「摩尼」現。
㊄(待)十月滿已，(我)從右脇出，以「一切功德成就三昧力」故，(能)令娑婆世界，從「金剛際」(kāñcana-maṇḍala 金性地輪;地輪;金剛輪;以金剛鋪成之地表。金輪之最下端稱爲金輪際)，上至「阿迦尼吒天」(Akaniṣṭha-deva 色究竟天)，(感召)六種震動。 (64 右脇出胎天地六動願)	㊄(我將)滿「十月」生時，(我將)以「集一切福德三昧」，(令世界有)六種震動，一切娑訶佛土，上至「阿迦尼吒天」(Akaniṣṭha-deva 色究竟天)，下至「金輪際」(kāñcana-maṇḍala 金性地輪;地輪;金剛輪;以金剛鋪成之地表。金輪之最下端稱爲金輪際)，皆悉「震動」。
其中衆生，或處「地獄、畜生、餓鬼、天上、人中」(之者)，(皆因我的出胎之相，大地震動之相，因此)悉得惺(古通「醒」)悟。 (65 出胎令眾生得覺悟願)	彼時衆生，生娑訶佛土者，或在「地獄」，乃至「人中」，(皆)悉(被我的出胎之相，大地震動之相給)覺悟之。

㊅爾時(我於「出胎」之時)，復有以「微妙光明」，遍照娑婆世界。 (66 出胎光明能遍照願)	㊅我當從母「右脇」而出(時)，又(能)以「妙光」普照娑訶佛剎，無不周遍。
㊆(此光明)亦(能)得惺(古通「醒」)悟無量衆生。 (67 出胎光明能覺醒眾生願)	㊆爾時(之出胎光明)亦復(能)「覺悟」娑訶佛土一切衆生。
若有衆生，(仍)未種善根(者)，(寶海)我當安止(彼諸眾生)，令種「善根」；(又能)於(已種)「涅槃」中，(已經)種善根已，(並)令諸衆生，(皆)生「三昧芽」(samaya 三昧耶；時；一致；平等；本誓)。 (68 出胎後能令眾生得「三昧耶」願)	(我能)於未種「善根」(之)衆生所，(令)著「涅槃種」；(又能)於已種「涅槃種」(之)衆生，生「誓願」(samaya 三昧耶；時；一致；平等；本誓)到。

六－17 寶海我出胎，足蹈地時，願娑婆世界從金剛際上至「阿迦尼吒天」，皆六種震動

北涼・曇無讖 譯 《悲華經》	秦・譯者佚 名 《大乘悲分陀利經》
㊀(寶海)我出「右脇」，足「蹈地」時，復願娑婆世界，從「金剛際」(kāñcana-maṇḍala 金性地輪；地輪；金剛輪；以金剛鋪成之地表。金輪之最下端稱爲金輪際)，上至「阿迦尼吒天」(Akaniṣṭha-deva 色究竟天)，六種震動。 (69 出胎蹈地能讓天地六動願)	㊀若(寶海)我足「蹈地」時，(皆能)令此娑訶佛土，(發生)六種震動，峗峨(《一切經音義・卷九》云：傾側搖動不安)涌沒，乃至「金輪際」(kāñcana-maṇḍala 金性地輪；地輪；金剛輪；以金剛鋪成之地表。金輪之最下端稱爲金輪際)。
㊁所有衆生依「水」、依「地」、依於「虛空」，「胎生、卵生、濕生、化生」，(所有處)在「五道」(中)者，悉(能)得惺(古通「醒」)悟。 (70 四生五道能得覺悟願)	㊁爾時衆生，有依「水」、依「地」、依「空」、依「四生處」(胎生、卵生、濕生、化生)、依止「五趣」(之者)，我當覺(悟)之。

㊂若有眾生，未得「三昧」(samaya 一致;平等;本誓)，願皆得之；(已)得「三昧」已，(則)安止令住(於)「三乘」法中，「不退轉」地。 (71 令眾生得「三昧」與住三乘願)	㊂有眾生未生「誓願牙」(samaya 一致;平等;本誓)者，當令生；已生「誓願牙」者，(則)令住(於)「三乘」，得「不退轉」。
㊃(寶海)我既(誕)生已，於娑婆世界所有「諸天、梵王、魔天(「波旬」通常指欲界第六天魔，稱爲「他化自在天魔」。欲界第六天除了有「天人」在此住外，還有另一個魔宮是處在「欲界、色界初禪天」之間，專由「他化自在天魔」所住)、忉利諸天」，及「日月天、四天王、諸大龍王、乾闥婆、阿修羅、迦樓羅、緊那羅、摩睺羅伽(mahoraga 大蟒神)、化生神僊(仙)、夜叉、羅刹」，悉令盡來共「供養」(寶海)我。 (72 獲諸天眾生等供養我願)	㊃令我(誕)生時，娑訶佛土(所有的)「大梵魔王、帝釋、日月護世諸天、龍王、阿修羅、化生大威德、夜叉、羅刹、龍、修羅」，令彼一切(皆)來「供養」(寶海)我。
㊄令(寶海)我生已，尋行「七步」。 (73 出胎即行七步願)	㊄令我適生，即行「七步」。
行七步已，以「選擇功德三昧力」故，說於「正法」。令諸大眾，心生「歡喜」，住於「三乘」。 (74 出胎後即能以「選擇功德三昧力」講正法願)	我以「集一切福德三昧」，如是說法。令彼大眾，得住「三乘」。
㊅於此眾中，若有眾生(願)學「聲聞」者，願(彼人)盡此(獲)「生」(此處即指 eka-jāti-pratibaddha，菩薩之最高「等覺」菩薩位。彌勒即屬爲「一生補處」之菩薩)，便得「調伏」。 (75 有求聲聞者令得「一生補處」願)	㊅其大眾中(若有)求「聲聞乘」者，(則)令住「最後身」(eka-jāti-pratibaddha，菩薩之最高「等覺」菩薩位。彌勒即屬爲「一生補處」之菩薩)，我當度(化)之。
若有(願)習學「緣覺乘」者，(令彼人)一切皆得「日華忍辱」。 (76 有求緣覺者令得「日華忍辱」願)	其有眾生，(願)求「辟支佛乘」者，(則)令彼一切得「顯明花忍」。

㊐(若)有(願)學「大乘」者，皆得「執持金剛愛護大海三昧」，以(此)「三昧力」故，(能)超過「三住」。 (77 有求大乘者令得「執持金剛愛護大海三昧」願)	㊐其有衆生，(願)求無上「大乘」者，(則)令彼一切得「金剛持海不動三昧」，以是「三昧」，(能)得登「三地」。
捌(寶海)我於(誕生)爾時，悕求洗浴，願有最(殊)勝「大龍王」，來「洗浴」我身。 (78 出胎後有最勝龍王來為我洗身願)	捌(若)我欲「浴」時，令其中最(殊)勝「龍王」，彼來「浴」我。
衆生(若)見(我被龍王洗浴)者，即住「三乘」，所得功德，(皆)如上所說。 (79 眾生若見我被龍王洗身即得住於三乘願)	其有衆生，見我(被龍王洗)浴者，(則能)令彼一切，於「三乘」(中)獲如是「德」，(皆)如前所說。

六－18 寶海我已如是久遠修集「苦行」，因此娑婆世界上至「阿迦尼吒天」，若有聞我名者，皆到我所，供養於我

北涼・曇無讖 譯 《悲華經》	秦・譯者佚 名 《大乘悲分陀利經》
壹(寶海)我為童子(時)，(於)乘「羊車」時，所可(所有可以)示現(的)種種「伎術」，(皆)為(能覺)悟一切「諸衆生」故。 (80 我當童子乘羊車時能覺悟眾生願) (81 我當童子遊戲時能覺悟眾生願) (82 我當童子之種種業行皆能覺悟眾生願)	壹其有衆生，(若)見我「乘者」，略說，為童子(時之)「遊戲」，乃(至所作的)種種業(行)，(皆能)示教(開示教誨)衆生。
貳(若我)處在「宮殿、妻子、綵女」(之)「五欲」之中，(以及)共相娛樂。(因)見其(在家之)「過患」，(故我)夜半「出城」，除(去)諸「瓔珞嚴身」之具。	貳在宮(與諸)「婇女」(相處)，遊戲(於)「五欲」(之中)。(因對在家生活)心生「厭患」，(故)中夜「捨出」，除去「瓔珞嚴身」之具。
為欲破壞尼揵子(Nirgrantha-jñāta-putra 尼乾陀若提子)等諸「外道」師，(爲)恭敬「衣服」故，我著「袈裟」，至菩提樹下。	為(降)伏諸「異學」(之)尼乾陀(Nirgrantha-jñāta-putra)、遮羅迦(caraka 僧佉外道)、彼利波羅闍迦(parivrājaka 波立婆外道;出家外道)、離彼路多衣

	(？未詳)，(故我)求應「法服」，詣菩提樹。
㊂眾生見我，處於「菩提樹」下，皆悉發願(住於正法)。欲令我速以「一切功德成就三昧力」，說「三乘」法。(若能)聞是法已，(則)於「三乘」中生「深重」，欲勤行精進。 (83 以「一切功德成就三昧力」為眾生說三乘法願)	㊂有眾生見我，詣「菩提樹」者。我當以「集一切福德三昧」，為彼眾生說如是法，令彼一切勤求「三乘」。
㊃ ❶若有(眾生)已發「聲聞乘」者，(則)令脫「煩惱」，要(住於)「一生」(eka-jāti-pratibaddha，菩薩之最高「等覺」菩薩位。彌勒即屬爲「一生補處」之菩薩)在當於我(之處)所，而得調伏。 (84 若有已發聲聞乘者必得「一生補處」願)	㊃ ❶其有眾生殖「聲聞」種，(則)令彼眾生一切「結」(結使煩惱)熟(此喻將煩惱煮到爛熟)，(直到)住「最後身」(eka-jāti-pratibaddha，菩薩之最高「等覺」菩薩位。彌勒即屬爲「一生補處」之菩薩)，(全部都)從我(而獲)得度。
❷若(眾生)有已發「緣覺乘」者，皆悉令得「日華忍辱」。 (85 若有已發緣覺乘者必得「日華忍辱」願)	❷其有眾生，求「辟支佛乘」者，令彼一切得「顯明花忍」。
❸若(眾生)有已發「大乘」之者，皆得「執持金剛愛護大海三昧」，以(此)「三昧力」故，(能)超過「四地」。 (86 若有已發大乘者必得「執持金剛愛護大海三昧」願)	❸有殖大乘種者，令彼一切得「金剛持海不動三昧」，以是「三昧」，(能)得登「三地」。
㊄ ①我自「受草」於菩提樹下，敷「金剛座」處，結「加趺坐」。身心正直，繫念在於「阿頗三昧」(āsphānaka 阿頗那迦定;阿娑頗那;不可動)。 (87 我於菩提樹下能入「阿頗三昧」不動禪定願)	㊄ ①我當手自「執草」(於)菩提樹下，敷「金剛座」，於彼座上，結「加趺坐」。端身正意，我當如是入「不動禪」(āsphānaka 阿頗那迦定;阿娑頗那;不可動)。
②以(此阿頗)「三昧力」故，令「入出息」，(皆)停住寂靜，(又)於此(此阿頗三昧)定中，(能)一日一夜，(只需)日食「半麻、半米」，以	②滅「出入息」，日日一從禪起，(只需)食半「胡麻」，(另一)半以施人。

其「餘半」，(則)持施他人。

(88 我入「阿頗三昧」不動禪定後可施半麻半米於他人願)

(陸)我如是久遠修集「苦行」，(於)娑婆世界，上至「阿迦尼吒」(Akaniṣṭha-deva 色究竟天)，(只要)聞「我名」者，皆(悉)到我所，「供養」於(寶海)我。

(89 諸天聞我苦行皆來供養我願)

(寶海)我如是「苦行」，如是等眾，悉當為我而作「證明」。

(90 諸天大眾等皆來證我之苦行願)

(柒)

❶若有眾生於「聲聞乘」種善根者，(寶藏)世尊！(我)願令是(聲聞乘)等(人)，於諸煩惱，(令)心得「寂靜」。若(欲證最後之)餘「一生」(eka-jāti-pratibaddha，菩薩之最高「等覺」菩薩位。彌勒即屬為「一生補處」之菩薩)，要至我所，(寶海)我當調伏。

(91 有求聲聞者由我度彼至「一生補處」願)

❷(若有眾生於)緣覺(種善根者)、(若有眾生於)大乘(種善根者)，亦復如是。(指能令此二類根器者亦獲「心得寂靜」之境。若習「緣覺」者，最終獲得「日華忍辱」境。能令習「大乘」者，最終獲得「執持金剛愛護大海三昧」境)

(92 有求緣覺者由我度彼得「日華忍辱」願)

(93 有求大乘者由我度彼獲「執持金剛愛護大海三昧」願)

(捌)

①若有「諸龍、鬼神、乾闥婆、阿修羅、迦樓羅、緊那羅、摩睺羅伽(mahoraga 大蟒神)、餓鬼、毘舍遮、五通神僊(仙)」，

(陸)我當爾所時，行是「苦行」，今乃(上)至「阿迦尼吒」(Akaniṣṭha-deva 色究竟天)際，(下則)依(於)娑訶佛土，一切「諸天」(皆)來「供養」(寶海)我。

令彼一切，(皆)證我(之)「苦行」。

(柒)

❶其(眾生)有求「聲聞乘」者，(寶藏)世尊！(我願)令彼(聲聞乘之)諸「結」(結使煩惱)，皆悉除滅，(最終能)住「最後身」(eka-jāti-pratibaddha，菩薩之最高「等覺」菩薩位。彌勒即屬為「一生補處」之菩薩)，(一切皆)從我得度。

❷(若眾生)有求「辟支佛乘」者，乃至如前所說。(指能令此二類根器者亦獲「心得寂靜」之境。若習「緣覺」者，最終獲得「日華忍辱」境。能令習「大乘」者，最終獲得「執持金剛愛護大海三昧」境)

(捌)

①如是「龍、夜叉、乾闥婆、阿修羅、迦樓羅、緊那羅、摩睺羅伽(mahoraga 大蟒神)、餓鬼、毘舍遮、鳩槃茶(Kumbhāṇḍa)、

來至我所，供養於(寶海)我。(寶海)我如是「苦行」，是等衆生皆為「證明」。 (94 諸天龍八部等大眾皆來證明我之苦行願)	五通仙人」，如是等來「供養」我，令彼一切「證」我(之)苦行。
②若(諸龍、鬼神、乾闥婆、阿修羅、迦樓羅、緊那羅、摩睺羅伽、餓鬼、毘舍遮、五通神仙中)有已學「聲聞、緣覺」，及「大乘」者，亦復如是。	②其(諸龍、鬼神、乾闥婆、阿修羅、迦樓羅、緊那羅、摩睺羅伽、餓鬼、毘舍遮、五通神仙)有求「聲聞乘」者，乃至如前所說。

六－19 若有諸禽獸，見寶海我之苦行，亦至我所，是諸禽獸於此命終，更不復再受畜生之身

北涼・曇無讖 譯 《悲華經》	秦・譯者佚 名 《大乘悲分陀利經》
㊀	㊀
❶若有四天下衆生，修於「外道」，麤食苦行，有諸「非人」，往至其所，(對這些外道眾們)說如是言： 卿(外道們)等！(你們)不能(如此的)悉行「諸苦」，亦復不得「大果報」也，非是「希有」(之事)。	❶於此四天下，(有些)異學(外道)，行「麤弊苦行」者，(則)令天(之)「非人」，唱告彼(外道眾們)言： 汝等(之)「苦行」，(並)無「大果報」，(亦)復非「未曾有」(之事)。
❷如我(所處之)地分，有「一生菩薩」(eka-jāti-pratibaddha，菩薩之最高「等覺」菩薩位。彌勒即屬爲「一生補處」之菩薩)行於「苦行」，復入如是微妙「禪定」，(其)「身、口、意」業，皆悉(達到)「寂靜」，(已)滅「出入息」，(能於)一日一夜，(僅)日食「半麻、半米」。	❷(汝等應)於「如是」(之)處，(像)住「最後身菩薩」(eka-jāti-pratibaddha，菩薩之最高「等覺」菩薩位。彌勒即屬爲「一生補處」之菩薩)所行(之)「苦行」，入是「禪」，捨「心行」(之)縛，離於「身、行」，滅「口」行(之)「喘息」，日日一從禪起，(僅)食半「胡麻」。
❸(像)如是(之)苦行，大得「果報」，得「大利益」，多所開化。(如)是「苦行」(之)人，不久當成「阿耨多羅三藐三菩提」。	❸(能)行是「苦行」，彼果(方爲)甚大。彼大寬廣，不久當成「阿耨多羅三藐三菩提」。
❹卿若不信我所言者，自可往至其所，觀其所作(所爲)。	❹汝等(若)不信，(則)可自往(前)觀(之)。

㊁(寶藏)世尊！願是諸(外道眾)人，(皆能)捨其所修(之苦行)，悉來我(之處)所，觀我(之)「苦行」。或有(外道諸)衆生，已學「聲聞」，乃至「大乘」，亦復如是。 (95 外道見我苦行而改歸依於佛門願)	㊁令彼(外道眾等)一切捨(其)難(行之)「苦行」，盡來見我(之)「苦行」者。(若諸外道)有殖「聲聞乘」種者，乃至如前所說。
㊂若有「諸王、大臣、人民、在家、出家」(者)，一切見我行是「苦行」，(皆)來至我(之處)所，供養於我。或有已學「聲聞、緣覺、大乘」(者之「諸王、大臣、人民、在家、出家」)，亦復如是。 (96 國王大臣貴賤者見我苦行而行供養願)	㊂若有「人王、群臣、百官」，及餘「庶民、在家、事家業」者，令彼一切來至我所，見我苦行。(若「諸王、大臣、人民、在家、出家」)有求「聲聞乘」者，(亦)如前所說。
㊃若有「女人」見我(之)苦行，來至我所，「供養」於我，是諸女人所受(之)「身分」，即是「後身」(此生受女人身之最後一次)。若有已學「聲聞、緣覺、大乘」(者之女人)，亦復如是。 (97 女人見我苦行不再受女身願)	㊃若有「女人」來見我者，令是「最後女身」(此生受女人身之最後一次)，更不復受。(若諸女人)有求「聲聞乘」者，(亦)如前所說。
㊄ ①若有諸「禽獸」，見我(之)苦行，亦至我所，是諸禽獸，於此「命終」，更不復(再)受「畜生」之身。 (98 禽獸見我苦行不再受畜生身願)	㊄ ①若有「禽獸」，見我坐修苦行者，令(彼將是)「最後」(的)畜(生)身，(來世)更不復受有「禽獸」。
②若(諸禽獸)有已發「聲聞乘」者，(則所剩)餘(禽獸業報的最後)「一生」(尚)在，要至我(之處)所，而(獲)得調伏。 (99 禽獸若具聲聞乘根器者由我度化不再受生願)	②(諸禽獸若有)殖「聲聞乘」種者，令更(禽獸業報的最後)「一生」，(皆)從我(獲)得度。
③若(諸禽獸)有已發「緣覺心」者，亦復如是(指可獲得此生最後一次的業報)。 (100 禽獸若具緣覺乘根器者由我度化不再受生願)	③(諸禽獸若有)有求「辟支佛乘」者，如前所說(指可獲得此生最後一次的業報)。

④乃至「微細小蟲、餓鬼」亦如是。 (101 一切微細小蟲皆由我度化不再受生願) (102 一切餓鬼皆由我度化不再受生願)	④(乃至)種種「畜生」，作如是說，「餓鬼」亦如是說。
㊆(寶海)我如是久遠「苦行」，(當我)一結「加趺」坐時，(便)有百千億「那由他」等無量眾生為(寶海)我證明，如是(此類)眾生已於無量無邊「阿僧祇」劫，(早已)種解脫(種)子。 (103 有無量眾生證明我之苦行願)	㊆我當於爾所時，行如是「苦行」，(當我)一結「加趺」坐，(便能)令多億「那由他」百千眾生，(同來)證我(之)「苦行」，(能)得「未曾有」(之境)，(如是諸眾生早已)於彼所，(廣)種無量「阿僧祇」(之)「解脫」種(子)。

六－20 寶海我如是之「苦行」，過去眾生未曾有能作如是行，所有其餘外道、聲聞、緣覺、大乘之人，亦無有能作如是之「苦行」者

北涼・曇無讖 譯 《悲華經》	秦・譯者佚 名 《大乘悲分陀利經》
㊀	㊀
❶(寶藏)世尊！(寶海)我如是(之)「苦行」，「過去」眾生，未曾有能作如是(之)行。及餘「外道、聲聞、緣覺、大乘」之人，亦無有能作如是(之)「苦行」。 (104 我之苦行皆勝過去願)	❶我當如是修行「苦行」，「先」(過去)無眾生(之)數，(例如)「異學(外道)、聲聞乘、辟支佛乘、無上大乘」，能行(像我一樣)如是(之)苦行者。
❷(寶藏)世尊！(寶海)我如是(之)「苦行」，「未來」眾生亦無能作(如是之苦行)，及餘「外道、聲聞、緣覺、大乘」之人，亦無能作如是(之)「苦行」。 (105 我之苦行皆勝未來願)	❷「後」(未來)亦無有眾生(之)數，(例如)「異學」(外道)乃至「大乘」，能行(與我一樣)如是(之)苦行，如我(之)所行。
㊁	㊁
①(寶海)我未成「阿耨多羅三藐三菩提」時，已能作「大事」，所謂破壞「魔王」，及	①(在)我未逮(至)「阿耨多羅三藐三菩提」(之時)，(即能)作「丈夫」行，降「魔官屬」。

其眷屬。 (106 未成佛道即能降魔王及眷屬願)	
②(寶海)我願破「煩惱魔」，成「阿耨多羅三藐三菩提」已。 (107 能破煩惱魔而成菩提願)	②留「餘業報」，破「結使(煩惱)魔」，成「阿耨多羅三藐三菩提」。
(我能)為一衆生，(能)安住(於)「阿羅漢」(之)勝妙果中，隨爾所時(所在當時)，(這些眾生)現(在只)受「殘業」(殘餘業力下之)報身(而已)。 (108 能令乃至一眾生獲阿羅漢妙果，現生只剩殘業報身願)	於其中，我當令一衆生(皆)得「阿羅漢」。
③如是(再爲)第二衆生(說法)，(亦令)安住「阿羅漢」，(爲)第三、第四(眾生說法)，亦復如是。 (109 能令一切眾生獲阿羅漢妙果，現生只剩殘業報身願)	③如是(再)為(第)二(位眾生說法)法，(令)得「阿羅漢」，如是(再爲)「第三、第四」(眾生)說法，(皆令)得「阿羅漢」。
㊂ ❶(寶海)我為一一衆生故，示現百千無量(之)神足(神通具足)，欲令(眾生)安住(於)「正見」之中。 (110 以百千無量神通令眾生安住於正見願)	㊂ ❶我當為二「衆生」故，現百千「神通」，(皆)令住(於)「正見」。
❷為一一衆生故，說百千無量「法門」義，隨其所堪(根機所能堪受)，令住「聖果」。 (111 能隨眾根機說法令住聖果願)	❷(我能)說多千法(門)，文義具足，隨(眾生)所住(之)果(位根器而予以說法)。
(我將)以「金剛智慧」，破一切衆生(之)諸「煩惱山」，為諸衆生說「三乘」法。 (112 以金剛智慧破眾生煩惱並說三乘願)	衆生「結」(結使煩惱)山，猶如「金剛」，我要當以「金剛慧杵」而破壞之，(並爲)說「三乘」法。
❸(我願)為一一衆生故，(越)過百千「由旬」，不(依)乘(自己的)神力，(以徒步方式)往至其所，而為說法，令得安住(於)「無所畏」	❸(我願)為一一衆生故，「步步」(行至)多百「由旬」(之遠)，而為說法，(並)置(眾生於)「無畏」道(中)。

中。 (113 不以神力而步涉百千由旬只爲眾生說法令住「無所畏」願)	
㊉或有諸人，於我法中，欲出家者，願無「障閡」(障礙隔閡)」，所謂「羸劣、失念、狂亂、懦慢」，無有「畏懼」，癡無智慧、多諸「結使」(煩惱)，其心散亂。 (114 若有眾生欲出家修行即永無諸障礙願)	㊉令(於)我法(中)「出家」，無有「遮礙、羸瘦、少力、荒忘、狂心、剛強、憿慢、無慧、多結(結使煩惱)、煩惱亂心」。
㊄ ①若有「女人」，欲於我法，「出家」學道，(欲)受「大戒」者，成就大願。 (115 若有女人出家即能受大戒願)	㊄ ①及與「女人」，令(於)我法「出家」，(能)得受「具足」(比丘尼大戒)。
②我(所擁有的)諸四衆，「比丘、比丘尼、優婆塞、優婆夷」，(皆)悉(能)得(大眾之)供養。 (116 我之四眾弟子皆能獲供養願)	②令我有四衆，「比丘、比丘尼、優婆塞、優婆夷」，令我法中有(四眾弟子之)多耶！
③願諸「天人」，及諸「鬼神」，(皆)得「四聖諦」。 (117 天人鬼神類亦能得「四聖諦」願)	③若令(諸)天(皆以得)「見諦」(指四聖諦)。
(願)「諸龍、阿修羅」，及餘「畜生」，(皆能)受持「八戒」，修淨「梵行」。 (118 天龍八部及畜生等亦能得八戒修梵行願)	(願)「夜叉、龍、阿修羅」，(皆)具「八聖」(此處應指「八聖戒;聖八分戒」，而非指「八正道」)分齊(大小粗細分類的界限)，乃至「畜生」，(亦)令修「梵行」。

六－21 若有眾生命欲終時，寶海我不現於彼前、不為彼說法、不能令彼生善心者，則我終不成「阿耨菩提」

北涼・曇無讖 譯 《悲華經》	秦・譯者佚 名 《大乘悲分陀利經》

壹 ❶(寶藏)世尊！(寶海)我成「阿耨多羅三藐三菩提」已，若有眾生，於我生「瞋」，或以「刀杖、火坑」，及餘種種，欲殘害我。 (119 眾生若對我殘害修忍辱願)	壹 ❶(寶藏)世尊！我逮「菩提」已，有眾生於我(以種種)「惡心、害心」，若「刀、火、石」，若以種種「器仗」，來至我所。
或以「惡言、誹謗、罵詈」，(於)遍十方界，而作「輕毀」。 (120 眾生對我惡言罵詈誹謗修忍辱願)	(或)麤言、罵辱，又於十方，(遍作種種)誹謗、揚惡(諸事)。
❷若持「毒食」，以用飯(布施於)我，如是(這種我遭受)「殘業」(殘餘業力之果報)，我悉(忍)受之，(直至)成「阿耨多羅三藐三菩提」。 (121 眾生施毒食於我悉能容受直至成阿耨菩提爲止願)	❷(或)雜「毒飲食」，而用(以布)施(於)我，我當如是(忍受之)，(並)留(此)「殘業」果(殘餘業力之果報)，(直至)成「阿耨多羅三藐三菩提」。
貳往昔(我之)所有「怨賊」眾生，(對我生)起於「害心」，(以)種種「惡言」，以雜「毒食」，(甚至)出我「身血」。如是等人，悉以「惡心」，來至我所。 ①(寶海)我當以「戒多聞三昧」，(並以)「大悲」薰心，(及以)「梵音」妙聲而為說法。 (122 以「戒多聞三昧」度化宿世怨賊願)	貳我逮「菩提」已，眾生於我，先(往昔)有「怨嫌」，(或)執持殺具，(或)種種器仗，(或)麤言罵辱，雜「毒飲食」，來至我所，(甚至)出我身血。 ①我(將)以「大悲」梵柔軟音，猶如鍾鼓ㄍㄨˇ雷震之聲，為彼眾生說如是法，(如)「戒聞三昧」及與(眾生)「淨心」。
②令彼(怨賊眾生)聞已，心生清淨，住於「善法」，所作「惡業」，尋便「懺悔」，更不復作。悉令得生「天上、人中」，無有障閡ㄏㄜˊ(障礙隔閡)。 (123 令宿世怨賊生懺悔與「業盡」能得生天上與人中願)	②令彼(怨仇)眾生，得住於「善」，改悔惡業，逮具「淨戒」。
(若)生「天人」中，得妙解脫，安住「勝果」，離諸「欲惡」，永斷諸流，障閡ㄏㄜˊ(障礙隔閡)業盡。 (124 令宿世怨賊「業盡」後生天能住「勝果」願)	令彼(怨仇)眾生無失「解脫果」，(得)離欲「漏盡」(一切的)障礙業報。

③若諸眾生，(尚)有「殘業」(殘餘業力之果報)者，(我)皆悉得(滅)盡，(令諸惡業)無有「遺餘」。 (125 能滅眾生所餘之「殘業」果報願)	③我於是(滅)盡(彼眾生)所留(之)「業果」(業力果報)。
㊂(寶藏)世尊！(寶海)我成「阿耨多羅三藐三菩提」已，一切所有(我)身(之)諸「毛孔」，日日常有諸「化佛」出，(具)「三十二相」(及種種)瓔珞其身，(有)「八十種好」次第莊嚴。 (126 我成菩提後身之毛孔日日出「化佛」具裝嚴願)	㊂(寶藏)世尊！我逮菩提已，隨身毛孔之數，(每)日現爾所「化佛」，皆具「三十二大人之相、八十種好」。
㊃ ❶(寶海)我當遣(由我身上毛孔所變出的「化佛」)至「無佛」世界、「有佛」世界，及「五濁」界。 (127 我身毛孔所出之化佛能至無佛世界度眾願) (128 我身毛孔所出之化佛能至有佛世界度眾願) (129 我身毛孔所出之化佛能至五濁世界度眾願)	㊃ ❶我當遣彼(由我身上毛孔所變出的)「化佛」至空(無)佛剎(指無佛世界處)，又遣至「不空」處(指有佛世界處)，亦復遣至「五濁佛剎」。
❷若彼世界(中)有「五逆」人，毀壞「正法」，誹謗「聖人」，乃至斷諸「善根」(者)。 (若)有學「聲聞、緣覺、大乘」(者)，(但又)毀破「諸戒」，墮於「大罪」，燒滅「善心」，滅失「善道」，墮在「生死」空曠澤中，行諸「邪道」，登涉「罪山」(者)。 ❸如是眾生(有)百千萬億(數之多)，一一(由我身上毛孔所變出的)「化佛」，(能於)一日之中，遍為說法。 (130 我身之化佛能於一日說法度五逆重罪願) (131 我身之化佛能於一日說法度已學聲聞又造罪願)	❷彼諸國中眾生，(若有)造「無間業」、謗「正法」，毀賢聖，乃至集「不善根」(者)。 其中(眾生)有求「聲聞乘」者、求「緣覺乘」者、求「大乘」者，(但又)於「戒」缺漏，「威儀」不具，犯於「根罪」，心意燋枯，違失「善道」，墜「生死」曠野，為「邪道」所困，沒在「曠野」(者)。 ❸(我將)令一一(由我身上毛孔所變出的)「化佛」，(每)日為如是億「那由他」百千眾生，隨所說法。

(132 我身之化佛能於一日說法度已學緣覺又造罪願) (133 我身之化佛能於一日說法度已學大乘又造罪願)	
或有奉事「魔醯首羅」(Maheśvara 大自在天;色界天魔)，(則我將)隨作其形，而為說法。 (134 我身之化佛能變大自在天「魔醯首羅」而為說法度眾願)	有眾生奉事「摩醯首羅天」(Maheśvara 大自在天;色界天魔)者，(則我將)隨現「摩醯首羅天」形而為說法。
❹亦於爾時，(若有)稱我「名字」，而讚歎之。 (135 若有聞讚「我娑婆國名」即可得生我界願)	❹(若有)稱我娑訶佛土，(我皆)勸彼眾生，迴向「誓願」。
願是眾生，(只要聽)聞「讚歎我」，(使)心生歡喜，(即)種諸善根，(將來即可)生我世界。 (136 若有聞讚「我釋迦名」即可得生我界願)	彼諸眾生，(若有)聞「我名」者，(則)令彼眾生，願生我國。
㈤ ①(寶藏)世尊！是諸眾生，若臨終時，(寶海)我不在其前，為演「說法」，令(彼人)「心淨」者，我於「未來」，終不成「阿耨多羅三藐三菩提」。 (137 於眾生命終講法令生善心與淨心願)	㈤ ①(寶藏)世尊！若彼眾生，(於)命欲終時，(寶海)我(若)不現前、(若)不為說法、(若)不(令彼人)生「善心」者，(則)令我莫證「阿耨多羅三藐三菩提」。
②若彼眾生，(於)命終之後，(反)墮「三惡道」；不生(寶海)我國(而)受「人身」者。(則)我之所知(的)無量「正法」，悉當「滅失」，所有「佛事」，皆不成就。 (138 三惡道眾生皆能生我界得人身願)	②彼眾生(於)命終已，若(反)墮「惡趣」；不生我國(而)得受「人身」者，(則)使我忘失一切「正法」，(正法)不現在前，(亦)令我不能具「成辦」作「佛事」。
③(若眾生有)事「那羅延」(Nārāyaṇa 那羅延是印度古神中之大力者;即欲界天之毘紐天神。此天多力，身爲綠金色，有八臂，乘金翅鳥，手持鬥輪及種種器杖，常與阿修羅王戰爭)者，亦復如是。 (139 事奉毘紐天神「那羅延」外道者亦能生我界願)	③(若)有眾生(是)奉事「那羅延」(Nārāyaṇa 那羅延是印度古神中之大力者;即欲界天之毘紐天神。此天多力，身爲綠金色，有八臂，乘金翅鳥，手持鬥輪及種種器杖，常與阿修羅王戰爭)者，乃至(此類)眾生，(於)命終已後，若(反)墮「惡趣」(而沒有轉生

	到我國土者)，乃至(亦)令我不具(不能具足)「成辦」作「佛事」也。
㊅ ❶(寶藏)世尊！(寶海)我成「阿耨多羅三藐三菩提」已，願令他方世界所有「五逆」之人，乃至行諸「邪道」，登涉「罪山」(者)。如是眾生，(於)臨命終時，悉來集聚，(便)生我世界。 (140 他方具五逆重罪者皆能得生我界願)	㊅ ❶我逮「菩提」已，於一切佛土，(若)有造「無間」者，乃至(被)「邪道」所困，(而)墜「曠野」者，(亦)令彼(命)終已，(便)生我國中。
❷隨其「本相」(本來業報所受之相)，所受「身色」，(大多是)艾白、無潤，面目醜陋，(就)如「毘舍遮」(piśāca 腹如滄海，咽喉如針之食血肉鬼;噉人精氣鬼;癲狂鬼;吸血鬼)。(此類眾生)失念「破戒」，臭穢短命。以此諸惡，損減其身，(所有)資生所須(之物)，常不供足。	❷彼(眾生之)身相貌，猶如「土色」，面若「毘舍遮」(piśāca 腹如滄海，咽喉如針之食血肉鬼;噉人精氣鬼;癲狂鬼;吸血鬼)。(此類眾生)念忘(正念遺忘)多失，「破戒」臭穢，多病「短命」，乏衆「供具」(缺少資生之物)，彼諸衆生(之)「壽命」(亦)短促。
㊆為是(他方五逆重罪之)衆生故，(我將)於娑婆世界(百億之)諸四天下，(於)一時之中，從「兜術」下，現處「母胎」。 (141 爲度五逆重罪故從兜率降神於母胎願)	㊆我時為彼諸(他方五逆重罪之)衆生故，於娑訶世界，隨幾(百億之)「四天下」，我當於彼一切(百億之)「四天下」，從「兜率」天，降神「母胎」，示現「出生」，略說。
乃至童子，學諸伎藝。出家苦行。破壞諸魔，成無上道。轉正法輪。「般涅槃」後，流布「舍利」。	童子，遊戲種種伎藝。苦行。降魔，成三菩提。轉正法輪。
如是示現種種「佛事」，悉皆遍滿如是百億(之)諸「四天下」。 (142 示現諸佛事度眾而遍滿百億個四天下願)	於一切(百億之)「四天下」，示現具足作「佛事」已，而「般涅槃」，乃至現分「舍利」。

《悲華經》第七卷

七－1 寶海能以「一音」說法，令所有眾生皆獲得法益，底下有 95 條

北涼・曇無讖 譯 《悲華經》	秦・譯者佚 名 《大乘悲分陀利經》
《諸菩薩本授記品・第四之五》	
㊀(寶藏)世尊！(寶海)我成「阿耨多羅三藐三菩提」已，(只需以)「一音」說法(眾生隨類各得解)。 (143 能以一音說法眾生隨類各得解願)	㊀我逮「菩提」已，(只需)說「一種」句法。(眾生即可「隨類各得解」)
㊁ ❶或有眾生學「聲聞乘」，(只要一)聞佛說法，即得知「聲聞法藏」。 (144 若有求聲聞者一聞佛說即知聲聞法藏願)	㊁ ❶(若)有眾生求「聲聞乘」者，令彼(即)得解「聲聞法藏」說。
❷或有修學「辟支佛乘」，(只要一)聞佛說法，便得解於「辟支佛法」。 (145 若有求緣覺者一聞佛說即知緣覺法藏願)	❷(若)有眾生求「緣覺乘」者，令彼(即)得解「因緣法」說。
❸或有修學無上「大乘」，(只要一)聞佛說法，便得解了「大乘」之法，「純一」無雜。 (146 若有求大乘者一聞佛說即知大乘純一無雜願)	❸(若)有眾生求無上「大乘」者，令彼純解「摩訶衍」(大乘)說。
❹若有修集「助菩提法」，欲得「菩提」，(只要一)聞佛說法，即得「捨財」，行於「布施」。 (147 若有欲得菩提者一聞佛說即知布施願)	❹(若)有眾生未具「功德」，欲求「菩提」者，令彼(即)得解「布施法」說。
❺若有眾生，(雖)離諸「功德」，(但卻)悕求	❺(若)有眾生乏無「福德」，(但欲)求「生天」

「天上、人中」快樂，(只要一)聞佛說法，即得「持戒」。 (148 若有欲得人天樂者一聞佛說即知持戒願)	樂者，令得解「戒」說。
❻若有眾生互相「怖畏」，有「愛、瞋」心，(只要一)聞佛說法，即得相於生「親厚心」。 (149 若有愛瞋心者一聞佛說即得慈心願)	❻(若)有眾生更相「怖畏」，(污)濁心惡者，令彼(即)得解「慈法」說。
❼若有眾生，憙為「殺業」，(只要一)聞佛說法，即得「悲心」。 (150 若有好殺者一聞佛說即得悲心願)	❼(若)喜「殺生」者，令彼(即)得解「悲法」說。
❽若有眾生，常為「慳悋、嫉妬」覆心，(只要一)聞佛說法，即修「喜心」。 (151 若有慳貪嫉心者一聞佛說即得喜心願)	❽(若)「慳貪嫉心」者，令彼(即)得解「善法」說。
❾若有眾生，端正「無病」，(但)貪著於「色」，心生「放逸」，(只要一)聞佛說法，即得「捨心」。 (152 若有貪色欲心放逸者一聞佛說即得捨心願)	❾(若)恃「色」、倚「強」，(為)「欲心」昏濁者，令彼(即)得解「捨法」說。
❿若有眾生，「婬欲」熾盛，其心放逸，(只要一)聞佛說法，即「觀不淨」。 (153 若有婬欲熾盛者一聞佛說即得不淨觀願)	❿(若)耽著「愛欲心」者，令彼(即)得解「不淨法」說。
⓫若有眾生，學「大乘」者，為「掉、蓋」(貪欲、瞋恚、睡眠、掉悔、疑)所覆，(只要一)聞佛說法，即得「身念處法」(此處的「身念處法」是指四念處的「觀身不淨」，據《大乘悲分陀利經》應作「數息觀」)。 (154 若有學大乘為「掉、蓋」所亂者一聞佛說即得「數息觀」願)	⓫(若)有大乘眾生，「憍慢」亂心者，令彼(即)得解「阿那波那念法」(ānāpāna 安般;安那般那;出入息念;數息觀)說。
⓬若有眾生，常自「稱讚」，(以為自己)能(作)	⓬(若人)少慧(欲)求燈明者，令彼(即)得解

大「論議」，其智慧(光)明，(僅)猶如抴ㄧㄝˋ(牽引)電，(只要一)聞佛說法，即解甚深「十二因緣」。 (155 若有好論議自讚者一聞佛說即得十二因緣願)	「因緣法」說。
⓭若有衆生，「寡聞」少見，(但又)自稱「能論」，(只要一)聞佛說法，即得「不奪、不失」諸「陀羅尼」。 (156 若有寡聞自讚者一聞佛說即得不失「總持」願)	⓭(若)有「少聞」學者，令彼(即)得解「不忘失(所)聞持(之)法」說。
⓮若有衆生，入「邪見」山，(只要一)聞佛說法，即解諸法甚深「空門」。 (157 若有邪見者一聞佛說即得諸法甚深空門願)	⓮(若)處「邪見」曠野者，令彼(即)得解「空法」說。
⓯若有衆生，(被)諸「覺」(尋求推度，對事理具粗略之思考名「覺」。「觀」則指對事理具細心思惟之精神作用)覆心，(只要一)聞佛說法，即得深解「無相」法門。 (158 若有麤思妄覺者一聞佛說即得深解「無相」法門願)	⓯(若)多「想」困者，令彼(即)得解「無想法」說。
⓰若有衆生，諸「不淨」願，覆蔽其心，(只要一)聞佛說法，即得深解「無作法門」。 (159 若有被不淨願覆心者一聞佛說即得深解「無作」法門願)	⓰(若被)「不淨」願(所)困者，令彼(即)得解「無願法」說。
⓱若有衆生，「心」不清淨，(只要一)聞佛說法，心得清淨。 (160 若有心不淨者一聞佛說即得心清淨願)	⓱(若)「身、意」不淨者，令彼(即)得解「身意柔和法」說。
⓲若有衆生，以「多緣」(雜多散亂的攀緣心)覆心，(只要一)聞佛說法，得解「不失菩提心法」。 (161 若有諸散亂攀緣心者一聞佛說即得「不失菩提心法」願)	⓲(若被)「亂行」(雜多散亂的攀緣心行)所困者，令彼(即)得解「不忘菩提心」法說。

⑲若有眾生，「瞋恚」覆心，(只要一)聞佛說法，解真實相，得受「記莂」。 (162 若有被瞋恚覆心者一聞佛說即得解「無怨法」獲授記願)	⑲(若)懷於「瞋欲」造困者，令彼(即)得解「無怨法」說。
⑳若有眾生，依猗(古通「倚」→依靠)覆心(此喻眞心被倚附在六塵的執著上)，(只要一)聞佛說法，深解諸法「無所依猗」(應無所住而生其心)。 (163 若有被六塵依猗覆心者一聞佛說即得諸法無所依住願)	⑳(若)滅至「意」困者，令彼(即)得解「無法」說。
㉑若有眾生，(被)「愛染」覆心，(只要一)聞佛說法，疾解諸法「無垢清淨」。 (164 若有被愛染覆心者一聞佛說即得諸法無垢清淨願)	㉑(若被)惱心者，令彼(即)得解「無垢法」說。略說。
㉒若有眾生，忘失「善心」，(只要一)聞佛說法，深解「日光三昧」。 (165 若有忘失善心者一聞佛說即得深解「日光三昧」願)	㉒(若常)「忘善」(忘失善心)者，(即)解「照明」說。
㉓若有眾生，行諸「魔業」，(只要一)聞佛說法，速得解了「清淨」之法。 (166 若有行諸魔業者一聞佛說即得清淨諸法願)	㉓(若)作「魔業」者，(即)解「淨」說。
㉔若有眾生，(被)「邪論」覆心，(只要一)聞佛說法，即得深解，增益「正法」。 (167 若有被邪論覆心者一聞佛說即得深解正法願)	㉔(若被)沒(溺於)「他論」者，(即)解「勇出」(勇敢出離於邪論)說。
㉕若有眾生，(被)「煩惱」覆心，(只要一)聞佛說法，即得解了「離煩惱法」。 (168 若有被煩惱覆心者一聞佛說即得深解離煩惱法願)	㉕(若被)種種「結」(結使煩惱)困心者，(即)解「去離」(諸煩惱)說。
㉖若有眾生，行諸「惡道」，(只要一)聞佛說法，即得「迴反」(迴心反正)。 (169 若有行諸惡道者一聞佛說即得迴心反正願)	㉖(若)沒(溺於)「偏道」者，(即)解「旋法」(旋反正法)說。
㉗若有眾生，於「大乘法」(竟然)讚說(為)「邪	㉗(若於)大乘(生)「悕望心」者，(即)解「不退」

法」，(甚還)以為(是)「吉妙」，(只要一)聞佛說法，即於「邪法」生「退轉心」，而得「正解」。 (170 若有將大乘讚爲邪法者一聞佛説即於邪法生退轉願)	說。
㉘若有(悲增上之)菩薩，厭(棄)於「生死」，(只要一)聞佛說法，即於「生死」(之法)，心生「愛樂」。 (171 若有悲增菩薩但厭生死者一聞佛説即得不厭生死願)	㉘(若有修行的菩薩生)厭「生死」者，(即)解「菩薩樂」說(菩薩應該要「不欣涅槃、不厭生死」)。
㉙若有衆生，不知「善地」(善品階地)，(只要一)聞佛說法，即得覺了「善地」之法。 (172 若有不知善品階地者一聞佛説即得深解善品階地願)	㉙(若)未得「善地智」者，(即)解「增長」說。
㉚若有衆生，見他為善，(竟)不生「好樂」，生於「妬嫉」，(只要一)聞佛說法，即得「心喜」。 (173 若有見善生嫉者一聞佛説即得見善生隨喜心願)	㉚(若)不想喜「善根」者(無法對「具行善之善根者」生出歡喜想)，(即)解「惱悔」(愧惱懺悔)說。
㉛若有衆生，其心各各，共相「違反」(違逆反叛)，(只要一)聞佛說法，即得無閡(隔閡)「光明」。 (174 若有於衆生生「違逆反叛」者一聞佛説即得無閡光明願)	㉛(若有)心「不等」(不平等的違逆反叛)者，(即)解「無礙光」說。
㉜若有衆生，行諸「惡業」，(只要一)聞佛說法，深解惡業所得「果報」。 (175 若有行諸惡業者一聞佛説即得深解惡業果報願)	㉜(若被)沒(溺於)「惡業」者，(即)解「濟度」(救濟度化)說。
㉝若有衆生，(生)「怖畏」(於)大衆(指經常在大眾中感到怖畏害怕)，(只要一)聞佛說法，深得解了「師子相三昧」。 (176 若有於衆中常生怖畏者一聞佛説即得「師子相三昧」願)	㉝(若有人於)衆中(生)「畏」者(指經常在大眾中感到怖畏害怕)，(即)解「師子勝」說。
㉞若有衆生，(被)「四魔」(①蘊魔;五陰魔;五蘊	㉞(若被)「四魔」(①蘊魔;五陰魔;五蘊魔②煩惱魔;欲

魔②煩惱魔;欲魔③能令眾生夭喪殞沒之死魔④欲界第六天之魔王)覆心，(只要一)聞佛說法，疾得「首楞嚴三昧」(śūrāñgama-samādhi 堅固攝持諸法之三昧)。 (177 若有被四魔覆心者一聞佛說即得「首楞嚴三昧」願)	魔③能令眾生夭喪殞沒之死魔④欲界第六天之魔王)陵(古通「凌」)心者，(即)解「勇健」(śūraṃgama-samādhi 堅固攝持諸法之三昧)說。
㉟若有衆生，不見諸佛國土「光明」，(只要一)聞佛說法，即得深解種種「莊嚴光明三昧」。 (178 若有不見佛剎光明者一聞佛說即得「莊嚴光明三昧」願)	㉟(若有)意不(見光)明(之)佛剎者，(即)解「莊嚴光」說。
㊱若有衆生，有「憎、愛」心，(只要一)聞佛說法即得「捨心」。 (179 若有被「憎、愛」覆心者一聞佛說即得捨心願)	㊱(若有)「憎、愛」者，(即)解「脫捨」說。
㊲若有衆生，未得佛法「光明」，(只要一)聞佛說法，即得「法幢三昧」。 (180 若有未得佛法光明者一聞佛說即得「法幢三昧」願)	㊲(若於)佛法(光)明不(能)覺者，(即)解「第一幢 翅由邏(keyūra 吉由羅;枳由羅;瓔珞)」說。
㊳若有衆生，離大智慧，(只要一)聞佛說法，即得「法炬三昧」。 (181 若有離大智慧者一聞佛說即得「法炬三昧」願)	㊳(若)乏「大慧」者，(即)解「晃(耀光)明」說。
㊴若有衆生，(被)「癡闇」覆心，(只要一)聞佛說法，即得「日燈光明三昧」。 (182 若有被癡闇覆心者一聞佛說即得「日燈光明三昧」願)	㊴(若被)「愚闇」困者，(即)解「日燈」說。
㊵若有衆生，口無「辯才」，(只要一)聞佛說法，即得種種功德「應辯」(應對辯才)。 (183 若有口無辯才者一聞佛說即得種種應對辯才願)	㊵(若)不求(無法求得)「無盡辭」者，(即)解「作得(於辯才中能作能得)」說。
㊶若有衆生，觀「色」和合，無有堅固，猶如「水沫」，(只要一)聞佛說法，即得「那羅延三昧」(此喻具有大力堅固力者)。	㊶(若有觀色相)如「沫」(而來)求我者，(即)解「那邏延」(此喻具有大力堅固力者)說。

(184 若有觀色相如沫而覆心者一聞佛說即得「那羅延三昧」願)	
㊷若有眾生，「心亂」不定，(只要一)聞佛說法，即得「堅牢決定三昧」。 (185 若有心亂意動者一聞佛說即得「堅牢決定三昧」願)	㊷(若)「(心)意」傾(亂)動(蕩)者，(即)解「堅住」說。
㊸若有眾生，欲觀「佛頂」，(只要一)聞佛說法，即得「須彌幢ㄔㄨㄤˊ 三昧」。 (186 若有欲觀佛頂相者一聞佛說即得「須彌幢三昧」願)	㊸(若欲)觀「頂」者，(即)解「高幢ㄔㄨㄤˊ」說。
㊹若有眾生，(欲)放捨「本願」，(只要一)聞佛說法，即得「堅牢三昧」。 (187 若有欲捨本願者一聞佛說即得「堅牢三昧」願)	㊹(若欲)捨「先誓」(本來的誓願)者，(即)解「堅固」說。
㊺若有眾生，退失「諸通」(於諸法上的通達)，(只要一)聞佛說法，即得「金剛三昧」。 (188 若有退失諸法通達者一聞佛說即得「金剛三昧」願)	㊺(若)退(失諸)通者，(即)解「金剛意」說。
㊻若有眾生，於「菩提場」，而生疑惑，(只要一)聞佛說法，即得了達「金剛道場」。 (189 若有於菩提場生疑者一聞佛說即得深解「金剛道場」願)	㊻(若)求「道場」者，(即)解「金剛場」說。
㊼若有眾生，(於)一切(世間)法中，無(生)「厭離心」，(只要一)聞佛說法，即得「金剛三昧」。 (190 若有於世法不生厭離心者一聞佛說即得「金剛三昧」願)	㊼(若於)一切(世間)法，不(生屈)辱者(亦即我們活在世間法中，不應生滿足安逸心，應生屈辱懺悔心)，(即)解「如金剛」說。
㊽若有眾生，不知「他心」(他人心念)，(只要一)聞佛說法，即知「他心」。 (191 若有不知他人心念者一聞佛說即得他心通願)	㊽(若)欲知「他心所念」者，(即)解「(他人心念之)行處」說。
㊾若有眾生，於諸根(器)中，不知「利、鈍」，(只要一)聞佛說法，即知(根器)「利、鈍」。	㊾(若)欲知「他根」(他人根器)者，(即)解(根器之)「慧道」說。

(192 若有不知眾生利鈍者一聞佛說即能知其利鈍願)	
(50)若有眾生，各各種類，不(能互)相解語(通解語言)，(只要一)聞佛說法，即得「解了音聲三昧」。 (193 若有不能通解語言者一聞佛說即得「解了音聲三昧」願)	(50)(若)言「不相干」者，(即)解「入辭(融入言辭)」說。
(51)若有眾生，未得「法身」，(只要一)聞佛說法，即得「解了分別諸身」。 (194 若有未得法身者一聞佛說即得「解了分別諸身」願)	(51)(若)未得「法身」者，(即)解「修一切身」說。
(52)若有眾生，不見「佛身」，(只要一)聞佛說法，即得「不眴三昧」。 (195 若有不見佛身者一聞佛說即得「不眴三昧」願)	(52)(若)希(驥)見「如來」者，(即)解「不眴」說。
(53)若有眾生，(對人經常生)「分別」諸緣，(只要一)聞佛說法，即得「無諍三昧」。 (196 若有對眾生常生分別妄念者一聞佛說即得「無諍三昧」願)	(53)(若)具(分別心)念(於)一切「作者」，(即)解「無諍」說。
(54)若有眾生，於轉法輪，心生疑惑，(只要一)聞佛說法，於轉法輪，得心清淨。 (197 若有對轉法輪心生疑者一聞佛說即得深解無垢法輪願)	(54)(若)求「轉法輪」者，(即)解「無垢輪」說。
(55)若有眾生，起「無因(無因無緣無果)、邪行」，(只要一)聞佛說法，即得法明(法義光明)，隨順「因緣」。 (198 若有起無因緣果報之邪行者一聞佛說即得因緣法義願)	(55)(若生)「無因(無因無緣無果)、邪求」者，(即)解「明順因緣」說。
(56)若有眾生，於「一佛世界」，起於(永恒的)「常」見，(只要一)聞佛說法，即得善別「無量佛土」。 (199 若有於佛土生永恒常見者一聞佛說即得善別佛土義願)	(56)(若於)一佛土(生起永恒的)「常」見者，(即)解「善作語」說。
(57)若有眾生，未種「諸相」(之)善根，(只要	(57)(若)未種「(諸)相好因」者，(即)解「莊嚴」

一)聞佛說法，即得種種「莊嚴三昧」。 (200 若有未種諸相善根者一聞佛說即得「諸莊嚴三昧」願)	說。
❺❽若有眾生，不能善別一切「言語」，(只要一)聞佛說法，即得「解了分別種種言音三昧」。 (201 若有不能分別言語者一聞佛說即得「解了分別種種言音三昧」願)	❺❽(若)不能分別「言音」者，(即)解「辭道(辭義道理)」說。
❺❾若有眾生，專心求於「一切智慧」，(只要一)聞佛說法，即得「無所分別法界三昧」。 (202 若有欲求一切種智者一聞佛說即得「無所分別法界三昧」願)	❺❾(若)求「一切種智」者，(即)解「法性不隱」說。
❻⓪若有眾生，「退轉」於法，(只要一)聞佛說法，即得「堅固三昧」。 (203 若有退轉於佛法者一聞佛說即得「堅固三昧」願)	❻⓪(若)於法「退轉」者，(即)解「堅固」說。
❻❶若有眾生，不知「法界」，(只要一)聞佛說法，即得大智慧。 (204 若有不知法界者一聞佛說即得大智慧願)	❻❶(若)不達「法性」者，(即)解「通」(達法性)說。
❻❷若有眾生，離本「誓願」，(只要一)聞佛說法，即得「不失三昧」。 (205 若有捨離誓願者一聞佛說即得「不失三昧」願)	❻❷(若有)「捨誓」(捨離本誓)者，(即)解「不退」說。
❻❸若有眾生，(經常)「分別」(於)諸道，(只要一)聞佛說法，即得「一道無所分別」。 (206 若有常分別諸佛道者一聞佛說即得「一道無所分別」願)	❻❸(若於佛)道(所)隱(蔽)者，(即)解「無貌」(無有任何分別的形貌)說。
❻❹若有眾生，推求「智慧」，欲同(於)「虛空」，(只要一)聞佛說法，即得「無所有三昧」。 (207 若有欲求智慧同虛空者一聞佛說即得「無所有三昧」願)	❻❹(若)求(平)等(之)「虛空智」者，(即)解「無所有」說。

⑥⑤若有眾生，未得具足「諸波羅蜜」，(只要一)聞佛說法，即得住於「(清)淨波羅蜜」。 (208 若有未具足諸波羅蜜者一聞佛說即得住清淨波羅蜜願)	⑥⑤(若有)未滿「波羅蜜」者，(即)解「淨住(波羅蜜)」說。
⑥⑥若有眾生，未得具足「四攝」(❶布施攝❷愛語攝❸利行攝❹同事攝)之法，(只要一)聞佛說法，即得「妙善攝取三昧」。 (209 若有未具四攝法者一聞佛說即得「妙善攝取三昧」願)	⑥⑥(若有)未滿「(四)攝」物者，(即)解「善攝」(妙善攝取)說。
⑥⑦若有眾生，分別(於)「四無量心」，(只要一)聞佛說法，即得「平等勤心精進」。 (210 若有分別於四無量心者一聞佛說即得「平等勤心精進」願)	⑥⑦(若有)未住「梵行」(四梵行;四無量心)者，(即)解「等作」(平等精進而作)說。
⑥⑧若有眾生，未得具足「三十七助菩提法」，(只要一)聞佛說法，即得「住不出世三昧」。 (211 若有未具足三十七道品者一聞佛說即得「住不出世三昧」願)	⑥⑧(若有)未滿「助菩提寶」者，(即)解「不住行」說。
⑥⑨若有眾生，其心「失念」，及(失去)「善智慧」，(只要一)聞佛說法，即得「大海智印三昧」。 (212 若有忘失正念心智者一聞佛說即得「大海智印三昧」願)	⑥⑨(若有)忘失「善說、智心」者，(即)解「海印」說。
⑦⓪若有眾生，其心疑惑，未生「法忍」，(只要一)聞佛說法，即得「諸法決定三昧」，以「一法相」故。 (213 若有未得無生法忍者一聞佛說即得「諸法決定三昧」願)	⑦⓪(若有)悕望「無生法忍」心者，(即)解「決定」說。
⑦①若有眾生，忘所「聞法」，(只要一)聞佛說法，即得「不失念三昧」。 (214 若有忘失所聞法者一聞佛說即得「不失念三昧」願)	⑦①如所聞法，(常)廣(散)分布(於)心者，(即)解「不忘失」說。
⑦②若有眾生，各各說法，(但卻)不相「憙	⑦②(若欲)更(互)相「善說」，(而達)「無厭足」者，

樂」，(只要一)聞佛說法，即得「清淨慧眼」，無有疑網。 (215 若有不相喜樂於別人說法者一聞佛說即得「清淨慧眼」願)	(即)解「無障」說。
⑬若有衆生，於「三寶」中，不生「信心」，(只要一)聞佛說法，即得「功德增長三昧」。 (216 若有於三寶不生信心者一聞佛說即得「功德增長三昧」願)	⑬(若有)未得敬信「三寶」者，(即)解「集福德」說。
⑭若有衆生，渴乏「法雨」，(只要一)聞佛說法，即得「法雨三昧」。 (217 若有渴慕法雨者一聞佛說即得「法雨三昧」願)	⑭(若有於)「法門雨」(有)不知足者，(即)解「法雲」說。
⑮若有衆生，於「三寶」中，起「斷滅見」，(只要一)聞佛說法，即得「諸寶莊嚴三昧」。 (218 若有於三寶中起斷滅見者一聞佛說即得「諸寶莊嚴三昧」願)	⑮(若於)三寶「斷見」者，(即)解「寶莊嚴」說。
⑯若有衆生，不作「智業」(智慧善業)，不「勤精進」，(只要一)聞佛說法，即得「金剛智慧三昧」。 (219 若有不作智業與精進者一聞佛說即得「金剛智慧三昧」願)	⑯(若有)不作「智業」(智慧善業)者，(即)解「無生」說。
⑰若有衆生，為諸「煩惱」之所繫縛，(只要一)聞佛說法，即得「虛空印三昧」。 (220 若有被煩惱繫縛者一聞佛說即得「虛空印三昧」願)	⑰(若爲)一切「煩惱」(所)縛者，(即)解「空門」說。
⑱若有衆生，計「我、我所」，(只要一)聞佛說法，即得「智印三昧」。 (221 若有執於我與我所者一聞佛說即得「智印三昧」願)	⑱(若)於一切法(生)「輕心」者(有嚴重的我執、我所者，即對法會生輕慢心)，(即)解「智印」說。
⑲若有衆生，不知如來「具足功德」，(只要一)聞佛說法，即得「世間解脫三昧」。 (222 若有不知如來功德者一聞佛說即得「世間解脫三昧」願)	⑲(若)未(圓)滿「如來德」者，(即)解「世諦現(前之)門」說。

⑳若有衆生，於過去世「未」供養佛，(只要一)聞佛說法，即得種種「神足(神通具足)變化」。 (223 若有於過去未供養佛者一聞佛說即得神通變化願)	⑳(若)於先佛所，(尚)未「積德」者，(即)解「必(定的神)變化」說。
㉑若有衆生，(於)「一法界」門，於未來世無量劫中，未得說之，(只要一)聞佛說法，即得解說「一切諸法」，同「一法界」。 (224 若有未聞一法界者一聞佛說即得深解諸法「同一法界」願)	㉑(若有)未說「一法門究竟念」者，(即)解「一切法性」說。
㉒若有衆生，於諸一切「修多羅」中，未得選擇(精選取擇)，(只要一)聞佛說法，即得諸法「平等實相三昧」。 (225 若有於諸經未得「精選取擇」者一聞佛說即得諸法「平等實相三昧」願)	㉒(若於)一切「經」(仍)未了者，(即)解「(諸)法(真)實(平)等」說。
㉓若有衆生，離「六和」法(與眾生需有六種的「和同愛敬」，身和敬、口和敬、意和敬、戒和敬、見和敬、利和敬)，(只要一)聞佛說法，即得解了「諸法三昧」。 (226 若有離「六和敬法」者一聞佛說即得深解「諸法三昧」願)	㉓(若)離「六和敬」法(與眾生需有六種的「和同愛敬」，身和敬、口和敬、意和敬、戒和敬、見和敬、利和敬)者，(即)解「一切法相」說。
㉔若有衆生，於「不可思議解脫法門」(中)，不勤精進，(只要一)聞佛說法，於諸通(於諸法上的通達)中，即得「師子遊戲三昧」。 (227 若有不精進於解脱法門者一聞佛說即得「師子遊戲三昧」願)	㉔(若有)不為(無法作爲)「思惟解脫」者，(即解)「遊戲神通」說。
㉕若有衆生，欲分別入於「如來藏」，(只要一)聞佛說法，更不從「他聞」(自性即是如來藏，故不需從他聞而獲)，即得分別入「如來藏」。 (228 若有欲入自性如來藏者一聞佛說即得深解「如來藏」願)	㉕(若)欲入「如來祕密」者，(即)解「不求他」(自性即是如來藏，故不需從他聞而獲)說。

❽❻若有眾生，於菩薩道，不勤精進，(只要一)聞佛說法，即得智慧，勤行精進。 (229若有不勤精進於菩薩道者一聞佛說即得智慧與精進願)	❽❻(若)不勤「修菩薩行」者，(即)解「得智」(獲得智慧)說。
❽❼若有眾生，未曾得見「本生經」，(只要一)聞佛說法，即得「一切在在處處三昧」。 (230若有未曾得見「本生經」者一聞佛說即得「一切在在處處三昧」願)	❽❼(若)不(能)現(見佛之本)生(經)者，(即)解「至一切處」說。
❽❽若有眾生，行道「未竟」，(只要一)聞佛說法，即得「受記三昧」。 (231若有於菩薩道仍未圓滿者一聞佛說即得「受記三昧」願)	❽❽(若於)行「菩薩行」(時)，(尚)有殘(缺)者，(即)解「受職(受記)」說。
❽❾若有眾生，未得具足「如來十力」，(只要一)聞佛說法，即得「無壞三昧」。 (232若有未具足如來十力者一聞佛說即得「無壞三昧」願)	❽❾(若於)如來「十力」(仍)未(圓)滿者，(即)解「最勝」說。
❾⓿若有眾生，未得具足「四無所畏」，(只要一)聞佛說法，即得「無盡意三昧」。 (233若有未得「四無所畏」者一聞佛說即得「無盡意三昧」願)	❾⓿(若仍)未得「四無畏」者，(即)解「勇進(勇猛精進)」說。
❾❶若有眾生，未得具足「佛不共法」，(只要一)聞佛說法，即得「不共法三昧」。 (234若有未得「佛不共法」者一聞佛說即得「不共法三昧」願)	❾❶(若)未得「不共法」者，(即)解「阿僧祇意」說。
❾❷若有眾生，未得具足「無愚癡見」，(只要一)聞佛說法，即得「願句三昧」。 (235若有未具足無愚癡見者一聞佛說即得「願句 三昧」願)	❾❷(若未具足)「無愚闇見」者，(即)解「願道」說。
❾❸若有眾生，未覺(悟)「一切佛法」之門，(只要一)聞佛說法，即得「鮮白無垢，淨印三昧」。 (236若有仍未覺悟諸法者一聞佛說即得「鮮白無垢淨印三昧」願)	❾❸(若)不能現前覺(悟)「一切佛法」者，(即)解「白淨無垢印」說。

㉞若有眾生，未得具足「一切智」者，(只要一)聞佛說法，即得「善了三昧」。 (237 若有仍未具足「一切智」者一聞佛說即得「善了三昧」願)	㉞(若)有餘「薩婆若智」(一切智)者，(即)解「善覺意」說。
㉟若有眾生，未得成就一切「佛事」，(只要一)聞佛說法，即得「無量不盡意三昧」。 (238 若有未成就一切佛事者一聞佛說即得「無量不盡意三昧」願) 如是等眾生，於佛法中，各得信解。	㉟(若)未逮「如來一切」(之佛事)作者，(即)解「無邊盡法」說。

《大方等大集經》卷 15

(1)善男子！云何菩薩「不退諸通」(不退轉於諸法上的通達)，於諸佛法悉得自在者？若菩薩「戒身」真淨，心定不動，得「大智光明」，已成就「福德、智慧」資糧，已到諸「波羅蜜」彼岸，已成就「四攝」，已修「四梵行」(四梵行;四無量心)，已修「欲、進、念、慧、定」，以善修「四神足」故，得「五神通」。

(2)諸菩薩「本業淨」故，勤進不廢捨故，常不散亂行故，善伏結使故，離念「聲聞、辟支佛」心故，受持「方便」故，攀緣「上地」諸法故，無我、無依行故，是以菩薩「不退諸通」(不退轉於諸法上的通達)。

(3)是故諸菩薩，究竟知「諸法無退」，知諸法與「法性」等，無有變異，如虛空無變，是為菩薩「不退諸通」，於諸佛法，悉得自在。

《大方等大集經》卷 16

爾時，生疑菩薩問虛空藏菩薩言：唯願大士說諸菩薩「三昧行」業。何謂「三昧」？何謂行「三昧」業者？

虛空藏菩薩答生疑菩薩言：善男子！有八萬四千種諸「三昧門」，此諸「三昧門」，能總攝一切諸「餘三昧」。

何等是八萬四千「三昧」門？善男子！

1. 菩薩有三昧名曰「不忘菩提心」，能成就「不散亂行」。(此三昧與寶海所說的 95 條法義相比對，寶海的第 17 條以後與《大集經》都是「類似」的經文內容)
2. 有三昧名曰「降伏」，能「淨純至」。
3. 有三昧名曰「不顯行」，能究竟成就，不退所作。
4. 有三昧名曰「不依」，能增進「成就」畢竟。
5. 有三昧名曰「無垢」，能成就「白心」。

6. 有三昧名曰「照耀」，能開示「善法」。
7. 有三昧名曰「真淨」，能迴一切「魔行」。
8. 有三昧名曰「踊出」，終不為「外道諸論」之所降伏。
9. 有三昧名曰「捨離」，能調伏一切「諸煩惱結」。
10. 有三昧名「迴伏」，能令一切入「真實」道。
11. 有三昧名曰「轉進」，能離「聲聞、辟支佛」地。
12. 有三昧名曰「樂遊」，能「不厭生死」。
13. 有三昧名曰「趣向」，能從「一地」至「一地」故。
14. 有三昧名曰「怡懌」，能成就「悅可」大眾故。
15. 有三昧名「無礙光」，能於一切眾生成就「等心」。
16. 有三昧名曰「知所作」，能順一切所作「不逆」故。
17. 有三昧名曰「師子相」，能成就大眾「無所畏」。
18. 有三昧名曰「心勇」，能降伏「四魔」。
19. 有三昧名曰「蓮華莊嚴」，能成就「不染世法」。
20. 有三昧名曰「光莊嚴」，能普照諸佛世界。
21. 有三昧名曰「清涼」，能斷離「憎愛」故。
22. 有三昧名曰「幢相」，能成就一切「佛法光明」故。
23. 有三昧名曰「炬王」，能成就「大智慧光明」。
24. 有三昧名曰「日光」，能成就斷除「無明闇冥」。
25. 有三昧名曰「集德」，能成就「辭辯無盡」。
26. 有三昧名曰「那羅延」，能成就「金剛身」。
27. 有三昧名曰「堅固」，能成就「不掉動心」。
28. 有三昧名曰「彌樓幢」，能成就不見「頂相」。
29. 有三昧名曰「堅自在」，能成就度本願。
30. 有三昧名曰「金剛士」，能成就「不退諸通」(不退轉於諸法上的通達)。
31. 有三昧名曰「金剛場」，能成就昇於道場。
32. 有三昧名曰「喻如金剛」，善能「鑑徹」一切諸法。
33. 有三昧名曰「行王」，能觀一切「眾生心行」。
34. 有三昧名曰「慧王」，能成就「勝智」，知諸根「滿足、未滿足」者。
35. 有三昧名曰「隨類」，能成就隨眾生性，而為說法。
36. 有三昧名曰「修一切諸身」，能成就「法身」。
37. 有三昧名曰「不眴」，能得成就「無礙」，見諸如來。
38. 有三昧名曰「無諍」，能得分別一切「因緣」。
39. 有三昧名曰「無垢輪」，能得成就，轉妙法輪。

40. 有三昧名曰「電光」，能得覺「諸法因緣」。
41. 有三昧名曰「善分別」，能知「諸界」盡同「一界」。
42. 有三昧名曰「莊嚴王」，能得成就「相好」。
43. 有三昧名曰「隨解王」，能以「一音」報於「一切」。
44. 有三昧名曰「不分別法界」，能知「一切三昧」同一「三昧」。
45. 有三昧名曰「堅固」，能得不退於「諸法性」。
46. 有三昧名曰「不可壞」，能知諸法同於「法性」。
47. 有三昧名曰「無終」，能知「本際」非際。
48. 有三昧名曰「無作」，能成就「如如」，無有變易。
49. 有三昧名曰「無動」，能知諸法平等如「虛空」。
50. 有三昧名曰「淨住」，能得成就「諸波羅蜜」。
51. 有三昧名曰「善攝」，能成就「四攝法」。
52. 有三昧名曰「等行」，能得成就「四梵行」。
53. 有三昧名曰「無礙觀」，能得成就「諸助道法」。
54. 有三昧名曰「海印」，能得「總持」諸佛所説。
55. 有三昧名曰「空」，能斷一切「諸見」。
56. 有三昧名曰「無相」，能斷一切「諸覺」。
57. 有三昧名曰「無願」，能得淨成就一切諸願。
58. 有三昧名曰「決了」，能得成就「無生法忍」。
59. 有三昧名曰「不脫」，能得成就「不失所聞法」。
60. 有三昧名曰「無翳」，能以善説「悅可」眾生。
61. 有三昧名曰「得豐」，能得成就「寶手」。
62. 有三昧名曰「法雲」，能雨「一切法門」。
63. 有三昧名曰「寶莊嚴」，能得成就「不斷三寶勝種」。
64. 有三昧名曰「無比」，能成就「智所作業」。
65. 有三昧名曰「虛空門」，能得離「一切障礙」。
66. 有三昧名曰「智印」，能得遍知「一切諸法」。
67. 有三昧名曰「見現在諸佛」，能得成就「諸如來功德」。
68. 有三昧名曰「選擇寂靜如意」，能得成就「離於本際」。
69. 有三昧名曰「分別一相法門」，能得成就於未來世，説「一相」法門。
70. 有三昧名曰「了知一切法平等性」，能得成就解了「一切經書」。
71. 有三昧名曰「集諸功德」，能得「潤益」一切眾生。
72. 有三昧名曰「遊戲神通」，能得成就「不思議解脫」。
73. 有三昧名曰「自覺」，能入「如來祕密之藏」。

74. 有三昧名曰「首楞嚴」，能於「菩薩地」中，乃至示「大涅槃」。
75. 有三昧名曰「遍至」，能得成就「在在現生」。
76. 有三昧名曰「灌頂王」，能得成就「菩薩所行」無餘。
77. 有三昧名曰「無勝」，能得成就「如來十力」。
78. 有三昧名曰「無盡」，能得成就「四無所畏」。
79. 有三昧名曰「無等」，能得成就「佛不共法」。
80. 有三昧名曰「願王」，能得成就諸所聞法，自利利彼，功不唐捐。
81. 有三昧名曰「善入無垢印」，能現前覺了一切佛法。
82. 有三昧名曰「善知覺」，能得成就「薩婆若智」，無有遺餘。
83. 有三昧名曰「盡無邊」，能得成就「一切佛事」，受行無餘。

善男子！此謂「八萬四千三昧」門。以此等為首，菩薩坐道場時，便得「八萬四千」諸三昧門，一一三昧，以無量阿僧祇百千萬億「三昧」以為眷屬。

善男子！是諸三昧，能知「八萬四千」種眾生諸所行法，亦能顯現「八萬四千」法聚。善男子！是為略說諸菩薩行，及諸佛法藏少分，而諸菩薩行無量無邊，諸佛法藏不可思議。

爾時，虛空藏菩薩說是法時，有萬六千菩薩得「柔順忍」，無量三昧而現在前；復有八萬四千眾生，發「阿耨多羅三藐三菩提心」。

七－2 有無量無邊阿僧祇菩薩修集大乘，以寶海之「一音」說法，皆能獲「白淨善法」

北涼・曇無讖 譯 《悲華經》	秦・譯者佚 名 《大乘悲分陀利經》
㊀有諸菩薩，其心「質直」，無有諂曲，聞佛說法，即得八萬四千「諸法門」、八萬四千「諸三昧門」、七萬五千「陀羅尼門」。 (239 菩薩能以佛之一句 法得八萬四千法門願) (240 菩薩能以佛之一句 法得八萬四千諸三昧門願) (241 菩薩能以佛之一句 法得七萬五千陀羅尼願)	㊀有無量「阿僧祇」求「大乘菩薩」，不諂曲、不幻偽、端直者，令彼菩薩以「一句音」得八萬四千「法門」、八萬四千「三昧」、七萬五千「陀羅尼」。

㊁有無量無邊「阿僧祇」菩薩摩訶薩，修集「大乘」者，聞是說法，亦得如是「無量功德」，安止住於「不退轉」地。 (242 菩薩聞佛法義得不退轉願)	㊁以是功德，諸菩薩摩訶薩，以「大莊嚴」而自莊嚴，令勇發「不可思議」妙願。
㊂是故諸菩薩摩訶薩，欲得種種莊嚴「堅牢」故，發不可思議「願」，增益不可思議「知見」，以自莊嚴。 (243 菩薩聞佛法義得不可思議知見願)	㊂令菩薩「不可思議」(之)「知見」功德，以自莊嚴。
㊃	㊃謂：
❶以「三十二相」莊嚴故，得「八十隨形好」。 (244 菩薩聞佛三十二相莊嚴得八十隨形好願)	❶(以)「身」莊嚴，以「相」好。
❷以「妙音」莊嚴故，隨諸衆生所憙說法，令聞法者，滿足「知見」。 (245 菩薩聞佛妙音莊嚴得知見滿足願)	❷(以)「口」莊嚴，以「如意」善說，令衆歡喜。
❸以「心」莊嚴故，得諸「三昧」，不生「退轉」。 (246 菩薩聞佛心莊嚴得不退轉願)	❸(以)「心」莊嚴，以「三昧」不退。
❹以「念」莊嚴故，「不失」一切諸「陀羅尼」。 (247 菩薩聞佛念莊嚴得總持願)	❹(以)「念」莊嚴，以持「不失」。
❺以「心」莊嚴故，得「分別」諸法。 (248 菩薩聞佛意莊嚴得分別諸法願)	❺(以)「意」莊嚴，以強「識」。
❻以「念」莊嚴故，得解「微塵」等義。 (249 菩薩聞佛念思莊嚴得解極微塵等甚深法義願)	❻(以)「至」(「至」古通「志」，作「想念、意志」解)莊嚴，以至「覺」(覺悟至最高 不可思議之境)。
❼以「善心」莊嚴故，得堅固「誓願」，牢	❼(以)「義」志莊嚴，以堅「誓」(願)。

堅「精進」，如其所願，到於彼岸。 (250 菩薩聞佛善心莊嚴得堅固誓願精進願)	
❽以「專心」莊嚴故，次第「過住」(越過諸住或諸地等)。 (251 菩薩聞佛專心莊嚴得越過諸地願)	❽(以)「作」莊嚴，以辯誓(辯才誓願)，「志極」莊嚴，以(越)過(諸)地、非地。
❾以「布施」莊嚴故，於諸「所須」，悉能「放捨」。 (252 菩薩聞佛布施莊嚴得捨一切物願)	❾(以)「施」莊嚴，以「捨一切物」。
❿以「持戒」莊嚴故，令心「善白」，清淨無垢。 (253 菩薩聞佛持戒莊嚴得清淨無垢願)	❿(以)「戒」莊嚴，以「白淨」無垢。
⓫以「忍辱」莊嚴故，於諸衆生，心無「障閡 」(障礙隔閡)。 (254 菩薩聞佛忍辱莊嚴得心無障閡願)	⓫(以)「意忍」莊嚴，於一切衆生，無「高、下」心。
⓬以「精進」莊嚴故，一切佐助，悉得成就。 (255 菩薩聞佛精進莊嚴得諸事成辦願)	⓬(以)「(精)進」莊嚴，以一切「事辦」。
⓭以「禪定」莊嚴故，於一切三昧中得「師子遊戲」。 (256 菩薩聞佛禪定莊嚴得師子遊戲願)	⓭(以)「禪」莊嚴，以一切三昧「遊戲神通」。
⓮以「智慧」莊嚴故，知諸「煩惱習」。 (257 菩薩聞佛智慧莊嚴得了知煩惱結使因願)	⓮(以)「慧」莊嚴，以知「結」(結使煩惱)使因由。
⓯以「慈」莊嚴故，專心「念」於一切衆生。 (258 菩薩聞佛慈莊嚴得專念眾生願)	⓯(以)「慈」莊嚴，以至「一切衆生」處。
⓰以「悲」莊嚴故，悉能「拔出」衆生之苦。	⓰(以)「悲」莊嚴，以「不捨一切衆生」。

(259 菩薩聞佛悲莊嚴得拔眾生苦願)	
⑰以「喜」莊嚴故，於一切法，心無「疑惑」。 (260 菩薩聞佛喜莊嚴得心無疑惑願)	⑰(以)「喜」莊嚴，以一切法得「無疑惑」。
⑱以「捨」莊嚴故，得離「憍慢心」，心無「高、下」。 (261 菩薩聞佛捨莊嚴得心無高下離憍慢願)	⑱(以)「捨」莊嚴，以「毀、譽」無二。
⑲以「諸通」(諸法上的通達)莊嚴故，於一切法得「師子遊戲」。 (262 菩薩聞佛諸法通達莊嚴得師子遊戲願)	⑲(以)「通」莊嚴，以「遊戲一切通」。
⑳以「功德」莊嚴故，得「不可盡藏寶手」。 (263 菩薩聞佛功德莊嚴得寶手無盡藏願)	⑳(以)「福」莊嚴，以得「寶手無盡藏」。
㉑以「智」莊嚴故，知諸衆生所有「諸心」。 (264 菩薩聞佛智莊嚴得知眾生諸心願)	㉑(以)「智」莊嚴，以解一切衆生「心念」所行。
㉒以「意」莊嚴故，方便惺(古通「醒」)悟一切衆生。 (265 菩薩聞佛意莊嚴得方便覺悟一切眾生願)	㉒(以)「覺」莊嚴，以善法「覺」(悟)一切衆生。
㉓以「光明」莊嚴故，得「智慧眼明」。 (266 菩薩聞佛光明莊嚴得智慧眼明願)	㉓(以)「明」莊嚴，以得「慧眼明」。
㉔以「諸辯」莊嚴故，令衆生得「法義應辭」。 (267 菩薩聞佛諸辯莊嚴得法義應對辯才願)	㉔(以)「辯」莊嚴，以得「義法辭應辯(應對辯才)」。
㉕以「無畏」莊嚴故，一切「諸魔」，不能「留難」(阻留刁難障礙)。 (268 菩薩聞佛無畏莊嚴得諸魔不能阻留刁難願)	㉕(以)「勇悍」莊嚴，以伏「衆魔」及諸「異論」(外道邪論)。

㉖以「功德」莊嚴故，得諸佛世尊「所有功德」。 (269 菩薩聞佛功德莊嚴得諸佛所有功德願)	㉖(以)「(功)德」莊嚴，以逮「佛無上德」。
㉗以「法」莊嚴故，得「無閡(隔閡)辯」，常為衆生「演說妙法」。 (270 菩薩聞佛法莊嚴得無閡辯才願)	㉗(以)「法」莊嚴，以「阿僧祇辯」，令普為衆生說法。
㉘以「光明」莊嚴故，得一切「佛法光明」。 (271 菩薩聞佛光明莊嚴得佛法光明願)	㉘(以)「(光)明」莊嚴，以照「一切佛法」。
㉙以「照明」莊嚴故，能「遍照」於諸佛世界。 (272 菩薩聞佛照明莊嚴得遍照諸佛世界願)	㉙(以)「光」莊嚴，以照「諸佛剎」變化。
㉚以「他心」莊嚴故，得「正智無亂」。 (273 菩薩聞佛他心莊嚴得正智無亂願)	㉚(以)「說」莊嚴，以所記(皆)「不錯」(不會錯亂)變化。
㉛以「教誡」莊嚴故，得如所說「護持禁戒」。 (274 菩薩聞佛教誡莊嚴得護持禁戒願)	㉛(以)「教授」莊嚴，以隨所應「教誡」。
㉜以「神足」莊嚴故，得(四)「如意足」(①欲如意足：希慕所修之法能如願滿足。②精進如意足：於所修之法，專注一心，無有間雜，而能如願滿足。③念如意足：於所修之法，記憶不忘，如願滿足。④思惟如意足：心思所修之法，不令忘失，如願滿足)，到於彼岸。 (275 菩薩聞佛神足莊嚴得四如意足願)	㉜(以)「神變」莊嚴，以到「四神足」(①欲如意足：希慕所修之法能如願滿足。②精進如意足：於所修之法，專注一心，無有間雜，而能如願滿足。③念如意足：於所修之法，記憶不忘，如願滿足。④思惟如意足：心思所修之法，不令忘失，如願滿足)彼岸一切受。
㉝以「受持一切諸如來」莊嚴故，得入如來「無量法藏」。 (276 菩薩聞佛受持諸如來莊嚴得入如來無量法藏願)	㉝(以)「如來」莊嚴，以入「如來祕密法」。

㉞以「尊法」莊嚴故，得「不隨他智慧」。 (277 菩薩聞佛尊法莊嚴得不隨他智慧願)	㉞(以)「自在」莊嚴，以「智不從他得」，敬順一切。
㉟以隨行「一切善法」莊嚴故，(令眾生)得「如說而行」。 (278 菩薩聞佛隨行諸善法莊嚴得如說而行願)	㉟(以)「善法」莊嚴，以如說修行，一切處「無能退」者，無量「阿僧祇」，求大乘眾生。
欲令如是衆生，悉得如是等「功德利益」。	
㈤若有無量無邊「阿僧祇」菩薩摩訶薩，修集「大乘」，(只要)以(寶海)我說「一句法」故，(皆)悉具如是「白淨善法」，皆使充足。 (279 菩薩聞佛之一句法得白淨善法願)	㈤我以「一向音」(一句法音)，(即能)淨除多「不善」(法)，以充足之。
以是故，諸菩薩摩訶薩，於諸法中所得智慧，不(需)從他(而)聞，(即)得成就「大法光明」，成「阿耨多羅三藐三菩提」。 (280 菩薩所得智慧不需從他而聞即能成就阿耨菩提願)	令彼諸菩薩摩訶薩，於一切法，(皆)「不因他」(即可)得「智具大法明」，速成「阿耨多羅三藐三菩提」。

七－3 若眾生於他方世界廣作「五逆」罪、四重禁，燒滅善法。以寶海我的願力，皆能來生我之佛土

北涼・曇無讖 譯 《悲華經》	秦・譯者佚 名 《大乘悲分陀利經》
㊀ ①(寶藏)世尊！若衆生於「他方」世界，作「五逆」罪，乃至犯「四重禁」，燒滅「善法」。 (281 他方五逆重罪來生我界願)	①(寶藏)世尊！又餘世界中，衆生造「無間」(業)者，乃至犯「根(本)罪」，心意燋枯。
若(或有)學「聲聞、緣覺、大乘」，(皆)以	(或)有求「聲聞乘」、(或)有求「辟支佛乘」、

(其)「願力」故，欲來生(寶海)我世界。 (282 他方學三乘者來生我界願)	(或)有求無上「大乘」者，(皆)以隨(其)願(力)故，生我佛土。
②既來生(我國)已，復取一切諸「不善業」，麤(麤魯)朴夊(樸陋；粗俗鄙陋)弊惡，其心憙求，強梁(強橫豪梁)難調，專以「四倒」(於佛之「常樂我淨」生出顛倒)，貪著慳悋。	②集「不善根」(之)麤獷(粗魯蠻橫)樂惡(好樂於作惡)，(具)剛強「倒見」(於佛之「常樂我淨」生出顛倒)，不攝「意志」。
③如是等眾生，(皆有)八萬四千「異性」(不同心性)亂心，(寶海)我當為其各各「異性」(不同心性之亂意眾生)，廣說八萬四千「法聚」。 (283 為他方八萬四千亂意眾生廣說八萬四千法願)	③我當為彼八萬四千「心行亂意」(之)眾生，廣說八萬四千部法。
㊁(寶藏)世尊！	㊁
❶若有眾生，(若有)學無上「大乘」，(寶海)我當為其具足廣說「六波羅蜜」，所謂「檀」波羅蜜，乃至「般若」波羅蜜。 (284 有他方界來求大乘者則為之廣說六度願)	❶其中眾生，(若有)求無上「大乘」者，我當為彼廣說「六波羅蜜」法，廣說「檀」波羅蜜，乃至廣說「般若」波羅蜜。
❷若有眾生，(若有)學「聲聞乘」，(但仍)未種善根，願求「諸佛」以為其師，(寶海)我當(令彼)安止於「三歸依」，然後勸令住「六波羅蜜」。 (285 有他方界來求聲聞者則為之安住三歸依與六度願)	❷其中眾生，(若)有求「聲聞、辟支佛乘」，(卻仍)未種「善根」、(未)求「度世」者，我當令彼住「三歸依」，後乃令住(六)「波羅蜜」。
❸若有眾生，憙為「殺害」，(寶海)我當(令彼)安止於「不殺」中。 (286 有他方界喜殺害者則為之安止於不殺願)	❸(若有)喜「殺生」者，令住「不殺」。
❹若有眾生，專行「惡貪」，我當(令彼)安住於「不盜」中。 (287 有他方界喜惡貪者則為之安止於不盜願)	❹(若有)貪重者，令住「不盜」。
❺若有眾生，非法「邪婬」，我當(令彼)安止	❺(若有)染著「非法」者，令住「不邪婬」。

「不邪婬」中。 (288 有他方界喜邪婬者則爲之安止於不邪婬願)	
❻若有衆生，各各故作「誹謗、妄語」，我當(令彼)安止「不妄語」中。 (289 有他方界喜妄語者則爲之安止於不妄語願)	❻(若有)「妄語」相說者，令住「不妄語」。
❼若有衆生，樂為「狂癡」，我當(令彼)安止「不飲酒」中。 (290 有他方界喜飲酒者則爲之安止於不飲酒願)	❼(若有)樂「昏濁」者，令住「不飲酒」。
❽若有衆生，犯此「五事」，我當令(彼)受「優婆塞」五戒。 (291 有他方界犯五戒者則爲之安止於五戒願)	❽其有衆生，有此「五病」者，我當令彼斷是「五患」，住「優婆塞(五)戒」。
❾若有衆生，於諸「善法」，不生「憙樂」，我當令其「一日一夜」，受持「八戒」。 (292 有他方界不喜善法者則爲之安止於八戒願)	❾有衆生，不樂「善法」者，我當令彼一日一夜，住「聖八分戒」。
❿若有衆生，少於善根，於善根中，心生「愛樂」，我當令其於「未來世」，在「佛法」中，出家學道安止，令住「梵淨十戒」。 (293 有他方界缺善根者則爲之安止於梵淨十戒願)	❿其有少樂「善根」者，我當令彼，來近我法，出家「十戒」，得住「梵行」。
⓫若有衆生，悕心求於「諸善根法」，我當(令彼)安止「善根法」中，令得成就「梵行」，具足「大戒」。 (294 有他方界喜求諸善者則爲之安止於梵行大戒願)	⓫其有衆生，樂求「善法」者，我當令彼於「善法」中，得受「具足」，盡住「梵行」。
⓬如是等衆生，作「五逆」罪，乃至「慳悋」，為是衆生，以種種門，示現「神足」(神通具足)，說諸「句義」，開示「(五)陰、(十八)界、諸(十二)入」、「苦、空、無	⓬我當為如是造「無間業」，乃至「不攝意志」(之)衆生故，以多種種若干「句義」文字變化，而為說法，示現「(五)陰、(十八)界、(十二)入」、「無常、苦、空、無我」，

常、無我」，令住「善妙」，安隱「寂滅」(之)「無畏涅槃」。 (295 以神通具足爲他方界眾生開示「五陰」法義願) (296 以神通具足爲他方界眾生開示「十八界」法義願) (297 以神通具足爲他方界眾生開示「十二入」法義願) (298 以神通具足爲他方界眾生開示「苦」法義願) (299 以神通具足爲他方界眾生開示「空」法義願) (300 以神通具足爲他方界眾生開示「無常」法義願) (301 以神通具足爲他方界眾生開示「無我」法義願) (302 以神通具足爲他方界眾生開示「安隱道」法義願) (303 以神通具足爲他方界眾生開示「無畏涅槃」法義願)	令住善「安隱」、妙寂(之)「無畏城」。
(我)為如是四衆「比丘、比丘尼、優婆塞、優婆夷」說法。	我當為四衆「比丘、比丘尼、優婆塞、優婆夷」說如是法。
⓭若有衆生，求聞「論議」，我當(爲)說「正法」論。 (304 有眾生欲求論義則爲之開示「論義」與「正法」義願)	⓭其有喜樂「論」者，我當為彼現「諸論法」。
⓮乃至有求「解脫」之者，我當為說「空無」之論。 (305 有眾生欲求解脫則爲之開示「空無諸法」義願)	⓮乃至「求解脫」者，我當為彼現於「空論」。
⓯若有衆生，其心不樂於「正善法」，我當為說「營作」(營造勞作輔佐)衆事。 (306 有眾生心不樂正善法則爲之開示「營造勞作輔佐眾事」願)	⓯其有不樂「善法」者，我當為彼說勸化(勸教度化)業。
⓰若有衆生，於「正善法」，其心「愛樂」，我當為說「空三昧定」，示「正解脫」。 (307 有眾生其心愛樂正善法則爲之開示「空三昧定」與解說願)	⓰(若有)樂(於善法)者，我當為說誦習「一向禪空解脫」。

七－4 寶海我為一切眾生，開示無量無邊種種方便，為解句義，示現神足，乃至涅槃，心不生厭

北涼・曇無讖 譯 《悲華經》	秦・譯者佚 名 《大乘悲分陀利經》
㊀(寶藏)世尊！(寶海)我為如是一一眾生，要當過於百千「由旬」，(我將)不以「神足」(通之力)，而(爲眾生)以「開示」無量無邊種種「方便」，為(眾生)解「句義」，(並)示現(種種)神足(神通具足)，乃至(令眾生入)「涅槃」，心不生厭。 (308 不以神力而步涉百千由旬只爲眾生開示「句義」法願) (309 不以神力而步涉百千由旬只爲眾生開示「文字」法願) (310 不以神力而步涉百千由旬只爲眾生開示「變化神通」法願) (311 不以神力而步涉百千由旬只爲眾生開示「涅槃」法願)	㊀我(願)為一一眾生故，「步涉」多百千「由旬」多，(以)種種若干「句義、文字、方便變化」，(我將)忍此「疲惓」(古同「倦」)，終(令眾生)至置於「涅槃」。
㊁(寶藏)世尊！(寶海)我(將)以「三昧力」故，捨「第五分」所得(之)「壽命」而「般涅槃」。 (312 願將五分壽命捨一分而入般涅槃願)	㊁乃至以「誓力」，我當「五分」壽減一；(於)欲「般涅槃」時。
我於是時，(將)自分其身(此喻舍利)，如半「葶藶」(通「亭歷」，爲一年生的草本藥用植物。《一切經音義》云：「葶艾」……《考聲》云「葶藶」，草名也……實葉，皆似「芥」)子，(我)為憐愍眾生故，(乃)求「般涅槃」。 (313 爲憐愍眾生而將自身舍利碎如半芥子願)	我當碎身，「舍利」(將)如「半芥子」，(我)為悲眾生故，然後當入「涅槃」。
㊂(待)「般涅槃」後，所有「正法」住世(將達)「千歲」，「像法」住世，滿「五百歲」。 (314 於般涅槃後爲憐愍眾生故正法住世千年願) (315 於般涅槃後爲憐愍眾生故像法住世五百年願)	㊂令我「涅槃」後，「正法」(仍)住世「千歲」、「像法」住世，復「五百歲」。

七－5 寶海我涅槃後，若有眾生，供養吾之舍利，乃至禮拜，合掌稱歎、一莖華散，以是因緣隨其志願，於「三乘」中皆得「不退轉」

北涼・曇無讖 譯	秦・譯者佚 名

《悲華經》	《大乘悲分陀利經》
	《立願舍利神變品・第十七》
㊀(寶海)我「涅槃」後，若有眾生，以「珍寶、伎樂」供養「舍利」，乃至「禮拜、右繞一匝、合掌稱歎、一莖華散」，以是因緣，隨其志願，(令眾生)於「三乘」中，各(得)「不退轉」。 (316 若以珍寶供養我身舍利則於三乘得不退轉願) (317 若以伎樂供養我身舍利則於三乘得不退轉願) (318 若禮拜我身舍利則於三乘得不退轉願) (319 若右繞一匝 我身舍利則於三乘得不退轉願) (320 若合掌稱歎我身舍利則於三乘得不退轉願) (321 若以一莖散華供養我身舍利則於三乘得不退轉願)	㊀我「般涅槃」後，其有眾生，以「眾寶物」供養「舍利」，乃至「一稱南無佛」，「一禮、一旋、一合掌業、一花供養」者，令彼一切(眾生)隨於「三乘」得「不退轉」。
㊁(寶藏)世尊！(寶海)我「般涅槃」後，若有眾生，於我法中，乃至「一戒」，如我所說，能「堅持」之，乃至讀誦「一、四句偈」，為他人說。令彼聽者，心生「歡喜」，供養法師，乃至「一華、一禮」，以是因緣，隨其「志願」，(令眾生)於「三乘」中，各「不退轉」。 (322 我般涅槃後能堅持受持一戒者則於三乘得不退轉願) (323 我般涅槃後能讀誦我法一四句 者則於三乘得不退轉願) (324 我般涅槃後能供養說法者則於三乘得不退轉願) (325 我般涅槃後能以一華供養說法者則於三乘得不退轉願) (326 我般涅槃後能以一禮供養說法者則於三乘得不退轉願)	㊁(寶海)我「般涅槃」後，其有眾生，於我「法」中，能受「一戒」，如說奉持，乃至讚誦「一、四句偈」，為他人說。其有聞者，能發好心，「供養」法師，能以「一花」，或設「一禮」，令彼一切(眾生)隨於「三乘」(皆)得「不退轉」。
㊂乃至「法炬」滅、「法幢ㄔㄨㄤˊ」倒。(待)「正法」滅已，(寶海)我之「舍利」，尋沒於「地」，至「金剛際」(kāñcana-maṇḍala 金性地輪；地輪；金剛輪；以金剛鋪成之地表。金輪之最下端稱爲金輪際)。 (327 我般涅槃後我身舍利將盡入地表「金剛際」願)	㊂乃至「正法」盡，「法燈」永滅，「法幡ㄈㄢ」倒已。(再)令我(之)「舍利」，乃至入「地金輪」(kāñcana-maṇḍala 金性地輪；地輪；金剛輪；以金剛鋪成之地表。金輪之最下端稱爲金輪際)上住。

爾時娑婆世界，(若)空無「珍寶」，(則寶海)我之「舍利」，(將)變為「意相琉璃寶珠」。 (328 我般涅槃後我身舍利將變爲「意相琉璃寶珠」願)	隨其「幾時」(曾幾何時，此喻時機時間)，(若)娑訶世界，窮乏「珍寶」，(則)令(我之舍利)成「琉璃珠」，現如「火色」，名曰「勝意」。
(此由舍利變出的「意相琉璃寶珠」)其(光)明(炎)焰(熾)盛，從「金剛際」出於世間，上至「阿迦尼吒天」(Akaniṣṭha-deva 色究竟天)。 (329 我身舍利所變的「意相琉璃寶珠」光明從金剛際到色究竟天願)	令(此由舍利變出的「勝意琉璃珠」)從彼(金剛際之)上，乃至「阿迦尼吒」(Akaniṣṭha-deva 色究竟天)際住。
(接著會)雨種種華： 曼陀羅華(māndārava 天妙花;悦意華;赤華)、 摩訶曼陀羅華(mahā-māndārava 大赤華)、 波利質多華(pārijātaka圓生樹;晝度樹;香遍樹;天樹王。根莖枝葉花果皆有香氣，能遍熏忉利天宫)、 曼殊沙華(mañjūṣaka 白華)、 摩訶曼殊沙華(mahā-mañjūṣaka 大白華)	(接著會)雨種種花： 曼陀羅花(māndārava 天妙花;悦意華;赤華)、 摩訶曼陀羅花(mahā-māndārava 大赤華)、 波利質多羅伽花(pārijātaka 圓生樹;香遍樹)、 曼殊沙花(mañjūṣaka 白華)、 摩訶曼殊沙花(mahā-mañjūṣaka 大白華)、 蘆遮摩那花、 陀羅花、 摩訶阿陀羅花、 無垢輪花、 百葉花、 千葉花、 百千葉花、 普光花、 普香花、 善樂花、 薩哆花、 蘆遮那花、 樂限月光花、 明月花、 無量色花、 無量香花、 無量光花。

㊃有淨光明，大如車輪，百葉、千葉，或百千葉，或百千華，其光遍照。 (330 我身舍利所變的「意相琉璃寶珠」將雨種種華願)	
㊄復有好香，微妙常敷，觀者無厭。其明(炎)焰(熾)盛，不可稱計，微妙之香，無量無邊，純雨如是無量諸華。 (331 我身舍利所變的「意相琉璃寶珠」將雨種種香願)	㊄令雨如是等「大花雨」。
㊅當其雨(花)時，復出種種微妙(之 29 種)「音聲」： ❶佛聲、 ❷法聲、 ❸比丘僧聲、	㊅令彼諸「花」，出種種(總共 29 種的)「柔軟聲」，所謂： ❶佛聲、 ❷法聲、 ❸僧聲、
❹三歸依聲、 ❺優婆塞戒聲、 ❻成就「八戒」聲、 ❼出家「十戒」聲、	❹三歸依聲、 ❺優婆塞戒聲、 ❻聖「八分戒」聲、 ❼出家「十戒」聲、
❽布施聲、 ❾持戒聲、 ❿清淨梵行，具「大戒」聲、 ⓫「佐助衆事」聲、	❽施聲、 ❾戒聲、 ❿具足「梵行」聲、 ⓫「勸化」聲、
⓬讀經聲、 ⓭禪「思惟」聲、 ⓮觀「不淨」聲、 ⓯念「出入息」聲、	⓬誦聲、習聲、 ⓭禪定思惟「九觀」聲、 ⓮「不淨」聲、 ⓯「阿那波那」(ānāpāna 安般;安那般那;出入息念;數息觀) 念聲、
⓰「非想非非想」聲、 ⓱「有想無想」聲、 ⓲「識處」聲、	⓰「非想處」聲、 ⓱「無所有處」聲、 ⓲「無量識處」聲、

⑲「空處」聲、	⑲「無量空處」聲、
⑳「八勝處」聲、	⑳「(八)勝處」聲、
㉑「十一切入」(daśakṛtsnāyatanāni 十一切入;十一切處;十遍入;十遍處;十遍處定。觀「色」等十法，各周遍一切處而無任何間隙。十法是「地、水、火、風、青、黃、赤、白、空、識」)聲、	㉑「一切處」聲、
㉒「定、慧」聲、	㉒「止、觀」聲、
㉓「空」聲、	㉓㉔「空、無相」聲、
㉔「無相」聲、	
㉕「無作」聲、	
㉖「十二因緣」聲、	㉖「緣起」聲、
㉗具足「聲聞藏」聲、	㉗令出具足「聲聞藏」聲、
㉘學「緣覺」聲、	㉘令出具足「辟支佛乘藏」聲、
㉙具足大乘「六波羅蜜」聲。	㉙具說大乘「六波羅蜜」。
(332 我身舍利所變的「意相琉璃寶珠」將出微妙「佛聲」願) (333 我身舍利所變的「意相琉璃寶珠」將出微妙「法聲」願) (334 我身舍利所變的「意相琉璃寶珠」將出微妙「僧聲」願) (335 我身舍利所變的「意相琉璃寶珠」將出微妙「三歸依聲」願) (336 我身舍利所變的「意相琉璃寶珠」將出微妙「優婆塞戒聲」願) (337 我身舍利所變的「意相琉璃寶珠」將出微妙「八戒聲」願) (338 我身舍利所變的「意相琉璃寶珠」將出微妙「十戒聲」願) (339 我身舍利所變的「意相琉璃寶珠」將出微妙「布施聲」願) (340 我身舍利所變的「意相琉璃寶珠」將出微妙「持戒聲」願) (341 我身舍利所變的「意相琉璃寶珠」將出微妙「梵行大戒聲」願) (342 我身舍利所變的「意相琉璃寶珠」將出微妙「佐助眾事聲」願) (343 我身舍利所變的「意相琉璃寶珠」將出微妙「讀經聲」願) (344 我身舍利所變的「意相琉璃寶珠」將出微妙「禪定思惟聲」願) (345 我身舍利所變的「意相琉璃寶珠」將出微妙「不淨聲」願) (346 我身舍利所變的「意相琉璃寶珠」將出微妙「出入息聲」願) (347 我身舍利所變的「意相琉璃寶珠」將出微妙「非想非非想聲」願) (348 我身舍利所變的「意相琉璃寶珠」將出微妙「有想無想聲」願) (349 我身舍利所變的「意相琉璃寶珠」將出微妙「識處聲」願) (350 我身舍利所變的「意相琉璃寶珠」將出微妙「空處聲」願)	

(351 我身舍利所變的「意相琉璃寶珠」將出微妙「八勝處聲」願) (352 我身舍利所變的「意相琉璃寶珠」將出微妙「十一切入聲」願) (353 我身舍利所變的「意相琉璃寶珠」將出微妙「定慧止觀聲」願) (354 我身舍利所變的「意相琉璃寶珠」將出微妙「空聲」願) (355 我身舍利所變的「意相琉璃寶珠」將出微妙「無相聲」願) (356 我身舍利所變的「意相琉璃寶珠」將出微妙「無作聲」願) (357 我身舍利所變的「意相琉璃寶珠」將出微妙「十二因緣聲」願) (358 我身舍利所變的「意相琉璃寶珠」將出微妙「具足聲聞藏聲」願) (359 我身舍利所變的「意相琉璃寶珠」將出微妙「具足緣覺乘聲」願) (360 我身舍利所變的「意相琉璃寶珠」將出微妙「具足六度聲」願)	
(柒)於其華中，出如是等(29種)聲，(所有)「色界」諸天(人)，皆悉聞之(其)本昔所作諸「善根本」。(或)各自憶念，(其本昔)所有(造作)「不善」，(即)尋自「悔責」，即便來下娑婆世界，教化世間，無量衆生，悉令(衆生)得住於「十善」中。 (361 我身舍利所變的 29 聲「色界」天人聞後將下來娑婆度眾願) (362「色界」天人聞舍利所變的 29 聲後將下來教化世人修十善願)	(柒)(能)令彼諸花，出如是(29種)「聲」，(能)令「色界」諸天(人)，聞如是聲，(即)各自識念「先」(往昔)造「善根」，令彼於一切(曾造作過)善法(的)摩訶薩(mahāsattva 大菩薩；大有情眾生)不嫌(不要嫌棄娑訶世界)，令從彼(天上而)下(來)，為娑訶世界「一切人」，說「十善業」，(並)令住其中。
(捌)(所有)「欲界」諸天(人)，亦得聞受(此 29 種諸聲)，所有「愛結(結使煩惱)、貪喜、五欲」(等之)諸「心數法」，悉得「寂靜」。 (363 我身舍利所變的 29 聲「欲界」天人聞後愛結五欲將得息止願)	(捌)(能)令「欲界」諸天(人)，亦如是聞(此 29 種諸聲)，(則)令彼一切「捨受」(會)使「遊戲樂著」(之)心意。
(玖)(欲界諸天其)「本昔」所作「諸善根本」，各自憶念；(亦於其本昔)所有(造作)「不善」，尋自「悔責」，即便來下娑婆世界，教化世間無量衆生，悉令得住於「十善」中。 (364「欲界」天人聞舍利所變的 29 聲後將下來教化世人修十善願)	(玖)令彼(欲界諸天)一切各自識念「先」(往昔)作「善根」；令彼從天(上)來下，為娑訶世界「一切人」，說「十善業」，(並)勸令住(於十善業)中。

七－6 寶海我「般涅槃」後，我之舍利能作如是佛事，能調伏無量無邊

眾生，於「三乘」中皆得「不退轉」

北涼・曇無讖 譯 《悲華經》	秦・譯者佚 名 《大乘悲分陀利經》
㊀(寶藏)世尊！如是諸華，於虛空中，復當化作種種珍寶，「金銀、摩尼、真珠、琉璃、珂ㄎㄜ貝(白珂貝螺)、璧玉、真寶、偽寶、馬瑙、珊瑚、天冠、寶飾」，如雨而下，一切遍滿娑婆世界。 (365 我身舍利所變的「意相琉璃寶珠」雨諸華後復變成諸珍寶願)	㊀令彼諸花於虛空中變成雜寶。(寶藏)世尊！所謂：「金、銀、摩尼、真珠、琉璃、車璩ㄑㄩˊ、馬瑙」，及「螺、珊瑚、虎珀、玫瑰右旋」，一切娑訶佛土，令雨如是等寶。
㊁爾時，人民其心「和悅」，無諸「鬪諍、飢餓、疾病、他方怨賊、惡口、諸毒」，一切消滅，皆得寂靜。爾時，世界有如是樂。 (366 我身舍利所變的「意相琉璃寶珠」能令眾生心和悅願) (367 我身舍利所變的「意相琉璃寶珠」能除滅眾生鬪諍願) (368 我身舍利所變的「意相琉璃寶珠」能除滅眾生飢餓願) (369 我身舍利所變的「意相琉璃寶珠」能除滅眾生疾病願) (370 我身舍利所變的「意相琉璃寶珠」能除滅眾生怨賊願) (371 我身舍利所變的「意相琉璃寶珠」能除滅眾生惡口願) (372 我身舍利所變的「意相琉璃寶珠」能除滅眾生諸毒願) (373 我身舍利所變的「意相琉璃寶珠」能令世界獲得豐樂願)	㊁除滅娑訶佛土「瞋諍、言訟、飢饉、疾疫」，及他「軍馬、惡風、雜毒」，一切除盡，令「安隱」康健，無諸「鬪諍、言訟、繫閉」，娑訶佛土一切「豐樂」。
㊂ ❶若有衆生，見諸「珍寶」(此由舍利變出的「意相琉璃寶珠」)，若「觸」、若「用」，(即能令眾生)於「三乘」中，無有退轉。 (374 我身舍利所變之諸珍寶若眾生見之則於三乘得不退轉願) (375 我身舍利所變之諸珍寶若眾生觸之則於三乘得不退轉願) (376 我身舍利所變之諸珍寶若眾生用之則於三乘得不退轉願)	㊂ ❶其有衆生，「見」寶(此由舍利變出的「勝意琉璃珠」)、「觸」寶，隨作供具者，令彼一切(眾生)於「三乘」法得「不退轉」。
❷是諸「珍寶」(此由舍利變出的「意相琉璃寶珠」)，作是(種種)利益(眾生)，作「利益」已，還	❷令彼(由舍利變出的「勝意琉璃珠」)逮下，乃至「金輪」(kāñcana-maṇḍala 金性地輪;地輪;金剛輪;

沒於「地」，至本住處「金剛際」(kāñcana-maṇḍala 金性地輪；地輪；金剛輪；以金剛鋪成之地表。金輪之最下端稱爲金輪際)上。 (377 我身舍利所變之諸珍寶於利益眾生後復還歸於地表「金剛際」願)	以金剛鋪成之地表。金輪之最下端稱爲金輪際)上住。
㊃ ①(寶藏)世尊！(當)娑婆世界，(有)「兵劫」起時，(寶海)我身「舍利」，復當化作「紺ㄍㄢˋ琉璃珠」，從「地」而出，上至「阿迦尼吒天」(Akaniṣṭha-deva 色究竟天)。 (378 我身舍利將變爲「紺琉璃珠」從地而出到色究竟天願) (379 我身舍利所變的「紺琉璃珠」能治刀兵劫願)	㊃ ①(寶藏)世尊！如是「刀兵劫」時，令彼「舍利」，復更變成「紺ㄍㄢˋ 王摩尼」，上至「阿迦尼吒」(Akaniṣṭha-deva 色究竟天)際住。
雨種種華，曼陀羅華(māndārava 天妙花；悅意華；赤華)、摩訶曼陀羅華(mahā-māndārava 大赤華)、波利質多華(pārijātaka 圓生樹；香遍樹)。 (380 我身舍利所變的「紺琉璃珠」能雨種種華願)	降種種花雨，所謂： 曼陀羅華(māndārava 天妙花；悅意華；赤華)、摩訶曼陀羅花(mahā-māndārava 大赤華)、波利質多羅花(pārijātaka 圓生樹；香遍樹)，乃至無量光花。
②乃至(由舍利變出的「紺琉璃寶珠」)還沒於「地」，至本住處(之)「金剛際」，亦復如是。 (381 我身舍利所變的「紺琉璃珠」復還歸於地表「金剛際」願)	②令彼諸花，出種種「妙聲」，所謂「佛聲」，乃至如前所說。令彼「舍利」，乃至「金輪」上住。
③(寶藏)世尊！如(遇)「刀兵劫、飢餓、疾疫」，亦復如是。 (382 我身舍利所變的「紺琉璃珠」能除滅眾生刀兵劫願) (383 我身舍利所變的「紺琉璃珠」能除滅眾生飢餓願) (384 我身舍利所變的「紺琉璃珠」能除滅眾生疾疫願)	③如是(若遇)「飢饉劫」時，復令「舍利」，上昇「虛空」，乃至「阿迦尼吒」(Akaniṣṭha-deva 色究竟天)際住，降「大花雨」，乃至如前所說。如是(若遇)「疾疫劫」時，亦如前所說。
㊄(寶藏)世尊！(我之舍利能)如是(於)大「賢劫」中，(待)我「般涅槃」後，是(我之)諸「舍利」，作如是「佛事」，(能)調伏無量無邊眾	㊄如「賢劫」中，(待)我「般涅槃」後，(我之)「舍利」當作「佛事」，(能)勸化(勸教度化)過數眾生，於「三乘」住「不退轉」。

生，(令眾生)於「三乘」中得「不退轉」。 (385 我身舍利能作種種佛事度化眾生於三乘得不退轉願)	
㊅(我之舍利能)如是當於「五佛」世界，「微塵數」等「大劫」之中，調伏無量無邊眾生，令(眾生)於「三乘」得「不退轉」。 (386 我身舍利能於五佛世界等大劫中度化眾生於三乘得不退轉願)	㊅如是(於)「五佛土」微塵數(之)「大劫」中，我(之)「舍利」，(能度)化眾生於「三乘」住「不退」。

七－7 寶海我「般涅槃」後，眾生能以我的舍利神變力量，令皆發「阿耨菩提」心

北涼・曇無讖 譯 《悲華經》	秦・譯者佚 名 《大乘悲分陀利經》
㊀(寶藏)世尊！若後滿千「恒沙」等「阿僧祇」劫，於十方無量無邊「阿僧祇」(之)餘世界，(若有)成佛出世者；(此)悉是(寶海)我(往昔)修「阿耨多羅三藐三菩提」時，所教化(並勸諸人)初發「阿耨多羅三藐三菩提」心(者)，(勸諸人皆)安止令住(於)「六波羅蜜」者。 (387 無數劫後所有成佛者皆曾由寶海我所勸化而修六度願)	㊀(於)後過千「恒河沙」數「阿僧祇」，於十方無量「阿僧祇」(之)餘世界中，(若有)諸佛世尊於彼出(世)者；(此皆)是我(往昔)為菩薩時，行「阿耨多羅三藐三菩提」行(時)，(已)先所勸化(勸教度化)，(勸諸人)於「阿耨多羅三藐三菩提」令住其中者，亦(皆亦)是我勸以「(六)波羅蜜」得住(其)中者。
㊁(寶藏)世尊！(待)我成「阿耨多羅三藐三菩提」已，所可(所有可以)勸化(勸教度化)令發「阿耨多羅三藐三菩提」心，(勸諸人皆)安止令住(於)「六波羅蜜」。	㊁亦是我逮「菩提」已，勸化(勸教度化)眾生以「阿耨多羅三藐三菩提」，令住(其)中者。
㊂及(待我)「涅槃」後，(我之)「舍利」(將發生神力)變化，所(度)化(的)眾生，(亦能)令(眾生)發「阿耨多羅三藐三菩提」心者。 (388 我身舍利能令眾生發阿耨菩提心願)	㊂又我「般涅槃」後，眾生以我「舍利」(所發生的)「神變」，(進而)發「阿耨多羅三藐三菩提」心者。
是諸眾生，過千「恒河沙」等「阿僧祇」劫，	彼亦於後過千「恒河沙」數「阿僧祇」時，

於十方無量無邊「阿僧祇」世界，(將)成佛出世，皆當「稱」(歎)「我名字」，而說「讚歎」(稱讚的內容如下)： (389 無數劫後所有成佛者皆回頭稱讚往昔寶海之五百大願)	令彼菩薩於十方無量「阿僧祇」餘(之)世界中，成「阿耨多羅三藐三菩提」已，(將會)稱譽「讚歎」，說「我名號」(稱讚的內容如下)：
❶過去久遠，有劫名賢，初入劫時，第四世尊(即釋迦牟尼)，名曰某甲，彼佛世尊(即釋迦牟尼)勸化(勸教度化)我等，初發「阿耨多羅三藐三菩提」心。 ❷我等(眾生)爾時，燒滅「善心」，集「不善根」，作「五逆」罪，乃至「邪見」。彼佛(即釋迦牟尼)爾時勸化(勸教度化)我等，令得安住「六波羅蜜」。 ❸因是(我等眾生)即得解了「一切陀羅尼」門，轉「正法輪」，離生死縛，令無量無邊百千眾生，安住「勝果」，復令無量百千眾生，安止(於)「天人」，乃至(得)「解脫果」。	❶過去久遠，爾時有劫名賢，於彼「賢劫」始，第四聖日(即釋迦牟尼)名號如是。彼(即釋迦牟尼)先勸化(勸教度化)我等(眾生)以「阿耨多羅三藐三菩提」。 ❷於「燋枯」意，集「不善根」、造「無間業」，乃至「邪見」(等諸眾生)，(當時釋迦牟尼)令我等得住「六波羅蜜」。 ❸緣(因)是我等(眾生)，令得轉「入一切種智」，行「正法輪」，轉「深妙輪」，令多億「那由他」百千「眾生」(皆能)「生天」，(並)住「解脫果」。
肆若有眾生，求菩提道，聞讚歎(寶海)我已，各問於(自己所屬之)佛：彼佛世尊(此指寶海成佛為釋迦)，見何義利(義理與功效利益)？(能)於「重五濁惡世」之中，成「阿耨多羅三藐三菩提」？	肆其有眾生，(若)求菩提者，(於)彼如來所，聞稱譽(寶海)我，令以如是，問彼如來：唯！世尊(此指這些眾生所各歸屬之如來)！彼如來(此指寶海成佛為釋迦)見何義趣(義理與旨趣)？(能)於彼重「結」(結使煩惱)五濁惡世(而)成「阿耨多羅三藐三菩提」？
伍 ①是諸世尊(此指這些眾生所各歸屬之如來)，即便向是「求菩提道」(之)「善男子、善女人」，說(寶海)我「往昔」所成(之)「大悲」(心)，(以及)初發「阿耨多羅三藐三菩提」心，(以及)莊嚴世界，及「妙善願」(之種種)本起因緣。 ②是(諸)人聞已，其心驚愕，歎未曾有。	伍 ①令彼「諸如來」(此指這些眾生所各歸屬之如來)，為求「菩提」(之)「善男子、善女人」，說(寶海)我是具「大悲」(心)，是「初發心」、佛土(如何)莊嚴、立(下五百大)願(之)本事。 ②令彼求「菩提」(之)「善男子、善女人」，

	得未曾有，信樂「大法」。
③(是諸眾人)尋發「妙願」，(亦)於諸衆生，生「大悲心」，如(寶海)我(而)無異，(是諸眾人並)作是願言： 其有如是「重五濁世」，其中衆生作「五逆」罪，乃至成就諸「不善根」，我(等眾人)當於中，而調伏之。	③令彼(等眾人)亦(能)於「一切衆生」，(也學習)發如是「大悲」，(學習)立如是願： (能)攝度(攝取度化)重「結」(結使煩惱)五濁惡土，(攝度)造「無間業」，乃至(攝度)集「不善根」者。
④彼「諸世尊」(此指這些眾生所各歸屬之如來)，以是諸人，(亦能)成就(如是偉大之)大悲(心)，(並)於「五濁世」發(下與寶海一樣的)諸(大)善願，(彼諸佛世尊應)隨其「所求」，而與(此諸人等)「授記」。	④令彼「諸佛如來」(此指這些眾生所各歸屬之如來)，亦以是「授」彼(諸眾生亦)具(有之)大悲(心)，(且)求「菩提」(之)「善男子、善女人」記。(並)隨(這些)「善男子、善女人」(之)意(願)，(亦能於)重「結」(結使煩惱)五濁惡世立(下與寶海一樣的大)願。
㉖(寶藏)世尊！彼佛世尊(此指這些眾生所各歸屬之如來)，復為修學「大乘」諸人，說(寶海)我「舍利」所作(神通)變化(之)「本起」因緣：(內容是)	㉖復「餘諸佛世尊」(此指這些眾生所各歸屬之如來)，(亦能)以(寶海)我「舍利」(所發生的)神變，為求「菩提」(之)「善男子、善女人」(之諸人)，(亦)廣說(因緣)「本事」：(內容是)
過去久遠，有佛世尊，號字某甲(即指釋迦牟尼)，(待其)「般涅槃」後。(若遇)「刀兵、疾病、飢餓」劫起。	過去久遠時，有(某某)「聖日」名號(即指釋迦牟尼)如是，(待其)「般涅槃」後，舍利(又怎樣發生「神變」如此之事)。
我等(眾人)爾時，於其劫中，受諸「苦惱」，是「佛舍利」(即指釋迦牟尼所變現之舍利)為我等故，作種種「神足師子遊戲」，是故我等(因此)即得發「阿耨多羅三藐三菩提」心，(並)種諸「善根」，(並)精勤修集於「六波羅蜜」，如上廣說。	於爾所時，(釋迦佛)為如是「苦切」衆生，現如是種種若干「神變」(即指釋迦牟尼所變現之舍利神力)。以彼「舍利」(之)「神變」，我等(眾人)初悟「阿耨多羅三藐三菩提」，(並)集諸「善根」，廣修(六)「波羅蜜」，乃至如前所說。

七－8 釋迦佛告寂意菩薩：寶海梵志在寶藏佛所，及諸天大眾前，發下「五百」個大誓願內容

北涼・曇無讖 譯 《悲華經》	秦・譯者佚 名 《大乘悲分陀利經》
	《歎品・第十八》
壹(釋迦)佛告寂意菩薩：善男子！爾時，寶海梵志在寶藏佛所，諸天大眾，「人、非人」前，尋得成就「大悲之心」廣大無量。作「五百誓願」已，復白(寶藏)佛言：	壹善男子！爾時國大師(國王之婆羅門大師)海濟(寶海)婆羅門，住寶藏如來前，(於)「乾闥婆、世人」前，立如是具「大悲」(之)「五百願」，而白(寶藏)佛言：
(寶藏)世尊！若(寶海)我所願不成，不得己利(獲得諸善法成就爲「己利」)者，(寶海)我則不於未來「賢劫」、重五濁惡、互共鬥諍、末世盲癡、無所師諮、無有教誡、墮於諸見、大黑闇中、作五逆惡」，如上(所)說中「成就所願」，(並)作於「佛事」。我今則捨「菩提」之心，亦不願於「他方佛土」，(去)殖諸善根。	(寶藏)世尊！若我如是意(願)不(圓)滿，不(能)於來世「賢劫」、「五濁重結(結使煩惱)、散亂惡世、冥時、盲無導師、無引導師、爲見所困、長處冥世、造無間者」，乃至如前(我)所說(之大願)。若我不能具成(具足成就)如是「佛事」如我(之五百)立願者，我當還捨(棄)「菩提願」，(亦)非(至)餘剎中(作種種)善根迴向。
(390 若寶海我發之五百大願不能成就則今當棄捨菩提心願)	
(391 若寶海我的五百願不成就則今亦不至他方佛土作善根迴向願)	
貳(寶藏)世尊！(寶海)我今如是「專心」(修於「大悲」，並以所修六度萬行功德諸善根)，	貳(寶藏)世尊！(專修「大悲」，並修六度萬行功德諸善根)是(寶海)我(之)所「欲」，
❶不以是「善根」(只爲)成「阿耨多羅三藐三菩提」(而已)。	❶我亦不欲此「善根」(只有)迴向「阿耨多羅三藐三菩提」(而已)。
❷亦不願求「辟支佛乘」。	❷(亦)不求「辟支佛乘」。
❸亦復不願作「聲聞乘、天王、人王」。	❸亦不求「聲聞乘」，亦不求「人天、王位」。
❹(亦復不)貪樂五欲，(及)生天人中。	❹亦不求「五欲」供具，「生天」之樂。
❺(亦復)不求「乾闥婆、阿修羅、迦樓羅、緊那羅、摩睺羅伽(mahoraga 大蟒神)、夜叉、羅刹、諸龍王」等。	❺又亦不求「乾闥婆、阿修羅、夜叉、羅刹、龍、迦樓羅」。
	❻亦不求「人中」生。
(392 我所修之六度萬行不是只有迴向自己成阿耨菩提願)	
(393 我所修之六度萬行並非爲求辟支佛乘願)	
(394 我所修之六度萬行並非爲求聲聞乘願)	
(395 我所修之六度萬行並非爲求天王願)

(396 我所修之六度萬行並非爲求人王願) (397 我所修之六度萬行並非爲求五欲願) (398 我所修之六度萬行並非爲求生天願) (399 我所修之六度萬行並非爲求乾闥婆願) (400 我所修之六度萬行並非爲求阿修羅願) (401 我所修之六度萬行並非爲求迦樓羅願) (402 我所修之六度萬行並非爲求緊那羅願) (403 我所修之六度萬行並非爲求阿修羅願) (404 我所修之六度萬行並非爲求摩睺羅伽願) (405 我所修之六度萬行並非爲求夜叉願) (406 我所修之六度萬行並非爲求羅刹願) (407 我所修之六度萬行並非爲求諸龍王願) (408 我所修之六度萬行並非爲求人中願)	
(我)以是善根，(皆)不求如是諸處。	我不於如是(上面所說)等處，(而作種種)「善根」迴向。
㊂世尊(曾說)： ❶ ①若得「大富」，(此乃曾)以「施」為因， ②若得「生天」，(此乃曾)以「戒」為因， ③若得「大智」，(此乃曾)以「廣學」為因， ④若「斷煩惱」，以(此乃以)「思惟」(修行清淨心念)為因。 ❷如佛言曰：如是等事，皆是「己利功德」之人，則能隨其所求，皆悉得之。	㊂世尊雖(曾)說： ❶ ①施(將來能)得「大富」。 ②持戒(將來能)生「天」。 ③多聞(將來能得)「大慧」。 ④修行(將來才能)無異。 ❷世尊又說：(以修行的)「福德」(所)生(的)「善根」迴向，(想將福德善根迴向「什麼」，皆)隨意皆告。

七－9 若有眾生墮阿鼻地獄，寶海我當代是眾生，久久常處「阿鼻」地獄而拔濟之，令生人中，聞佛說法即得開解，成阿羅漢，及速入涅槃

北涼・曇無讖 譯《悲華經》	秦・譯者佚 名《大乘悲分陀利經》

㊀(寶藏)世尊！若(寶海)我(之)「善根」成就，得己利(獲得諸善法成就爲「己利」)者，(寶海)我之所有「布施、持戒、多聞、思惟」，悉當成就，以是「果報」皆(只)為「地獄」一切衆生。 (409 我所修之布施果報只爲迴向救度地獄眾生願) (410 我所修之持戒果報只爲迴向救度地獄眾生願) (411 我所修之多聞果報只爲迴向救度地獄眾生願) (412 我所修之思惟果報只爲迴向救度地獄眾生願)	㊀(寶藏)世尊！我所作「施、戒、聞、修」福德，若我如是立願(而)意不(圓)滿者，我以是一切「善根」(皆)迴向「地獄」衆生。
㊁若有衆生墮「阿鼻」地獄，以是(我所修之)善根，當拔濟之，令生「人中」，聞佛說法，即得開解，成「阿羅漢」，速入「涅槃」。 (413 我願迴向救度阿鼻地獄之眾生令轉生人中願) (414 我願迴向救度阿鼻地獄之眾生令生人中得成阿羅漢果願) (415 我願迴向救度阿鼻地獄之眾生令得阿羅漢果而入涅槃願)	㊁其有衆生，在「阿鼻地獄」，受諸苦切者，以是(我所修之)「善根」令彼得脫，於此佛土，得生為「人」，值「如來」法，令得「羅漢」，而入「涅槃」。
㊂是諸衆生，若「業報」未盡，(寶海)我當「捨壽」，入「阿鼻獄」，(並)代受苦惱。願令我身數，(粉碎)如「一佛世界」(之)微塵，(我之)一一身(皆)如「須彌山」等，是(我之)一一身(所)覺諸「苦樂」，(皆)如我今(一)身所覺(之)苦樂，(我之)一一身(皆)受如「一佛世界」微塵數等種種「重惡苦惱」之(苦)報。 (416 令我身碎如微塵又如須彌山而代眾生受重罪苦惱願)	㊂若彼衆生「業果」不盡，(則)令(寶海)我今命終，生「阿鼻」大地獄中，令我(之)「一形」(裂)分為「佛土」微塵數(之)身，(再)令此一一身，大如「須彌山王」，令(我之)一一身(所)覺如是「苦痛」，(皆)如我一身(所)覺(之)苦痛(更)甚；令我一一身(皆)受「佛土微塵數」(之)「地獄」(之)苦切。
㊃如今「一佛世界」微塵(數)等，十方諸佛世界(之)所有衆生，(若有)作「五逆」惡，起「不善業」，乃至當墮「阿鼻」地獄(者)，若後過如「一佛世界」微塵等大劫。十方諸佛世界微塵數等所有衆生，(若有)作「五逆」惡，起「不善業」，當墮「阿鼻」地獄者。(寶海)我當為是一切衆生，於「阿鼻」地獄(中)「代」受諸苦，令不墮「地獄」，(能)	㊃又令現在佛土「微塵數」(之)十方餘世界中衆生，(若有)造「無間業」，乃至造作(諸惡)入「阿鼻」業。又復於後，乃至過佛土「微塵數」大劫中，於十方佛土「微塵數」餘佛國中，及此佛土，(若有)衆(生)造「無間」業者，我當為彼一切衆生故，住「阿鼻」獄(代)受彼(之)「罪業」，令彼衆生不墮「地獄」，永與「苦別」，(能)値遇諸佛，

值遇「諸佛」，諮受「妙法」，出於「生死」，入「涅槃」城。 (417 十方五逆重罪墮阿鼻獄者願代眾生入阿鼻受諸苦痛願) (418 十方墮阿鼻獄者願代入阿鼻受諸苦痛令彼出離地獄願) (419 十方墮阿鼻獄者願代入阿鼻受諸苦痛令彼值遇諸佛願) (420 十方墮阿鼻獄者願代入阿鼻受諸苦痛令彼咨受妙法願) (421 十方墮阿鼻獄者願代入阿鼻受諸苦痛令彼出離生死願) (422 十方墮阿鼻獄者願代入阿鼻受諸苦痛令彼入涅槃城願)	得度「生死」，入「涅槃」城。
㈤(寶海)我今要當，「代」是眾生，久久常處「阿鼻」地獄。 (423 十方重罪墮阿鼻獄者願代眾生入阿鼻受苦並久處阿鼻願)	㈤我當於爾所，「久遠」住(於)「阿鼻獄」，(而)度脫眾生。
㈥復次，如「一佛世界」微塵數等，(於)十方世界所有眾生「惡業」成就，當必受果(報)，墮「火炙」地獄(Tapana 炎熱；燒炙；焦熱；炎熱)，如：	㈥乃至如是，於十方佛土「微塵數」餘佛刹中，(若)眾生有造如是「業」，應生「燒炙」地獄(Tapana 炎熱；燒炙；焦熱；炎熱)者，乃至如前所說。如是：
(墮)「阿鼻」地獄(Avīci 無間；無救)、 (墮)「所說炙」地獄(Pratāpana 大焦熱；大燒炙)、 (墮)「摩訶盧獡(獦的異體字)」地獄(Mahāraurava 大叫喚)、	(墮)「大燒炙」(Pratāpana 大焦熱)、 (墮)「啼哭」(Raurava 號叫)、 (墮)「大啼哭」(Mahāraurava 大叫喚；大號叫)、
(墮)「逼迫」地獄(Saṃghāta 眾合；堆壓)、 (墮)「黑繩」地獄(Kālasūtra)、 (墮)「想」地獄(Saṃjīva 等活；想地獄)。	(墮)「刀劍」(Saṃghāta 眾合；堆壓)、 (墮)「黑繩」(Kālasūtra)、 (墮)「還活」(Saṃjīva 等活；想地獄)等種種。
(424 十方五逆重罪墮「火炙」獄者願代眾生入「炎熱」地獄受苦願) (425 十方五逆重罪墮「所說炙」獄者願代眾生入「大焦熱」地獄受苦願) (426 十方五逆重罪墮「盧獡」獄者願代眾生入「叫喚」地獄受苦願) (427 十方五逆重罪墮「摩訶盧獡」獄者願代眾生入「大叫喚」地獄受苦願) (428 十方五逆重罪墮「逼迫」獄者願代眾生入「眾合」地獄受苦願) (429 十方五逆重罪墮「黑繩」獄者願代眾生入「黑繩」地獄受苦願) (430 十方五逆重罪墮「想」獄者願代眾生入「等活」地獄受苦願)	(八熱地獄) ⑴活(Saṃjīva 等活；想地獄)：主要與「殺」業有關。 ⑵黑繩(Kālasūtra)：主要與「殺、盜」業有關。 ⑶合(Saṃghāta 眾合；堆壓)：主要與「婬」業有關。 ⑷喚(Raurava 號叫)：主要與「酒」業有關。 ⑸大喚(Mahāraurava 大叫喚；大號叫)：主要與「妄語」業有關。 ⑹熱(Tapana 炎熱；燒炙；焦熱；炎熱)：主要與「邪見」業有關。 ⑺大熱(Pratāpana 大焦熱；大燒炙；大極熱；極炎熱)：主要與「婬」業有關。

	⑧**阿鼻**(Avīci 無間;無救)：主要與「五逆」業有關。
㊆及(墮)種種「畜生、餓鬼、貧窮、夜叉、拘槃茶、毘舍遮、阿修羅、迦樓羅」等，皆亦如是。 (431 十方眾生因惡業而召 畜生報者願代眾生受「畜生」業報願) (432 十方眾生因惡業而召 餓鬼報者願代眾生受「餓鬼」業報願) (433 十方眾生因惡業而召 貧窮報者願代眾生受「貧窮」業報願) (434 十方眾生因惡業而召 夜叉報者願代眾生受「夜叉」業報願) (435 十方眾生因惡業而召 拘槃茶報者願代眾生受「鳩槃茶」業報願) (436 十方眾生因惡業而召 毘舍遮報者願代眾生受「毘舍遮」業報願) (437 十方眾生因惡業而召 阿修羅報者願代眾生受「阿修羅」業報願) (438 十方眾生因惡業而召 迦樓羅報者願代眾生受「迦樓羅」業報願)	㊆(若墮)畜生中，(亦)作如是說；(若墮)餓鬼中，亦作是(如是)說；(若墮)「夜叉、貧窮」中，亦作(如)是說；如是(若墮)「鳩槃茶(Kumbhāṇḍa)、毘舍遮、阿修羅、伽樓羅」，亦作(如)是說。
㊇(寶藏)世尊！若有如「一佛世界」微塵數等，十方世界所有眾生，(若其)成就「惡業」，必當「受報」。(或)生於人中「聾盲、瘖瘂、無手、無脚、心亂、失念、食噉不淨」，(寶海)我亦當「代」如是眾生，受於諸罪，如上所說。 (439 十方眾生因惡業而召 聾盲報者願代眾生受「聾盲」業報願) (440 十方眾生因惡業而召 瘖瘂報者願代眾生受「瘖瘂」業報願) (441 十方眾生因惡業而召 感百病報者願代眾生受「百病」業報願) (442 十方眾生因惡業而召 無手報者願代眾生受「無手」業報願) (443 十方眾生因惡業而召 無脚報者願代眾生受「無脚」業報願) (444 十方眾生因惡業而召 心亂報者願代眾生受「心亂」業報願) (445 十方眾生因惡業而召 失念報者願代眾生受「失念」業報願) (446 十方眾生因惡業而召 食噉不淨報者願代眾生受「食噉不淨」業報願)	㊇於佛土「微塵數」十方餘世界中，(若有)眾生造起如是「業」，應生人中「聾盲、瘖瘂、癃殘、百病、手足不具、心意散亂、應食不淨」(者)，(皆)略如前(之所)說。
㊈復次，若有眾生墮「阿鼻地獄」，受諸苦惱，(寶海)我當久久「代」是眾生，受諸「苦惱」，如「生死」眾生所受「(五)陰、(十八)界、諸(十二)入」。	㊈我當復還生「阿鼻」大地獄中，乃至隨幾所時，眾生於「生死」中(所)受(之)「(五)陰、(十八)界、(十二)入」。

(447 十方墮阿鼻獄者願代受苦惱如眾生生前所受之五陰果報願) (448 十方墮阿鼻獄者願代受苦惱如眾生生前所受之十八界果報願) (449 十方墮阿鼻獄者願代受苦惱如眾生生前所受之十二入果報願) (若有眾生墮於)「畜生、餓鬼、貧窮、夜叉、拘辦茶(Kumbhāṇḍa 鳩槃茶)、毘舍遮、阿修羅、迦樓羅」等，(我)皆亦如是(願久久代眾生，受諸苦惱)。	我當於爾所時，久遠「受」如是種種「地獄、畜生、餓鬼、夜叉、阿修羅、羅剎」，乃至(當)人(所受的)苦(惱)，如是「諸苦」，我當「受」之，如前所說。

七－10 若寶海我必能成就如是「五百大願」之佛事，則十方諸天龍、阿修羅等眾，唯除如來，其餘一切眾生皆當為我涕泣，悉於我前，頭面作禮而讚歎

北涼・曇無讖 譯 《悲華經》	秦・譯者佚 名 《大乘悲分陀利經》
㊀(寶藏)世尊！若我所願成就，逮得己利(獲得諸善法成就爲「己利」)，成「阿耨多羅三藐三菩提」，如上所願者，十方無量無邊「阿僧祇」世界，在在處處「現在諸佛」，(正在)為衆生說法(之諸佛)，悉當為(寶海)我「作證」，(此)亦是諸佛之所「知見」。 (450 寶海之五百大願必得十方諸佛之證明願)	㊀我若如是「阿耨多羅三藐三菩提」意不(能圓)滿，設復我如是「阿耨多羅三藐三菩提」意(得以圓)滿者，乃至如前所說，(則)令十方無量「阿僧祇」餘世界中，「現在住世」說法(之)諸佛世尊，(皆同)證我「是事」。
㊁(寶藏)世尊！惟願今者，(請給)與(寶海)我「阿耨多羅三藐三菩提」記，(將)於「賢劫」中，(於)人壽「百二十歲」時，(我將)成佛出世，如來・應供・正遍知，乃至天人師・佛・世尊。	㊁唯願(寶藏)世尊，授(寶海)我「阿耨多羅三藐三菩提」記，於彼「賢劫」，(於)「百二十歲」世人中，我(將成)為如來・應供・正遍知・明行足・善逝，乃至佛・世尊。
㊂(寶藏)世尊！若我必能成就如是「佛事」，如我願者，(令)令此大衆，及諸「天龍、阿修羅」等，若「處地、虛空」，唯除如來(之外)，其餘一切(眾生)皆當「涕泣」，悉於(寶海)我前，頭面作禮，(並)讚言：	㊂我能「成辦」如是「佛事」，如我所立(之五百)誓願。爾時一切大衆，「天龍、夜叉、乾闥婆、阿修羅」及諸「世人」，在於「虛空」及「住地」者，唯除如來(之外)，彼一切(眾生)無不「墮淚」，皆以「五體」禮(寶

(451 寶海之五百大願必得成就故天龍應生感動而涕泣願) (452 寶海之五百大願必得成就故阿修羅應生感動而涕泣願) (453 寶海之五百大願必得成就故住地眾生應生感動而涕泣願) (454 寶海之五百大願必得成就故虛空眾生應生感動而涕泣願)	海)婆羅門足，(並)同聲讚言：
❶善哉！善哉！(寶海乃是)「大悲」成就，無能及也。得念甚深，為諸眾生，生是深「悲」，發堅固(五百)「誓願」。 ❷(寶海)汝今所作，不由「他教」，以專心(於)「大悲」，覆護一切，(並)攝取「五逆」諸「不善人」。	❶善哉！善哉！(寶海乃於)「大悲」得深妙，念於衆生，發深「大悲」、立深「大願」，如仁(所)立(之五百大)願。 ❷(寶海)以至意(於)「大悲」，覆(護)一切衆生，又能攝度(攝取度化)造「無間業」(罪)，乃至集「不善根」(事)。
❸(寶海)汝之「善願」，我今悉知，汝初發「阿耨多羅三藐三菩提」心時，已為衆生作「大良藥」，為(眾生)作歸依，(為眾生)擁護舍宅，為令衆生得「解脫」故，(並)作是(五百)誓願。 ❹(寶海)汝今所願，得己利(獲得諸善法成就為「己利」)者，(寶藏)如來(已)為汝授「阿耨多羅三藐三菩提」記。	❸(寶海)以是願故，知(寶海)仁是「初發心」於「阿耨多羅三藐三菩提」，(寶海)為衆生(之)「良藥」，(為眾生)安濟歸趣，為脫衆生苦，故立(五百大)願。 ❹(寶海)仁如是意(願)，必當得(圓)滿，如來正爾，(已)授仁者(之)「阿耨多羅三藐三菩提」記。

七－11 諸菩薩們皆說偈讚寶海梵志的「五百大願」力

北涼・曇無讖 譯 《悲華經》	秦・譯者佚 名 《大乘悲分陀利經》
(455 寶海之五百大願必得十方諸菩薩說偈讚歎願) --後面的願跳接八－12	
㊀(寶海)說是語已，時轉輪聖王無量清淨(即原本的無諍念王)，尋從座起悲泣淚出，叉手合掌，向是(寶海)梵志，頭面敬禮，而說偈言： (寶海)汝今所願，堅固甚深， 放捨己樂，為諸衆生，	㊀爾時無量淨王(即原本的無諍念王)，啼泣雨淚，五體禮婆羅門足，叉手合掌，以偈讚曰： 奇哉甚深妙，乃至不著樂； 愍傷哀衆生，為我等現寶。

起「大悲心」，為我等現， 諸法真實，妙勝之相。	
㊁爾時，觀世音菩薩(原爲無諍念王之第一王子不眴，將來成佛爲遍出功德光明佛，不眴亦號爲觀世音)說偈讚言： 衆生多所著，(寶海)汝今無所著， 於上下諸根，久已得自在， 故能隨衆生，根願具足與， 未來世當得，陀羅尼智藏。	㊁略說，時觀世音菩薩以偈讚曰： 自無所著著衆生，縱根逸馬已調伏； 仁於諸根得自在，仁當總持智慧藏。
㊂爾時，得大勢菩薩(原爲無諍念王之第二王子尼摩，將來成佛爲善住珍寶山王佛，尼摩亦號爲得大勢)說偈讚言： 無量億衆生，為善故集聚， 見知汝「大悲」，一切皆啼泣， 所作諸苦行，昔來未曾有。	㊂時，大勢至菩薩以偈讚曰： 是多億衆生，為善故來集； 聞仁悲墮淚，異哉甚難事。
㊃爾時，文殊師利菩薩(原爲無諍念王之第三王子王衆，將來成佛爲普現佛，王衆亦號爲文殊師利)復說偈讚言： 精進三昧，甚堅牢固， 妙勝智慧，善能分別， 若以華香，供養汝者， 汝於今日，則能堪受。	㊃時曼殊師利菩薩以偈讚曰： 精進誓堅固，妙慧甚明了； 仁亦應受供，塗香(vilepana 以香塗身;塗妙香)及花鬘。
㊄爾時，虛空印菩薩(原爲無諍念王之第五王子無所畏，將來成佛名爲蓮華尊如來，虛空印亦號爲無所畏)復說偈讚言： (寶海)汝為衆生，成就「大悲」， 捨財布施，於濁惡世， 嚴持諸相，微妙第一， 為諸天人，作調御師。	㊄時，虛空印菩薩以偈讚曰： 仁如是行施，大哀愍衆生； 渴時仁為濟，具三十二相。

㊅爾時，金剛智慧光明菩薩(原爲無諍念王之第四王子能伽奴，將來成佛爲普賢佛，能伽奴亦號爲金剛智慧光明功德)復說偈讚言： (寶海)汝今「大悲心」，廣大如虛空， 欲為衆生親，故現行菩提。	㊅斷金剛慧照明菩薩以偈讚曰： 如虛空無邊，仁哀亦如是； 為衆生津梁，今現菩提行。
㊆爾時，虛空日菩薩(原爲無諍念王之第六王子虛空，將來成佛爲法自在豐王佛，虛空亦號爲虛空日光明)復說偈讚言： (寶海)汝所成就，「大悲」功德， 勝妙智慧，善別法相， 除佛世尊，餘無能及。	㊆虛空照明菩薩以偈讚曰： 更無愍衆生，唯除諸如來； 仁者功德具，妙慧心甚明。

七－12 諸菩薩們皆說偈讚寶海梵志的「五百大願」力

北涼・曇無讖 譯 《悲華經》	秦・譯者佚 名 《大乘悲分陀利經》
㊀爾時，師子香菩薩(原爲無諍念王之第七王子善臂，將來成佛爲光明無垢堅香豐王佛，善臂亦號爲師子香)復說偈讚言： 汝未來世，於賢劫中， 多煩惱處，得大名稱， 復令無量，諸衆生等， 斷除苦惱，得妙解脫。	㊀師子香菩薩以偈讚曰： 妙士於來世，亂結賢劫中； 當得大稱譽，度脫衆生苦。
㊁爾時，普賢菩薩(原爲無諍念王之第八王子泯圖，將來成佛爲智剛吼自在相王佛，泯圖亦號爲普賢菩薩，此與無諍念王之第四王子能伽奴，未來成佛號爲普賢如來，兩者爲同名，但卻不同人)復說偈讚言： 一切衆生，勤心修集， 生死飢餓，涉邪見山， 互相食噉，無有善心， 汝以「大悲」，故能攝取。	㊁普賢菩薩以偈讚曰： 勤劬生死嶮，處於邪曠野； 能取燋枯意，食肉飲血者。

㊂爾時，阿閦菩薩(原爲無諍念王之第九王子蜜蘇，將來成佛爲阿閦佛，蜜蘇亦號爲阿閦)復說偈讚言： 燒滅善心，專作逆惡， 墮大無明，黑闇之中， 無由得出，煩惱淤泥， 汝已攝取，如是衆生。	㊂阿閦菩薩以偈讚曰： 墜於無明闇，沒在結使淵； 能取燋枯意，造無間業者。
㊃爾時，香手菩薩(原爲無諍念王之第十王子軟心，將來成佛爲金華佛，軟心亦號爲香手)復說偈讚言： 汝今審見，未來之世， 多諸恐怖，如觀鏡像， 其中衆生，毀壞「正法」， 皆悉燒滅，一切善心。	㊃香手菩薩以偈讚曰： 仁見來世畏，如照鏡觀像； 能取燋枯意，誹謗「正法」者。
㊄爾時，寶相菩薩(原爲無諍念王之第十一王子師子，將來成佛爲龍自在尊音王佛，師子亦號爲寶相)復說偈讚言： 汝今純以，智慧持戒， 三昧慈悲，莊嚴其心， 故能攝取，燒滅善法， 誹謗聖人，如是衆生。	㊄寶積菩薩以偈讚曰： 智戒二俱等，愍哀日瓔珞； 能取燋枯意，謗毀賢聖者。
㊅爾時，離恐怖莊嚴菩薩(原爲寶海梵志八十子中最小王子離怖惱，將來成佛爲無垢燈出王佛)復說偈讚言： 汝今所修，無量苦行， 皆為攝取，當來衆生， 燒滅善心，依邪見者。	㊅無恐畏菩薩以偈讚曰： 仁見苦衆生，於來世三界； 能取燋枯意，依邪忘失者。
㊆爾時，華手菩薩(在原經文中無「對應」的人名)復說偈讚言：	㊆花手菩薩以偈讚曰： 愍哀智精進，於此衆為最；

汝今「大悲」，智慧精進， 於此大眾，無能及者， 是故攝取，邪見諸心， 為老病死，之所逼者。	能取燋枯意，生老病逼者。

七－13 諸菩薩們皆說偈讚寶海梵志的「五百大願」力

北涼・曇無讖 譯 《悲華經》	秦・譯者佚 名 《大乘悲分陀利經》
㊀爾時，智稱菩薩(在原經文中無「對應」的人名)復說偈讚言： 無量眾生，多諸病苦， 常為煩惱，惡風所吹。 汝今能以，大智慧水， 消滅諸魔，破其力勢。	㊀智稱菩薩以偈讚曰： 多病之所逼，使風塵充遍； 掩以智慧水，降伏眾魔兵。
㊁爾時，地印菩薩(在原經文中無「對應」的人名)復說偈讚言： 汝今已得，堅固精進， 能盡煩惱，而得解脫， 我等志薄，不能及是。	㊁持印菩薩以偈讚曰： 我等進不堅，能解脫濁結； 如大德梵師，降伏諸結(結使煩惱)力。
㊂爾時，月華菩薩(在原經文中無「對應」的人名)復說偈讚言： 堅固修習，精進用意， 依止功德，生憐愍心； 是故來世，能為眾生， 斷於三世，三有結縛。	㊂花月菩薩以偈讚曰： 精進力堅固，如德哀愍意； 名稱遍三界，當割生死縛。
㊃爾時，無垢月菩薩(在原經文中無「對應」的人名)復說偈讚言： 菩薩所行道，「大悲」為最上， 所說非相立，是故我稽首。	㊃無垢王菩薩以偈讚曰： 仁今說「大悲」，現示菩薩行； 我等今禮仁，哀愍無過者。

㈤爾時，持力菩薩(原爲寶海梵志一千童子弟子中最後一位持力捷疾，將來成佛爲樓至佛)復說偈讚言： 五濁惡世，多煩惱病， 汝依菩提，發堅固願， 為諸衆生，斷煩惱根。	㈤持大力菩薩以偈讚曰： 結病惡世中，仁修菩提行； 當斷諸結根，仁願甚堅固。
㈥爾時，火鬘菩薩(原爲寶海梵志一千童子弟子中第一位火鬘，將來成佛爲拘留孫佛，過去七佛的第四位)復說偈讚言： 汝之智慧，猶如寶藏， 所發誓願，清淨無垢， 所可(所有可以)修行，無上菩提， 但為衆生，作大醫王。	㈥月鬘菩薩以偈讚曰： 智藏稱譏等，立願淨無垢； 仁行菩提行，為衆生良藥。
㈦爾時，現力菩薩(在原經文中無「對應」的人名)悲泣涕淚，在(寶海)梵志前，頭面作禮，合掌叉手，說偈讚言： 汝今以此，大智慧炬， 為諸衆生，斷煩惱病， 亦為貧窮，窮乏衆生， 斷除一切，無量諸苦。	㈦現力菩薩摩訶薩，悲泣墮淚，五體禮婆羅門足已，叉手合掌，以偈讚曰： 妙哉智明士，除諸結病穢； 積德行如海，脫斯衆生苦。
㈧善男子！爾時，一切大衆，「天龍、鬼神、乾闥婆」，「人」及「非人」，在(寶海)梵志前，頭面作禮，禮已起立，合掌恭敬，以種種讚法而讚歎之。	㈧善男子！時大衆「天、乾闥婆」及「世人」，五體禮婆羅門足，叉手合掌，種種句義，偈讚歎已。

七－14 東方有佛世界名選擇珍寶，佛號寶月如來，有寶相、月相二位菩薩。二位菩薩問寶月佛：何因緣故世界六種震動，現大光明，雨種種華

北涼・曇無讖 譯 《悲華經》	秦・譯者佚 名 《大乘悲分陀利經》
	《感應品・第十九》
㊀(釋迦)佛告寂意菩薩：善男子！爾時，寶海梵志於(寶藏)如來前，右膝著地，是時大地「六種震動」。	㊀善男子！時海濟(寶海)婆羅門，於寶藏如來前，右膝著地，應時大地，震動周匝。
㊁ ❶一切十方如「一佛世界」微塵數等諸佛世界，亦六種震動。	㊁ ❶十方佛剎「微塵數」佛土，普極震動，峗峨(《一切經音義・卷九》云：傾側搖動不安)踊沒，悉極傾搖；
❷有大光明，遍照世間。 ❸雨種種華：曼陀羅華(māndārava 赤華)、摩訶曼陀羅華(mahā-māndārava 大赤華)、波利質多華(pārijātaka 圓生樹；香遍樹)、曼殊沙華(mañjūṣaka 白華)、摩訶曼殊沙華(mahā-mañjūṣaka 大白華)。	❷復現「大光明」。 ❸雨種種華雨，所謂：「曼陀羅、摩訶曼陀羅」。
❹乃至有無量「光明」，遍照十方。	❹乃至無量「光」，降如是華雨。
㊂如「一佛世界」微塵等，若「淨、不淨」諸世界中，在在處處現在諸佛，為諸衆生說於「正法」。是諸佛所，各有菩薩坐而聽法。	㊂於十方佛土微塵數世界中，所有諸佛世尊現在住世(於)「淨」佛剎中，及「不淨」剎(中)，為衆生說法。
㊃是諸菩薩見此大地「六種震動」，放大光明，雨種種華。	㊃其諸菩薩摩訶薩，於諸佛所，坐聽法者，彼諸菩薩摩訶薩見地「大動」、雨「大華雨」。
㊄見是事已，(諸菩薩)前白佛言：世尊！何因緣故？而此大地六種震動，有大光明，雨種種華？	㊄令彼諸菩薩摩訶薩問彼諸佛：世尊！何因何緣，世地大動，降天華雨？
㊅爾時，東方去此一「恒河沙」等，有	㊅於時東方，去此佛土，過一「恒河沙」

佛世界名選擇珍寶，是中有佛號寶月如來・應・正遍知・明行足・善逝・世間解・無上士・調御丈夫・天人師・佛・世尊，今現在與無量無邊「阿僧祇」等諸大菩薩，恭敬圍繞，說「大乘法」。	數佛剎，有世界名寶集，佛號寶月如來・應供・正遍知，乃至佛・世尊，現在住世，(有)無量「阿僧祇」諸菩薩衆，圍繞演法，純說「大乘」。
㊇有二菩薩，一名寶相，二名月相，向寶月佛，合掌恭敬而白佛言：	㊇彼佛國有菩薩摩訶薩，一名寶勝；二名月勝。彼二菩薩摩訶薩向寶月如來叉手合掌，白寶月如來言：
(寶月)世尊！何因緣故，六種震動，有大光明，雨種種華？	唯！(寶月)世尊！何因何緣，世地大動，降大華雨？

七－15 有一大悲菩薩摩訶薩(此即寶藏如來之父親寶海梵志，此寶海即是釋迦佛之前生)發願：將於「五濁」惡世調伏「弊惡煩惱」眾生，並攝取一切「五逆重罪」之人

北涼・曇無讖 譯 《悲華經》	秦・譯者佚 名 《大乘悲分陀利經》
㊀爾時，彼(寶月)佛告(寶相、月相)二菩薩：善男子！西方去此如一「恒河沙」等，彼有世界名刪提嵐(Saṇḍilya)，有佛世尊號曰寶藏如來，乃至佛・世尊。	㊀寶月如來告(寶勝、月勝)善男子：西方去此佛土，過一「恒河沙」數世界，有佛土名耐提蘭(Saṇḍilya)，佛號寶藏如來，乃至佛・世尊。
㊁(寶藏佛)今現在與無量無邊諸「菩薩」等，授「阿耨多羅三藐三菩提」記，說諸國土，開示諸佛所有「世界莊嚴善願三昧」境界(及)「陀羅尼門」如是等經。	㊁(寶藏佛)現在住世，(並)授多億菩薩「阿耨多羅三藐三菩提」記，說「菩薩」境界，現「剎願莊嚴三昧」境界，「陀羅尼門」無難法。
㊂彼大會中有一大悲菩薩摩訶薩(此即寶藏如來之父親寶海梵志，此寶海即是釋迦佛之前生)，作如是願：	㊂其有一大悲菩薩摩訶薩(此即寶藏如來之父親寶海梵志，此寶海即是釋迦佛之前生)，立如是願，具說「大悲」：
(大悲菩薩)我今當以「大悲」熏心，(為諸菩薩)	(大悲菩薩我)為授「菩薩」摩訶薩「阿耨多羅

授「阿耨多羅三藐三菩提」記，為諸菩薩摩訶薩故，示現善願。是以(我)先令無量無邊「諸菩薩」等，發大誓願，取於種種「莊嚴世界」，(及)調伏衆生。	三藐三菩提」記，(故)現如是「願眼」(大願法眼)。(我已)令「多億」衆生，立菩薩願，(皆)取「莊嚴」佛土(及)「攝度」(攝取度化)衆生。
肆是(大悲)菩薩所成(之)「大悲」，於諸大衆，無能及者。(能)於「五濁」世，調伏弊惡多煩惱者，(能)攝取一切「五逆」之人，乃至集聚「諸不善根」(者)，(及)燒滅「善心」。	肆於彼一切(諸菩薩大眾)，是(大悲)大菩薩，(已)具足「大悲」，(故)彼諸大衆，無能及者。(大悲菩薩)能取「五濁」亂結(結使煩惱)惡土，一切(造)「無間」(眾生)，乃至集「不善根」(之人)，(及)心意燋枯(者)，而攝度(攝取度化)之。
伍彼諸大衆「天龍、鬼神」、「人」及「非人」，(暫且)不供養(寶藏)佛，(皆)悉共供養最後成就(之)大悲菩薩。(大眾)頭面禮已，起立恭敬，合掌說偈讚歎。	伍(爾時)彼諸大衆，「天、龍、乾闥婆、阿修羅、世人」，(暫且)捨(棄)供養寶藏如來，盡皆供養最後(成就之)大悲(菩薩)。(大眾)五體禮訖，叉手合掌，(以)衆妙偈讚。
陸是時大悲菩薩在於(寶藏)佛前，右膝著地，聽佛「授記」。彼(寶藏)佛世尊，即便微笑，以是因緣，令此十方如一佛剎「微塵數」等諸世界地，六種震動，放大光明，雨種種華。	陸彼(大悲菩薩)摩訶薩坐(寶藏)如來前而聽「授記」。如彼(大悲菩薩)摩訶薩於(寶藏)如來前，右膝著地。時彼(寶藏)如來，應時微笑，令十方佛剎「微塵數」世界，地極震動，降大華雨。
柒 ❶(爲)惺(古通「醒」)悟一切「諸菩薩」等。 ❷亦復示現諸「菩薩道」。 ❸彼(寶藏)佛世尊，悉令十方如一佛剎「微塵數」等諸「菩薩」皆共集會(集合會聚)。 ❹為如是等諸大菩薩，說諸「三昧、陀羅尼門、無畏法門」。 是故彼(寶藏)佛示現如是種種「變化」。	柒 ❶為(醒)「悟」彼剎一切「菩薩」摩訶薩故。 ❷為現大悲菩薩(之)願行故。 ❸為集十方佛剎「微塵數」世界中「菩薩摩訶薩」故。 ❹為說菩薩摩訶薩「誓願行、無畏」法門故。 彼(寶藏)如來現是「神通」。

七－16 大悲菩薩已成就「大悲」，具無量名稱，十方佛剎微塵數諸佛

世界，皆言寶海為大悲菩薩，初發心即已能成就如是「大悲」

北涼・曇無讖 譯 《悲華經》	秦・譯者佚 名 《大乘悲分陀利經》
㊀善男子！時(寶相、月相)二菩薩聞是事已，即白(寶月)佛言：(寶月)世尊！ ❶是大悲菩薩(此即寶藏如來之父親寶海梵志，此寶海即是釋迦佛之前生)發心已來，為經幾時？ ❷(大悲菩薩)行「菩薩道」，復齊幾時？ ❸(大悲菩薩)何時當於「五濁」惡世，調伏攝取厚重「煩惱」、互共「鬪諍」、多作「五逆」，成就一切「諸不善根」，燒滅「善心」，如是(惡劣之)衆生？	㊀善男子！彼(寶勝、月勝)二菩薩問寶月如來：(寶月)世尊！ ❶彼大悲菩薩摩訶薩(此即寶藏如來之父親寶海梵志，此寶海即是釋迦佛之前生)發心幾時？ ❷彼(大悲菩薩)摩訶薩修「菩薩行」幾時？ ❸(大悲菩薩)能取「五濁」重結(結使煩惱)，(於)亂世造「無間業」，乃至集「不善根」，心意燋枯(之眾生)，而取度之。
㊁爾時，彼(寶月)佛告(寶相、月相)二菩薩：善男子！是大悲菩薩，今日初發「阿耨多羅三藐三菩提」心。	㊁寶月如來告(寶勝、月勝)言：善男子！彼大悲(菩薩)適始初發「阿耨多羅三藐三菩提」心。
㊂善男子！汝(寶相、月相)今可往見寶藏佛(所)，(去)「恭敬、供養、禮拜、圍繞」(寶藏佛)，聽說「三昧、陀羅尼門、無畏法門」如是等經。	㊂善男子！(寶勝、月勝)汝等可往耐提蘭佛刹，奉覲(供奉與覲見朝拜)恭敬，親近寶藏如來・應供・正遍知，(並)聽(寶藏佛)說「誓願行、無畏法門」。
㊃ ①并見大悲菩薩摩訶薩，(寶相、月相)汝以(寶月佛)我聲作如是言：寶月如來致意問訊(大悲菩薩)，(並)以此「月光淨華」作信與汝。 ②又讚(大悲菩薩)汝言：善哉！善哉！善男子！汝「初發心」，已能成就如是「大悲」，汝今已有無量名稱，遍滿十方，如一佛刹「微塵數」等諸佛世界，皆言大悲菩薩，(大悲菩薩)汝初發心已能成就如是「大悲」。	㊃ ①又以(寶月佛)吾言，致問於彼大悲菩薩摩訶薩，如(寶月)我辭曰：善丈夫！寶月如來致問於(大悲菩薩)汝，(並)以是「月樂無垢華」與汝為信。 ②又言：善哉！(大悲菩薩)汝善丈夫！如是初發心，汝(之)「大悲」音聲，充遍十方佛刹「微塵數」(之)餘世界中，得「大悲」名。

③是故善男子！(寶月佛)我今讚(大悲菩薩)汝，善哉！善哉！	③是故(寶月佛)善哉於(大悲菩薩)汝。
㈤復次，善男子！(大悲菩薩)汝為當來諸菩薩等，成就「大悲」故，說是「大悲」不斷善願，竪立法幢。是故復讚，善哉！善哉！	㈤又(大悲菩薩)汝善丈夫！為將來具大悲菩薩摩訶薩，立「大悲」音願眼(大願法眼)幢，是故善哉於汝。
㈥ ❶復次，善男子！(大悲菩薩)汝之「名稱」，未來世住，當如一佛刹「微塵數」等「阿僧祇」劫，教百千億無量無邊「阿僧祇」衆生，安止令住「阿耨多羅三藐三菩提」，至於佛所(佛之處所)，得「不退轉」。	㈥ ❶又汝善丈夫！當來佛土微塵數「阿僧祇」劫，「名稱」流布十方佛土「微塵數」世界中。又(大悲菩薩)汝勸化(勸教度化)多億「那由他」百千衆生，於「阿耨多羅三藐三菩提」皆住其中，將詣佛所(佛之處所)，住不退轉「阿耨多羅三藐三菩提」。
❷(這些被大悲菩薩所度化的眾生)或發「善願」，或取「淨土」，攝取衆生，隨而調伏，復令未來得受「阿耨多羅三藐三菩提」記。 ❸如是「衆生」，於未來世，過如一佛刹「微塵數」劫，當於十方如一佛刹「微塵數」劫，當於十方如一佛刹「微塵數」等諸佛世界，得成「阿耨多羅三藐三菩提」(時)，轉正法輪，(這些成佛者)復當讚歎大悲菩薩。 ❹是故以此「三讚歎法」(再三的讚歎)讚歎於(大悲菩薩)汝，善哉！善哉！	❷(這些被大悲菩薩所度化的眾生)其中願有取「佛土莊嚴」攝度(攝取度化)，(並)有當得「授記」，(此皆)是汝所勸化(勸教度化)菩提者。 ❸彼(諸眾生)一切於後，乃至(於)佛土微塵數「阿僧祇」劫佛刹「微塵數」十方餘世界中，(待)彼逮「菩提」，轉「正法」輪已，(這些成佛者)當稱譽讚歎(大悲菩薩)。 ❹(大悲菩薩)汝善丈夫！以是「三事」(再三的讚歎)故，善哉於汝。

七－17 東方之選擇珍寶佛世界，有九十二億諸菩薩摩訶，欲往刪提嵐界，見寶藏佛，禮拜、供養、恭敬、并欲拜見大悲菩薩

北涼・曇無讖 譯 《悲華經》	秦・譯者佚 名 《大乘悲分陀利經》

(壹)善男子！爾時，彼(選擇珍寶國)土有「九十二億」諸菩薩摩訶薩，異口同聲作如是言：(寶月)世尊！我等欲往刪提嵐界(Saṇḍilya)，見寶藏佛，禮拜、供養、恭敬、圍遶，聽諸「三昧、陀羅尼門、無畏法門」如是等經，并欲見於大悲菩薩(此即寶藏如來之父親寶海梵志，此寶海即是釋迦佛之前生)。	(壹)爾時(於寶集國土中有)九十二億菩薩同聲白言：(寶月)世尊！我等欲往耐提蘭(Saṇḍilya)佛土，奉見恭敬，親近彼寶藏如來·應供·正遍知，并見彼(大悲菩薩)善丈夫。
(貳)爾時，彼(寶月)佛以此「三讚歎法」(再三的讚歎)及「月光淨華」，與(寶相、月相)二菩薩而告之曰：宜知是時。	(貳)所可(所以可令)如來以「三事善哉」(再三的讚歎)，又(欲)以此「月樂無垢華」與(寶勝、月勝)善男子。時寶月如來告言：往，(寶勝、月勝)善男子！今正是時。(寶勝、月勝)汝等至彼寶藏如來所，聽說「誓願行、無畏法門」。
(參)爾時，寶相菩薩、月相菩薩於彼(寶月)佛所，取「月光淨華」，并與九十二億菩薩摩訶薩，(出)發(於)彼(選擇珍寶)世界，如「電光」發沒，彼即到刪提嵐(Saṇḍilya)剎閻浮園中寶藏佛所。	(參)時彼寶勝、月勝菩薩摩訶薩，從寶月如來所受「月樂無垢華」，與九十二億菩薩，俱(出)發(於)寶集世界；譬如「電頃」，如是彼菩薩衆，於寶集世界忽然不現，至此耐提蘭(Saṇḍilya)佛土閻婆羅園。
(肆)(寶相、月相菩薩)到(寶藏)佛所已，頭面禮足，以諸菩薩所得種種「師子遊戲」，供養(寶藏)佛已。見寶海梵志為此大衆所共「恭敬、合掌、讚歎」，(寶相、月相菩薩)見是事已，即便思惟：今此大士，或當即是大悲菩薩，是故能令寶月如來送(寶海)此「寶華」(月光淨華)。	(肆)(寶勝、月勝菩薩)到寶藏如來所，至心頭面禮寶藏如來足，以種種「菩薩神通」供養已。見(寶海)婆羅門在寶藏如來前，一切大衆，叉手合掌，稱譽讚歎。彼諸(寶勝、月勝)菩薩生如是念：是(寶海)彼具「大悲」者，所可(所以可令)寶月如來與此(寶海)「月樂無垢華」者。
(伍)是(寶相、月相)二菩薩尋於(寶藏)佛前，旋向(回旋身首而面向寶海)梵志，即以(月光淨)華與(寶海)，作如是言：寶月如來以此「妙華」(月光淨華)與(寶海)汝為信，并「三讚法」(再三的讚歎)，如上所說。	(伍)彼(寶勝、月勝)二菩薩摩訶薩，於(寶藏)世尊所，迴向(迴首而面向寶海)婆羅門，以(月樂無垢)華與之，而作是言：汝善(寶海)丈夫！彼寶月如來以此「月樂無垢華」(供養你)，又以「善哉」(再三的讚歎)，乃至如前所

	說。

七－18「東、南、西、北、下、上」，皆有無量阿僧祇諸佛世界，亦遣無量菩薩摩訶薩，往刪提嵐界，見寶藏佛，禮拜、供養，并拜見大悲菩薩

北涼・曇無讖 譯 《悲華經》	秦・譯者佚 名 《大乘悲分陀利經》
㊀如是「東方」無量無邊「阿僧祇」諸佛世界，亦遣無量菩薩摩訶薩，至刪提嵐(Saṇḍilya)界，皆以「月光淨華」(要供養寶海並對寶海)三讚歎法，餘如上說。	㊀略說，「東方」無量「阿僧祇」諸世界中菩薩摩訶薩，來至耐提蘭(Saṇḍilya)佛土，與「月樂無垢華」俱。彼現在世諸佛世尊，皆為(寶海)婆羅門，以(月樂無垢)華為信，又(對寶海)以「三事善哉」，如前所說。
㊁	㊁
❶善男子！爾時，「南方」去此七萬七千百千億佛世界，有佛世界名寶樓師子吼，有佛号師子相尊王如來・應・正遍知・明行足・善逝・世間解・無上士・調御丈夫・天人師・佛・世尊，今現在為諸菩薩說「大乘」法。	❶「南方」去此佛刹，過九十七億「那由他」百千佛土，有世界中，佛號師子奮迅勝自在王如來・應供・正遍知，現在住世，純為菩薩摩訶薩說「大乘」法。
❷有二菩薩摩訶薩，一名金剛智相，二名師子金剛相，是二菩薩白(師子相尊王)佛言：(師子相尊王)世尊！何因緣故，地六種動，有大光明，雨種種華？	❷時彼衆中有二菩薩摩訶薩，一名智金剛勝，二名師子金剛勝。彼二菩薩摩訶薩問師子奮迅勝自在王如來：世尊！何因何緣，世地大動，降大華雨？
❸皆如「東方」諸菩薩比。復次，「南方」無量無邊諸佛，(亦)遣無量「菩薩」至刪提嵐(Saṇḍilya)界亦如是。	❸乃至如前所說，略說。「南方」無量「阿僧祇」餘佛土中，無量「阿僧祇」億「那由他」百千菩薩，來此耐提蘭(Saṇḍilya)佛土，乃至如前所說。
㊂	㊂
①爾時，「西方」去此八萬九千百千億世界，有世界名安樂，有佛號攝諸根淨目如來，今現在為四部衆說「三乘」法。	①爾時「西方」去此佛土，過八十九億「那由他」百千佛刹，有世界名上勝，其佛號降伏根廣長明如來，現在住世，為

②有二菩薩，一名賢日光明，二名師子吼身，是二菩薩白(攝諸根淨目)佛言：(攝諸根淨目)世尊！何因緣故，地六種動，有大光明，雨種種華？	四衆說「三乘」法。 ②時衆中有二菩薩，一名賢顯明菩薩摩訶薩，二名師子奮迅身菩薩摩訶薩。彼二善男子問降伏根廣長明如來此義：世尊！何因何緣，世地大動，降大華雨？
③餘如上說。如是「西方」無量世界，亦復如是。	③乃至如前所說。
㊇	㊇
❶爾時，「北方」過九萬百千億世界，彼有世界名勝真寶，有佛號世間尊王如來，今現在為諸菩薩說「大乘」法。	❶爾時「北方」去此佛土過九十億「那由他」百千佛刹，有世界名紫磨，其佛號世自在王如來．應供．正遍知，乃至佛．世尊，純為求「大乘」菩薩說「摩訶衍」法。
❷有二菩薩，一名不動住，二名得智慧世間尊王，是二菩薩白(世間尊王)佛言：(世間尊王)世尊！何因緣故，地六種動？	❷衆中有二菩薩摩訶薩，一名不動處，二名慧財。彼二菩薩問世自在王如來：世尊！何因何緣，世地大動，降大華雨？
❸餘如上說。「北方」無量世界亦如是。	❸乃至如前所說。
㊄	㊄
①爾時，「下方」過九萬八千百千億「那由他」世界，有世界名離闇霧，有佛號離恐怖圍遶音，今現在為四部衆說「三乘」法。	①爾時「下方」，去此佛土過九十八「那由他」佛刹，有世界名無闇冥，其佛號無畏近處音如來，現在住世，普為四衆說「三乘」法。
②有二菩薩，一名日尊，二名虛空日，是二菩薩白(離恐怖圍遶音)佛言：(離恐怖圍遶音)世尊！何因緣故，地六種動？ 餘如上說。「下方」世界，亦復如是。	②彼佛土中有二菩薩摩訶薩，一名潤疾顯明，二名空疾顯明，乃至如前所說。

《悲華經》第八卷

八－1 有一大悲菩薩摩訶薩(此即寶藏如來之父親寶海梵志，此寶海即是釋迦佛之前生)**發願：將於「五濁」惡世調伏「弊惡煩惱」眾生，並攝取一切「五逆重罪」之人**

北涼・曇無讖 譯 《悲華經》	秦・譯者佚 名 《大乘悲分陀利經》
《諸菩薩本授記品・第四之六》	
㊀爾時，「上方」過二十萬百千世界，有世界名妙華，是中有佛號華敷日王如來，今現在為四部眾說「三乘」法。	㊀爾時「上方」，去此佛土，過二百千佛剎，有世界名等華，其佛號華敷照明如來，乃至佛・世尊，現在住世，普為四眾說「三乘」法。
㊁有二菩薩，一名選擇自法攝取國土，二名陀羅尼妙音，是二菩薩俱白(華敷日王)佛言：(華敷日王)世尊！何因緣故，而此大地六種震動，有大光明，雨種種華？	㊁彼佛土中有二菩薩摩訶薩，時在坐中，一名自執境界無怒，二名悅持無怒。彼二善男子問華敷照明如來：世尊！何因何緣，世地大動，降大華雨？
㊂爾時，彼(華敷日王)佛告(選擇自法攝取國土、陀羅尼妙音)二菩薩：善男子！「下方」過二十萬百千世界，有世界名刪提嵐(Saṇḍilya)，有佛世尊號曰寶藏如來，乃至佛・世尊。	㊂華敷照明如來告(自執境界無怒、悅持無怒菩薩)言：善男子！「下方」去此佛土，過二百千佛剎，有世界名耐提蘭(Saṇḍilya)，其佛號寶藏如來，乃至佛・世尊。
㊃(寶藏佛)今現在與無量無邊「諸菩薩」等，授「阿耨多羅三藐三菩提」記，說諸國土，開示諸佛所有「世界莊嚴、善願三昧」境界、「陀羅尼門」如是等經。	㊃(寶藏佛)現在住世說法，授多億眾生「阿耨多羅三藐三菩提」記，說「菩薩」境界，現「剎願」境界，「莊嚴三昧」境界，「陀羅尼門」無難法。
㊄彼大會中，有一大悲菩薩摩訶薩(此即寶藏如來之父親寶海梵志，此寶海即是釋迦佛之前生)，作如是願：	㊄眾中有一大悲菩薩摩訶薩(此即寶藏如來之父親寶海梵志，此寶海即是釋迦佛之前生)，立如是願，具說「大悲」行：

(大悲)我今當以「大悲」熏心，(為諸菩薩)授「阿耨多羅三藐三菩提」記，為諸菩薩摩訶薩故，示現「善願」。是以(我)先令無量無邊「諸菩薩」等，發大誓願，取於種種「莊嚴世界」，(及)調伏衆生。	(大悲菩薩我)授「菩薩」摩訶薩「阿耨多羅三藐三菩提」記，(故)現如是「願眼」(大願法眼)。(我已)令多億菩薩「立願」，(皆)取佛土莊嚴，(及)「攝度」(攝取度化)衆生。
㊅是(大悲)菩薩所成(之)「大悲」，於諸大衆無能及者。(大悲菩薩能)於「五濁」世，調伏弊惡多煩惱者，(能)攝取一切「五逆」之人，乃至集聚「諸不善根」(者)，(及)燒滅「善心」。	㊅彼具大悲菩薩，於一切衆中，無(有)能及者。(大悲菩薩能)取彼「五濁」亂結(結使煩惱)惡世，造「無間業」(眾生)，乃至集「不善根」(之人)，(及)心意燋枯(者)，而攝度(攝取度化)之。
㊆彼諸大衆，「天龍、鬼神、人」及「非人」，(暫且)不供養(寶藏)佛，(皆)悉(先)共供養最後成就(之)大悲菩薩。(大眾)頭面作禮，禮已起立，恭敬合掌，說偈讚歎。	㊆(爾時)彼一切大衆，「天、龍、乾闥婆、阿修羅、世人」，(暫且)捨(棄)供養寶藏如來，盡(先)以供養於彼大悲(菩薩)。(大眾)五體禮已，合掌而住，稱譽讚彼(大悲菩薩)摩訶薩，(並)坐寶藏如來前而聽「授記」。
㊇是大悲菩薩在於(寶藏)佛前，右膝著地，聽(寶藏)佛「授記」。彼(寶藏)佛世尊即便「微笑」，以是因緣，令此十方如一佛剎「微塵」等世界，地六種動，放大光明，雨種種華。 ❶(為)惺(古通「醒」)悟一切諸「菩薩」等。 ❷亦復「示現」諸「菩薩道」。 ❸彼佛世尊悉令十方如一佛剎「微塵數」等諸「菩薩衆」，皆共集會(集合會聚)。 ❹為如是等諸大菩薩，說諸「三昧、陀羅尼門、無畏法門」。 是故彼(寶藏)佛示現如是種種「變化」。	㊇如彼(大悲菩薩)摩訶薩於(寶藏)如來前，右膝著地，應時(寶藏)世尊而現微笑，令十方佛土「微塵數」世界中，大地六種震動，降大華雨。 ❶為「覺悟」彼諸佛土中「菩薩」摩訶薩故。 ❷為現大悲菩薩「願行」故。 ❸為集十方佛土「微塵數」餘世界中「菩薩」摩訶薩故。 ❹為說菩薩摩訶薩「誓願行門、無畏法」故。 是故彼(寶藏)如來現如是「神通」。

八－2「十方」世界，皆有無量阿僧祇諸佛世界，亦遣無量菩薩摩訶薩，

往刪提嵐界，見寶藏佛，禮拜、供養，并拜見大悲菩薩

北涼・曇無讖 譯 《悲華經》	秦・譯者佚 名 《大乘悲分陀利經》
㊀善男子！時(選擇自法攝取國土、陀羅尼妙音)二菩薩聞是事已，即白(華敷日王)佛言：(華敷日王)世尊！ ❶是大悲菩薩「發心」已來，為經「幾時」行「菩薩道」？ ❷復齊「幾時」？ ❸何時當於「五濁」惡世，調伏攝取「厚重煩惱、互共鬪諍、多作五逆」，成就一切諸「不善根」，燒滅「善心」，如是衆生？	㊀善男子！彼二菩薩摩訶薩，執自境界無怒、悅持無怒，問彼華敷照明如來：(華敷照明)世尊！ ❶彼大悲菩薩摩訶薩，發「菩提心」幾時？ ❷彼大悲菩薩行「菩薩行」來，幾時？ ❸乃(至)能取「五濁惡世」，亂結(結使煩惱)重時，造「無間」者，乃至集「不善根」、心意燋枯(之眾生)而攝度(攝取度化)之。
㊁爾時，彼(華敷日王)佛告(選擇自法攝取國土、陀羅尼妙音)二菩薩：善男子！是大悲菩薩今日初發「阿耨多羅三藐三菩提」心。	㊁華敷照明如來告(執自境界無怒、悅持無怒)言：善男子！彼大悲適始(才剛發啓)，初發「阿耨多羅三藐三菩提」心。
㊂善男子！(選擇自法攝取國土、陀羅尼妙音)汝今可往見寶藏佛，供養、恭敬、禮拜、圍繞，聽說「三昧、陀羅尼門、無畏法門」如是等經。	㊂善男子！(執自境界無怒、悅持無怒)汝等可至耐提蘭(Saṇḍilya)世界，奉見恭敬親近寶藏如來・應供・正遍知，聽「誓願行門、無畏法」。
㊃并見大悲菩薩摩訶薩，汝以(華敷日王佛)我聲作如是言： ①華敷日王佛致意問訊(大悲菩薩)，以此「月光淨華」作信與(大悲菩薩)汝。 ②又讚汝言：善哉！善哉！善男子！(大悲菩薩)汝初「發心」，已能成就如是「大悲」，(大悲菩薩)汝今已有無量「名稱」，(能)遍滿十方，如一佛剎「微塵數」等諸佛世界，皆言：大悲菩薩始初「發心」，已能成	㊃以(華敷照明佛)吾言，致問於彼具大悲菩薩摩訶薩，作如是言： ①善男子！華敷照明如來致問於(大悲菩薩)汝，遣此「月樂無垢華」為信，又與(大悲菩薩)汝「善哉」。 ②(大悲菩薩)汝善丈夫！如是「初發心」，大悲名聲(之)流布，(於)十方佛土「微塵數」餘世界中，得「大悲」名。

就如是「大悲」。	
③是故善男子！(華敷日王佛)我今讚汝(大悲菩薩)，善哉！善哉！	③是故善丈夫！歎(大悲菩薩)汝善哉。
㈤復次，善男子！(大悲菩薩)汝為當來諸菩薩等成就「大悲」故，說是「大悲」。不斷善願，豎立法幢 。 是故復讚言，善哉！善哉！	㈤又汝善丈夫！乃能為(最)後具「大悲」求菩薩摩訶薩，汝以「大悲」之意，立願眼(大願法眼)幢 。 是故善丈夫！歎汝善哉。
㈥	㈥
❶復次，善男子！(大悲菩薩)汝之「名稱」，(於)未來世住，當如一佛剎微塵數等「阿僧祇」劫，(能)教百千億無量無邊「阿僧祇」衆生，安止令住「阿耨多羅三藐三菩提」，(乃)至於佛所，得「不退轉」。或(令眾生)發「善願」，或(令眾生)取「淨土」，(如是)攝取衆生，隨願而調伏(眾生)。復令未來(眾生)得受「阿耨多羅三藐三菩提」記。	❶又(大悲菩薩)汝善丈夫！於當來世佛土微塵數「阿僧祇」劫，(你的)「名稱」(將)周遍佛土(於)「微塵數」十方餘世界中。又(大悲菩薩)汝善丈夫！(能)勸化(勸教度化)多「阿僧祇」億「那由他」百千衆生，(令眾生)於「阿耨多羅三藐三菩提」皆住其中。(這些眾生)將至世尊所，(將)得不退轉(於)「阿耨多羅三藐三菩提」。其中有(眾生)從世尊所，願取「莊嚴」佛土。(汝)以「大悲」光，遍覆所度「衆生」而攝取之，(此皆)是汝所(度)化(眾生於)「阿耨多羅三藐三菩提」。
❷如是衆生，於未來世，過如一佛剎「微塵數」等劫，當於十方如一佛剎「微塵數」等諸世界中，得成「阿耨多羅三藐三菩提」，轉「正法」輪，(這些成佛的眾生)復當讚(大悲菩薩)汝。	❷(若有)衆生(仍)未得「授記」者，彼亦於後，當得「授記」；彼一切(眾生將)於後，乃至佛土微塵數「阿僧祇」劫，於十方佛土「微塵數」餘世界中，(未來)當得成佛，轉「正法」輪已，(這些成佛的眾生)當「讚歎」稱譽(你)。
❸是故以此「三讚歎法」，讚歎於(大悲菩薩)汝，善哉！善哉！	❸(所以)以是「三事」(讚歎)故，(大悲菩薩)汝善丈夫！甚為善哉。
㈦善男子！爾時，彼土(指妙華世界)有無量億菩薩，異口同聲作如是言：(華敷日王佛)世尊！我等欲往删提嵐(Saṇḍilya)界見	㈦爾時(指等華世界之)「多億」菩薩同聲白言：(華敷照明佛)世尊！我等亦欲至彼耐提蘭(Saṇḍilya)佛土奉見恭敬親近寶藏如來，

寶藏佛，禮拜、供養、恭敬、圍繞。 ㊳聽諸「三昧、陀羅尼門、無畏法門」，并欲見於大悲菩薩。 ㊴爾時，彼(華敷日王佛)佛以此「三讚歎法」，及「月光淨華」，與(選擇自法攝取國土、陀羅尼妙音)二菩薩而告之曰：宜知是時。	應供・正遍知，及見彼(大悲菩薩)善丈夫。 ㊴所可(所以可令)如來以「三事善哉」，(並)以此「月樂無垢華」為信者。善男子！時彼華敷照明如來告(執自境界無怒、悅持無怒)言：往，善男子！宜知是時。 ㊳善男子！(執自境界無怒、悅持無怒)汝等於彼寶藏如來所，聽說「誓願行門、無畏法」。

八－3「十方」世界還無量菩薩摩訶薩，於一念頃沒彼世界，忽然來到刪提嵐界閻浮園中，見寶藏佛頭面作禮，并拜見大悲菩薩

北涼・曇無讖 譯 《悲華經》	秦・譯者佚 名 《大乘悲分陀利經》
㊀時(選擇自法攝取國土、陀羅尼妙音)二菩薩於彼(華敷日王)佛所，取此(月光淨華)寶華，并與無量億「菩薩」眾。如一念頃，沒彼(指妙華)世界，忽然來到刪提嵐(Saṇḍilya)界，閻浮園中，見寶藏佛，頭面作禮。 ㊁爾時世界，諸大菩薩，(有)修習「大乘」，及發「緣覺、聲聞」乘者，(有)「天龍、鬼神、摩睺羅伽(mahoraga 大蟒神)」，如是等類，其數無量不可稱計，譬如「甘蔗、竹葦、稻麻、叢林」遍滿其國。	㊀善男子！爾時彼二菩薩，自執境界無怒、悅持無怒，從彼華敷照明如來所，取「月樂無垢花」，與「多億」菩薩，俱(出)發(於)彼等華佛土。忽然不現，(於)一念之頃，(便)至此耐提蘭(Saṇḍilya)佛刹，閻婆羅園，詣寶藏如來所。 ㊁爾時一切耐提蘭(Saṇḍilya)佛土，充滿如是「大乘」菩薩，(及)求「辟支佛乘」、(與)求「聲聞乘」(之諸)善男子等，「天」乃至「摩睺勒」(mahoraga 大蟒神)，(所有眾生的數量)譬如「甘蔗、竹葦、稻麻、叢林」成熟，充滿如是。

㊂以諸菩薩所得種種(之)「師子遊戲」，供養於(寶藏)佛，供養(寶藏)佛已。	㊂於爾時，此耐提蘭(Saṇḍilya)佛土，取「大乘」善男子，乃至「摩睺勒」(mahoraga 大蟒神)充滿其中。彼(從等華世界來之)諸菩薩，頭面禮寶藏如來足，(並)以種種誓力(之)菩薩神通供養(寶藏佛)已。
㊃(從妙華世界來之諸菩薩)見寶海梵志，為此大衆所共「恭敬」，(便)合掌讚歎：(諸菩薩)見是事已，即便思惟：今此大士，或當即是大悲菩薩(此即寶藏如來之父親寶海梵志，此寶海即是釋迦佛之前生)？是故能令華敷日王如來送此(月光淨華)寶華(予此大悲菩薩)。	㊃彼(從等華世界來之)諸菩薩，亦(於)寶藏如來前，見(寶海)婆羅門，又見一切大衆(對寶海)合掌而住，稱譽讚歎。彼(從等華世界來之)諸菩薩生如是念：是彼大悲摩訶薩(此即寶藏如來之父親寶海梵志，此寶海即是釋迦佛之前生)，所可(所以可令)華敷照明如來，(將)與此「月樂無垢華」者。
㊄是(選擇自法攝取國土、陀羅尼妙音)二菩薩復於(寶藏)佛前，旋向(回旋身首而面向寶海)梵志，即以(月光淨華)華與，(並)作如是言： 華敷日王如來以此(月光淨)妙華與(寶海)汝為信，并(對你)「三讚法」，如上所說。	㊄彼諸(執自境界無怒、悦持無怒)菩薩，從寶藏如來所，迴向(迴首而面向寶海)婆羅門，以「月樂無垢華」與之，而作是言： (寶海)善丈夫！華敷照明如來，以是願(將)「月樂無垢華」與(大悲菩薩)汝為信。善丈夫！與(大悲菩薩)汝「善哉」，乃至如前所說，(並對你)以「三事善哉」。
㊅善男子！爾時(虛空)所雨種種諸華，亦到「無佛」世界，復出種種妙善「音聲」，其聲遍滿，所謂(底下有 20 種聲)： ❶佛聲、 ❷法聲、 ❸比丘僧聲、 ❹滅盡聲、 ❺無所有聲、 ❻諸波羅蜜聲、 ❼❽(十)力、(四)無所畏聲、	㊅又諸華雨，雨(於)「空(無)佛土」中，以種種「善聲」，充滿彼諸「空(無)佛剎」中。謂(底下有 20 種聲)： ❶佛聲、 ❷法聲、 ❸僧聲、 ❹滅聲、 ❺無為聲、 ❻波羅蜜聲、 ❼(五)根、(十)力聲、 ❽(四)無畏聲、

❾六神通聲、 ❿無所作聲、 ⓫⓬無生滅聲、 ⓭寂靜聲、 ⓯大慈聲、 ⓰大悲聲、 ⓱「無生忍」聲、 ⓲⓳「授記」聲、 ⓴說大乘聲。	❾(六神)通聲、 ❿無行聲、 ⓫無生聲、 ⓬無滅聲、 ⓭寂靜聲、 ⓮惔𠄡怕聲、(即淡泊安靜聲。《新集藏經音義隨函錄・卷二十八》云:「淡泊……安靜也。正惔怕也」) ⓯大慈聲、 ⓰大悲聲、 ⓱無生法聲、 ⓲授職聲、 ⓳登地聲、 ⓴純說「摩訶衍」聲。
	㊦彼種種華雨,以是善聲,遍滿彼諸「空(無)佛土」中。
捌彼(「無佛世界」中仍)有菩薩,以「本願」故,有大神力,(已)修習深法,而得「自在」。	捌又於彼「空(無)佛土」中,(仍)有「大神通」及(具)「威德」(者),(彼已)於深法得「自在」(者)。
玖(彼諸菩薩)為眾生故,(雖)住(於)彼(無佛之)世界,聞是(20 種)聲已,(便)以「佛力」故、以(己)「願力」故,以「三昧力」,(便)於「彼世界」,乘神通力,如大力士,屈申臂頃,(皆)至刪提嵐(Saṇḍilya)界,閻浮園中,(於)寶藏佛所,頭面禮足。	玖諸菩薩(皆)隨「本願」,為度眾生故,(雖自身處)在其(空無佛土)中者,彼(諸菩薩)聞是(20 種)聲已,(便)承「佛」威神,(並)隨「本願」以為誓力,於彼發「神通」,速疾猶若「壯士」伸臂之頃。如是「彼諸菩薩」(便出)發(於)「空(無)佛剎」,(然後)至此耐提蘭(Saṇḍilya)佛土。
拾(彼諸菩薩)以諸菩薩所得種種(之)「師子遊戲」,供養於(寶藏)佛,及諸大眾,次第而坐,聽受妙法。	拾彼諸菩薩,(便)以種種菩薩「神通」,供養寶藏如來訖,幷供養彼諸大眾已,(彼諸菩薩)隨所得處,各坐聽法。

八－4 寶海梵志取此「月光淨華」轉供養寶藏如來已，白佛言：惟願寶藏如來與我授「阿耨多羅三藐三菩提」記

北涼・曇無讖 譯 《悲華經》	秦・譯者佚 名 《大乘悲分陀利經》
	《大師授記品・第二十》
㊀善男子！爾時，寶海梵志(便)取此(由華敷日王如來所送的)「月光淨華」(再轉)供養寶藏如來已，(並)白佛言：(寶藏)世尊！惟願(寶藏)如來與我授「阿耨多羅三藐三菩提」記。	㊀善男子！爾時海濟(寶海)婆羅門國大師(國王之婆羅門大師)，以彼(由華敷照明如來所送的)「月樂無垢華」(再轉)供養寶藏如來已，(並)白(寶藏)佛言：唯願(寶藏)世尊，授我「阿耨多羅三藐三菩提」記。
㊁善男子！爾時，寶藏如來即入「三昧」，其三昧名「電燈」，以(此)三昧力故，(能)令刪提嵐(Saṇḍilya)界一切「山樹、草木、土地」變為「七寶」，(亦能)令諸大眾，悉得自見(這些七寶)，皆於(寶藏)佛前，聽受妙法。	㊁善男子！時寶藏如來即入「三昧」，名曰「電燈」，以是「三昧」(力)，(能)令一切耐提蘭(Saṇḍilya)佛剎，變成「七寶」。一切「山林、樹木、瓦礫」及地，盡現「七寶」，隨彼眾生(根器)，所可(所有皆可令)助善「思惟」。
㊂ (眾生)隨所(個人之)思惟，或自見身(變成底下 20 種變化相)：	㊂ (所有)坐聽法者，(皆)隨應現(出如下 20 種之)身，其中有身：
①青色。 ②黃色。 ⑦白色。 ④紫色。 ⑤赤色。 ⑥黑色。	①現青。 ②有黃。 ③有綠。 ④有紫。 ⑤有赤。 ⑥有黑。 ⑦有白。
㊃ ❶或見似風。	㊃ ❶有身現如風。

❷或見似火。	❷有現如火。
❸或見似空。	❸有現如空。
❹或見似熱時之炎。	❹有現如野馬。
❺或見似水。	❺有現如氷。
❻或似水沫。	❻有現如沫。
❼或似大山。	❼有現如山。
❽或似梵天。	❽有現如梵。
❾或似帝釋。	❾有現如釋。
❿或見似華。	❿有現如華。
⓫或似迦樓羅。	⓫有現如伽樓羅。
⓬或見似龍。	⓬有現如龍。
⓭或似師子。	⓭有現如師子。
⓮⓯或似日月。	⓮有現如日。 ⓯有現如月。
⓰或似星宿[illegible]。	⓰有現如星。
	⓱有現身白骨。
⓲或見似象。	
⓳或似野狐。	
(眾生)在(寶藏)佛前坐，聽受妙法，隨時(之)「思惟」，各自見身如是(上面之)相貌。	隨所助善(之)「思惟」眾生，(所有)坐聽法者，彼(皆)如是見自身(之諸相貌)。
⓴善男子！如是眾生，(將)隨(其)所「思惟」，復見自身(皆)同(於)寶藏佛身，等無差別。	⓴善男子！其中眾生如見「自身」，(亦如)見寶藏如來身，亦復如是。
㈤是諸大眾，在於(寶藏)佛前，尋見(寶海)梵志，坐於千葉七寶蓮華。	㈤善男子！時彼大眾，見(寶海)婆羅門國大師(國王之婆羅門大師)，於寶藏如來前(之)七寶千葉「華臺」上坐。
㈥一切大眾，(或)處「地、虛空」，若坐、若立，一一眾生，各各自見寶藏如來，(皆)獨坐其前，(單)獨為(我)說法，惟(爲)我獨見。	㈥善男子！其中眾生，有於地坐、(或)止(於)空中者，彼一一眾生，如是(皆)見寶藏如來(單獨)在我前坐，盡意(只注)視我，(只單獨)為我說法。

八－5 寶藏如來讚寶海梵志言：善哉！善哉！「大悲」淨行，汝為無量無邊眾生，起此「大悲」，能大利益，於世間中作大光明

北涼・曇無讖 譯 《悲華經》	秦・譯者佚 名 《大乘悲分陀利經》
㊀善男子！爾時，寶藏如來讚寶海梵志言：善哉！善哉！(汝之)「大悲」淨行，汝為無量無邊衆生，起此「大悲」，能大利益，於世間中，作「大光明」。	㊀善男子！爾時寶藏如來・應供・正遍知，讚海濟(寶海)婆羅門言：善哉，善哉！「大悲」大婆羅門，汝亦「大悲」，為饒益照(耀)世(間超)過(無量)數衆生故，出現(於世之寶海)婆羅門。
㊂(寶海)梵志！譬如(已)成就(之)「華田」，有種種色、種種香、種種觸、種種葉、種種莖、種種根、種種功德，諸藥所須，皆悉成就。	㊂譬如(已)成(熟之)「好華剎」，(具有)種種色、種種香、種種觸、種種葉、種種莖、種種根、種種德，悉是「良藥」。
㊂ ❶或有蓮華，滿百千「由旬」，光明妙香，亦與華等，或有縱廣「一百」、或有縱廣「二百」、或有縱廣三百「由旬」，光明妙香，亦與華等。 ❷有華乃至如「一天下」，光明妙香，亦等無差別。	㊂ ❶其中有華香，色照徹百「由旬」中，有二百「由旬」，有三百「由旬」。 ❷略說於中，有華香色，乃至照徹「四天下」世界。
㊃ ①衆生之類，或有盲者，聞此「華香」，即得「見色」，聾者聞聲。 ②乃至一切「諸根不具」(者)，即得具足。	㊃ ①其中衆生，聞彼「華香」，盲者得視，聾者得聽。 ②乃至「諸根不具」(者)，悉得成就。
㊄ ❶若有衆生(有)「四百四病」，或(在病痛有)動(作)發(生)時，(只要)聞此「華香」，病即除	㊄ ❶其有衆生，(爲)「四百四病」之所困者，彼(只要)聞香已，身病即除。

愈。 ❷若有「顛狂、放逸、狂癡、睡眠、心亂、失念」(者)，(只要一)聞此「華香」，皆得(清淨健康之)「一心」。	❷其中眾生，有「狂顛、錯亂、失志」者，(只要)彼聞「華香」，逮得(清淨健康之)「本心」。
㊅ ①(於)是「華田」中，亦生「分陀利華」(puṇḍarīka 白蓮華)，其華堅牢，猶如金剛，琉璃為莖，臺有百子，純金為葉，馬瑙為鞢(細嫩毳毛之飾)，赤真珠為鬚，華高八十四億「由旬」，周匝縱廣，十萬「由旬」。 ②是(分陀利)華所有「色、香、觸」等，(周)遍滿十方，如一佛剎「微塵數」等諸佛世界。	㊅ ①是「華剎」中，有一「分陀利」(puṇḍarīka 白蓮華)出，是堅固金剛，琉璃為莖，而有百曲，黃金為葉，馬瑙為鬚，臺赤真珠，高八十四百千「由旬」，縱廣正等，百千「由旬」。 ②是「分陀利」香，色光徹照，(周)遍十方佛剎「微塵數」世界中。
㊅其中眾生，或有「四大不調適」者，(或被)「疾病」困篤、(或)「諸(六)根羸損、顛狂、放逸、狂癡、睡眠、心亂、失念」，(只需)見(此「分陀利」)華「光明」，及「聞其香」，一切所(有的病)患，各各除愈，皆得(清淨健康之)「一心」。	㊅(寶海)婆羅門！於彼十方佛剎「微塵數」世界中眾生，(有)「四大」不和，(爲)身病所困(者)，(有)「諸情(六根)不具、狂顛、錯亂、失志心」者。(只要)彼諸眾生，見「分陀利」光(明)，(並)聞其「香」已，一切(病)患除(掉)，逮得(清淨健康之)「本心」。
㊆ ❶若彼眾生，(若於)適(剛)命「終已」，及身(仍)未壞，(只需此「分陀利華」之)光明來觸，(或)香氣來熏，尋得「命根」，(可)「還起」如本，(並)與諸親屬共遊「園觀」，以所(擁有的)「五欲」，共相娛樂。 ❷若(眾生)必「命終」，(則)不生「餘處」，(一定)生於「梵天」，在彼(梵天)久住，壽命無量。	㊆ ❶其有眾生久死(未久即死)，(但其)骨節(仍)未離，(只需此)「分陀利」光，照彼「骸骨」，(當)香「熏、觸」已，彼諸「骸骨」，尋皆得「活」，平復還起，見諸親屬，(並能)與彼俱遊，入園「嬉戲」，(以)「五欲」自娛，(於)聚會「中止」(指停留中止在「聚會娛樂」中)。 ❷從彼(一旦命)終已，皆生「梵處」，於中久住，(能)壽命無量，(一旦於)彼間終已，(亦)不生餘處。

捌(寶海)梵志！是「蓮華田」者，即是(喻)此會之「大眾」也。譬如「日出」(此喻如來)，(則)眾華(眾華喻眾生，故眾生就可以獲得)開敷(開散敷展)。(此「分陀利華」)如「佛日」出，增益長養，妙香光明，(能)為諸眾生斷除諸苦。	捌(寶海)婆羅門！如彼(所)成(之)「華剎」，(即喻)如此「大眾」。如日初出(此喻如來)，(則)諸華(諸華喻眾生，故眾生就可以獲得)敷舒(開敷舒張)。(此「分陀利華」之)香色顯現，有高百「由旬」，乃至有高千「由旬」，(能)為「多眾生」除種種「病」。

八－6 若有菩薩願取「淨土」成佛，雖謂菩薩，但猶非「猛健」之大丈夫，亦非是菩薩「深重大悲」者。若取於「純淨佛土」者，此菩薩乃捨離「大悲」，無「巧便慧善」之平等心

北涼・曇無讖 譯 《悲華經》	**秦・譯者佚 名** 《大乘悲分陀利經》
壹(寶海)善男子！(寶藏佛)我今如日，出現於世，(能)令諸眾生(之)「善根」華敷，(我)有微妙香，(能)光明遍照，能除眾生種種諸病。	壹如是，(寶海)汝善丈夫！(寶藏)我為如來，慧日出世。譬如日出(此喻如來)，(能)光照「諸華」(此喻眾生)，皆悉敷舒(開敷舒張)，(我之)光色明淨，(能)除滅眾生種種「病惱」。
貳即是(寶藏)如來出現於世，以「大悲」光明，遍覆一切，令諸眾生(之)「善根」開敷(開散敷展)，增益安住於「三福」(布施世福、持律戒福、眾善修福)處也。	貳(寶海)善丈夫！(寶藏佛)吾今出世，亦復如是，以「悲」光明，遍覆眾生，啓發眾生，先造「善根」，又以「三種」(三福)地，(安)立眾生。
參 ❶(寶海)汝善男子！(你)所(度)化(之)無量無邊阿僧祇眾生，(皆)令住「阿耨多羅三藐三菩提」，至我(佛之處)所者。 ❷是諸眾生，各各(亦)自發種種「善願」，取佛世界，或「淨、不淨」，(寶藏佛)我(皆)已隨其所願(並爲之)「授記」。	參 ❶(寶海)汝亦勸化(勸教度化)無量阿僧祇眾生，(能)於「阿耨多羅三藐三菩提」，(並)令住其中，(與)將至我(佛之處)所。 ❷彼諸眾生，皆於(寶藏佛)我前，各各立願，隨取佛土，有取「淨土」，有取「不淨」，(寶藏佛)我亦隨授(所願而爲)彼(授)記。
肆善男子！若有菩薩，在於(寶藏佛)我前，願取「淨土」，(或)以(眾生本具)「清淨心」，(可)善自調伏，(亦已)種諸「善根」(者)，(以如	肆善丈夫！彼有菩薩在於(寶藏佛)我所，取「淨佛土」，淨意(具清淨意念)易化(容易度化)，(此皆是)已種「善根眾生」而攝度(攝取

是方式)攝取衆生者。	度化)之。
(此)雖(亦)謂(爲)菩薩，猶(並)非(爲)「猛健」(之)大丈夫也，(亦)非是菩薩(具)「深重大悲」(之心者)。	(此亦)是名「菩薩摩訶薩」，(但)彼(並)無「大丈夫行」，於(其)心意中，亦無(深重之)大悲(心者)。
㊄為衆生故，求「阿耨多羅三藐三菩提」，若有(菩薩)取於「淨佛土」(願)者，即是菩薩捨離(深重之)「大悲」，又復不願(夾)雜「二乘」者(指不願度具三乘、或具二乘根機者，只願純大乘之一種根機)，如是菩薩(並)無(真實)「巧便慧善」(之)平等心。	㊄彼諸菩薩，不為悲(愍)一切衆生，故求「阿耨多羅三藐三菩提」，所(有)可取「淨」佛土(之菩薩眾)，(此皆)捨棄困厄(之眾生)。(因爲或)有(眾生)菩薩(只想追)求「聲聞、辟支佛乘」衆生佛土。(然)彼諸(發心的)菩薩，意無「善智」(妙善智慧)。
㊅若有菩薩，作是誓願：	㊅(因此這些菩薩)有立如是願：
令我(未來成佛的)世界遠離「聲聞、辟支佛」乘，滅「不善根」，無諸「女人」及「三惡道」，(待我)成「阿耨多羅三藐三菩提」已，純以「菩薩摩訶薩」等為「大眷屬」。	我等(未來成佛的世界)當於無「聲聞、辟支佛」(這二類根器者)，無(聚)集「不善根」，無「女人」，無「地獄、畜生、餓鬼」(於我)佛土中，(我將於這種佛土中而)得成「阿耨多羅三藐三菩提」。
(或)純說無上「大乘」之法，(或願)壽命無量，久住於世。(或)經無數劫，純為(具)「善心」，(已)調伏白淨，(已種)成善根者，(而)說微妙法。	(我未來的世界無)「聲聞、辟支佛」(這二類根器者)，但(只有)為求「大乘」菩薩，純說「摩訶衍」法。求我逮「菩提」已，(能)得長壽命，(並)久住「多劫」，(我只)為淨意(具清淨意念)易化(容易度化)諸「善根」衆(生)說法。
㊆如是之人，雖(仍)謂(爲)「菩薩」，(但)非(爲)「大士」也。何以故？以無「巧便平等智」故。	㊆是故彼諸(發心的)菩薩，意無「善智」(妙善智慧)，是故不名(爲)「摩訶薩」也。

八－7 大光明菩薩於寶蓋光明佛所，勸發莊嚴，亦願於此「五濁」惡世

成「阿耨菩提」

北涼・曇無讖 譯 《悲華經》	秦・譯者佚 名 《大乘悲分陀利經》
㊀善男子!爾時,寶藏如來申「金色臂」,其五指頭,放大光明,其「光明」有種種無量百千諸色,遍照「西方」。	㊀善男子!時寶藏如來申臂,於五指端(中有)種種無量色,(具)無量百千色光,彼諸光明,照於「東方」無量阿僧祇佛土。
㊁ ①過無量無邊「阿僧祇」世界,有世界名曰大指,彼土人民,(只)壽「三十歲」,面色醜陋,形貌可惡,成就一切諸「不善根」,身長(只)六尺。 ②彼中有佛,號大光明如來・應・正遍知・明行足・善逝・世間解・無上士・調御丈夫・天人師・佛・世尊。今現在為「四部衆」,說「三乘」法。	㊁ ①於彼有世界名鴦崛吒,其世界中,人壽(只有)三十歲,顏色「醜惡」,無慚無愧,集「不善根」,身長(只)「三肘」。 ②其中佛號月明如來・應供・正遍知,現在住世,為諸「四衆」,說「三乘」法。
㊂善男子!爾時,大衆悉得遙見彼(大光明)佛世尊,及諸大衆。	㊂善男子!此諸大衆見彼(月明)佛土如來,及諸衆生。
㊃ ❶時寶藏佛告諸大衆:彼大光明佛於「過去」無量無邊「阿僧祇」劫,(於)寶蓋光明佛所(時),(便)初發「阿耨多羅三藐三菩提」心。 ❷爾時,(寶蓋光明佛)亦勸無量無邊億「那由他」衆生,安止住於「無上道」中,隨(衆生)心(之)所願,取於種種「莊嚴」世界,或(取)「淨」、(或於)「不淨」(而)取五濁惡世。 ❸是大光明佛(正確應作寶蓋光明佛)亦勸(大光明菩薩)我「發心」安止住於「阿耨多羅三藐	㊃ ❶寶藏如來普告大衆言:彼月明如來(於)「過去」無量阿僧祇劫,於寶蓋照踊如來前,(便)初發「阿耨多羅三藐三菩提」心。 ❷(爾時之寶蓋照踊如來)亦勸化(勸教度化)多億「那由他」衆生,於「阿耨多羅三藐三菩提」令住其中。隨彼衆生(之立願),(衆生)於寶蓋照踊如來前立願(而)取佛土莊嚴,有取(於)「淨土」(成佛),(或)有取(於)「不淨」五濁(中成佛度衆生)。 ❸於中,彼(諸多)「摩訶薩」初勸(月明菩薩)我(發)「阿耨多羅三藐三菩提」。

三菩提」。	
㈤爾時(大光明菩薩)我於寶蓋光明佛所，勸發莊嚴，(並)願於此「五濁」惡世，成「阿耨多羅三藐三菩提」。	㈤(月明菩薩)我於彼寶蓋照踊如來前，(便)立「阿耨多羅三藐三菩提」願，(並願)取此「五濁」佛土莊嚴。
㈥爾時，彼(寶蓋光明)佛(便)讚(大光明菩薩)我：善哉！善哉！即便授(大光明菩薩)我「阿耨多羅三藐三菩提」記。	㈥時彼(寶蓋照踊)如來(便)歎(月明菩薩)我善哉，(並)授我「阿耨多羅三藐三菩提」記。
㈦(大光明菩薩)我於爾時，有是「善知識」(指寶蓋光明佛)故，勸我「阿耨多羅三藐三菩提」。彼「善知識」(是我之)勝妙丈夫，(所以我)取此重惡「五濁」之世，(於)多諸煩惱(之)不淨國土。所有衆生行於「惡逆」，乃至成就諸「不善根」，燒滅「善心」，宛轉生死(輪迴於)空曠澤中；(但我之)所願(仍要)調伏如是(惡逆之諸)衆生。	㈦善丈夫！時「善知識」(指寶蓋照踊佛)勸(月明菩薩)我(發)「菩提」者。(故)彼(月明菩薩)自立願，(願)取「極重結(結使煩惱)、五濁惡土、造無間業」，乃至集「不善根」(及)心意燋枯(眾生)，(與)墜在生死曠野(之)衆生，取而「攝度」(攝取度化)。

八－8 若有菩薩只取「清淨」世界成佛，如是眾生，亦名「菩薩」，但只譬如「餘華」，非謂「大菩薩」也。若取「五濁世界」成佛，此為「大悲」菩薩，如世間最珍貴之「分陀利」華

北涼・曇無讖 譯 《悲華經》	秦・譯者佚 名 《大乘悲分陀利經》
㈠爾時，是善丈夫(大光明)，(為)十方無量無邊諸佛世界「所有諸佛」，各各遣使，至「是人」(指大光明)所，稱揚讚歎，即為(大光明)作號，名為大悲日月光明(如來)。	㈠爾時，於彼十方無量「阿僧祇」餘世界中，現在住世(之)「諸佛世尊」，(皆)為彼(月明菩薩)遣使，亦致「善哉」，即為(月明)立字，名善大悲照明(如來)。
㈡彼大悲日月光明(此即原來的大光明佛)，(亦)即是我(等)之「善知識」也，(能)作大利益，於(其)大指世界，「成佛」未久，(並)為此「短命」(之)諸「惡人」等，轉「正法」輪。	㈡彼大悲照明菩薩摩訶薩，(亦)是我(等之)善知識，饒益於我。(現)成佛未久，今在鴦崛吒世界，(為只有)三十歲(的短命)世人中，轉「正法」輪。

㊂ ❶彼(大悲日月光明)佛初成「阿耨多羅三藐三菩提」時，(當時)十方無量無邊諸佛，各各「遣使」，至彼(大悲日月光明)佛所，為(之)供養、恭敬、尊重、讚歎故。 ❷是諸世尊，皆是往昔(由)大光明佛之所勸化(勸教度化)，(以及)初令安住「檀」波羅蜜，乃至「般若」波羅蜜。 ❸是(被大光明佛度化後已成佛的)諸世尊，以「知恩」故，遣諸「菩薩」，致是供養(大光明佛)。	㊂ ❶彼(大悲照明佛)亦逮「菩提」已，於十方無量「阿僧祇」世界中，現在住世(之)「諸佛世尊」，(皆)遣使供養(大悲照明佛)。 ❷是彼(早)先(最)初勸化(勸教度化)「阿耨多羅三藐三菩提」，令住其中者；是彼(大悲照明佛)先所勸化(勸教度化)「檀」波羅蜜，乃至「般若」波羅蜜，令住其中者。 ❸彼(被大悲照明佛度化後已成佛的)諸佛世尊，知念「先恩」，(故皆)「遣信」(差遣信使)與彼(大悲照明)如來。
㊃(寶海)梵志！汝今見不？是諸世尊，(大多)各各處於「清淨」世界，(與)壽命無量，(只)純為(具)善心、(已)調伏白淨，(已種)成善根(之眾生)者，作於佛事。	㊃(寶海)婆羅門！汝觀彼諸佛世尊，(大多皆)於佛土「長壽」，(於)「淨意(清淨意念)、易化(容易度化)」眾生(中)而作佛事。
㊄是大光明佛，(能)處斯「穢惡不淨」世界(之)「五濁」惡世，(而)成「阿耨多羅三藐三菩提」。(五濁)所有眾生，多作「逆罪」，乃至成就諸「不善根」，壽命「短促」。(大光明佛)能於是中，增益(眾生之)長壽，(作)無量佛事，不捨「聲聞、辟支佛」乘，(並廣)為諸眾生說「三乘」法。	㊄(唯有)彼月明如來，(能)於如是「五濁」國成佛，為(造作)「無間業」，乃至集「不善根」眾生，如是「短命」中極多(之眾生)，(而廣)作佛事。(月明如來)不捨棄「聲聞、辟支佛」，而(為)說法，(所)為如是。
㊅(寶海)汝是丈夫，(為)一切大眾所不及也，所作「勝妙」(殊勝妙願)甚難！誓願取「不淨土」(之)「五濁惡世」，人多「作逆」，乃至成就諸「不善根」(之諸眾生)，(你能發心)調伏「攝取」如是(罪惡之)眾生。	㊅(寶海)汝善丈夫，(於)此一切菩薩眾(中)，無(人)能及者，(你的)「立願」最妙，(能)取「五濁惡剎」、造「無間業」，乃至集「不善根」(眾生)，而攝度(攝取度化)之。
㊆善男子！若有菩薩，(只)取「清淨佛」	㊆又彼諸菩薩，(或)取「淨佛土」，除(去)

世界，(遠)離「三惡道」，及(遠離)「聲聞、緣覺」(二種根器者)。(再)攝取調伏(已具)善心、白淨，(已)成就善根(眾生者)。 ㊣如是(取清淨世界之)衆生，(亦)是名(爲)「菩薩」，(但只能)譬如「餘華」也，非謂(眞正之)「大菩薩」，(亦非)如「分陀利」(puṇḍarīka 白蓮花)華。(因)以於(具)善心、(易)調伏衆生，(已)種諸善根(之眾生中)，(而)作佛事故。	「地獄、畜生、餓鬼」(三惡道)，捨棄「聲聞、辟支佛」(二種根器者)。(再)取度「淨意」(清淨意念)易化(容易度化)，(及)已種善根者。 ㊣(像如)是諸菩薩，(僅)名曰如「花」，(但)非(爲)「摩訶薩」、(亦)非(爲)「分陀利」(華)。(因)有於「易化」(容易度化)善根(成)熟(之眾生)中，(而)作佛事者。

八－9 發願於「清淨」世界成佛的「四法懈怠」。發願於「不淨」世界成佛的「四法精進」

北涼・曇無讖 譯 《悲華經》	秦・譯者佚 名 《大乘悲分陀利經》
㊀(寶海)梵志！今聽菩薩「四法懈怠」。何等四？ ①一者，(發)願取「清淨」世界。 ②二者，(發)願於(具)善心調伏(之)「白淨」衆中，施作佛事。 ③三者，(發)願成佛已，(但)不說「聲聞、辟支佛」法。 ④四者，(發)願成佛已，(及)壽命無量。	㊀婆羅門！菩薩有「四懈怠」。何謂為四？ ①一者，立願於「淨佛土」。 ②二者，願(於)「淨意」(具清淨意念)衆生中而作佛事。 ③三者，願逮菩提已，(但)不說「聲聞、辟支佛乘」。 ④四者，願逮「菩提」已，(及)長壽作佛。
㊁是名菩薩「四法懈怠」。(像這類的菩薩雖亦)是謂(爲)菩薩，(但只能)譬喻(如)「餘華」，非謂(眞正之大)「菩薩」，(亦非)如「分陀利」(華)。	㊁是為菩薩「四懈怠地」。是故(像這類的)彼諸菩薩，(僅)名曰如「華」，(但)非(爲)「分陀利」(華)、(亦)非(爲)「摩訶薩」。
㊂(寶海)梵志！於此大衆(中)，惟除一人婆由比紐，取「不淨」世界(寶海的三億弟子，仍有「一千人」童子在讀誦婆羅門根本聖典「毗陀」，其中首領名婆由比紐，但卻發願欲於「五濁」成「阿耨菩提」，婆由比紐未來成佛號金山王如來，世界名袈裟幢)，(能)調伏攝	㊂(寶海)婆羅門！此大菩薩衆，其譬如是。(唯)除彼由毘師紐，(發願)取「不淨佛土」，攝度(攝取度化)亂結(結使煩惱)衆生，(發願取「不淨世界」的菩薩)於「賢劫」中，亦復少有。

護(具)「多煩惱」者，於「賢劫」中，或有菩薩(仍然發願要取)取「不淨土」。	
㊃(寶海)梵志！菩薩有「四法精進」。何等四？ ❶一者，(發)願取「不淨」世界。 ❷二者，(願)於「不淨人」中，施作佛事。 ❸三者，(願)成佛已，(亦說)「三乘」說法。 ❹四者，(願)成佛已，(但只)得「中」壽命，不長、不短。	㊃(寶海)善男子！菩薩摩訶薩有「四精進」。何謂為四？ ❶一者，願(取)「不淨」佛剎。 ❷二者，願(於)「不淨意」衆生中(而)作佛事。 ❸三者，願逮菩提已，說「聲聞、辟支佛」乘。 ❹四者，願逮菩提已，壽命處「中」，不長、不短。
㊄是名菩薩「四法精進」。是謂(此類之)菩薩(喻)如「分陀利」(華)，(此已)非如「餘華」，(而)是名(為真正之)「菩薩摩訶薩」。	㊄是為菩薩摩訶薩「四精進」。是故彼(類之)諸菩薩，謂如「分陀利」(華)，不似如(一般的)華，是故彼謂(真正之)「菩薩摩訶薩」。

八－10 寶海將於娑婆世界人壽百二十歲，專作「五逆」，毀壞正法，誹謗聖人，犯四重禁時，寶海當成為釋迦如來，正法住世滿一千歲

北涼・曇無讖 譯 《悲華經》	秦・譯者佚 名 《大乘悲分陀利經》
㊀(寶海)梵志！(寶海)汝今於此無量無邊「阿僧祇」菩薩大衆「華田」之中，發願(並被)「授記」，(寶海)汝於(寶藏)佛前，已生大悲(之)「分陀利」(puṇḍarīka 白蓮花)故，(能)攝取多逆，成就一切諸「不善根」(之)五濁惡世，而於是中，隨(根器而)調伏之。	㊀(寶海)婆羅門！譬如(寶海)汝今日，於無量「阿僧祇」菩薩衆中，(被)善「授」剎「記」，於(寶藏)如來前，(已生)大悲(之)「分陀利」(puṇḍarīka 白蓮花)，(故)出汝(之)妙願，(能)攝度(攝取度化廣造)「無間業」，乃至集「不善根」，取重「五濁」佛土。
㊁(寶海)汝以「大悲」音聲故，能令十方如一佛剎「微塵」等諸佛世尊，(皆)「遣信」(差遣信使去)稱讚(你)；稱讚已，號(寶海)汝為成就大悲，復令此大衆，(皆)供養於(寶海)	㊁善丈夫！以(寶海)汝「大悲」音故，十方佛剎「微塵數」諸佛世尊，(皆)遣使稱汝「善哉」，為(寶海)汝立大悲名(寶藏如來之父親寶海梵志，此寶海即是大悲菩薩，即是釋迦佛之前生)，又

汝。	此一切大衆事，(皆)供養(寶海)汝。
參 ❶又(寶海)汝大悲於「未來世」，(於)過一「恒河沙」等「阿僧祇」劫，入第二「恒河沙」等「阿僧祇劫」後分。 ❷(在)娑婆世界(之)「賢劫」中，(於)人壽百二十歲，為老病死之所纏縛，(爲)黑闇世中，無所「師諮」，(皆)聚集一切諸「不善根」，行於「邪道」，入「煩惱河」。(眾生)專作「五逆」，毀壞「正法」，誹謗「聖人」，犯「四重禁」，餘如上說。	參 ❶(寶海)汝大悲！於當來世，過一「恒河沙」數「阿僧祇」、於二「恒河沙」阿僧祇少餘，於彼娑訶佛剎。 ❷於「賢大劫」(中之)「百二十歲」世人，(眾生爲)老病所困，(於)盲冥之中，世無導師，(皆)集「不善根」，因於「邪道」曠野(中)。衆生造「無間業」，誹謗「賢聖」，非ㄟ(古通「誹」→誹謗)毀「正法」，犯「根罪」(根本大罪)中，乃至如前所說，(皆)充滿於世。
肆(寶海能)於如是等「煩惱亂世」，(寶海)當成為佛如來．應．正遍知．明行足．善逝．世間解．無上士．調御丈夫．天人師．佛．世尊。(能)離「生死」輪，轉「正法」輪，破壞「四魔」(①蘊魔;五陰魔;五蘊魔②煩惱魔;欲魔③能令眾生夭喪殞沒之死魔④欲界第六天之魔王)。	肆(寶海)汝為如來．明行足，乃至佛．世尊。(能)轉「正法」輪，降「自在魔」，伏諸「結魔」(①蘊魔;五陰魔;五蘊魔②煩惱魔;欲魔③能令眾生夭喪殞沒之死魔④欲界第六天之魔王)，名稱(將)流布(於)十方無量無邊「佛土」。
伍爾時(寶海將會)有大名聲，(於)十方遍滿無量無邊諸佛世界，有「聲聞」大衆，(約)「千二百五十」，次第於「四十五」歲(年)中，(逐漸)成就如是無量「佛事」，(將)如汝(之)所願，具足無缺。	伍(寶海)汝當有大「聲聞」衆，(約)「一千二百五十」比丘，(你)當於「四十五年」(之)中，如是漸漸具作「佛事」，(一切皆)如(你)所立(之)願。
陸是無量淨王(即阿彌陀佛，即原本的無諍念王)成佛時，(亦)壽命無量，雖於無量無邊劫中，亦能成就如是佛事，(平)等無差別。	陸於爾時，是大王無量淨(即原本的無諍念王)當名阿彌陀，(將)於無量劫中，具作佛事。
柒 ①(寶海)汝善丈夫！(待你)「般涅槃」後，「正	柒 ①如是，汝大悲！(將)於娑訶佛剎，(於)「賢

法」(仍)住世滿「一千歲」。	大劫」(中之)「百二十歲」世人中，於「四十五」年(之間)，如是成滿(成就圓滿)，大具佛事。
②(待)「正法」滅已，(寶海)汝諸「舍利」，(將)如汝所願，(廣)作於佛事，(且)久久在世，利益衆生，如上所說。	②(寶海)汝善丈夫！當以無上「般涅槃」後，「正法」(仍)住世過「千歲」。(待)「正法」滅後，善丈夫！汝色身(所留之)「舍利」，亦如是(廣)作佛事，(皆)如汝願，於爾所時，化度衆生，如前所說。

八－11 有相具足梵志、調意海師、水儀女地神，善念、寶念、善見足三帝釋、善樂華須彌山神、胸臆行阿修羅等，皆當作寶海之眷屬或弟子

北涼・曇無讖 譯 《悲華經》	秦・譯者佚 名 《大乘悲分陀利經》
	《大師立誓品・第二十一》
㊀	㊀
❶善男子！爾時，會中有一梵志，名相具足，作如是言：	❶善男子，爾時有梵名螺髻，彼言：(寶海)
(寶海)善大丈夫！若於來世無量無邊「阿僧祇」劫，(寶海)為菩薩時，在在生處，(相具足)我當為(寶海)汝，常作「侍使」，恒以「慈心」，奉給所須(之物)，至(你最後的)「一生」時，(相具足我)復當作(寶海之)父(即後來的淨飯王)。	(寶海)汝善丈夫！於無量「阿僧祇」劫中，行「菩薩行」時，在所生處，(螺髻)我(將)常為(寶海)汝(作)「給使」，隨順供奉(於你)，猶如「僮僕」，(我將)於(你之)「最後身」，(我)願為(寶海)汝(之)父(即後來的淨飯王)。
❷(待寶海)汝成佛已，(相具足我將)作大「檀越」，(寶海)亦當授(相具足)我「無上道」記。	❷善丈夫！(寶海)汝逮「菩提」已，(螺髻我將)為汝(作)第一「檀越」(者)，(寶海)汝當授(螺髻)我「阿耨多羅三藐三菩提」記。
㊁	㊁
①時有(女)「海神」，名曰調意，復作是言：	①時有「女海神」，名曰調意，彼言：在所

善大丈夫！從今已往，在在之處，乃至(你最後的)「一生」，願(調意)我常當為汝作母(即後來的摩耶夫人)。 ②(寶海)汝成佛已，亦當授(調意)我「無上道」記。	生處，乃至(你之)「最後身」，(調意)我為(寶海)汝(作)母(即後來的摩耶夫人)，(並)生育於汝。 ②汝大悲！逮「菩提」已，亦授(調意)我「阿耨多羅三藐三菩提」記。
(參) ❶時有「水神」，復作是言：從今已往，所在之處，乃至(你最後的)「一生」，願(水神)我常當作(寶海)汝(之)乳母(即後來的摩訶波闍波提夫人)。 ❷(寶海)汝成佛已，亦當授(水神)我「無上道」記。	(參) ❶時有「女地神」，名水儀，彼言：在所生處，乃至(你之)「最後身」，(水儀)我為(寶海)汝(作汝)母(即後來的摩訶波闍波提夫人)。 ❷(寶海)汝逮「菩提」已，授(水儀)我「阿耨多羅三藐三菩提」記。
(參)有二帝釋，一名善念，二名寶念，復作是言：善大丈夫！(寶海)汝成佛已，(善念、寶念)我等當作(你)智慧(與)神足(之)「聲聞」弟子(即後來的舍利弗智慧第一、摩訶目揵連神通第一)。	(參)時有二釋，一名親近，二名雪思念，彼二俱言：汝大悲！在所生處，乃至逮「菩提」已，(親近、雪思念)我等為(寶海)汝(之)神足(與)智慧(之)上首「聲聞」(即後來的舍利弗智慧第一、摩訶目揵連神通第一)。
(肆)復有帝釋，名善見足，作如是言：大悲！從今已往，在在之處，乃至(你最後的)「一生」，(善見足我)常為(寶海)汝(作)子(即後來的羅睺羅)。	(肆)復有一釋，名曰善現手，彼言：大悲！在所生處，乃至(你之)「最後身」，(善現手)我為(寶海)汝(作)子(即後來的羅睺羅)。
(伍) ①有須彌山神，名善樂華，復作是言：大悲！汝乃至(最後的)「一生」，常為(寶海)汝婦(即後來的耶輸陀羅)。 ②(寶海)成佛道已，亦當授(善樂華)我「無上道」記。	(伍) ①時有「女山神」，名曰日壹，彼言：大悲！(寶海)汝在生處，乃至(你之)「最後身」，(日壹)我為(寶海)汝妻(即後來的耶輸陀羅)。 ②善丈夫！(寶海)汝逮「菩提」已，授(日壹)我「阿耨多羅三藐三菩提」記。
(陸)	(陸)

❶復有「阿修羅」王,名<u>胸臆行</u>,復作是言:<u>大悲</u>!(寶海)於無量無邊「阿僧祇」劫,為「菩薩」時,乃至(你最後的)「一生」,於其中間,(胸臆行)我當為(寶海)汝「僮僕」給使,奉諸所安(奉養諸物所需,令得安隱)。	❶時有「阿修羅」,名曰釧𮬬行,彼言:<u>大悲</u>!(寶海)汝在所生處,於無量「阿僧祇」劫中。善丈夫!(寶海)汝行「菩提行」時,(釧行)我當與(寶海)汝作「親族、善友」,如「奴僕使」,(寶海)汝(之)「最後身」,(釧行)我當供給(奉養諸物所需,令得安隱)。
❷(寶海)汝成「阿耨多羅三藐三菩提」已,轉「正法」輪,(胸臆行)我(將最)初「解法」,得於「實果」,服「甘露味」,乃至得斷一切煩惱,成「阿羅漢」(此即後來的 Kauṇḍinya,佛陀於鹿苑初轉法輪時所度五比丘之一阿若憍陳如。如《佛所行讚》云:以彼知法故,名阿若憍憐;於佛弟子中,最先第一悟)。	❷善丈夫!(寶海)汝逮「菩提」已,轉「正法」輪,(於最)初「說法」時,(釧行)我(將)先「證果」,服「法味」、得「甘露」,乃至除諸「結使」(煩惱),成「阿羅漢」(此即後來的 Kauṇḍinya,佛陀於鹿苑初轉法輪時所度五比丘之一阿若憍陳如。如《佛所行讚》云:以彼知法故,名阿若憍憐;於佛弟子中,最先第一悟)。略說。
㈦爾時,復有一「恒河沙」等「天龍、鬼神、阿修羅、迦樓羅、人、非人」等,向<u>大悲</u>菩薩(此即寶藏如來之父親寶海梵志,此寶海即是釋迦佛之前生)作是誓願: (寶海)善大丈夫!要當調伏教化我等。	㈦爾時「恒河沙」數「天、龍、阿修羅、世人」,隨順<u>大悲</u>(此即寶藏如來之父親寶海梵志,此寶海即是釋迦佛之前生),立願受度。

八－12 有一<u>亂想可畏</u>裸形梵志將對<u>寶海</u>行任何的「乞求」,助<u>寶海</u>能完成具足圓滿之「六波羅蜜」

北涼·曇無讖 譯 《悲華經》	秦·譯者佚 名 《大乘悲分陀利經》
前面 455 願在 七－11	
㊀爾時,有一裸形梵志,名<u>亂想可畏</u>,復作是言:(寶海)善大丈夫!(寶海)汝於無量無邊「阿僧祇」劫,行菩薩道時,(亂想可畏)我當從(寶海)汝「求索」所須。	㊀時有一邪命,名曰<u>壞想</u>,彼言:(寶海)大婆羅門!我為汝友(你的朋友),助成(你)眾事。(壞想邪命)我當所在生處,(於)無量「阿僧祇」劫中,(我皆)為汝「同師友」,及「作親屬」。

㊁ ❶(亂想可畏)常至(寶海)汝所，乞求「衣服、床榻、臥具、房舍、屋宅、象馬、車乘、國城、妻子、頭目、髓腦、皮肉、手脚、耳鼻、舌身」。	㊁ ❶(壞想邪命)又常至(寶海)汝所，為乞「衣服、臥具，象馬、車乘、輦輿、聚落、城郭，男女、妻妾」及「諸眷屬」，(乞求)「皮肉、骨血、手足、耳目、鼻舌」及「頭」，盡(所)求索故。
❷(寶海)善大丈夫！(亂想可畏)我當為(寶海)汝作「佐助因」，令(寶海)汝(能)滿足「檀」波羅蜜，乃至(滿足)「般若」波羅蜜(之修行)。	❷(寶海)大婆羅門！(壞想邪命)我為汝友，(乃)助成汝(修)「檀」波羅蜜(者)，乃至助成(汝修)「般若」波羅蜜。
❸大悲梵志如是等行「菩薩道」時，(亂想可畏)我當勸(寶海)汝，令得具足「六波羅蜜」。	❸(寶海)大婆羅門！汝行「菩提行」時，(壞想邪命)我當如是助成(你的)「六波羅蜜」。
❹(寶海)汝「成佛」已，(亂想可畏我)願作(你的聲聞)「弟子」，當從汝聞「八萬」法聚，聞已；即能辯說「法相」；說「法相」已，(寶海)汝當授(亂想可畏)我「無上道」記。	❹乃至(寶海)汝逮「菩提」，令(壞想邪命)我得「聲聞」處，(我將從寶海你)受持「八萬」部法，真為「法師」(說法之師)，(寶海)汝當授(壞想邪命)我「阿耨多羅三藐三菩提」記。
㊂ ①善男子！爾時，(寶海)梵志聞是事已，即禮(寶藏)佛足，便告(亂想可畏)裸形梵志言：善哉！善哉！(亂想可畏)汝真是我(修)「無上道」(之)伴(侶)。	㊂ ①善男子！大悲婆羅門聞彼(壞想邪命)語訖，(便)五體禮寶藏如來足已，(便)語彼壞想邪命言：善哉，善哉！善丈夫！(壞想邪命)汝為(寶海)我(修)「無上行」(之)友。
②(亂想可畏)汝於無量無邊百千萬億「阿僧祇」劫，常至(寶海)我所，乞索所須，所謂(求索)「衣服」，乃至(求索)「舌、身」。	②(壞想邪命)汝乃能為(寶海)我，於無量阿僧祇「那由他」百千衆生處，從乞「衣服」，乃至(求索)「頭、目」故。
㊃(寶海)我於爾時，以「清淨心」，捨諸所有「布施」於(亂想可畏)汝，汝於是時，亦無(任何之)「罪分」。 (456 以淨心施身内外諸物給外道，而彼外道仍爲修無上道之助伴願) (457 以淨心施身内外諸物給外道，而彼外道亦無任何罪業願)	㊃我當「歡喜」，「淨心」施與(給你)，令(壞想邪命)汝永無(任何之)「罪分」。

八－13 寶海我於無量阿僧祇劫行菩薩時，有諸乞士求索任何物品，我皆與之，乃至不生一念「惡心」，若生「瞋恚」念如彈指頃，則我如同欺誑十方諸佛，甚至必定墮於「阿鼻」地獄

北涼・曇無讖 譯 《悲華經》	秦・譯者佚 名 《大乘悲分陀利經》
㊀善男子！爾時，大悲菩薩摩訶薩復(此即寶藏如來之父親寶海梵志，此寶海即是釋迦佛之前生)作是言：(寶藏)世尊！我於無量無邊百千萬億「阿僧祇」劫，在在生處，為(修)「菩薩」時，有諸「乞士」，在我前住，若求「飲食」、或以「軟語」、或以「惡言」、或「輕毀呰」、或「真實言」。	㊀善男子！時彼大悲菩薩摩訶薩，復白寶藏如來言：(寶藏)世尊！若我在所生處，於無量「阿僧祇」億「那由他」百千劫中，行「阿耨多羅三藐三菩提」行時，其有住(於)我前，從我「求食」，或以「軟言」，或以「麤言」，或「輕調言」，或「正直言」，從我求索。
㊁ ❶(寶藏)世尊！我於爾時，乃至不生一念(之)「惡心」，若(我)生「瞋恚」，如彈指頃。 (458 修布施時有乞士對我以「軟語」我皆不起心動念願) (459 修布施時有乞士對我以「惡言」我皆不起心動念願) (460 修布施時有乞士對我以「輕毀呰」我皆不起心動念願) (461 修布施時有乞士對我以「真實言」我皆不起心動念願)	㊁ ❶(寶藏)世尊！若我於「求者」(之)所，(於)一念之頃，若(我對彼)生「瞋恚」、不(生)「愛敬心」(的話)。
❷(則)以(此一念惡心布)施因緣，求將來(之果)報者，我即(同)「欺誑」十方世界無量無邊「阿僧祇」現在(之)諸佛，(我)於「未來世」，亦當必定不成「阿耨多羅三藐三菩提」。 (462 修布施時若對眾生起瞋愛心，即等同欺誑十方諸佛與永不成佛願)	❷(則我所)施求(之)果報，(像)如是(一念惡心)施者，(則)令我永(遠)已不見十方無量「阿僧祇」餘(之)世界中，現在住世(之)說法諸佛，(亦)令我不成「阿耨多羅三藐三菩提」。
㊂ ①(寶藏)世尊！我今當以「歡喜」之心，(布)施於「乞者」，願令「受者」(接受我布施的人)，	㊂ ①(寶藏)世尊！我以「淨心」(布)施與「乞士」，若「受施者」(接受我布施的人)，於信施(中)

無諸「損益」；於諸「善根」，亦無「留難」(阻留刁難障礙)，乃至(連)「一毫」(都沒有任何的「留難」)。 (463 所修布施時皆令受施者得無虧損願) (464 所修布施時若令受施者得一毫毛之障礙則我永不見佛願)	墮(入)「障礙善法」，乃至(發生障礙就算只是)析毛(至)「億分(之)一」者，(則亦)令我永(遠)已不見諸佛。
②若我令彼「受者」(接受我布施的人)，有一毫(的)「損益」善根「留難」(阻留刁難障礙)者，則(我)為「欺誑」十方世界無量無邊「阿僧祇」等「現在諸佛」。 (465 所修布施時若令受施者得一毫毛之障礙則我即等同欺誑十方諸佛願)	②(寶藏)世尊！「受施」者，乃至(發生如)「毛億分之一」(之)「障善法」者，(則)令我墮「阿鼻地獄」中。
若「誑」諸佛者，則(我)當必墮「阿鼻」地獄，(若我)不能歡喜(布)「施」，與(布施)「衣服、飲食」(等，皆同前所說)。 (466 於布施衣服時若我不能生歡喜淨心則我必墮阿鼻地獄願) (467 於布施飲食時若我不能生歡喜淨心則我必墮阿鼻地獄願)	如(布)施「飲食、衣服」，亦爾。
肆 ❶若彼「乞者」，或(對我)以「軟語」、或(對我)「麤惡言」、或(對我)「輕毀呰」、或(對我)「真實言」，(甚至對我)求索如是「頭目、髓腦」。	肆 ❶乃至「乞者」，(甚至)從我求「頭」、或(對我)以「軟語」，或(對我)以「麤語」，或(對我以)「輕弄語」，或(對我)以「正直語」，(甚至)從我索「頭」。
❷(寶藏)世尊！若我是時，心(有)「不歡喜」，乃至生於一念「瞋恚」，(則)以此(布)施(因)緣，求(將來)果報者，則為「欺誑」十方世界無量無邊「現在諸佛」，以是因緣，(甚至我)必定墮於「阿鼻」地獄。 (468 有乞士對我求索頭目 我若生瞋愛心則必墮 阿鼻地獄願) (469 有乞士對我求索髓腦我若生瞋愛心則必墮 阿鼻地獄願)	❷(寶藏)世尊！若我於「求者」(之)所，有一念頃，若生「瞋恚」，不(生)「愛敬心」，(則以此布施「因」而)願求「果」者，(則)令我永(遠)已不見諸佛。(寶藏)世尊！乃至令我(墮)入「阿鼻」地獄。
❸如「檀」波羅蜜說，乃至「般若」波羅蜜	❸如我行(之布)施，(至於持)「戒」亦如是，乃

亦如是。 (470 有眾生對我欲求餘五度者我若生瞋愛心則必墮阿鼻地獄願)	至(修智)惠，乃至「捨」，亦如是說。

八－14 大悲菩薩發誓願，於未來世將布施吾之「頭目、髓腦、皮肉、骨血、手足、耳鼻、舌身」，乃至衣服飲食與一切眾生

北涼・曇無讖 譯 《悲華經》	秦・譯者佚 名 《大乘悲分陀利經》
㊀善男子！爾時，寶藏如來即便讚歎寶海梵志：善哉！善哉！善能安止(於)「大悲心」故，(並)作是「誓願」。	㊀善男子！爾時寶藏如來讚大悲菩薩摩訶薩言：善哉！善哉！(寶海)汝善丈夫！(能)以「大悲意」，立是「妙願」。
㊁善男子！爾時，一切大衆，諸「天龍、鬼神」，「人」及「非人」，合掌讚言：善哉！善哉！(寶海)善能安止「大悲心」故，作是「誓願」，(故)得「大名稱」，「堅固」行於「六和」(與眾生需有六種的「和同愛敬」，身和敬、口和敬、意和敬、戒和敬、見和敬、利和敬)之法，充足利益一切衆生。 (471 寶海具大悲心發五百願得大名稱以「六和敬法」滿足眾生願)	㊁善男子！時一切大衆，「天、乾闥婆、阿修羅、世人」，合掌而住，讚言：善哉，善哉！仁善丈夫！(寶海)以「大悲意」，立是「妙願」，善勝「堅固」，(寶海)仁亦以「六和敬」法(與眾生需有六種的「和同愛敬」，身和敬、口和敬、意和敬、戒和敬、見和敬、利和敬)滿足衆生。
㊂善男子！如(亂想可畏)裸形梵志，作誓願時，復有八萬四千人，亦同「梵志」所發(之)誓願。	㊂善男子！如壞想邪命(裸形梵志)立願，受菩薩施，(時有)八萬四千衆生亦立願。
㊃善男子！爾時，大悲菩薩摩訶薩(此即寶藏如來之父親寶海梵志，此寶海即是釋迦佛之前生)復共如是「八萬四千人」，同作「誓願」，心生「歡喜」，合掌四顧，遍觀大衆，作如是言：	㊃善男子！時大悲菩薩摩訶薩(此即寶藏如來之父親寶海梵志，此寶海即是釋迦佛之前生)，聞「八萬四千」衆生，(皆)立如是(誓願)，(皆)如壞想(邪命)所立(之誓願)，(皆)生大歡喜，起叉手立，觀一切大衆已，悲喜交集而言：
未曾有也！未來之世，「正法」滅時，多	甚奇！未曾有！(寶海)我當於彼「窮法、困

諸「煩惱」(之)五濁惡世。(寶海)我(能)於是中，放大光明，作調御師，於黑闇世，燃「正法」燈。	弊、大結(結使煩惱)、散亂」(之)五濁惡世，為導師商主，為照、為燈。
㈤若諸衆生，無有「救護」，無有「勢力」，無「佛」示導，(寶海)我今初發「菩提心」時，(便)已得如是等「無上道」(之)伴(例如亂想可畏就是助成寶海修布施之伴侶)。是等諸人，願令世世從我，受(我)此「頭目、髓腦、皮肉、骨血、手足、耳鼻、舌身」，乃至「衣服、飲食」(等諸血肉之布施)。	㈤(若諸眾生)無力、無「覺悟」者，(寶海)我為「示導」，(寶海)我乃能於「初發心」(時)，(便)得此如是「無上菩提行」，及在所生處，能受我「頭、眼、耳、鼻、舌、手、足、血、肉、皮、骨」(等諸血肉之布施)，乃至受我「飲食」(等之布施)。
㈥善男子！爾時，寶海梵志白(寶藏)佛言：(寶藏)世尊！若未來之世，(有)無量無邊百千萬億「阿僧祇」劫，(有)如是(多的)衆生，來至我所，受我所施，(例如我的)「頭目、髓腦」，乃至「飲食」，(甚至只)如「一毛分」(之布施)已。	㈥善男子！時彼大悲菩薩摩訶薩，還坐寶藏如來前，白佛言：(寶藏)世尊！(寶海)我在所生處，(於)無量阿僧祇「那由他」百千「劫」中，其有(眾生)求索(於我)，來至我所，從我「受施」(接受布施)，若(飲)食、若飲(水)，乃至受(我)「頭」(之施)，(乃至)從我「手」中「受施」，乃至(布施如)析毛(至)「億分之一」者，(我的布施佛事)乃至(直到我成)菩提(之)際(永不終止)。
㈦(若)我成「阿耨多羅三藐三菩提」已，若(我)不(能解)脫(眾生之)「生死」，(若我)不得「授記」(眾生)於「三乘」者，我則「欺誑」十方世界無量無邊「現在諸佛」，(我)必定不成「阿耨多羅三藐三菩提」。 (472若我不能度眾生解脫生死者即等同欺誑十方諸佛與永不成佛願) (473若我不能爲眾生授三乘記者即等同欺誑十方諸佛與永不成佛願)	㈦若我逮「菩提」已，從(眾生的)生死(輪迴)中，(若我)不(能解)脫彼衆生，(若我)不(能)授彼(眾生)「聲聞乘、辟支佛乘、大乘」(之)記者，(則)令我永(遠)已不見現在十方(之)「諸佛世尊」，(亦)令我不逮「阿耨多羅三藐三菩提」。

八－15 東方世界有佛智華無垢堅菩提尊王如來，若有眾生，非法毀戒，行於邪道，無慚無愧。彼佛亦皆與彼人「授記」於「三乘」中

北涼・曇無讖 譯 《悲華經》	秦・譯者佚 名 《大乘悲分陀利經》
㊀ ❶善男子！爾時，寶藏如來復重讚歎大悲菩薩(此即寶藏如來之父親寶海梵志，此寶海即是釋迦佛之前生)：善哉！善哉！善大丈夫！(寶海)汝能如是行菩薩道。 ❷譬如往昔須彌山寶菩薩，在世間光明佛前，初發如是「菩提之心」，(須彌山寶菩薩)作是誓願，亦行如是「菩薩」之道，(立誓願以來，已)過一「恒河沙」等「阿僧祇」劫。	㊀ ❶善男子！寶藏如來復歎彼大悲菩薩摩訶薩言：善哉，善哉！善丈夫！(寶海)汝(之)「菩提行願」如是。 ❷如持彌樓山如來，(早)先勸發(菩提之)心，於世自在明如來前，(持彌樓山菩薩)立如是「菩提行」願，如是行「菩提行」，(持彌樓山菩薩)立願已來，(已)過「恒河沙」數大劫。
㊁東方去此百千億佛世界，彼有世界名光明智熾，(於)人壽百歲，(須彌山寶菩薩)於中成佛，號智華無垢堅菩提尊王如來・應・正遍知・明行足・善逝・世間解・無上士・調御丈夫・天人師・佛・世尊。(智華無垢堅菩提尊王如來)住世說法四十五年，作於佛事。	㊁彼(持彌樓山菩薩)大丈夫，於「東方」億百千佛土，(於)最在邊持熾然世界，(於)百歲世人中，(持彌樓山菩薩)成「阿耨多羅三藐三菩提」，號智華無塵上勝菩提自在如來・應供・正遍知，乃至佛・世尊，(智華無塵上勝菩提自在如來於)四十五年，具作「佛事」已，入「無餘涅槃」。
㊂爾時，佛告大悲菩薩：彼(智華無垢堅菩提尊王)佛「般涅槃」後，「正法」(仍)住世，滿「一千歲」，(待)「正法」滅已，「像法」(仍)住世，亦「一千歲」。	㊂大悲！時彼智華無塵上勝菩提自在如來「般涅槃」後，「正法」眼(仍)住「千歲」，(待)「正法」滅後，「像法」亦住「千歲」。
㊃ ①大悲(菩薩)！彼(智華無垢堅菩提尊王)佛世尊，若「在世」、若「涅槃」，(其)「正法、像法」於此(之)中間，(若)有諸「比丘」及「比丘尼」，非法「毀戒」，行於「邪道」，斷「法供養」，無慚、無愧，或斷「招提」(catur-diśa 柘鬥提舍;招鬥提舍;四方僧房)僧物，斷現前僧(之)「衣服、飲食、臥具、醫藥」，	㊃ ①大悲(菩薩)！又彼智華無塵上勝菩提自在如來「般涅槃」後，(於)「正法」眼時，復於「像法」(時)，(有)「比丘、比丘尼」，破戒、惡法、邪行、非行、無慚、無愧，毀「供養法」，無有「慚愧」，斷截「四方僧」(catur-diśa 柘鬥提舍;招鬥提舍;四方僧房)，及現前僧(之)「衣服、飲食、臥具、

取「眾僧物」以為「己有、自用、與人」,及與「在家」者。 ②善男子!如是等(非法毀戒之比丘比丘尼)人,彼(智華無垢堅菩提尊王)佛世尊皆與「授記」於「三乘」中。 ㈤ ❶大悲(菩薩)!(於)彼(智華無垢堅菩提尊王)如來(之)所,若有出家,著「袈裟」者,皆得(被)「授記」(於)不退(轉於)「三乘」。	湯藥」,(並以)種種「供具」而自入,若「自食」,(或)若與(在家)「俗人」。 ②大悲!時彼智華無塵上勝菩提自在如來,(仍)先授彼一切(非法毀戒之比丘比丘尼)「三乘」記。 ㈤ ❶大悲(菩薩)!其有眾生,於彼(智華無塵上勝菩提自在)如來法中,(若有)著「染袈裟」者,(則亦)先授彼一切(於)三乘(得)「不退轉」記。
❷若有「比丘、比丘尼、優婆塞、優婆夷」,(曾)犯「四重禁」,彼(智華無垢堅菩提尊王)佛於此(地),(此破戒之四眾弟子曾對智華無垢堅菩提尊王佛生)起「世尊」想(的恭敬供養),(因此所)種(下之)諸善根,(智華無垢堅菩提尊王佛)亦與(此破戒之四眾弟子)「授記」不退(轉於)「三乘」。	❷其有犯「根(本大)罪」(之)「比丘、比丘尼、優婆塞、優婆夷」,(若曾早)先於彼(智華無塵上勝菩提自在)如來(所),有「師事」(過)者,(因此曾經「師事」之)「善根」故,亦(得被)授「三乘」(於)「不退轉」記。

八-16 大悲菩薩我之「袈裟」若不能成就如是「五事聖功德」者,則為欺誑十方諸佛,未來亦不應成「阿耨菩提」

北涼・曇無讖 譯 《悲華經》	秦・譯者佚 名 《大乘悲分陀利經》
㈠ ❶善男子!爾時,大悲菩薩摩訶薩(此即寶藏如來之父親寶海梵志,此寶海即是釋迦佛之前生)復作是言:(寶藏)世尊!(寶海)我今所願,行「菩薩道」時,若有眾生(為)我要勸化(勸教度化),(則)令「安止」住(於)「檀」波羅蜜,乃至(住於)「般若」波羅蜜,乃至勸化(勸教度化眾生)令住(只)如「一毛端」(之一點點的)善根,乃至(令眾生)成「阿耨多羅三藐三菩提」。	㈠ ❶善男子!大悲菩薩摩訶薩重白寶藏如來言:(寶藏)世尊!(寶海)我如是立願,乃至隨我幾數時,行「無上菩提」行。(我於)「無上菩提」行所,(將)勸化(勸教度化)眾生,(令安止)於「檀」波羅蜜,(我將)以「善」勸化(勸教度化)眾生,乃至(只如)「毛億分之一」(的)修行(善根),乃至(令眾生成)菩提(之)際。

(474 欲令眾生安住於六度乃至眾生只如一毛端之善根，我亦令彼成就佛道願)	
❷若(我)不(能)安止(眾生)，乃至(令)「一眾生」於「三乘」中，令「退轉」者，則(我即)為「欺誑」十方世界無量無邊「阿僧祇」等「現在諸佛」，(我將來)必定不成「阿耨多羅三藐三菩提」。 (475 若我不能令眾生安住於三乘而有一人生退轉者，即等同欺誑十方諸佛與永不成佛願)	❷(我若)不(能)令彼「眾生」，住「三乘」地(得)「不退轉」，(甚且)乃(至)遺(留)「一人」(不住三乘而退轉)者，(則)令我永(遠)已「不見」十方無量「阿僧祇」世界中現在住世(之)「說法諸佛」，(亦)令我不成「阿耨多羅三藐三菩提」。
袈裟第一種聖功德 貳 ①(寶藏)世尊！(寶海)我成佛已，若有眾生，(能)入我法中「出家」，著「袈裟」者。或(曾)犯「重戒」，或行「邪見」，若於「三寶」，「輕毀」不信，集諸「重罪」。 ②(若有)「比丘、比丘尼、優婆塞、優婆夷」，若(有能)於「一念」中，(對釋迦佛我)生「恭敬心」，(生)尊重「世尊」(之想)，或於「法、僧」(亦能生恭敬之心者)。	貳 ①(寶藏)世尊！(寶海)我得「無上智」已，其有眾生於我法中，著「染袈裟」者。若犯「根(本)罪」，若因「諸見」(而)於「三寶」失(去信心)，犯眾「過罪」。 ②(若有)「比丘、比丘尼、優婆塞、優婆夷」，(其)有(能)於我所，能(於)「一念頃」(對釋迦佛我)發「師事想」，(並)生恭敬心，若(及)於「法、僧」，(能生)起「恭敬」意者。
參(寶藏)世尊！如是(這類的)眾生，乃至「一人」，(若)不(能)於「三乘」(獲)得(我的)「授記莂」而(發生)「退轉」者，則(我為)為「欺誑」十方世界無量無邊「阿僧祇」等「現在諸佛」，(我將來)必定不成「阿耨多羅三藐三菩提」。 (476 有著袈裟僧但曾犯重戒，此人能一念對三寶生敬心，若不獲三乘受記而生退轉者，即等同欺誑十方諸佛與永不成佛願) (477 有著袈裟僧但曾行邪見，此人能一念對三寶生敬心，若不獲三乘受記而生退轉者，即等同欺誑十方諸佛與永不成佛願) (478 有著袈裟僧但曾輕毀三寶，此人能一念對三寶生敬心，若不獲三乘受記而生退轉者，即等同欺誑十方諸佛與永不成佛願)	參(寶藏)世尊！(寶海)我若不「授」彼眾生(住)「三乘」(而)不「退轉」記，(乃至)遺(留)「一人」(不住三乘而退轉)者，(則)令我永(遠)已「不見」諸佛世尊，乃至(令我)不成「阿耨多羅三藐三菩提」。

袈裟第二種聖功德 ㊃ ❶(寶藏)世尊！(寶海)我成佛已，諸「天龍、鬼神」，「人」及「非人」，若能於此「著袈裟」者，(皆生起)「恭敬、供養、尊重、讚歎」。 ❷其人若得見此「袈裟」少分，即得「不退」於「三乘」中。 (479 若天龍能於著袈裟僧生恭敬供養尊重讚歎即得不退轉於三乘願) (480 若鬼神能於著袈裟僧生恭敬供養尊重讚歎即得不退轉於三乘願) (481 若人能於著袈裟僧生恭敬供養尊重讚歎即得不退轉於三乘願) (482 若非人能於著袈裟僧生恭敬供養尊重讚歎即得不退轉於三乘願)	㊃ ❶(寶藏)世尊！(寶海)我逮「菩提」已，令(我法中有)「染服袈裟」(者)，(能)為「天、世人」之所「尊重」，(並生起)恭敬供養。 ❷其有衆生，(若)得見(我法中之)「袈裟」者，(亦)令(住)於「三乘」得「不退轉」。
袈裟第三種聖功德 ㊄ ①若有衆生，為「饑渴」所逼，若「貧窮鬼神、下賤諸人」，乃至「餓鬼」衆生。 ②若(能)得「袈裟」少分，乃至「四寸」，其(諸貧窮鬼神、餓鬼、下賤諸)人即得「飲食」充足，隨其所願，疾得成就。 (483 若貧窮鬼神能得袈裟乃至四寸之少分，即能獲飲食充足願) (484 若下賤眾生能得袈裟乃至四寸之少分，即能獲飲食充足願) (485 若餓鬼眾生能得袈裟乃至四寸之少分，即能獲飲食充足願)	㊄ ①其有衆生，(為)「飢渴」所逼，乏無「飲食」，若「夜叉」(之)貧窮，若人「貧窮」，若於「餓鬼」，其「餓鬼」衆生。 ②(若能)得「染袈裟」，乃至「四指」，(則能)令彼(貧窮夜叉、貧窮、餓鬼等)一切「所求飲食」，隨意充滿。
袈裟第四種聖功德 ㊅若有衆生，共相「違反」(違逆反叛)，起「怨賊想」，展轉「鬪諍」，若諸「天龍、鬼神、乾闥婆、阿修羅、迦樓羅、緊那羅、摩睺羅伽(mahoraga 大蟒神)、拘辦茶(Kumbhāṇḍa 鳩槃茶)、毘舍遮」，「人」及「非人」，(於)共「鬪諍」時，(若能憶)念此「袈裟」，(彼諸鬪諍大眾)尋(刻即)生「悲心、柔軟之心、無	㊅其有衆生，不相「和順」，多饒、怨嫉，共相「鬪戰」，若「天」、若「夜叉」、若「羅刹、龍、阿修羅、迦樓羅、緊那羅、摩睺羅伽(mahoraga 大蟒神)、鳩槃茶(Kumbhāṇḍa)、毘舍遮」，及餘「世人」，(於)「交陣鬪」時，能(憶)念(此)「袈裟」者，(則)令彼(陣鬪)「衆生」，(立刻獲)得「悲心、軟心、無

怨賊心、寂滅之心、調伏善心」。 (486 若諸眾生處於共相「違逆反叛」時，能憶念此袈裟功德，即獲悲心、柔軟心、無怨心、寂滅心、調伏善心願) (487 若諸眾生處於「怨賊鬭諍」時，能憶念此袈裟功德，即獲悲心、柔軟心、無怨心、寂滅心、調伏善心願) (488 若天龍八部處於「共相鬭諍」時，能憶念此袈裟功德，即獲悲心、柔軟心、無怨心、寂滅心、調伏善心願)	怨心、淨心、隨用作心」。
袈裟第五種聖功德 ㊆有人若(處)在「兵甲、鬪訟、斷事(決斷事情)」之中，(若能)持此「袈裟」少分，至此(兵甲鬪訟)輩中，為(了)「自護」故，(只需)「供養、恭敬、尊重」(此袈裟)，(則)是諸人等，(便)無(人)能(對你)「侵毀、觸嬈、輕弄」，(亦能)常得「勝他」(勝過於他)，(能讓你越)過(及解脫)此「諸難」。 (489 若處於「兵甲」眾生能持此袈裟隨身攜帶恭敬供養，即能脫離諸難願) (490 若處於「鬪訟」眾生能持此袈裟隨身攜帶恭敬供養，即能脫離諸難願) (491 若處於「決斷諸事」眾生能持此袈裟隨身攜帶恭敬供養，即能脫離諸難願)	㊆衆生若(處)於「鬪戰」，若於「諍訟」，為(了)「護身」故，(則應)尊重恭敬供養(此)「袈裟」，(並)常持「自隨」(自我隨身攜帶)者。(如此則能)令彼衆生所在(之處)常勝(常處殊勝處)、無(人)能(侵)陵(古通「凌」)者，(亦能)從「鬪戰、諍訟」(中獲得)「安隱、解脫」。
㊇(寶藏)世尊！若我(之)「袈裟」，不能成就如是「五事聖功德」者，則(我便)為「欺誑」十方世界無量無邊「阿僧祇」等「現在諸佛」，未來(我)不應成「阿耨多羅三藐三菩提」，(並)作「佛事」也，(我將)沒失「善法」，必定不能破壞「外道」。 (492 若我袈裟不能成就五種聖功德，即等同欺誑十方諸佛與永不成佛願) (493 若我袈裟不能成就此五種聖功德，即令我退失一切善法願) (494 若我袈裟不能成就此五種聖功德，即令我不能破壞外道願) --後面的願跳接九－10	㊇(寶藏)世尊！若我(之)「袈裟」不具此「五聖(功)德」者，(則)令我永(遠)已「不見」十方「諸佛世尊」，乃至令我不能具作(諸)「佛事」，(亦)令我(於)「諸法」悉皆「忘失」，(亦)令我不能降伏「異學」(外道)。

八－17 大悲菩薩未來成佛，必能成就「袈裟」之「五事聖功德」

北涼・曇無讖 譯 《悲華經》	秦・譯者佚 名 《大乘悲分陀利經》
㊀善男子！爾時，寶藏如來伸「金色右臂」，摩大悲菩薩(此即寶藏如來之父親寶海梵志，此寶海即是釋迦佛之前生)頂，讚言：	㊀善男子！爾時寶藏如來申「右臂」，以手摩大悲菩薩(此即寶藏如來之父親寶海梵志，此寶海即是釋迦佛之前生)頂告言：
善哉！善哉！大丈夫！(寶海)汝所言者，是大珍寶，是大「賢善」(賢明善良)。	善哉，善哉！善丈夫！所願甚善，辯才妙勝。
㊁(寶海)汝成「阿耨多羅三藐三菩提」已，(此)是「袈裟」衣服，能成就此「五聖功德」，作大利益。	㊁(寶海)善丈夫！如是(寶海)汝逮「菩提」已，染服「袈裟」，有此「五聖德」，(能)饒益衆生。
㊂善男子！爾時，大悲菩薩摩訶薩聞(寶藏)佛稱讚已，心生歡喜，踊躍無量。	㊂善男子！時大悲菩薩，彼(寶藏佛)以「受記」。善哉，善哉！歡喜踊躍。
㊃因(寶藏)佛伸此「金色」之臂，「長指」合縵ㄢˋ，其手柔軟，猶如「天衣」。(寶藏佛)摩其(寶海)頭已，(寶海)其身即變，狀如童子「二十歲」人。	㊃以(寶藏)如來，百福莊嚴，柔軟「右手」縵ㄢˋ網，(以)長指觸之(寶海)，(寶海)還成童子，如「年二十」。
㊄善男子！彼會大衆，「天龍、鬼神、乾闥婆」、「人」及「非人」，(衆等皆)叉手恭敬，向大悲菩薩供養，(並)散種種華，乃至「技樂」而供養之。復(作)種種「讚歎」；讚歎已，默然而住。	㊄善男子！爾時一切大衆，「天、乾闥婆、阿修羅、世人」，還叉手住，敬事供養大悲菩薩摩訶薩，(並)以「華香」，乃至「音樂」，供養大悲菩薩摩訶薩，(並)以「妙偈」讚已，就坐。

八－18 寶藏如來將為大悲菩薩宣說「諸三昧門助菩提法清淨門經」

北涼・曇無讖 譯	秦・譯者佚 名

《悲華經》	《大乘悲分陀利經》
《檀波羅蜜品‧第五之一》	《莊嚴品‧第二十二》
壹 ❶善男子！爾時，大悲菩薩(此即寶藏如來之父親寶海梵志，此寶海即是釋迦佛之前生)頭面禮敬寶藏如來，禮佛足已，在於佛前，白(寶藏)佛言： 世尊！所言「諸三昧門 助菩提法 清淨門經」。 齊幾名為「諸三昧門 助菩提法 清淨門經」？(總共有 112 種修學大乘菩薩摩訶薩諸三昧門) ❷云何菩薩「無畏莊嚴」(無所畏莊嚴瓔珞)，(與)「具足(圓滿具足)於忍」？	壹 ❶善男子！爾時大悲菩薩摩訶薩(此即寶藏如來之父親寶海梵志，此寶海即是釋迦佛之前生)，五體禮寶藏如來足已，還坐(寶藏)如來前，問寶藏如來言： 世尊說「菩薩道」，「決定三昧門 (清)淨資用(資憑借用)法門」。 世尊！云何得(圓)滿「三昧門 (清)淨資用(資憑借用)法門」？(總共有 112 種修學大乘菩薩摩訶薩諸三昧門) ❷世尊！善男子、善女人，具何資用(資憑借用)，得住「堅固」？以何「決定三昧門」而自莊嚴？
貳 ①善男子！爾時，彼(寶藏)佛讚大悲菩薩言：善哉！善哉！大悲(菩薩)！汝今所問，甚奇甚特，即是珍寶。 ②能「大利益」無量無邊諸菩薩等。 ③何以故？大悲(菩薩)！汝能問佛如是大事。	貳 ①善男子！彼時寶藏如來‧應供‧正遍知，告大悲菩薩言：善哉，善哉！大悲(菩薩)！所問甚善，辯才極妙。 ②又汝大悲(菩薩)！能為「饒益」多無量「阿僧祇」菩薩摩訶薩故出現。 ③又汝大悲(菩薩)！乃能問於如來如斯之義。

八－19 總共有 112 種「修學大乘菩薩摩訶薩諸三昧門」

北涼‧曇無讖 譯 《悲華經》	秦‧譯者佚 名 《大乘悲分陀利經》
壹大悲(此即寶藏如來之父親寶海梵志，此寶海即是釋迦佛之前生)！汝今諦聽諦聽！若有善男子、善女人，(欲)修行「大乘」(者)：	壹是故，汝大悲(此即寶藏如來之父親寶海梵志，此寶海即是釋迦佛之前生)！善聽！吾當為汝分別說之。大悲(菩薩)！(若有)求「大乘」(之)善

	男子：
1. 有「首楞嚴」(śūrāñgama-samādhi 堅固攝持諸法之三昧)三昧，(若能)入是三昧，(則)能入一切「諸三昧」中。	1. 有三昧名「首楞嚴」(śūrāñgama-samādhi 堅固攝持諸法之三昧)，(若)菩薩住是「三昧」者，(則)能入「諸三昧」。
2. 有「寶印」三昧，(若能)入是三昧，(則)能「印」諸三昧。	2. 有三昧名「寶印」，能「印」諸三昧。
3. 有「師子遊戲」三昧，(若能)入是三昧，(則)於諸三昧能「師子遊戲」。	3. 有三昧名「師子遊戲」，能「遊戲」諸三昧。
4. 有「善月」三昧，(若能)入是三昧，(則)能「照」諸三昧。	4.「妙月」三昧，能「照」諸三昧。
5. 有「幢相」三昧，(若能)入是三昧，(則)能「持」諸三昧幢。	5. 如「淨月幢勝」三昧，能「持」諸三昧幢。
6. 有「出一切法性」三昧，(若能)入是三昧，(則)能「出」一切三昧。	6.「諸法勇(勇健;踊躍)出」三昧，能「踊(高出;超過)出」諸三昧。
7. 有「觀印」三昧，(若能)入是三昧，(則)能「觀」一切三昧「頂」。	7.「觀頂」三昧，能觀諸三昧「頂」。
8. 有「離法界」三昧，(若能)入是三昧，(則)能「分別」諸三昧。	8. 菩薩住「畢法性」三昧，能決定諸法性「畢」。
9. 有「離幢相」三昧，(若能)入是三昧，(則)能「持」一切諸三昧幢。	9.「幢勝」三昧，能「持」諸三昧。
10. 有「金剛」三昧，(若能)入是三昧，(則)能令一切三昧不可「破壞」。	10.「幢金剛」三昧，能「破」諸三昧。
11. 有「諸法印」三昧，(若能)入是三昧，(則)能「印」一切法。	11.「入法印」三昧，能「印」諸法三昧。
12. 有「三昧王善住」三昧，(若能)入是三昧，(則)於諸三昧(能)「安住」如王。	12.「王善住」三昧，能「住」諸三昧如「王住」。
13. 有「放光」三昧，(若能)入是三昧，(則)能「放光明」照諸三昧。	13.「放光」三昧，能「放」諸「三昧光」。
14. 有「力進」三昧，(若能)入是三昧，(則)於諸三昧增進「自在」。	14.「力進」諸三昧，能「進」諸三昧力。
15. 有「正出」三昧，(若能)入是三昧，(則)能「正出」諸三昧。	15.「踊出」三昧，能「踊出」諸三昧。
16. 有「辯辭」三昧，(若能)入是三昧，(則)悉	16.「必入言辭」三昧，能「辯說」諸三昧。

解一切無量「音聲」。	
17.有「語言」三昧，(若能)入是三昧，(則)能「入」一切諸語言中。	17.「釋名字」三昧，能「辯」諸三昧名號。
18.有「觀方」三昧，(若能)入是三昧，(則)悉能「遍觀」諸三昧方。	18.「觀方」三昧，能「觀」諸三昧方。
19.有「一切法」三昧，(若能)入是三昧，(則)能「破」一切法。	19.「破諸法」三昧，能「破」諸法。
20.有「持印」三昧，(若能)入是三昧，(則)「持」諸三昧印。	20.「持印」三昧，能「持」諸三昧印諸法。
21.有「入一切法寂靜」三昧，(若能)入是三昧，(則)令一切三昧入於「寂靜」。	21.「閑靜」三昧，得入諸三昧「閑靜」。
22.有「不失」三昧，(若能)入是三昧，(則)「不忘」一切三昧。	22.「不忘失」三昧，能「不忘失」諸三昧法。
23.有「一切法不動」三昧，(若能)入是三昧，(則)令一切三昧「不動」。	23.「不動」三昧，能住諸三昧「不動」，諸法等說。
24.有「親近一切法海印」三昧，(若能)入是三昧，(則)攝取「親近」一切三昧。	24.「海印」三昧，能「攝」諸三昧，如「大海水」。
25.有「一切無我」三昧，(若能)入是三昧，(則)令諸三昧無有「生滅」。	25.「不輕(不貴重)諸法」三昧，能至諸三昧不輕「生滅」。
26.有「遍覆虛空」三昧，(若能)入是三昧，(則)「遍覆」一切三昧。	26.「遍覆」諸三昧如「虛空」。
27.有「不斷一切法」三昧，(若能)入是三昧，(則)持諸三昧令「不斷絕」。	27.「諸法無斷」三昧，能持諸三昧「無斷」。
28.有「金剛場」三昧，(若能)入是三昧，(則)能「治」一切諸三昧場。	28.「金剛輪」三昧，能「持」諸三昧輪。
29.有「一切法一味」三昧，(若能)入是三昧，(則)能持一切法「一味」。	29.「諸法一味」三昧，能持諸三昧「一味」。
30.有「離樂愛」三昧，(若能)入是三昧，(則)離一切煩惱，及助煩惱。	30.「捨寶」三昧，能捨諸三昧「煩惱」垢。
31.有「一切法無生」三昧，(若能)入是三昧，(則)示一切三昧「無生無滅」。	31.「諸法無生」三昧，能現諸法「無生滅」。
32.有「光明」三昧，(若能)入是三昧，(則)能「照」一切三昧，令其熾明。	32.「顯明」三昧，能以光明「顯照」諸三昧。
33.有「不滅一切法」三昧，(若能)入是三昧，	33.「諸法無滅」三昧，能「破」諸三昧。

(則)不求「一分別」(於)一切三昧。	
34.有「不求」三昧，(若能)入是三昧，(則)「不求」一切諸法。	34.「無是非」三昧，能終不「是、非」；諸三昧法。
35.有「不住」三昧，(若能)入是三昧，(則)於諸法中不住「法界」。	35.「無住相」三昧，能見諸三昧法中「無住相」。
36.有「虛空憶想」三昧，(若能)入是三昧，(則)令諸三昧皆是「虛空」，見其真實。	36.「虛空相」三昧，能見諸三昧如「虛空」，無堅實。
37.有「無心」三昧，(若能)入是三昧，(則)能於一切諸三昧中，滅「心、心數」法。	37.「無心」三昧，能捨諸三昧中「心、心數」法。
38.有「色無邊」三昧，(若能)入是三昧，(則)於一切三昧中，色無邊「光明」。	38.「色無邊」三昧，能「照」諸三昧中「色」。
39.有「淨燈」三昧，(若能)入是三昧，(則)於一切三昧中，能作「燈明」。	39.「無垢燈」三昧，能諸三昧中作「燈」。
40.有「一切法無邊」三昧，(若能)入是三昧，(則)於諸三昧，悉能示現無量「智慧」。	40.「諸法無邊」三昧，能諸三昧中現「無邊」。
41.有「電無邊」三昧，(若能)入是三昧，(則)於諸三昧示現「智慧」。	41.「智無邊明」三昧，能明現諸三昧中「無邊智」。
42.有「一切光明」三昧，(若能)入是三昧，(則)於諸三昧示現「三昧門光明」。	42.「作諸光」三昧，能現諸「三昧門光」。
43.有「諸界無邊」三昧，(若能)入是三昧，(則)於諸三昧示現無量無邊「智慧」。	43.「性無邊」三昧，能現諸三昧，「無邊」通三昧。
44.有「白淨堅固」三昧，(若能)入是三昧，(則)於諸三昧得「空定」。	44.「淨堅」三昧，能逮「空三昧」。
45.有「須彌山空」三昧，(若能)入是三昧，(則)於諸三昧示現「虛空」。	45.「佉彌樓雜」三昧，能現諸「法空」。
46.有「無垢光明」三昧，(若能)入是三昧，(則)於諸三昧除諸「垢穢」。	46.「無垢光」三昧，能除諸三昧中「垢」。
47.有「一切法中無畏」三昧，(若能)入是三昧，(則)於諸三昧示現「無畏」。	47.「諸法無畏」三昧，能於諸三昧現「無著」。
48.有「樂ㄧㄠˋ 樂ㄌㄜˋ」三昧，(若能)入是三昧，(則)於諸三昧悉得「樂ㄧㄠˋ 樂ㄌㄜˋ」。	48.「作樂」三昧，能得諸三昧中，樂諸法實。
49.有「一切法正遊戲」三昧，(若能)入是三昧，(則)於諸三昧示現「無有一切諸色」。	49.「遊戲」三昧，能得現諸三昧中「色」。
50.有「放電光」三昧，(若能)入是三昧，(則)	50.「散明」三昧，能現諸三昧中(艱)難諸法。

於諸三昧示現「放光」。	
51.有「一切法安止無垢」三昧，(若能)入是三昧，(則)於諸三昧示現「無垢智慧」。	51.「無垢著」三昧，能現諸三昧「垢智光」。
52.有「無盡」三昧，(若能)入是三昧，(則)於諸三昧示現「非盡、非不盡」。	52.「盡相」三昧，能現諸三昧中；無「盡、不盡」諸法。
53.有「一切法不可思議清淨」三昧，(若能)入是三昧，(則)於諸三昧示現如「鏡中像」等，不可思議。	53.「不可思議淨」三昧，能現諸法如「影」。
54.有「大光」三昧，(若能)入是三昧，(則)於諸三昧，令「智慧」熾然(熾盛皎然)。	54.「火相」三昧，能然諸三昧中「智」。
55.有「離盡」三昧，(若能)入是三昧，(則)於諸三昧示現「不盡」。	55.「無盡相」三昧，能現諸三昧中「無盡」相。
56.有「不動」三昧，(若能)入是三昧，(則)於諸法中「不動、不受」、無有「輕戲」。	56.「無想」三昧，能於諸法中「無想、無受、無掉(舉)」。
57.有「增益」三昧，(若能)入是三昧，(則)於諸三昧悉見「增益」。	57.「增長」三昧，能見諸三昧中「增長」。
58.有「日燈」三昧，(若能)入是三昧，(則)於諸三昧放「光明」門。	58.「日燈」三昧，能於諸三昧門「放光」。
59.有「月無垢」三昧，(若能)入是三昧，(則)於諸三昧作「月光明」。	59.「月無垢」三昧，能於諸三昧作「明」。
60.有「白淨光明」三昧，(若能)入是三昧，(則)於諸三昧得「四種辯」。	60.「淨影」三昧，能於諸三昧得「四正解」。
61.有「作、不作」三昧，(若能)入是三昧，(則)於諸三昧，「作」與「不作」，示現智相。	61.「作、不作」三昧，能於諸法見「作、不作」智相。
62.有「金剛」三昧，(若能)入是三昧，(則)悉得通達一切諸法，乃至不見如微塵等「障礙」。	62.「如金剛」三昧，能於諸法作「厭」；亦「不見厭」者。
63.有「住心」三昧，(若能)入是三昧，(則)其心「不動」，不受「苦、樂」，不見「光明」，無有「瞋恚」，於此心中，亦復不見此是「心想」。	63.「心住」三昧，能於諸法心「不動、不覺、不照、不惱、不生」，是念此是心也。
64.有「遍照」三昧，(若能)入是三昧，(則)於諸三昧見一切「明」。	64.「普明」三昧，能普見諸三昧「明」。

65.有「善住」三昧，(若能)入是三昧，(則)於諸三昧善能得「住」。	65.「安住」三昧，能諸三昧中；得「安住不動」。
66.有「寶山」三昧，(若能)入是三昧，(則)見諸三昧猶如「寶山」。	66.「寶聚」三昧，能見諸三昧中如「寶聚」。
67.有「勝法印」三昧，(若能)入是三昧，(則)能「印」諸三昧。	67.「妙法印」三昧，能「印」諸三昧法。
68.有「順法性」三昧，(若能)入是三昧，(則)見一切法悉皆「隨順」。	68.「等」三昧，能見諸法「無離」等者。
69.有「離樂」三昧，(若能)入是三昧，(則)於一切法得離「樂著」。	69.「捨喜樂」三昧，能捨諸法中「喜樂」。
70.有「法炬」三昧，(若能)入是三昧，(則)除諸「法闇」。	70.「法炬」三昧，能除諸法中「闇冥」。
71.有「法雨」三昧，(若能)入是三昧，(則)於諸三昧，能雨「法雨」，破壞「著相」。	71.「散相」三昧，能「散」諸法，「破」諸法中(執)「著」。
72.有「(平)等言語」三昧，(若能)入是三昧，(則)於諸法中悉得「眼目」。	72.「字相」三昧，能(於)諸法中得「字相」。
73.有「離語言」三昧，(若能)入是三昧，(則)於諸法中，乃至無有「一言」。	73.「無字相」三昧，能(於)諸法中不得「一字」。
74.有「斷緣」三昧，(若能)入是三昧，(則)斷諸「法緣」。	74.「斷作」三昧，能斷「諸法」中作。
75.有「不作」三昧，(若能)入是三昧，(則)於諸法中不見「作者」。	75.「無作」三昧，能(於)諸法中得「無作」。
76.有「淨性」三昧，(若能)入是三昧，(則)見一切法「自性清淨」。	76.「性淨」三昧，能(於)諸法中得「無思」。
77.有「無障礙」三昧，(若能)入是三昧，(則)於諸法中無有「障礙」。	77.「無相行」三昧，能(於)諸法中不得「相行」。
78.有「離網」三昧，(若能)入是三昧，(則)見諸三昧足，離於「高、下」。	78.「無曚昧」三昧，能「不見」諸三昧行，(超)過「等、不等」。
79.有「集聚一切功德」三昧，(若能)入是三昧，(則)離一切「法集」。	79.「除集諸功德」三昧，能捨諸法中「集住」。
80.有「正住」三昧，(若能)入是三昧，(則)於諸法中，不見有「心」，及「心數」法。	80.「無心」三昧，能(於)諸法中「不得心」。
81.有「覺」三昧，(若能)入是三昧，即能「覺悟」一切諸法。	81.「覺分」三昧，能「覺」諸法。

82.有「念分別」三昧，(若能)入是三昧，(則)於諸法中得「無量辯」。	82.「無量辯」三昧，能(於)諸法中得「阿僧祇辯」。
83.有「淨智覺」三昧，(若能)入是三昧，(則)於一切法得「等、非等」。	83.「智淨相」三昧，能得諸法中(之)「無等、等」。
84.有「智相」三昧，(若能)入是三昧，(則)能「出三界」。	84.「智勝」三昧，能(脫)度一切三界。
85.有「智斷」三昧，(若能)入是三昧，(則)見諸「法斷」。	85.「斷智」三昧，能見諸「法斷」。
86.有「智雨」三昧，(若能)入是三昧，(則)得一切「法雨」。	86.「分別諸法」三昧，能「建」分別諸法。
87.有「無依」三昧，(若能)入是三昧，(則)於諸法中不見「依止」。	87.「無住」三昧，能見諸法「無所依」。
88.有「大莊嚴」三昧，(若能)入是三昧，(則)於諸法中不見「法幢」。	88.「一莊嚴」三昧，能不見「二法」。
89.有「行」三昧，(若能)入是三昧，(則)能見諸法，悉「寂靜」行。	89.「作相」三昧，能(於)諸法中不見「作相」。
90.有「一切行離一切有」三昧，(若能)入是三昧，(則)於諸法中「通達」解了。	90.「一切作一切處散」三昧，能入一切「法作相智」，所可入「無所受」。
91.有「俗言」三昧，(若能)入是三昧，(則)能解「俗言」。	91.「等相辭入」三昧，能入「諸辭」(平)等相中「音聲」。
92.有「離語言無字」三昧，(若能)入是三昧，(則)於諸法中，悉得解了，無有「語言」。	92.「字解脫」三昧，能見諸法中「字解脫」。
93.有「智炬」三昧，(若能)入是三昧，(則)於諸法中能作「照明」。	93.「智炬相」三昧，能以「光明」照諸三昧。
94.有「智勝相吼」三昧，(若能)入是三昧，(則)於諸法中，示現「淨相」。	94.「妙智相奮迅」三昧，能現諸法「淨相」。
95.有「通智相」三昧，(若能)入是三昧，(則)於諸法中，悉見「智相」。	95.「破相」三昧，能見諸法「破相」。
96.有「成就一切行」三昧，(若能)入是三昧，(則)於諸法中成就「一切行」。	96.「諸作妙相」三昧，能得諸法三昧中；諸「妙作相」。
97.有「離苦樂」三昧，(若能)入是三昧，(則)於諸法中，無所「依止」。	97.「捨諸苦樂」三昧，能見諸法「無所依」。
98.有「無盡行」三昧，(若能)入是三昧，(則)見諸法「無盡」。	98.「無盡相」三昧，能不見諸法中「盡」。

99.有「陀羅尼」三昧，(若能)入是三昧，(則)於諸三昧能「持」法相，不見「邪、正」。	99.「陀羅尼句」三昧，能「持」諸三昧，諸法不見「邪、正」。
100.有「無憎愛」三昧，(若能)入是三昧，(則)於諸法中不見「憎、愛」。	100.「除逆順」三昧，能諸法中不見「逆、順」。
101.有「淨光」三昧，(若能)入是三昧，(則)於「有為法」不見是「垢」。	101.「無垢光」三昧，能(於)諸三昧中；不見「有為垢」。
102.有「堅牢」三昧，(若能)入是三昧，(則)不見諸法有「不堅牢」。	102.「必堅」三昧，能(於)諸法中；得「無不堅」。
103.有「滿月淨光」三昧，(若能)入是三昧，(則)悉能具足「成就功德」。	103.「滿月淨」三昧，能滿諸三昧「功德」。
104.有「大莊嚴」三昧，(若能)入是三昧，(則)於諸三昧，悉見成就「無量莊嚴」。	104.「大莊嚴」三昧，能於諸三昧，具「大莊嚴」。
105.有「一切世光明」三昧，(若能)入是三昧，(則)於諸三昧，以「智」照明。	105.「一切世光」三昧，能以「智」照諸法三昧。
106.有「一切等照」三昧，(若能)入是三昧，(則)於諸三昧，悉得「一心」。	106.「等明」三昧，能(於)諸三昧中；得「第一淨」。
107.有「淨無淨」三昧，(若能)入是三昧，(則)於諸三昧，不見「淨、不淨」。	107.「無諍」三昧，能(於)諸法中；得「無諍」。
108.有「無宅」三昧，(若能)入是三昧，(則)不見諸三昧「舍宅」(喻住處)。	108.「無住處樂」三昧，能(於)諸法中；不得「住處」。
109.有「如爾」三昧，(若能)入是三昧，(則)於諸法中不見「作」與「不作」。	109.「如住無心」三昧，能(於)諸法中；如「住」不退。
110.有「無身」三昧，(若能)入是三昧，(則)於諸法中不見「有身」。	110.「除身穢」三昧，能(於)諸法中；不得身(不見有「身相」)。
111.諸菩薩得如是等諸三昧門，「口業」清淨如「虛空」。	111.菩薩得「除語穢虛空相」三昧，能(於)諸法中；不得「語業」。
112.於諸法中不見「口業」，猶如「虛空」，無有「障礙」。	112.菩薩住「虛空無染著」三昧，能逮諸法，「虛空」無數。
㊁大悲！是名「修學大乘菩薩摩訶薩諸三昧門」。	㊁是名「求大乘菩薩決定三昧門」。

《悲華經》第九卷

九－1 一位修行的「大菩薩」需要「資憑借用」這 40 種無量的清淨功德，此是能益助我們修「菩提道」的一種法門

北涼・曇無讖 譯 《悲華經》	秦・譯者佚 名 《大乘悲分陀利經》
《檀波羅蜜品・第五之二》	
㊀善男子！云何「菩薩摩訶薩 助菩提法清淨之門」？(一位修行的大菩薩需要總集這 40 種無量的清淨功德，此是能益助我們修菩提道的一種法門)	㊀何謂「菩薩摩訶薩 資用(資憑借用)法門」？(一位修行的大菩薩需要資憑借用這 40 種無量的清淨功德，此是能益助我們修菩提道的一種法門)
㊁善男子！	㊁善男子！
(底下是六度波羅蜜的全部內容)	(底下是六度波羅蜜的全部內容)
❶「布施」即是助菩提法，化眾生故。	❶菩薩摩訶薩有「施」資用(資憑借用)，得「勸進」。
❷「持戒」即是助菩提法，具足善願故。	❷菩薩(以)「戒」資用(資憑借用)，得「滿願」。
❸「忍辱」即是助菩提法，具足「三十二相、八十隨形好」故。	❸菩薩(以)「忍」資用(資憑借用)，得「調心」。
❹「精進」即是助菩提法，於諸眾生「勤教化」故。	
❺「禪定」即是助菩提法，令心具足得「調伏」故。	
❻「智慧」即是助菩提法，具足能知諸「煩惱」故。	❻菩薩「慧」資用(資憑借用)，得知諸結使(煩惱)。
(底下講「多聞、福德功德、智慧」的內容)	(底下講「多聞、福德功德、智慧」的內容)
❼「多聞」即是助菩提法，於諸法中具「無礙」故。	❼菩薩「聞」資用(資憑借用)，得阿僧祇「辯」。
❽一切「功德」即是助菩提法，一切眾生得「具足」故。	❽菩薩「福」資用(資憑借用)，得饒益眾生。
❾「智業」即是助菩提法，得具足「無礙智」	❾菩薩「智」資用(資憑借用)，得阿僧祇「智」。

故。	
(底下講「止、觀」的內容)	(底下講「止、觀」的內容)
⑩「修定」(定。止息一切外境與妄念)即是助菩提法，悉得成就「柔軟心」故。 ⑪「慧業」(慧。生起智慧以觀般若)即是助菩提法，遠離一切諸「疑惑」故。	⑩菩薩「止」(śamatha 奢摩他;寂;定。止息一切外境與妄念)資用(資憑借用)，得成「作心」。 ⑪菩薩「觀」(vipaśyanā 毘婆舍那;照;慧。生起智慧以觀般若)資用(資憑借用)，得無「是非」。
(底下是四無量心的全部內容)	(底下是四無量心的全部內容)
⑫「慈心」即是助菩提法，於諸衆生，心「無礙」故。 ⑬「悲心」即是助菩提法，拔出衆生「諸苦」故。 ⑭「喜心」即是助菩提法，受「樂法」故。 ⑮「捨心」即是助菩提法，斷「憎、愛」故。	⑫菩薩「慈」資用(資憑借用)，得「無礙心」。 ⑬菩薩「悲」資用(資憑借用)，得化衆生「無厭」。 ⑭菩薩「喜」資用(資憑借用)，得「樂」法喜。 ⑮菩薩「捨」資用(資憑借用)，得捨「愛、憎」。
(底下講「聽法、出家修道、住阿蘭若」的內容)	(底下講「聽法、出家修道、住阿蘭若」的內容)
⑯「聽法」即是助菩提法，斷「五蓋」(貪欲、瞋恚、睡眠、掉悔、疑)故。 ⑰「出世」即是助菩提法，捨「諸所有」故。 ⑱「阿蘭若」(araṇya)即是助菩提法，離諸怱(古同「匆」→匆冗)務(塵務)故。 (「阿蘭若」是指適合修道人所居住的「僻靜場、寂靜、最閑、無諍」之處所。也就是遠離「繁囂」城市的一種「僻靜」修行「環境」。在這種「環境」下修行，「五欲」的「誘惑因」很少，所以「不善業、造惡」的機會就會減少。相對的，也容易增長「善業」)	⑯菩薩「聽法」(dharma-śrāvaṇa 聽法)資用，得捨「蓋」(貪欲、瞋恚、睡眠、掉悔、疑)障。 ⑰菩薩「出家」資用，得捨「一切有為」。 ⑱菩薩「閑居」(araṇya)資用，得「不失作業」。
(底下講「專念、正意、思惟」的內容)	(底下講「專念、正意、思惟」的內容)
⑲「專念」即是助菩提法，得「陀羅尼」故。 ⑳「正憶」(思憶想念)即是助菩提法，(能)分別(諸法之)意識故。 ㉑「思惟」即是助菩提法，於諸法中得「成就義」故。	⑲菩薩(專)「念」資用，得「陀羅尼」。 ⑳菩薩(正)「意」資用，以得「意解」。 ㉑菩薩「至」(「至」古通「志」，作「想念、意志」解)資用，得「覺至議」(覺悟至最高不可思議之境)。

(底下是三十七道品的全部內容)	(底下是三十七道品的全部內容)
㉒(四)「念處」即是助菩提法，「身、受、心、法」覺分別故(觀身不淨、觀受是苦、觀心無常、觀法無我)。	㉒菩薩(四)「念處」資用，得覺「身、受、心、法」(觀身不淨、觀受是苦、觀心無常、觀法無我)。
㉓(四)「正勤」(①已生惡令永斷，而勤精進。②未生惡令不生，而勤精進。③未生善令生，而勤精進④已生善令增長，而勤精進)即是助菩提法，斷「不善法」，修「善法」故。	㉓菩薩(四)「正捨」(①已生惡令永斷，而勤精進。②未生惡令不生，而勤精進。③未生善令生，而勤精進④已生善令增長，而勤精進)資用，得捨諸「不善法」，修諸「善法」。
㉔(四)「如意足」(①欲如意足：希慕所修之法能如願滿足。②精進如意足：於所修之法，專注一心，無有間雜，而能如願滿足。③念如意足：於所修之法，記憶不忘，如願滿足。④思惟如意足：心思所修之法，不令忘失，如願滿足)即是助菩提法，「身心輕利」故。	㉔菩薩(四)「神足」(①欲如意足：希慕所修之法能如願滿足。②精進如意足：於所修之法，專注一心，無有間雜，而能如願滿足。③念如意足：於所修之法，記憶不忘，如願滿足。④思惟如意足：心思所修之法，不令忘失，如願滿足)資用，得「輕身心」。
㉕「諸(五)根」(①信根。②精進根。③念根。④定根。⑤慧根)即是助菩提法，得一切衆生「根具足」故。	㉕菩薩(五)「根」(①信根。②精進根。③念根。④定根。⑤慧根)資用，得滿一切「衆生根」。
㉖「諸(五)力」(①信力。②精進力。③念力。④定力。⑤慧力)即是助菩提法，具足能壞「諸煩惱」故。	㉖菩薩「(五)力」(①信力。②精進力。③念力。④定力。⑤慧力)資用，得伏一切「結使」(煩惱)。
㉗「諸(七)覺」即是助菩提法，於諸法中具足「覺知實法相」故。	㉗菩薩「(七)覺分」資用，得「覺法寶」，菩薩得生「天上」。
㉘「(八)正道」即是助菩提法，遠離一切諸「邪道」故。	㉘菩薩「(八)正解」資用，得釋一切衆生「疑」。
㉙(四)「聖諦」即是助菩提法，斷滅一切「諸煩惱」故。	
㉚「四辯」即是助菩提法，得斷衆生諸「疑惑」故。	
㉛「緣念」(緣自性之念)即是助菩提法，不從「他聞」，得「智慧」故。	㉛菩薩「無依」(無所依住於外)資用，得「自然智」。
㉜「善友」即是助菩提法，一切「功德」特	㉜菩薩「善知識」資用，得一切「功德」門。

成就故。	
㉝「發心」即是助菩提法，成就「不誑」諸衆生故。	㉝菩薩(心)「志」資用，得不離「一切世」。
㉞「用意」即是助菩提法，出「一切法」故。	㉞菩薩「作(意)」資用，得「辯」諸作。
㉟「專心」即是助菩提法，增益「善法」故。	㉟菩薩「(專)至(心)志」資用，得至「殊勝」。
㊱「思惟」善法，即是助菩提法，隨所聞法，得成就故。	㊱菩薩「思惟」資用，得具修如「所聞法」。
㊲「攝取」即是助菩提法，成就「教化」諸衆生故。	㊲菩薩「攝物」資用，得「勸進」衆生。
㊳護持「正法」，即是助菩提法，令「三寶種」不斷絕故。	㊳菩薩攝「正法」資用，得不斷「三寶種」。
㊴「善願」即是助菩提法，成就「嚴淨」佛世界故。	㊴菩薩解「方便迴向」資用，得佛土淨。
㊵「方便」即是助菩提法，速得成就「一切智」故。	㊵菩薩「方便」資用，得滿「薩婆若智」(sarvajña 一切智)。
㊂善男子！是名「菩薩摩訶薩 助菩提法清淨門經」。(一位修行的大菩薩需要總集這 40 種無量的清淨功德，此是能益助我們修菩提道的一種法門)	㊂善男子！是名「菩薩摩訶薩 淨資用法門」。(一位修行的大菩薩需要資憑借用這 40 種無量的清淨功德，此是能益助我們修菩提道的一種法門)

九－2 云何菩薩能具足「無所畏莊嚴瓔珞」與「具足於忍」？

北涼・曇無讖 譯 《悲華經》	秦・譯者佚 名 《大乘悲分陀利經》
㊀善男子！爾時，寶藏如來四顧遍觀「菩薩」大衆，告大悲(此即寶藏如來之父親寶海梵志，此寶海即是釋迦佛之前生)言：大悲！云何菩薩以「無所畏莊嚴瓔珞」，(與)「具足於忍」？	㊀復次，善男子！時寶藏如來又觀「菩薩大衆已，告大悲菩薩摩訶薩(此即寶藏如來之父親寶海梵志，此寶海即是釋迦佛之前生)言：大悲！於中以何「無畏莊嚴」？
㊁	㊁
❶善男子！若菩薩見「第一義」，得「無癡」	❶菩薩摩訶薩得「莊嚴滿忍」，觀「第一

精進，不著「三界」。	義」，菩薩摩訶薩得「無礙」作，一切三界「無為心」。
❷若不著三界，是謂三昧，「無畏(三昧)沙門」之法。	❷於諸衆生，心亦「無為」，是「無畏三昧沙門」法。
❸如空中動手，悉無所著，又觀諸法，不見「相貌」。	❸其有一切法中，心如虛空，平如掌者。
大悲(菩薩)！是名菩薩摩訶薩以「無所畏莊嚴瓔珞」。	大悲(菩薩)！是名菩薩摩訶薩「無畏莊嚴」。
㊂	㊂
⑴善男子！云何菩薩「具足(具足圓滿)於忍」？	⑴又何謂「滿忍」(圓滿於忍)？
⑵如是菩薩住於法時，不見諸法如「微塵」相貌，「逆、順」觀行，於諸法中解「無果報」。(底下共有37點，能修圓滿之「忍辱」行)	⑵彼如是者，於中不見得法「可覺、可知」，解「無(果)報法」。(底下共有37點，能修圓滿之「忍辱」行)所謂：
(底下是四無量心的全部內容)	(底下是四無量心的全部內容)
❶於所習「慈」，了無有「我」。	❶說「慈」，無「我」。
❷於所習「悲」，了無「衆生」。	❷「悲」，無「衆生」。
❸於所習「喜」，了無有「命」。	❸「喜」，無「命」。
❹於所習「捨」，了無有「人」。	❹「捨」，無「人」。
㊃	㊃
(底下講「六度」的內容)	(底下講「六度」的內容)
❺雖行「布施」，不見「施物」。	❺「施」，謂調心。
❻雖行「持戒」，不見「淨心」。	❻「戒」，靜心。
❼雖行「忍辱」，不見「衆生」。	❼「忍」，善心。
❽雖行「精進」，無「離欲心」。(無「離、不離」，一念不生，遠離能所，就是真正之大精進)	❽「進」，勤心。
❾雖行「禪定」，無「除惡心」。	❾「禪」，滅心。
❿雖行「智慧」，心「無所行」。	❿「慧」，無行心。
(底下是三十七道品的部份內容)	(底下是三十七道品的部份內容)

⓫雖行(四)「念處」(觀身不淨、觀受是苦、觀心無常、觀法無我)，不見「思惟」。	⓫(四)「念處」，無念「思惟」心。
⓬雖行(四)「正勤」(①已生惡令永斷，而勤精進。②未生惡令不生，而勤精進。③未生善令生，而勤精進④已生善令增長，而勤精進)，不見心之「生、滅」。	⓬(四)「正捨」(①已生惡令永斷，而勤精進。②未生惡令不生，而勤精進。③未生善令生，而勤精進④已生善令增長，而勤精進)，無「生、滅」心。
⓭雖行(四)「如意足」(①欲如意足：希慕所修之法能如願滿足。②精進如意足：於所修之法，專注一心，無有間雜，而能如願滿足。③念如意足：於所修之法，記憶不忘，如願滿足。④思惟如意足：心思所修之法，不令忘失，如願滿足)，不見「無量心」。	⓭(四)神足(①欲如意足：希慕所修之法能如願滿足。②精進如意足：於所修之法，專注一心，無有間雜，而能如願滿足。③念如意足：於所修之法，記憶不忘，如願滿足。④思惟如意足：心思所修之法，不令忘失，如願滿足)，無「量心」。
(五根：①信根。②精進根。③念根。④定根。⑤慧根)	(五根：①信根。②精進根。③念根。④定根。⑤慧根)
⓮雖行於「信」，不見「無障礙心」。	⓮「信」，無數心。
⓯雖行於「念」，不見「心得自在」。	⓯「念」，自然心。
⓰雖行於「定」，不見「入定心」。	⓰「三昧」，無三昧心。
⓱雖行於「慧」，不見「慧根」。	⓱「慧根」，無根心。
⓲雖行諸(五)力，無所「破壞」。	⓲(五)力，無「伏心」。
⓳雖行諸(七)覺，心無「分別」。	⓳(七)覺分，破意心。
⓴雖行(八)正道，不見諸法(可得)。	⓴(八)道，無「修心」。
(底下講「止、觀、四聖諦」的內容)	(底下講「止、觀、四聖諦」的內容)
㉑雖行「定」業，不見心之「寂靜」。	㉑止，滅「心」。
㉒雖行「慧」業，不見心之「所行」。	㉒觀，無「失心」。
㉓雖行(四)聖諦，不見「通達法相」。	㉓修(四)聖諦，永「斷、修」心(四聖諦的「苦集滅道」是依次要「知、斷、修、證」的)。
(底下講「念三寶」的內容)	(底下講「念三寶」的內容)
㉔雖修「念佛」，不見「無量行」心。	㉔(雖)思念「佛」，(但仍修)無量相(之)心。
㉕雖修「念法」，心等「法界」。	㉕(雖)思念「法」，(但)法性「(平)等心」。
㉖雖修「念僧」，心「無所住」。	㉖(雖)思念「僧」，(但)無「住心」。
㉗(雖)「教化」眾生，(但)心得清淨。	㉗(雖教)「化」眾生，(但得)極「淨心」。
㉘雖持「正法」，(但)於諸法界，心不分別。	㉘(雖)「攝」正法，(但於)法性無「破」(壞)心。

㉙雖修「淨土」，(但)其心平等，猶如虛空。	㉙(雖修純)淨佛土，(但心平)等(如)虛空心。
㉚雖修「相好」，(但)心「無諸相」。	㉚(雖修圓)滿相(好)，(但心仍住於)「無相」心。
㉛雖得「忍辱」，(但)心「無所有」。	㉛(雖修)得忍(辱)，(但心乃)「無得」心。
㉜雖「住不退」，(但)常自不見「退」與「不退」。	㉜(雖已住)「無退轉地」，(但實)無「退、不退」心。
㉝雖「行道場」，(但)解了三界，無有「異相」(一切平等)。	㉝(雖有)莊嚴道場心，(但)三界場(皆)心(所造)。
㉞雖(行)「壞諸魔」，(但此)乃是利益無量眾生。	㉞(雖)於一切眾生(有)「降魔心」；(但仍)攝(受)一切眾生心。
㉟雖「行菩提」，(但)觀諸「法空」，無「菩提心」(之執著)。	㉟(雖行)菩提，(於)一切法(平)等，無「覺心」。
㊱雖「轉法輪」，(但)於一切法，無「轉」、無「還」。	㊱(雖)轉法輪，(但於)一切法無「轉心」。
㊲雖復示現大「般涅槃」，(但)於生死中，心(平)等「無異」。	㊲(雖)現大「般涅槃」，(但於)生死，實等(眞實平等)心。
㈤是名菩薩「具足於忍」(以上共有 37 點，能修圓滿之「忍辱」行)。	
㈥說是法時，有「六十四億」菩薩摩訶薩從「十方」來，至耆闍崛山(Gṛdhra-kūṭa)釋迦牟尼佛所，聽此「本緣三昧 助菩提法清淨門經」，聞是法已，得「無生忍」。	㈥說是法時，六十四百千菩薩，於十方來詣耆闍崛山(Gṛdhra-kūṭa)釋迦牟尼如來所，為聽「本事決定三昧門(清)淨資(資憑借用)用法門」故，彼皆得「無生法忍」。

九－3 大悲菩薩於寶藏佛所，受持「數十億」之「法聚」

北涼・曇無讖 譯 《悲華經》	秦・譯者佚 名 《大乘悲分陀利經》
㈠爾時，釋迦牟尼佛告諸大眾：汝今當知，寶藏如來於往古世，說是法時， ①(有)有四十八「恒河沙」等菩薩摩訶薩得「無生忍」。	㈠時釋迦牟尼如來告大眾言：諸善男子！寶藏如來・應供・正遍知，說是法時， ①(有)四十八「恒河沙」數菩薩摩訶薩，得「無生法忍」。

②(有)四天下「微塵數」等菩薩摩訶薩住「不退轉」地。 ③(有)一「恒河沙」等菩薩摩訶薩，得此「本緣三昧 助菩提法清淨門經」。	②(有)四天下「微塵數」菩薩摩訶薩，得「不退轉」地。 ③(有)「恒河沙」數菩薩摩訶薩，得具滿足「決定三昧門 (清)淨資用(資憑借用)法門清淨智慧」。
㊁善男子！爾時，大悲菩薩(此即寶藏如來之父親寶海梵志，此寶海即是釋迦佛之前生)聞是法已，心生歡喜，即得「變身」，其狀猶如「年二十」(年紀二十歲)人，追隨(寶藏)如來，猶(如)影隨形。	㊁善男子！時大悲菩薩摩訶薩，以(因爲)彼歡喜，(所以)變成童子如「年二十」(年紀二十歲)，(跟)從寶藏如來(之)後，如影隨形。
㊂善男子！爾時，(無諍念)「轉輪聖王」及其「千子」，(及)「八萬四千」小王，(與)「九十二億」人，悉共出家，奉持「禁戒」，修學「多聞、忍辱、三昧」，勤行「精進」。	㊂善男子！彼時無量淨王，與其「千子」、(與)「八萬四千」諸小國王，及餘「九十億」衆生俱，「出家」為道，奉持「禁戒」，(修)「學問、修禪」。
㊃善男子！爾時，大悲菩薩摩訶薩，漸漸從(寶藏)佛(所)。 ❶諮受(諮法聽受)「聲聞」所有「八萬四千」法聚。 ❷(及)「緣覺」所有「九萬」法聚。 ❸受持諷誦，悉令「通利」(通暢;無阻礙;無有忘失)。	㊃善男子！爾時大悲菩薩摩訶薩，漸漸從寶藏如來所。 ❶誦八萬四千部，說「聲聞乘」法。 ❷誦九萬部，說「辟支佛乘」法。 ❸誦百千部，說「無上大乘」。
❹大乘法藏(之)「身念處」(觀身不淨)中，(有)十萬法聚。 ❺「受念處」(觀受是苦)中，(有)十萬法聚。 ❻「心念處」(觀心無常)中，(有)十萬法聚。 ❼「法念處」(觀法無我)中，(有)十萬法聚。悉皆受持，讀誦「通利」(通暢;無阻礙;無有忘失)。	❹百千「身念處」(觀身不淨)。 ❺百千「受念處」(觀受是苦)。 ❻百千「心念處」(觀心無常)。 ❼百千「法念處」(觀法無我)。
❽(於)「十八界」中，(有)十萬法聚。 ❾(於)「十二入」中，(有)十萬法聚。	❽百千部(十八)「界」。 ❾百千部(十二)「入」。

❿斷除「貪欲」，(有)十萬法聚。 ⓫斷除「瞋恚」，(有)十萬法聚。 ⓬斷除「愚癡」，(有)十萬法聚。	❿百千部「捨貪欲」使(煩惱)。 ⓫百千部「捨瞋恚」使(煩惱)。 ⓬百千部「捨愚癡」因緣生。
⓭「三昧解脫」，(有)十萬法聚。 ⓮「諸(十)力、(四)無畏」(之)不共之法，(有)十萬法聚。	⓭百千部「三昧解脫」。 ⓮百千部「(十)力、(四)無畏」(之)佛不共法。
如是等「十億」法聚，(大悲菩薩)皆悉受持，讀誦「通利」(通暢;無阻礙;無有忘失)。	乃至(於)寶藏如來所，(大悲菩薩)受(持)「百萬部法」而誦讀之。

九－4 寶藏佛入「般涅槃」後，大悲菩薩於七日後，便與八萬四千人，俱共「出家」修行，最後大悲菩薩勸教度化了無量百千萬億眾生

北涼‧曇無讖 譯 《悲華經》	秦‧譯者佚 名 《大乘悲分陀利經》
㊀善男子！其後彼(寶藏)佛入「般涅槃」。	㊀乃至異時，彼寶藏如來‧應供‧正遍知，入「無餘涅槃」。
㊁爾時，大悲菩薩摩訶薩(此即寶藏如來之父親寶海梵志，此寶海即是釋迦佛之前生)以無量無邊種種「諸華、末香(cūrṇa 粖香;被擣碎呈粉末狀之香)、塗香(vilepana 以香塗身;塗妙香)、寶幢ㄔㄨㄤˊ、幡ㄈㄢ蓋、珍寶、妓樂」，而以供養(寶藏佛)，以種種「香積」以為積ㄐㄧˋ(積聚薪木)。	㊁善男子！彼時大悲菩薩摩訶薩，以種種若干無量「阿僧祇」(之)「音樂、華鬘、末香(cūrṇa 末香;被擣碎呈粉末狀之香)、塗香(vilepana 以香塗身;塗妙香)、幢ㄔㄨㄤˊ蓋、幡ㄈㄢ麾ㄏㄨㄟ」，及餘「雜寶」，而供養之(寶藏佛之舍利)。
㊂(對寶藏佛)闍維(jhāpita 荼毘;燒身;火葬)其身，收取「舍利」，起七寶塔，高五「由旬」，縱廣正等，滿一「由旬」。	㊂(並對寶藏佛)以種種(之)「闍維」(jhāpita 荼毘;燒身;火葬)訖，以「舍利」起七寶塔，高五「由旬」，縱廣半「由旬」。
㊃(並)於七日中，復以種種無量無邊「華香、妓樂、寶幢ㄔㄨㄤˊ、幡ㄈㄢ蓋」，而供養	㊃(並)於七日中，以無量「阿僧祇」(之)「音樂、華鬘、末香(cūrṇa 粖香;被擣碎呈粉末狀

之(寶藏佛之舍利)。爾時，復令無量無邊眾生，安止住於「三乘」法中。	之香)、塗香(vilepana 以香塗身;塗妙香)、幢ㄔㄨㄤˊ蓋、幡ㄈㄢ麾ㄏㄨㄟ，及餘「雜寶」供養(寶藏佛之舍利)已，又即於彼，(度)化無量「阿僧祇」眾生，令住「三乘」。
㊄善男子！大悲菩薩(於寶藏佛入涅槃後)過七日已，(便)與八萬四千人，俱共「出家」，剃除「鬚髮」，著染「袈裟」。(大悲菩薩)於寶藏佛「般涅槃」後，隨順等心，(繼續護持)熾然(熾盛皎然之)「正法」，(共)滿「十千歲」(1 萬年)。	㊄彼(於寶藏佛入涅槃後)竟七日後，(大悲菩薩便)與八萬四千人，俱共「出家」，剃除鬚髮，而被「法服」，「正法」堅固，皆如法已。(大悲菩薩於)寶藏如來「般涅槃」後，(繼續)護持「正法」，興顯道化，(共)滿「十千歲」(1 萬年)。
㊅(大悲菩薩)復令(有)無量無邊「阿僧祇」眾生，安止住於「三乘」法中，及「三歸依、五戒、八齋、沙彌十戒」，(以及)次第具足「大僧淨行」(指具足大戒)。	㊅(大悲菩薩於)其中勸化(勸教度化)無量「阿僧祇」眾生，令住「三乘」，有住「三歸依」，有住「優婆塞戒」，有住「沙彌戒」，有具修「比丘」梵行(者)，(皆)令住其中。
㊆(大悲菩薩)復更勸化(勸教度化)無量百千萬億眾生： ❶安止住於「神通方便」(及)「四無量行」。 ❷令觀「五陰」，猶如「怨賊」。 ❸觀於諸(十二)「入」，如「空聚落」。 ❹觀「有為法」，從「因緣」生。 ❺勸化(勸教度化)眾生，令得「知見」。 ❻觀一切法，如「鏡中像」，如「熱時炎」，如「水中月」。 ❼於諸法中，皆知「無我、無生、無滅」，第一寂靜，微妙涅槃。 ❽復令無量無邊眾生，安止住於「八聖道」中。	㊆彼(大悲菩薩復)令多億「那由他」百千眾生： ❶得「善神通」，修住「梵行」(四梵處之心)。 ❷令知(五)「陰」如「怨」(賊)。 ❸(觀十二)「入」如「空聚」。 ❹又令得知「因緣」生「諸有為」。 ❺(勸眾生，令得)「知見」。 ❻現一切法「無我」，如「影、野馬」，如「水中月」。 ❼現「無生、無滅」，無續「永滅」，靜寂惔ㄉㄢˋ怕(即淡泊安靜聲。《新集藏經音義隨函錄・卷二十八》云:「淡泊……安靜也。正惔怕也」)，極妙滅盡，真實涅槃。 ❽令其知之住「八聖道」已。
㊇	㊇

①作如是等大利益已，(大悲菩薩)即便命終。 ②尋時復有無量無邊百千諸人，以種種供養，供養大悲比丘(之)「舍利」，其所供養，悉如(供養)「轉輪聖王」之法，如是大衆(以)種種供養大悲(之)舍利，亦復如是。	①時彼大悲大沙門，即便「命終」已。 ②衆生雲集，如是供養(大悲菩薩之)「舍利」，猶如供養「轉輪聖王」(之)舍利也。
㊈大悲比丘(其)命終之日，(則)寶藏如來(之)所有「正法」，(亦)即於其日，(同步)滅盡(而)無餘。	㊈爾時如是供養大悲大沙門(之)舍利已，其命終(之)日，(亦即是)寶藏如來「正法」亦滅(之日)。
㊉彼諸菩薩以(其)「本願」故，(或願)生「諸佛土」，或(願)生「兜術」、(或願生)人中、(或願生)龍中，或(願生)夜叉中、或(願生)阿修羅，(或願)生於種種「畜生」之中。	㊉彼諸菩薩摩訶薩，各隨(其)「本願」，生「他方(世)界」，有隨願(而)生「兜率陀」天，有(願)生「人」中，有(願)生「龍」中，有(願)生「夜叉」中，有(願)生「阿修羅」中，有隨願(而)受種種「畜生」。

九－5 大悲比丘命終後轉世至歡喜世界，作強力旃陀羅，並令國王及諸眷屬，盡形壽皆住「九善業」

北涼・曇無讖 譯 《悲華經》	秦・譯者佚 名 《大乘悲分陀利經》
	《眼施品・第二十三》
㊀善男子！大悲比丘(於)命終之後，以(其)「本願」故，「南方」去此(有)「十千」(一萬)佛土，有佛世界，名曰歡喜。	㊀善男子！時大悲大沙門(於)命終已，以(其)「本願」故，(轉)生於「南方」，去此佛土，過「十千」(一萬)佛剎，有世界名集穢。
㊁彼中人民，壽(只)「八十歲」，(但)集聚一切諸「不善根」，憙為「殺害」，安住「諸惡」，於諸衆生，無「慈悲心」，不孝父母，乃至不畏「未來」之世(之因果業報)。	㊁其中世人，壽(只)「八十歲」，(但)集「不善根」、凶害手血，樂作「衆惡」，於諸衆生，無有「憐愍」，無父無母，乃至不畏「後世」(果報)。

㊂大悲比丘，(使)以(其)「本願」故，(便轉)生(至)彼(歡喜)世界(之)「旃陀羅」(caṇḍāla→屠宰、漁獵之穢家)家。(但轉世後其)所受身體，(反而是)長大「端正」，力勢剛強，威猛勇健，專念問答，辯才捷疾，如是諸事，悉勝於人。	㊂其(大悲)大沙門，(使)以(其)「本願」故，生集穢剎(世界之)「旃陀羅」(caṇḍāla→屠宰、漁獵之穢家)家。(但轉世後反而獲)巨身甚長，有極「大力」，所為「迅速」，「念力」極大，(具)「才辯」(口才辯辭)難折(他人難以折服)，衆行悉備。
㊃(已轉世之強力旃陀羅便)以強「力勢」，「逼捉」諸(惡)人，(並對諸惡眾生)作如是言：汝今若能受「不盜戒」，乃至遠離種種「邪見」，行「正見」者，(我)當施汝(性)命，(並)給汝所須(種種)資產之物，令(你)無所乏。若(你)不(接)受者，我今要當斷汝「命根」，然後乃(離)去。	㊃彼(已轉世之強力旃陀羅便)以「強力」，疾攝衆生，而告之言：咄！汝衆生！能斷「竊盜、邪婬」，乃至能斷「邪見」者，我當賜汝等(性)命，及養身(所)具(之物)。若不止(停止這些惡行)者，我當斷汝等「命」，斷(命)已，更至(其)餘(之)處。
㊄爾時，諸(罪)人長跪叉手，作如是言：(強力旃陀羅)仁者！今已為我「調御」，如仁所勑ㄔ(勅命)，我今授持，盡其壽命，不復「偷盜」，乃至(行)「正見」，亦復如是。	㊄彼時(罪惡)衆生，叉手合掌，同聲白言：若(你能救)濟我(之)命，(我)當隨(強力旃陀羅)汝教，盡斷「殺、盜」，乃至「邪見」。
㊅爾時，強力旃陀羅往至(國)王所，或大臣所，作如是言：	㊅彼時強力旃陀羅，往語(國)王及王子、群臣、百官言：
我今困乏「資產」之具，所謂「飲食、醫藥、衣服、臥具、香華、金銀、錢貨、真珠、琉璃、珂ㄜ貝(白珂貝螺)、璧玉、珊瑚、虎珀、真寶、偽寶」。若我(能)得此種種物已，(並)持(之布)施(於)衆生。	我須(生活上的)「養命」之具，若飲、若食，若佉ㄑ闍(khādanīya 珂但尼;佉陀尼;佉闍尼。嚼食，需經咀嚼而後吞食之硬食。有根、莖、葉、花、果五種名「五不正食」，食後不易有飽足感)、蒱ㄆ闍(pañca-bhojanīya 蒲繕尼食;五噉食;五正食，屬於五種正食之「飯、麥豆飯、麵、肉、餅」，食後有飽足感)，若薜夜(?未詳)、梨舍(?未詳)、衣服、臥具、種種塗香(vilepana 以香塗身;塗妙香)，金、銀、摩尼、真珠、琉璃、車璩ㄑ、馬瑙、珊瑚、琥珀具及玫瑰，我(尊)用與此(施與)衆生。

㊅爾時，國王大臣，即與(強力旃陀羅)種種(生活)「所須」之物，令其充足。	㊅時(國)王、群臣，多與(強力旃陀羅)「養命」之具。
㊇時(強力)旃陀羅因其(國王與大臣之)施故，(便)安止此王，及其大臣，(皆)住「九善」(可能指「十善業」中扣掉「不盜戒」，成爲「九善業」。或如《長阿含經》云：謂九善法，一喜，二愛，三悅，四樂，五定，六實知，七除捨，八無欲，九解脫)中。爾時，人民增益壽命，(能至)滿五百歲。	㊇彼時強力旃陀羅，又令(國)王及眷屬，盡形壽(皆)住「九善業」(可能指「十善業」中扣掉「不盜戒」，成爲「九善業」。或如《長阿含經》云：謂九善法，一喜，二愛，三悅，四樂，五定，六實知，七除捨，八無欲，九解脫)。人壽轉增至「五百歲」。

九－6 強力旃陀羅紹繼王位為功德力王，教化一切眾生令住於「不殺生」戒，並布施「飲食」與「珍寶」給一切眾生

北涼・曇無讖 譯 《悲華經》	秦・譯者佚 名 《大乘悲分陀利經》
㊀其(國)王命終，諸大臣等，(便)以(強力)旃陀羅紹(承)繼(續)「王位」，因為作字，(故)號功德力。	㊀時彼國王，忽然崩亡，群臣百官，(便)拜彼強力旃陀羅為王；拜已，即為立號，號曰福力。
㊁善男子！爾時，功德力王，不久王𡘩(統一)一國土，復以力故，王𡘩(統一)二國土，如是不久，乃至得作「轉輪聖王」，王𡘩(於整個)閻浮提。	㊁善男子！爾時福力王未久，教化一國已，如是堅進，復(度)化二國。福力王不久，乃至(便)作一切閻浮提(之)強力「轉輪王」。時福力王自知攝(取)一切閻浮提，為大王已。
㊂然後(功德力王)教化一切衆生，安止令住「不殺生」戒，乃至(住於)「正見」，亦復如是，隨諸衆生，心所志樂，勸化(勸教度化)令住於「三乘」中。	㊂然後(福力王)勸人不奪「他命」，住「不殺生」，如是調施，乃至「斷邪見」，教化衆生，令住(於)「正見」，隨衆生意，勸以「三乘」令住其中。
㊃爾時，功德力王，教化閻浮提內無量衆生，於「十善道」，及「三乘」中已，	㊃時福力王，普勸閻浮提衆生，修「十善業」，得住「三乘」已，遍令閻浮提言：

於閻浮提內大聲唱言： 若有乞求，欲須「食飲」，乃至欲得種種「珍寶」，悉來至此，我當給施。 ㈤是時，閻浮提內一切「乞士」，聞是唱已，悉來集會(集合會聚)。時功德力王(便以)種種(物質)，隨意給施(其)所須，皆令滿足。	 其有求索「飲食」，乃至「雜寶」，彼一切來(皆來)詣我所，我悉與之。 ㈤於餘時，閻浮提(中有)諸「求索者」，皆來詣，(時)福力王(就)隨其「所求」，(以)種種(物質)給與。

九－7 灰音尼乾子外道向功德力王索求活人之「身皮」與「肉眼」，只為了自己的咒術能成就，能勝過阿修羅的天咒

北涼・曇無讖 譯 《悲華經》	秦・譯者佚 名 《大乘悲分陀利經》
㈠爾時，有一「尼乾子」(Nirgrantha-jñāta-putra 尼乾陀若提子外道)，名曰灰音，往至(功德力)王所，而作是言： (功德力)王今所作「種種」大施，以求「無上正真之道」。(灰音)我今所須(之物)，(功德力)王當與我，令得滿足，(功德力)王於來世，當(作)熾然(熾盛皎然之)「法燈」。 ㈡ ❶時(功德力)王問言：(灰音)卿何所須？ ❷彼人答言：(灰音)我誦持「呪術」，欲得與彼「阿修羅」鬪，(我)怖其(被)破壞，(想要)自得「勝利」，是故白(功德力)王如是「事」耳。所可(所有可以讓我)須(求)者，未死之人，「皮」之與「眼」。 ㈢爾時，(功德力)大王聞是語已，如是思	㈠時有「邪命」(Nirgrantha-jñāta-putra 尼乾陀若提子外道)，名曰土鳴，來立(福力)王前，白言： 汝(福力)大王！能種種極大施與，為求「阿耨多羅三藐三菩提」故。(福力)大王！汝能滿(土鳴)我意者，(福力王你)必當於世，為「燈明」(之)尊。 ㈡ ❶(福力)王曰：欲求何等？ ❷土鳴邪命言：(福力)大王！(土鳴)我是「呪師」，欲成降伏「天呪」，故來白(福力)汝，我今欲得「生人」(之)「肉眼」。 ㈢善男子！時福力王思惟念言：吾已

惟：我今(已)得是無量「勢力」(之)「轉輪聖王」已，得安止無量衆生，住於「十善」及「三乘」中，復作無量無邊「大施」，此善知識(指灰音)，欲令(功德力)我以「不堅牢身」貿(貿易轉變爲)「堅牢身」。	得為「強力」(之)「轉輪王」，又復勸化(勸教度化)過數衆生，(皆)住「十善業」，隨住「三乘」，(我已作)無量(布)施已。此(土鳴)是(福力)我(之)善知識，能勸我(將)「危脆身」(轉變)令為「堅固」(身)。
㊃爾時，(功德力)大王便作是言： ①(灰音)汝今可生「歡喜」之心，我今以此「凡夫肉眼」，布施於(灰音)汝。 ②以是緣故，令(功德力王)我來世得「清淨慧眼」。	㊃(福力)王曰： ①(土鳴)汝且歡喜，(福力王)我當與(土鳴)汝此「凡肉眼」。 ②(並)令(福力王)我(來生)得「無上慧眼」。
③(功德力王便)以「歡喜心」，剝「皮」施(灰音)汝，復以是緣，令(功德力王)我成「阿耨多羅三藐三菩提」已，得「金色身」。	③(福力王便)以「歡喜心」，與(土鳴)汝「身皮」，令(福力王)我得「佛無上菩提」。

九－8 功德力王布施「身皮」與「肉眼」與灰音尼乾子外道。七日後，灰音的咒術即獲得成就。功德力王雖受是苦，但不失「正念」，亦無一念之「悔心」

北涼・曇無讖 譯 《悲華經》	秦・譯者佚 名 《大乘悲分陀利經》
㊀善男子！爾時，功德力王以其「右手」，挑取「二目」，(布)施(灰音)「尼乾子」(Nirgrantha-jñāta-putra 尼乾陀若提子外道)，血流污面，而作是言：	㊀善男子！時福力王以右手自挑兩眼以與(土鳴)「邪命」(Nirgrantha-jñāta-putra 尼乾陀若提子外道)，血遍流面，而作是言：
㊁諸「天、龍神、乾闥婆、阿修羅、迦樓羅、緊那羅、摩睺羅伽(mahoraga 大蟒神)、人、非人」等。若在虛空，若在地者，悉聽我言。(功德力王)我今所(布)施，皆為「無上菩提」之道，(及)白淨(之)「涅槃」，(我願)度諸衆生於「四流水」(catvāra oghāḥ。四大暴河、四瀑河，爲煩惱之異名。指能使「善品」流失之四類煩惱。①欲暴流：對外境生起色、聲、香、味、觸之五欲。②有暴流：	㊁聽我此(眾)多(之)「天、夜叉、緊那、修羅、諸善神」。若於虛空住、(或於)地(住)人。(能)明(白了解)我是(布)施，(皆)為菩薩。願(我)逮最勝妙「寂道」，(處)於「四暴流」(catvāra oghāḥ。四大暴河、四瀑河，爲煩惱之異名。指能使「善品」流失之四類煩惱。①欲暴流：對外境生起色、聲、香、味、觸之五欲。②有暴流：指色界、無色界之貪、慢、疑等。③見暴流：指錯誤偏邪之邪見思想。④無明暴流：與

指色界、無色界之貪、慢、疑等。③見暴流：指錯誤偏邪之邪見思想。④無明暴流：與癡相應之煩惱：三界各有五種，合之共爲十五種)，令(眾生)得安止住於「涅槃」。	癡相應之煩惱：三界各有五種，合之共爲十五種)度眾生，遷置(眾生至)涅槃，到彼岸。
㊀復作是言：若(功德力王)我必定成「阿耨多羅三藐三菩提」者，(我)雖作是事， ❶(但我)所有「命根」，(皆)不應(此而)斷壞。 ❷(我將)不失「正命」，(亦)不應生「悔」。 ❸(我欲)令「尼乾子」所作(之)「呪術」，便得成就。	㊁復作是言：若(福力王)我得逮「阿耨多羅三藐三菩提」， ❶令我「命根」於爾所，日(日皆)不(斷)絕。 ❷(我的)意念不亂，(我永)不生「悔心」。 ❸(我願)盡(力令)彼(土鳴)「邪命」，(其)呪術(能)得成。
㊃復作是言：(灰音)汝今可來剝取(功德力王)我「皮」。	㊂(福力王)告言：(土鳴)善男子！(將)可(來)取我「皮」。
㊄善男子！時(灰音)「尼乾子」即持利刀，剝取(功德力)王皮，(果然於)却後七日，(灰音)所作(之)「呪術」，悉得成就。	㊃時土鳴邪命，(即)手執利刀，剝取(福力)王皮，(果然)於七日中，(土鳴)得成(就其)呪(術)已。
㊅爾時，(功德力)大王於(這)七日中，其命(仍然)「未終」，(亦)不失「正念」，雖受是(被取「皮」之)苦，乃至「一念」(亦)不生「悔心」。	㊄時王福力亦於(此)七日(中)，(其)「命根」(皆)不絕，(其)「意念」(仍)不動，(雖)受如是(被取「皮」之)苦，(但卻)無「一念頃」而生「悔心」。

九－9 寶藏如來之父親為寶海梵志，即是大悲菩薩，此便是釋迦佛之前生。大悲菩薩往昔最初布施「身皮、肉眼」，繼又布施「舌、耳」與一切眾生

北涼・曇無讖 譯 《悲華經》	秦・譯者佚 名 《大乘悲分陀利經》
㊀善男子！汝今當知，爾時大悲菩薩(此即寶藏如來之父親，亦即前文的大悲菩薩，此寶海即是釋迦佛之前生)者，豈異人乎？莫作是觀(察)，則我(釋迦佛)身是。	㊀善男子！彼時大悲，寶藏如來(之)父(寶藏如來之父親是寶海梵志，亦即是大悲菩薩)豈異人乎？莫造斯觀(察)，我(釋迦佛)身是也。

㊁(釋迦我)於過去世寶藏佛所，初發「阿耨多羅三藐三菩提」心，初發心已，勸化(勸教度化)無量無邊眾生於「阿耨多羅三藐三菩提」。善男子！是(釋迦)我最初「勇健」精進。	㊁是(釋迦)我先初發「阿耨多羅三藐三菩提」，我於「初發心」，勸過數「眾生」於「阿耨多羅三藐三菩提」，是我(最)初「勇健」行。
㊂爾時(釋迦)我以「本願」力故，命終生於歡樂世界(之)「旃陀羅家」，是我第二(生轉世後的)「勇健」精進。	㊂(釋迦佛)我隨願故，從彼(命)終已，(轉)生集穢佛土(之)「旃陀羅家」，(此)是我二(生轉世後的)「勇健」行。
㊃(釋迦)我(又轉)生(至)「旃陀羅」家，(我能)教化眾生於「善法」中，(我)以自(己)「力勢」，乃至(亦)得作「轉輪聖王」。(我能)滅閻浮提(眾生之)「鬪諍、穢濁」，令(眾生皆)得「寂靜」，增長壽命，(此)是(釋迦)我(最)初(開)始捨於「身皮」，及以「眼目」(的事情)。	㊃(釋迦我)能於「旃陀羅」種中，勸眾生住「善」已，以自(精)「進力」，乃至(我亦)得(作)為「強力」(之)「轉輪王」。(我能)滅除一切閻浮提(眾生之)「鬪諍、怨嫉」，及諸「穢濁」，又(能令眾生)壽命轉增，(此)是我(最)初自施「眼」及「皮」(的事情)。
㊄善男子！(釋迦)我以「願」故，於彼(旃陀羅家)命終，復還(再)來生(轉世至)歡喜世界(之)「旃陀羅家」，乃至(亦)得作「轉輪聖王」，(我仍)以「大勢力」，(令)安止眾生於「善法」中。	㊄(我)從彼(旃陀羅家)命終(後)，(又)還生(轉世至)集穢剎(之)二天下中，(我)以「本願」故，(又)復生「旃陀羅」家。略說，於中(我亦)用是「堅進」，以「善法」勸「眾生」，乃至(我亦)得(作)為「強力」(之)「轉輪王」。
㊅(釋迦我)於彼(歡喜)世界，(又)復得除滅(眾生之)「怨賊、鬪諍、穢濁」之事，令諸眾生，增益「壽命」，(釋迦)我於爾時，(便開)始捨「舌、耳」。	㊅(釋迦我能)滅除其中(眾生之)「鬪諍、怨嫉」，(及)種種「穢濁」，(並)增其(眾生之)壽命，於(其)中，(我)亦自施「舌」及「耳」。
㊆(釋迦我)於彼三千大千世界，(於)一一天下，(皆)作如是等「大利益」已，(我)以(我)「願力」故，(不斷的)「精進」堅牢，如是次第。	㊆乃至(我於)一切三千大千(之)集穢佛土，(甚至於)一一方(國世界)中，(我皆)作如是「丈夫」行，(我)以(我的)本願「堅進」(不斷)，勇猛(的)相續(下去)。
㊇(釋迦我)復於如是一「恒河沙」等(之)「五	㊇(釋迦我)以「本願」故，於「恒河沙」數

濁惡世」，作大利益，安止「衆生」，(令)住於「善法」及「三乘」中，(並)滅除(眾生之)「怨賊、鬪諍、穢濁」。	(之)「五濁佛剎」中，(皆)作如是「大丈夫」行，勸衆生令住(於)「善業」(及)於「三乘」中，又復滅除(眾生之)「鬪諍、怨嫉」，(及)種種「穢惡」。

九－10 釋迦我於往昔大劫，於「無佛」國土之「五濁」惡世，皆以「麤惡言語」或「斷眾生命」之方便法去「恐怖」眾生，然後勸令眾生安住於「善法、三乘」中，故我今世感召如是「弊惡」不善的娑婆世界

北涼・曇無讖 譯 《悲華經》	秦・譯者佚 名 《大乘悲分陀利經》
前面 494 頗在八－16	
壹善男子！其餘他方(之)「清淨」世界，所有諸佛，(於)本行「阿耨多羅三藐三菩提」時： ①不說他過(他人過失)。 ②不為他人說「麤惡言」。 ③(亦)不以「力勢」(而)示現「恐怖」。 ④(亦)不勸衆生於「聲聞乘、辟支佛乘」。	壹善男子！是故餘諸佛世尊(其)「佛土清淨」，以彼諸佛世尊，(早)先行無上「菩提行」時： ①(皆)不說「他非」。 ②(亦)不(以)「麤言」加人。 ③(亦)不現「恐怖」(相)。 ④(亦)不以「聲聞、辟支佛」乘(度)化衆生。
是故(處於清淨世界之)「諸佛」具滿(具足圓滿)成就「阿耨多羅三藐三菩提」已。	是故彼(處於清淨世界之)「諸佛世尊」，隨意盡(圓)滿，(皆)得「淨佛土」。
貳(這些諸佛世尊們)得此「清淨妙好」世界(中)： ❶無諸「罪名」。 ❷(亦)無有「受戒」。 ❸耳終不聞「麤惡」之言。 ❹無「不善聲」。 ❺常聞「法聲」。 ❻離於一切「不適意聲」。 ❼於諸衆生，而得「自在」。 ❽(亦)無有「聲聞、辟支佛」名。	貳其(處於清淨)佛土中(之諸佛世尊們)： ❶❷(皆)無「受戒、犯(戒)」名。 ❸又不聞「麤言」。 ❹(亦不聞)「不善」之聲。 ❻無「諸惡」音。 ❺唯以「法聲」充滿佛土。 ❼其中衆生，隨「意」所欲。 ❽(亦)無「聲聞、辟支佛」名。

㊂善男子！(釋迦)我於「恒河沙」等大劫，如「恒河沙」等「無佛國土」(之)「五濁」之世，(我皆)以「麤惡言」(或)「斷命」因緣，(去)恐怖衆生，然後勸令(衆生)安住(於)「善法」及「三乘」中。 (495 於無佛國土之五濁惡世，我皆以「麤惡言語」去恐怖衆生勸住三乘願) (496 於無佛國土之五濁惡世，我皆以「斷命威脅」去恐逼衆生勸住三乘願) --後面的願跳接九－17	㊂不如(釋迦)我於「恒河沙」數大劫，在「恒河沙」數「五濁」(之)「空(無)佛剎」中，(我皆)以「恐逼、麤言」(去)勸衆「行善」，(然後)隨衆生「意」，令住(於)「三乘」。
㊃(因)是(衆生之)「餘業」(殘餘業力)故，令得(共業感召)如是「弊惡」世界，以(45 種)「不善音」(見六－15)，唱滿世界，是故今得「不善」衆生充滿(於此娑婆)世界。	㊃以彼(衆生)殘業(殘餘業力的共同感召下)，(故)令我今此「佛土」(皆充滿)穢濁，多諸「不善」，(有 45 種)「惡聲」充塞(見六－15)，(並)集「不善根」衆生遍滿(於此娑婆世界)。
㊄(釋迦我)說「三乘」法，(皆)如我(之)本願，(我如是)取佛世界，(如是的去)調伏衆生，其事如是。	㊄(釋迦)我(則)以「三乘」說法，(皆)如我(早)先所「立願」，而取佛土，隨所(度)化衆生。
㊅(釋迦)我已如說「精勤修集」，行「菩提道」，是故(於)今(所)得「種子」，(便獲)相似(果報的)「佛之世界」，如(釋迦)我(所發的)「本願」，今得如是(之娑婆世界)。	㊅如是(我)以「勤修」進力，行「菩提行」，如(原)本(我)所種(之種子)，(使)得如是(果報之)「佛土」，(皆)如我(早)先所立(下之大)願(完全是一樣的)。

九－11 釋迦我於往昔大劫所行的「布施」波羅蜜，過去與未來都無有人跟我一樣如此的行「布施」。唯除過去有八位的「大丈夫」例外

北涼・曇無讖 譯 《悲華經》	秦・譯者佚 名 《大乘悲分陀利經》
㊀善男子！今(釋迦佛)我「略說」往昔所行(之)「檀」波羅蜜。	㊀善男子！我今「略說」(釋迦佛往昔)所行(之)「檀」波羅蜜。

㊁(釋迦)我行「檀」波羅蜜時，過去諸菩薩，(在)行「菩薩道」時，亦無有(人)能(像我一樣)行如是行(布施)；未來之世，(在)行「菩薩道」(時)，亦無有(人)能(像我一樣)行如是行(布施)。	㊁如我行「菩提行」時，極盡「施與」，先無有菩薩，能(像我一樣)如是行「施」者；後亦無有菩薩，行「菩提行」時，能(像我一樣)行如是「施」者。
㊂(釋迦)我為菩薩(時)，行「檀」波羅蜜時，唯除過去(之)「八善丈夫」(除外)。	㊂如我行「菩提行」時(所修之)「施與」，(唯)除「八大丈夫」(之外)。
㊃第一菩薩名曰一地得，在此「南方」一切過患國，成「阿耨多羅三藐三菩提」，號破煩惱光明如來・應・正遍知・明行足・善逝・世間解・無上士・調御丈夫・天人師・佛・世尊。(於)人壽「百歲」，於中說法，七日之後，(便)入「般涅槃」。	㊃(第一)名持與菩薩，於「南方」一切護世界中，成「阿耨多羅三藐三菩提」，號除穢明如來，(於)百歲世人中「說法」，彼却後，七日當入「涅槃」。
㊄ ❶第二菩薩名精進清淨，在此「東方」炎熾國土，成「阿耨多羅三藐三菩提」，號曰功德如來・應・正遍知・明行足・善逝・世間解・無上士・調御丈夫・天人師・佛・世尊。(於)人壽「百歲」，於中說法，作佛事已。 ❷彼(功德)佛過一「恒河沙」等大劫已，入「無上涅槃」，其「佛舍利」，乃至今日，在「無佛國」，作於佛事，如我無異。	㊄ ❶如是(第二)菩薩名進覺，於「東方」阿閦跋提世界，成「阿耨多羅三藐三菩提」(佛號舍提如來)，(於)「二千歲」世人中，作佛事。 ❷彼舍提如來以無上「般涅槃」而「般涅槃」已，過「恒河沙數」大劫，彼(舍提佛)大悲(之)舍利，今猶在「五濁」(之)「空(無)佛剎」中，作佛事。
㊅第三菩薩名堅固華，於諸「三昧」，勤行精進，以「大力勢」，行於「布施」，於「當來世」，過「十恒河沙」等大劫，在此「北方」歡樂世界，成「阿耨多羅三藐三菩提」，號斷愛王如來・應・正遍知・明	㊅(第三)道是堅華菩薩，以進誓力，「施」行菩薩行，彼却後，於「來世」過「十恒河沙」數大劫後，於「北方」有「五濁佛剎」，當名因耨，彼「大丈夫」於中當成「阿耨多羅三藐三菩提」，號因除愛王如來・應

行足・善逝・世間解・無上士・調御丈夫・天人師・佛・世尊。 ㊅第四菩薩名曰慧熾攝取歡喜，過「一大劫」在此「西方」可畏世界，(於)人壽百歲，於中成「阿耨多羅三藐三菩提」，號日藏光明無垢尊王如來・應・正遍知・明行足・善逝・世間解・無上士・調御丈夫・天人師・佛・世尊。	供・正遍知，乃至佛・世尊。 ㊅(第四)菩薩名慧明無畏喜，彼「善丈夫」，過「一大劫」，當於「西方」(之)「五濁」世界，名三毘羅婆帝，(於)百歲世人中，當成「阿耨多羅三藐三菩提」，號名日藏明無后主王如來・應供・正遍知，乃至佛・世尊。

九－12 在釋迦佛之「前」有二位菩薩亦選擇在五濁成佛。日光菩薩在人壽 50 歲時成佛，號不思議日光明如來。喜臂菩薩在人壽 30 歲時成佛，號勝日光明如來

北涼・曇無讖 譯 《悲華經》	秦・譯者佚 名 《大乘悲分陀利經》
㊀於今(釋迦佛)我(之)前，有二菩薩，一名日光，二名喜臂，未來之世，過於無量無邊大劫，在此「上方」灰霧國土，劫名大亂，(亦是)五濁惡世，多諸煩惱。 (照上面的經文來看，日光菩薩應該也是選在「人壽」只有 50 歲的「五濁惡世」中成佛的菩薩)	㊀又今是二等樂(菩薩)、喜臂(菩薩)，當竟過數大劫後，於「上方」有世界，名灰集曲，(亦是)五濁極惡，劫名大亂。 (照上面的經文來看，等樂菩薩應該也是選在「人壽」只有 50 歲的「五濁惡世」中成佛的菩薩)
㊁(於)人壽「五十歲」，日光菩薩以「本願」故，於中成「阿耨多羅三藐三菩提」，號不思議日光明如來・應・正遍知・明行足・善逝・世間解・無上士・調御丈夫・天人師・佛・世尊。	㊁彼等樂(菩薩)以「本願」故，於灰集曲世界，(於)「五十歲」世人中，當成「阿耨多羅三藐三菩提」，號不可思議樂如來，乃至佛・世尊。
㊂(不思議日光明佛於)滿「十歲」中，具足佛事，而「般涅槃」，即「涅槃」日，「正法」亦滅，其後十歲，空過「無佛」。	㊂彼(不可思議樂佛)以「本願」，當「十年」中，具作「佛事」已，而「般涅槃」，即於是日，「正法」亦滅。時彼佛土，當十年「空」。

㊃(當)人壽轉「減」，(減)至「三十歲」(時)，喜臂菩薩以「本願」故，於中得成「阿耨多羅三藐三菩提」，號勝日光明如來・應・正遍知・明行足・善逝・世間解・無上士・調御丈夫・天人師・佛・世尊。 (照上面的經文來看，喜臂菩薩應該也是選在「人壽」只有30歲的「五濁惡世」中成佛的菩薩)	㊃又彼喜臂菩薩，以「本願」故，於灰集曲佛土(上面經文有說灰集曲國土世界是屬於「五濁惡世」的)，(於)三十歲世人中，當成「阿耨多羅三藐三菩提」，號照明伏如來，乃至佛・世尊。 (照上面的經文來看，喜臂菩薩應該也是選在「人壽」只有30歲的「五濁惡世」中成佛的菩薩)
㊄彼(勝日光明)佛世尊，亦「十歲」中，具足佛事，而「般涅槃」，(待)「般涅槃」已，以「本願」故，「正法」(仍)住世，滿「七十歲」。	㊄(照明伏佛)於「十年」中，具作「佛事」已，當入「無餘涅槃」界，以「本願」故，「般涅槃」後，「正法」(仍)住世，滿「七十歲」。

九－13 釋迦往昔所行之「大布施」波羅蜜，無人能勝出；唯除過去八位「大丈夫」，其中二位仍未發「菩提大心」，另六位是日光、喜臂、一地得、精進清淨、堅固華、慧熾攝取歡喜

北涼・曇無讖 譯 《悲華經》	秦・譯者佚 名 《大乘悲分陀利經》
㊀時(日光、喜臂)二菩薩在於(釋迦佛)我(之)前，始得授「阿耨多羅三藐三菩提」記，以聞記故，心生歡喜，頭面敬禮。	㊀彼(等樂菩薩、喜臂菩薩)二丈夫，得(在釋迦佛之)前(已獲)「授記」，(已)得「善哉」，(皆)得受「阿耨多羅三藐三菩提」記。彼(等樂菩薩、喜臂菩薩)二丈夫，頭面禮世尊足已。
㊁(日光、喜臂二菩薩)以「歡喜」故，上昇「虛空」，高七「多羅」(tāla)樹，叉手向佛，異口同音，而說偈言： 如來光明，殊於日月， 能於惡世，演大智慧。 調御自淨，無有垢穢， 以妙論議，摧伏外道。 我無量劫，修無相定， 以求無上，勝妙菩提。	㊁(等樂、喜臂二菩薩)以是歡喜，上昇「虛空」，去地「七仞」，叉手合掌，同聲以此偈讚世尊： 佛照世間譬如日，上智勇出於此時； 目淨無塵世導師，明能降伏諸異學。 於多劫中修無相，為求微妙上菩提； 供養諸佛如恒沙，過去導師未記我。 心善解脫無貪欲，能使盲世修善行； 為失道者說妙法，於生死河度衆生。

供養諸佛，數如恒沙， 而過去佛，不授我記。 世尊離欲，心得解脫， 於黑闇世，善為佛事。 為諸失道，衆生說法， 悉令得出，生死漂流。 我今所願，於此自在， 清淨佛法，出家修道。 解脫淨戒，如說而行， 定心觀佛，如影隨行。 不為利養，但求正法， 得聞法已，服甘露味。 是故世尊，與我「授記」， 於未來世，得無上道。	我於自然法出家，世尊所說解脫戒； 我等已學及三昧，隨從世尊猶如影。 樂法自活無所依，聞法生心如尊想； 我今現前得職地，佛授我等菩提記。
㊂善男子！(還剩有)其餘「二人」，故未發心(此二人仍未「發心」，故此處經文沒有記載其名字)。 ❶已「發心」者，一名日光，二名喜臂。 ❷先有四人，一名(一)地得，二名精進(清)淨，三名堅固華，四名慧熾攝取歡喜(以上四人也已發無上道心)。(總計)合有八人。 是「六菩薩」，我(最)初(皆)勸其令發「阿耨多羅三藐三菩提」心。	㊂佛言：(還剩有)其二(人)，(仍)未發「菩提心」(此二人仍未「發心」，故此處經文沒有記載其名字)。 善男子！ ❶此等樂、喜臂(以上二人已發心)。 ❷彼四：持與、進覺、道是堅華、慧明無畏喜(以上四人已發無上道心)。 此「六丈夫」，我初(教)化於「菩提」者。

九－14 釋迦往昔曾作難沮壞王，有千子，其中六子不肯「出家」發菩提心。難沮壞王則分閻浮提「六分」與此六子，令其願意發「無上道心」

北涼・曇無讖 譯 《悲華經》	秦・譯者佚 名 《大乘悲分陀利經》
	《身施品・第二十四》

㊬善男子！汝今諦聽，(釋迦佛我之)往昔因緣。	㊬汝等善聽，我今當說。
㊭過去無量阿僧祇劫，爾時，此界名無垢須彌，人壽百歲，有佛出世，號香蓮華。	㊭善男子！往昔古世過無量「阿僧祇」大劫，爾時此土名無塵彌樓厭，(於)彼大劫「百歲」世人，(有)蓮華香如來。
㊮(在香蓮華佛)「般涅槃」後，(於其)「像法」之中，(釋迦)我於爾時作「大強力」(之)「轉輪聖王」，號難沮壞。王ㄨㄤˋ(於)閻浮提，「千子」具足，我悉勸化(勸教度化此千子)令發「阿耨多羅三藐三菩提」心。	㊮(在蓮華香如來般涅槃後的)「像法」中，善男子！(釋迦)我時為閻浮提「強力」(之)「轉輪王」，名無勝，有「千子」，我皆勸(此千子)於「阿耨多羅三藐三菩提」。
㊯其後(難沮壞王我)尋於香蓮華佛(的)「像法」之中，「出家」修道，熾然(熾盛皎然的繼續)「增益」(香蓮華)佛之遺法。	㊯彼(無勝王)亦於「餘時」出家，於蓮花香如來法(的「像法」)中，具修「梵行」，彼(無勝王)亦與(興)顯蓮花香如來(之遺)法。
㊰(難沮壞王我雖有千子，但)唯除「六子」，不肯「出家」發菩提心。	㊰(無勝王我雖有千子，但)唯我「六子」，不欲「出家」，不欲發「菩提心」。
㊱ ❶(難沮壞王)我於爾時，數ㄕㄨㄛˋ數ㄕㄨㄛˋ(屢次)告言：卿等！今者欲何所求？何以不發「無上道心」出家修道？ ❷是時「六子」作如是言：不應出家。 所以者何？ 若於末世(之)「像法」出家，(並)不能成就護持「戒聚」，離「聖七財」(七聖財。①信財：能信受正法②戒財：能持戒律③慚財：能自慚不造諸惡④愧財：於不善法能生羞愧⑤聞財：能多聞佛典正教⑥施財：能施捨諸物，捨離執著⑦慧財：能修習般若空性智慧)，以不護戒，(便)沒於「生死污泥」之中，墮「三惡道」，不能得生「天上、人中」。以是因緣，我等(六子)不能「出家」	㊱ ❶(無勝王)我數ㄕㄨㄛˋ(屢次)教語：汝等何求？不發菩提心？不肯出家耶？ ❷彼(六子)言：我不能出家。 所以者何？ 於「像法」(之)弊惡時，(若)有出家者，不能具持「戒身」，彼當乏「七財」(七聖財。①信財：能信受正法②戒財：能持戒律③慚財：能自慚不造諸惡④愧財：於不善法能生羞愧⑤聞財：能多聞佛典正教⑥施財：能施捨諸物，捨離執著⑦慧財：能修習般若空性智慧)，恒處「生死淵」，彼當復失「人天」功德，有不具持「佛禁戒」者，長在「三塗」。是故我等(六子)不能「出家」。

修道。	
㊆ ①善男子！(難沮壞王)我復重問(六子)：卿等何以不發「無上道心」？ ②六子答言：若能(給)與我閻浮提者，然後我當發「阿耨多羅三藐三菩提」心。	㊆ ①(無勝王)我復問(六子)言：汝等何故，不發「菩提心」？ ②彼(六子)言：若能以一切閻浮提，(皆給)與我等者，(我)當發「阿耨多羅三藐三菩提」心。
㊇ ❶善男子！(難沮壞王)我聞是已，心生歡喜，作是思惟：我今已(度)化閻浮提人，安置「三歸」、受「八戒齋」、住於「三乘」。 ❷(難沮壞王)我今當分此閻浮提以為「六分」，與此「六子」，令其得發「無上道心」，然後(難沮壞王)我當「出家」修道。	㊇ ❶善男子！(無勝王)我聞語已，甚大歡喜，而自思惟：我已令一切閻浮提人，住「三歸依」，勸「八聖分齋」(八戒)，又勸「三乘」。 ❷(無勝王)我今應分此閻浮提為「六分」，持與「六子」，勸以菩提。(無勝王)我宜「出家」，具修梵行。
㊈(難沮壞王)思惟是已，如其所念，(即)分閻浮提即為「六分」，賜與諸(六)子，(難沮壞王)尋便出家。	㊈尋如所思，(我)分一切閻浮提而作「六分」，與諸子等，(無勝王)我即出家，具修梵行。

九－15 難沮壞王於那時曾發生苗稼不登，人民飢餓。時難沮壞王則發願，願捨己身「肌體、血肉」以施眾生，令其飽滿，願成一座「肉山」

北涼・曇無讖 譯 《悲華經》	秦・譯者佚 名 《大乘悲分陀利經》
㊀爾時「六王」，各相「違戾」，(各)不相承順(違承順從)，(彼此)互相「抄掠、攻伐、鬪諍、縛束、枷鎖」。	㊀彼閻浮提(之)「六王」，不相「和順」，鬪諍、怨嫉，疫氣流行，興兵「交戰」，各不自寧。
㊁爾時，一切閻浮提內，苗稼不登(登豐收成)，人民飢餓，水雨不時，諸樹枯悴	㊁(於是)普令閻浮提(遭)極大「飢饉」，天不降雨，「五穀」不成，樹木不生「華葉」

ㄎㄨ，不生華實，藥草不生，人民、禽獸，及諸飛鳥，悉皆飢餓，其身熾然，猶如火聚。	果實，及諸草藥，亦復不生，人民鳥獸，飢渴身然，苦逼難堪。
㊂(難沮壞王)我於爾時，復自思惟：我今應當自捨己身「肌體、血肉」，以施眾生，令其飽滿。	㊂(無勝王)我即思惟：今正是時，應以「身施」，(以)自身「血肉」，充足眾生。
㊃(難沮壞王)作是念已，從其所住「阿蘭若」處，至於人間。中路有山，名水愛護(山)，(我)住是山上，復作是願，而說偈言：	㊃(無勝王於是便)捨床(於「阿蘭若」住處中所坐臥的器具)而去，往詣中國(一個國家的中部位置皆號中國)，上障水山上，立誓願言：
如我自捨，所有身命， (但)為「大悲心」，不求果報， 但為利益，諸天及人， (我)願作「肉山」，給施眾生。 我今所捨，妙色端嚴， (我)不求帝釋，天魔梵王， 但(只)為利益，未來人天， (我將)以此血肉，施諸眾生。 (所有)諸天龍神，人及非人。 (所有)住山林者，今聽我言， 為諸眾生，我(生)起「大悲」， (將)自以血肉，而給施之。	如我今者捨身命，但因悲念不為天； 為利世人及諸天，令成肉山給眾生。 如我捨身受妙色，不求釋梵及魔王； 為益世人及諸天，令我肉血成彌樓。 聽我人天龍「夜叉」，有在於此山樹神； 我因眾生起憐愍，以身血肉濟群臣。

九－16 難沮壞王便至水愛護山，自投其身，即成「肉山」，供眾食用。願食此「肉山」者，皆能發「阿耨菩提」心，或發「聲聞、辟支佛」心

北涼·曇無讖 譯 《悲華經》	秦·譯者佚 名 《大乘悲分陀利經》
㊀善男子！(難沮壞王)我於爾時，作是願已，諸天(感受到一陣的)搔ㄠ 嬈ㄖㄠˇ(騷動擾亂)，(此時)「大地、諸山、須彌、大海」皆六種	㊀(無勝王)我立願時，「阿須羅」宮，皆悉大動，地極(驚)肅震(動)，彌樓(即指須彌山)傾搖，海水波踊，天及諸神，皆悉悲泣。

動，(所有)人天大衆，發聲悲號。	
貳 ❶爾時，(難沮壞王)我於水愛護山，自投其身，(我)以「願力」故，即成「肉山」，高一「由旬」，縱廣正等，亦一「由旬」。 ❷是時，人民、飛鳥、禽獸，始於是時，噉(我)肉、飲(我)血。	貳 ❶(無勝王)我時即從障水山上，便自「投」下，(我)以「本願」故，即成「肉山」，高一「由旬」，縱廣正等，亦一「由旬」。 ❷人民鳥獸，來食(我之)「血肉」。
參(難沮壞王我)以「本願」故，於夜中分，(更)增益廣大其「身」，乃至(我的身)高千「由旬」，縱廣正等，亦千「由旬」，其邊自然而生「人頭、髮毛、眼、耳、鼻、口、脣、舌」，具足而有。	參(無勝王我)以本願故，(我的身體)晝夜生長，漸漸乃至高千「由旬」，縱廣正等，亦千「由旬」，周匝四邊皆有「人頭」，悉具「髮、爪、眼、耳、鼻、舌、口、齒」悉備。
肆 ①彼「諸頭」中，各各有(發)聲，而唱是言：諸衆生等！各各自恣(吧)！隨意取用，飲血、噉肉，取「頭、目、耳、鼻、脣、舌、齒」等，皆令滿足。 ②然後悉發「阿耨多羅三藐三菩提」心，或發「聲聞、辟支佛」心。	肆 ①彼諸「人頭」，高聲唱言：咄！汝衆生！各隨所欲，恣意取之，食肉、飲血，若「眼、耳、鼻、舌、口、齒、髮」，隨汝所欲，身得充滿。 ②從意所求，若發「阿耨多羅三藐三菩提」心，若(發)「聲聞乘」、若(發)「辟支佛乘」。
伍卿等！當知如是之(身肉)物，悉不可(窮)盡，食之「易消」(容易消化)，(亦)「不夭」(不會夭折)壽命。	伍此(身肉皆)是汝等「養身」之具，(當你吃這些身肉時)卒(卒然；最終)未便(這些身肉並不會立刻就窮)盡，不與汝等作「信施」(之)「罪」，又令汝等，(壽)命不「速盡」(快速終盡)。
陸 ❶(其)有明智者，(爲了)食肉飲血，(便)取其「頭、目、耳、鼻、舌」者。 ❷(在吃完這些身肉後)或發「聲聞、辟支佛」乘，	陸 ❷(在吃完這些身肉後)其(有具)「解脫慧」衆生(者)，有(的因此)發「聲聞乘」心，有(的)發「辟支佛乘」，有(的)發「阿耨多羅三藐三菩提」心，有(的爲)求「人天」福心。 ❶(衆人對這些身肉)食肉飲血，有取眼者，有

或發「阿耨多羅三藐三菩提」心，或求「天上、人中」富樂。	取耳，有取鼻，有取脣，有取齒，有取舌者。
㊦(難沮壞王我)以「本願」故，身(皆)無「損減」，乃至(長達)「萬歲」(皆作「肉山」)，(能令)閻浮提內(諸)人，及鬼神、飛鳥、禽獸，皆悉充足(飲食)。	㊦(無勝王我)以本願故，尋即(身體皆)「還復」(如故)，不盡不減，乃至(我能在)「十千年」(1 萬年)，(能)以「身肉血」，充滿(於)一切閻浮提(諸)人、夜叉，及諸鳥獸(供給他們享用)。
㊇(我能)於「萬歲」中： ❶所施「目」，如一恒河沙。 ❷所施「血」，如四大海水。 ❸所捨「肉」，如千須彌山。 ❹所捨「舌」，如大鐵圍山。 ❺所捨「耳」，如純陀羅山。 ❻所捨「鼻」，如毘富羅山。 ❼所捨「齒」，如耆闍崛山(Gṛdhra-kūṭa)。 ❽(我)所捨(之)「身皮」，猶如三千大千世界所有(大)地等。	㊇(我能)於「十千年」(1 萬年)中： ❶施「眼」，如恒河沙。 ❷施「血」，猶四大海。 ❸施己「身肉」，若「千須彌」。 ❹以「舌」施人，如鐵圍山。 ❺以「耳」施與，(如)中彌樓(山)等。 ❻施「鼻」，猶若(如)大彌樓山。 ❼我以「齒」施，如耆闍崛山(Gṛdhra-kūṭa)， ❽我(之)「身肉」施，(充)遍(於)娑訶刹。

九－17 釋迦往昔作難沮壞王所捨之無量「肉山」，皆不生一念悔心。若我「捨身」布施大願不能成就的話，我將常墮「阿鼻地獄」

北涼・曇無讖 譯 《悲華經》	秦・譯者佚 名 《大乘悲分陀利經》
前面 496 願在九－10	
㊀善男子！汝今當知，(釋迦佛)我於往昔「萬歲」之中，所捨無量無邊「阿僧祇」身，(於)一壽命中，自以「血肉」，給施如是無量無邊「阿僧祇」衆生，悉令飽足，乃至(我)「一念」不生「悔心」。	㊀善男子！觀我於「十千年」(1 萬年)中，(能)以一身命，(於)如是無量無邊「阿僧祇」施(捨)，以是(所施的「身血肉」皆)充滿(於)無量無邊「阿僧祇」衆生，(我)無「一念頃」，而生「悔心」。

(貳)(釋迦)我於爾時，復作是言：若我必定成「阿耨多羅三藐三菩提」，所願成就，得己利(獲得諸善法成就爲「己利」)者，我今於此一閻浮提(之)「萬歲」之中，(將)自以「血肉」，給「施」一切無量衆生。	(貳)(釋迦)我即於彼，立如是(大)願：若我得成「阿耨多羅三藐三菩提」，意(願)如是(圓)滿者，如我(將)於此「一天下」中，(以)自「身血肉」，充足一切(施與所有眾生)。
(參) ❶如是(於)一「恒河沙」等「萬歲」，(我將)「遍滿」於此無垢須彌三千大千世界，作「血肉山」(於)一一天下，(並)於「萬歲」中，自以「血肉、頭目、耳」等，給施衆生。 ❷所謂「天龍、鬼神、人」及「非人」，一切畜生，若在「虛空」，及因「地」(住)者，乃至「餓鬼」，(我皆)悉令滿足(飲食)。 ❸(在吃完這些身肉後)然後勸化(勸教度化)安置住於「三乘」法中。	(參) ❶令我如是(能)於「恒河沙」數「千年」中，於此無塵彌樓厭佛剎，(於)一切方(國世界)中，我(皆)以如是身，於一一方，(皆)滿「十千年」(1萬年)，(我皆)以「身、血、肉、皮膚、眼、耳、鼻、舌、脣、齒」及「髮」，(布施與)充滿衆生(之飲食)， ❸(在吃完這些身肉後並)勸以「三乘」。 ❷若(有諸)「人、夜叉、羅剎」，及諸「畜生」，(具)有(地水火風)「四大」者，(無論他是)噉肉、飲血，乃至(他是)餓鬼。
(肆) ①若(能)遍於此「一佛世界」，滿足(所有的)「衆生」已，復至十方如一「恒河沙」等(之)「五濁惡世」，復(施)給「血、肉、頭、目、耳」等，給施(一切)衆生，悉令充足(飲食)。 ②(我將)如是如(於)一「恒河沙」等「大劫」之中，為衆生故，自捨「身命」，以(布)施衆生。	(肆) ①我當充足於彼(等眾生)一切(所需之飲食)，如我(之)一佛剎中(的眾生)，(我將)以「身血肉」濟諸衆生。如是(更)普於十方「恒河沙」數(之)「五濁」佛土中，(我皆)以「身、血、肉、眼」，乃至「舌」，充(足施)彼衆生。 ②(我)以如是身，(於)「恒河沙」數「大劫」之中，(我將)以己(之)「身命」，充足(飲食)於彼諸佛土中(之)一切衆生。
(伍) ❶若(釋迦)我所願不成，不得己利(獲得諸善	(伍) ❶若我是(所)願(心)意(而)「不滿」(不能圓滿)

法成就爲「己利」)者，(我)即便「欺誑」十方世界無量無邊「諸佛世尊」(正在)為諸衆生「轉法輪」者，(我)必定不成「阿耨多羅三藐三菩提」，(我將永)住於「生死」(輪迴)。 ❷(我)畢竟不聞「佛聲、法聲、比丘僧聲、(六)波羅蜜聲、(十)力、(四)無畏聲」，乃至(不聞)一切「諸善根聲」。 ❸若我不能成就「捨身」布施(之大願行門的話)，(若我不能)充足諸衆生(飲食)者，(我將)常墮「阿鼻地獄」。 (497 我捨無量「肉山」於眾生亦不生一念悔心，若此願不成，我將常墮阿鼻地獄) --後面的願跳接十-1	者，(則)令我永已「不見」十方餘世界中「已轉法輪」(之)「現在住世」說法(之)諸佛世尊，我(亦)不成「阿耨多羅三藐三菩提」，使我(永處)於「生死」(輪迴)中。 ❷(我將永遠)不聞「佛聲、法聲、僧聲、(六)波羅蜜聲、(十)力聲、(四)無畏聲」，使我(永處)於「生死」中，乃至不聞「善聲」。 ❸若我(將)自身(血肉)「施與」充足一切衆生，如是(之大)願「不滿」(不能圓滿)者，使我常處「阿鼻地獄」。
㉖善男子！(釋迦)我於「往昔」，如是所願，皆悉成就，(我能)於一一天下，捨「身血肉」，給施衆生，悉令飽滿。如是次第，(再)遍滿十方如「恒河沙」等諸佛世界，(我皆)捨「身血肉」，給施衆生，悉令滿足(飲食)。	㉖若我(之)「求願」，如是「得滿」(得以圓滿)，如我於此「一佛刹土」，(於)一一方(國世界)中，(我將)以己「肉血」，如是充足(於)一切衆生，亦於十方「恒河沙」數餘佛土中，(皆)以「身、肉、血」充足衆生。
㉗善男子！汝今當知，(釋迦)我於爾時，為(修行)「檀」波羅蜜，(故)「捨身」布施，如是「次第」，(布)施於「眼目」，其(所施之「眼目」將堆)聚(遍)滿此閻浮提內，(直到)高至「忉利天」。	㉗善男子！觀如來(之)所行，(以)身「施」(之)「檀」波羅蜜，相續(以)「眼」施，(其所施之「眼目」將堆)積(遍)滿(整個)閻浮提，(乃至堆積高)至「三十三天」際。
㉘善男子！(以上)是名如來「略說」捨身(之)「檀」波羅蜜。	㉘善男子！此(是)如來「略說」(以)身施(之)「檀」波羅蜜。

九－18 釋迦往昔曾作燈光明王，於那時曾發生田地耕作所得穀麥，若得「六分」，一分需入官，違者即束縛綑綁

北涼・曇無讖 譯 《悲華經》	秦・譯者佚 名 《大乘悲分陀利經》
	《寶施品・第二十五》
㊀復次，善男子！如是復過無量無邊「阿僧祇」劫，爾時此(世)界，轉名月電，亦(是)「五濁世」。	㊀復次，善男子！從彼已後，(於)億無量劫時，此佛刹名月明，亦復(為)「五濁」(惡世)。
㊁(釋迦)我於爾時，(亦)作「轉輪聖王」，(於)王ㄨㄤˋ(統一)閻浮提(之後)，號燈光明，亦教無量無邊「阿僧祇」人，安止住於諸「善法」中，亦如上說。	㊁我於此閻浮提(時)，(亦作)為「強力」(之)「轉輪王」，名燈明，以如是善勸化(勸教度化)閻浮提一切衆生，如前所說。
㊂ ❶作是事已，(有一次燈光明王我)遊在「園林」，觀看「土地」，見有一人，身被束縛，我即問言：此何所犯？ ❷大臣白言：諸有「田作」(田地耕作)，所得穀麥，應為「六分」，一分「入官」。(但)是(此)人不順「王法」，不肯(將一分的田地耕作收入)「輸送」(給朝廷)，是故被縛。	㊂ ❶(燈明王)我時出遊「觀園」，見有一人，(被)反縛「兩臂」，極為急切。(燈明王我)即問諸臣：此人何罪？ ❷諸臣答言：此(人)犯「王法」，敢(膽敢如)是(之)「天民」(民以食爲天，所以天民即指「普通人民」)，歲(每年)由「常課」(定額賦稅)，「六分」稅「一」(指收入六分，應課稅一分)。(但)此人違命(違反王法之命)，又居(於)王境(國家之境內)，(且自己)種殖「自濟」，(但於)賦稅(又)「不順」(不願意順從法規)，是以(被)「繫身」。
㊃ ①(燈光明王)我於爾時，即勅ㄔˋ(勅命)令「放」(此人)，從今已後，不須(再)「強取」(人民要繳一分的田作收入)。 ②大臣答言：是人民中，乃至無有一人(願)生「歡喜心」，(而且是)以(道)義(的心態)送(贈)之。今諸「王子、後宮眷屬、貴人、婇女」，諸所資用(資憑借用)，(及)飲食之具，一切皆從「他邊」(指擁有田地耕作	㊃ ①(燈明王)即告諸臣：速「放」斯人，(我來爲你們)儲「粮(古通「糧」)、蘇油」，勿(再)苦索(苦苦去索求百姓要課稅)之。 ②臣答(燈明)王言：終無有人，能以「善心」，輸(送給國)王「諸物」，所可(所有可以)日日(要供)給「王、夫人」，及諸眷屬。(所有)「廚供」(御廚供給)所須(之物)，皆從「民」出，自非「王力」(國王之力)，終不可得，

的百姓那邊)「強取」，(但)無有一人(是以)「清淨心」(施)與(的)。	(但卻)未有一人(以)「好心」(施)與者。
㊄(燈光明王)我聞是已，心大「憂愁」，即自思惟：此(整個)閻浮提，當持「與誰」(要贈與誰)？爾時，(燈光明王)我有「五百」諸子，先已令發「無上道心」。	㊄(燈明王)我時「愁憂」，卻自思惟：此一切(之)閻浮提，「王位」今當付(予)誰？時(燈明王)我有子，(約)「五百人」，皆勸以菩提。
㊅(燈光明王)當分此(閻浮提)地，(折)為「五百分」，(平)等(分)與諸(五百)子。(之後燈光明王)我當「出家」，至「阿蘭若」處，修諸「仙法」，學「梵淨行」。	㊅(燈明王)我即「分」此閻浮提為「五百分」，用與諸(五百)子。(之後燈明王我)即捨詣林，求「仙梵行」。
㊆(燈光明王)思惟是已，尋分此地，為「五百分」，(平)等(分)與諸(五百)子，(燈光明王)即便「出家」，至南海邊(之)欝ㄩˋ頭摩「樹大林」之中，(僅)食諸果子，(透過)漸漸修學，(最終)得「五神通」。	㊆(燈明王我要到)南近大海(處)，(我將於)憂曇波羅林中「坐禪」，(並)食「果、草根」，用濟身命，漸漸(修學)不久，(最終)得具「五通」。

九－19 時有商主滿月出海採珍寶，遇海「大惡羅剎」所虐害。後燈光明王發願燃臂七日七夜，為彼人明示道路，令得安隱，安全還歸

北涼・曇無讖 譯 《悲華經》	秦・譯者佚 名 《大乘悲分陀利經》
㊀善男子！時閻浮提(內)有「五百」商人，入於「大海」，欲採「珍寶」。有一商主名曰滿月，(因)此人先世(有種)「福德」緣故，得如所願，(使)至於「寶渚ㄓㄨˇ」(《一切經音義・卷 59》云：寶渚…小洲曰渚…四面有水，中獨高可處，故曰渚也)，多取種種諸「珍寶」已，即欲「發引」(出發導引回程)，還閻浮提。 ㊁	㊀爾時閻浮提，有「五百」商人，入海採寶，獲「衆寶」聚，其中商主名宿王，(前世)以「福力」故，得「如意摩尼」，從彼「寶洲」，多取衆「珍寶」，及與「摩尼」。(商人)始「發引」(出發導引)時(回歸路程之時)。 ㊁

❶爾時「海神」，高聲涕哭，(因)多有諸(惡)龍，心懷「瞋恚」，欲害「商人」。 ❷(時)有一(海)龍王，名曰馬堅，是「大菩薩」，(因)以「本願」故，(轉)生於「龍」中，(馬堅龍王)起發「悲心」，救護「諸商」，令得安隱，(越)過於大海，至彼「岸邊」，(馬堅)龍王，然後還本住處。	❶(遭)「海水」波涌，(有)諸(惡)龍(在)惱亂，(導致)「海神」(亦)啼泣。 ❷(海)中有龍仙，名馬藏，實是「菩薩」，以「本願」故，(轉)生於其(龍)中。彼(馬藏龍王)摩訶薩(即)「擁護」商客，(令商人)安隱「度海」，(馬藏龍王再)自還所住(之處)。
㊂ ①爾時復有「大惡羅剎」，(亦)隨逐商人，如影隨形，欲為「虐害」，是「惡羅剎」，即於其日，放「大惡風」。 ②時諸商人，迷悶「失道」(失去道路)，生大「怖畏」，失聲「號哭」，稱喚「諸天摩醯首羅(Maheśvara 大自在天;色界天魔)、水神、地神、火神、風神」，復稱「父母、妻子、眷屬」，願救濟我。	㊂ ①(此時)隨彼「商客」，(尚)有「惡羅剎」，恒逐於(商人之)後，伺求其便。彼(惡羅剎便)於晝日，放「暴風雨」。 ②使諸商人，迷失「逕路」(直路)，不知所趣，極甚恐怖，發大音聲，啼嘷ㄏㄠˊ悲泣，(商人便)求諸「天神、風神、水神」，乃至稱喚「父母、所愛(者)、兒息」。
㊃善男子！(燈光明王)我於爾時以「淨天耳」，聞其音聲，尋往其所，以「柔軟音」而慰撫之：	㊃爾時(燈明王)我以「天耳」，聞彼音聲，即往慰喻：
莫生怖畏，(燈光明王我)當示汝「道」，令汝「安隱」，(安全歸)還閻浮提。	汝等商人，勿得恐怖，(燈明王)我當「示導」(教示引導)汝等「逕路」(直路)，令汝「安隱」，至閻浮提。
㊄善男子！(燈光明王)我於爾時，(以)白疊縛「臂」，以「油」灌之，然(燃)以為「炬」，(並)發真實言：	㊄(燈明王)我即以繒ㄗㄥ(繒帛絲織品)而自「纏手」，內著油中，以火然(燃)之，(並)發至誠言：
(燈光明王)我先以於鬱ㄩˋ頭摩(樹)林，(於)三十年中，專精修行「四無量心」，為諸眾生食噉「果子」，勸化(勸教度化)八萬四千諸「龍、夜叉、神」等，「不退轉」於「阿耨多	(燈明王)我(先)於(憂曇波羅樹)林中，(於)「三十六」年，遊「四梵處」(四無量心)，為(利)益眾生，故食眾「果實」，及諸「草根」，既(度)化八萬四千「龍、夜叉」，令住「不退轉」

羅三藐三菩提」。 ㉖(我)以是「善根」因緣，今「然(燃)此臂」，為「示道」故，(能)令是諸商「安隱」，得還(歸)閻浮提中。 ㉗(燈光明王)「然臂」乃至七日七夜，此諸商人，尋便(獲得)「安隱」，還(歸)閻浮提。	(於)「阿耨多羅三藐三菩提」。 ㉖(我)以是「善根」業報，令(燈明王)我「手然(燃)」，使此商人，(能)得道「安隱」，(還歸)至閻浮提。 ㉗如是(燈明王之)「手然」，經七日七夜，彼諸商人(獲得)「安隱」，(使)還到於閻浮提。

有受「菩薩戒」的人，大部份的人都會在手臂上「燃上一柱」或「三柱」的戒香。有些「道場」還是照「傳統」而燃，有些則開放「自由」決定要燃與否。

最近幾年，已經沒有「硬性」規定要燃了，因為「時代」不同了。

因為所有的「藏經」都沒有「明確」的說「受戒」一定要「燃」什麼的，所有的「南傳法師、日本法師、泰國法師」……沒有人是「燃臂、燃頂」才算是「得戒、受戒」的。

所以出家「燃頂」才算有真正的「得戒、受戒」，我們當然是「讚嘆、讚許」的；但如果有人沒燃頂，也千萬不能說別人沒「得戒」！

既然受「大戒」，就不一定要「燃頂」，那受「菩薩戒」呢？當然也不一定要「燃臂」的，這是同一個「道理」的。

一般的人是，「受戒」時才燃，但受戒之後就沒再燃了。原因是說要透過燃的「戒疤」來「勉勵」自己要「時時」持戒，但這種「說法」也不一定是完全正確的。

因為「泰國出家、小乘出家、西藏出家」，都沒有人「燃頂、燃臂」，那請問這些人需要透過什麼「戒疤」來「時時記住」自己要好好「持戒」的呢？

所以戒由「心」持，能持的人，就是可以持，也不必「燃」什麼「戒疤」的。

不能持戒的人，就算「全身都燃」，還是無法好好持戒的，因為自己的「習性」使然。

我曾遇過讀「研究所」出家的法師說，他受「大戒」的道場說：要「燃頂、燃臂、不燃」，三者自行擇一。結果那位法師選擇「燃臂」，他還有給我看他的手，確實是這樣的！

所以我們不必「為燃臂而燃臂、為作秀而燃、為比較面子而燃、為拚數字而燃、為受戒而燃、為得戒而燃」，這才是正確的「知見」。

所有的「苦行」都是最簡單的，無論你「燃指、燃臂、斷指、斷臂、血書」、各種「頭陀行」……三日一食、不食不飲，或夜不倒單……這都是最簡單的。

最難修的，永遠是自己的那顆--「不平的心」&「習性」。這才是最最難修的！

如果你很「認真」的經常在「燃臂」，然後經常「輕賤」沒「燃臂」的人，這樣算是一位「發心修行」的菩薩「行為」嗎？

所以發心修行的菩薩，不是停留在「計較」多燃一顆，少燃一顆，或多吃一餐與少吃一餐上「打轉」，應該要不斷「打轉」的事是-----

自己的「我執、煩惱、仇恨、抱怨、瞋心、人我是非」……淡化了沒？

自己的修行功課，為了求「解脫」輪迴，為了求生西方，這個道心「堅固」了沒？自己的「智慧」增加了沒？

底下擷錄《法華經》中有出現「燃手指」的內容，但請勿誤解《法華經》是提倡「燃手指」的，因為經文明確的說，如果有人能燃「手指」，不如受持此《法華經》乃至一四句偈，其福最多。這只是一種功德上的「譬喻法」，這並非是在「提倡」要燃「手指」的經文。

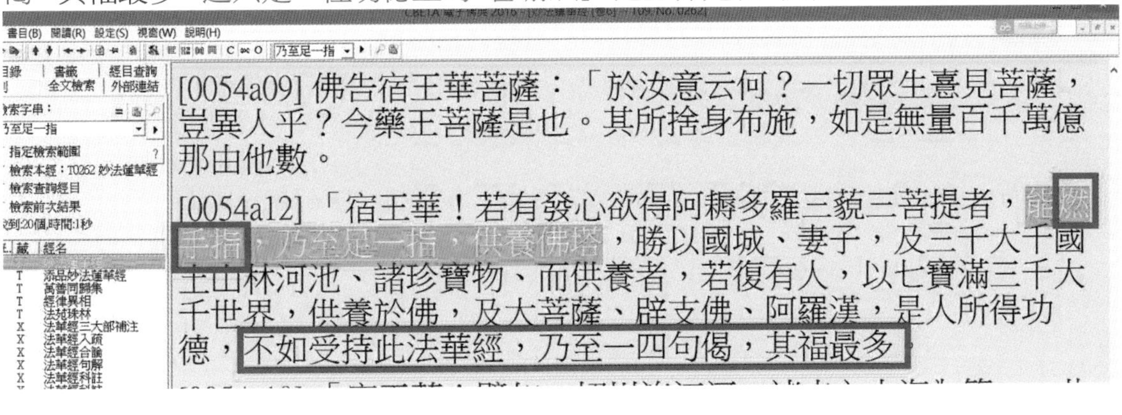
[0054a09] 佛告宿王華菩薩：「於汝意云何？一切眾生憙見菩薩，豈異人乎？今藥王菩薩是也。其所捨身布施，如是無量百千萬億那由他數。

[0054a12] 「宿王華！若有發心欲得阿耨多羅三藐三菩提者，能燃手指，乃至足一指，供養佛塔，勝以國城、妻子，及三千大千國土山林河池、諸珍寶物，而供養者，若復有人，以七寶滿三千大千世界，供養於佛，及大菩薩、辟支佛、阿羅漢，是人所得功德，不如受持此法華經，乃至一四句偈，其福最多。

底下再擷錄佛經中有出現「燃臂」的相關經典

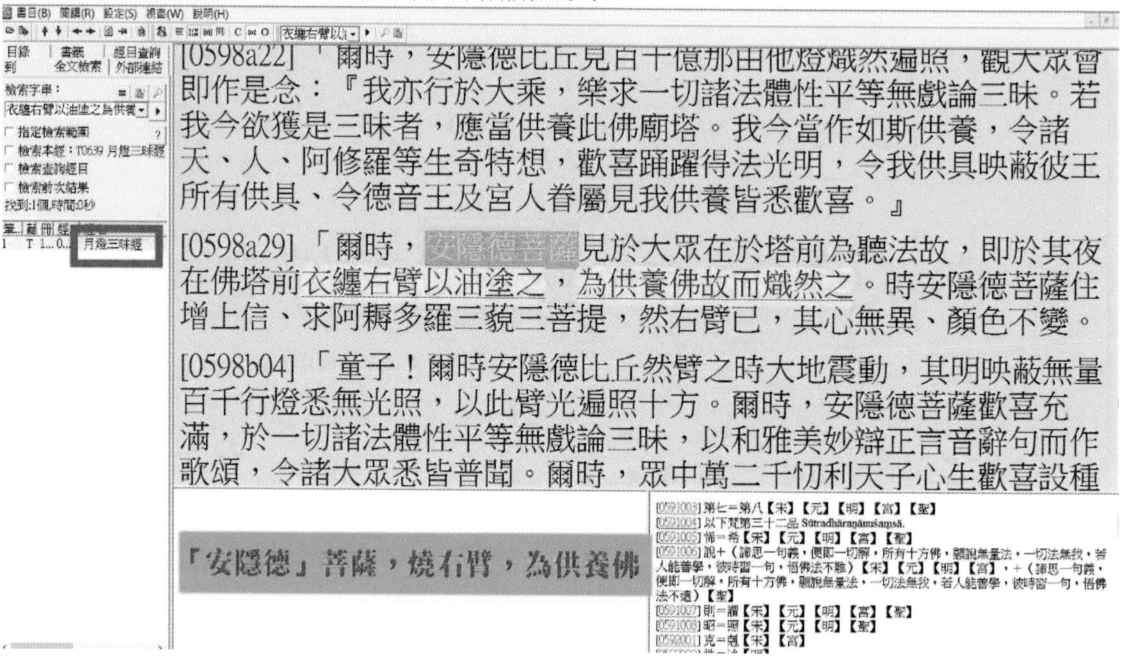
月燈三昧經
[0598a22] 「爾時，安隱德比丘見百千億那由他燈熾然遍照，觀大眾會即作是念：『我亦行於大乘，樂求一切諸法體性平等無戲論三昧。若我今欲獲是三昧者，應當供養此佛廟塔。我今當作如斯供養，令諸天、人、阿修羅等生奇特想，歡喜踊躍得法光明，令我供具映蔽彼王所有供具、令德音王及宮人眷屬見我供養皆悉歡喜。』
[0598a29] 「爾時，安隱德菩薩見於大眾在於塔前為聽法故，即於其夜在佛塔前衣纏右臂以油塗之，為供養佛故而熾然之。時安隱德菩薩住增上信、求阿耨多羅三藐三菩提，然右臂已，其心無異、顏色不變。
[0598b04] 「童子！爾時安隱德比丘然臂之時大地震動，其明映蔽無量百千行燈悉無光照，以此臂光遍照十方。爾時，安隱德菩薩歡喜充滿，於一切諸法體性平等無戲論三昧，以和雅美妙辯正言音辭句而作歌頌，令諸大眾悉皆普聞。爾時，眾中萬二千忉利天子心生歡喜設種
「安隱德」菩薩，燒右臂，為供養佛

大寶積經
作是言：『我等失道，無救無歸無所依止。誰諸眾生，若天、若龍、若夜叉神、若人非人，示導我等令得正道？誰能憐愍饒益我等，於此夜闇邪嶮道中與我光明？』目連！爾時空林澤中有外道仙人草菴中住，於夜闇中聞諸賈客悲[1]喚音聲，而作是言：『今諸賈客夜闇於此空林中失道，若我不救則為非理，是諸賈客或為虎狼師子大象野牛諸惡獸等惱害奪命。』目連！仙人即時以大音聲告諸賈客：『汝等勿畏，我今相救，當作光明示汝正道。』爾時仙人安慰告諸賈客已，即以疊衣纏裹兩臂，以油遍灌以火然之，與諸賈客光明示道。目連！時諸賈客皆作是念：『今此仙人甚為希有，為我等故不惜身命。』目連！時是仙人以臂光明照示賈客道已，於諸眾生悲心轉增，作是念：『我得阿耨多羅三藐三菩提時，邪道眾生為作法明示以正道。』目連！我於爾時雖然兩臂，身心不異。何以故？目連！深心菩薩於求他
釋迦佛的「前世」曾為一「仙人」
後燃雙臂，只為給商人「光明」示道

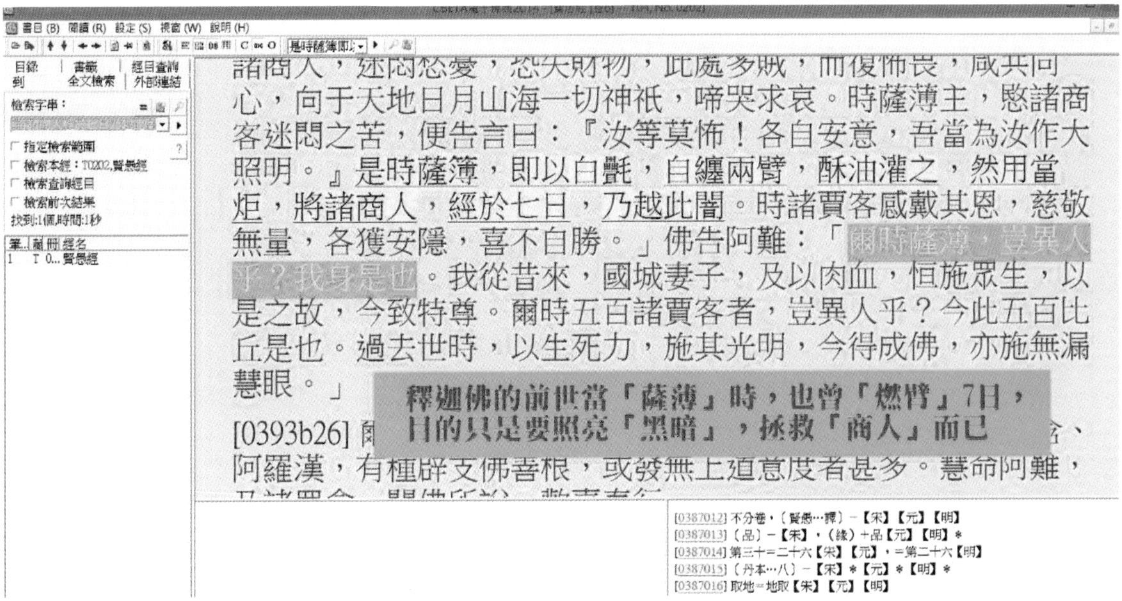
諸商人，迷悶愁憂，恐失財物，此處多賊，而復怖畏，咸共同
心，向于天地日月山海一切神祇，啼哭求哀。時薩薄主，愍諸商
客迷悶之苦，便告言曰：『汝等莫怖！各自安意，吾當為汝作大
照明。』是時薩薄，即以白氎，自纏兩臂，酥油灌之，然用當
炬，將諸商人，經於七日，乃越此闇。時諸賈客感戴其恩，慈敬
無量，各獲安隱，喜不自勝。」佛告阿難：「爾時薩薄，豈異人
乎？我身是也。我從昔來，國城妻子，及以肉血，恒施眾生，以
是之故，今致特尊。爾時五百諸賈客者，豈異人乎？今此五百比
丘是也。過去世時，以生死力，施其光明，今得成佛，亦施無漏
慧眼。」
[0393b26] 爾
阿羅漢，有種辟支佛善根，或發無上道意度者甚多。慧命阿難，
釋迦佛的前世當「薩薄」時，也曾「燃臂」7日，
目的只是要照亮「黑暗」，拯救「商人」而已

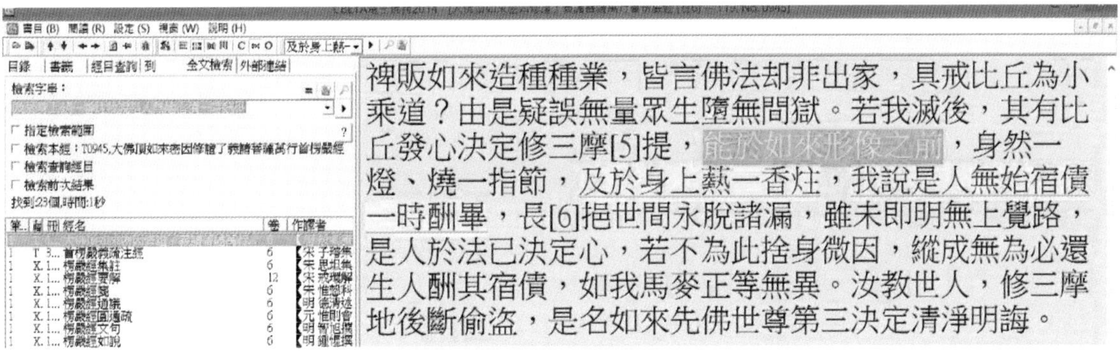
禪販如來造種種業，皆言佛法却非出家，具戒比丘為小
乘道？由是疑誤無量眾生墮無間獄。若我滅後，其有比
丘發心決定修三摩[5]提，能於如來形像之前，身然一
燈、燒一指節，及於身上爇一香炷，我說是人無始宿債
一時酬畢，長[6]揖世間永脫諸漏，雖未即明無上覺路，
是人於法已決定心，若不為此捨身微因，縱成無為必還
生人酬其宿債，如我馬麥正等無異。汝教世人，修三摩
地後斷偷盜，是名如來先佛世尊第三決定清淨明誨。

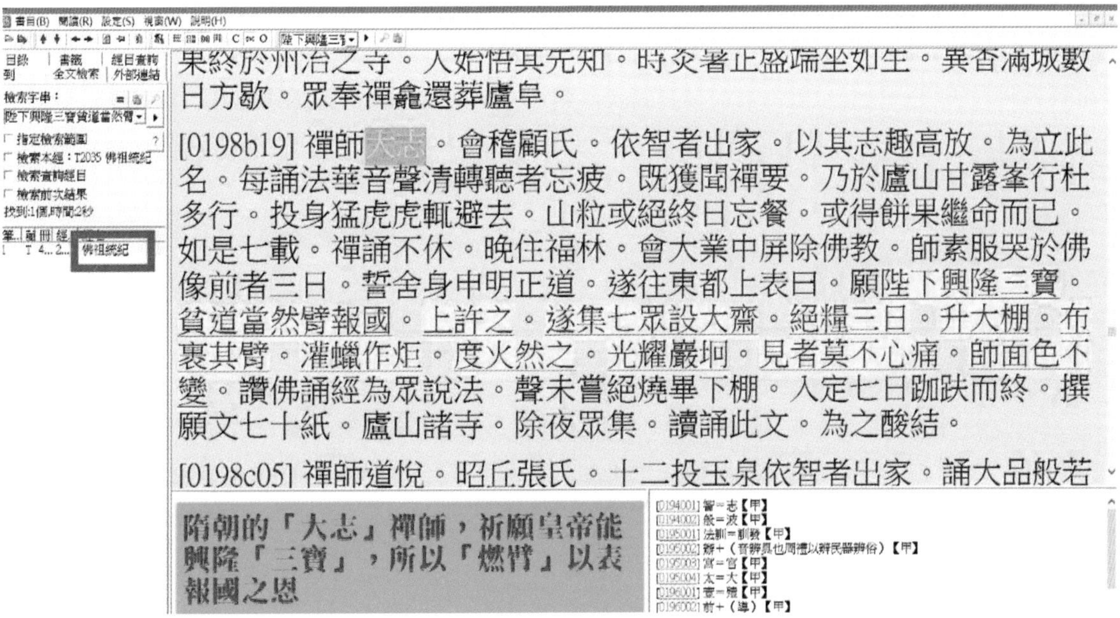
佛祖統紀
果終於州治之寺。人始悟其先知。時炎暑正盛端坐如生。異香滿城數
日方歇。眾奉禪龕還葬廬阜。
[0198b19] 禪師大志。會稽顧氏。依智者出家。以其志趣高放。為立此
名。每誦法華音聲清轉聽者忘疲。既獲聞禪要。乃於廬山甘露峯行杜
多行。投身猛虎虎輒避去。山粒或絕終日忘餐。或得餅果繼命而已。
如是七載。禪誦不休。晚住福林。會大業中屏除佛教。師素服哭於佛
像前者三日。誓舍身中明正道。遂往東都上表曰。願陛下興隆三寶。
貧道當然臂報國。上許之。遂集七眾設大齋。絕糧三日。升大棚。布
裹其臂。灌蠟作炬。度火然之。光耀巖壑。見者莫不心痛。師面色不
變。讚佛誦經為眾說法。聲未嘗絕燒畢下棚。入定七日跏趺而終。撰
願文七十紙。廬山諸寺。除夜眾集。讀誦此文。為之酸結。
[0198c05] 禪師道悅。昭丘張氏。十二投玉泉依智者出家。誦大品般若
隋朝的「大志」禪師，祈願皇帝能
興隆「三寶」，所以「燃臂」以表
報國之恩

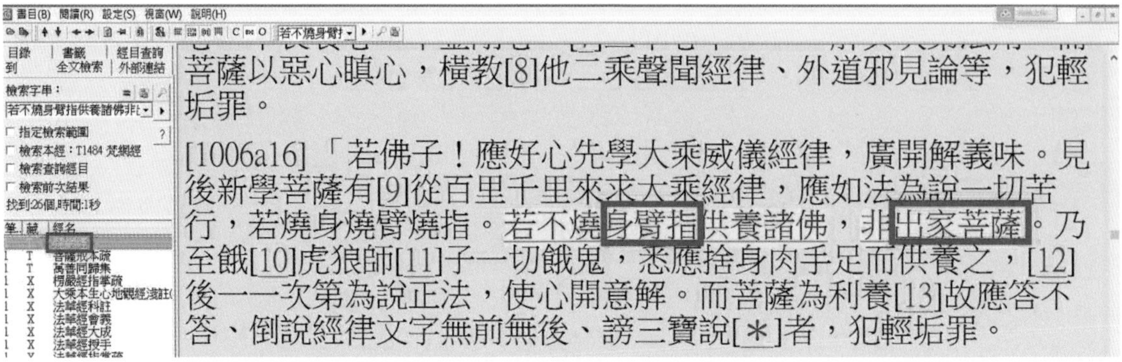
菩薩以惡心瞋心，橫教[8]他二乘聲聞經律、外道邪見論等，犯輕
垢罪。
[1006a16]「若佛子！應好心先學大乘威儀經律，廣開解義味。見
後新學菩薩有[9]從百里千里來求大乘經律，應如法為說一切苦
行，若燒身燒臂燒指。若不燒身臂指供養諸佛，非出家菩薩。乃
至餓[10]虎狼師[11]子一切餓鬼，悉應捨身肉手足而供養之，[12]
後一一次第為說正法，使心開意解。而菩薩為利養[13]故應答不
答、倒說經律文字無前無後、謗三寶說[＊]者，犯輕垢罪。

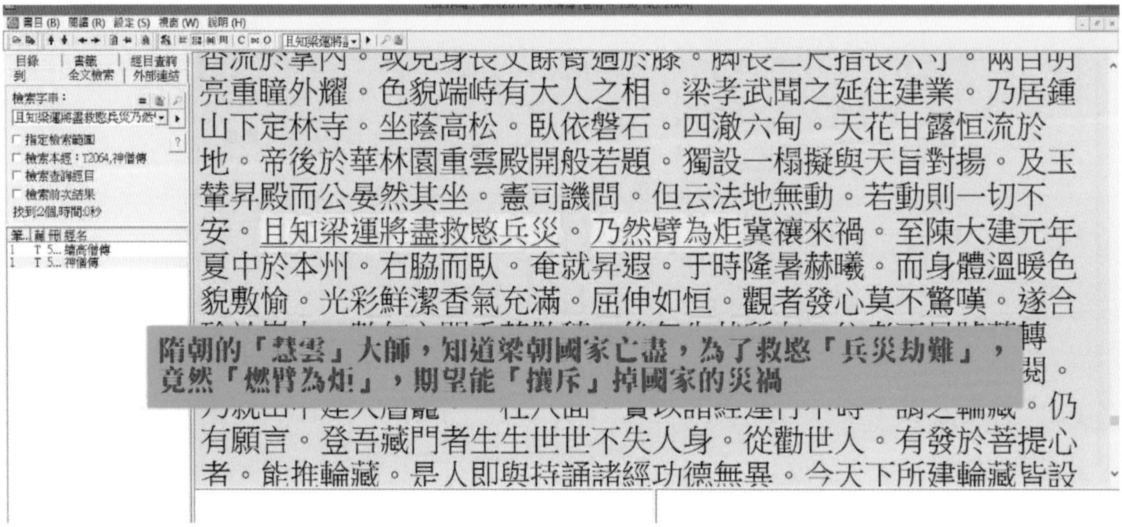
亮重瞳外耀。色貌端峙有大人之相。梁孝武聞之延住建業。乃居鍾
山下定林寺。坐蔭高松。臥依磐石。四澈六旬。天花甘露恒流於
地。帝後於華林園重雲殿開般若題。獨設一榻擬與天旨對揚。及玉
輦昇殿而公晏然其坐。憲司譏問。但云法地無動。若動則一切不
安。且知梁運將盡救愍兵災。乃然臂為炬冀禳來禍。至陳大建元年
夏中於本州。右脇而臥。奄就昇遐。于時隆暑赫曦。而身體溫暖色
貌敷愉。光彩鮮潔香氣充滿。屈伸如恒。觀者發心莫不驚嘆。遂合
隋朝的「慧雲」大師，知道梁朝國家亡盡，為了救愍「兵災劫難」，
竟然「燃臂為炬」，期望能「攘斥」掉國家的災禍
有願言。登吾藏門者生生世世不失人身。從勸世人。有發於菩提心
者。能推輪藏。是人即與持誦諸經功德無異。今天下所建輪藏皆設

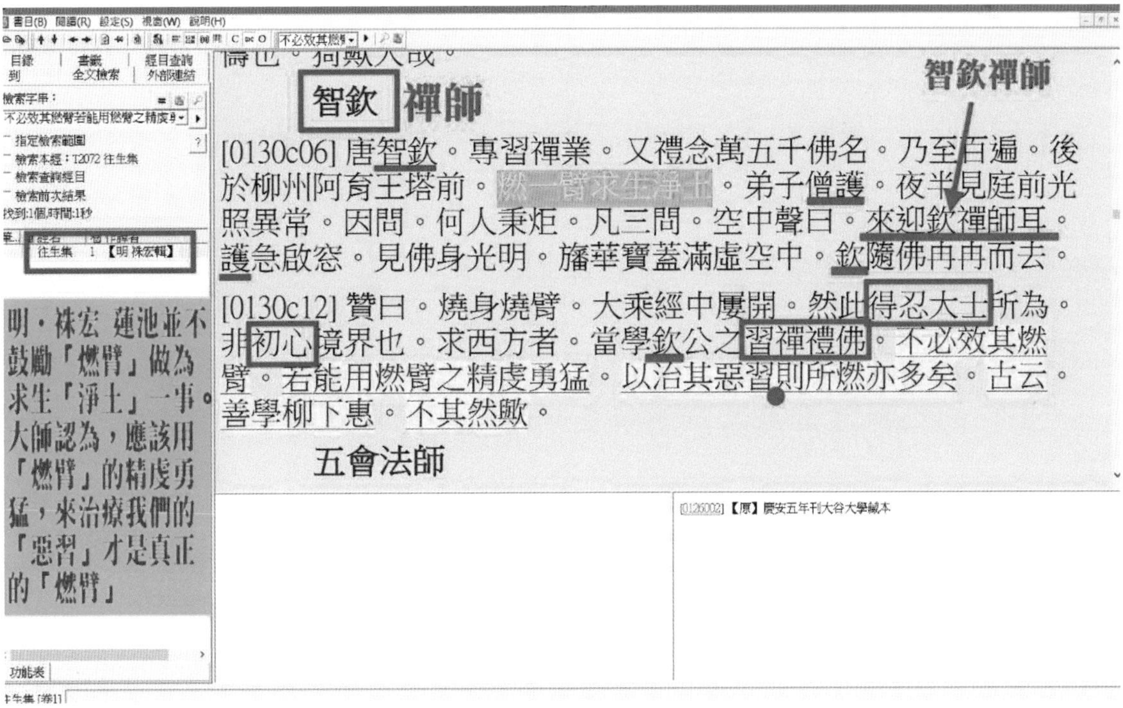

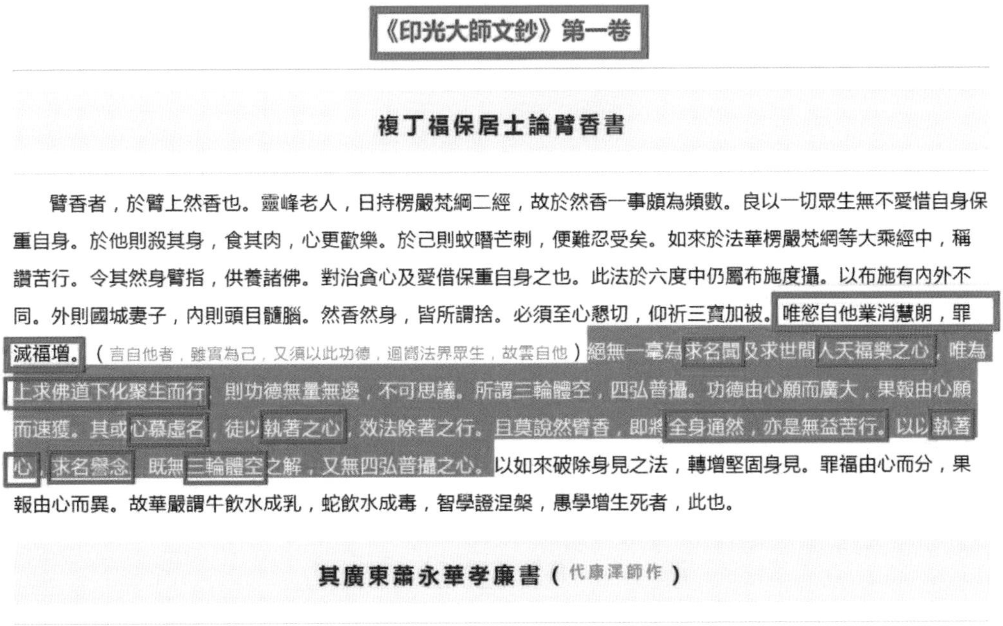

吾人應該要尊重、讚歎有「發心燃頂、燃臂」的修行菩薩，但請記得也要「尊重」沒有「燃頂、燃臂」的修行菩薩。

修行人，不必「為燃臂而燃臂、為作秀而燃、為比較面子而燃、為拚數字而燃、為受戒而燃、為得戒而燃」，這才是正確的「知見」。

所有的「苦行」都是最簡單的，無論你「燃指、燃臂、斷指、斷臂、血書」、各種「頭陀行」……三日一食、不食不飲，或夜不倒單……這都是最簡單的。

最難修的，永遠是自己的那顆--「不平的心」&「習性」。這才是最最難修的！

九－20 燈光明王發願常作無上「商主」，願入大海，取如意珠，能於一日，七遍降珍寶利益無量眾生，然後勸令眾生安住於「三乘」

北涼・曇無讖 譯 《悲華經》	秦・譯者佚 名 《大乘悲分陀利經》
⑤善男子！(燈光明王)我於爾時，復作善願：若閻浮提無諸「珍寶」，若我必成「阿耨多羅三藐三菩提」，得己利(獲得諸善法成就爲「己利」)者，(我)當作「商主」，(願)於一一天下，七返(七遍)雨ˋ(降)寶。	⑤(燈明王)我於彼時，即自立願：如此閻浮提，乏諸「珍寶」，若我得成「阿耨多羅三藐三菩提」，是「意滿」(意願圓滿)者，令我得為「商主」，採「如意珠」，於一一方(國世界)，七返(七遍)雨ˋ(降)種種「衆寶」之雨，於此佛土(之)一切方(國世界)中。
⑥(我將)復入「大海」，取「如意珠」，於一一天下，復雨ˋ(降)種種雜廁(交雜夾廁)寶物。如是次第，遍此世界，乃至十方無量無邊「阿僧祇」諸世界中，亦復如是。	
⑧善男子！(釋迦)我於往昔諸所「發願」，皆悉成就，如「恒河沙」等大劫中，常作無上「薩薄」之主(sārtha-vāha 商主)，於「恒河沙」等「五濁」惡世，雨ˋ(降)種種珍寶，(能於)一日之中，七返(七遍)雨ˋ(降)之，如是利益無量衆生，悉令「珍寶」得滿足已，然後勸化(勸教度化)安止(眾生)，令住於「三乘」中。	⑧如是於十方「恒河沙」數「五濁」(之)「空(無)佛土」中，如前所說，我如是意(願)，皆已得(圓)滿。(我能)於「恒河沙」數「大劫」中，為無上「商主」，於「恒河沙」數「五濁」(之)「空(無)佛土」中，雨ˋ(降)於衆寶，(於)一一方(國世界)中，七返(七遍)雨ˋ(降)種種「衆寶」之雨。(我)以如是隨(眾生)意，充足無量「阿僧祇」(之)衆生，(皆)令住(於)「三乘」。

㊃善男子！汝今當知，即是(往昔釋迦)如來，捨諸「珍寶」，為得諸相(之)「善根」因緣。	㊃善男子！汝觀(往昔釋迦)如來(之)「寶施」(以珍寶布施)善根，(所得之)相好果報。

九－21 釋迦往昔曾作須香婆羅門，為眾生講「五陰」如怨家、「十二入」如「空聚落」、「十二因緣」為相續生滅相、「阿那波那」出入息的思惟修法

北涼‧曇無讖 譯 《悲華經》	秦‧譯者佚 名 《大乘悲分陀利經》
	《醫方施品‧第二十六》
㊀復次，善男子！如是復過無量無邊「阿僧祇」劫，此佛世界，轉名為網，劫名知具足，其世(亦是)「五濁」，人民壽命，(可)滿「五萬歲」。	㊀復次，善男子！竟無量劫時，此佛土名曰矇昧，劫名喜悅，亦復(是)「五濁」(惡世)，(但人民壽命可達)「五萬歲」世人中。
㊁(釋迦我)以「本願」故，(便轉)生(至)閻浮提(之)「婆羅門」家，字曰須香，(但都只)讀誦「外典」(之)「闡陀章句」(catur-veda 四韋陀；四圍陀，婆羅門教之根本聖典)。	㊁我以「本願」故，(便轉生)於此閻浮提，為「婆羅門」，名曰鬘香，(只精)通「四韓陀」(catur-veda 四韋陀；四圍陀，婆羅門教之根本聖典)。
㊂爾時，衆生多著「常」(永恒之常)見，(且)互共鬪諍，起「怨賊」想。(須香)我於爾時，以強「力勢」，為諸衆生，說： ❶「五受陰」，猶如怨家。 ❷說「十二入」，如「空聚落」。 ❸說「十二緣」，其性「生滅」。 ❹開示分別「阿那婆那」(ānāpāna 安般；安那般那；出入息念；數息觀)，令其修學。	㊂爾時衆生「常見」極重，樂「怨嫉」，好「鬪諍」，我以「勇猛力」，為衆生說法： ❶示(五)「陰」如「怨」。 ❷(十二)「入」如「空聚」。 ❸(十二)「因緣」相續「生滅」(之相)。 ❹現「阿那波那」(ānāpāna 安般；安那般那；出入息念；數息觀)念思惟。
㊃(須香我)復作是言：仁等！今者可發「無上菩提」之心，所作「善根」，應生「迴向」。(須香)我於是時，自然而得「五通」神	㊃(鬘香我)勸發(眾生)「阿耨多羅三藐三菩提」心，(所作)「善根」(應生)迴向，皆悉住中，(時鬘香)我自得「五通」。

仙。	
伍爾時，復有無量無邊「阿僧祇」人，受(須香)我(之)教(導)故，悉得「五通」。	伍爾時無量「阿僧祇」衆生，以(鬘香)我(之)教授，亦得「五通」。
陸(亦)復有無量無邊衆生，遠離「鬪諍」，滅除「怨憎」，(亦發心)「出家」入山，食「果蓏ㄌㄨㄛˇ子」，晝夜(皆)修集「四無量心」。	陸如是(亦有)無量「阿僧祇」衆生，捨諸「怨嫉」(及)種種「鬪諍」，往詣「園林」，(僅受)食衆「果實」及諸「草根」，(並)坐禪思惟，遊「四梵處」(四無量心)，日夜(皆處於)「無諍」(之境)。

九－22 釋迦往昔曾作須香婆羅門，於那時眾生曾發生種種病苦。須香勤勞去問諸「醫方」，合集「諸草」，療治眾病，再以咒術去治由「鬼神」引起之諸病

北涼・曇無讖 譯 《悲華經》	秦・譯者佚 名 《大乘悲分陀利經》
壹(當)是(知具足)劫，欲盡(之時)，是諸(入山修行之)人等，各各分散，(便)遊閻浮提，(隨緣)教化衆生，令(眾生)離「鬪諍」，除滅「怨憎」，悉使「寂靜」。或有「水旱、暴風、惡雨」，皆令除滅。(故)其地柔軟，五穀成熟，食噉(具有美妙)滋味。	壹(當喜悅)劫，欲盡時，(這些入山修行且)堪受供(養的)人，(便開始度化眾生，於)滿閻浮提(之處)，以是滅除(眾生的)「鬪諍、怨嫉」，(及滅除)「非時」(之)風雨。(故)地(皆)生「五穀」，皆悉「香美」，(飲)食(後便)增「氣力」。
貳(但)以(知具足)劫，欲盡(時)，衆生復為種種「病苦」之所纏惱。	貳(但)以(喜悅)劫「惡」故，衆生(復爲)種種「諸病」所困。
參 ❶善男子！(須香)我於爾時，尋復思惟：若(須香)我不能除「衆生病」，我則不成「阿耨多羅三藐三菩提」，為諸衆生，斷除煩惱。 ❷(須香)我今當以何等「方便」(之法)，除(掉)衆生病？	參 ❶(鬘香)我即思惟：若(鬘香)我不能除此衆生諸「疾病」者，令我不逮「阿耨多羅三藐三菩提」，不能得除「衆生」結(結使煩惱)病。 ❷(鬘香)我當以何「方便」(之法)，除(卻)「衆生病」？

㊃唯有聚集一切「大衆、釋天、梵天、四天王」等，及(集)諸「天仙、龍仙、人仙」(等)。(然後勤勞去)問諸「醫方」，合集「諸草」，(再加以)種種「呪術」，以療「衆病」。	㊃(鬘香)復生是念：我宜集「釋、梵、護世」，諸餘「天仙、龍仙、夜叉仙、人仙」(等人)，為饒益衆生故，(勤勞去)造現「方藥」。
㊄(須香)思惟是已，即以「神(足)力」，至「釋天、梵天、四天大王」，及「諸天、神龍、人仙」(之處)所，作如是言： 有毘陀山，願諸仁等，皆共來(此聚)集。	㊄(鬘香)我即以「神足」(通)，往告「釋、梵、護世」，(及)「天仙、龍仙、夜叉仙、人仙」(等處)，(並作如下言) 有山名億迦毘羅鉢帝(應是同指爲遮羅迦山)，(請大眾共)來(聚)集其上。
爾時，大衆聞是言已，皆悉集聚。	
㊅(待大眾)既「集聚」已，皆共誦持(外道的)「毘陀」(Veda 吠馱；韋陀；圍陀；薜陀；鞞陀；比陀；皮陀。意譯「智、明、明智、明解、分」。又稱《圍陀論》、《毘陀論經》、《薜陀咒》、《智論》、《明論》。古印度婆羅門教根本聖典之總稱)呪術，以是(咒術之)力故，能(除)却一切「諸惡鬼神」，擁護衆生。	㊅(大眾便於遮羅迦山)頂(之)石(上共修持誦)「鞞陀」(咒術)。
㊆(須香我)復修「醫方」，能治「痰癊ㄣ(指體內過量水液不得輸化、停留或滲注於某一部位而發生的疾病。一般認爲「稠濁者爲痰，清稀者爲癊(飲也)」)、風寒、冷熱」。以是因緣，(皆)令無量無邊「阿僧祇」人，離諸苦惱。	㊆(在)遮羅迦(山有諸多)大醫(王聚集)之處，於中「造說」(建造宣說)，(有關能)治「風、水、火」諸大病(之藥)方，(如此可)令無量「阿僧祇」衆生，「病」盡除滅。

九－23 須香婆羅門發心為所有病者，請諸天龍神仙，集合於毗羅山，共修外道之「毗陀咒」，令眾生悉得「離病」，受於快樂

北涼・曇無讖 譯 《悲華經》	秦・譯者佚 名 《大乘悲分陀利經》
㊀善男子！(須香)我於爾時，復更作願：	㊀(鬘香)我於其中，立願如是：(鬘香)我

若(須香)我已為此一「天下」無量衆生，作「智慧」光，安止(眾生)住於「三乘」法中，(關)閉(眾生之)「三惡門」，(爲眾生開)通「天人」(之)路，除諸「病苦」，令(眾生)得「歡喜」。	今以此「慧」，照明無量「阿僧祇」衆生，令(眾生)住「三乘」，(關)閉「惡趣」門，置(眾生於)「天道」中，滅除「衆病」。
㊁復「次第」(再)為無量無邊「阿僧祇」人，作「智慧」光，乃至歡樂。以是「善根」因緣「果報」故，令我所願，皆得成就，逮得己利(獲得諸善法成就爲「己利」)。	㊁如是(我)為無量「阿僧祇」衆生，而作「慧明」(智慧光明)，置(眾生於)「安隱」樂。(我)以是「善根」業報，願我是「意」(願)得(圓)滿。
㊂如(須香)我，已為此一「天下」(之)無量無邊「阿僧祇」人，(關)閉「三惡道」，(開)通「天人」(之)路。	㊂如此(於)一方(國世界)，(關)閉無量「阿僧祇」衆生(之)「惡趣」門，置(眾生於)「天道」中。
㊃(我也)為諸「病者」，請諸「天龍、神仙之人」，集(合於)毘羅山，(共)修(外道的)「毘陀」(Veda)呪，令無量無邊「阿僧祇」人，悉得「離病」，受於快樂。	㊃(我也)為(眾生之)疾病故，集(合)諸「天衆、仙衆、夜叉衆、龍衆」，為衆生故，集(合共修持)「鞞陀」(咒術於)遮羅迦山頂，(並於)衆(多大)醫(王所)集(合之)處，(宣)說(能)除「衆病」(之)平健(平安健康之)「方藥」。
㊄如是遍滿(於)此網世界，(我皆)利益一切「在在處處」(之)無量「衆生」，安住(眾生於)「三乘」，(關)閉「三惡道」，(開)通「天人」(之)路。	㊄(鬘香我於)如是曚昧佛土(之)一切方中，(皆)作如是「丈夫行」，(能)安置衆生於「天道」中。
㊅(須香我)復為(處於)如是(網)世界(所有的)「病者」，請諸「天龍、神仙」之人，集(合於)毘羅山，(共)修(外道)「毘陀」(Veda)呪，令此(網)世界無量無邊「阿僧祇」人，悉得「離病」，受於「快樂」。如此(網)世界，乃至十方如恒河沙，(其餘的)「五濁」惡世，亦復如是。	㊅如是(鬘香我又聚)集「天、龍、夜叉、人仙」(等)，為衆生故，(於遮羅迦山)造說(建造宣說)種種「呪術」，如此(於)曚昧佛土(中利益眾生)。(復)當於十方「恒河沙」數「五濁」(之)「空(無)佛土」中，(亦)作如是「丈夫行」，令衆生得住「三乘」，(並)安置(眾生於)「天道」(中)，(並)現諸種種「呪術」於世，(爲)除衆「疾病」。

㊷善男子！(須香)我於爾時，在網世界，乃至十方如「恒河沙」(之)「五濁」惡世，諸所作願，皆得成就。	㊷善男子！(鬘香)我以如是，(圓)滿無上(道)意，又復於此曚昧佛土(中之)一切方中，(亦)作如是「丈夫行」。如(我)所「立願」，亦以無上，(能)於十方「恒河沙」數「五濁」(之)「空(無)佛土」(中)，(於這些)一一佛剎(中)、(於)一切方中，(皆盡)作如是「丈夫行」，(皆)如我本所(之)「立願」。
㊸善男子！汝今當知，(此)即是(釋迦)如來(往昔)為菩薩時，增益「智慧」，修「菩薩道」(的種種過程)，(故)是名(爲)「如來愛護(身口意)三業善根種子」。	㊸善男子！(此即)觀(往昔釋迦)如來「勝慧」、行「菩提行」，是(名)「如來(身口意)三善護持善根種」。

《悲華經》第十卷

十一1 釋迦往昔曾作虛空淨王，布施無量珍寶給眾生，復又發願來生七次將作大龍王，並於身中示現無量百千萬億等「珍寶之藏」

北涼・曇無讖 譯 《悲華經》	秦・譯者佚 名 《大乘悲分陀利經》
《檀波羅蜜品・第五之三》 前面 497 願在九－17	《現伏藏施品・第二十七》
⑰(釋迦)佛告寂意菩薩：善男子！其後復過無量無邊「阿僧祇」劫，此界轉名選擇諸惡。爾時「大劫」，名善等蓋，世亦「五濁」。	⑰又，於好時，過「阿僧祇」劫，時此佛土，名曰除穢，於饒益大劫，亦復(爲)「五濁」(惡世)。
⑱(於)「東方」，去此五十(個)「四天下」，彼閻浮提名盧婆羅。(釋迦我)以「願力」故，生於彼(盧婆羅世界)中，(我亦)作「轉輪聖王」，主「四天下」，號虛空淨，教諸衆生，安住「十善」及「三乘」中。	⑱於「東方」，(於)第五十(個)「四天下」，(有)閻浮提名曰啼例(世界)。(釋迦我)我為度衆生，故於其中(轉)生，(並)為「四天下」(之)「轉輪聖王」，名曰虛空。
⑲(虛空淨王)我於爾時，「布施」一切，無所「分別」。是時多有無量「乞兒」(行乞者)來(求)，從我乞(求)種種「珍寶、金銀、琉璃、頗梨、錢貨、青琉璃珠、大青琉璃、火珠(寶珠的一種。或說似珠之石，又名「火齊珠」)摩尼」，所有珍寶，(短)少不足言，(但來)「乞者」(是)無量。	⑲(虛空王)我於彼中，以「十善業」教化衆生，勸以「三乘」，令住其中。又(能於)一切(皆)施、(於)一切處(皆)施，(若)有來「求索」種種「珍寶」(者)，(例如)「金、銀、琉璃、玉紺、大紺、明月、水精」，(我皆)隨其施與(這些)「珍寶」轉增。
⑳ ❶(虛空淨王)我於是時，即問大臣：如是「珍寶」，從何處生？ ❷大臣答言：(珍寶)是(由)諸「龍王」之所「示現」，雖有此(珍)寶，惟供(養)「聖王」，不	⑳ ❶(虛空王)我問諸臣：從何所因，得此衆寶？ ❷諸臣答言：(此珍寶是由)諸「大龍王」開示(之)「伏藏」，(由)「伏藏」(所)現故，世饒

能廣及如是「乞者」。	珍寶。彼(大龍王)雖現「伏藏」，(但皆)不及(趕不上)從(國)王(來)「求寶者」多(意即供不應求)。
㉠(虛空淨王)我於爾時，(即)作大誓願：若我未來，於「五濁」中、(於)厚重煩惱(中)，(於)人壽「百歲」(中)，必定成「阿耨多羅三藐三菩提」。(若我)所願成就，得己利(獲得諸善法成就爲「己利」)者，(我願)作「大龍王」，(並)示現種種「珍寶」之藏。	㉠(虛空王)我即立願：若我於彼「五濁惡世」、(於)結使(煩惱)極重(之)「百歲」人中，得成「阿耨多羅三藐三菩提」。(若)是(我的)「意滿」(意願圓滿)者，(則)令我於此佛土，得為「龍王」，名現伏藏。
陸(虛空淨王我)於此選擇諸惡世界，(於)在在處處(之)「四天下」中，於一一天下，(我與)「七返」受身(重受新身轉世)，(並於)一一身中，示現無量百千萬億「那由他」等「珍寶」之藏。	陸(虛空王我將)於除穢佛土(之)一切方中，各「七返」受「龍身」，(並)於一一身，(皆能)示現億「那由他」百千「伏藏」，滿中衆寶，(例如)「金、銀」乃至「玉紺ㄍㄢˋ、大紺ㄍㄢˋ、明月、水精」，持用施與(廣大眾生)。
柒(所有)一一寶藏，縱廣正等，(有)一千「由旬」，各各充滿種種「珍寶」，如上所說，(供)給(布)施衆生。 (498 待我成佛願作大龍王示現種種無量珍寶藏布施於眾生願) --後面的願跳接十-7	柒(所有)一一「伏藏」，縱廣(有)千「由旬」，如是衆寶，充滿其中，(我皆)開發(布)施與一切衆生。
捌如(虛空淨王)我在此一(選擇諸惡)「世界」中，精勤用意，如是「次第」，(我亦能)遍十方如「恒河沙」等「五濁」惡世(及)「無佛」國土，(並)於一一佛土，(於)一一天下，「七返」受身(重受新身轉世)，乃至如上所說。	捌(虛空王我於)如此(除穢)佛土，立「勇健」事，(亦能於)如是十方「恒河沙」數(之)「五濁」(及)「空(無佛土)世界」中；於諸刹土，(於)一切方中，各「七返」受身(重受新身轉世)，如前所說。
玖善男子！(虛空淨王)我作如是「善願」。爾時「天人」有「百千億」，在虛空中，雨種種華，而讚我言：	玖善男子！如(虛空王)我立是願，應時(有)億「那由他」百千諸天，於虛空中，雨衆妙華，讚言：
善哉！善哉！一切「布施」，汝今已得，	善哉，善哉！一切(布)施，如前立願，意

如心所願。	必得滿。

十一2 虛空淨王於做「大布施」後，諸天人便稱虛空淨王為一切施。時有受持外道狗戒的青光明行乞者，亦向一切施乞求，皆滿其所求

北涼‧曇無讖 譯 《悲華經》	秦‧譯者佚 名 《大乘悲分陀利經》
㊀善男子！爾時，大衆聞虛空淨王，諸天(爲之另)作字，(即改)號(爲)一切施。	㊀時諸大衆，普聞是聲，天於空中，為(虛空)王改號，名一切施。
㊁(大眾)聞是事已，各各相謂：我等今者，應往(虛空淨王處)乞求「難捨」之物，若(虛空淨王)能捨者，可得名為「一切布施」。如其不能，何得稱為一切施也？	㊁諸人聞已，即生是念：我等應從求其「難捨」，彼(虛空王)若(真施)與者，(則乃)名(爲)一切施，若不(施)與者，(則)非(名爲)一切施。
㊂ ❶是時諸人，各各從(虛空淨)王，乞索「後宮夫人、婇女」及「兒息」等。 ❷時(虛空淨)「轉輪王」聞是事已，心大歡喜，隨其所索，悉皆與之。	㊂ ❶彼諸衆生，即來從(虛空)王，(並)乞宮人「正后(古代帝王嫡妻之稱)、男子」時。 ❷虛空王，以「歡喜心」，皆悉施與。
㊃是時諸人，復更相謂：如是「妻子」皆是易捨，非難事也。今當從(虛空淨)王乞身「支節」，若能捨者，真可得名「能捨一切」。	㊃彼諸人等復生是念：妻子施與，猶未為難，我等今應，從乞(虛空之)「王位」及以「支節」，若能與者，(則)名(爲)一切施，若不與者，(則)非(名爲)一切施。
㊄ ①爾時，諸人往(虛空淨)大王所，於是衆中，有「乞兒」(行乞者)，字青光明，受持「狗戒」，向(虛空淨)轉輪王作如是言：(虛空淨)大王！若(你真)是(名爲)一切施者，唯願施我此閻浮提。 ②(虛空淨王)我時聞已，心大歡喜，尋以「香	㊄ ①時有人，敬持「雞戒」，名為月光，至虛空王前，白言：大王！若(你真是名爲)一切施者，此一切閻浮提，可以施我？ ②(虛空)王聞語已，欣然大悅，即浴以「香

水」洗浴其人，令(青光明)著柔軟「上妙」衣服，以水灌頂(青光明)，紹「聖王」位，(虛空淨王)持閻浮提，即以施之。	湯」，著「王者」之服，立(月光)為一切閻浮提王。
㊅ ❶(虛空淨王)復作是願：如我以此閻浮提施，是因緣故，成「阿耨多羅三藐三菩提」。 ❷(若我)所願成就，得己利(獲得諸善法成就爲「己利」)者，是閻浮提所有人民，皆當承順奉敬此(青光明)人，(並)以為王者。 ❸(虛空淨王我)復令此(青光明)人，壽命無量，作轉輪王。(待)我成「阿耨多羅三藐三菩提」已，(我)當與(青光明)授記「一生」(eka-jāti-pratibaddha，菩薩之最高「等覺」菩薩位。彌勒即屬爲「一生補處」之菩薩)，當得「補佛」之處。	㊅ ❶(虛空王)尋即立願：如我今日，捨此閻浮提王位，為(圓)滿「阿耨多羅三藐三菩提」意故。 ❷今立(月光爲)王，願令一切(眾生)，(對你)悉皆(欽)伏(順)從，增壽無窮，(月光)究竟得為「大轉輪王」。 ❸如(虛空王)我今日，王位「與」之(月光)，願(我)成「阿耨多羅三藐三菩提」時，(月光將)受其次後(之)「阿耨多羅三藐三菩提」，(與)補處「職記」(eka-jāti-pratibaddha，菩薩之最高「等覺」菩薩位。彌勒即屬爲「一生補處」之菩薩)。

十一3 時有諸外道婆羅門，皆來向虛空淨王乞求兩足、兩眼、兩眼、男根、血肉、兩手等，皆歡喜施與之

北涼・曇無讖 譯 《悲華經》	秦・譯者佚 名 《大乘悲分陀利經》
㊀ ❶有婆羅門名曰盧志，復來從(虛空淨王)我乞其「兩足」。 ❷(虛空淨王)我聞是已，心生歡喜，即持利刀，自斷二足，持以施之。 ❸施已發願：願(虛空淨王)我來世，具足當得「無上戒足」。	㊀ ❶復有婆羅門，名曰虛遮，來乞「兩足」。 ❷我以好心，手執利刀，自截「兩足」，持用施之。 ❸尋立大願：令(虛空王)我得成「無上戒足」。
㊁ ①有婆羅門，名曰牙，復來從(虛空淨王)我	㊁ ①復有婆羅門，名陀吒披，來乞「兩眼」。

乞索「二目」。	
②(盧空淨王)我聞是已，心生歡喜，即挑「二目」，持以與之。	②自挑與之。
③施已發願：願(盧空淨王)我來世，當得具足無上「五眼」。	③尋即立願：今以是施，令(盧空王)我得無上「五眼」。
㊂	㊂
❶未久之間，有婆羅門，名淨堅牢，復來從(盧空淨王)我乞索「二耳」。	❶復有婆羅門名曰堅紅，來乞「兩耳」。
❷我聞是已，心生歡喜，尋自「割耳」，持以施之。	❷自割與之。
❸施已發願：願(盧空淨王)我來世，當得具足「無上智耳」。	❸即便立願：(盧空王)我以是施，得「無上智耳」。
㊃	㊃
①未久之間，有「尼乾子」(Nirgrantha-jñāta-putra 尼乾陀若提子外道)，名想，復來從(盧空淨王)我乞索「男根」。	①復有一「邪命」(Nirgrantha-jñāta-putra 尼乾陀若提子外道)，名曰逸林，來乞「男形」。
②我聞是已，心生歡喜，尋即自割，持以施之。	②自截與之。
③施已發願：願(盧空淨王)我來世成「阿耨多羅三藐三菩提」得「馬藏相」。	③我尋即立願：今以是施，令(盧空王我)得「無上陰藏之相」。
㊄	㊄
❶未久之間，復有人來，從我乞索其身「血肉」。	❶復有來乞「肉血」。
❷(盧空淨王)我聞是已，心生歡喜，即便施之。	❷我即與之。
❸施已發願：願(盧空淨王)我來世，具足無上「金色之相」。	❸尋即立願：以是施報，(盧空王我來世)得「金色相」。
㊅	㊅
①未久之間，有婆羅門，名曰蜜味，復來從(盧空淨王)我求索「二手」。	①復有波利婆羅闍迦(parivrājaka 波立婆外道；出家外道)，名曰日味，來乞「兩手」。

②(虛空淨王)我聞是已，心生歡喜，右手持刀，尋斷「左手」，作如是言：今此右手不能「自割」，卿自取之。 ③作是施已，復發願言：願(虛空淨王)我來世，具足當得「無上信手」。 ㊆善男子！(虛空淨王)我截如是諸「支節」已，其身血流。復作願言：因此施故，必定成「阿耨多羅三藐三菩提」，所願成就，得己利(獲得諸善法成就爲「己利」)者，其餘「身分」重得(重新獲)「受」者。	②我自截「左手」，令人截「右手」而與之。 ③尋即立願：願(虛空王我來世)得果成「無上信手」。 ㊆如(虛空王)我截「身支節」，流血塗體。即復立願：我以是「施」，得滿「阿耨多羅三藐三菩提」意者，令我必得(重新給)「付」此身處。

十一4 虛空淨王將全身肢節皆布施後，心生「歡喜」，不生一念之「瞋恚心、悔恨心」

北涼・曇無讖 譯《悲華經》	秦・譯者佚 名《大乘悲分陀利經》
㊀爾時非聖(非爲聖者)、不知思義(精思義理之)諸小王等，及諸「大臣」，皆作是言： 咄哉愚人(指虛空淨王)！如何自割身體「支節」？令諸「自在」(「王位」爲眾人之上的「自在」者)，一旦衰滅，其餘(所剩之)肉摶(聚)，(將)復何所直(價值)？	㊀時彼無有「聖智」(之)群臣，(與)諸小國王，不識「重恩」，衆共議言： (虛空)王甚愚癡，無小慧分，(竟)傷損「支節」，不顧「王位」，譬如(所剩之)肉聚，何用斯為？今應(將此所剩的殘肉)放棄(掉)。
㊁是時，大臣即持(虛空淨王)我身，送著城外，(置於)曠野「塚間」，(然後)各還所止。	㊁(時諸大臣)即便攝(虛空王)我，擲置(於)城外，丘壙之處，捨已，(然後)還歸。
㊂時有無量「蚊虻蠅」等，唼食(虛空淨王)我血，(有)「狐狼、野干、鵰鷲」之屬，悉來「噉肉」。	㊂(虛空王)我於彼中，(便遣)「虻蠅、蚊蚋、狐狼、烏鷲」來食者。
㊃(虛空淨王)我於爾時，(於)命未斷間，心	㊃(虛空王)我以「好心」，尋即立願：

生「歡喜」，復作願言：	
如我捨於一切「自在」(「王位」爲眾人之上的「自在」者)，及諸「支節」，乃至(於)「一念」，(皆)不生「瞋恚」及「悔恨心」。	如今(我)捨此一切「王位」，(將)「支節」施與(眾生)，(我於)一心念頃，不生「恨想」，亦無「悔心」，令是(我的)「意滿」(意願圓滿)。
⑤若(虛空淨王)我所願成就，得己利(獲得諸善法成就爲「己利」)者，當令(我)此身，作「大肉山」，有諸「飲血、噉肉」眾生，悉來至此，隨意飲噉。	⑤願我此身，變成「肉山」，其有衆生(若)食「肉血」者，令彼盡(相皆)來，(來)服(食)吾(之)「血肉」。
⑥(我)作是願已，尋有衆生，悉來「食噉」，(而我以)本「願力」故，其身轉大，高千「由旬」，縱廣正等，五百「由旬」。(我能)滿「千歲」中，以此血肉，給施(一切)衆生。	⑥彼既來食(我血肉)，(而我)以「本願」故，令吾此身，日得生長，漸漸轉增，高千「由旬」，縱廣正等，五百「由旬」。(我能)於「千年」中，以身「血肉」，充足衆生。
⑦ ❶(虛空淨王)我於爾時，所捨「舌根」，(能)令諸「虎狼、鵄彳 梟玄、鵰鷲」，食之飽足，(而我)以「願力」故，(舌根)復生如本。假當(我所捨之舌根)聚集，(將堆聚高)如耆闍崛山(Gṛdhra-kūṭa)。 ❷(我)作是施已，復作是願：願(虛空淨王)我來世，具足得成「廣長舌相」。	⑦ ❶(我)於中(能)施「舌」，(令)禽獸來食，(我以)以「本願」故，尋即「還復」(舌相)，但(我所作之)「舌」施與，(已堆聚高)如耆闍崛山(Gṛdhra-kūṭa)。 ❷(我)即立願言：令我常得無上「廣長舌相」。

十一5 虛空淨王命終後轉生作示現寶藏大龍王，誕生之夜，即有無量寶藏能利益眾生，復發願來生七次將作大龍王，並示現無量「寶藏」

北涼・曇無讖 譯 《悲華經》	秦・譯者佚 名 《大乘悲分陀利經》
⑤善男子！(虛空淨王)我時命終，在閻浮提，以「本願」故，生於龍中，作大龍王，名示現寶藏。	⑤(虛空王我)於中命終，以「本願」故，還生啼例(之)閻浮提龍中，名現伏藏龍王。

貳(示現寶藏龍王我)即於(誕)生(之)夜，(即)示現百千億「那由他」種種「寶藏」，自宣令言：今是分中，多有「寶藏」，其中具足諸珍異物，「金銀」乃至「摩尼寶珠」。	貳所可(所有可於誕)生(之)夜，(我)即現億「那由他」百千「伏藏」，現「衆寶」積滿，所謂「金銀」，乃至「水精」。
貳是諸衆生，聞是唱已，各各自恣，取諸「寶物」，隨意所用。用已，具足行「十善」道，發「阿耨多羅三藐三菩提」心，或發「聲聞、辟支佛」心。	貳咄！汝衆生！應修「十善」業，發「阿耨多羅三藐三菩提」心，若「聲聞」、若發「辟支佛乘」心，隨意所欲，可往取寶。
肆(示現寶藏龍王)我於爾時，在龍王中，「七返」受身(重受新身轉世)，壽命七萬七千億「那由他」百千歲，示現無量無邊「阿僧祇」(之)「寶藏」，與諸衆生。	肆(現伏藏龍王)於彼啼例(之)閻浮提(中)，「七返」為龍，經七十七億「那由他」百千歲中，現無量「阿僧祇」(之)「伏藏」，施與衆生。
伍 ❶(示現寶藏龍王)爾時(能)「安住」無量無邊「阿僧祇」人，(皆住)於「三乘」中，勸令(眾生)具足行「十善」道，(並)以種種無量「珍寶」，(去)滿(足)衆生已。 ❷(示現寶藏龍王)復發願言：願我來世具足，當得「三十二相」。	伍 ❶(現伏藏龍王於)其中，如是勸無量「阿僧祇」衆生，令住「三乘」(及)修「十善」業，以種種「衆寶」，充足衆生。 ❷(現伏藏龍王)尋即立願，令得無上「三十二相」。
陸如是(於)第二(個四)「天下」，(我)亦復「七生」(都)作「大龍王」，乃至(能)遍滿選擇世界(指選擇諸惡世界)在在處處(之)諸「四天下」，悉作如是無量利益。	陸如是於(第)二(個四)「天下」，(我)「七返」為龍，立是「丈夫」行。如是(於第)三(個四)「天下」，乃至(能)遍(至)「餘穢世界」(其餘的濁穢世界)一切方中，立是丈夫行。
柒(我)乃至(能到)十方無量無邊「無佛」世界，(於)一一佛界，(於)一一天下，亦復「七生」(都)作「大龍王」，壽命七萬七千億「那由他」百千歲，(並)示現如是無量無邊「阿僧祇」(之)「寶藏」，亦復如是。	柒如是(我能)於十方「恒河沙」數「五濁」(之)「空(無)佛剎」中，於此諸剎一切方中，皆各如是「七返」為龍。經七十七億「那由他」百千歲中，(我皆)以無量「阿僧祇」(之)「伏藏」，施與衆生，如前所說。

捌 ①善男子！汝今當知，是謂(往昔釋迦)如來為「菩薩」時，深重「精進」，求「三十二相」之因緣也。 ②善男子！(往昔釋迦)如來為「菩薩」時，所行「精進」，除上(上述有)八人(除外)，(釋迦佛於)過去世中，更無(人)能及。 ③若「過去」無者(無有人比得上釋迦如來之精進)，當知「未來」諸菩薩等，亦復不能如是勤行「深重精進」，如(釋迦)我所行。	捌 ①善男子！觀(往昔釋迦)如來，極精進力，為具「三十二相」，行「菩提行」。 ②非(早)先(有)菩薩，能(以)如此「極(精進)力」，(而)行菩提行，「今」亦無有。 ③後來(世)，亦無菩薩，能(以)如斯「極(精進)力」，(而)行「阿耨多羅三藐三菩提」行，除(上述)彼「八人」(除外)，我(早)先(已)說者。

十一6 釋迦往昔曾作善日光明帝釋，復又變成「惡夜叉」像，令眾生因感「恐懼」而發願盡形壽皆「不殺生」

北涼・曇無讖 譯 《悲華經》	秦・譯者佚 名 《大乘悲分陀利經》
壹善男子！復過無量無邊「阿僧祇」劫，此界轉名珊瑚池，劫名華手，是時無佛，其世(亦)「五濁」(世界)。	壹(又)過「阿僧祇」劫，於餘「好時」，此佛土名珊瑚井，示空(無「有佛」之)「五濁」，(當時是爲)蓮花大劫中。
貳(釋迦)我於是中，作釋提桓因，名善日光明，觀閻浮提，見諸眾生，轉行「惡法」。我時即化為「夜叉」像，其形可畏，下(此)閻浮提，(並)住諸人前。	貳時(釋迦)我為是「四天下」(之)「釋」(提桓因)，名曰等照。我見斯閻浮提眾生，不求「戒行」，(我)見已，即自變形為「惡夜叉」，甚可怖畏，(我便)下此閻浮提，(於)人前住。
參 ❶諸人見(惡夜叉)我，皆生怖畏，而問我言：欲何所須？願速說之。 ❷(惡夜叉)我時答言：唯須「飲食」，更無所須。	參 ❶彼見(惡夜叉)我已，甚大怖畏，而問我言：欲求何等？ ❷(惡夜叉)我言：須食，不用餘物，便速辦之。

肆 ①其人復問：欲食何等？ ②(惡夜叉)我復答言：唯殺於「人」，噉其「血肉」。 ③汝等若能盡其形壽，持「不殺戒」，乃至(生)「正見」，(並)發「阿耨多羅三藐三菩提」心，(或)若發「聲聞、緣覺」心者，我即不復「食噉」汝等(這三類已發三乘心者)。	肆 ①彼言：欲得何食？ ②(惡夜叉)我言：唯食「人肉」，不用異物。 ③若(有人能發願)盡形壽，能斷「殺生」，乃至(斷)「邪見」，(並)發「阿耨多羅三藐三菩提」心，若(或發)「辟支佛乘」、若(或發)「聲聞乘」心。能作是行者，吾(皆)不食也。
伍善男子！(惡夜叉)我於爾時，常(變化)作「化人」，以供(眾生之)食飲。	伍(惡夜叉 我亦常變)現作「化人」，而(令眾生)取食之。
陸 ❶爾時衆生見我(所變現出的「化人」)如是，倍生「怖畏」。 ❷(於是這些眾生)悉皆盡形(壽)，受「不殺戒」，乃至(生)「正見」。 ❸或(有)發「阿耨多羅三藐三菩提」心，或(有)發「聲聞、辟支佛」心。	陸 ❶彼衆生見(我所變現出的「化人」)已，極生恐怖。 ❷(於是)彼(諸眾生皆)盡形壽，斷「殺、偷盜」，乃至(斷)「邪見」。 ❸(或)有發「阿耨多羅三藐三菩提」心，(或)有發「辟支佛乘心」，(或)有發「聲聞乘心」。
❹(惡夜叉)我勸如是閻浮提內(之)一切衆生，修行「十善」，(及)住「三乘」已。	❹(惡夜叉 我皆)令此一切「四天下」(之)衆生，修「十善」業，修住「三乘」。

十一7 釋迦往昔化作「惡夜叉」像，令眾生「恐懼」而行「十善」與住「三乘」。以是業因，故釋迦此世欲成「阿耨菩提」時，便遭「天魔波旬」之擾

北涼·曇無讖 譯 《悲華經》	秦·譯者佚 名 《大乘悲分陀利經》
前面 498 頁在十一1 壹(惡夜叉 我)復作誓願： ❶若我必成「阿耨多羅三藐三菩提」，所	壹(惡夜叉)我於中立願： ❶若我(之)「阿耨多羅三藐三菩提」意得

願成就，得己利(獲得諸善法成就爲「己利」)者，復當勸此「四天下」人，(皆)令行「十善」道。	(圓)滿，是願得(圓)滿者，如使此「四天下」衆生，(皆)得住(於)「善道」。
❷(我)乃至(將)遍滿此之世界，(於)在在處處(之)「四天下」中，以如是(惡夜叉恐怖的)相貌，令諸衆生，行「十善」道，勸化(勸教度化)發於「三乘」之心。	❷(我)如是於此佛刹(之)一切「四天下」，現如是「恐怖」(相貌)，令(衆生)修「十善」道業，(並)安置(於)「三乘」。
❸(我)如是遍滿「一世界」已，乃至(於)十方無量無邊「阿僧祇」等「五濁惡世」，(及)「無佛」國土，亦復如是(以恐怖惡夜叉相度化衆生)。	❸(我)復(往)於十方「五濁」(之)「空(無)佛土」中，乃至令(衆生)修「十善」業，(並)安置(於)「三乘」。
㊁	㊁
①善男子！(惡夜叉)我於爾時，發是願已，(若我)一切(獲)成就，(我將)於珊瑚池世界，化作可畏「夜叉」之像，(去)調伏衆生，令住「十善」，及「三乘」中。	①善男子！(惡夜叉)我如是「意願」盡(圓)滿，如此(周)遍(於)珊瑚井世界中，(我皆)以「夜叉」形，(去)調伏世人，(並)置(衆生於)「善法」中。
②如是遍於十方無量無邊「阿僧祇」等「五濁」惡世，(及)「無佛」國土，(皆)作「夜叉」像，調伏衆生，令行「十善」，(並)住「三乘」中。	②如是(前往)十方恒河沙數「五濁」(之)「空(無)佛刹」中，(並)以「夜叉」形，(去)調伏世人，(並)置(衆生於)「善道」行。
(499 於無佛國土之五濁惡世，我將化作「夜叉形」以「恐逼」衆生勸住三乘願)	
③(釋迦)我於往昔(以現)「恐怖」(相的方式去度化)衆生，令行「十善」，住「三乘」中。(我今)以是業因緣故，今得坐於「菩提樹」下，欲成「阿耨多羅三藐三菩提」時，(便遭)「天魔波旬」與諸大衆，來至我所，欲得壞亂我(之)菩提道。	③以(釋迦)我(往昔以)「恐逼」衆生(方式)，(令衆生)住「善行」故。(今則)以是「殘業」(殘留業力)，(導致)令我欲成菩提(時)，(在)坐「金剛座」菩提樹下(時)，(便遭)「魔王波旬」將(帶領)大兵衆，來恐怖我，(來爲我)作(修行)菩薩(道的種種障)礙。
㊂善男子！略說(釋迦)我為「菩薩」之時，(修行)「檀」波羅蜜。	㊂善男子！此是(釋迦)我略說「檀」波羅蜜，行「菩提行」。

㊃善男子！諸大菩薩(所得的)甚深「法忍、微妙總持、解脫三昧」，(釋迦)我於爾時，悉未得之；唯除「二身」(分段生死之身、變易生死之身[阿羅漢、辟支佛及大力之菩薩，所招感三界外之殊勝細妙的果報身])、有漏「五通」。(以上兩種我有得)	㊃(我雖仍)未得「深忍、深陀羅尼、深三昧」；除(早)先(我已得)「二身」(分段生死之身、變易生死之身)、(及)得世「五通」。(以上兩種我有得)
㊄(釋迦)我於爾時，作此大事，令無量無邊「阿僧祇」人，安止住於「阿耨多羅三藐三菩提」，(令)無量無邊「阿僧祇」人，(皆)安止住於「辟支佛乘」，(令)無量無邊「阿僧祇」人，(皆)安止住於「聲聞乘」中。	㊄如是立「大丈夫行」，如是勸化(勸教度化)無量「阿僧祇」衆生，令住「阿耨多羅三藐三菩提」；勸化(勸教度化)無量「阿僧祇」衆生，得住「辟支佛乘」；勸化(勸教度化)無量「阿僧祇」衆生，得住「聲聞乘」。
㊅況復(我)兼得供養「諸佛」，(廣)如「一佛世界」(之)「微塵數」等(之諸佛)，(又於)一一佛邊所得「功德」，數如「大海」諸水渧等。(我亦)供養無量(之)「聲聞、緣覺、師長、父母、五通神仙」，亦復如是。	㊅除我行「菩提行」時，(我亦)親近佛刹「微塵數」諸佛，(於)一一佛所，得如「海水」渧功德。我(亦)供養過數(之)「辟支佛」，(亦)供養過數「如來、聲聞」，(甚至)如是供養「父母、五通仙人」。
㊆如(釋迦)我昔者為「菩薩」時，自以「血肉」供給衆生，如是「大悲」，今諸「羅漢」，悉無是(我以血肉供養眾生之)心。	㊆如(釋迦)我(早)先(修)行「菩薩行」，(因)憐愍衆生，(故)以「身肉血」而充足之。彼時(我所生之)憐愍(大悲心)，今(於)「阿羅漢」所，無有(人像我一樣以血肉供養眾生)也。

十一8 十方世界微塵諸佛，其有「般涅槃」者，往昔皆經由釋迦佛所勸教度化，未來若有成佛之世尊，其往昔亦是受過釋迦佛所勸教度化

北涼・曇無讖 譯 《悲華經》	秦・譯者佚 名 《大乘悲分陀利經》
《入定三昧門品・第六》	《菩薩集品・第二十八》
㊀ ❶爾時，(釋迦)佛告寂意菩薩摩訶薩言：善男子！如(釋迦)我今者，以「佛眼」見十	㊀ ❶善男子！如(釋迦)我以「佛眼」觀見十方佛刹「微塵數」諸佛世尊，(其)已「般涅

<table>
<tr><td>方世界，如一佛土「微塵」等諸佛世尊(有)「般涅槃」者。

❷(這些已般涅槃的世尊們)皆悉是(釋迦)我(往)昔所勸化(勸教度化)初發「阿耨多羅三藐三菩提」心，(令彼眾)行「檀」波羅蜜，乃至(修)「般若」波羅蜜者。
❸(乃至)「未來」之世，亦復如是。(指未來有成佛的世尊，這些人也是往昔受過釋迦佛的勸教度化而成佛的)

(500 十方微塵佛其有「般涅槃」者，往昔皆經由釋迦佛所勸教度化，未來若有成佛者，其往昔亦是受過釋迦佛所勸教度化願)
--寶海梵志的 500 大願至此終了--</td><td>槃」(者)，彼(等)皆是(釋迦)我(往昔)勸化(勸教度化)「阿耨多羅三藐三菩提」令住中者。

❷(這些已般涅槃的世尊們)亦是(釋迦)我(最)初勸(修)「檀」波羅蜜，乃至(修)「般若」波羅蜜，令住中者。

❸乃至「當來」(之世)，亦如是說。(指未來有成佛的世尊，這些人也是往昔受過釋迦佛的勸教度化而成佛的)</td></tr>
<tr><td>㊁
①善男子！我今見此「東方」世界，(有)無量無邊「阿僧祇」等諸佛世尊，今現在世(正在)轉「正法」輪，(此)亦是我(往)昔(最)初勸令發「阿耨多羅三藐三菩提」心，(令)行「六波羅蜜」者。
②(於)「南、西、北」方，四維上下，亦復如是。</td><td>㊁
①又見「東方」現在住世(之)無量「阿僧祇」諸佛世尊，(正在)轉「正法」輪，(與)為眾說法，(此)亦是我(最)初勸發「阿耨多羅三藐三菩提」心，令住中者，乃至(令行)「六波羅蜜」，亦如是說。
②(於)「南、西、北」方，及與「上、下」，亦如是說。</td></tr>
<tr><td>㊂善男子！「東方」去此八十九億諸佛世界，彼有世界名曰善華，是中有佛，號無垢功德光明王如來・應・正遍知・明行足・善逝・世間解・無上士・調御丈夫・天人師・佛・世尊，今現在為眾生說法。</td><td>㊂善男子！我見「東方」，去此佛土過八十九百千佛剎，有世界名華敷，佛名無垢德明王如來，現在住世，為眾說法。</td></tr>
<tr><td>㊃彼(無垢功德光明王)佛亦是(釋迦)我(往)昔所勸(最)初發「阿耨多羅三藐三菩提」心，(並)令行「檀」波羅蜜，乃至(行)「般若」波羅蜜。</td><td>㊃彼(無垢德明王)世尊是(釋迦)我(往昔最)初勸發「阿耨多羅三藐三菩提」心，亦是(釋迦我最)初勸(修)「檀」波羅蜜，乃至(修)「般若」波羅蜜，令住中者。</td></tr>
</table>

十一9「東方」有無量無邊阿僧祇等「現在」住世諸佛；正為眾生轉法輪者，其往昔亦經由釋迦佛所勸教度化

北涼・曇無讖 譯 《悲華經》	秦・譯者佚 名 《大乘悲分陀利經》
㊀	㊀略說，
❶東方復有妙樂世界，是中有佛號阿閦如來。	❶東方有樂喜剎，佛名阿閦。
❷復有閻浮世界，是中有佛，號日藏如來。	❷有紫摩剎，佛名日藏。
❸復有世界名樂自在，是中有佛，號樂自在音光明如來。	❸有樂自在剎，佛名樂自在月明。
❹復有世界名曰安樂，是中有佛，號智日如來。	❹有日沒剎，佛名智日。
❺復有世界名勝功德，是中有佛，號龍自在如來。	❺有勝息剎，佛名龍雷。
❻復有世界名善相，是中有佛，號金剛稱如來。	❻有等林剎，佛名金剛稱。
❼復有世界名江海王，是中有佛，號光明如來。	❼有自王剎，佛名虎光。
❽復有世界名不愛樂，是中有佛，號日藏如來。	❽有無樂剎，佛名日藏。
❾復有世界名離垢光明，是中有佛，號自在稱如來。	❾有照怨剎，佛名稱自在。
❿復有世界名山光明，是中有佛，號不可思議王如來。	❿有彌樓光剎，佛名不思議王。
⓫復有世界名聚集，是中有佛，號大功德藏如來。	⓫有眾護剎，佛名月德藏。
⓬復有世界名華光明，是中有佛，號光明意相如來。	⓬有華光剎，佛名音勝光。
⓭復有世界名和熾盛，是中有佛，號安和自在見山王如來。	⓭有安上剎，佛名現安自在彌樓。
⓮復有世界名善地，是中有佛，號知像	⓮有持王剎，佛名智像。

如來。	
⑮復有世界名曰華畫，是中有佛，號眼淨無垢如來。	⑮有雜華剎，佛名無垢眼。
㊁善男子！如是「東方」無量無邊「阿僧祇」等現在諸佛，(正在)為諸衆生轉法輪者，(這些諸佛在未成佛還)未發「無上菩提心」(之)時。	㊁善男子！(釋迦)我以「佛眼」觀見，「東方」如是等無量「阿僧祇」(之)諸佛世尊，現在(正在)說法，彼(諸佛在未成佛還)未發「菩提心」(之時)。
㊂ ①(釋迦)我(於最)初(皆)勸其令發「阿耨多羅三藐三菩提」心。 ②又復引導(這些人)，將(帶)至十方在在處處(之)佛世尊所，(並)隨所至(之)處，修行安止(於)「檀」波羅蜜，乃至「般若」波羅蜜。 ③使得授「阿耨多羅三藐三菩提」記。	㊂ ①(釋迦)我(最)初勸(彼)於「阿耨多羅三藐三菩提」，令住其中。 ②(這些都)是(釋迦)我(最)初勸「檀」波羅蜜，乃至令住「般若」波羅蜜；是我(早)先所將(帶這些人)至「現在住世」(之)「諸佛世尊」所。 ③(使這些人能於最)初得授「阿耨多羅三藐三菩提」記者。

十一10 釋迦佛為娑婆世界眾生宣講「釋迦往昔本事經」時，造成東方善華世界之無垢功德光明王佛，其師子座及大地，皆六種震動

北涼・曇無讖 譯 《悲華經》	秦・譯者佚 名 《大乘悲分陀利經》
㊀爾時，東方(之)善華世界無垢功德光明王佛，(其)師子之座，及其大地，六種震動，有大光明，雨於種種妙寶蓮華。	㊀說是語時，(有)華敷世界(之)無垢德明王如來(之)「座」動。
㊁彼諸菩薩見是事已，心生驚疑，怪未曾有，即白(無垢功德光明王)佛言：世尊！何因緣故，「如來之座」如是震動？我等昔來未曾見是。	㊁其中菩薩見無垢德明王如來(之)「座」動，即白(無垢德明王)佛言：唯！世尊！何因何緣「如來座」動？我等初未曾見。

㊂其(無垢功德光明王)佛即告諸菩薩言：善男子！「西方」去此八十九億諸佛世界，彼有國土名曰娑婆，是中有佛號釋迦牟尼如來，今現在為「四部衆」說「本緣法」。	㊂彼(無垢德明王)佛告言：善男子等！「西方」去此「佛刹」，過八十九百千佛土，有世界名娑訶，其佛號釋迦牟尼如來，今現在為「四衆」說「本事法」。
㊃ ❶彼(釋迦)佛世尊，為「菩薩」時，(最)初勸化(勸教度化)我發「阿耨多羅三藐三菩提」心。 ❷復引導(無垢功德光明王)我，至諸佛所，初令我行「檀」波羅蜜，乃至(行)「般若」波羅蜜。 ❸(無垢功德光明王)我於爾時，隨所至處，即得初受「阿耨多羅三藐三菩提」記。	㊃ ❶彼(釋迦)如來先為「菩薩」，行「菩提行」時，(最)初勸化(無垢德明王)我於「阿耨多羅三藐三菩提」，令我初發「阿耨多羅三藐三菩提」心。 ❷彼(釋迦)如來先為「菩薩」，行「菩提行」時，(最)初勸(無垢德明王)我行「檀」波羅蜜，乃至(行)「般若」波羅蜜，得住其中。 ❸又彼(釋迦)如來先為「菩薩」，行「菩提行」時，(最)初將我至諸佛世尊所，令(我能)得授「阿耨多羅三藐三菩提」記。
㊄彼佛世尊釋迦牟尼，即是我之真「善知識」，(釋迦)今在「西方」，處在大衆，為諸「四部」說「本緣經」。	㊄彼釋迦牟尼如來是我「善知識」，(釋迦)現在娑訶世界，為「四衆」說是「本事法」。
㊅是彼(釋迦)如來「神足力」故，令(無垢功德光明王)我所坐「師子座」動。	㊅以彼(釋迦)如來「威德力」故，使(無垢德明王)我「座」動。

十一11 善華世界之諸菩薩，欲以神力前往娑婆世界，拜見釋迦佛，供養、恭敬、尊重、讚歎，并欲諮受「解了一切陀羅尼」門

北涼・曇無讖 譯 《悲華經》	秦・譯者佚 名 《大乘悲分陀利經》
㊀善男子！汝(善華世界之諸菩薩)等今者，誰能至彼娑婆世界，問訊彼(釋迦)佛起居輕利？	㊀諸善男子！汝(華敷世界之諸菩薩)等誰能詣彼娑訶佛土，如我辭曰： 敬問釋迦牟尼如來，少病少惱？安樂住

	不？
(貳)時(善華世界之)諸菩薩各白佛言：(無垢功德光明王)世尊！此善華世界諸菩薩等，皆(已)得「神通」，於諸菩薩(已獲)功德自在，今日清旦，見是「大光」，其光悉從諸佛世界，來至於此，大地時時，六種震動，雨種種華。	(貳)彼(華敷世界之)諸菩薩白無垢德明王如來言：世尊！此華敷剎中，(所有的)菩薩摩訶薩(已)「神通」具足，皆(已)度諸菩薩(到)「功德岸」。於今食時，見「大光明」，此諸瑞應(祥瑞感應)從「異剎」(他方佛剎)來，地數大動，雨眾妙華。
(參)(善華世界之諸菩薩)見是事已，有無量百千萬億諸「菩薩」等，欲以「神力」(前)往娑婆世界，(並)見釋迦牟尼佛，供養、恭敬、尊重、讚歎，并欲諮受「解了一切陀羅尼」門。	(參)彼(華敷世界之)諸菩薩摩訶薩復白(無垢德明王)佛言：世尊！我等欲往彼娑訶世界，奉見恭敬親近釋迦牟尼如來；又欲聽「入一切種智行」陀羅尼門。
(肆)然各不知娑婆世界釋迦牟尼所在「方面」？	(肆)彼多百千菩薩(皆)以自「神力」，欲發彼(娑婆世界國)土：(但)我等不知娑訶世界釋迦牟尼如來「佛土」，為在何處？
(伍)彼(無垢功德光明王)佛尋伸金色「右臂」，於「五指頭」，放於種種微妙光明，其光即照「八十九億」諸佛國土，(直照)至娑婆世界。	(伍)時彼無垢德明王如來，尋即申臂，從「五指」端，出種種光，彼諸光明徹照「八十九千」佛土，乃至照此娑訶世界。
(陸)時(善華世界之)諸菩薩因「光」(使)得見娑婆世界，有諸「菩薩摩訶薩」等，充滿側塞(側足充塞)，復有「諸天龍神、乾闥婆、阿修羅、迦樓羅、緊那羅、摩睺羅伽(mahoraga大蟒神)」等，(遍)滿(娑婆世界之)虛空中。	(陸)彼(華敷世界之)諸菩薩(即)普見此娑訶世界，(其中)菩薩充滿「天、龍、夜叉、阿修羅」，遍滿(娑婆世界之)虛空(中)。
(柒)(善華世界之諸菩薩)見是事已，(即)白(無垢功德光明王)佛言：世尊！我今已得見彼(娑婆)世界，知其方面，并見菩薩諸天大眾，彌滿其土，(其)間無(有)「空處」，釋迦如來	(柒)(華敷世界之諸菩薩)見已，彼諸菩薩重白無垢德明王如來言：世尊！我等(已)見娑訶佛土，(有)一切菩薩充滿其中，無有少地，可容(一手)杖(之)處；又見彼釋迦牟尼

(皆)不(需特意去)觀(視)我等，(好像唯爲我)說微妙法。	如來，惟視(只有注視)我等，(唯)為我說法。

十一12 釋迦佛能以「一音聲」，為諸種種「異類」眾生說法，隨其眾生所事奉之對像，則各見其像，而獲得聞法，亦能生出單獨只為你說法之境

北涼・曇無讖 譯 《悲華經》	秦・譯者佚 名 《大乘悲分陀利經》
㊀彼(無垢功德光明王)佛告諸菩薩大士：善男子！釋迦如來恒以清淨無上「佛眼」，遍觀一切，無「不見」者。	㊀時彼無垢德明王如來告諸菩薩言：善男子等！彼釋迦牟尼如來所(觀)視普(遍平)等。
㊁善男子！娑婆世界所有衆生，(有)在地、(有)處空，一一皆言：釋迦如來(好像)「獨觀」(單獨觀視)我心，(唯)為我說法。	㊁善男子！於娑訶世界，(有)住地衆生、(或)在虛空者，彼一一皆如是知，釋迦牟尼如來(好像)惟「獨視」(單獨觀視)我，(唯)為我說法。
㊂善男子！彼釋迦如來(能)以「一音聲」，為諸種種「異類」說法，衆生各各(能獲)隨類得解，(並)非以「異音」(各個不同的語音)，(而)為多人說(法)。	㊂善男子！彼釋迦牟尼如來，(能)以其「一身」現「一切形」，而為(眾生)說法。
㊃彼土衆生，或事(奉)「梵天」，(亦得)見如來身(顯現)為「梵天像」，而得聞法。	㊃彼佛土中，其有衆生，事「梵天」者，彼見釋迦牟尼如來(亦顯現作)「梵天」形，(能)聞「大梵音」而為(眾生)說法。
㊄若(有)事(奉)魔天(「波旬」通常指欲界第六天魔，稱爲「他化自在天魔」。欲界第六天除了有「天人」在此住外，還有另一個魔宮是處在「欲界、色界初禪天」之間，專由「他化自在天魔」所住)、釋天、日、月、	㊄乃至(若有)事(奉)魔、事(奉)釋、事(奉)日、事(奉)月、
毘沙門天(vaiśra-vaṇa 北方毘沙門天王)、 毘樓羅叉(vi-rūḍhaka 南方毘樓勒迦天王)、	事毘沙門(vaiśra-vaṇa 北方毘沙門天王)、 事毘留勒伽(vi-rūḍhaka 南方毘樓勒迦天王)、

毘樓博叉(vi-rūpākṣa 西方廣目 毘樓婆叉天王)、提頭賴吒(dhṛta-rāṣṭra 東方持國天王)、 摩醯首羅(Maheśvara 大自在天;色界天魔)。	事毘留婆叉(vi-rūpākṣa 西方廣目 毘樓婆叉天王)、事提陀羅尼吒(dhṛta-rāṣṭra 東方持國天王), 有事摩醯首羅天(Maheśvara 大自在天;色界天魔)者。彼(等皆)見釋迦牟尼如來(現作)「魔醯首羅」(Maheśvara 大自在天;色界天魔)形,(能)聞「魔醯首」音而為(眾生)說法。
㊅如是種類(有)八萬四千,隨其(眾生)所事(奉的對像),(則)各見其像,而(獲)得聞法,(且)生「獨為」(單獨爲你說法)想。	㊅乃至其中衆生,有事(奉)八萬四千種處者,彼如所事,(皆)見釋迦牟尼如來(顯現八萬四千種形),(所獲得之)聞法亦(如同)爾。

十一13 無垢功德光明王佛告羅睺電、火光明二菩薩,可前往娑婆世界,問訊釋迦佛:少病少惱?起居輕利?氣力安不?

北涼・曇無讖 譯 《悲華經》	秦・譯者佚 名 《大乘悲分陀利經》
㊀是時,會中有二菩薩,一名羅睺電,二名火光明。	㊀彼大衆中有二菩薩,一名羅潘象,二名月光照。
㊁爾時無垢功德光明王佛告(羅睺電、火光明)二菩薩:善男子!汝今可往娑婆世界,汝持我聲,問訊釋迦牟尼世尊:起居輕利,氣力安不?	㊁彼無垢德明王如來告(羅潘象、月光照)二菩薩言:汝等善男子!可至娑訶世界如我辭曰:敬問釋迦牟尼如來,少病少惱,安樂住不?
㊂時(羅睺電、火光明)二菩薩即白(無垢功德光明王)佛言:世尊!我見彼(釋迦)佛一切世界,大衆雲集,在地、(及)虛空(皆)充滿側塞(側足充塞),其間無有(任何)「空缺」之處。若我等往,當住何處?	㊂彼(羅潘象、月光照)菩薩白(無垢德明王)佛言:世尊!我等見彼一切娑訶佛土,地上、虛空,皆悉充塞,乃至無有(可)容「一人」處,我等(應)何住?
㊃時(無垢功德光明王)佛告言:諸善男子!莫作是語,言彼(娑婆)世界無「止住」(之)處。	㊃時無垢德明王如來答言:善男子等!莫作是說,(莫說)娑訶佛土(是)無有住

	(之)處。
㈤所以者何？ ❶彼(娑婆世界)所住處，寬博無邊，彼(釋迦)佛所有「無量功德」，不可思議。 ❷(釋迦佛)以「本願」故，「悲心」廣大。 ❸乃令無量諸眾生類，入於「佛法」，受「三歸依」。 ❹然後(釋迦佛)為說「三乘」之法，復說「三戒」(tri-vidhāni śīlāni，三聚淨戒爲大乘菩薩戒法。攝律儀戒、攝善法戒、攝眾生戒)、示(戒定慧)「三(解)脫門」。 ❺復拔無量無邊眾生於「三惡道」，安止(並)令住「三善道」中。	㈤ ❶彼釋迦牟尼如來(之)處所「極廣」，具不可思議「佛之功德」。 ❷彼如來以「本願」故，(具有)「憐愍」(之)「儀法」(儀古通「義」，即指法義)，(故)所容甚廣。 ❸(釋迦佛廣)說「三歸依、三乘」。 ❹(釋迦佛廣)說種種「戒」(tri-vidhāni śīlāni，三聚淨戒爲大乘菩薩戒法。攝律儀戒、攝善法戒、攝眾生戒)，(示)現(戒定慧)「三(解)脫門」。 ❺於「三惡趣」，拔濟眾生。

十一14 爾時釋迦佛於毗陀山之因臺娑羅窟入定，佛身遍滿整個窟穴，佛使神通力，讓窟穴變成無量寬博，能容受十二「那由他」諸菩薩

北涼・曇無讖 譯 《悲華經》	秦・譯者佚 名 《大乘悲分陀利經》
㊀善男子！又(於)一時中，釋迦如來成「無上道」，未久之間，為欲調伏諸眾生故，(便)在毘陀山(Vediyaka)因臺娑羅窟(Indasāla-guhā 因陀娑羅窟)，(於)七日七夜，結「加趺坐」。(入)「三昧正受」，入「解脫樂」。	㊀(釋迦佛)為度眾生，於中石山(之)帝眼「夜叉」宮(帝眼夜叉是娑羅窟的窟神)，住(於)婆羅窟(Indasāla-guhā 因陀娑羅窟)，一結「跏趺坐」，(於)七日「無諍」，受「解脫喜樂」。
㊁(釋迦)佛身，爾時遍滿是(因臺娑羅)窟，(其)間無(有任何的)「空」處，乃至「四寸」(一點的空間處)。	㊁其(釋迦)如來身，(遍)滿婆羅窟(Indasāla-guhā)，乃無「四指」(之)「空」處，如來之身，所「不遍」(沒有不周遍)者。
㊂(於)過七日已，十方世界，有十二「那由他」菩薩摩訶薩，至娑婆世界，住其(毘	㊂(於)竟七日時，於十方有十二「那由他」菩薩摩訶薩，至彼娑訶世界，住彼(毘

陀)山邊，欲見釋迦牟尼如來，供養、恭敬、尊重、讚歎，啓受妙法。	陀)山前，咸欲奉見、恭敬、親近釋迦牟尼如來，又欲聽法。
㊃善男子！爾時(釋迦)如來於所住處，以大「神足」(神通具足)，令其(因臺娑羅)窟舍，(變成)寬博無量，悉得容受十二「那由他」菩薩摩訶薩。	㊃善男子！時釋迦牟尼如來，為彼大衆即現「神通」(神通具足)，令娑羅窟(Indasāla-guhā)，(變成)極大寬博。
㊄諸菩薩等，既得(全部)入已，見其(因臺娑羅)窟舍，(仍然)廣博嚴事。	㊄(時)彼十二「那由他」菩薩，(全部)入娑羅窟(Indasāla-guhā)中，猶見「寬博」(空間)。
㊅有諸菩薩，以「師子遊戲」自在神足供養於(釋迦)佛，一一菩薩，於「化寶座」，而坐聽法。	㊅彼一一菩薩，以種種菩薩神通，供養(釋迦)如來已，為(諸)善男子，(故)彼釋迦牟尼如來「住處」，所容「廣博」。
㊆善男子！彼(釋迦)佛神力，其事如是。是諸菩薩得聞法已，尋從坐起，頭面禮(釋迦)佛，右遶三匝，各各還歸本佛世界。	㊆如是彼諸菩薩，從釋迦牟尼佛所，聞說(法)已，(便)頭面禮足，右遶三匝，各還本土。
㊇其去未久，(因臺娑羅)窟還(復回原貌)如故。	㊇彼諸菩薩，(出)發(離)去未久，彼娑羅窟(Indasāla-guhā)，(即)還復(回原貌)如故。

十一15 時帝釋派乾闥婆子般遮旬彈「琉璃琴」歌讚釋迦佛，欲以「琴音」諸妙聲令佛陀從「三昧」中出定，時佛即入「無聲勝明三昧」

北涼・曇無讖 譯 《悲華經》	秦・譯者佚 名 《大乘悲分陀利經》
㊀(時)彼「四天下」(之)第二天主釋提桓因(Śakra Devānām-indra 又作天帝釋、天主、憍尸迦多種稱呼，此即爲三十三天之天主)，名憍尸迦(Kauśika。忉利天，即三十三天之天主，爲「帝釋天」之異名)，其命將終，必定當墮「畜生道」中，以是事故，心生恐懼，(便)與八萬四千(之)諸「忉利天」	㊀其中有「四天下」(之)釋(Śakra Devānām-indra 又作天帝釋、天主、憍尸迦多種稱呼，此即爲三十三天之天主)，名憍尸迦(Kauśika。忉利天，即三十三天之天主，爲「帝釋天」之異名)，觀命將終，應墮「畜生」，(便)極大恐怖，(遂)與八萬四千(之)「三十三天」俱，(同)詣娑羅窟(Indasāla-guhā)，向

(人)，俱共來下(人間)，詣因娑羅窟(Indasāla-guhā)，欲見(釋迦)如來。	(釋迦)世尊所。
㊁時有「夜叉」，名曰王眼，即其「窟神」，在外而住(王眼夜叉是因臺娑羅窟的窟神)。	㊁(大眾在接)近帝眼「夜叉」宮，(於)娑羅窟(Indasāla-guhā)前(而)住。(帝眼夜叉是娑羅窟的窟神)
㊂爾時(憍尸迦)帝釋以「佛力」故，作是思惟：今我當(派)使乾闥婆(gandharva)子般遮旬(pañcābhijñā)，先至(釋迦)佛所，以「妙音」聲，讚詠(釋迦)如來，當令(釋迦)世尊，(能)從「三昧」起(指出定)。	㊂(憍尸迦)承佛威神，即生是念：我今應請般遮飾(pañcābhijñā)乾闥婆(gandharva)子，以彼「妙音」，「歌歎」(釋迦)世尊，可令(釋迦)世尊，從「三昧」起(指出定)。
㊃善男子！釋提桓因(天帝釋、憍尸迦)思惟是已，即令乾闥婆(gandharva)子般遮旬(pañcābhijñā)，彈「琉璃琴」，以微妙音，其音別異，有「五百種」，以讚(釋迦)如來。	㊃時彼帝釋(天帝釋、憍尸迦)往請般遮飾(pañcābhijñā)乾闥婆(gandharva)子。時般遮飾(pañcābhijñā)執「琴」而來，承佛威神，以「柔軟音」，(有)五百偈讚，(以)彈琴歌詠(方式)，歎於(釋迦)世尊。
㊄善男子！是般遮旬(pañcābhijñā)當讚(釋迦)佛時，爾時(釋迦)如來，即復轉入「相三昧」中，以(此)「三昧力」故，(能)於此世界，作「大神力」，(並)令諸「夜叉、羅剎、乾闥婆、阿修羅、迦樓羅、緊那羅、摩睺羅伽(mahoraga 大蟒神)」，(及)「欲、色」界天，悉來聚集其中。	㊄善男子！如般遮飾(pañcābhijñā)讚歎世尊，應時彼釋迦牟尼如來，入「無聲勝明三昧」，令此一切娑訶世界，諸大威德「夜叉、羅剎、阿修羅、迦樓羅、緊那羅、乾闥婆」，(及)「欲界、色界」一切諸天，皆悉來集。
㊅ ❶若有(眾生)，憙聞(此)「妙音」(者)，隨意得聞，心大歡喜。 ❷或有(眾生)，憙聞「讚歎」(釋迦)佛者，(當)聞「讚歎」已，(便)心生歡喜，(更)於如來所，轉生「尊重恭敬」之心。 ❸或有衆生，憙聞「樂音」(者)，即得聞之，	㊅ ❶其中(若有眾生)樂「音詠」者，彼聞(此)「詠音」，(便)生大歡喜。 ❷(若有眾生)樂「讚誦」者，彼聞(此)「讚辭」，於(釋迦)世尊所，(便)生「希有心」，歡喜恭敬。 ❸(若有眾生)樂「琴音」者，彼聞「琴音」(後)，

聞已歡喜。	亦大歡喜。

《佛說伅真陀羅所問如來三昧經・卷上》

(1)「伅ㄉㄨㄣˋ真陀羅」(Kinnara 歌神 音樂天神)**在其中央**，同時鼓琴……**比丘、比丘尼。優婆塞、優婆夷。**諸一一尊，比丘及新發意菩薩。其在會者，諸天龍鬼神一切。自於坐皆「踊躍」，陂ㄆㄧ 峨(傾側不穩)其身，而欲「起舞」。

(2)**<u>提無離</u>菩薩問**：尊「聲聞」已離「諸欲」，悉得「八惟務禪」(aṣṭau vimokṣāḥ 八解脱)，盡見「四諦」，何緣復「舞」？

(3)**諸尊「聲聞」答言**：吾等不得自在，用是「琴聲」，於坐不能忍其「音」，亦不能制其心令堅住。

(4)**<u>提無離</u>菩薩問<u>摩訶迦葉</u>言**：仁者！年尊而知厭足，自守如戒，為諸天及人之所敬愛。云何不能自制「身舞」，若如小兒？

(5)**<u>摩訶迦葉</u>言**：譬若隨「藍風」一起時，諸樹名「大樹」，而不能自制。**所以者何？其身不堪「伅ㄉㄨㄣˋ真陀羅」王「琴聲」，譬若如隨「藍風」起時。以是故，**吾等而不能「自制」……諸聲聞之所有，今悉為是「音」而「覆蔽」。

(6)**<u>提無離</u>菩薩復謂<u>摩訶迦葉</u>**：觀諸「阿惟越致(不退轉菩薩)」所作為，聞是琴聲，而「無動」者。**其有智人，聞是奈何，而不發「阿耨多羅三藐三菩提心」。**諸聲聞之所有威神之力，皆悉為「琴聲」而所「覆蔽」，是音不能動搖諸「摩訶衍」(大乘)。<u>伅真陀羅</u>王，所有伎樂八萬四千音聲，皆悉「佛威神」之所接，亦「伅真陀羅」本願福之所致……

⊠出家人之戒律乃「不持樂器」

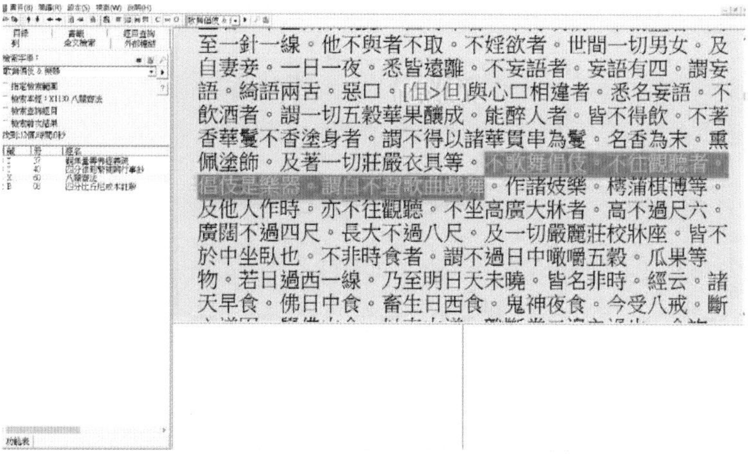
至一針一線。他不與者不取。不婬欲者。世間一切男女。及自妻妾。一日一夜。悉皆遠離。不妄語者。妄語有四。謂妄語。綺語兩舌。惡口。[但>但]與心口相違者。悉名妄語。不飲酒者。謂一切五穀華果釀成。能醉人者。皆不得飲。不著香華鬘不香塗身者。謂不得以諸華貫串為鬘。名香為末。熏佩塗飾。及著一切莊嚴衣具等。不歌舞倡伎。不往觀聽者。倡伎是樂器。謂自不習歌曲戲舞。作諸妓樂。樗蒲棋博等。及他人作時。亦不往觀聽。不坐高廣大牀者。高不過尺六。廣闊不過四尺。長大不過八尺。及一切嚴麗莊校牀座。皆不於中坐臥也。不非時食者。謂不過日中噉嚼五穀。瓜果等物。若日過西一線。乃至明日天未曉。皆名非時。經云。諸天早食。佛日中食。畜生日西食。鬼神夜食。今受八戒。斷

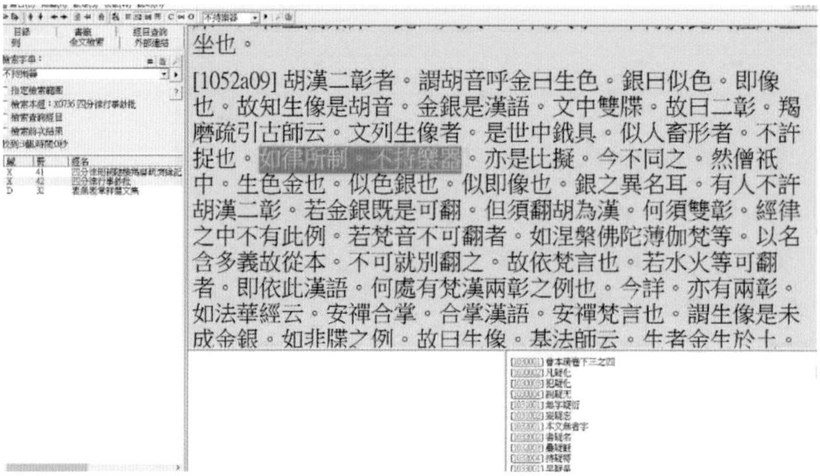

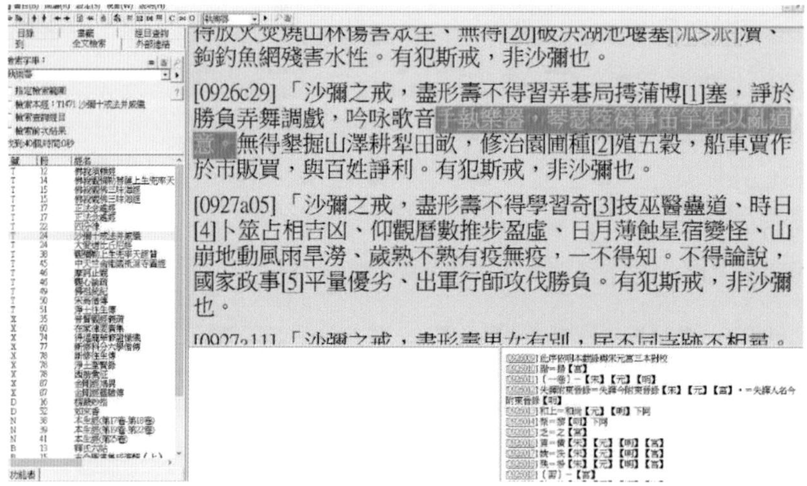

如果在「俗家」時，您已會「彈琴書畫」等技藝，後來出家後，仍保有此技能，「偶爾」可以用用的，因為不必再練，「直接」就能操作上手。

但如果在「出家」以後，還「重新」花時間來學習「樂器、書法、畫畫」，這是佛陀所不允許的，也是「戒律」所禁止的。

因為出家人應以「勤修戒定慧、聞思修、定慧雙修、六度萬行、了脫生死輪迴」為主，不可能再把「時間」拿來「重零」開始的學習「樂器、書法、畫畫」等技藝。

所以佛陀說，只要一出家，就算只是「沙彌、沙彌尼」，就嚴格規定「不持樂器」的戒律。

中文名字：乾闥婆。
古印度梵語：गंधर्व
英文名字：Gandharva
其它譯名：主樂乾闥婆王、健達婆、犍達縛、健闥婆、乾沓和、乾沓婆、彥達縛、犍陀羅。執樂天子、執樂神。
意譯：香神、嗅香、香陰、尋香行。

1、「乾闥婆」在印度神話中，原來是指一群「半神半人」的天上「樂師」，「乾闥婆」是「帝釋天」屬下專職「雅樂」的「樂神」。這位「乾闥婆」神常住在地上的「寶山」之中，有時會升至「忉利天」去演奏「天樂」。
2、在古印度的宗教信仰中，「乾闥婆」是一位不吃「酒肉」，只以「香氣」作為滋養的神靈，而且身上會常發出「香氣」的一位男性神靈，「乾闥婆」的工作為服侍「帝釋」的一位「樂神」，專門負責為「眾神」在宮殿裡彈奏出神奇美妙的「音樂」。
3、在密教中，也有一位「乾闥婆神王」，全稱為「旃檀乾闥婆神王」，他是專門「守護胎兒」及「孩童」的一位天神。所以如果在「胎兒誕生」之時，有人誦讀「乾闥婆神王」的咒語，誠心祈求，則鬼神就不會來侵擾剛誕生的小兒。
4、印度人也會將「幻現」於空中之「樓閣」或「山川」，即海市蜃樓，亦稱為「乾闥婆」。而且佛經中也常用「乾闥婆城」來形容諸法的「如夢幻泡影」。

《撰集百緣經》卷 2〈報應受供養品 2〉乾闥婆作樂讚佛緣

(1)佛在舍衛國祇樹給孤獨園，時彼城中有五百「乾闥婆」(Gandharva)，(皆)善巧彈琴，作樂歌舞，(乃爲)「供養」如來，晝夜不離(如來身旁)，(此五百乾闥婆)名聞遠徹，達於四方。

(2)時彼「南城」，(亦)有「乾闥婆王」，名曰善愛(Supriya)，亦巧彈琴，作樂歌舞，於彼土中，更無(人與善愛)詶對(應對：對答)，(因此善愛乾闥婆)憍慢自大，更無有比。

(3)(善愛)聞其「北方」有(五百)「乾闥婆」，善巧彈琴，作樂歌舞，故從彼(南方而)來，涉歷諸土，經「十六大國」，(善愛)彈「一弦琴」(或指這琴只有一弦而已)，(但卻)能令出於「七種」音聲，聲有「二十一」解(聲音的變化多達二十一種精湛妙解)。

(4)時諸人民，聞其(善愛)「彈琴」，(皆)作樂歌舞，歡娛自樂，(甚至)狂醉放逸，不能自制，(人民)共相隨逐(善愛)，(共)來詣舍衛，欲得見(舍衛城之波斯匿)王，致意問訊，角試(比試較量)技術。

(5)時「城郭神」及「乾闥婆」，啟白(波斯匿)王言：云「南方」國，有「乾闥婆王」，名曰善愛，快能彈琴，作樂戲笑。今(善愛)在門外，致意「問訊」。

(6)(善愛)云：(我)在彼間(南方之城)，遙承(波斯匿)王邊有(五百)「乾闥婆」，善巧彈琴，歌舞戲笑，故從(南方而)遠來，求共「角試」(比試較量)彈琴技術。願(波斯匿)王今者！聽使所白(就接受善愛想表白、想說的意思吧)。

(7)時波斯匿王告守門者，疾喚(善愛)來入。共王相見，各懷歡喜。

(8)善愛白言：承聞(波斯匿)王邊有(五百)「乾闥婆」，善巧彈琴，歌舞戲笑，今在何許？我今當共「角試」(比試較量)技術。

(9)(波斯匿)王即答曰：我不相憚，去此不遠，我今共汝(一起與你)，往至于彼，隨意「角試」(比試較量)。時(波斯匿)王然可(答應並接受此事)。

(10)(波斯匿王與善愛同)至世尊所，佛知(波斯匿)王意，尋自(神通)變身，(佛變)化作「乾闥婆王」，將(帶領)「天樂神」般遮尸棄(Pañcaśikha)，其數七千，各各手執「琉璃」之琴，侍衛(在波斯匿王之)左右。

(11)時波斯匿王語善愛言：此皆是(爲)我「作樂」(之)諸(音樂)神，汝今可共「角試」(比試較量)琴術。

(12)時善愛王，即便自取「一弦之琴」(或指這琴只有一弦而已)，而彈鼓之，能令出於「七種音聲」，聲有「二十一解」(聲音的變化多達二十一種精湛妙解)，「彈鼓」合節(節拍、節奏)，甚可聽聞，能令眾人歡娛舞戲，「昏迷」放逸，(甚至)不能自持。

(13)爾時「如來」(此指已變成乾闥婆的如來)復取般遮尸棄(之)琉璃之琴，(也)彈鼓「一弦」(或指這琴只有一弦而已)，(亦)能令出於「數千萬種」(琴聲)，其聲「婉妙」，清徹可愛，聞者(皆)舞笑，(或)歡娛愛樂，(而)喜不自勝。

(14)時善愛王聞是聲已，歎未曾有，自鄙「慚愧」先所彈琴所出音聲，即便「引伏」(引退伏罪)，長跪叉手：(願)請(作)為(我的)「大師」，更諮(諮議探詢)「琴法」。

(15)爾時「如來」(此指已變成乾闥婆的如來)見善愛王，(已)除去「我慢」，心已(獲)「調伏」，還服本形(佛即從變化出的乾闥婆王而恢復本形)，諸比丘僧，默然而坐。心驚毛竪，尋於佛前，深生信敬，長跪合掌，求入道次。

(16)佛即(對善愛)告言：善來比丘！(善愛)鬚髮自落，法服著身，便成「沙門」，精懃「修習」，未久之間，得(四果)「阿羅漢果」。

(17)時波斯匿見善愛王，心已調伏，復得(四果)「道果」，心懷歡喜，長跪請佛，及比丘僧。佛即然可(答應並接受)。

(18)(波斯匿王)勅諸群臣，平治「道路」，除去「瓦石」污穢不淨，建立幢幡，懸諸寶鈴，香水灑地，散眾名華，安置床榻，設諸餚饍，供養「佛、僧」。

(19)時諸比丘見是供養，怪未曾有，而白佛言：如來世尊，宿殖何福？今者乃有如是「音樂」供養如來？終不遠離？

(20)爾時世尊告諸比丘：汝等諦聽！吾當為汝分別解說。乃往過去無量世時，波羅㮈國有佛出世，號曰正覺(Prabodhana)，將(帶領)諸比丘，(四處)遠行教化，至梵摩王國，在一樹下，結「跏趺坐」，入「火光」三昧，照于天地。

(21)時彼(梵摩)國王(此國王即是釋迦牟尼的前生)，將諸群臣，數千萬眾，出城遊戲，作倡「伎樂」，歌舞戲笑。

(22)(梵摩王)遙見彼(正覺)佛及比丘僧，在於樹下，結「跏趺坐」，光明赫弈，照于天地，如百千日，心懷歡喜，將諸伎女，往到(正覺)佛所，前禮佛足，作樂供養，長跪請(正覺)佛：唯願世尊(正覺佛)及比丘僧，大慈憐愍，來入宮中，受我供養。(正覺)佛即然可(答應並接受)。

(23)(梵摩國王)設諸餚饍，供養訖已，(正覺)佛即為(梵摩)王種種説法，(令)發菩提心，(正覺佛並)即授(梵摩國)王「記」：汝於來世，當得作佛，號釋迦牟尼，廣度眾生，不可限量。

(24)(釋迦)佛告諸比丘：欲知彼(往昔之)時梵摩王者，則我(釋迦)身是，彼時群臣者，今諸比丘是，皆由彼(梵摩王宿世)時供養(正覺)佛故，(故梵摩王於)無量世中，(皆)不墮地獄、畜生、餓鬼，天上人中，常受快樂，乃至今者，(昔日的梵摩王終於)自致成佛(號釋迦牟尼佛)，(今日並)有(得)是(美妙)「音樂」而供養(釋迦)我，終不遠離。

(25)爾時諸比丘，聞佛所説，歡喜奉行。

《長阿含經・卷十》

(1)時，釋提桓因即告「執樂神」般遮翼(Pañcaśikha)曰：我今欲詣世尊所，汝可俱行，此「忉利」諸天，亦當與我，俱詣佛所。

(2)對曰：唯然！時，般遮翼(Pañcaśikha)持「琉璃琴」，於「帝釋」前「忉利天眾」中，「鼓琴」供養。

(3)時，釋提桓因、忉利諸天及般遮翼(Pañcaśikha)，於「法堂」上，忽然不現，譬如力士屈伸臂頃，至摩竭國北毘陀山中。

(4)爾時，世尊入「火焰三昧」，彼毘陀山，同一火色，時國人見，自相謂言：此毘陀山，同一火色，將是如來「諸天」之力。

(5)時，釋提桓因告般遮翼(Pañcaśikha)曰：如來・至真，甚難得覩，而能垂降此「閑靜」處，寂默無聲，「禽獸」為侶。此處常有諸「大神天」，侍衛世尊，汝可於前，鼓「琉璃琴」，娛樂世尊，吾與諸天，尋於後往。

(6)(般遮翼)對日：唯然！即受教已，持「琉璃琴」，於先詣佛。去佛不遠，鼓「琉璃琴」，以偈歌曰……釋子專四禪，常樂於閑居；正意求甘露，我專念亦爾。能仁發道心，必欲成正覺……

(7)爾時，世尊從「三昧」起，告般遮翼(Pañcaśikha)言：善哉！善哉！般遮翼(Pañcaśikha)！汝能以「清淨音」，和「琉璃琴」，稱讚如來，琴聲、汝音，不長不短，悲和哀婉，感動人心。汝琴所奏，「眾義」備有，亦說「欲縛」，亦說「梵行」，亦說「沙門」，亦說「涅槃」。

《月燈三昧經・卷五》

(1)爾時，月光童子白佛言：世尊！
云何菩薩於「不思議佛法」應善巧知？
云何於「不思議佛法」應求請問？
云何於「不思議佛法」深信清淨？
云何聞「不思議佛法」不生驚怖、不增怖畏、不恒怖畏？

(2)爾時，有「乾闥婆」子名曰般遮尸棄(Pañcaśikha)，共餘「乾闥婆」(Gandharva)子五百同類俱，持「音樂」種種「樂器」，隨從佛後，欲為「供養」佛。

(3)爾時，般遮尸棄(Pañcaśikha)作如是念：如我於帝釋「憍尸迦」，及「三十三天」前所設供養，今以此「歌詠樂音」供養如來、天中之天、應供、正遍知。

(4)爾時，般遮尸棄(Pañcaśikha)「乾闥婆」(Gandharva)子，共餘五百「乾闥婆」子，皆各同時擊「琉璃琴」，出妙歌音。

(5)爾時，世尊作如是念：我以無作遊戲神力，令彼月光童子於「不思議佛法」中得一心住，復令般遮尸棄(Pañcaśikha)「乾闥婆」(Gandharva)子等「樂器歌音」，令現殊妙。

(6)爾時，以「佛神力」故，令彼五百「音樂」，善稱和雅，發「無欲音」、發「順法音」、發「應法音」，所謂應「不思議佛法」。

《佛說給孤長者女得度因 緣經・卷三》

(1)爾時，世尊知時已至，即入「三摩地」，普遍觀察，於是「三摩地」出已，舉身出現青黃、赤白種種妙色，清淨光明……

(2)時娑婆界主「大梵天王」知是事已，即與「色界」諸天子眾，來佛右邊，「侍衛」而行；「帝釋天主」知是事已，即與欲界諸天子眾，來佛左邊侍衛而行。

(3)復有善愛音等「五百乾闥婆王」(Gandharva)，奏百千種微妙「音樂」引導佛前……又有無數天女在虛空中，各持優鉢羅華、鉢訥摩華……摩訶曼陀羅華等，及雨栴檀香、末香……多摩羅香等種種妙香供養於佛，又復「奏」彼天妙「音樂」，有如是等天人大眾圍繞而行。

《大方便佛報恩經》卷 3〈論議品 5〉

(1)爾時復有一「乾闥婆」子，名曰闥婆摩羅，彈「七寶琴」，往詣如來所，頭面禮足，却住一面，鼓樂絃歌，出微妙音，其音和雅，悅可眾心。(所有)「聲聞、辟支佛」等，不覺「動身」起舞，(所有)須彌山王，(皆因此)湧沒、低昂。

(2)爾時如來即入「有相三昧」，以「三昧力」，令其「琴聲」(能)遠聞(飄至)三千大千世界，其音具足演說「苦、空、無常、不淨、無我」。

十一16 時釋迦佛即從「三昧定」起，以「一妙音」敷演正法，令八萬四千不同根機眾生，隨所樂聞，皆安住於「三乘」

北涼・曇無讖 譯 《悲華經》	秦・譯者佚 名 《大乘悲分陀利經》
㊀爾時釋迦牟尼如來，尋從「定」起(指出定)，(並)示諸大衆娑羅窟(Indasāla-guhā)門(入門的門口)。	㊀時彼釋迦牟尼如來，(即)從「三昧」起(指出定)，(並爲大眾)現娑羅窟(Indasāla-guhā)戶(入門的户口)。
㊁(時)釋提桓因(Śakra Devānām-indra)尋至(釋迦)佛所，頭面禮足，却住一面，白(釋迦)佛言：世尊！我於今者，當「坐」何處？	㊁帝釋(Śakra Devānām-indra)即前問(釋迦)世尊言：(我)我「坐」何處？
㊂時(釋迦)佛報曰：憍尸迦(Kauśika)！汝之「眷屬」，但入「聚集」，我今當拓(展)此娑羅窟(Indasāla-guhā)，令極「寬博」，悉使「容受」此十二「恒河沙」等大衆眷屬，皆令得「坐」。	㊂彼釋迦牟尼如來告言：汝等「夜叉」所「共」來者，今可入此娑羅窟(Indasāla-guhā)坐。時窟，寬博十二「恒河沙」數，大衆(皆共)入彼窟(中)「坐」。
㊃爾時，釋迦牟尼如來於大衆中，以	㊃時釋迦牟尼如來為彼大衆，說如是

「一妙音」，敷演「正法」，令八萬四千諸根衆生，隨所樂聞。	(妙)法。
㈤ ❶衆中或有學「聲聞」者，(即)聞「聲聞」法，即有九十九億衆生得「須陀洹」果。 ❷(眾中)若有修學「緣覺乘」者，即便得聞「緣覺」之法。 ❸(眾中)若有修學「大乘法」者，(即)純聞「大乘」(法)。 ❹(還有)乾闥婆(gandharva)子般遮旬(pañcābhijñā)等上首之衆，(共有)十八「那由他」，(皆)得「不退轉」於「阿耨多羅三藐三菩提」。	㈤ ❶衆中(若)有求「聲聞乘」者，(即為)彼解說「聲聞乘」，(故有)九十億衆生，於中得「須陀洹」果。 ❷(眾中若)有求「辟支佛乘」者，(即為)彼得解說「辟支佛乘」。 ❸(眾中若)有求「無上佛乘」者，(即為)彼純解說「無上大乘」。 ❹般遮飾(pañcābhijñā)乾闥婆(gandharva)子等，(共有)十八「那由他」衆生，(皆)得住「不退轉」(於)「阿耨多羅三藐三菩提」。
㈥(若有仍)未「發心」者，(即刻)或發(起)「無上菩提之心」，或發(起)「緣覺」，或發(起)「聲聞」。	㈥其中(若有仍)未起「三乘」心者，(即)有發「阿耨多羅三藐三菩提」心，(或即)有發「辟支佛乘」，(或即)有發「聲聞乘」心(者)。
㈦爾時，釋提桓因(之)「恐怖」(命終之事)即除，增壽(而達)「千歲」，(證)得「須陀洹」果。	㈦彼憍尸釋，即離恐怖(將要命終之事)，(立刻)增壽「千年」，(復證)得「須陀洹」果。

十一17 爾時諸大眾皆能同入釋迦佛之腹，然佛之腹，仍不增、不減。假使十方恒河沙世界，所有眾生皆入娑婆世界，此界亦復得能容受

北涼・曇無讖 譯 《悲華經》	秦・譯者佚 名 《大乘悲分陀利經》
㈠善男子！釋迦如來以「神力」故，能作如是「廣博」無邊，說法音聲，亦復如是。	㈠善男子！彼釋迦牟尼如來，所容「寬博」，如是彼(釋迦)如來(之)「音輪」，亦復寬博。

㊁亦無(有)一人，能尋彼(釋迦)佛(之)音聲「齊限」(等齊限量)，彼(釋迦)佛(有大)方便無量無邊，所(度)化眾生，(亦)無有(人)能知如是(之)「方便」。	㊁無有(一)人能算數(釋迦)如來「音輪」(之)邊際，彼(釋迦)如來(能以)「方便」廣博，勸導眾生，無有(一)人能知彼(釋迦)如來「方便」(之)邊際。
㊂善男子！彼(釋迦)佛「色身」，亦無量無邊，無有人能得其「身量」，見其(佛)頂者。	㊂善男子！彼(釋迦)如來身，甚為高廣，無能見(佛)頂，知(佛色)身(邊)際者。
㊃善男子！如是大眾，若欲得入彼(釋迦)佛「腹」中，悉亦(能)「容受」。	㊃如今於彼娑訶佛剎(所有)「眾生」雲集，若彼一切(眾生)，(皆)入釋迦牟尼如來「腹」中，皆悉(能)「容受」。
㊄既入(釋迦佛之)腹已，復有欲得其「腹」(之)邊(際)者，無有是處，然(釋迦)如來(之)腹，亦不「增、減」。若眾生類，皆共「和合」，欲(互相)「往來」者，(即同入)於(釋迦佛之)「一毛」中，(亦)悉無(任何的)罣閡(罣礙隔閡)。	㊄(而)彼(釋迦)如來「腹」，亦不(會因此有)「增、減」。彼諸眾生不能得彼(釋迦)如來「腹」之邊際。又彼眾生，(若)同時「和合」(而同)入彼(釋迦)如來(之)「一毛孔」中，又復「不還出」，(釋迦佛之身)亦「不增減」。
㊅乃至(有證)「天眼」(者)，亦無(人)能得(釋迦佛之)「一毛孔」邊，其(釋迦佛之)「毛孔」亦「不增、不減」。彼(釋迦)佛世尊，其身如是，無量無邊。	㊅(若)欲尋(釋迦)如來「一毛孔」際，(亦)無(人)能得者。乃至(有證)「天眼」(者)，(亦)所不能知(道)彼釋迦牟尼如來身(之)所「容受」(有)如是(之)「寬博」。
㊆善男子！彼(釋迦)佛(之)「世界」，亦無量無邊。	㊆復次，善男子！彼釋迦牟尼如來(之)「佛土」，(亦)甚大「寬博」。
㊇ ❶善男子！假使十方，如一「恒河沙」等世界，所有眾生(皆)入彼(娑婆)世界，亦(復)得「容受」。 ❷何以故？	㊇ ❶善男子！又於十方「恒河沙」數諸佛剎中，眾生充滿(皆)如今(之)娑訶佛剎(一樣)。若彼(十方恒河沙)「眾生」今盡來入(釋迦佛之)娑訶佛土者，(亦)皆悉(能)「容受」。 ❷所以者何？

彼(釋迦)佛(於最)初發「菩提心」時，(其)所作「誓願」(即)無量無邊。	以彼(釋迦)如來(早)先(最)初發「阿耨多羅三藐三菩提」心，(即已)立是「願」故。
㊈善男子！(且)置是一「恒河沙」等世界(之)「衆生」，乃至十方千「恒河沙」等世界(之)「衆生」，(皆共來)入彼(娑婆)世界，亦(能)得「容受」，(且娑婆世界仍然)如其「本相」，不增不減。	㊈善男子！(且)置此一「恒河沙」數世界，乃至十方千「恒河沙」數諸佛土中(的所有)衆生，如是(皆令)充滿(於)如今(之)娑訶佛土，(令)衆生(皆)充塞，若彼一切(眾生)今(皆)入娑訶世界，(亦)皆悉(能)「容受」。
㊉善男子！釋迦如來(最)初發「無上菩提心」時，(即)欲得具足「一切智」，故發「大誓願」，是故今者所得(之娑婆)「世界」，(亦能)無量無邊。	㊉是彼(釋迦)如來(早)先(最)初「發心」，(即)求「無上智」，(並)立如是願。善男子！彼釋迦牟尼如來佛土(之娑婆世界)，所知如是「寬博」。

十一18 羅睺電、火光明二菩薩與二萬大士，於一念頃，忽然來到娑婆世界，手中持此「月光明無垢淨華」，問訊彼釋迦佛

北涼・曇無讖 譯 《悲華經》	秦・譯者佚 名 《大乘悲分陀利經》
㊀善男子！釋迦牟尼以是「四法」(菩薩有「四法精進」。何等四？一者，願取「不淨」世界。二者，於「不淨人」中，施作佛事。三者，成佛已，「三乘」說法。四者，成佛已，得中壽命，不長、不短。是名菩薩「四法精進」)，(此乃其餘)諸佛世尊所不能及。	㊀以是「四法」(菩薩有「四法精進」。何等四？一者，願取「不淨」世界。二者，於「不淨人」中，施作佛事。三者，成佛已，「三乘」說法。四者，成佛已，得中壽命，不長、不短。是名菩薩「四法精進」)故，彼釋迦牟尼如來(能)勝諸(其餘)「如來」。
㊁善男子！汝(羅睺電、火光明二菩薩)今持此「月光明無垢淨華」，往於「西方」，如目所見娑婆世界，幷持我「聲」，問訊彼(釋迦)佛：起居輕利，氣力安不？	㊁善男子！汝(羅潘象、月光照二菩薩)等此「月樂無垢華」，如已所見，往至「西方」(之)娑訶佛刹，如我辭曰：敬問釋迦牟尼如來，少病少惱，安樂住不？
㊂爾時，無垢功德光明王佛，取「月光無垢淨華」，與(羅睺電、火光明)二菩薩而告之	㊂時彼無垢德明王如來，以「月樂無垢華」與羅潘象菩薩、月光菩薩，與已告言：

曰：汝今乘我(之)大神通力，往彼(娑婆)世界。	汝，善男子！我(將與)彼「神力」，(能助你們前往)詣娑訶世界。
(肆) ❶爾時，會中有「二萬菩薩」白(無垢功德光明王)佛言：世尊！如是！如是！我等今當乘佛「神力」，往彼(娑婆)世界，見釋迦如來，供養、恭敬、尊重、讚歎。 ❷彼(無垢功德光明王)佛告曰：善男子！汝等宜知是時。	(肆) ❶彼中(有)「二萬衆生」，同聲白(無垢德明王)佛言：唯，世尊！我等亦承如來「神力」，(同)詣娑訶世界，「奉見、恭敬、親近」釋迦牟尼如來。 ❷時彼無垢德明王如來告言：善男子等！(可)隨意可往。
(伍)時(羅睺電、火光明)二菩薩與二萬大士，乘(無垢功德光明王)佛神力，(出)發(自)善華界，(於)「一念」之頃，忽然來到娑婆世界(之)耆闍崛山(Gṛdhra-kūṭa)。	(伍)彼(羅潘象、月光照)二菩薩，羅潘象、月光，(及)與「二萬菩薩」俱，承彼無垢德明王如來「神力」，(出)發(自)華敷世界，如「一念頃」，(即)至此娑訶佛剎，詣耆闍崛山(Gṛdhra-kūṭa)。
(陸)(大眾等)在(釋迦)如來前，長跪叉手，前白佛言：(釋迦)世尊！東方去此八十九億佛之世界，彼有世界名曰善華，是中有佛，號無垢功德光明王佛。	(陸)(大眾等)叉手合掌，白釋迦牟尼如來言：(釋迦)世尊！「東方」去此，過八十九百千佛剎，有世界名華敷，其佛號無垢德明王如來。
(柒)(無垢功德光明王佛)今現在，(與)與諸「菩薩摩訶薩」等大衆圍繞，讚歎(釋迦)世尊(之)無量功德，(並)作如是言：娑婆世界有釋迦牟尼如來，今現在(正在)為諸大衆，轉「正法」輪。	(柒)彼(無垢德明王)佛於菩薩大衆中，稱譽(釋迦)如來「功德」，(並)作如是言：娑訶剎中有佛，號釋迦牟尼如來，今現在(正在為衆生轉正法輪)。
(捌)彼(釋迦)佛世尊(往昔)為「菩薩」時，初勸化(無垢功德光明王佛)我發「菩提心」，以是因緣，(無垢功德光明王佛)我於爾時，尋得發於「無上道心」。(無垢功德光明王佛)我「發心」已，(釋迦佛)復勸(我)修集「六波羅蜜」。	(捌)彼(釋迦)如來，先為菩薩，行「菩提行」時，初發化(無垢德明王佛)我於「阿耨多羅三藐三菩提」，令住其中，(無垢德明王佛)我隨彼(釋迦之)語發「阿耨多羅三藐三菩提」心。彼(釋迦)如來，先為「菩薩」時，初發勸(無垢德明王佛)我住「檀」波羅蜜，乃至如前所

	說。
㉙乃至(釋迦)如來以是「四法」，(此乃其餘)諸佛世尊所不能及。	㉙彼釋迦牟尼如來，以是「四法」，(能)勝諸(其餘)如來。
㊉是故彼(無垢功德光明王)佛以此「月光明無垢淨華」，供養(釋迦)世尊，問訊(釋迦)如來：起居輕利，氣力安不？	㊉彼(無垢德明王)如來遣此「月樂無垢華」，致問(釋迦佛)：少病少惱，安樂住不？

十一19 時「東方」有無量阿僧祇等諸大菩薩，皆來此娑婆世界，悉手持「月光明無垢淨華」，見釋迦佛，供養、恭敬、尊重、讚歎

北涼・曇無讖 譯 《悲華經》	秦・譯者佚 名 《大乘悲分陀利經》
㊀善男子！(於)「東方」妙樂世界阿閦如來，所坐之處(之)「師子之座」，亦六種動。	㊀如是樂喜刹中，阿閦如來(之)「座」動，其諸菩薩，在會中者，見阿閦如來(之)「座」動。
㊁亦有無量諸「大菩薩」見是事已，白(阿閦)佛言：(阿閦)世尊！何因緣故，如來所坐「師子座處」，如是震動？	㊁尋即發遣問，略如前說。
㊂如上所說，一切「東方」，亦復如是。	㊂於一切處，亦如是說。
㊃爾時，東方無量無邊「阿僧祇」等諸大菩薩，皆來到此娑婆世界，悉持「月光明無垢淨華」，見(釋迦)佛，供養、恭敬、尊重、讚歎。	㊃爾時「東方」(有)無量「阿僧祇」如來，(皆遣)使「菩薩」，各持「月樂無垢華」，(前來)至此娑訶佛刹，奉見致問釋迦牟尼如來，供養、恭敬、親近、聽法。
㊄善男子！如是「東方」無量諸佛，皆遣「諸菩薩」，(皆)稱讚於(釋迦)我。	㊄爾時(釋迦)世尊，(亦)適稱(喚)「東方」世界名字(之)諸佛號已。

十一20 時「南方」有無量阿僧祇等諸大菩薩，皆來此娑婆世界，悉手

持「月光明無垢淨華」，見釋迦佛，供養、恭敬、尊重、讚歎

北涼・曇無讖 譯 《悲華經》	秦・譯者佚 名 《大乘悲分陀利經》
壹善男子！(釋迦)我今見此「南方」，去此世界，過一「恒河沙」等諸佛國土，彼有世界名離諸憂，是中有佛，號無憂功德如來，今現在說法。	壹(釋迦佛我)又復欲稱(喚)「南方」而作是言：善男子！(釋迦)我見「南方」，去此佛土，過一「恒河沙」數佛剎，有世界名除一切憂惱，其佛號無惱德如來，現在說法。
	貳(釋迦)我(早)先行「菩薩行」時，(最)初(已)勸彼(無惱德)佛於「阿耨多羅三藐三菩提」，乃至如前所說。
參	參
❶復有世界，名閻浮光明，是中有佛，號法自在師子遊戲如來。	❶(於)閻浮提光剎中，(有)法自在雷佛。
❷復有世界，名安須彌，是中有佛，號道自在娑羅王如來。	❷(於)彌樓安剎中，(有)至自在堅帝佛。
❸復有世界，名功德樓王，是中有佛，號師子吼王如來。	❸(於)德莊嚴帝剎中，(有)師子奮迅王佛。
❹復有世界，名珍寶莊嚴，是中有佛，號八臂勝雷如來。	❹(於)珠冠莊嚴剎中，(有)那羅延伏藏佛。
❺復有世界，名真珠光明遍照，是中有佛，號珍寶藏功德吼如來。	❺(於)放光遍覆剎中，(有)寶集功德奮迅佛。
❻復有世界，名天月，是中有佛，號火藏如來。	❻(於)天樂剎中，(有)明藏佛。
❼復有世界，名栴檀根，是中有佛，號星宿攵稱如來。	❼(於)栴檀根剎中，(有)星宿攵稱佛。
❽復有世界，名曰稱香。是中有佛，號功德力娑羅王如來。	❽(於)香聞剎中，(有)福力娑羅王佛。
❾復有世界，名曰善釋，是中有佛，號妙音自在如來。	❾(於)善解剎中，(有)柔軟雷音聲佛。
❿復有世界，名頭蘭若，是中有佛，號娑	❿(於)閑居剎中，(有)娑羅稱帝王佛。

羅勝毘婆王如來。 ⓫復有世界，名月自在，是中有佛，號光明自在如來。 ⓬復有世界，名善雷音，是中有佛，號妙音自在如來。 ⓭復有世界，名寶和合，是中有佛，號寶掌龍王如來。 ⓮復有世界，名垂寶樹，是中有佛，號雨音自在法月光明如來。	⓫(於)雷是剎中，(有)自在明照佛。 ⓬(於)雲雷剎中，(有)柔軟音聲佛。 ⓭(於)分寶剎中，(有)寶掌龍佛。 ⓮(於)波羅摩寶樹剎中，(有)法雲月明自在佛。
㊃如是「南方」(有)無量無邊「阿僧祇」等「現在諸佛」，(此)悉(皆)是(釋迦)我昔為「菩薩」時，(最)初可勸(彼眾人)發「菩提心」者。是諸(已成佛之)世尊(之)「師子座」處，亦皆「震動」，彼(已被我勸化而成佛之)諸佛等，亦各讚歎(釋迦)我之功德。	㊃略如前說。「南方」(亦有)如是無量「阿僧祇」諸佛(之)「座」動，彼諸佛世尊，(亦)皆「稱譽、讚歎」釋迦牟尼如來。
㊄(南方無量諸佛)亦遣無量無邊「阿僧祇」等諸大菩薩，(皆)持「月光明無垢淨華」，悉來至此娑婆世界耆闍崛山(Gṛdhra-kūṭa)，見(釋迦)佛，(與)禮拜、供養、恭敬、尊重、讚歎，却坐一面，次第聽法。	㊄爾時「南方」，乃至無量「阿僧祇」如來，(亦)遣菩薩持「月樂無垢華」至此娑訶佛剎，敬問釋迦牟尼如來，乃至聽法。

十一21 時「西方」有無量阿僧祇等諸大菩薩，皆來此娑婆世界，悉手持「月光明無垢淨華」，見釋迦佛，供養、恭敬、尊重、讚歎

北涼・曇無讖 譯 《悲華經》	秦・譯者佚 名 《大乘悲分陀利經》
㊀善男子！(釋迦)我今復見「西方」，去此七萬七千百千「由旬」佛之世界，彼有世界名寂靜，是中有佛，號曰寶山，今現在為諸「四眾」說微妙法。	㊀爾時(釋迦)世尊復作是言：善男子！我見「西方」，去此國土過九十七「那由他」百千佛剎，有世界名寂靜，其佛號寶山如來，今現住世為眾說法。

	㊁(釋迦)我本行「菩薩行」時，(最)初(亦)勸彼(寶山)佛於「阿耨多羅三藐三菩提」，乃至如前說。
㊂復有 ❶勝光無憂佛、 ❷音智藏佛、 ❸稱廣佛、 ❹遍藏佛、 ❺梵華勢進佛、 ❻法燈勇佛、 ❼勝音山佛、 ❽稱音王佛、 ❾梵音王佛。	㊂略說佛號，其名曰： ❶妙光藏佛， ❷音智藏佛， ❸廣稱佛， ❹普藏伏佛， ❺梵華佛， ❻掌超越佛， ❼法燈明佛， ❽無等辯佛， ❾樂高音佛， ❿流布王佛， ⓫梵帝聲佛，皆如前說。
㊃如是「西方」(有)無量無邊「阿僧祇」等諸佛世尊，亦是(釋迦)我(昔)昔為「菩薩」時，(最)初可勸(彼眾人)發「菩提心」者，是諸(已成佛之)世尊(之)「師子之座」，亦皆震動。	㊃如是「西方」(有)無量「阿僧祇」諸佛世尊，所可(所有可令)釋迦牟尼如來稱其名(字)者，彼(之師子)「座」(亦)皆(震)動。
㊄彼(已被我勸化而成佛之)諸佛等，亦各讚歎(釋迦)我之功德，亦遣無量無邊「阿僧祇」等諸大菩薩，(並)持「月光明無垢寶華」，悉來至此娑婆世界耆闍崛山(Gṛdhra-kūṭa)，見(釋迦)佛，禮拜、供養、恭敬、尊重、讚歎，却坐一面，次第聽法。	㊄爾時「西方」(有)無量「阿僧祇」佛，(亦)遣(諸)菩薩，(並)持「月樂無垢華」至此娑訶佛剎，至已，各坐聽法。略說。
	＊(下面經文對應至：十一22之最後一行) 如是「北方、上下、東南、西南、西北」皆亦如上說。

十一22 時「東北方」有無量阿僧祇等諸大菩薩，皆來此娑婆世界，悉手持「月光明無垢淨華」，見釋迦佛，供養、恭敬、尊重、讚歎

北涼・曇無讖 譯 《悲華經》	秦・譯者佚 名 《大乘悲分陀利經》
㊀「東北方」去此百千「那由他」佛世界，彼有世界名無垢，是中有佛，號離熱惱增毘沙門娑羅王如來。	㊀時釋迦牟尼如來，又欲說「東北方」而作是言：善男子！我見「東北方」，去此佛國，過九十八億「那由他」百千佛土，有世界名無塵，其佛號除憂惱踊上廣聞娑羅王如來。
	㊁(釋迦)我本為菩薩，行「菩提行」時，(最)初勸彼(除憂惱踊上廣聞娑羅王)如來於「阿耨多羅三藐三菩提」，(亦)令住(於)「六波羅蜜」。(釋迦)我(最)初將彼(除憂惱踊上廣聞娑羅王佛)，(導引)至諸佛所，令彼得授「阿耨多羅三藐三菩提」記。如所稱名，彼(除憂惱踊上廣聞娑羅王佛之師子)座，皆(震)動，乃至說眾生(有)「八萬四千」種度(度量根器)，(皆)隨事聞音，見釋迦牟尼如來，聞如是法。
㊂有二菩薩，一名寶山，二名光明觀。	㊂彼眾中有二菩薩，一名山蜜，二名等樂趣。
	㊃時彼除憂惱踊上廣聞娑羅王如來告彼(山蜜、等樂趣)二菩薩言：汝等善男子！(可)往彼娑訶世界，以我辭曰：敬問釋迦牟尼如來，少病少惱，安樂住不？
	㊄彼(山蜜、等樂趣二菩薩)白(除憂惱踊上廣聞娑羅王)佛言：世尊！我等見彼娑訶佛剎，地及虛空，悉皆充滿，乃至無有(可)容「一人」處，我等(應)何住？

	㊅彼(除憂惱踊上廣聞娑羅王)如來言：善男子！莫作是說：(莫說)娑訶佛土(是)無可住(之)處。 善男子！ ①彼釋迦牟尼佛如來(能)容受「寬博」，具(有)「不可思議」佛功德。 ②彼(釋迦)如來以「本願」故，(具有)「憐愍」(之)「儀法」(儀古通「義」，即指法義)，(故)所容甚廣。 ③說「三歸依、三乘」說法。 ④說「三種戒」(tri-vidhāni śīlāni，三聚淨戒爲大乘菩薩戒法。攝律儀戒、攝善法戒、攝眾生戒)、現「三(解)脫門」。 ⑤於「三惡趣」，拔濟衆生，置「三善道」。 ㊆ ❶善男子！彼釋迦牟尼如來，成佛未久，於時為衆生，於中石山(之)帝眼「夜叉」宮(帝眼夜叉是娑羅窟的窟神)，(住於)娑羅窟(Indasāla-guhā)，一結「加趺坐」，(於)七日「無諍」，受「解脫喜樂」。 ❷彼(釋迦)如來身，(皆遍)滿(於)娑羅窟(Indasāla-guhā)其窟中，無(有一點)「四指」(之)「空處」，(有)如來之身所不(充)滿(於此窟)者。 ❸(於)竟七日時，於十方十二「那由他」菩薩摩訶薩，至彼娑訶世界住彼(毘陀)山前，奉見恭敬釋迦牟尼如來。乃至以此「四法」(菩薩有「四法精進」。何等四？一者，願

	取「不淨」世界。二者，於「不淨人」中，施作佛事。三者，成佛已，「三乘」說法。四者，成佛已，得中壽命，不長、不短。是名菩薩「四法精進」)，彼釋迦牟尼佛，(能)勝諸(其餘)如來。 ❹善男子！汝(山蜜、等樂趣二菩薩)等持此「月樂無垢華」，如己所見，往「西南方」(之)娑訶佛刹，敬問釋迦牟尼如來，少病少惱，安樂住不？ (捌) ⑴爾時除憂惱踊上廣聞娑羅王如來，以「月樂無垢華」，與山蜜、樂等趣菩薩，告言：善男子！承我(之)神力，(能)至娑訶刹。 ⑵時(中)有「二萬人」同聲白(除憂惱踊上廣聞娑羅王佛)言：我等亦承如來「神力」，(同)詣娑訶佛土，「奉見、恭敬、親近」釋迦牟尼如來。 彼(除憂惱踊上廣聞娑羅王)如來言：諸善男子！隨意可往。 ⑶彼(山蜜、等樂趣)二菩薩與「二萬菩薩」，俱承如來「神力」，(出)發(自)無塵刹(世界)，以「一念頃」，(便)至此娑訶佛刹(之)耆闍崛山(Gṛdhra-kūṭa)中。 ⑷(大眾等)叉手合掌，白釋迦牟尼如來言：世尊！「東北方」有(除憂惱踊上廣聞娑羅王)佛，乃至如前所說。彼(除憂惱踊上廣聞娑羅王)佛遣(我)此「月樂無垢華」，敬問(釋迦)世尊，少病少惱，安樂住不？
復有：❶壞諸魔佛。	⑸如是❶降魔官如來(之師子)「座」(亦震)動，於中菩薩(雲)集者，見彼降魔官如來(之師子)「座」(亦震)動，即問(降魔官)如來所由因緣，如前所說。

❷娑羅王佛。 ❸大力光明佛。 ❹蓮華增佛。 ❺栴檀佛。 ❻彌樓王佛。 ❼堅沈水佛。 ❽火智大力佛。 ＊(下面經文對應至：十－21之最後一行) 如是無量諸佛如來，乃至「北方」，四維上下，皆亦如是。	如是， ❷娑羅帝王佛。 ❸大力光佛。 ❹蓮華上佛。 ❺栴檀(佛)。 ❻彌樓王佛。 ❼海此岸明佛。 ❽智力佛。 ㊇爾時「東北方」是等(有)無量「阿僧祇」如來，(亦)各遣「二菩薩」，(並)持「月樂無垢華」，至此娑訶佛土。「奉見、敬問」釋迦牟尼如來，供養、恭敬，親近聽法。

十－23 釋迦佛以大神力，令從十方來之諸菩薩眾，其身皆微細如芥子許。佛復入「遍虛空斷諸法定意三昧」，再令此無量「月光明無垢淨華」，悉入佛身之諸毛孔中

北涼・曇無讖 譯 《悲華經》	秦・譯者佚 名 《大乘悲分陀利經》
	《入三昧門品・第二十九》
㊀爾時，釋迦牟尼如來，(即)以「大神力」，為欲「容受」如是衆(生)故，即一一(神)變(這些)「來會者」(之)身，極令(其身)「微細」，如「亭歷」(通「葶藶」，為一年生的草本藥用植物。《一切經音義》云：「葶艾」……《考聲》云「葶藶」，草名也……實葉，皆似「芥」)子。	㊀爾時一切衆生，(雲)集(於)此娑訶佛剎者，釋迦牟尼如來，(便)以「神通」力，令一一衆生，大如「芥子」(之許)。
㊁娑婆世界，(所有)虛空及地，彌滿側	㊁如是衆生，(充)遍滿側塞(側足充塞)娑

塞(側足充塞)，(其)間無(有任何的)「空」處，乃至「一毛」(一點的空間處)。 ㊂時諸衆生，(原本)各(互)「不相見」，(唯見虛空)。 (此時的眾生)亦復不見「大小諸山、須彌山王、大小鐵圍」，二國中間(之)「幽冥」之處，及上「諸天」所有宮殿，下至不見「金剛」地際； 唯除(只見)一人(釋迦)佛世尊也。 ㊃爾時，釋迦牟尼如來，復入「遍虛空斷諸法定意三昧」，令此無量「月光淨華」，悉入(佛)一切身(之)諸「毛孔」(中)，(此時)一切大衆，悉皆(互相)自見。	訶佛刹，地及虛空，衆生充滿，乃至無容「毫髮」之處。 ㊂彼諸衆生(原本)各(互)「不相見」，惟覩「虛空」。 又(此時之)諸石山，「須彌、鐵圍、大鐵圍山、障山」，上至諸「天宮」，下至「金輪」，(對釋迦世尊來說)悉無「障蔽」。 (此時)衆生之「眼」，唯見釋迦牟尼如來(一人而已)。 ㊃(爾時釋迦佛便)入「遍虛空法無斷滅三昧」。爾時(釋迦)如來(便)内(納)一切「月樂無垢華」(於自己的)諸「毛孔」中，是諸衆生(所有雲)集(於)娑訶世界者，(此時)皆悉(互相)得見「彼諸衆生」。

十一24 時釋迦佛之毛孔現無量無邊的微妙「園觀」，莊嚴相皆如西方極樂世界，是諸大眾皆入佛身之毛孔，尋自覺知吾等皆已處在佛身之內

北涼・曇無讖 譯 《悲華經》	秦・譯者佚 名 《大乘悲分陀利經》
㊀爾時，衆生都(暫時)不(去)憶念「佛色身」相，(只)唯見(釋迦佛之)「毛孔」。 ㊁(於釋迦佛之毛孔中)有妙「園觀」，其「園觀」中，有諸寶樹，其樹復有種種莖葉，華果茂盛，種種寶衣、天幡ㄈㄢ、幢ㄔㄨㄤˊ蓋、天冠、寶飾、真珠、瓔珞，所有莊嚴，譬如西方安樂世界(極樂世界)。	㊀(此時眾生便暫)捨(棄)思惟(及)觀「佛色身」心，皆(改)觀(釋迦)如來(之)「毛孔」。 ㊁見(釋迦之)毛孔中，諸有「園池」，種種寶樹，種種華果，枝葉茂盛，種種「頭舍」(kauśa 拘舍衣，或 kauśeya 高世耶衣、憍賒耶衣，即蠶絲衣或絹布衣)，種種衣服，種種幡ㄈㄢ蓋、幢ㄔㄨㄤˊ麾ㄏㄨㄟ、枳由羅(muktāhāra 或 keyūra。吉由羅;枳由

	羅，即纓絡，由珠玉或花等編綴成之飾物)、真珠、瓔珞，以莊嚴樹，譬如安樂世界(極樂世界)園林(一樣的)茂盛。
(參)是諸大衆，見是事已，復作思惟：今我當(入)往遊觀彼「園」。	(參)時諸衆生皆作是念：我今宜「往觀」於(此)「園林」。
(肆)爾時，唯除「三惡」衆生，及「無色天」，其餘(之)所有一切大衆，皆從(釋迦身之)「毛孔」入(釋迦)如來身，處園而坐。	(肆)時(雲)集此娑訶世界(之)一切衆生，(皆)從(釋迦)如來身(之)「毛孔」入，而坐其中，惟除在「地獄、餓鬼、畜生」及「無色天」(者)。
(伍)爾時，(釋迦)如來還捨「神足」(神通)，時諸大衆，各各還得如(原)本(的狀態而)相見，各相謂言：(釋迦)如來今者，為在何處？	(伍)爾時(釋迦)世尊，還攝(收攝起自己的)「神通」，其諸衆生(即)各得「相見」，即相問言：釋迦牟尼如來，今在何處？
(陸)爾時，彌勒菩薩告諸大衆：汝等當知，我今與汝等，(已)悉在(釋迦)如來「身分」之中。	(陸)時彌勒菩薩普告大衆言：咄，汝衆生！皆當應知，我等今者，盡皆(雲)集(在釋迦)如來「腹」中。
(柒)爾時，大衆即見(釋迦)如來身之「內、外」，尋自覺知，與無量大衆集聚，共處(釋迦)如來「身」中。	(柒)彼皆各各見其(釋迦)如來身相「內、外」，然後乃至知集在(釋迦)如來「腹」中。
(捌)(大眾)復相謂言：我等為從何處得「入」？誰將導我令「入」是中？	(捌)彼(大眾)皆生念：我等云何入(釋迦)如來腹？誰持我等，置(於釋迦)如來「腹」中？
(玖) ❶彌勒菩薩復告之曰：諦聽！諦聽！(釋迦)如來今者，現「大神通」變化之力。 ❷(釋迦佛)復為「利益」我等「大衆」，將欲說法，仁等！今當一心專念。	(玖) ❶爾時彌勒菩薩，即以高聲告大衆：汝等當聽，此非「餘力」(其餘的人的力量)，是(釋迦)如來「神通」變化，為饒益我等故。 ❷(釋迦)世尊今當說法，汝等！一心「諦聽」，善思念之。

⑳爾時，大衆聞是語已，長跪合掌，受教而聽。	⑳時諸大衆，叉手合掌，瞻仰(釋迦)世尊。

十一25 釋迦佛宣講《一切行門》經，若能於「十法」專心而修，即發發「無上菩提」，則能入此《一切行門》之境

北涼・曇無讖 譯 《悲華經》	秦・譯者佚 名 《大乘悲分陀利經》
ⓐ爾時，(釋迦)世尊以《一切行門》而演說法。	ⓐ爾時，(釋迦)如來即說《一切法門行經》。
ⓑ何等名為《一切行門》？ 出「生死」(之)淤泥，(能)入「八聖道」，(圓滿)具足成就得「一切智」。	ⓑ何謂《一切法門行經》？ 謂度「生死」(之深)淵，(能)入「八聖道」，(圓)滿(具)足「一切種智」。
ⓒ善男子！有「十專心」，發於「菩提」，能入是(一切行)「門」。何等為十？	ⓒ(於)「自然智」中，有十事：
一者，欲令衆生，悉得「解脫」，迴向「隨喜」故。 二者，發「大悲心」，攝(受)衆生故。 三者，欲度「未度(者)」，(應)精勤修治「無上法船」故。 四者，欲解「未解者」莊嚴，(應)觀(解)脫於「虛妄顛倒」故。 五者，欲「師子吼」，無所「怖畏」莊嚴，觀於「諸法性無我」故。 六者，欲隨所到(於)一切世界，心無「分別」，善學「諸法」，同十喻故。 七者，欲得光明莊嚴世界，修治「戒聚」，令「清淨」故。 八者，成就莊嚴如來「十力」，具足一切	一者，至意發心，廻向「解脫」。 二者，於一切衆生，發「大悲心」。 三者，以「饒益心」，攝(受)一切衆生。 四者，(於)未度者，(應)度如「大船師」。 五者，(於)未解者，(應)解諸「顛倒」。 六者，大師子吼，驚動一切衆生，使觀「無我法」。 七者，遊諸世界，覺一切法「如幻夢影」。 八者，莊嚴光飾一切世界，「淨戒」身力。

「波羅蜜」故。 九者，成就莊嚴「四無所畏」，如說而作故。 十者，莊嚴「十八不共之法」，隨所聞法悉得無餘，不放逸故。 ㈣是名「十法專心」，發於「無上菩提」，則能入是《一切行門》。 ㈤即得不退「無上菩提、無相行門、智道行門」，一切法「無我心、無思惟」，不生不滅，是名菩薩「不退轉」地。以是故，非退、非不退，非斷、非常，非定、非亂。	九者，成辦如來「十力」，滿一切「波羅蜜」。 十者，為具「四無畏」，如說修行，為得「十八不共法」。 ㈣無餘菩薩如所聞法，皆悉修行除世愚惑，是名《十事一切法門行經》。 ㈤知至「無相行門」，思惟一切法，「無我心、無生滅」，是「不退、不轉、不斷、不常、無捨、無證」。

十－26 釋迦佛說是法已，佛腹內有八十億恒河沙等諸菩薩，皆得不退轉於「阿耨菩提」。後大眾便從佛「毛孔」中出，以諸音聲讚歎佛

北涼・曇無讖 譯 《悲華經》	秦・譯者佚 名 《大乘悲分陀利經》
㊀ ❶(釋迦佛)說是法時，(於釋迦)如來「腹」內，(有)八十億「恒河沙」等「菩薩摩訶薩」，得「不退轉」於「阿耨多羅三藐三菩提」。 ❷(有)不可數「菩薩摩訶薩」，得諸「三昧、甚深法忍」。 ❸(一切大眾)悉從(釋迦)如來身「毛孔」(而)出，心大驚怪，歎未曾有。 ㊁(大眾)即於(釋迦)佛前，頭面著地，為(釋迦)佛作禮，起已，忽然各(歸)還十方「本佛」(之)世界。	㊀ ❶(釋迦佛)說是法時，(有)八十億「恒河沙」數眾生，即於(釋迦)如來「腹」中，得「不退轉」(於)「阿耨多羅三藐三菩提」。 ❷於中(有)過數菩薩摩訶薩，得種種「三昧、陀羅尼、忍辱」。 ❸時彼一切(大眾)，還從(釋迦)如來身「毛孔」(而)「出」，(大眾)於(釋迦)如來所，得未曾有。 ㊁(大眾)頂禮(釋迦)如來足已，各(歸)還十方，至其(原)本(之國)土。

㊂復聞釋迦牟尼如來所演(之)「音聲」，(此音聲法輪於)過十方無量無邊「阿僧祇」等諸佛世界，(皆)無諸障閡ㄏㄜˊ(障礙隔閡)。	㊂「東方」(有)菩薩，誠欲「推尋」(推介尋索)釋迦牟尼如來(之)「音輪」身相，彼「東方」菩薩，轉轉乃至「東方」，(又復)過無量「阿僧祇」佛土，猶故不盡。
㊃是諸菩薩，雖還彼界，續聞(釋迦)如來所演「音教」，(所有)章句義味，無所減少，如在(釋迦)佛前，(如親)近聽(聞而)無異。(釋迦之法)身亦如是，(能)遍諸十方無量世界。	㊃釋迦牟尼佛如來「音輪」之聲，於彼聞如是音，(所有)文字句義，皆悉備足，猶如釋迦牟尼如來(仍於)前坐，(親近)聽法(而)無異。於彼一切(眾生)，亦不能知釋迦牟尼如來「身」之「增、減」。
㊄亦有無量無邊「阿僧祇」(之)「菩薩、聲聞」，亦(能)見(自己於釋迦佛身上之)毛孔，「出、入」(皆)無礙。	㊄彼(大眾)在所至(之)處，(皆能)見釋迦牟尼如來「身」現在(自己之)前，又(能)見無量「阿僧祇」(之)「菩薩、聲聞」，(亦能)在釋迦牟尼如來身(之)一「毛孔」中，「出、入」無礙。
㊅如是第二，乃至一切(釋迦佛身毛孔)，(於)一一「毛孔」，(皆能)「出、入」無礙，(甚至於)十方世界，亦如是。	㊅(於)一一「毛孔」亦如是，乃至(能)見一切(釋迦佛身之)「毛孔」中「衆生」，(其)「出、入」亦復如是，(甚至)於十方(世界)，亦如是說。
㊆爾時，大衆從釋迦如來「毛孔」中「出」，頭面禮(釋迦)佛，右繞三匝，住於(釋迦)佛前，以種種音聲而讚歎佛。	㊆爾時大衆在(釋迦)如來「腹」者，皆從(釋迦)如來「毛孔」(而)「出」已，頭面禮(釋迦)世尊足，遶佛三匝，住(釋迦)如來前，以衆「妙偈」句義備足，同時讚歎稱譽(釋迦)如來。
㊇爾時，「欲界、色界」諸天，(皆)雨種種華、塗香(vilepana 以香塗身;塗妙香)、末香(cūrṇa 秣香;被擣碎呈粉末狀之香)、幢ㄔㄨㄤˊ 幡ㄈㄢ 、瓔珞，微妙技樂，供養(釋迦)如來。	㊇爾時「欲、色」界諸天，於虛空中，(皆)雨衆「妙華、華鬘、塗香(vilepana 以香塗身;塗妙香)」，作天「伎樂」，懸諸「天繒，幡ㄈㄢ 蓋、幢ㄔㄨㄤˊ 麾ㄏㄨㄟ 、衣服、頭舍(kauśa 拘舍衣，或 kauśeya 高世耶衣、憍賒耶衣，即蠶絲衣或絹布衣)、真

	珠、瓔珞」，供養(釋迦)如來。

十－27 無畏等地菩薩問佛此經名？佛云有十種：解了一切陀羅尼門。無量佛。大眾。授菩薩記。四無所畏出現於世。一切諸三昧門。示現諸佛世界。猶如大海。無量。大悲蓮華

北涼・曇無讖 譯 《悲華經》	秦・譯者佚 名 《大乘悲分陀利經》
	《囑累品・第三十》
㊀爾時，會中有一菩薩名無畏等地，長跪叉手，前白(釋迦)佛言：世尊！如是「大經」，當名何等？云何奉持？	㊀爾時有菩薩名無畏等持，叉手合掌前白(釋迦)佛言：世尊！此「大授記」，當名何經？云何受持？
㊁(釋迦)佛告無畏等地菩薩：是經 ❶當名《解了一切陀羅尼門》。 ❷亦名《無量佛》。 ❸亦名《大衆》。 ❹亦名《授菩薩記》。 ❺亦名《四無所畏出現於世》。 ❻亦名《一切諸三昧門》。 ❼亦名《示現諸佛世界》。 ❽亦名《猶如大海》。 ❾亦名《無量》。 ❿亦名《大悲蓮華》。	㊁(釋迦)佛言： ❶一名《入一切種智行陀羅尼門》。 ❷二名《諸佛之藏》。 ❸三名《多集》。 ❹四名《授菩薩記》。 ❺五名《入無畏道》。 ❻六名《入諸三昧》。 ❼七名《現諸佛土》。 ❽八名《如大海》。 ❾九名《過數》。 ❿十名《大悲分陀利》。
㊂無畏等地菩薩摩訶薩復白(釋迦)佛言：世尊！若有善男子、善女人，受持是經，讀誦「通利」(通暢；無阻礙；無有忘失)，為他人說，乃至「一偈」，得幾所福？	㊂(無畏等持菩薩)重白(釋迦)佛言：唯，世尊！若善男子、善女人！受持讀誦此經，為他人說，乃至「一、四」句偈，得幾所福？
㊃(釋迦)佛告無畏等地菩薩：我已先說所得福德，今當為汝，更略說之。	㊃(釋迦)佛言：此經功德，吾先已說，今當為汝「略說」。

十一28 若有受持讀誦是經，能獲「甚深法忍、三昧、陀羅尼門」等共十三種無量的功德

北涼・曇無讖 譯 《悲華經》	秦・譯者佚 名 《大乘悲分陀利經》
㊀善男子、善女人，若有受持是經，讀誦「通利」(通暢；無阻礙；無有忘失)，為他人說，乃至「一偈」，於後「五十歲」中，乃至有能書寫「一偈」，所得「功德」，(超)勝諸菩薩(於)「十大劫」中行「六波羅蜜」。	㊀若有善男子、善女人！受持是經，讀誦、書寫、為他人說，乃至「一、四」句偈，是人得福，(超)過於菩薩(於)「十大劫」中具行「六波羅蜜」者。
㊁何以故？ 諸「天魔、梵、沙門、婆羅門、夜叉、羅剎、龍、乾闥婆、阿修羅、迦樓羅、緊那羅、摩睺羅伽(mahoraga 大蟒神)、拘辦荼(Kumbhāṇḍa 鳩槃荼)、餓鬼、毘舍遮」，「人」及「非人」。	㊁所以者何？ 此經能滅除諸「天、世人、梵、魔、沙門、婆羅門、衆夜叉、羅刹、龍、乾闥婆、鳩槃茶(Kumbhāṇḍa)、餓鬼、毗舍遮、緊那羅、阿修羅」等諸「惡心」故。
㊂ ❶(若)有「瞋恚心」者，聞是經已，即得「清淨、柔軟、歡喜」，而離「諸病、忿怒、怨賊」，種種「鬪諍」。 ❷消滅一切「暴風、惡雨」。 ❸病者得愈，飢渴者得「飽滿」，受諸快樂，和合相順。 ❹(若遇會令人起)瞋恚之者，(則)能令(生)「忍辱」。 ❺(有)怖畏者，(令)無所「畏怖」，受諸歡樂。 ❻(若)有「煩惱」者，令離煩惱，能令「善根」一切增長。 ❼能拔「惡道」所有衆生。 ❽能示「三乘」出要(出離法要)之路。	㊂ ❶又能除滅一切「諸病、鬪諍、怨嫉」。 ❷又能除滅「非時惡風、霜雹、暴雨」。 ❸又能除滅「疾疫、飢饉」，能令「安隱」，常得豐樂。 ❹(若遇)令人強健(強橫刁健者)，(則能於)集會(集合會聚時生起)歡喜(心)。(若有遇)不相順者，(則)能令(發生)「和合」。 ❺(若)有恐怖者，(則令)施「無畏」(之)樂。 ❻能滅「結使」(煩惱)，增長「善根」。 ❼能令「三惡趣」，脫諸「苦際」。 ❽又能示現「三乘」妙道。

❾能得「甚深法忍、三昧、陀羅尼門」。 ❿能與衆生，作「大利益」。 ⓫能坐道場「金剛之座」，能破「四魔」(①蘊魔；五陰魔；五蘊魔②煩惱魔；欲魔③能令眾生夭喪殞沒之死魔④欲界第六天之魔王)。 ⓬能示一切「助菩提法」，能轉法輪。 ⓭(若)無「(七)聖財」(七聖財。①信財：能信受正法②戒財：能持戒律③慚財：能自慚不造諸惡④愧財：於不善法能生羞愧⑤聞財：能多聞佛典正教⑥施財：能施捨諸物，捨離執著⑦慧財：能修習般若空性智慧)者，能令具足，能令無量無邊衆生，入「無畏」城。 ㊃以是因緣，能持此經，讀誦「通利」(通暢；無阻礙；無有忘失)，為他人說，乃至「一偈」，若後末世，「五十歲」(五十年)中，乃至有能「書寫一偈」，(能獲)得如是等無量無邊「福德」之聚。	❾能令人得「三昧、陀羅尼、忍辱」。 ❿能「饒益」一切衆生。 ⓫能坐「金剛座」，能破「四魔」(①蘊魔；五陰魔；五蘊魔②煩惱魔；欲魔③能令眾生夭喪殞沒之死魔④欲界第六天之魔王)。 ⓬能覺「助菩提法」，轉「法輪」。 ⓭(若有)乏「聖七財」(七聖財。①信財：能信受正法②戒財：能持戒律③慚財：能自慚不造諸惡④愧財：於不善法能生羞愧⑤聞財：能多聞佛典正教⑥施財：能施捨諸物，捨離執著⑦慧財：能修習般若空性智慧)衆生，能以「菩薩法」，令得「富足」。(釋迦)我欲令「多衆生」，入「無畏城」故，演說是法。

十一29 佛告無怨沸宿夜叉大仙：應受持經，乃至於末後「惡世」中，應廣為「不退菩薩」眾們、及「不信善惡業報」者，演布是經教

北涼・曇無讖 譯 《悲華經》	秦・譯者佚 名 《大乘悲分陀利經》
㊀ ❶是故(釋迦)我今說如是經，如是「大經」，當付囑誰？ ❷誰能於後「五十歲」中，護持是法？ ❸誰能與諸「在在處處」(之)「不退菩薩」(眾們)，宣說(此法)令(彼得)聞？ ❹誰復能為「行非法、欲惡、貪邪見、不信善惡有果報」者，「演布」是教？	㊀ ❶今(釋迦)我是法，當「付囑」誰？ ❷誰能於後「惡世」之中，宣布是法？ ❸(誰能)令(處)於諸方(之)「不退轉」菩薩(眾們)，皆(令)得聞知(此法)？ ❹(誰能)令除衆生(之)「染著非法、貪著榮利、處邪見法、無果報心」，皆悉除滅？

㊁爾時，大眾皆知(釋迦)佛心。於時有一大仙「夜叉」，名無怨沸宿，坐於眾中。	㊁爾時一切大眾，知(釋迦)如來心，眾坐有一「夜叉」仙，名那彌樓弗沙。
㊂爾時彌勒菩薩摩訶薩，即從坐起，將是(無怨沸宿)「夜叉」，(帶)至於(釋迦)佛所。	㊂時彌勒菩薩摩訶薩，手攝那彌樓弗沙臂，將(帶)至(釋迦)世尊所。
㊃是時(釋迦)如來告是(無怨沸宿)「夜叉」大仙：汝今當受是經，乃至(於)末後「五十歲」中，(應)為「不退菩薩」(眾們)，乃至(為)「不信善惡報」者，(廣)演布是(法)教。	㊃(釋迦)佛言：汝(那彌樓弗沙夜叉)大仙，(應)受持是法，乃至於後「惡世」之時，(應)「廣宣」流布，令(處在)諸方(之)「不退轉」菩薩(眾們)，皆悉(令)聞知(此經法教)。(若)有「得聞」者，(皆)住「不退轉」心。
㊄爾時，(無怨沸宿)「夜叉」即白(釋迦)佛言：我於過去「八十四大劫」中，以「本願」故，作「仙夜叉」，修行「阿耨多羅三藐三菩提」。爾時(我)教化無量無邊「阿僧祇」人，(皆)安止於「四無量心」，復令無量無邊眾生「不退轉」於「阿耨多羅三藐三菩提」。	㊄彼(那彌樓弗沙夜叉)白(釋迦)佛言：唯然，(釋迦)世尊！我以本願為「夜叉」仙，過「八萬四千」大劫，於行「菩提行」，我以勸過數(之)「眾生」，遊「四梵處」(四無量心)，(皆)住「不退轉」地。
㊅(釋迦)世尊！(無怨沸宿夜叉)我今當為「未來」之世(之)一切眾生，作「擁護」故，於後末世(之)「五十歲」中，「受持」是經，乃至從他(而聽)聞(此經)「四句偈」，要當「讀誦」，悉令「通利」(通暢;無阻礙;無有忘失)，(並)「流布」與(他)人，令不斷絕。	㊅(釋迦)世尊！其有眾生，於後「惡世」，能「受持、書寫、讀誦」此經，乃至為他人說「一、四」句偈，(那彌樓弗沙夜叉)我當身自「擁護」(彼人)，令彼「法師」(能說法之師或善知識)，無能(使)惱(害彼)者。
㊆(釋迦)佛說是經已，寂意菩薩、諸天大眾、乾闥婆等，「人」及「非人」，皆大歡喜，頭面作禮，退坐而去。	㊆(釋迦)佛說是經已，時諸大眾，天、龍、乾闥婆、阿修羅、世人，聞經歡喜，作禮而去。

果濱其餘著作一覽表

一、《大佛頂首楞嚴王神咒・分類整理》(國語)。1996 年 8 月。大乘精舍印經會發行。書籍編號 C-202。

二、《生死關全集》。1998 年。和裕出版社發行。➔ISBN：957-8921-51-9。

三、《楞嚴經聖賢錄》(上冊)。2007 年 8 月。萬卷樓圖書股份有限公司發行。➔ISBN：978-957-739-601-3。《楞嚴經聖賢錄》(下冊)。2012 年 8 月。萬卷樓圖書股份有限公司發行。➔ISBN：978-957-739-765-2。

四、《《楞嚴經》傳譯及其真偽辯證之研究》。2009 年 8 月。萬卷樓圖書股份有限公司發行。➔ISBN：978-957-739-659-4。

五、《果濱學術論文集(一)》。2010 年 9 月。萬卷樓圖書股份有限公司發行。➔ISBN：978-957-739-688-4。

六、《淨土聖賢錄・五編(合訂本)》。2011 年 7 月。萬卷樓圖書股份有限公司發行。➔ISBN：978-957-739-714-0。

七、《穢跡金剛法全集(增訂本)》。2012 年 8 月。萬卷樓圖書股份有限公司發行。➔ISBN：978-957-739-766-9。

八、《漢譯《法華經》三種譯本比對暨研究(全彩本)》。2013 年 9 月初版。萬卷樓圖書股份有限公司發行。➔ISBN：978-957-739-816-1。

九、《漢傳佛典「中陰身」之研究》。2014 年 2 月初版。萬卷樓圖書股份有限公司發行。➔ISBN：978-957-739-851-2。

十、《《華嚴經》與哲學科學會通之研究》。2014 年 2 月初版。萬卷樓圖書股份有限公司發行。➔ISBN：978-957-739-852-9。

十一、《《楞嚴經》大勢至菩薩「念佛圓通章」釋疑之研究》。2014 年 2 月初版。萬卷樓圖書股份有限公司發行。
➔ISBN：978-957-739-857-4。

十二、《唐密三大咒・梵語發音羅馬拼音課誦版》(附贈電腦教學 DVD)。2015 年 3 月。萬卷樓圖書股份有限公司發行。➔ISBN：978-957-739-925-0。【260 x 135 mm】規格(活頁裝)

十三、《袖珍型《房山石經》版梵音「楞嚴咒」暨《金剛經》課誦》。2015 年 4 月。萬卷樓圖書股份有限公司發行。➔ISBN：978-957-739-934-2。【140 x 100 mm】規格(活頁裝)

十四、《袖珍型《房山石經》版梵音「千句大悲咒」暨「大隨求咒」課誦》。2015 年 4 月。萬卷樓圖書股份有限公司發行。➔ISBN：978-957-739-938-0。【140 x 100 mm】規格(活頁裝)

十五、《《楞嚴經》原文暨白話語譯之研究(全彩版)》(不分售)。2016 年 6 月。萬卷樓圖書股份有限公司發行。➔ISBN：978-986-478-008-2。

十六、《《楞嚴經》圖表暨註解之研究(全彩版)》(不分售)。2016 年 6 月。萬卷樓圖書股份有限公司發行。➔ISBN：978-986-478-009-9。

十七、《《楞嚴經》白話語譯詳解(無經文版)-附:從《楞嚴經》中探討世界相續的科學觀》。2016 年 6 月。萬卷樓圖書股份有限公司發行。➔ISBN：978-986-478-007-5。

十八、《《楞嚴經》五十陰魔原文暨白話語譯之研究-附:《楞嚴經》想陰十魔之研究》。2016 年 6 月。萬卷樓圖書股份有限公司發行。➔ISBN：978-986-478-010-5。

十九、《《持世經》二種譯本比對暨研究(全彩版)》。2016 年 6 月。萬卷樓圖書股份有限公司發行。➔ISBN：978-986-478-006-8。

二十、《袖珍型《佛說無常經》課誦本暨「臨終開示」(全彩版)》。2017 年 8 月。萬卷樓圖書股份有限公司發行。➔ISBN：978-986-478-111-9。【140 x 100 mm】規格(活頁裝)

二十一、《漢譯《維摩詰經》四種譯本比對暨研究(全彩版)》。2018 年 1 月。萬卷樓圖書股份有限公司發行。➔ISBN：978-986-478-129-4。

二十二、《敦博本與宗寶本《六祖壇經》比對暨研究(全彩版)》。2018 年 1 月。萬卷樓圖書股份有限公司發行。➔ISBN：978-986-478-130-0。

二十三、《果濱學術論文集(二)》。2018 年 1 月。萬卷樓圖書股份有限公司發行。➔ISBN：978-986-478-131-7。

二十四、《從佛典中探討超薦亡靈與魂魄之研究》。2018 年 1 月。萬卷樓圖書股份有限公司發行。➔ISBN：978-986-478-132-4。

二十五、《《悲華經》兩種譯本比對暨研究(全彩版)》。2019 年 9 月。萬卷樓圖書股份有限公司發行。➔ISBN：978-986-478-310-6。

二十六、《《悲華經》釋迦佛五百大願解析(全彩版)》。2019 年 9 月。萬卷樓圖書股份有限公司發行。➔ISBN：978-986-478-311-3。

⌘大乘精舍印經會。地址：台北市漢口街一段 132 號 6 樓。電話：(02)23145010、23118580

⌘和裕出版社。地址：台南市海佃路二段 636 巷 5 號。電話：(06)2454023

⌘萬卷樓圖書股份有限公司。地址：臺北市羅斯福路二段 41 號 6 樓之 3。電話：(02)23216565 · 23952992

果濱佛學專長

一、漢傳佛典生死學。**二、**梵咒修持學(含《蘇婆呼童子請問經》)。**三、**楞伽學。

四、維摩學。**五、**般若學(《金剛經》+《大般若經》+《文殊師利所說般若波羅蜜經)。

六、十方淨土學。**七、**佛典兩性哲學。**八、**佛典宇宙天文學。

九、中觀學(《中論》二十七品+《持世經》)。**十、**唯識學(唯識三十頌+《成唯識論》)。

十一、楞嚴學。**十二、**唯識腦科學。**十三、**敦博本六祖壇經學。**十四、**佛典與科學。

十五、法華學。**十六、**佛典人文思想。**十七、**《唯識双密學》(《解深密經+密嚴經》)。

十八、佛典數位教材電腦。**十九、**華嚴經科學。**二十、**般舟三昧學。**二十一、**佛典因果學。

二十二、如來藏學(《如來藏經+勝鬘經》)。**二十三、**《悲華經》。**二十四、**《思益梵天所問經》。

國家圖書館出版品預行編目(CIP)資料

《悲華經》兩種譯本比對暨研究(全彩版) / 果濱 編撰. – 初版. –
臺北市 : 萬卷樓, 2019.09
面 ;　　公分
全彩版
ISBN 978-986-478-310-6 (精裝)
1. 本緣部
221.86　　　　　　108014955

ISBN 978-986-478-310-6

《悲華經》兩種譯本比對暨研究（全彩版）

2019 年 9 月初版 精裝（全彩版）　　定 價 ：新台幣 1080 元

編 撰 者：果濱
發 行 人：陳滿銘
出 版 者：萬卷樓圖書股份有限公司
編輯部地址：106 臺北市羅斯福路二段 41 號 9 樓之 4
電話：02-23216565
傳真：02-23218698
E-mail：wanjuan@seed.net.tw
萬卷樓網路書店：http://www.wanjuan.com.tw
發行所地址：106 臺北市羅斯福路二段 41 號 6 樓之 3
電話：02-23216565
傳真：02-23944113
劃撥帳號：15624015
承 印 廠 商 ：中茂分色製版印刷事業股份有限公司

新聞局出版事業登記證局版臺業字第 5655 號